中原经济区建设
重要理论问题研究

Research on the Important Theoretical Issues of the Construction of the Central Plains Economic Zone of China

郭　军/主编

经济管理出版社
ECONOMY & MANAGEMENT PUBLISHING HOUSE

图书在版编目（CIP）数据

中原经济区建设重要理论问题研究/郭军主编. —北京：经济管理出版社，2011.12

ISBN 978-7-5096-1725-0

Ⅰ. ①中… Ⅱ. ①郭… Ⅲ. ①区域经济发展—研究—河南省 Ⅳ. ①F127.61

中国版本图书馆 CIP 数据核字（2011）第 259103 号

出版发行：经济管理出版社
北京市海淀区北蜂窝 8 号中雅大厦 11 层
电话：(010)51915602　　邮编：100038

印刷：三河文阁印刷厂　　经销：新华书店

组稿编辑：申桂萍　　责任编辑：孙　宇
责任印制：黄　铄　　责任校对：曹　平

720mm×1000mm/16　　28.75 印张　　548 千字
2011 年 12 月第 1 版　　2011 年 12 月第 1 次印刷

定价：68.00 元

书号：ISBN 978-7-5096-1725-0

中原地处我国中心地带，是中华民族和华夏文明的重要发源地。中原经济区是以全国主体功能区规划明确的重点开发区域为基础、中原城市群为支撑、涵盖河南全省、延及周边地区的经济区域，地理位置重要，粮食优势突出，文化底蕴深厚，在全国改革发展大局中具有重要战略地位。

——摘自《国务院关于支持河南省加快建设中原经济区的指导意见》(2011 年 9 月 28 日)

前言

这两年，地处中原的河南又有几件令人高兴的事情：一是以战略性支撑产业为立基，重组、整合、构建了180多个产业集聚区，尽管还是初步的、粗放的，但河南经济的底蕴与骨架、中原地区现代产业组织的新形态已然树立起来，给了人们一个径直观察中国内陆腹地经济社会的实在点面；二是河南的高层领导者进一步明晰了河南经济发展的定位与模式，延续、深化了从20世纪90年代中后期以来河南高层做出的立足农业，走一条工业化、城镇化、农业现代化协调科学发展路子的具有战略意义的决策与抉择；三是现任省委、省政府主要领导亲自组织、参加了从理论上、实践上、政策上开展的“中原”、“中原崛起”、“河南振兴”的前世、今生与未来的高规格、全系统、长时间、大研讨，一举提出了“中原经济区”的构想，并一跃上升到国家层面，纳入国家战略规划运作，无疑都是具有里程碑意义的，不仅是学者，恐怕每一个河南人都会为之振奋。

河南这个地方，虽然曾经是人类祖先栖居、繁衍生息的根与场，并成为中华民族的摇篮，孕育了几千年华夏文明，以至于成为历代王朝的国都盛地；然而进入现代以来，给人的印象似乎一直又都不好，甚至与整个历史辉煌大相径庭。说到底，就是一个字——“穷”。因为穷，从古至今，嫌贫爱富，富为贵，穷为贱；因为“穷”，谁也不愿意搭理你，谁也不愿意掺和你的事。“穷”的根源在哪里？在于河南是一个农业区域、农业大省，而且还是一个人口大省。也许正是前人看好了河南这个地方的易居性，也许河南有着得天独厚的人类生育的强势性，越是农区经济水平低，越是人口生育水平高，形成“愈穷愈生，愈生愈穷”的歪理，经济与人口的历史的“一低一高”，直到进入20世纪末才被颠倒过来，并且为了改变这一现状，河南提出了“一高一低”的经济社会发展模式，被列为立省战略之首。一个没有争议的事实是，河南经济社会发展一直到进入21世纪又过了十年，“农业、农村、农民”还占据着绝对多数，人口也在全国占据着绝对多数（按传统城镇化指标反映）。也是因为“农”字号省情，从中央到各省区，从领袖到一般地方官员，从学界到老百姓，给河南的定调几乎相同：搞好农业，生产好粮食，保证好国家粮仓。河南作为农业省份要种好粮食，要保障国家粮食安全，但河南农业也要搞基本建设，也要产业化、工业化、现代化，那么，发展农业的钱从哪里来呢？仅靠农业积累来发展农业肯定是不行的，但是多少年来，河南农业恰恰是因为缺少投资而一直徘徊不前（尽管有2011年的粮食“八连增”、“九连冠”）。河南农业缺钱，无非一是财政对农业投资有限；二是没有强有力的工业的支持。河南工业相对来说一直是一个“短腿”，特别是战略性支撑产业和战略性新兴产业缺失，造成工业的积累非常有限，不仅影响了整个河南经济社会以及工业自身的再生产需求，而且很难形成对农业的“反哺”性。也是因为农业、工业不发达，城镇化自然就远远地滞后于其他省区，因此，从这一视角看，河南城镇化率低于全国十几个百分点就显得很正常。也是因为工业、城镇、农业的现代化发展落后，经济总量大，经济效益小，“一大一小”使整个国民经济和社会发展很难被“外人”看好，而河南在省外人的眼里就一直被认为依然是“很穷”的“穷地方”。在国外，除了来看过河南博物院的人开始认知河南、关注河南之外，“河南”一直都是无人知晓的地方。

在今天，谁都知道种粮食不挣钱，但不种粮食又没有一点儿钱。如何实现既能够保障农业和粮食生产稳固增长，又能够从财力、物力上形成对农业和粮食生产的更大投入，全面提升农业和粮食生产的现代化水平，成为历届河南省委、省政府高层决策者们着重研究和探索的使命性课题。20世纪末，河南省委、省政府主要领导，经过认真研究，特别是几年实践调研，提出了河南经济的基本定位和运行主线，即河南要走一条工业化、城镇化、农业现代化的路子，得到了前来河南视察的国家领导人的赞许、肯定，包括对河南经济的基本评价；工业化、城镇化、农业现代化的关系；“三化”发展对中原崛起的作用等，使河南经济社会运行路径、方略进一步得以明晰，中原崛起的目标、任务进一步得以规划。

问题在于面对河南经济社会现实，单凭自己能否达成目标和预期，特别是由于人口多、底子薄、基础差、整体经济比较落后，加之思想观念、体制、机制等因素，河南人真正想走出一条“三化”协调发展的路子并非易事，必须有“上层”的、外部的推动和支持，也是在这一背景下，2009年末，河南省委的主要领导提出了要深入研讨“中原”、“中原崛起”以及“中原城市群”等问题。2010年，新年伊始，省委、省政府即组织了省委、省政府主要领导亲自负责、省直机关和高校、科研院所专家组成的专题研究小组，就“中原”、“中原崛起”等展开全面的、系统的、深层的研讨，历经4个月，包括省委、省政府主要领导一起参与、研讨、修正，最终形成了《中原经济区建设研究报告》和《中原经济区建设纲要》。这一工作至少表现出几大内容特征：一是全面、系统、深入研讨了“什么是中原”，为什么要实现“中原崛起”，历届省委、省政府相关决策与抉择；二是全面、系统、深入研讨了“中原崛起”的理论支撑和实践策略，提出了把“中原崛起”置于更高层面，实施国家战略运作的思路；三是全面、系统、深入研讨了河南与中部、河南与东西部、河南与“长三角”、“珠三角”、河南与“武汉城市圈”、河南与海西经济区、皖江经济带的优劣趋向，谋划了建设中原经济区、发展河南的大动作；四是围绕“大动作”开展了“大运作”，包括请国内一流“大家”论证，请人大、政府、政协等领导指导、支持等，也包括发动省内外、国内外、港澳台主流媒体的有声有色的宣传，省委、省政府主要领导“走出去”、“请进来”，毕恭毕敬地与国家主管部门人士汇报、沟通，与各界名流的交流、互动等，在河南经济社会发展的历史上这种“大运作”是罕见的。可谓精诚所至，金石为开，2011 年 9 月 28 日，国务院签发颁布了《关于支持河南省加快建设中原经济区的指导意见》（以下简称《指导意见》）。

《指导意见》的出台，不仅使中原经济区上升到国家战略发展层面，这一过程及其结果，还对河南包括对全国各类主体功能区、各类经济区建设与发展创下了几个第一：第一个从酝酿到提出，到批准仅仅用了一年多的时间；第一个以一个省际空间范围形成在历经 30 多年改革后大背景下的国家级重点支持的“经济区”；第一个被称为建设一个不以牺牲农业和粮食、生态和环境为代价，实现工业化、城镇化、农业现代化“三化”协调科学发展的全国性示范区；第一个提出了“先行先试”、“人地挂钩”的重磅型、大力度区域发展的新的政策和精神，无疑在我国经济社会发展中，特别是把河南与全国、中原与中华的现代化进程连接，实现中原兴、中华兴提供了又一理论的、实践的、政策的支撑。多么令人激动，又多么使人鼓舞，2011 年 9 月 28 日国务院《指导意见》签发颁布的那一刻，河南人再一次神气地扬起了头。这还真应验了河南的一句土话“时间不长，整得不勲”。

《指导意见》标志着党中央、国务院对河南省委、省政府工作的高度认可，标志着河南省整个中原崛起在今天有了一个实在的支撑，标志着中原崛起、河南振兴从虚进入了实，从理念转向了实践，而且这一行动是有意识、有策略、有步骤、有运作、有评价的，这是最了不起的。

亦如国务院《指导意见》强调的，积极探索不以牺牲农业和粮食、生态和环境为代价的“三化”协调发展的路子，是中原经济区建设的核心任务，并以期成为全国“三化”协调发展的示范区。国家所以要把中原经济区打造成为一个示范区，是因为“工业化、城镇化、农业现代化”的提出，首先是河南人围绕河南经济社会所探索出来的一条符合河南实际的，并且被实践证明非常有效的路子。人们都说，河南是中国的一个缩影，显然这对整个中部和全国来说都是具有重大影响和带动意义的。“三化”协调发展问题自20世纪90年代提出以来，河南人不仅始终立基农业经济的发展和提升，走了一条不以牺牲农业和粮食为代价，同时又着力拉长工业“短腿”，积极促进城镇化发展，使河南经济社会从欠发达地区开始转变和迈向发展中地区。“三化”是河南人的一个创造，这话并不夸张。今天，当我们被列入国家战略发展区域，积极推进中原经济区的建设的时候，“三化”协调发展则必然一方面成为构筑和夯实这一伟大目标的最基本的内容抓手；另一方面，也有可能创造和铺垫出一部具有中国特色的社会主义的新的发展经济学。

“三化”是一个有机体。“三化”的前提是“农业现代化”。农业现代化是一个过程，一个农业产业结构演化升级的过程，一个以现代生物工程和高新技术为动能的、不断推进农业产业高级化的过程，一个农民的收入不断增加、农业劳动素质不断提升的过程。农业现代化既有“农业机械化、水利灌溉化”的承传；更有“优良品种、集约多产、精细加工、高附加值”的创新；既能满足现代工业对农业原料、材料的需求，更能保障人们生活消费水平的供给；既要孕育和培养一代复合型农业劳动大军，更要带动和促进社会主义新农村与小康社会的建设。

城镇化是一种表象、一种特质、一种标志，反映了一定国家、一定地区、一定阶段的发展及其水平。看一国或一地区经济社会发展，看什么？主要就是看城镇化、看城镇经济现代化的时点变化状况。“城镇”是一个区域空间概念，“城镇化”依然表现为一个区域经济社会演化的过程，是区域经济社会发展的综合反映。城镇的形成与发展，既是现代社会化大生产的产物，也是商品交换、商品经济发展的结果。所以说，城也好、镇也好，关键在于城镇化的市力、市气、市能等，也就是说“城镇化”的内核是一个“市”字，有没有基础承载力去托起这个市，有没有基本的人气去轰动这个市，有没有积极的发展动力和潜力去建设、创新这个市，直接决定了“城镇化”及其化之度。“城镇化”属于人类经济社会活动的内容的一个中观层面表现，它与工业化紧密联系。一定的城镇空间必然拥有一定的工业部门，而一定的工业部门又必然依一定的城镇空间为载体。城镇的发展，一方面为工业化及其现代产业组织提供平台；另一方面则又依托工业发展，组织和促进服务业的崛起。很难设想，一个没有工业、没有较高的能够融入城镇化的素质的人群，一个没有地缘优势、没有较高的经济辐射力、影响力的地方，能够实现“城镇化”。这几年有专家呼吁不要搞“城镇化”大跃进，实际上还只看到了问题的表面，严重的问题却是在这一盲目“城镇化”的过程中，“城市贫民”的出现才是更可怕的。也是这样，人们更把“城镇化”发展前面加上了两个字，即“新型”。而所谓“新型城镇化”的新型，一是在于规避过去单纯片面追求城镇自身的建设与发展，而是要把城镇化发展与统筹城乡发展，务实地处理好农业、农村、农民问题衔接一体，破解我国城乡的二元结构；二是在于谋求实现城镇化、工业化、农业现代化在一个区域空间的互动发展、协调发展。

工业化反映的是工业化进程中现代产业组织的创新、现代产业工艺的改善、现代产业技术的提升、现代产业工人素质及其效率的攀高、现代产业的生态环保系统的建立与对人类危害的减少等。工业化既反映着第二产业的演化进程，也制约着第一和第三产业的发展。尤其在一个农业产业比重较大的省份，既要大力发展现代农业，更要探寻自己工业化的路子，因为农业积累慢而低，不抓工业是万万不行的。问题在于，不可硬性地、人为地与别的地区比较三次产业之间的比例。中央给河南的定位是粮食和农业，所以河南人实际上背负着双重压力：一是要保障国家粮食安全；二是与此同时还要做工业化的文章。而在目前国家大区域战略重心定位不变的条件下，河南的工业化进程主要还是依靠河南人自己的智慧和力量。

“三化”是一种模式，也是一种关系及准则，即我国国民经济运行中处理相应关系的一个定盘星。“三化”的实质是坚持农业是基础，工业是主导，注重城镇经济的引领带动作用，循着国民经济运行的合比例性，实现经济社会又好又快发展。“合比例性”随着计划经济的终结已经被人们所淡忘了，但马克思再生产原理以及所揭示的农轻重之间、两大部类之间、积累与消费之间、价值与使用价值之间关系必须合比例发展的理论并没有过时。这么多年以来，出现的“通货膨胀”、“通货紧缩”、“经济过热”、“国民经济失衡”，也包括企盼“拐点”、避免“硬着陆”，其实从根本上来说，都是国民经济没有合比例发展所导致的。政府宏观调控也好，发挥市场机制自身调节作用也好，“两只手”的功能意义，其实都在于谋求国民经济运行的合比例发展。所以说，国民经济运行一定要首先梳理出相应的关系，并认真研究出这些关系的一般规律，提出处理这些关系的一般原则。新中国成立60多年来，从毛泽东的《论十大关系》，到邓小平的“宏观调控”、“保持国民经济重大比例关系基本平衡”，到江泽民的论“十二大关系”，再到以胡锦涛为总书记的党中央领导集体，强调的科学发展观中作为基本方法的“统筹兼顾”，都在告诫我们一定要重视国民经济运行中的相应关系，也只有处理好了这些关系，国民经济的运行才会实现我们的战略预期。“三化”是在梳理了河南经济社会实际基础上，对河南经济社会中的基本问题、基本关系的一个总体概括和战略抉择，抑或说是当前河南人首先要理顺和明确的重要经济活动内容和重要经济社会关系。尤其在现阶段，一定要把“三化”协调科学发展变成为河南人推进河南经济、建设中原经济区、实现中原崛起的一种思想和理念、一种模式和举措、一种组织和协调、一种追求和标志。

基于此，我们河南经济研究中心，除了为之欢呼雀跃，更要响应省委、省政府的号召，与全省人民一道立足于“关键在做”。怎么做？我们组织了一支十余人的博士团队，经过认真酝酿、反复推敲，撰写了《中原经济区建设重要理论问题研究》这本书，以此使自己能够融入中原经济区的大建设之中。何谓重要理论问题？当然应是围绕国家对中原经济区建设的战略定位、战略重心、战略任务相关的问题，抑或说就是我们认为在建设中原经济区过程中应该重视的重大问题，包括如何在现阶段发挥城镇化引领作用及协调好与工业化、农业现代化发展的关系等。具体又是从工业化、城镇化、农业现代化各自发展与“三化”协调；区位优势与物流、商务服务业发展；中原经济区建设中的资本运作与金融中心构筑；文化产业与文化软实力提升；产学研联盟；以及对中原经济区建设的指标评价、预警；等等。当然，学界只能是发挥自己的优势，从理论上提出并进行阐释。基于此，本书定位于重要问题，立足在理论研讨上，希望能为建设中原经济区做一点小小的贡献。

我们的研究还是初步的、肤浅的，我们还将继续深入地研究下去，我们愿意与全省人民一道，全身心地投入到建设中原经济区的大工程、大运作之中，满怀信心、满含激情地去迎接中原崛起、河南振兴的美好明天。

河南省人文社科重点研究基地

河南财经政法大学河南经济研究中心主任

郭　军

2011 年 12 月 28 日

目录

第一章　提升中原集约型城镇化质量，发挥新型城镇化引领功能

长期以来，河南城镇化水平一直低于全国平均水平，这严重影响了河南经济的健康快速发展。为了更好地落实国务院32号文件和贯彻省委九次党代会精神，必须深刻认识河南城镇化发展面临的挑战。不仅要有针对性地提出构建旨在提升城镇化质量的制度支撑体系、公共服务支撑架构，更要在新型城镇化引领下的“三化”协调发展方面有所作为。

新型城镇化是指人口高度集聚、人口流动有序、人均公共服务大体均等的集约型城镇化，是城乡基础设施与公共服务统筹、城乡治理一体化的城镇化，是城乡居民国民待遇一致性的城镇化。之所以要让这样的集约型城镇化来引领，是因为它既可以为工业和现代农业腾出更多的发展空间，又可以为工业化和农业现代化提供先进的生产要素和高层次优质服务，还可以为市民和农民创造广阔的市场与就业场所。正是从这个意义上讲，中原经济区的建设必须在新型城镇化引领之下进行“三化”的协调发展。

一、中原城镇化面临的挑战

城镇化战略对推进现代化、带动区域经济发展具有十分重要的意义。河南作为全国人口的第一大省和农业大省，改革开放以来，城镇化水平虽取得了一定程度的发展，但长期低于全国平均水平，和发达地区和省份相比差距更大。城镇化发展迟缓在一定程度上制约着河南经济的进一步增长。因此，应认清河南城镇化的发展现状，并与全国地区对比中发现城镇化存在的问题。

（一）与发达省份比较，中原城镇化增速慢，质量低

我国整体城镇化的发展基本上是伴随着工业化的发展而推进的，城镇化发展经历了一个曲折过程。新中国成立初期，受国际国内复杂的政治环境和国内经济基础薄弱的影响，城镇化的整体进程比较缓慢。改革开放初期，河南的城市化速

度呈现低速、缓慢发展的态势。这一时期河南省仅有城市 12 座，其中，10 万人以上的城市只有开封一座，5 万~10 万人的城市有 6 座；城市人口仅占全省总人口的 6.4%。1949~1952 年，全省工业产值由 2. 29 亿元增加到 83. 83 亿元；城市人口由 265 万人发展到 342 万人，城市人口占全省总人口的比重由 6.4%提高到 7.8%。①

城镇化率通常是用城镇人口占总人口的百分比来表示，用于反映人口向城市聚集的过程和聚集程度。从表 1–1 可以看出，1990 年，河南城市化水平与全国平均水平相差 10.9 个百分点，居于全国第 28 位，和东部发达省份相比差距更大，和北京相差 53.35 个百分点，和上海相比，更是相差 57.11 个百分点。到了 2000 年，河南城市化水平与全国平均水平相比，差距进一步拉大，由原来相差 10.9 个百分点，扩大到相差 12.89 个百分点，位次由原来的全国第 28 位下降到了第 30 位，位列全国倒数第二位，仅仅高于西藏（18.93%）。可见在 1990~2000 年这 11 年间，河南城市化进程与全国相比，不但没有进步，反而退步了不少。目前发达国家和地区的城镇化率均在 70%以上，欠发达地区和国家城镇化率在 40%左右，2009 年我国平均城镇化率为 46.59%，大部分发达省份比如北京为 85%，上海达到 88.6%，天津为 78.01%，广东为 63.4%，而河南仅为 37.7%，河南省的城镇化率无论与国外相比，还是与我国平均水平以及我国发达省份相比，均有相当大的差距。

表 1–1 河南与东部发达省份城市化率比较

单位：%

年份	全国	北京	上海	天津	广州	河南
1982	21.13	65.07	59.91	68.79	19.37	14.32
1990	26.4	68.85	72.61	70.85	39.75	15.5
2000	36.2	77.64	88.47	77.64	55.65	23.2
2009	46.59	85	88.6	78.01	63.4	37.7
增长速度	0.94	0.66	1.5	0.26	1.73	0.67

资料来源：作者根据《中国统计年鉴》相应年份整理。

表 1–2 2008 年底河南省 17 个地级市城市化率

单位：%

	郑州	洛阳	鹤壁	焦作	三门峡	平顶山	新乡	漯河	开封	许昌	商丘	濮阳	信阳	南阳	安阳	周口	驻马店
城市化率	62.3	42.6	47.8	45.3	43.9	40.2	39.2	37.5	37.7	37.5	31.5	33.8	32.6	34.9	37.3	27.7	27.7

资料来源：《河南省统计年鉴（2009）》。

① 王志电. 河南城镇化进程及对策研究［J］. 学习论坛，2008（2）.

从表 1–2 可以看出，河南省内部各地区之间的城镇化率差距也较大，省会郑州的城镇化率最高，周口、驻马店的差距很大，将全省 17 个地级市的城市化率与全省及全国平均水平比较，超过省平均水平的有 8 个，不及的有 9 个；超过全国平均水平的只有 2 个，相当的有 1 个，不及的有 14 个。

从表 1–1 可以看出，河南省城市化进程较为缓慢，1982~2009 年河南省城市化水平提高了 23.38 个百分点，年均增速为 0.67%，而全国城市化水平提高了 25.46 个百分点，年均增速达到 0.94%，上海平均增速达到了 1.5%，广东更是达到了 1.73%，河南和发达地区的城镇化增长速度差距还很大。分阶段来看，河南省城市化进程呈现出先慢后快的特点。1978~1995 年，河南省城市化水平仅提高了 3.6 个百分点，年均增长率为 0.21%，而同期全国的城市化水平提高了 11.1%，年均增速为 0.65%。1996 年以来，河南省城市化进程增速加快，10 年间城市化水平提高了 14.1 个百分点，年均增速达到 1.41%，高于同期全国 1.34%的平均增速。

河南在推进城镇化的实践中片面强调了小城镇建设，而忽视甚至是人为抑制了大城市的正常发展。这种做法不仅延缓了河南城镇化的步伐，而且降低了城镇化发展的内在质量。河南省的城市发展质量较低，与上海、北京相比存在较大差距。分别从以下几个方面来说明：①河南省城市经济发展迅速，GDP 增长速度超过上海、北京的平均值，但是由于其产业结构不合理，三产比重过低，导致河南省城市经济可持续发展能力低下，经济发展质量低。②在生活质量方面，主要表现在城乡居民的消费水平比较低，消费结构不合理；城市的住宅基础设施及通讯便利程度比较低，严重影响了居民的生活质量。③在社会发展方面，城镇基础设施滞后，不能满足城市的发展和需求；科技投资力度不大，居民整体受教育年限不高，导致河南省社会发展质量水平低下。④在资源与环境方面，由于河南人口多，城市人口密度大，虽然比较注重绿化，但随着经济和社会的发展，工业化的推进，城市生态环境质量破坏比较严重；环境的治理力度不强，影响经济社会发展。[①] 从城乡居民收入差异程度来看，河南省的城乡居民收入差异较大，城镇居民收入水平远远高于农村居民，属于典型的二元结构。

（二）与乡村人口比重小地区比较，中原城镇体系人口集聚度低

在城市化的内涵中，第一要义就是人口逐渐由农村转移到城市，从而使农村人口减少，城市人口增加。因此，人口是影响城市化进程快慢与否的重要因素之一。河南是全国的人口大省和农业大省，农村人口基数大，人口增长绝对量多。与人口稀疏地区相比，农村人口众多。从表 1–3 可以看出，我国乡村人口比重小

① 孙静，苗洁. 河南省城市化质量问题研究［J］. 消费导刊，2008（4）.

地区不仅总人口较少，乡村人口也较少，乡村人口占总人口的比重仅为20%左右，对比河南省乡村人口占总人口比重62.3%，差距很大。

表 1–3 2009 年河南与人口稀疏地区的人口对比

	北京	天津	上海	宁夏	海南	河南
总人口（万人）	1755	1228	1921	625	864	9487
乡村人口（万人）	263	270	219	337	440	5910
所占比重（%）	15.00	21.99	11.4	53.9	50.87	62.30

资料来源：www.stats.gov.cn.

河南地处中原，历史悠久，自古就是人类活动中心，古代文化的策源地。1949 年，全省人口 4174 万人，1980 年发展到 7285 万人，占全国总人口的 7.4%，仅次于四川省和山东省，居全国第 3 位。其中，农村人口由 1949 年的 3866 万人，发展到 1980 年的 6608 万人，31 年中农村人口增长了 2742 万人，增长 70.9%，平均每年增长 88 万人。[①] 2009 年底，总人口 9487 万人，乡村人口 5910万人，农村人口比重达 62.3%，平均人口密度在 566 人/平方公里。这意味着，即使在人口不变的情况下，城市化率每提高 1 个百分点，城市就要接纳近百万人，若要使河南省的城市化率达到全国 2008 年的水平，即 45.7%，则要使近千万人移居到城市。这将引起整个河南社会经济的巨大变化，同时也对河南的城市建设提出了严峻的考验。

在当代中国，受到户籍制度等诸多人口流动限制因素，使得中国的人口在很大程度上是不能随意流动的。河南省同样也是这样，由于人口流动的限制使河南省出现了人口分布不均衡。有些新型地区急需人力资源却不能很好地吸纳到人口，而有些地区人口规模已经成为一种制约当地城市化建设的包袱，出现了人口聚集度低的现象。人口在各城市间的自由流动随着交通事业和通讯事业的不断发展已经越来越便利，但是人口在各地区之间所受的待遇却全然不同，甚至是被人为规定的。在户籍所在地，可以享受医疗保险社会保障等多方面的社会福利，享受当地人的待遇，同时享受住房补贴和子女入学等多方面的优惠政策，而在非户籍所在地，人们享有的福利却很少，甚至在子女入学等大问题上还受到很大程度上的地区歧视。这种福利差异是制约人口流动的主要因素，而造成这种福利差异的主要因素是我国的户籍制度。

城市化的推进不仅是人口在空间方面的转移，同时也是其生产、生活方式的转变，即要求农民由从事第一产业转向从事第二、三产业，由乡村的生活方式转为城市的生活方式。而这之间包括情感因素的转换成本也成了阻碍城市化推进的

① 林富瑞. 河南农村人口与农业生产的关系［J］. 河南农林科技，1982（1）.

制约因素之一。人口素质的制约体现了一个人口层面上的二元结构，城市人口和农村人口不能完全融合、城市生活方式和思维方法与农村不能融合。正是这种人口层面上的二元结构制约了这些城市经济的发展和城市化的建设。

（三）与东北、西北比较，中原城镇空间资源短缺严重

从表 1–4 可以看出，我国总体土地面积较大，但主要位于东北、西北地区，其中新疆和西藏占有土地比重最大，东北地区的黑龙江也占很大比例，和这些土地资源丰富的地区相比，河南省的土地资源还是很有限的。

表 1–4　河南与东北、西北地区土地面积对比

单位：万公顷

全国	辽宁	吉林	黑龙江	内蒙古	新疆	西藏	河南
95069.31	1480.63	1911.23	4526.45	11451.21	16648.97	12020.72	1655.36

资料来源：www.stats.gov.cn.

河南省土地总面积 16.55 万平方千米，但是由于人口众多，人均土地资源占有量少。全省现有土地总面积 2.48 亿亩。其中，农用地 1.8 亿亩，建设用地 0.32 亿亩，未利用地 0.3 亿亩，分别占土地总面积的 74.28%、12.9%、12.8%。在农用地中，其中耕地 1.1 亿亩，园地 0.048 亿亩，林地 0.4 亿亩，牧草地 21 万亩。在建设用地中，居民类及独立工矿用地 2700 万亩，交通运输用地 170 万亩，水利设施用地 272 万亩，分别占建设用地的 86.21%、5.31%和 8.48%。[①] 随着城镇化的推进，河南省耕地面积逐年减少，每年耕地面积以 20 多万亩的速度减少，土地后备资源已经亮起“红灯”。

河南省耕地总体质量不高，现有耕地中，有水源保证和灌溉设施的耕地面积仅占 40%，抵御自然灾害的能力较低；土壤肥力偏低，耕地退化和污染严重，处于耕地第五级水平，在全国属中下等。据农业部门推算，全省农田受污染耕地面积已达 3500 万亩，每年直接经济损失 12.1 亿元。耕地后备资源严重不足，河南省土地开垦历史悠久，开发程度较高，是全国耕地比重较大的省份之一。未利用土地仅占 12.92%，且多数分布在山地丘陵地带，开发利用难度很大。河南省土地资源的集约利用矛盾突出，城镇道路及公共绿地比重普遍偏低；小城镇土地利用集约化程度较低；城乡接合部和农村土地利用率较低，管理较为混乱；部分开发区未纳入城镇统一规划管理，土地浪费问题较严重。

现有土地制度对农民由农村向城市转移也有较大的障碍，主要表现在，土地集中与劳动力转移不同步，不利于形成农业生产的规模经营。河南省的第一产业

① 科文. 河南土地资源知多少［J］. 科技之窗，2005（3）.

占 GDP 的比重只有 14.4%，而第一产业的就业人口却占到就业总人口的近一半。我国已经有大量的农民实现了向非农产业的转移，但是却没有实现与土地的分离。由于产权不清，土地转让的成本过高，出现了不耕种的仍占有土地，而想耕种的却又得不到土地的局面，从而不利于农民间的分工与专业化，难以形成农业生产的规模经济。还有与现行农村土地制度相适应的家庭联产承包责任制已经接近尽头，其对农业生产的促进作用接近释放完毕，相反却逐渐成为农业发展现代化和规模经营的阻碍。可见，现行的土地制度是阻碍河南省城市化推进的重要制约因素之一。

二、中原集约型城镇化的制度支撑体系

城镇化支撑体系的构建是本书的重点。城镇化支撑体系是以实现城镇与区域可持续发展为目标，保证城镇化持续、健康、快速的发展，适应和推动社会进步的制度支撑、公共服务和产业支撑等保障、支持要素的统一整体。下面分别阐述制度支撑体系与公共服务支撑体系。

（一）属地户籍制度

随着我国经济发展和社会的高速变迁，我国的人口流动尤其是农村人口向外流动现象日益活跃。流动人口不仅规模庞大，而且流动性极强、人员组成复杂、大多处于生育旺盛期，这给我国的人口和计划生育工作带来了巨大的压力和挑战。目前，全国各地正在推行户籍制度改革，旨在改革过去二元户籍制度把户口分为非农业户口和农业户口的做法，通过建立城乡统一的户口登记制度来打破城乡分隔，实现城乡劳动力的自由迁移。河南是一个农业大省，其乡村人口占城镇人口比重较大，要搞好新形势下的流动人口户籍制度问题，必须要有工作机制上的创新。本书认为，“属地化管理、市民化服务”是一种有效的户籍管理机制。

（1）强化对户籍属地化管理的考核问责制。流动人口的计划生育管理与服务，是一项高难度的工作，既要顺应城市化的发展方向，又要遵循人口计生工作的自身规律，注重权、责、利的统一与对等。要推行流动人口属地化管理，就必须建立和完善权责利统一的流动人口计划生育管理与服务的考核评估体系，把全省各地流动人口跨省出示的假环孕检证明、政策外生育、选择胎儿性别的地点与人数，汇总上报国家人口计生委，国家人口计生委再参考上述指标的数额，综合评估人口计生工作的整体水平，切实把流动人口出示假环孕检证明、政策外生育和选择胎儿性别的结果纳入现居住地的考核指标与问责项目，让属地化管理落到

实处，担起实责。[①]

(2) 健全完善属地管理机制。首先街道、社区要落实人户分离对象的"同宣传、同管理、同服务、同待遇"的计划生育机制，加强宣传教育，要采取多种形式，通过多种渠道，广泛深入地宣传计生属地管理的重要意义，提高市民的属地管理意识。其次要打破以户籍为主的管理观念，进一步树立人口与计划生育工作"一盘棋"观念，从以往的被动管理转变为主动管理。实行以现居住地为主进行管理，明确人员流入地的管理职责，健全计划生育网络。再次，突出重点，分类管理。对人户分离以区外、区内街道间、区内街道内三种行政区域类型进行分类管理、分类指导。最后，推行商品房住宅小区计划生育工作责任合同制。明确房地产开发商、物业公司对其开发和管理的商品房住宅小区应承担的计划生育责任，落实相应的计划生育管理措施。[②]

(3) 建立健全流动人口计划生育的组织管理体系。在现行体制中，流动人口与当地政府没有直接的行政隶属关系和经济依附关系，流出地和流入地双向管理、相互沟通还有一定的体制上障碍。在这种情况下，必须建立健全现有流动人口计划生育的组织管理体系，尤其是基层流动人口计划生育的网络体系。一方面，切实加强组织领导，及时协调解决流动人口计划生育工作中出现的突出矛盾和问题，各相关部门主动反映情况，沟通信息，提出建议，争取支持，切实做到齐抓共管、综合治理，共同把流动人口的计划生育工作做实、做到位、做好。另一方面，在建立健全流动人口计划生育组织管理体系过程中，加强流动人口自身的组织建设，特别是吸纳有能力、热心计划生育事业的流动人口建立流动人口计生协会，开展计划生育自我管理、自我教育和自我服务，并将其纳入社区计划生育协会中开展工作。为了发挥人口红利的积极作用，河南于 2011 年 11 月又出台了新的计划生育条例，其中一条规定："双独"子女可以再生第二胎。这样可以更好地解决河南省未来几十年面临的人口老龄化问题。

(二) 柔性土地产权制度

农业、农村和农民问题是当前我国经济和社会发展中的头等重要问题，其中产权问题是农村土地制度的核心问题。河南省是全国农业大省，鉴于河南省目前土地资源有限，土地产权制度的改革显得尤为重要。在现行的家庭联产承包责任制下，大部分农村地区根据集体土地的质量和数量，把土地按劳动力或人口平均分配，以保障农民平等的经济权利。特别是由于婚丧嫁娶、新生人口的不断变化形成承包地的内在压力，个别地方采取"三年小调整五年大调整"的办法，不断

① 黄宇凤. 对流动人口属地化管理现状的调查与思考 [J]. 人口与经济，2010 (4).

② 赖瑞辉. 关于城市人户分离计划生育属地管理的思考 [J]. 内蒙古电大学刊，2007 (3).

重新分配承包地，农村的这种生产组织形式使农地经营分散，难以形成规模效益。在这种情况下，应根据各地的实际情况，构建柔性的土地产权制度。

（1）划分土地功能。对农村土地进行功能划分，是界定产权的前提和基础。农村土地可以划分为公用和农用两大部分，农用土地主要包括耕地、经济林地、经济水面等，公用土地主要包括公共的水塘、水库、试验田、道路、文化、行政办公用地等，此外还有宅基地。对土地功能进行区分，就能够对应确定产权归属范围。这一工作职责应该由县级人民政府的职能部门来履行，严格按照土地功能划分确保土地性质、功能稳定。国家拥有土地的宏观调控权，通过决策、计划、指导、协调、审批、监控来规范农村土地的土地流转、基本用途及征地行为，特别对地方政府的土地政策及执行活动予以约束、监督、规范，即维护了农村社会的稳定和国家的整体利益，保障农民土地产权的享有。一般情况下，土地转让原则上只能用于农业生产，若为工业、商业用地，则必须经县级人民政府批准，或报经省人民政府国土管理部门批准。通过最严格的措施，确保辖区内国家规定的农用耕地基本不少。

（2）强化土地登记工作。要加强土地登记的规范化建设，特别是对一户多宅和超过法定面积的处理上，要依法进行，保持集体建设用地使用权在不同主体间的公平和公正，而且要强化集体土地变更登记工作，依法改变土地权属或土地用途的，应及时凭有关批准文件及有关申请资料，办理集体土地使用权变更登记手续，以加强对集体土地产权流转的检查监督，及时发现和制止违法行为，切实保障土地权利人的合法权益，保证地籍资料的连续性和系统性，做到以证管地，为集体建设用地流转创造良好的市场环境。①

（3）明晰产权主体。即在明确国家、集体、农户个人的土地产权关系基础上将农村土地量化到每一个农民头上，使农民真正成为土地的主人。操作方法可以是以农户现有人口为基数，以当前的承包土地为基础，根据耕地位置、肥瘠等因素将土地合理搭配，量化到每个人，分配到户。今后无论人员增减，不再调整所有权，而是通过土地流转来实现产权的变化。尽管采用这种方法可能局部地区出现人为分配不公的现象，但就目前而言只能以承包地和人口为基数比较适宜，为多数人所接受。②

（三）就业带动型拆迁补偿制度

经济发展必定推进城镇化的发展步伐，城镇规模也会不断扩大，城镇规模的

---

① 高天晖，刘亚臣，曲刚，范凯. 进一步完善集体土地产权制度的几点思考［J］. 太原城市职业技术学院学报，2010（7）.

② 盛琳. 推进我国农村土地产权的制度创新［J］. 湖南行政学院学报，2010（1）.

扩大就吸引城镇周边地区和郊区向城镇迁移，城镇的土地规模扩大，就引起拆迁等一些问题。在城市房屋拆迁过程中亦不断出现大量的拆迁纠纷且有的地方还出现过激行为。其根本原因在于我国城市房屋拆迁补偿制度还不完善，难以切实保障被拆迁人的合法权益。针对城镇周边地区和郊区经济不发达现象，应该形成就业带动型的拆迁补偿制度。

（1）完善城乡一体化的劳动力市场体系，消除待遇歧视。让失地农民随身份的改变一同享有该“身份”附加的待遇，彻底消除对失地农民的歧视。首先，通过城乡一体化劳动力市场把失地农民纳入城镇就业体系，使其与城镇居民一样平等地享有就业培训、择业指导、职业介绍等方面的就业服务。其次，失地农民“农转非”后，相关的配套措施要进行改革，使失地农民不仅在接受职业培训、就业援助、自主创业等方面享受到应有的政策待遇，而且也平等地享有城市的教育、公共卫生、社会保障等待遇。只有这样，失地农民才能更快、更好地融入到“农转非”后的新生活中。

（2）要建立健全失地农民再就业培训机制。失去土地后面临失业是失地农民遭遇的最大问题。农民失去土地后，客观上需要从农业转向其他行业，但由于大多失地农民不懂技术，就业难度相当大。当地政府要结合本地产业、企业发展状况，建立职业技能培训中心，定期或不定期地免费为失地农民开展职业技能培训。要为接受培训并考核过关的失地农民，安排相应的就业岗位，实现重新就业。劳动就业部门要免费为失地农民提供就业信息，组织劳务输出，引导失地农民自谋出路。对于想创办个私民营企业的失地农民，要在资金、技术等方面给予帮扶。政府应在贷款、税收、场地等方面对自谋职业和自主创业的失地农民提供优惠政策。金融部门也要适当放宽信贷条件，降低贷款门槛，鼓励和扶持失地农民发展生产。失地农民申请个体工商经营，各部门要简化手续，并在一定年限内享受与城镇下岗职工同等的税费待遇。

（3）大力发展社区服务业，努力开发社区岗位。随着“城中村”改造以及“农改居”的不断推进，新社区形成后，人口相对聚集，其管理和服务的规范化和统一化要求将会越来越高。社区服务和管理需要大量的工作人员，如保洁工、保安员、家政服务人员等，这些都是比较适合失地农民的岗位。在社区建设的过程中，一定要把扩大就业与社区服务结合起来，依托社区阵地，发动和组织社会力量开展社会化服务，适时开发社区就业岗位，并有意识地扶持和培育这些岗位，就业的对象可以采取向“城中村”改造后的农民倾斜的优惠措施。此外，随着城市化进程的推进，城市基础设施的建设和公共物品的提供，也必然会带来大量的就业岗位，这些都将成为“城中村”改造后的农民就业的去处。

（四）科学城镇管理制度

政府的一个主要职能应该是把现代城镇规划好、建设好、管理好，实现城镇的快速、健康、可持续发展，推进城镇化进程。河南省各级规划为城镇化进程的推进指明了方向；各级政府的科学管理，将促进城镇化有序推进；针对河南省具体情况制定的各种制度也必然直接作用于河南省的城镇化进程，或者通过经济发展等间接促进城镇化发展。

（1）建立市场化运作机制。城市管理要改变过去政府包揽的弊端，逐渐形成“政府引导、市场运作”相结合的市政公用事业多元化的发展格局。积极推进市政、环卫和园林绿化三支队伍的“事转企”改革，实现其用人、用工、分配三项制度改革，解决其医疗保险、养老与失业保险等问题；进一步向各区下放城建资金、人事和城市管理权限，强化区一级公共服务的权、责、利统一管理；按照“政企分开、政事分开、建管分开，市场运作”的思路，进一步转变“政府包揽、垄断经营”的城市管理模式，开放作业市场，走专业化、企业化经营路子，建立起政企分开、投资多元化的公用事业市场化的运转机制，实现自主经营、自负盈亏、自我发展的社会化服务。①

（2）建立起公众广泛参与的监督机制。公众参与各种非政府组织是城市管理的基础细胞，只有社会组织与公众广泛而自觉地参与，城市管理机制才能从被动外推转化为内生参与，从而实现城市管理的良性循环。城市管理要接受各级人大、政协的工作监督、法律监督和民主监督。要推行阳光操作，开展公共服务设施工程公开招投标制度，实行公用事业收费价格调整听证会制度等，让公众参与到城市管理的决策、执法、监督和公共设施建设等的过程之中，提高城市管理的透明度。要建立“政府花钱建机制，百姓花钱买服务”的管理机制，使城市管理形成市场化、专业化、社会化、规范化的长效管理机制。要发挥新闻媒体在城市管理工作中的舆论导向、社会监督作用，完善政务公开制度、群众举报制度、特邀监督制度。②

（3）实行精细化管理，探索建立城市管理的长效机制。城市管理是一项复杂的系统工程，如何处理好疏和堵、治标和治本、流通和交通、市容和繁荣的关系，走出“治理—反弹—再治理”的怪圈，巩固已取得成果，是一个值得研究的大问题。另外，随着城市的快速发展和城镇化进程的加快，城市居民文明素质不断提高，居民对城市高水平、高标准管理的期盼越来越强烈，这就要求我们对城市管理“更精、更细、更具体、更到位”。精细化管理是城市管理发展的方向，

---

① 王萍. 城市管理体制的创新思路［J］. 学术园地，2008（6）.

② 高梅生. 创新城市管理体制［J］. 经济管理者，2010.

也是高效能管理城市的基础。一是明确管理责任；二是加强城市管理立法；三是建立堵疏结合的城市管理模式；四是创新管理方法，积极探索促进城市管理的新机制新方法。

（五）城镇建设次序选择制度

改革开放以来，河南城镇化获得了长足发展。今后应根据城镇日益呈现出等级序列结构，实施层级结构分明、职能定位清晰，空间结构合理的大中小城市次序选择发展的城镇建设。城镇建设不仅是城镇化健康发展的客观要求，还是促进经济社会可持续发展的必然选择，而且对于实现河南经济社会跨越式发展，促进中原崛起具有重要意义。

按照国家城市规模划分标准，结合河南实际情况，目前河南城镇体系分 5 级：特大城市 2 个，分别为郑州市和洛阳市，占城镇总数的比重为 0.2%；大城市 7 个，分别为开封、平顶山、安阳、新乡、焦作、南阳和商丘，占城镇总数的比重为 0.8%；中等城市 15 个，分别为鹤壁、濮阳、许昌、漯河、三门峡、信阳、周口、驻马店、济源、巩义、项城、汝州、邓州、潢川和固始，占城镇总数的比重为 1.7%；小城市 108 个，占城镇总数的比重为 12.3%；小城镇 747 个，占城镇总数的比重为 85%。在河南城镇体系中，小城镇和小城市占有较大的份额，两项总和占河南城镇总数的 97.3%；特大、大、中城市所占比重较小，为 2.7%，尤其是特大城市和大城市，其比重仅为 0.2%和 0.8%。大中城市数量偏少，小城市和小城镇数量众多，是当前河南城镇体系的主要特征，也理应成为调整城镇体系结构和构建现代城镇体系重点关注的问题。[①]

首先，把郑汴都市区作为全省发展的核心增长极。郑汴都市区包括郑州市区、开封市区、郑州新区、新乡平原新区等。继续提升洛阳副中心地位，持续促进中原城市群建设。[②] 近期，以郑州新区发展建设为突破口，进一步完善功能，以吸引跨国集团入驻为契机，加速产业和人口集聚，扩大城市规模。中期，以跨国集团重大项目建设为支撑，在郑汴都市区形成组团式、网络化的复合型城镇密集区，提升辐射带动功能，放大整体优势，增强发展活力。

其次，建设半小时和一小时“交通圈”的中原城市群。以“城际公交 + 高速铁路”为纽带，形成以郑州交通枢纽为中心的半小时交通圈和中原城市群紧密层。主要包括郑汴都市区和洛阳、焦作、新乡、许昌、平顶山、漯河、济源等城市，重点建设包括核心圈层和紧密圈层在内的中原城市群城乡统筹改革发展试验区，推进城镇发展、交通建设和产业布局的统一。以高速铁路为支撑的一小时经

---

① 王建国. 河南构建现代城镇体系的现状分析及对策思路［J］. 城市发展战略，2009（12）.

② 张占仓，杨延哲，杨迅周. 中原城市群发展特征及空间焦点［J］. 河南科学，2005（1）.

济圈和辐射层，形成以郑州交通枢纽为中心的一小时交通圈和中原城市群辐射层，实现以郑州为中心、一小时通达南阳等九市的格局。范围包括河南的安阳、鹤壁、濮阳、三门峡、南阳、商丘、周口、驻马店、信阳九市，以及邻省的山西晋城、运城，湖北襄樊，安徽阜阳等地区。通过加快郑西、石武、郑徐、郑渝等高速铁路建设，强化与郑汴都市圈的联系，以及辐射圈层和紧密圈层的经济联系，共同构建向心发展、网络化、开放型的中原城市群发展框架。①

最后，有选择地发展小城市和小城镇。由于空间有限，耕地资源紧张，这就决定了河南不可能将所有的小城市和小城镇都纳入发展视野，必须依据“城镇建设次序选择制度”对重点小城市和小城镇或者有特色的小城市和小城镇进行集中开发，促进其成为容纳一定数量人口、一定规模产业的中等城市或大城镇。在此基础上，通过不同等级城市的辐射和带动作用来促进全省城市体系的整体发展。

三、中原集约型城镇化的公共服务支撑架构

由于我国长期以来的城乡二元结构制度，导致城乡居民在义务教育、医疗卫生以及社会保障等基本公共服务方面存在着巨大的利益差异，特别是由于30多年来我国各级政府在经济社会发展过程中，在建立和完善社会主义市场经济体制的进程中，效率优先的政策导向被无限放大，进而使城乡社会成员享受公共服务差距日渐扩大。河南省作为全国的人口大省和农业大省，这方面的问题尤为突出。我们应该根据这些存在的问题，构建集约型城镇化的公共服务支撑体系。

（一）教育供给均等化

河南省城乡教育差距表现是：在义务教育投资责任基层化的过程中，由于城乡之间的经济差异，造成城乡之间教育供给差异化，在学校基础设施、城乡教师配置和生均经费等方面，政府对城市学校的投入远大于农村。为了在短时间内解决人才紧缺问题，国家开始逐步在城市建立一批重点学校，河南省也是如此，然而，重点学校的建立不仅在人才培养模式方面引发人们的普遍争议，而且它的存在进一步加剧了城乡教育不均衡状态。根据这些问题，本书提出以下措施：

1. 实现最基本的教育服务均等化

为了实现教育均等化的目标，应确定基础教育“最基本办学条件”的标准。所谓“最基本办学条件”，主要是指为保证基础教育顺利进行所必需的最低水平

① 夏保林，任斌. 河南省现代城镇体系空间发展战略分析［J］. 地域研究与开发，2009（12）.

的各种物质和师资条件。河南省应根据对基础教育运行的实际调研情况，在综合考虑河南省各地不同的发展状况、物价水平等因素的基础上，结合各市财政的承受能力，公布最低的基础教育办学条件标准。各地的基础教育只允许高于这个标准，而不得低于这个标准。必须保证要有统一的最低水平的教学及教学服务设施，最低水平配置的教师资源以及最低水平的经费保障等内容。①

2. 加大农村基础教育经费投入

政府在相当长的一段时期内，财政经费应有计划地向乡村学校倾斜，各级教育主管部门应统筹城乡教育经费，有计划、有目标地将部分教育经费投资于乡村学校基础设施建设上，使乡村学生也能拥有较为完善的教育资源；同时加大乡村校舍维护改造和新建投入，进一步改善全省课桌椅条件，加强教师生活条件改造工程建设，有条件的市县可以推进中小学标准化建设。在教研资源分享上，要加强教育信息化工程建设，实现农村学校视频教学和网络教学的校校通、班班通，用信息化打开农村与城市教育接轨的一条通道。可以借助于现代网络技术，两校网站进行链接，传输考试信息、教学及考试资料等，建立两校教师 QQ 群，构建教研组、教师层面的日常备课交流平台，实现优质资源共享。②

3. 加强城乡教师队伍的建设

城乡教育差距很重要的一个原因就是师资力量分配不均，加强农村中小学师资队伍建设是提高农村教育质量的关键问题之一。要想从根本上加强乡村教师队伍建设，首先必须提高乡村教师的待遇，使之不低于城市教师的标准，实施乡村教师特殊津贴的形式，这样才能防止农村教师资源不断流向城市，引进优质教师进入乡村工作，并稳定其工作情绪。以城市教师支援农村教育为出发点，加大对农村学校的支援力度，定期从城市学校中选派优秀教师到农村任教，农村教师到城市学校学习；从城市学校中选派主干教师到农村学校上示范课、指导课等；建立城市学校新近大中专毕业生必须到农村支教一年的制度。切实加强城乡教师再学习机制，尤其是对学科师资紧缺的农村中小学，应加强财政和政策方面的支持，不断引进人才，健全教师队伍。③

（二）医疗服务优质化

社会保障是惠及社会主体人群、解决基本权益和生存问题的最直接、最具实效的社会公共产品。相对于政府需要解决的其他问题而言，这既是公共政府最重要的职能，又是构建和谐社会最基本的制度，更是协调当前社会与经济发展、缓

① 李晓嘉，刘鹏. 促进基础教育均等化发展的对策［J］. 经济研究参考，2010（12）.

② 傅托. 城乡教育均等化浅析［J］. 公共管理，2009（3）.

③ 刘飞翔，张忠厚，魏向平. 河南省城乡教育均等化问题研究［J］. 传承，2009（12）.

解社会矛盾的最直接、最有效的手段。医疗服务的好坏直接关系到城乡人民的切身利益，社会保障制度中的医疗服务更是重中之重。河南省在医疗服务上应注重优质化服务。

1. 构建优质高效的医疗服务网络

首先，把社区卫生服务机构作为大型和较大型的综合性医院的医疗服务网络。社区卫生服务是由全科医生为主体的卫生服务机构，通过合理使用社区资源和适宜医疗技术，融预防、医疗、保健、康复、健康教育、计划生育指导为一体，满足人民群众的基本医疗卫生服务。社区卫生服务是基层人群最先接触的医疗服务机构，是整个医疗保健体系的门户；它提供预防、医疗、保健、康复、健康教育等广泛和综合的服务；全科医生了解和掌握社区内外各种医疗资源的信息，并与之建立相对固定的联系，为社区患者提供会诊、转诊和咨询等协调性服务。[①] 其次，推行医生个人诚信医疗服务网络，病人在住院和门诊过程中，要与医生发生频繁和较长时间的交往，医患间建立良好的关系以医生的诚信为基础。医生的诚信包括医疗技术水平、服务态度、合理施药施治、对病人尊重和沟通等方面。医院应充分重视医生的重要作用，将医生视为医院最重要、最宝贵和最稀缺的资源，以建立合理有效的激励制度为手段，以医疗诚信为基础，促进医生建立忠诚的医患关系，形成医院医疗服务网络的重要组成部分。最后，要不断改善医疗硬件和软件环境，政府应重点加大对大型医疗设备的资金投入，加强医师队伍的建设力度，培养具有高技术水平的医师队伍。

2. 医疗服务群体多元化

新形势下，基本医疗保险将从单一的城镇职工向城镇居民、农村进城务工人员延伸，参保对象将呈现多元化、广覆盖、全方位态势，这就意味着过去制定的一些政策规定和管理办法将会出现不适应。提高定点医疗机构和定点零售药店的管理绩效，劳动保障行政部门正确处理继承与发展的关系，努力做到在继承中创新，在创新中发展。一是科技创新，加大“金保工程”基本医疗保险模块系统软件开发力度，加强计算机网络系统配套建设，逐步实现全统筹地区、全省乃至全国基本医疗保险“一卡通”，以降低成本，提升服务；二是机制创新，修改完善定点医疗机构和定点零售药店管理办法，进一步理顺管理关系，明确违约责任，以增加劳动保障行政部门的可操作性；三是制度创新，本着保障参保人员基本医疗需求，“以收定支、收支平衡”的基本原则，在不影响统筹基金抗风险能力的前提下，科学合理地制定个人账户适用范围、住院医疗费起付标准、“乙类药品”个人负担比例，进一步夯实定点医疗机构和定点零售药店管理的政策基础。[②]

---

① 匡莉，吴峰. 构建优质高效的医疗服务网络 [J]. 现代医院，2004 (5).

② 张廷平. 优质服务管理创新合力监督 [J]. 民生保障，2006 (5).

（三）养老服务社会化

我国人口老龄化速度快速发展。河南省是一个人口大省，其人口老龄化趋势也越来越明显，养老服务面临更加严峻的挑战。养老是民生之本，保障老有所养是保障民生的大事。但目前的养老制度存在法规不健全、管理不规范、资金投入不足、养老服务队伍素质较低等问题。因此，政府需要从以下方面改善养老服务。

1. 形成养老政策支撑体系

养老服务具有社会性、公益性的特点。必须遵循"政策引导、政府扶持、社会主办、市场推动"的原则，要根据老年人口数量增长和养老需求提高的要求，将老年公寓、养老院、敬老院等养老机构建设纳入规划，落实建设用地或提供相应的场所；要落实税收和工商费用优惠等政策，鼓励民间组织、企业和个人采取独资、合资、合作、联营、参股、租赁等方式创办养老机构，并积极支持以公建民营民办公助、政府补贴、购买服务等多种方式开展养老服务；要建立公开、平等、规范的养老服务业准入制度，并加强社工队伍和志愿者队伍的建设。要发挥公共财政的导向作用，逐年增加对老年服务性事业的投入，重点用在一些基础性、示范性老年福利服务机构建设。同时，采取民办公助的办法，用以鼓励、支持和资助各种社会力量兴办养老服务机构。①

2. 发展社区卫生事业，完善养老服务网络

社区居家养老服务是以家庭为核心、以社区为依托、以专业服务为依靠，为居住在家的老年人提供以解决日常生活需要、感情需要为主要内容的社会化服务。因此，全省应加大对公办养老福利机构的投入，加强农村社会福利服务中心设施配套建设，将福利中心管理人员和服务人员纳入事业单位管理，并通过培训不断提高其管理和服务水平。进一步增强福利中心承载能力，提高五保老人入住率，对愿意到福利中心养老的社会老人提供有偿服务。在积极鼓励支持和规范发展民办养老机构的基础上，在每个社区建立一个养老服务中心，在每个居委会建立一至几个老年日托站。社区（村）居家养老服务站将以社区（村）老年协会为平台或专兼职，有条件的就聘请专业服务人员，为老人提供"六助"即助洁、助浴、助医、助急、助餐、助行等日常服务。逐步实现"六有"即有居家养老服务组织、有为老服务场所、有休闲娱乐设施、有服务热线电话、有管理服务人员、有医护照料人员。利用机构养老的专业队伍和志愿者队伍为居家养老、社区养老提供专业化的免费低偿服务。同时，政府在完善医疗保障制度的建设中，应加快

① 楼言昌. 加快推进养老服务社会化体系建设［J］. 中国民政，2011（11）.

社区卫生服务体系的建设。[①]

3. 推进养老机构建设多元化和营运规范化

一方面，要在充分发挥公办养老机构主导性、示范性、辐射性作用的同时，按照“谁投资，谁管理，谁受益”的原则，鼓励和支持社会力量以独资、合资、合作等形式兴办养老机构，大力推动“民办公助”、“公建民营”等社会养老服务模式。养老机构建设主体的多元化，既能减轻政府的财政负担，又能增加养老服务机构的社会供应，能够满足不同层次、不同类型的养老服务需求，进一步缓解养老服务机构的需求和供给的矛盾。另一方面，要加大对养老机构的管理和监督。首先，要保证公办养老机构的建设质量，为社会各方兴办的养老机构起到带头示范作用。其次，要强化监管措施，切实保障老年人的合法权益，杜绝一切有损老年人权益的事件发生。最后，要建立健全养老机构的准入、退出机制以及评估、评审制度，规范养老机构建设标准，进一步完善养老服务机构的服务和设施建设标准。[②]

（四）住宅保障公共化

住房是不可缺少的生活必需品，住房保障具有民生性、公民应享有的基本居住权以及决策和提供主体（政府）的公共性，因而属于广义的公共产品。保障性住房是民生工程，是收入偏低的社会阶层享有基本居住权的体现，也是实现社会公平和国家长治久安所必需的条件。因而要把住房保障作为公共政策的一项重要内容，建立完善有关政策制度。

1. 创新经济适用住房制度

首先，健全经济适用住房的供给制度。全省经济适用住房需求巨大，而单靠政府自身的财力提供经济适用住房，则难以为继。因此，应当改变经济适用房单一的供应渠道，扩大房源，以解决经济适用房的供给不足问题。通过合作建房、空置商品房转化为经济适用房、利用存量旧房作为新建经济适用住房的补充。其次，创新经济适用房的分配制度。尽快制定城市中低收入线划分办法，规范和完善储蓄实名制，并实行个人收入申报制度；分配经济适用住房应坚持家庭住房面积和家庭收入的“双标准”；变只售不租为租售并举的住房分配方式；强化信息披露，引入社会监督机制。经济适用房的申请、审查、销售各环节应当公开透明。最后，完善落实经济适用住房的退出制度。健全定期审核制度，对售后经济适用房实行动态管理。应当建立严格的定期审核制度，主动对受惠中低收入家庭的收入情况和住房情况进行核查，并加强对补贴资金的监管，实行专项列支、定

① 肖伟军. 社会化养老服务体系的对策［J］. 价值工程，2010（2）.

② 骆玉婷. 加快推进社会养老服务体系建设研究［J］. 时代金融，2011（5）.

期上报和定期检查制度，力争建立各地区统一的经济适用房信息网络。[①]

2. 落实廉租房制度

廉租房制度是我国另一项重要的住房保障制度，政策设定目标定位于解决最低收入家庭的住房问题，政府以租金补贴或实物配租的方式，向符合城镇居民最低生活保障标准且住房困难的家庭提供社会保障性质的廉租住房。[②] 河南省首先应建立保障性住房项目责任制，会同有关部门把国家补助河南省的廉租住房建设资金落实到项目，并对各地廉租住房建设、租赁补贴资金发放、廉租资金落实情况进行月督察、季通报、半年总评、年终考核。其次，及时调整住房保障标准，进一步扩大住房保障范围。再次，筹集落实廉租住房保障资金，研究制定完善市、县廉租住房保障资金，落实筹集和中央廉租住房补贴资金分配等管理办法，督促各地按规定资金渠道落实廉租住房保障和建设资金，确保廉租住房建设项目顺利进行。最后，加快保障性住房项目建设进度。

3. 多渠道增加对保障性住房的资金投入

从理论上说，公共产品的生产和供给方式可有多种组合。鉴于保障性住房的特点，可以采用公共生产、公私混合提供或私人生产、公私混合提供的方式，多渠道地增加资金投入。对于廉租住房和公共租赁住房，政府可出资购建，由政府性投资机构或政府委托机构持有产权。可根据条件，把这类住房建设纳入政府采购范围，但要实行建设过程的产业化。政府还应利用土地出让金的减免、税收优惠、投资补助（补贴）和贷款贴息等，引导、鼓励和支持个人、机构投资者（含公积金的闲置资金）、房地产开发企业、生产经营企业和行业协会等参与保障性住房投资。[③]

（五）城镇基础设施便民化

近年来，河南省城市建设步伐进一步加快。尽管河南省城市基础设施水平已有较大幅度的提高，投资环境不断改善，但与部分省市乃至全国平均城市基础设施水平比较，仍有较大的差距。主要是城市基础设施规划设计水平低，工程布局不尽合理，建设质量也不高；城市基础设施管理比较混乱，产业化程度低，建设资金不足，投资渠道有待拓宽等问题。针对这些问题，应注意城镇基础设施的便民化建设。

1. 超前建设现代化基础设施

城镇基础设施系统性强，战线长，涉及项目庞大，牵扯的专业和部门广泛，

① 李磊. 论我国住房保障制度的完善［J］. 理论探讨，2011（1）.

② 陈柏东，张东. 房地产经济学［M］. 武汉：华中理工大学出版社，1996.

③ 邱泰如. 住房保障的公共性与相应的政府责任［J］. 红旗文稿，2011（3）.

尤其对规模较大的住宅小区来讲，基础设施建设的周期较长。因此基础设施建设计划必须时间超前，这样才能及时满足本区实际需求，避免大量临时性设施投资的浪费。另外，城镇基础设施标准也要超前，城镇基础设施的能力必须考虑未来城镇发展的要求，定在目前实际标准前面。这是因为城镇对基础设施的需求往往随着时代的发展而有较大的变化，而基础设施却常因系统复杂、投资巨大而不易及时调整。只有在时间和标准上做到超前建设基础设施，才能给城镇人民带来更大的生活便利。

2. 建立多元化的基础设施投入机制

城市基础设施是一种特殊的商品，又具有公共产品的特性。这就决定了在城市基础设施的建设和投资活动中，要重视发挥市场机制的作用，遵循价值规律，积极引导多元投资主体参与基础设施建设，又要重视发挥政府的宏观调控和主导作用，加大对基础设施建设的投入。只有按照社会主义市场经济的要求，充分发挥市场机制与宏观调控的双重作用，调动国家、集体和个人的积极性，建立多元化的投入机制，进一步拓宽筹资渠道，才能从根本上解决城市基础设施的建设资金问题。要保持投入的重点性，做到以点带面。政府对基础设施建设投入要有重点、分层次、有序地进行。每年挑选一批自然和经济条件较好、群众参与的积极性高的地区先行建设，以点带面，促进全省的基础设施建设。

3. 完善城镇基础设施经营管理体制

对政府和集体投资的基础设施，在确保安全、有效运行、发挥效能的前提下，鼓励采取承包、拍卖、租赁和转让等形式，引导承包经营，明确管护责任，实行市场化管理和商业化运作，以缓解设施在运行中各种经费不足的困境。把城市基础设施建设和解决各种城市难题结合起来，把城市综合开发和现有基础设施改造结合起来，把城市综合管理和发挥各方面的积极性结合起来，采取分级负责、深化改革、重点突破、适度超前、依法管理、综合整治的方略，强化对城市基础设施的统一管理、综合管理和协调管理，不断提高城市管理水平。

四、中原集约型城镇化与农业现代化之间的协调

伴随区域规划国家化、区域管理精细化、区域发展模式多样化的发展趋势，河南省在谋求国家区域发展战略中，系统提出建设中原经济区的战略思想。中原经济区的战略定位是全国“三化”协调发展实验区。“三化”协调即把加快工业化、城镇化与推进农业现代化结合起来。首先，城镇化与农业现代化的协调至少有以下几个方面：

（一）人口集聚与产业集聚相协调

河南省农村整体发展水平低，小城镇建设缺乏有力的产业支撑，对人口迁移缺乏应有的吸引力，盲目发展小城镇很可能造成极大的浪费。加上当前各城镇普遍实施降低进城门槛、膨胀城镇规模的战略背景下，城镇发展的产业支撑就成为城镇持续健康发展的关键。虽然城镇本身会因人口和经济的集聚效应而形成就业的乘数效果，但城镇现有的失业率已经很高。农村剩余劳动力向城镇的大规模转移，势必使城镇就业成为城镇发展的最大挑战。因此发展时要高度注意农村人口向城镇集聚与产业集聚相协调。

人口与产业的集聚互为因果、互相促进，是推进城市化的两个支点。城镇化的实质就是大批农民进城，成为市民，从事第二、三产业。产业集聚区是河南构建现代产业现代城镇与自主创新三大体系的载体，只有将大批农村剩余劳动力转移出去，才能实现农业生产的规模化、机械化、产业化、集约化，才能提高农民收入，全面繁荣农村经济，加快新型城镇化进程。引导河南农村剩余劳动力合理有序流动，也是加快农村剩余劳动力向非农产业和城镇转移，是工业化和现代化的必然趋势。因此，建设中原经济区必须加快“人口向城镇集中、企业向园区集中”的集聚发展步伐。

1. 通过规划引导人口聚集与产业聚集相协调

突出新城区和中心镇的建设，新的城区和中心镇应由以往的工业集聚为主向人口与产业集聚并举转变，按“不求最大，但求最佳”的理念，进一步完善行政、商贸、文化、金融等基础功能，营造宜人的居住环境，提高品位，以推进区域共进。优化工业园区布局，园区的规划应有前瞻性。在可能的情况下，体现出大手笔、大发展的气魄。要敢于打破原有的行政区划界限，坚持以经济优势建区的原则，避免产生数量与质量不对称的现象，真正做到企业集聚、资源共享、产业升级和环境创优来吸引人口向城镇聚集。

2. 实施产业聚集带动人口聚集战略

第一，要大力发展城镇第二、三产业。把发展第二、三产业作为推进城镇化的中心任务，才能不断创造城镇就业机会，从而不断吸纳农村富余劳动力进城就业。要把推进城镇化的重点，放在科技进步、制度创新、基础设施改善、增强企业活力和城市科学规划上，以此带动城镇第二、三产业持续发展、农民进城就业不断扩大和居民生活水平逐步提高。在发展城镇工业的同时，要大力发展现代服务业，改造提升传统服务业，形成竞争力较强的产业集群，为农村劳动力和人口的转移，创造更多的就业岗位积聚更多的人口。第二，要把消除城乡二元体制作为推进城镇化的关键环节，要建立城乡一体化的劳动力市场和生产要素市场，取消农民进城务工的各种门槛，顺畅城乡生产要素的合理流动，实现城乡资源的优化配置。第三，要把农民的教育培训作为推进城镇化的核心内容。在推进城镇化过程中，要强化对潜在移民的技能培训，使他们具有脱离土地进城谋生的实际本领，政府要积极整合各种教育资源，扩大农村劳动力培训阳光工程规模，不断提高农村职业教育质量，增强农民转产转岗就业能力，培养造就有文化、懂技术、会经营的新型农民。①

（二）人口集聚与空间集聚相协调

河南人口密度大，人多地少的矛盾异常突出。由于人口基数大，近年来仍然呈现递增趋势，人口的空间分布不均衡。人口密度最大的漯河市，每平方公里可达 936 人，而三门峡市的人口密度仅有 205 人，相差较大，人口总量较大的南阳、信阳两地区的人口密度不足 400 人。从广狭度和接近度来看，河南省人口的空间结构特征刚好与人口密度分布相反：人口密度越大的地区，人口广狭度越小；人口密度越低的地区，人口广狭度越大。如人口密度最大的漯河，人口广狭度最小，平均每人不足 1068 平方米，低于全省 1843 平方米/人的平均水平；而人口密度最小的三门峡地区，人口广狭度达到 4878 平方米/人，超出全省平均水平 3000 多。从人口接近度来看，则与广狭度呈相同分布趋势。河南省人口城市化划分为以下几个区域，在空间上表现为：黄河沿岸、京广铁路以西高人口城市化水平地区；京广铁路线以东低人口城市化水平地区；豫北、豫南中高城市化水平地区。针对人多地少的现状，在发展城镇化时，应该注意人口聚集与空间聚集相协调。

1. 优化人口与空间的合理布局

优化人口与空间的合理布局，是密切城市发展联系，降低城镇发展成本，拓展城镇发展空间、提升城镇化整体竞争力的重要基础。对城镇体系规划作适当调整，落实城市发展方向，合理确定人口城镇工业和生态用地规模，形成城市建设用地、农业用地、生态绿地和林地的科学格局。关键要优化城市内部结构。城市内部结构主要是指不同功能用地在城市内部的配置状况，它包括城市密度和城市平面布局两个方面。就城市密度而言，一块土地应达到怎样的密度才算经济，主要取决于土地自身的产出效益，而这又与城市的聚集效益相关。通常聚集效益高的地区土地价格较高，适当提高该地区土地利用的集约度能有效地利用资源，提高城市聚集效益；反之，则可以分散布局为主。但是，过于集约或是过于分散都有可能导致城市外部成本的增加，如密度过大造成交通拥挤和道路堵塞，过度分散延长了通勤距离等，都会增加通勤成本，降低城市聚集效益。②

① 吴海峰. 中原经济区城镇化战略格局探讨［J］. 中共郑州市委党校学报，2011（4）.

② 王晶. 优化城市空间结构实现北京城市人口与经济协调发展［J］. 现代财经，2003（1）.

2. 实行开放型城市化策略

推进河南省人口城市化进程的三个层面是：一是促进本地区内部总人口中城镇人口比重的不断提高；二是作为全省的城镇和经济密集地区，要引导省内跨区流动的人口迁入；三是在未来发展中，在更大的区域范围内，争取作为人口跨区域流动的迁入目的地。与未来发展趋势相协调，要面向全省和更大的区域范围，实施开放型的人口城市化战略。根据不同层面人口的流动特点，制定有利于区域人口城市化的政策措施，促进人口—乡村—城镇迁移和跨区域迁移，提高本地人口素质与引进各类人才资源并重，促进地区社会经济发展水平和发展潜力的共同提高。统一规划和共建、共享大型基础设施，优化区域用地结构，进而引导人口健康有序地向城镇空间流动和迁移，可持续地推进人口城市化进程。

3. 鼓励人口迁移

人口迁移是人口空间特征的动态变化过程。开放型的人口可以促进地区科学文化交流、自然资源开发和劳动力资源合理利用，并有利于调整经济结构、合理布局生产力，推动社会经济快速发展；相反，封闭型人口往往抑制社会经济的发展。作为人口大省的河南省，由于人均资源的不足，剩余劳动力浪费严重。针对这种情况，应提倡人口迁移，制定人口迁移导向政策，促使人口向省外经济发展良好区或省内经济较好区流动，鼓励国际人口输出，力图减轻河南省劳动力就业压力。也就是说，为了缓解河南省人口压力，提高其生产布局的经济效果，可以合理组织人口迁移，在人口迁移流量、流向和结构方面进行具体指导。

（三）人口集聚与环境生态相协调

河南省作为我国的人口大省，同时也是农业人口最多的区域，随着经济高速发展、社会急剧转型，人口、资源与环境发展现实情况复杂，总体仍处于紧张和失衡状态，实现持续、协调发展目标任重道远。从人口发展来看，中原经济区劳动力资源十分丰富，实际拥有人口 1.6 亿左右，其中农业人口达 1.1 亿左右，全部劳动力人口超过 1.1 亿人。换言之，该区域仅占用了全国约 1/32 的国土面积，却承载了全国约 1/8 的人口，是我国人口最为稠密的地区之一。人口结构性失衡给可持续发展带来重大影响，以老龄化为特征的人口年龄结构失衡、以出生性别比偏高为特征的人口性别结构失衡，以及人口分布失衡等人口结构性矛盾日益突出，数量巨大的农村人口加快向城镇转移，由此带来的城市公共服务、迁移人口社会保障及社会管理、社会融入等一系列问题，都会给中原经济区实现持续、平稳、较快发展带来巨大压力。人均资源占有水平相对不足，土地供需矛盾进一步加剧，人均耕地面积比全国平均水平少 0.16 亩。河南化学需氧量排放居全国第五位，二氧化硫排放量居全国第二位，亩均化肥施用量比全国平均水平高 90%。然而河南森林覆盖率仅有 20.2%，人均水资源占有量仅为全国平均水平的 1/5，由于环境承载能力严重不足，河流水质污染严重，劣五类水质河段占监控河段的25.6%。资源环境问题已经成为制约中原经济区发展的突出问题，高消耗、高排放、高污染的粗放式增长模式难以为继。加快转变经济发展方式、提升可持续发展能力已经势在必行。

1. 构建人口均衡型社会

需要实现人口内部均衡、人口外部均衡和人口总均衡。内部均衡通过不断实现以人口规模适度为重点的人口数量均衡、以人口质量符合经济社会发展需求为重点的人口素质均衡、以人口年龄结构和性别结构合理为重点的人口结构均衡和以人口有序流动、科学布局为重点的人口分布均衡等人口供给发展目标；人口外部均衡通过不断实现人口系统与经济、社会、资源、环境等外部系统之间的持续协调发展等人口需求发展目标；人口总均衡在促进人口系统与社会、经济、资源、环境系统供给与需求相互匹配、总体效益最大化的过程中，不断向着促进人的全面发展终极目标攀升，最终构建人口均衡型社会。①

2. 减少和治理污染，保护环境

人类的生存和发展离不开一定的环境，环境质量对人的数量和质量分布等产生重要的影响。另一方面，人口数量、质量和结构的变动直接作用于环境，尤其是人口数量长期持续增长，引起不同程度的环境恶化，已经开始危及人类自身的生存和发展。因此必须高度重视生态保护和建设与环境保护和污染治理的问题，并要采取有力措施加以解决。在生态保护和建设方面，要建立科学、完善的生态环境监测、管理体系，形成类型齐全、分布合理、面积适宜的自然保护区，建立沙漠化防治体系，强化重点水土流失区的治理，改善农业生态环境，加强城市绿地建设，逐步改善生态环境质量。在环境保护和污染防治方面，要实施污染物排放总量控制，开展流域水质污染防治，强化重点城市大气污染防治工作，加强重点海域的环境综合整治，要加强环境保护法规建设和监督执法，修改完善环境保护技术标准，大力推进清洁生产和环保产业发展。②

3. 构建生态和谐社会

围绕中原经济区生态和谐型社会建设，以山脉、丘陵、水系为骨干，以山、林、河、田为要素，推进建设桐柏山—大别山生态区、伏牛山生态区、南太行生态区、平原生态涵养区，构建横跨东西的黄河滩区生态涵养带和纵贯南北的南水北调中线生态走廊，构建中原经济区“四区两带”的区域生态格局，为保障生态的安全提供重要支撑。

---

① 人口长期均衡发展课题组. 以科学发展为主导，构建人口均衡型社会［J］. 人口研究，2010（5）.

② 王立华. 实现经济社会与人口资源环境协调发展［J］. 北方经济，2005（5）.

（四）人口集聚与疏散减灾相协调

城镇化的过程就是乡村人口向城镇流动，从而实现了人口集聚。人口聚集区一旦遇到突发事件和灾难，人员的及时疏散就显得很重要。大量的事实表明，人群聚集场所灾难事故发生后，不合理的人群疏散管理是造成严重后果的重要原因。在紧急灾害发生时采取正确的疏散避难策略可以大大提高疏散效率。

1. 建设城市防灾减灾体系

建立健全处理突发性灾害的体制机制，管理模式应向综合性转变。设立统一的自上而下的有准备的综合减灾管理部门或机构，担当起指挥组织协调的重任，建立健全统一指挥综合协调分类管理分级负责属地管理的灾害应急管理体制，集中领导与动员社会各方力量共同参与协调有序运转高效的防灾决策指挥体系。完善对突发事件管理的各级应急预案，全面提高救灾专业队伍的救灾、救援能力，推广生态文明宣传引导，树立全民安全意识。

2. 加强城镇防灾避难场所建设

人们在灾难发生后的一段时期内，躲避灾难带来的直接和间接伤害，能保障人民基本生活而事先规划建设的，有一定设施的场所。城镇防灾避难场所规划是由两个方面的内容构成的，即城市规划中的广场、绿地等开敞空间用地的规划和体育、文化、娱乐等公共服务设施用地的规划。城镇防灾避难场所规划理应是城市规划中上述两类用地的规划原则。

3. 推进科技减灾

城市灾害应急管理能力的大小，在很大程度上取决于科技进步的水准。因此，要大力发展防灾减灾方面的科学技术研究，把科技减灾纳入城市发展规划。要大力开展城市综合防灾体系的理论研究，开展各类灾害防治研究，掌握各种灾害发生的规律。要特别注意发挥信息技术在城市防震减灾中的作用，建立城市灾害和应急技术平台，力争在安全减灾科学技术及工程技术等领域的研究上达到国际先进水平。①

4. 人口聚集区的疏散策略

加强对安全疏散设施的监督检查。定期检查安全疏散设施，保证其处于正常工作状态，疏散门时刻能够被打开，报警系统与消防广播、疏散指示标志及应急照明系统时刻处于正常工作状态，保持疏散通道时刻通畅。加强疏散现场引导人员的培训工作，提高其现场的引导与维护疏散秩序的能力。明确各部门在应急救

① 顾建华，邹其嘉. 加强城市灾害应急管理能力建设确保城市的可持续发展 [J]. 防灾技术高等专科学校学报，2005（6）.

援中的职责及应该采取的措施，科学合理制定突发公共安全事件。密集人群疏散的方式方法，形成分工明确、功能完备、简洁明了、可操作性强的应急策略体系，加强疏散演练与疏散知识的普及。通过疏散演练，提高应变能力，使疏散现场引导人员的实战能力与经验得到提高，疏散人群对疏散路线更加熟悉，管理部门对疏散秩序的维护、疏散过程的组织协调能力增强。组织群众开展公益性质的疏散知识培训，增强群众的安全疏散意识及面对紧急事故时的应急处理能力。

五、中原集约型城镇化与工业化之间的协调

工业化与城镇化是经济和社会发展到一定阶段的产物。工业是人类经济发展到一定历史阶段上的产物，城镇则是伴随着工业的发展而形成的人口集中、生产要素集聚的载体。城镇化与工业化之间具有密不可分的联系，它们相互制约、相互促进、共同发展。河南工业化和城镇化发展进入了快速发展的中期阶段，二者呈现出明显的互动特征，但二者的互动发展面临不少障碍和问题。因此，构建河南工业化与城镇化互动协调机制，对促进全省经济社会的健康可持续发展具有重要意义。

（一）集约型城镇化水平与工业化水平之间的协调

衡量工业化和城镇化发展程度的主要指标是工业化水平（工业增加值占全部GDP的比重）和城市化水平（城市人口占总人口的比重）。各国经济发展史表明，在工业化前期，工业化率一般高于城市化率，即“城市化率/工业化率”的值小于1，但随着经济发展，这个比值会不断上升，一般在1.4~2.5为合理范围。“城市化率/工业化率”比值的上升，一方面是由于农村中大量手工业被城市大工业替代，农村非农人口向城市转移，工业化率不变而城市化率提高；另一方面则是因为第三产业在高度工业化基础上迅速发展，大量吸收农业剩余劳动力，从而推动城市化率上升。

改革开放以来，河南省城市化发展取得长足进步。1978~2009年，城市化率由13.63%上升到37.7%，城镇人口也获得较大的增长，但与全国平均水平相比，差距很大，和发达省份相比差距更大。河南省内部各地区之间的城镇化率差距也较大，省会郑州的城镇化率最高，周口、驻马店两市的差距很大。河南省的经济发展比较迅速，平均保持了8.5%的增速，经济总量2009年位居全国第五。工业化进程逐步推进，工业化率在1952年为4.4%，1978年为10.55%，2009年为

28.15%，河南省工业化水平在 2009 年超过全国平均水平，工业化水平比全国平均水平高出 0.98 个百分点（全国 2009 年工业化水平在 27.17%）。城镇化的发展滞后，导致了河南省城市工业聚集和辐射功能弱，城乡经济一体化进程缓慢，现代文明和工业文明传统影响力小，人口素质提高不快等一系列问题。城镇化滞后于工业化，已成为河南省经济整体实力提高的严重障碍之一。在推进城镇化发展时，要注意城镇化水平与工业化水平协调发展。

1. 切实稳定低生育水平，为工业化和城镇化进程减轻人口压力

城镇化的本质是人的城镇化，人口过多是制约城镇化发展的主要因素。为此，必须坚持计划生育国策不动摇，从全面落实科学发展观和构建社会主义和谐社会的高度，把人口发展摆到重要位置，对人口问题实行综合决策、综合治理，切实稳定低生育水平，控制人口数量，减少未来人口向城镇转移、就业的压力。同时，协同推进空间战略和产业战略，通过人口有序流动和迁移推进人口城镇化。

2. 大量转移农村剩余劳动力，增加就业，促进工业化与城镇化的协调发展

农村剩余劳动力向非农产业和城镇转移，是工业化和现代化的必然趋势。工业化和城镇化发展的过程就是调整优化产业结构、促进人口流动和向城镇转移的过程，这势必造成大量人口流动。要大量转移农村剩余劳动力，根本的办法就是坚持工业化、农村剩余劳动力转移与城镇化三位一体，防止产业“空壳”化：城镇化水平每提高一个百分点，可以转移农村人口 1300 万，城镇化水平越高，转移出路越广，就业比重也就越大。城镇化水平过低或滞后，转移出路狭窄，就业比重也就越小。要加强对工业化、城镇化进程中流动人口的研究，深入探讨土地、户籍、就业、社会保障、社会管理等方面改革中的人口问题，建立与产业结构协调发展相适应的人口管理服务体系，防止在工业化和城镇化进程中因计划生育管理服务不到位造成违法生育反弹。

（二）集约型、城镇化速度与工业化速度之间的协调

河南省城市化进程较为缓慢，1982~2009 年河南省城市化水平增长了 23.38 个百分点，年均增速为 0.67%，而全国城市化水平提高了 25.46 个百分点，年均增速达到 0.94%。分阶段来看，河南省城市化进程呈现出先慢后快的特点。1978~1995 年，河南省城市化水平仅提高了 3.6 个百分点，年均增长率为 0.21%，而同期全国的城市化水平提高了 11.1%，年均增速为 0.65%。但值得注意的是，1996 年以来，河南省城市化进程增速加快，10 年间城市化水平提高了 14.1 个百分点，年均增速达到 1.41%，高于同期全国 1.34%的平均增速，2009 年城镇化达到 37.7%，城镇人口也获得较大的增长。河南省的经济发展比较迅速，平均保持了 8.5%的增速，工业化率从 1952 年的 4.4%提高到 2009 年的 28.15%，增长了

23.75 个百分点。可以很明显地看出，河南的工业化发展速度也快于城镇化发展速度。为解决城镇化滞后的问题，应协调城镇化发展速度与工业化的发展速度。

1. 实施城乡统筹发展战略

用城乡一体化带动城镇化，在推进工业化和城镇化的过程中，应注意解决二元经济结构带来的城乡分割、城乡差别扩大的问题。为此应实施城乡统筹发展战略，推进城乡一体化。城乡统筹发展应本着工业化带动城镇化的发展思路，着力解决城市边缘区与核心区的统筹发展，以及城镇与乡村的统筹发展。对于城市边缘区与核心区的统筹发展来说，应将城市边缘区放在宏观区域的层面来考虑。

2. 加速城镇现代化进程

适应工业化进程，加速城镇现代化进程，为工业化及工业现代化创造良好的外部环境，是建立工业化与城镇化互动协调发展机制的重要内容。从工业现代化所需外部环境支持的角度看，城镇现代化建设的内容主要应包括经济基础设施和社会基础设施。从基础设施的产业属性看，大部分属于第三产业，一部分属于第二产业。因此，基础设施现代化的过程也是产业现代化的过程，即广义的工业现代化过程。从这里可以看出，城镇现代化与工业现代化是一个问题的两个方面，二者殊途同归、相互依托，是现代经济发展的统一体。也只有这样，工业化与城镇化才能够真正形成良性的互动机制。特别是当前应对国际金融危机，城镇现代化建设如果能够作为政府投资的一个重要方向，一方面可以扩大需求、拓展产业发展空间；另一方面可以为提升工业化质量创造良好条件，对河南促进经济社会发展而言亦不失为一条长短结合、标本兼治的途径。①

3. 推进再城市化升级与产业升级之间的融合过程

现有城市的再城市化是提升城市品位的具体表现形式，是提升集约型城镇化质量的主要措施，是老城区改造提高城市服务功能的载体。值得重视的是，城市再城市化过程要与产业升级紧密结合起来，特别是城市升级内容要与产业升级相匹配，为更高级产业提供高智商服务，这是城市再城市化的精髓。在这里，发展知识型高端服务业可以看作是城市再城市化与产业升级二者融合的融合性产业。这是因为，一方面，知识型高端服务业联系着城市，代表城市的发展层次；另一方面，知识型高端服务业联系着工业化中的产业，代表着工业的发展水平。这样一来，以研究开发设计为主要内容的知识型高端服务业就会成为加快城镇化速度与工业化速度的融合剂与催化剂。

① 王建国. 河南工业化与城镇化协调互动机制构建研究［J］. 中州学刊，2009（7）.

（三）集约型城镇化结构与工业化结构之间的协调

当前河南城镇化面临的主要问题是结构失衡和质量不高。河南省城市在全国位居前列，但中小城市居多，整体城市功能不强，周边农村人口基数大，尚未充分发挥出区域中心城市的辐射带动作用，中小城市带动本区域内经济发展的作用很不明显。整体来说，河南省的城市结构不合理，经济发展缓慢以及城市功能不强，导致了河南省城镇对经济的带动作用不足。

在改革开放以前，河南采取集中计划的单一工业化发展模式，片面强调重工业的发展。尽管这种工业化模式在特定时期起到了一定的作用，但却造成了重工业畸重、轻工业畸轻，工业化封闭发展，城乡经济结构二元化。改革开放后，虽然工业化进程不断加快，但"六五"、"七五"、"八五"计划依然突出重化工业，忽视轻工业的发展，工业发展中的结构偏差最终导致了就业结构和城乡人口结构未能随着工业化进程的推进而相应调整，从而影响到城镇化进程。针对工业化结构与城镇化结构的问题，应注重两者的协调发展。

1. 合理优化城镇结构

河南省的城镇化模式必须从人口密度、结构优化、国土利用效率要求出发，适应河南自然条件和经济社会发展的需要，为全省工业化和城市化快速协调发展提供重要的区域承载平台。优化区域城镇功能结构，是实现区域城镇产业特色鲜明，城镇功能互补的重要举措。根据各个城镇的实际情况，积极发展体现地方特色及比较优势的产业及关联产业，进而带动其他相关辅助产业的发展，以加快区域工业化进程。根据区域城镇的主导功能，优化区域城镇结构，构建由大、中、小城市及城镇组成结构有序的城镇体系，是实现区域城市化有序推进的重要策略。依据城镇化的外延扩张和内涵优化，构建不同层次的城镇化承载平台，以实现区域城镇化的个性发展和全面发展，通过构建功能互补、结构有序的区域城镇体系，必将对河南省的工业化和城市化协同发展产生积极影响。

2. 加快调整工业结构

加快实现工业结构的战略性调整，促进河南省工业尽快从以原材料为主的重工业发展阶段向以高加工度产业为主的发展阶段转变；彻底摒弃传统落后的农业生产方式和经营方式，注重发展现代农业和市场农业，加快推进整个农业的产业化、农业生产的现代化、农业科技的普及化、农业结构的合理化、农副产品的优质化、农产品销售的市场化；及时把握全球信息化与知识经济发展的趋势，不断强化科技教育创新意识，及时参与经济信息化进程，积极发展现代高新技术产业，重视利用高新技术成果改造传统产业，加快产业升级步伐，在世界新科技革命浪潮的带动下，实现若干重大产业和整个工业化进程的跨越式发展。[①]

（四）集约型城镇化规模与工业化规模之间的协调

河南城镇规模从空间分布看，2 个大于 100 万人的城市分别为郑州和洛阳。7 个人口规模 50 万~100 万人的城市中有 4 个分布在中原城市群地区，另外 3 个分别为南阳、安阳和商丘。14 个 20 万~50 万人的城镇中有 6 个分布在黄淮四市区域，有 4 个分布在中原城市群区域。32 个 10 万~20 万人的城镇中有 16 个分布在中原城市群区域，8 个分布在黄淮四市区域。中原城市群大、中、小城市发育较好，特大城市囊括了全省的全部，大城市和小城市分别占全省的 57%和 50%。

河南省经济发展正处于工业化的中级阶段，河南省经济总量 2009 年位居全国第五，工业增加值 2005 年为 3200.23 亿元、2007 年为 5438.06 亿元、2009 年为 7764.45 亿元、2010 年为 9901.52 亿元，工业总体规模不断扩大，河南省工业化水平在 2009 年超过全国平均水平，工业化水平比全国平均水平高出 0.98 个百分点（全国 2009 年工业化水平在 27.17%）。从整体上看，全省工业化规模也大于城镇化的发展规模。因此在促进城镇化建设中，要注意城镇化规模与工业化规模的协调发展。

1. 扩大第三产业发展规模

城市数量的增加和规模的扩大，将会带动第三产业的发展。第三产业的发展，一方面需要工业劳动生产率的提高和充分的专业化，同时更需要人口和工业生产在空间上的集中。目前，三次产业结构中的第三产业属于“短腿”，究其主要原因是城市化滞后和工业化的分散布局，只有集聚才能使第三产业发展有着必要的外部条件。公交车、文化娱乐、体育场馆、餐饮、旅店、商业银行机构等，都需要密集的人群和一定数量的服务对象，即便在一个城市中，人口密集区也比周边更有利于服务业的兴起，更不要说分散的农村和有一定自给性的农民了。有研究表明，即使在小城镇上的人口集聚也能创造出大量的就业岗位。[②] 对于河南来说，第三产业的发展既要重视生活型服务业的发展，更要重视生产型服务业的发展，因为后者的发展速度和发展水平决定工业化的速度和水平。正是从这个意义上讲，生产型服务业更能制约今后河南的工业发展规模和发展层次。

2. 推动城乡市场规模扩容进程

劳动力等各类生产要素在城乡间和产业间流动与市场发育、市场环境、市场规模关系密切。河南是一个传统的农业大省，市场经济起步晚，发育尚不成熟，生产要素在产业间、城乡间、地域间的流动受到前述的一系列城乡分隔制度的制

① 孙新雷，郭鸿雁. 河南省工业化与城市化协调发展研究［J］. 经济经纬，2003（5）.
② 孙自铎. 试析我国现阶段城市化与工业化的关系［J］. 经济学家，2004（5）.

约。从工业化与城镇化互动发展的角度看，必须进行一系列的制度创新，为生产要素正常流动扫清障碍，加快推进市场化进程，扩大城市的市场规模，培养成熟的市场主体，使经济主体能够克服传统的乡土观念，按照利益最大化的动机支配自己的行为；建立服务型政府，提高行政管理效率，为微观经济活动提供有效服务，为城乡市场规模扩张开拓前进道路。只有这样，才能为生产要素与经济主体在空间的聚集创造前提条件，使工业化与城镇化的互动过程得以顺利进行。

3. 扩大城市人口规模和提高城市工业规模同步进行

从总体上看，发展服务业是为了提高城市品位和工业发展效率，但是这二者都离不开最核心的工业。一个城市如果没有工业，人口就失去了附着的载体，这个城市因此就会出现产业空心化的不良状态，服务业也就没有了服务的对象。因此，扩大城市人口规模必须以提高城市工业规模为前提。在现代工业体系中，尽管资本密集型产业和知识密集型产业代表工业发展水平，但是对于河南来说，发展劳动密集型产业更符合资源禀赋状况，因为河南劳动力资源丰富。为此，在进行技术创新方向选择时，要注意工业技术创新的资源禀赋特征。而且，也只有发展先进的劳动密集型产业才能实现扩大城市人口规模和提高城市工业规模的双重目的。

第二章　强化新型工业化主导，构建现代产业体系

在经济全球化和区域经济一体化深入发展的今天，对于资源禀赋、产业发展阶段、产业构成要素与其他发达地区差异较大的中原经济区来说，究竟该如何加快新型工业化进程，为“三化”协调发展提供有力支撑？又该构建什么样的产业体系才是既符合世界产业发展潮流又能充分显现地方特色的现代产业体系？要通过什么方法和路径才能有效地加快工业转型升级，提升产业层次，切实提高区域核心竞争能力？在“十二五”乃至下一个十年，如何在产业变革中实现“三化”协调发展，如何在加快中原经济区建设中构建竞争力强的现代产业支撑体系，是中原经济区面临的重要社会经济问题。

作者认为，“十二五”期间抢抓产业转移机遇，促进结构优化升级，通过推动工业化与信息化融合、制造业与服务业融合、新兴科技与新兴产业融合，强化新型工业化主导、构建现代产业体系是推动经济转型升级主攻方向，也是引领带动中原经济区“三化”协调发展、加快中原崛起和河南振兴的主要支撑。按照“结构优化、技术先进、清洁安全、附加值高、吸纳就业能力强”的要求，推动产业结构优化升级，增创制造业新优势与促进服务业大发展相结合，壮大战略支撑产业，培育战略新兴产业，强化战略基础产业，增强产业集聚区载体功能，构建现代产业体系，是包括河南在内的中原经济区的必然选择。

一、新型工业化与现代产业体系的内涵及要求

为科学指导中原经济区以新型工业化为主导的现代产业体系建设，有必要对国内外该领域的相关理论研究加以梳理，进一步探讨新型工业化与现代产业体系的内涵特征及要求。

（一）工业化演进与现代产业体系建设的理论阐释

1. 国外相关理论发展回顾

国外对现代产业体系的研究主要以国家层面的产业结构为研究对象，在产业结构理论研究的基础上，不断深化对产业体系演进规律的认识。

费希尔（1935）将人类的经济活动分为三个阶段，提出了三次产业划分的方法。该划分方法所对应的产业结构反映了人们对产业体系存在形态的最初认识。柯林·克拉克（1940）运用三次产业分类法提出了克拉克法则。库兹涅茨（1966）在继承克拉克研究成果的基础上，深入分析伴随着经济发展的产业结构变化规律。20 世纪发达国家产业体系的演进过程大体符合克拉克指明的产业体系变动的总体趋势。

钱纳里（1989）运用库兹涅茨的统计归纳法进行了更为广泛和更大信息量的研究，构造了工业化演进阶段“发展模型”的“标准结构”。鹤田俊正、伊藤元重（2001）认为在工业化后期，技术进步主要依靠知识主导的活动，这些活动主要指设计和造型、基于专业知识的咨询决策以及各种经营管理等。上述学者的研究表明大多数国家的产业结构演进过程遵循着某种规律。在工业化演进过程中，通过发展高新技术产业、知识产业和用高新技术提升传统产业来优化产业系统组成要素，增加第三产业在国民经济中的比重，成为新的历史时期发达国家现代产业体系的发展趋势。

2. 国内相关理论的研究进展

为推动经济发展方式转型，增强产业可持续发展能力，改善在全球产业分工格局中的劣势地位，国内理论界围绕建设国家和地方两个层面的现代产业体系展开研究。目前研究的成果主要体现在以下几个方面：

（1）现代产业体系与新型工业化的内涵研究。现阶段，理论界对现代产业体系的内涵尚未形成统一的认识。有的学者将现行产业体系和现代产业体系的概念做了区分，认为现行产业体系是当前一国产业的结构及其运行状态（刘明宇、芮明杰，2009）。有的则认为现代产业体系实质上是一个产业发展导向或者说产业结构优化升级的导向（陈建军，2008）。也有人则倾向于现代产业体系代表着在一定区域内当时较先进的产业体系，是一个不断调整和发展的动态过程（周致纳、邓宇鹏，2008）。吴敬琏对“新型工业化”的解读尤其值得重视：他认为第一重含义是相对于第一次产业革命后主要依靠资本和其他资源投入的早期工业化模式而言的。从 19 世纪中后期开始的现代经济增长相对于传统增长模式已经是“新型”的了。第二重含义的“新”，则是现代经济增长模式的进一步发展，指的是信息技术逐渐成为引领经济发展、改变世界面貌的主要角色。对于尚未实现工业化的国家来说，“新”就新在恰当地运用现代信息技术来加快第一重意义的

"新型工业化"。此外，北京工商大学世界经济研究中心主任季铸教授对工业化的论述也很有价值。他认为，工业化是以劳动要素、资本要素为基本要素的工业生产替代以劳动要素、土地要素为基本要素的农业生产的蜕变过程。在工业化过程中，随着科学技术进步，新型工业形态也不断出现机械工业、冶金工业、电气工业、化学工业、电子产业、信息工业、智能工业等，而每一次科学技术进步形成的新型工业都是对旧工业的扬弃和改造。当今，新型工业化是21世纪的工业化，机械工业、冶金工业、电气工业、化学工业这些都已经属于19~20世纪旧的工业，电子产业、信息工业也是20世纪后期的工业，属于半新工业，真正的新型工业是在信息工业基础上发展起来的智能工业，一种以人脑智慧、电脑网络和物理设备为基本要素的新型经济结构、增长方式和社会形态。因此，21世纪中国要推行的新型工业化应当是智能工业，这是新型工业化的高级标准。除此之外，建立在绿色发展理论上的循环工业也应当是新型工业化的组成部分，凡是资源环境的工业都是新型工业，这是新型工业化的低级标准。由此可见，21世纪中国新型工业化将同时向智能、循环两个目标迈进。那些没有智能、不能循环的工业就是旧型工业。未来，中国将不断淘汰提升旧型工业，推进新型工业，从而将工业化推向更高水平。一方面，将中国工业推向世界经济领先地位和发展水平；另一方面，将资源环境消耗的旧工业提升为循环发展的新工业。

（2）信息产业与现代产业体系的关系研究。一般认为，从信息产业的内部结构入手，可以得出工业化中期和后期国家的信息产业对其产业结构的不同影响的结论（余冬筠、魏伟忠，2008）；以信息技术提高信息效率为前提，信息产业构成了现代产业体系的主要内容（李悦等，2008）。

（3）现代产业体系中制造业和服务业的关系研究。有的学者以交易成本和制造成本为中介变量，研究认为生产性服务业的发展促进了制造业效率的提高（冯泰文，2009）。有的基于产业互动、融合的视角，从生产性服务业与制造业创新、制造业价值链以及二者融合三个方面探讨生产性服务业对制造业结构升级的推动机理（路红艳，2009）。还有人认为，中国三大产业发展不均衡、产业发展缺乏协调性，突出表现在服务业占国民经济的比重偏低，服务水平、质量，服务业内部结构等还不能满足经济发展的需要（杨玉英、郭丽岩，2009）。

（4）现代产业体系的建设途径研究。有的学者通过构建一个两国两阶段国际分工模型，探讨中国现代产业体系的目标模式和建立现代产业体系的科学发展路径（刘明宇、芮明杰，2009）。有的判断中国产业发展已由过去部门之间的不协调转向研发、品牌培育、供应链管理、专门化分工等关键环节滞后，应从这些方面构建新型产业体系（王岳平，2008）。也有人强调，通过直接推动中国生产性服务业迅速崛起来加快现代服务业发展（何骏，2009）。

3. 当今理论研究的重点和趋势

不同国家、地区，要素资源、科学技术、经济社会等条件不同，产业体系特点各异，其现代性具有相对性。因此，不同国家新型工业化及现代产业体系的内涵是什么，其演化趋势是什么，是目前理论研究的重点。在中国的建设实践层面上，有待进一步研究的问题包括三个部分：

（1）如何在国家和省（或经济区）的层面上，统筹区域布局，做到因地制宜，体系互补。产业体系的基本功能在本质上就是产业分工的构架，在空间上表现为地区分工。突出自身的竞争优势，形成差别化发展格局，应是新型工业化和现代产业体系建设首要考虑的原则。

（2）如何在省区、市域范围内，强化新型工业化主导、提升产业体系的核心竞争力，即建设现代产业体系的具体举措。现代产业体系的建设既要有能突出区域相对优势的有机产业群作为产业系统的核心，又依赖于人才、基础设施、融资方式、人居环境和市场环境等配套的支撑系统。

（3）发展现代服务业的重要性已成为国内的共识，但发展什么样的服务业，服务业自身选择什么样的发展战略和产业结构，仍有待进一步研究。

（二）现代产业体系建设的内涵特征

1. 现代产业体系的划分及相关特点

产业体系是由生产、经营、市场、科技、教育、服务等诸多方面相互作用和相互依赖的具有提升产业地位、增强产业竞争力、促进产业经济发展和推动产业现代化进程功能的有机整体。随着科学技术的发展和人类经济活动的日益复杂化，传统的产业分类法已经难以适应当代经济发展的需要。曹曼、叶文虎依据可持续发展理论，提出了三类七次产业划分方法（见表 2–1），具有重要的理论意义。

表 2–1　现代经济的三类七次产业划分方法

类	次	内涵	主要特点
第一类物质产业	第一次产业 农业	人类通过劳动直接作用于自然资源，产生出满足人们生存需要的产品的部门	①原料基本直接取自于自然界 ②产品多是有自生再生能力的有机物体 ③产品基本与人的生活直接相关
	第二次产业 工业	第二产业的原料或是第一产业的劳动成果，或直接取自于自然界，通过劳动把它们转变为满足人们生存需要的产品的部门	①生产过程能耗大 ②产品多是非生活用品 ③生产过程对物质性质破坏大
	第三次产业 服务业	直接为提高第一、第二产业的效率、质量服务和第四、五、六、七产业物质生产服务劳动部门	①生产过程流动性大 ②产品服务面广 ③产品功能复杂

续表

类	次	内涵	主要特点
第二类人的产业	第四次产业信息业	从事人类所需要的信息产品及其装备设施生产的部门	①产品以提高人的工作效率为主 ②生产过程多是脑力劳动 ③生产过程是无形的
	第五次产业知识业	从事人类所需要的知识产品、精神产品及其装备设施生产的部门	①产品以提高人的能力为主 ②生产过程中多是脑力劳动 ③生产过程是无形的
第三类环境产业	第六次产业资源再利用业	通过劳动把（加工过程中产生的或消费过程结束后产生的）丢弃或闲置物转化为原材料，或转化为可满足人类生存需要的产品的部门	①生产原料是加工使用的废弃物 ②原料成本低 ③原料分散
	第七次产业环境维护业	从事以保护与改善环境为目的生产的部门	①产品以提高人类的生存条件为主 ②产品带来经济效益慢 ③产品多是公共物品

注：该表引自曹曼，叶文虎. 产业体系划分的理论探讨［J］. 经济学动态，2004（6）.

在上述研究的基础上，我们认为，理解现代产业体系应该从三个方面把握：

第一，现代产业体系是一个可持续发展、循环的产业体系。从表 2-1 中我们可以看到，物质产业→人的产业→环境产业→物质产业，这是一个循环往复的过程。传统的产业体系遵循的是资源→生产→消费→废弃物排放的单向线性过程，而循环的产业体系则要求最大限度地将废弃物转化为商品，降低废弃物的产生量和排放量，从而提高资源的利用率，缓解经济高速增长和原材料、能源供给不足之间的矛盾。

第二，产业边界的模糊与产业间的融合是现代产业体系的根本特征。信息业、知识业等作为新兴的产业部门，是以提高人的工作效率和人的工作能力为主，尽管其生产过程大多是无形的，但对整个现代产业体系的构建与发展来说，却起着决定性的作用。

第三，现代产业体系是一个开放的、动态的创新型产业体系。在经济全球化背景下，现代产业体系应具有国际维度，我国已融入全球经济发展中，承接国际产业转移，融入全球生产体系，参与国际技术贸易。同时，现代产业体系是一个随着技术进步、社会环境变化而不断变化的开放式体系。

2. 现代产业体系的内涵及表现形式

现代产业体系是一个对产业发展具有导向性作用的新概念。十七大报告中指出，要将发展现代产业体系，大力推行信息化与工业化的融合，促进工业由大变强，振兴装备制造业，淘汰落后生产能力作为转变经济增长方式，推动产业结构优化升级的重要途径。在这样的语境下，现代产业体系中的“现代”一词，其含义显然不是特指某一个具体的时期或时间段，而是与落后和传统相对立的泛指含义，表达了更新、更好、更优越、更进步等含义。

作者认为，所谓现代产业体系，是以高科技含量、高附加值、低能耗、低污染、自主创新能力强为特征，以高新技术产业为先导，以先进制造业、现代服务业、现代农业为核心内容，产业间关联紧密、协调有序，对经济可持续发展具有显著引领作用的新型产业体系。在这个定义中，高科技含量、高附加值、低能耗、低污染、自主创新能力强诠释了现代产业体系的现代性，以高新技术为先导、以先进制造业、现代服务业、现代农业为核心内容描述了现代产业体系的有机构成，产业间关联紧密、协调有序、对经济可持续发展具有显著引领作用。

从目前世界产业发展的总体趋势来看，现代产业体系的主要表现形式为：农业基础地位不断得到巩固，现代农业在第一产业中逐渐占据主导地位；先进制造业规模不断壮大，并逐步成为第二产业的主体；高新技术产业的先导作用显著，对拉动经济增长的贡献越来越大；传统优势产业的技术改造和技术进步明显提升，实力和竞争力显著增强；服务业迅速发展，现代服务业成为新的经济增长点；三次产业协调发展、相互促进，产业核心竞争力不断增强；以高科技含量、高附加值、低能耗、低污染、自主创新能力强的产业群落为核心，以技术、人才、资本、信息等高效运转的产业辅助系统为支撑；以创新性、动态性、地方性、可持续性、协调性和开放性为主要特征。

（三）新型工业化的新要求

工业化是一个地区、一个社会必不可少的阶段。工业化可以说是科技和先进生产力的集中体现、集中代表。中原经济区要发展工业不能只发展传统的工业，而要走一条具有符合中原经济区实际，具有自己特色的新型工业道路，也就是说投资要少、环境要好、效益要高，而且能够解决新形势下就业的问题，实现经济效益、社会效益和环保效益的有机统一。认真总结发达国家和地区工业化进程的经验和教训，才能少走弯路、事半功倍；才能把握要求、突出特色；才能因地制宜、确保实效。

纵观发达国家和地区走过的工业化道路，其成功经验可以归纳为“五个注重”：一是注重基础设施建设。将基础设施建设作为优先发展的领域，以铁路建设为核心的运输业等基础设施迅速发展起来，为加速工业化进程提供了重要的基础条件。二是注重教育和技术创新。以科技进步为先导，强化人力资本积累，引发生产方式发生质的飞跃，极大地推动工业化进程。三是注重本地特色。英、美两国都由发展劳动密集型产业逐渐转向资本、技术密集型产业，德国与日本则直接投资重工业。四是注重农业发展。尤其是美国政府，采取了一系列大力促进农业发展的政策措施，为工业化发展奠定了坚实的物质基础。五是注重发挥市场机制。各国在各种不同程度和形式上建立起适合本国国情的市场机制，使市场配置资源的基础性作用得到充分发挥。

同时，也应该看到，发达国家和发达地区的工业化带来的一些负面效应，总体上可以归纳为“三高二轻”。一是高消耗。在工业化进程中一味大量消耗自然资源，如美国是在人口不及世界的5%，却消耗了1/5的世界能源、近1/3的世界矿产资源的情况下完成工业化的。二是高污染。一些发达国家走的是一条“先污染，后治理”的工业化道路，如由煤炭支撑的英国工业革命给世界带来严重的、影响至今的环境污染。三是高失业。发达国家企业更多关注的是通过机械化和自动化把手工小生产转变为机器大生产，却没有充分关注就业问题，而新兴的产业又没有发展起来，失业问题严重。四是轻统筹。没有统筹城乡发展，没有注意吸收农业的剩余人口，逐步扩大了城乡差别，导致了贫富两极分化。五是轻调控。市场的失灵和自由市场竞争，工业化始终伴随着生产过剩经济危机的周期性爆发。这给西方国家造成了社会生产力的巨大浪费和破坏，很大程度上延缓了工业化进程。

在借鉴经验、吸取教训的基础上，必须结合中原经济区的区情，正确认识和准确把握中原经济区走工业化道路所体现的“新型”要求。归纳起来，中原经济区新型工业化要到达《指导意见》提出的“引领带动‘三化’协调发展”的基本要求，应体现为以下五个方面的“新”：

（1）“新”在科技含量要高。新型工业化道路“新”在充分运用最新科学技术和依靠科技进步，抓住以信息为核心的技术革命突飞猛进的机遇，以信息化带动工业化，从而大大地缩短实现工业化所需的时间。中原经济区走新型工业化道路，就是要以信息技术为代表的科技革命成果为依托，充分运用全球信息化的最新成果，大力发展以信息产业为龙头的高新技术产业，使其成为国民经济的先导产业和新的成长链；就是要大力推进国民经济和社会信息化，在政务、商务和国民经济其他领域广泛应用信息化技术，实现生产力跨越式发展。

（2）“新”在经济效益要好。新型工业化道路“新”在选择了经济全球化所形成的重要契机，为工业化的加速发展和提高效益提供了广阔的市场基础。中原经济区走新型工业化道路，就是要实现产业结构的优化升级，淘汰落后生产能力，由低附加值产业占优势比重向高附加值产业占优势比重的方向演进，由低加工度产业占优势比重向高加工度产业占优势比重的方向演进，由制造初级产品的产业占优势比重向制造中间产品、最终产品的产业占优势比重演进；就是要从依靠高投入带动工业部门的快速扩张转到同时注重产品质量、适应市场变化、提高资金投入产出率、优化资源配置、降低生产成本上来，不断提高经济效益和市场竞争力，不断改善经济增长质量。

（3）“新”在资源消耗要低。新型工业化道路“新”在强调加快发展的同时降低资源消耗，增强可持续发展能力和经济发展后劲。中原经济区走新型工业化道路，就是要提高能源、原材料利用率，减少资源占用与消耗；就是要大力发展循环经济，加快企业节能降耗技术改造，推进节能节水节约用地，加强资源综合利用，形成节约型增长方式、节约型消费模式和节约型社会。

（4）“新”在环境污染要少。新型工业化道路“新”在摒弃先行工业化国家和地区“先发展，后治理”的理念，强调生态建设和环境保护，强调处理好经济发展与人口、资源、环境之间的关系。中原经济区走新型工业化道路，就是要广泛推行清洁生产、文明生产方式，发展绿色产业、环保产业，使经济建设与生态环境建设相协调；就是要坚持预防为主、综合治理，加大保护生态环境力度，加快环境科学进步，实施重大生态建设和环境整治工程，实现“生产发展、生活富裕、生态良好”三位一体的发展目标。

（5）“新”在人力资源充分利用。新型工业化道路“新”在立足于人，立足于圆广大人民群众的“进城梦”和“创业梦”，由“重物”向“重人”转变。中原经济区走新型工业化道路，就是要不断提高城镇化水平、持续转移农业劳动力，不断提高劳动者素质，不断增加就业；就是要妥善处理好资本技术密集型产业与劳动密集型产业的关系、高新技术产业和传统产业的关系、虚拟经济和实体经济的关系，既着眼于充分利用工业化和信息化来提升劳动生产率，又着眼于发挥人力资源的优势。

目前，中原经济区工业化进入快速发展的新阶段，产业结构优化升级进入重要的关键时期。通过加快新型工业化进程，一方面有助于形成优势突出、体系完备、良性互动的产业发展格局；另一方面也有助于抢占产业价值链的高端环节，破解中原经济区工业目前多处于产业链前端和价值链低端等难题，提升产业竞争力。通过加快新型工业化进程，可使中原经济区现代产业体系达到以下目标。

其一，实现产业链的高端化。要走出产业结构调整和升级就是要大力发展高新技术产业、努力提高产业比重的误区。再先进的行业，如果处于产业链低端环节、低附加值领域，其意义不大。反之，再传统的行业，处于价值链的高端，附加值就高，仍然具备竞争优势。因此，加快新型工业化进程，构建河南现代产业体系，应是在原有产业体系的基础上，相关联的各类产业努力向高端产业环节进军，是各产业的产业链的高端化，而不是一味地强调发展高端产业。

其二，产业的整体关联性。现代产业体系涵盖现代工业和农业、高科技产业、服务业、基础产业等诸多方面，有很强的整体性，是一个高度关联、高度融合的产业体系。中原经济区加快新型工业化进程、构建现代产业体系建设，就需要用整体全局的视野来全力打造具有创新性、融合性、集聚性和可持续特征的新型产业体系。

其三，以高技术为主的战略性新兴产业优先性。所谓“优先”，就是发展战略性新兴产业在选择排序上、资源配置上都应优先。中原经济区建设现代产业体系，走新型工业化之路，就是要注重扩大高端消费品的工业生产规模，发展新兴消费业态。河南省确立的扩大中高端消费品工业规模的思路，食品工业强省计划，全国重要纺织工业基地建设、中西部最大的轻工产业基地建设重点，体现了河南省“十二五”期间推进新型工业化的结构性思路。

二、推进新型工业化与构建现代产业体系面临的问题

经过改革开放30多年的发展，河南成功实现了从农业大省向全国重要的经济大省、新兴工业大省和有影响的文化大省的历史性转变。产业经济整体实力显著增强，产业增加值占GDP的比重2009年达到51.9%，对全省经济发展具有较强的支撑带动作用；农业基础地位得到巩固加强，工业化经营水平不断提高，粮食总产量稳定在1000亿斤左右，连续多年保持全国首位；服务业、高新技术产业发展速度和水平不断提高；基础产业和基础设施支撑能力实现较大提升，全国重要的综合交通枢纽地位基本确立，综合能源基地建设初具规模，水资源配置和防洪抗灾能力进一步提高；产业集聚初步形成，重点产业带和产业集聚区发展迅速，形成了一批具有地方特色、在全国具有较强竞争力和影响力的产业集群。总体上看，河南已经进入工业化加速推进阶段，形成了以工业为主导，农业基础巩固，服务业加快发展，基础产业支撑能力不断增强的重型化产业体系，为构建现代产业体系打下坚实的基础。但是，长期形成的产业结构粗放、发展水平低、质量效益差，尤其是主导产业竞争力不强、技术水平低和过于依赖能源原材料行业的状况尚未有根本性的转变。与现代产业发展的趋势和要求相比，河南产业发展无论是规模还是结构都存在一些突出问题。

（一）产业结构层次低

河南三次产业结构不合理。2009年，河南三次产业结构为14.3：56.6：29.1，与全国平均水平相比，第一产业比重过高、第三产业比重过低，其中，第一产业高出全国3.7个百分点。第三产业低于全国13.5个百分点，第三产业比重在全国居各省市区最后一位（见表2-2）。

表 2–2 1980~2010 年河南省三次产业的结构状况

单位：%

年份	第一产业	第二产业	第三产业
1980	40.7	41.2	18.1
1990	34.9	35.5	29.6
2000	23.0	45.4	31.6
2009	14.3	56.6	29.1
2010	14.2	57.7	28.1

资料来源：作者根据历年河南省国民经济和社会发展统计公报整理。

农林牧渔四大业中偏重于传统种植业。种植业增加值占第一产业比重达到 57.0%，高于全国平均水平 8.6 个百分点。种植业仍偏重于传统种植业。蔬菜、水果、园艺作物产值占种植业的比重比山东省低 14 个百分点。近年来，河南畜牧业发展较快。2009 年，增加值占农林牧渔业的 38.7%，但与河北、湖南、四川相比，分别低 2.5 个、6.3 个和 14.5 个百分点。

第三产业发展缓慢，现代服务业滞后。传统服务业增加值占全部服务业的比重接近 50%，而文化、金融、现代物流等现代和新兴服务业规模小、实力弱、发展不充分。2009 年，全省交通运输、批发零售、住宿餐饮三大传统服务行业占第三产业增加值的 47%，高于全国平均水平 9.4 个百分点。但金融、信息服务、科技服务、商务与租赁服务等现代服务业仅占 15.7%，低于全国平均水平 7.6 个百分点。即使和国内一些城市比较，河南省服务业发展也存在较大的差距，如无锡是国家五个云计算服务创新试点示范城市中唯一一个地级市，2009 年全市服务外包产业各项主要指标位居全国前 3 位，其中全市实现服务业增加值 2061.72 亿元，占 GDP 比重达 41.3%。而来自国家统计局的最新数字显示，2009 年河南服务业的产值为 5700.91 亿元。占到全省服务业总值 24.8%的郑州市，去年的服务业增加值为 1418.92 亿元。河南虽有发展物流产业的区位优势，但尚无一家 5A 级物流企业。河南尚无一家跨省经营的区域性商业银行，省会郑州目前仅有一家外资银行，而武汉已有 5 家。文化和旅游领域至今没有一家上市企业。

此外，河南省电子、医药等高技术产业比重 2009 年仅为 3.58%，低于全国平均水平 6 个百分点，高技术产业规模只有广东省的 5.5%、江苏省的 7.1%、山东省的 20%。

（二）工业主导产业层次低

产业结构优化包括结构由第一产占优势比重逐级向第二、三产占优势比重演进，由劳动密集型产业占优势比重逐级向资金密集型产业、技术知识密集型产业占优势比重演进；由制造初级产品的产业占优势比重逐级向制造中间产品、最终产品的产业占优势比重演进。我们推动工业转型升级，事实上就是以产业结构合理化为基础追求产业结构高度化。河南工业发展近年来取得长足进步，发展规模跻身全国前列。但由于历史原因，工业发展过于依赖资源禀赋，导致工业结构整体上“规模大、层次低”，可持续发展能力差。参照产业结构合理化和高度化标准分析，河南省工业内部结构失衡问题严重。

河南采掘工业、资源加工和农产品初级加工业占规模以上工业增加值的比重达 70%，多数优势产品和优势企业集中在煤炭、电力、有色冶炼、化工等原材料工业。河南在全国产量排名靠前的工业产品主要是煤、铝、水泥等初级产品，汽车、集成电路、电脑、手机、空调、冰箱等终端、高端工业品产量排名均比较靠后。2009 年，河南工业增加值前 6 位的行业分别为：建材、煤炭、农副食品、钢铁、有色冶炼、电力等。而湖北汽车工业增加值占其规模以上工业的 18.2%。安徽电气机械及器材制造业、汽车、通用设备制造业工业增加值占规模以上工业的 22.4%。尤其是广东、江苏、浙江、山东等东部沿海省份已经形成了经济技术联系紧密、产业价值链较长、配套产业完善、带动能力较强的主导产业体系。相较之下，河南的主导产业则表现为产业链条较短，产业联系不紧密，产业带动力较弱（见表 2–3）。

表 2–3 河南及部分沿海省份主要产业对比

省份	各省增加值前六位行业	前六位行业比重（%）
河南	建材、煤炭、农副食品、钢铁、有色冶炼、电力	47.0
江西	建材、有色冶炼、石油、钢铁、交通运输、电气机械	48.1
山西	煤炭、石油、化学、钢铁、有色冶炼、电力	87.1
安徽	钢铁、有色冶炼、交通运输、电力、电气、食品	50.0
湖北	食品、化学、非金属、钢铁、交通运输、电力	54.1
湖南	烟草、化学、钢铁、有色、专用设备、电力	47.3
广东	通信设备、电气机械、电力、交通运输、化学、金属制品	54.8
江苏	通信设备、化学、钢铁、电气机械纺织、通用设备	56.7
浙江	纺织业、电气机械、通用设备、化学、交通运输、电力	46.4
山东	农副食品、化学、纺织、通用设备、钢铁、建材	43.5

资料来源：《中国统计年鉴（2009）》、《河南省统计年鉴(2009)》。

全省资源型重化工业 2010 年比重达 70%以上，有色、化工等 6 大高耗能行业实现增加值占全省工业增加值的 41.4%，工业高能耗问题突出（见表 2–4）。

此外，河南经济增长长期主要来源于工业尤其是重化工业，特别是近年来，全省经济正处于工业化加速发展阶段，单位能耗最高的第二产业在国民经济中的比重逐年提高，能耗较小的第三产业发展相对滞后、比重过低。产业结构调整进

表 2–4　河南省与东部发达省份重工业比重及能耗对比

	重工业比重（%）	单位工业增加值能耗（吨标准煤/万元）
江苏省	68.83	1.11
山东省	72.90	1.54
广东省	55.70	0.81
浙江省	45.59	1.12
河南省	70.56	2.71

资料来源：作者根据各省政府工作报告数据整理。

展缓慢，第三产业发展滞后，比重偏低且不升反降，决定了全省能源消费总量较高，决定了单位 GDP 能耗居高不下，也使得节能降耗与产业结构发展不平衡的矛盾更加凸显（见表 2–5）。

表 2–5　2005~2010 年以来河南第二、三产业比重变化情况

		2005 年	2006 年	2007 年	2008 年	2009 年	2010 年
第二产业增加值占 GDP 比重（%）	河南	52.1	54.4	55.2	56.9	56.5	57.3
	全国	47.7	47.9	47.3	47.4	46.2	46.9
	高于全国平均水平百分点	4.4	6.5	7.9	9.5	10.3	10.4
第三产业增加值占 GDP 比重（%）	河南	30.0	30.1	30.0	28.3	29.3	28.6
	全国	40.5	40.9	41.9	41.8	43.4	43.0
	低于全国平均水平百分点	10.5	10.8	11.9	13.5	14.1	14.4

全社会特别是高耗能行业电力消费增速依然较快。根据河南省统计局数据显示，2010 年前三季度，全省全社会用电量同比增长 18.4%，仍处于高位运行区间。六大高耗能工业用电量 1092.2 亿千瓦时，同比增长 18.8%，占全社会用电量的 61.3%。其中有色行业受电解铝产量同比增长 33.8%、氧化铝产量同比增长 23.8%影响，电力消费增速仍然高达 21.8%，高出工业电力消费 2.3 个百分点。省辖市中，三门峡、安阳、南阳、商丘、洛阳、开封 6 市全社会电力消费同比分别增长 33.9%、30.1%、25.7%、24.2%、21.7%和 18.9%，增幅高出全省平均水平 15.5、11.7、7.3、5.8、3.3 和 0.5 个百分点。

在国家工信部 2010 年公告的 18 个工业行业淘汰落后产能的 2087 家企业名单中，河南涉及 15 个行业 230 家企业，涉及企业数占全国总数的 1/9，列全国第一。为完成节能降耗目标，需要采取更为有效的措施压缩高耗能产业的产能。

根据省统计局资料显示，河南能源消费总量持续扩大，"十一五"时期，全省能源消费年均增长 7.9%，能源消费弹性系数 0.62。河南省"十二五"时期单

位 GDP 能耗要在 2010 年的基础上再降 16%，但河南重化工业特征突出，节能空间收窄，未来 5 年节能降耗任重道远。最新数据显示：2010 年全省能源消费总量达 21438 万吨标准煤，工业是全省能源的最大消费用户，其消费量占全省能源消费总量的 2/3 以上，2010 年工业能源消费占全省能源消费的比重为 79.9%，全省规模以上工业综合能源消费量比上年同期增长 9%左右，仍在较快增长区间运行。

（三）产业集中度不高

企业规模结构反映的是行业的集中度。全省企业规模整体上仍然偏小，产业组织结构仍处于“小而全、小而散”的状态，缺乏带动能力强的企业巨头，产业链发育不足，企业之间、产业之间、地区之间缺少专业化分工，一些工业园区和产业集聚区内的企业缺少关联度，“集而不聚”。河南省龙头企业偏少，行业优势不突出，大型企业群体规模偏小，特别是缺乏行业领军企业和具有国际竞争力的大型企业。全省 38 个行业大类中有 32 个行业集中度低于 50%，全省规模以上企业数量不足江苏、浙江的 30%、广东的 35%、山东的 40%；规模以上工业主营业务收入超 100 亿元的企业仅 32 家，而广东、江苏、浙江、山东均超过 100 家。河南省 2008 年增加值排名前十位的行业集中度，只有煤炭和黑色金属冶炼两个行业的集中度较高，而其余行业的集中度都低于 40%，尤其是纺织业和非金属矿物业还不到 10%，行业集中度低，大企业少的问题比较严重（见表 2-6）。

表 2-6　河南省 2008 年产业增加值前十位行业的行业集中度（CR5）

单位：%

行业	行业集中度 CR5
非金属矿物制品业	7.95
煤炭开采和洗选业	57.15
农副食品加工业	22.51
黑色金属冶炼及压延工业	47.35
有色金属冶炼及压延工业	24.98
电力、热力的生产和供应业	34.38
化学原料及化学制品制造业	12.60
通用设备制造业	10.70
纺织业	7.89
专用设备制造业	25.79

注：CR5 代表某一行业主营业务收入排名前五名的企业占行业总主营业务收入的比重。根据美国经济学家贝恩和日本通产省对产业集中度的划分标准，如果行业集中度 CR4 或 CR8<40，则认为该行业较为分散。

2009 年，河南工业企业 775140 家，规模以上工业企业 18592 家，仅占全部工业企业的 2.4%。其中，大企业 193 家，占规模以上工业企业的 1.0%。河南

2008 年进入中国企业 500 强的企业仅为 16 家，100 强企业中只有 2 家。而在 2009 年 9 月评出的中国 500 强最大企业中，河南有 16 家入选，仅占总数的 3.2%。而杭州一市就有 21 家，而且河南没有一家企业进入百强。

（四）产业结构效益差，产业结构呈现低度化

河南就业结构偏离产业结构的问题比较突出。根据赛尔奎因和钱纳里就业结构模式，当一个国家或地区人均 GDP 在 2000 美元左右时，其相对应的就业结构大致为 38.1：25.6：36.3，而目前河南人均 GDP 已超过 3000 美元，2009 年河南三次产业相对应的就业结构为 50.5：26.8：24.4，与三次产业结构 14.3：56.6：29.1 错位较大，第三产业就业明显不足。河南产业结构偏离系数明显高于全国平均水平，结构效益较低。第二、三产业吸纳劳动力的功能不足（见表 2–7）。

表 2–7 河南省近年来产业结构偏离度系数

年份	2000	2001	2002	2003	2004	2005	2006	2007	2008
全国	0.69	0.71	0.73	0.73	0.67	0.65	0.63	0.59	0.57
河南	0.82	0.81	0.80	0.76	0.78	0.75	0.76	0.72	0.69

资源环境约束日益加剧，经济增长的代价大。2009 年，河南单位 GDP 能耗 1.158 吨标准煤/万元。2005 年以来，单位 GDP 能耗均高于全国平均水平 10%以上。2008 年，单位 GDP 能耗居全国第 13 位，分别是广东、江苏、浙江、山东的 1.7、1.5、1.6 和 1.1 倍，比安徽和江西省分别高出 13.4%和 31.4%。河南工业总量居全国第 5 位，但二氧化碳排放量却居全国第 2 位。河南建设用地是广东省的近两倍，但创造的 GDP 仅为广东的 1/2，效益仅仅是广东的 1/3。

作为一个新兴工业大省，河南的“新型工业化”仍然有很长的路要走。传统产业结构对构建现代产业体系的制约仍然很大，以系统转变方式推进现代产业体系建设存在较大难度。2009 年，河南工业增加值为 9900 亿元，即将跨入“万亿俱乐部”的全国第一方阵，但支撑门面、贡献率达 57.5%的，依然是食品工业、有色金属、化工等几副“老面孔”。从所占 GDP 的比重看，河南工业已从 1980 年的 41.2%上升至 2009 年的 56.6%，成为支撑河南发展的主力，但同时，在工业内部，产值位居前十的还是煤炭开采以及与煤炭有关的金属冶炼、电（热）力、化工等高耗能产业，以高耗能产业为主导产业的发展状况并没有根本改变（见表 2–8），而且高耗能产业的增长率达到 13.4%。

表 2-8　河南省近年来工业内部结构情况表

单位：%

年份	轻工业内部结构		重工业内部结构		
	以农产品为原料	以非农产品为原料	采掘工业	原料工业	加工工业
1980	—	—	18.7	29.3	52.0
1985	—	—	20.6	28.9	50.5
1990	79.66	20.34	17.56	34.80	47.64
2007	78.66	21.34	21.10	44.45	34.45
2008	79.19	20.81	23.46	40.47	36.07
2009	78.63	21.37	22.2	37.1	40.7

（五）自主创新能力弱

（1）科技人力投入不足。2008 年，全省有科技活动的单位数 2593 个，广东则达 4200 个。科技活动人员河南有 20.98 万人，广东则有 53.19 万人。

（2）科技经费投入不足。2008 年，河南科技活动经费支出总额 264.62 亿元，广东为 844.65 亿元，江苏为 1181.51 亿元。2008 年，河南省大中型工业企业研究与开发（R&D）经费投入占 GDP 的比重虽有所提高，为 90.18 亿元，占 GDP 的 0.49%，但大大低于全国 1.54%的平均水平。2009 年，全社会研究开发费用占生产总值的比重为 0.67%，低于全国 1.52%的平均水平，居全国第 20 位。

（3）高技术产业化率低，战略性新兴产业发展缓慢。河南 2008 年规模以上工业企业新产品产值为 1450.04 亿元，广东为 3537.15 亿元，江苏为 6589.35 亿元。河南省 2009 年综合科技进步指数为 37.4%，低于全国平均水平 17 个百分点，居全国第 25 位。2009 年，新产品销售收入占产品销售收入的比重仅为 9.29%，居全国第 22 位，科技支撑力度明显不足。在先进制造业和高新技术产业领域，明显落后于发达省份（见表 2-9）；其中，广东省、江苏省 2009 年高技术产业主营业务收入分别是河南省的 19 倍、14 倍，差距非常悬殊。

表 2-9　2009 年部分省份高新技术产业主营业务收入对比

单位：亿元

省份	电子及通信设备制造业主营业务收入	电子计算机及办公设备制造业主营业务收入	高技术产业主营业务收入	医疗设备及仪器仪表制造业主营业务收入
山东	1751.24	1091.51	4548.8	374.94
江苏	5930.05	4475.22	12781.8	1210.84
浙江	993.25	475.98	2569.4	468.73
广东	10796.77	4944.98	16758.1	402
河南	135.69	19.01	897.2	160.03

(4) 自主创新不足，产业竞争能力低下。虽然河南省自主创新资源存量丰厚，但工业发展长期存在着技术开发投入不足、科技进步相对缓慢等问题，企业关键核心技术储备不够，集成创新和原始创新能力不足，管理方式粗放，企业往往重视规模扩张而忽视自主创新、品牌建设、效益提升，缺乏核心竞争优势。以2009年为例：当年全国工业企业自主创新经费投入3775.7亿元，投入强度0.70%，河南经费投入133.49亿元，投入强度只有0.47%，远远低于国家平均水平，说明河南企业技术研究与开发投入不足，无力进行核心技术和前瞻性技术的战略研究，原始创新能力难以提高；全国工业企业新产品销售收入占主营业务收入的比重为12.1%，河南的比重仅为6.2%，只达到全国比重的一半，表明河南省自主创新实际产出水平偏低；全省工业企业申请专利7551件，仅占全国申请量的2.8%，其中发明专利2096件，仅占全国申请量的3.2%；专利授权量远远低于江苏、广东、浙江（见表2-10）。

表2-10 河南省与其他部分省份2008~2009年专利授权量比较

单位：项

比较 年份	河南省		江苏省		广东省		浙江省	
	发明专利授权量	专利授权量	发明专利授权量	专利授权量	发明专利授权量	专利授权量	发明专利授权量	专利授权量
2008	668	9133	3508	44595	7604	62031	3269	52955
2009	1129	11425	5322	87286	11355	83621	4818	79945

同时，发明专利比重不高，大量专利属于实用新型和外观设计。自主创新能力不足导致河南省大企业竞争能力差，重大装备靠进口，出口贸易中只能以低成本、低价格、低档次获得竞争优势；中小企业抗风险能力弱，经不起要素和市场变化的冲击。

（六）产业竞争力的省际比较

随着我国经济的快速发展，河南省的经济也呈现出良好的发展态势，无论是从总量指标上，还是从速度指标上来看，河南省在全国省域经济发展中均处于较为突出的位置。但在一些主要经济指标上，河南省与粤鲁苏浙等发达省份相比，还有不小的差距（见表2-11）。河南省2007年GDP突破1.5万亿元，创历史新高，但与同期的粤鲁苏浙等发达省份相比，仅分别相当于各省的49.1%、58.2%、58.9%和80.8%。

表 2–11 2007 年豫鲁苏浙粤五省主要经济指标比较

省份	GDP/亿元	GDP 增速/%	人均 GDP/元	人均可支配收入/元	农村居民人均纯收入/元	人均年末储蓄额/元	人均社会消费品零售额/元	人均固定资产投资额/元
河南	15058.1	14.4	16060.0	11477.1	3851.6	7915.9	4658.6	8116.4
山东	25887.7	14.3	27723.0	14265.0	4985.0	12211.1	9009.1	13384.2
江苏	25560.1	14.8	33689.0	16378.0	6561.0	17068.7	10279.5	16092.6
浙江	18638.0	14.5	37128.0	20574.0	8265.0	49288.3	12280.6	16665.6
广东	30673.7	14.5	32713.0	17699.3	5624.0	24355.3	11216.1	10154.5
省份	第一产业增加值/亿元	第一产业增长率/%	第二产业增加值/亿元	第二产业增长	第三业增加值/亿元	第三产业增长率/%	固定资产投资总额/亿元	固定资产总额增速/%
河南	2365.9	3.8	8280.3	18.1	4411.9	13.9	8010.1	35.6
山东	2509.1	4.0	14773.4	15.8	8605.2	14.5	12537.0	24.2
江苏	1726.1	4.0	14285.8	15.5	9548.2	15.9	12270.6	21.8
浙江	1025.0	2.8	10092.0	15.4	7521.0	15.1	8432.8	11.1
广东	1746.2	3.3	15938.2	16.9	12989.3	13.0	9595.0	18.0
省份	消费品零售总额/亿元	消费品零售总额增速/%	进出口总额/亿美元	一般预算收入/亿元	一般预算支出/亿元	金融机构存款余额/亿元	金融机构贷款余额/亿元	城乡居民储蓄存款余额/亿元
河南	4597.5	18.5	128.1	861.5	1868.4	12576.4	9545.5	7812.2
山东	8438.8	18.5	1226.2	1674.5	2262.5	22072.3	17545.1	11438.1
江苏	7838.1	18.3	3496.7	2237.7	2506.4	30450.5	22092.1	13014.9
浙江	6214.0	16.7	1768.4	1649.5	1807.5	29030.3	11381.2	24939.9
广东	10598.1	16.2	6340.5	2785.4	—	48955.0	30617.3	23013.3

资料来源：作者根据 2008 年相关省份统计年鉴整理。

在人均 GDP 指标上，河南省与粤鲁苏浙四省的差距尤其显著。河南省 2007 年人均 GDP 仅为广东省的 49%、山东省的 58%、江苏省的 48%、浙江省的 43%。在城镇居民人均可支配收入、农村居民人均纯收入、人均年末储蓄额、人均社会消费品零售额和人均固定资产投资额等指标上，河南省与粤鲁苏浙四省相比也有不小的差距。比如，在人均年末储蓄额指标上，粤鲁苏浙四省 2007 年均突破万元，而河南省为 7915.9 元，仅为浙江省的 16% 。

在产业经济竞争力比较上，河南省落后于山东、广东和江苏三省。从衡量产业竞争力的几项重要指标来看，在农业竞争力指标上，河南省得分较高，表明河南省农业发展与粤鲁苏浙四省相比有较为明显的优势，但第一产业增加值和增长率均低于山东；在工业竞争力指标上，河南省与山东省和广东省差距显著；在服务业竞争力指标上，河南省与浙江省和江苏省相比还有不小的差距，增长率为 13.9%，均低于浙江省、江苏省和山东省 15%以上的水平，特别是在现代服务业和生产性服务业发展上，河南省相对落后。

综上所述，河南省在一些主要经济指标尤其产业发展指标上与粤鲁苏浙等发达省份差距比较显著。加快新型工业化、做大经济总量、增强产业实力无疑是河南今后应重点努力的方向，也理应是提升河南省经济综合竞争力的关键点和着力点。

三、新型工业化体系建设原则与重点产业选择

“十二五”期间是河南全面建设小康社会，加快中原经济区建设、奋力实现中原崛起承上启下的重要时期，也是全省经济和社会发展的关键时期。从发展阶段来看，正处在工业化、城镇化加速发展的重要时期，正处在从传统农业社会向现代工业社会加速转变的关键时期。在这期间，河南产业结构仍将呈现出重型化趋势，能源、原材料、机械装备工业等重工业成为带动经济增长的主导产业，汽车工业、家电工业等高加工度的加工装配工业将有较大发展而成为新的主导产业，新兴电子信息产业、新材料、生物工程和新医药等技术密集型的高新技术产业也将获得较快发展并向主导产业转化，全省将形成轻纺、能源、原材料等资源加工工业和传统装备工业、汽车工业、家电工业等资本密集型的高加工度工业两大支柱产业群，形成汽车和装备工业、电子信息产品制造业、新型建材工业、化学工业、有色金属工业、食品工业等支柱产业。整个“十二五”期间，全省将处于产业转型时期。为此选择重点产业加快发展，对构建新型工业化体系，促进河南蓄势崛起意义重大。

（一）新型工业化体系建设的基本原则

1. 立足省情，坚持协调发展

新型工业化体系建设要以当前和未来一定时期的需求为导向，立足于河南省情，包括人口多尤其是农村人口多、劳动力资源丰富、全国粮食第一大省尤其是夏粮占全国的 1/4、承东启西连南贯北的中部区位、中华文明的重要发源地以及能源资源型产业占的比重大和经济总量大、人均水平低、经济社会并不发达的现实基础，以建设中原经济区“三化”协调发展示范区为契机，强化中原城市群的带动辐射功能，调整产业空间布局，促进区域协同发展。顺应国际国内经济社会发展的大势，培育一批核心竞争力的大型企业集团，扶持一批“专、精、特、新”的中小企业，大力促进民营经济与其他经济模式共同繁荣发展。此外，推动现代服务业与先进制造业相互促进，加快信息化与工业化相融合，实现产业结构与就业结构相适应，全面推进现代产业和相关社会事业的协调发展。

2. 创新驱动，坚持创新发展

着力推进自主创新，加快提高自主创新能力，提升创新对经济社会发展的贡献率，着力突破制约产业转型升级的关键环节和关键技术，促进产业发展从要素驱动向创新驱动转型。强化企业技术创新主体作用，增强新产品开发和品牌创建能力，提升工业整体技术水平。重点在智能装备、智能电网、食品安全、节能环保、创新药物、生物育种、信息安全、物联网、新型功能材料、数字内容等领域，集中攻克一些重大关键核心技术，逐步打破新型工业化体系发展的技术"瓶颈"。

3. 集聚集约，坚持集聚发展

集聚省内外优势资源，以新型城镇化建设和产业集聚区建设为载体，加快培育特色产业集群，持续做好"大招商"活动，促进资金、技术、人才等生产要素向产业集聚区（园区）集中。通过垂直整合、特色主导、错位发展，促进产业集群化和分工专业化，加快引进与河南成长性产业和竞争性产业相联系、与河南要素资源相匹配的企业集群和产业集群，促进产业要素高效利用和循环利用，提高投入产出率，形成产业特色突出、产业链条完整、上下关联、配套合作、良性互动的集聚发展格局。

4. 生态优先，坚持绿色发展

坚持存量调整优化和增量严格准入相结合，推广先进适用节能减排技术，淘汰落后产能，大力发展循环经济和低碳产业，提高生态效率，提高安全生产水平，促进工业向资源节约型与环境友好型发展。切实加强环境保护和生态建设，大力发展核电和可再生能源，推进"一屏、三带"生态建设，构筑豫西北—豫西—豫南山地森林绿色屏障，建设沿黄河、淮河和南水北调中线等生态带，建设全国工农业复合型循环经济示范省。

5. 优化提升，坚持内涵发展

加大技术改造力度，用先进适用技术和现代管理模式改造提升优势传统产业，调整存量结构，拓展增量空间，促进产业升级发展。对于河南现有的产业努力用现代技术去装备，提高现有产业工艺水平，延伸产业链条，提高产品附加值，加快推进产业结构优化和产品升级换代。提升河南食品工业、有色、建材、纺织、化工、机械制造等工业的竞争力，用新型城镇化的推进和信息化技术改造传统第三产业。通过增量来调整工业内部的结构、提升第三产业所占的比重，应是新形势下河南产业结构调整的着力点所在。为此，内引外联，坚持开放，抢抓承接产业转移机遇，以长三角、珠三角为重点，高起点承接传统优势产业高端环节转移，大力引进和发展加工贸易和劳动密集型企业，推动产业转移由低端向高端、由粗放向集约、由配套向总装转变。

（二）新型工业化体系建设重点产业选择

目前，河南正处于工业化加快发展阶段，相当长时期工业将是支撑河南持续稳定发展的主导产业，并由此决定着第三产业的发展方向与水平。因此，要进行工业行业分析，找准河南现代产业体系的建设方向。

依据最具有竞争性、最具有成长性、最具有关联性三原则，建立产业选择指标体系（见表 2-12）。竞争性，即所选择的产业要有竞争力，能有效占领市场；成长性，即有发展前景，拥有市场潜力；关联性，即能带动其他产业发展，与上下游产业能形成联系紧密的经济技术联系。围绕以上三原则，建立指标体系如表 2-12 所示。

表 2-12　河南战略支撑产业选择指标体系

一级指标	二级指标
成长性指标	生产率上升率（x_1）
	需求收入弹性（x_2）
	增加值增长率（x_3）
关联性指标	感应度系数（x_4）
	影响度系数（x_5）
竞争性指标	区位商（x_6）
	比较劳动生产率（x_7）
	产业增加值比重（x_8）

根据统计口径的一致性及统计数据的可获得性，选择与投入产出表分类相一致的 24 个工业行业作为分析对象（见表 2-13）。

表 2-13　河南省各行业关联性得分情况

指　标	关联性得分
化学工业	1.79
食品制造及烟草加工业	1.60
非金属矿物制品业	1.47
煤炭开采和洗选业	1.40
电力、热力的生产和供应业	1.37
金属冶炼及压延加工业	1.29
纺织业	1.04
金属制品业	1.02
造纸印刷及文教体育用品制造业	1.01
石油加工、炼焦及核燃料加工业	1.00
金属矿采选业	0.99

续表

指　标	关联性得分
木材加工及家具制造业	0.95
非金属矿及其他矿采选业	0.86
石油和天然气开采业	0.80
纺织、服装、鞋帽、皮革、羽绒及其制品业	0.80
电气机械及器材制造业	0.79
通信设备、计算机及其他电子设备制造业	0.78
燃气生产和供应业	0.77
工艺品及其他制造业	0.77
通用、专用设备制造业	0.75
仪器仪表及文化办公用机械制造业	0.73
交通运输设备制造业	0.71
废品废料	0.69
水的生产和供应业	0.61

1. 工业各行业关联性、成长性、竞争性分析

（1）关联性分析。对指标 x_4、x_5 进行无量纲处理，并加权平均后得出表2–13。

计算结果显示，化学工业、食品制造及烟草加工业、非金属矿物制品业、煤炭开采和洗选业、电力热力的生产和供应业、金属冶炼及压延加工业、纺织业、金属制品业、造纸印刷及文教体育用品制造业、石油加工炼焦及核燃料加工业等行业关联性得分均在 1 以上，说明这些行业在全省经济社会发展感应度高、影响度大。

（2）竞争性分析。对指标 x_6、x_7、x_8 进行无量纲处理，并加权平均后得出表2–14。

表 2–14　河南省各行业竞争性得分情况

指　标	竞争性得分
非金属矿及其他矿采选业	2.13
废品废料	2.11
非金属矿物制品业	1.89
食品制造及烟草加工业	1.85
金属冶炼及压延加工业	1.59
工艺品及其他制造业	1.50
木材加工及家具制造业	1.32
石油加工、炼焦及核燃料加工业	1.16
金属矿采选业	1.12

续表

指 标	竞争性得分
煤炭开采和洗选业	1.10
化学工业	1.06
电力、热力的生产和供应业	1.00
通用、专用设备制造业	0.99
造纸、印刷及文教体育用品制造业	0.75
纺织、服装、鞋帽、皮革、羽绒及其制品业	0.71
金属制品业	0.61
纺织业	0.58
石油和天然气开采业	0.49
电气机械及器材制造业	0.46
交通运输设备制造业	0.46
仪器仪表及文化办公用机械制造业	0.42
通信设备、计算机及其他电子设备制造业	0.27
燃气生产和供应业	0.26
水的生产和供应业	0.18

计算结果显示，非金属矿及其他矿采选业、废品废料、非金属矿物制品业、食品制造及烟草加工业、金属冶炼及压延加工业、工艺品及其他制造业、木材加工及家具制造业、石油加工炼焦及核燃料加工业金属矿采选业、煤炭开采和洗选业、化学工业、电力热力的生产和供应业等行业竞争性得分均在 1 以上，说明这些行业效益好，竞争性强。

（3）成长性分析。对指标 x_1、x_2、x_3 进行无量纲处理，并加权平均后得出表 2–15。

表 2–15 河南省各行业成长性得分情况

指 标	成长性得分
燃气生产和供应业	2.084
金属冶炼及压延加工业	1.558
仪器仪表及文化办公用机械制造业	1.453
金属矿采选业	1.293
交通运输设备制造业	1.178
通用、专用设备制造业	1.148
非金属矿物制品业	1.131
纺织业	1.107
造纸、印刷及文教体育用品制造业	1.092

续表

指　标	成长性得分
化学工业	1.075
纺织、服装、鞋帽、皮革、羽绒及其制品业	1.056
食品制造及烟草加工业	0.973
电气机械及器材制造业	0.889
非金属矿及其他矿采选业	0.885
金属制品业	0.871
木材加工及家具制造业	0.871
工艺品及其他制造业	0.826
废品废料	0.770
水的生产和供应业	0.729
电力、热力的生产和供应业	0.713
煤炭开采和洗选业	0.669
石油和天然气开采业	0.660
通信设备、计算机及其他电子设备制造业	0.593
石油加工、炼焦及核燃料加工业	0.376

计算结果显示，燃气生产和供应业、金属冶炼及压延加工业、仪器仪表及文化办公用机械制造业、金属矿采选业、交通运输设备制造业、通用专用设备制造业、非金属矿物制品业、纺织业、造纸印刷及文教体育用品制造业、化学工业、纺织服装鞋帽皮革羽绒及其制品业等行业成长性得分均在 1 以上，说明这些行业成长性高，增长潜力大。

2. 新型工业化体系建设的方向选择

为进一步理出河南产业体系建设的方向，我们以各行业三个方面的得分为基础，结合国内外产业发展和转移的变动趋势以及近年来各行业的发展态势，对各产业进行进一步的整理归类和论证。

（1）战略支撑产业。三个分支体系的计算结果显示，金属冶炼、建材、化工、食品等行业有着较高程度的交集，说明这些产业在河南基础较好，影响大，带动性强，是河南的战略支撑产业（见表 2–16）。

表 2–16　河南省具有关联性、竞争性、成长性的产业

关联性	竞争性	成长性
化学工业	非金属矿及其他矿采选业	燃气生产和供应业
食品制造及烟草加工业	废品废料	金属冶炼及压延加工业
非金属矿物制品业	非金属矿物制品业	仪器仪表及文化办公用机械制造业
煤炭开采和洗选业	食品制造及烟草加工业	金属矿采选业

续表

关联性	竞争性	成长性
电力、热力的生产和供应业	金属冶炼及压延加工业	交通运输设备制造业
金属冶炼及压延加工业	工艺品及其他制造业	通用、专用设备制造业
纺织业	木材加工及家具制造业	非金属矿物制品业
金属制品业	石油加工、炼焦及核燃料加工业	纺织业
造纸印刷及文教体育用品制造业	金属矿采选业	造纸印刷及文教体育用品制造业
石油加工、炼焦及核燃料加工业	煤炭开采和洗选业	化学工业
	化学工业	纺织服装鞋帽皮革羽绒及其制品业
	电力、热力的生产和供应业	

为了进一步论证，我们对所有数据使用马克威分析软件进行因子分析，模型卡方值 147.4163，显著性为 0.0000 < 0.05，拒绝原假设，相关矩阵不是单位阵，可以考虑因子分析（见表 2–17）。

表 2–17 河南省工业行业公因子加权总得分排序

行业	因子总得分	行业	因子总得分
金属冶炼及压延加工业	0.9701	金属制品业	–0.055
非金属矿物制品业	0.7762	交通运输设备制造业	–0.075
化学工业	0.5876	纺织业	–0.077
食品制造及烟草加工业	0.5295	煤炭开采和洗选业	–0.082
燃气生产和供应业	0.3894	木材加工及家具制造业	–0.093
通用、专用设备制造业	0.2179	废品废料	–0.134
非金属矿及其他矿采选业	0.1551	纺织、服装、鞋帽、皮革、羽绒及其制品业	–0.184
金属矿采选业	0.107	电气机械及器材制造业	–0.263
造纸印刷及文教体育用品制造业	0.0225	石油加工、炼焦及核燃料加工业	–0.496
仪器仪表及文化办公用机械制造业	0.0145	通信设备、计算机及其他电子设备制造业	–0.71
电力、热力的生产和供应业	–0.005	石油和天然气开采业	–0.721
工艺品及其他制造业	–0.021	水的生产和供应业	–0.854

计算结果显示，金属冶炼、建材、化工、食品等行业因子总得分均在 0.5 以上，说明这几个行业在当前经济中占有重要地位，并且关联度高、影响大，有较好的增长性，在今后相当长一段时期仍将是河南的战略支撑产业。具体看，河南电解铝生产能力占全国的 23.7%，但 100KA 需要淘汰的落后产能仅占全国的 0.2%。水泥窑炉虽数量占全国的 2.7%，但产能占 5.8%。磨机数量虽仅占 5.5%，但产能占 9.4%。化工行业中，河南煤炭加工转化能力已经达到 1000 万吨，甲醇

生产能力和在建规模均居全国首位。食品行业已成为河南第一大产业，主营业务收入已越过广东，列山东之后居全国第二。

（2）高成长性行业。综合分析，河南纺织服装业、通用专用设备制造业、交通运输设备制造业、仪器仪表及文化办公用机械制造业、电气机械及器材制造业成长性都相对较好（虽然燃气生产和供应业成长性得分较高，但由于其属垄断性行业，应该排除在外），是全省高成长性行业。如 2008 年，河南规模以上纺织服装业增加值比上年同期增长 16.2%，通用设备制造业增长 19.8%，电气机械及器材制造业增长 22.4%，仪器仪表及文化办公用机械制造业增长 24.1%。从这些行业 2008~2009 年两年的成长性表现看，它们均高于全省规模以上工业平均增长速度。其中，宇通客车、中原内配、中轴、远东传动轴、淅川减震器、新航集团等企业的行业地位一直在持续上升。

（3）竞争优势行业。综合各类因素，非金属矿及其他矿采选业、废品废料、非金属矿物制品业、食品制造及烟草加工业、金属冶炼及压延加工业、工艺品及其他制造业、木材加工及家具制造业、石油加工、炼焦及核燃料加工业、金属矿采选业、煤炭开采和洗选业、化学工业具有一定的竞争优势。从全国范围看，2008 年，河南木材加工业总资产贡献率为 61.7%，高于全国 19.52%的水平；河南家具制造业总资产贡献率为 91.9%，高于全国 11.7%的水平；河南石油加工、炼焦及核燃料加工业总资产贡献率 12.1%，全国为 2.16%；工艺品及其他制造业 53.1%，全国为 16.04%；废品废料业河南总资产贡献率 57.8%，全国平均水平为 16.41%。所有这些，均反映河南这些行业在全国有较高的竞争力。

结合国内外产业结构发展的态势、河南区位特点和既有优势，我们认为河南应密切关注新能源、节能环保、新材料、生物医药、物联网、新能源汽车等新兴行业的发展态势，重点投入、及早布局。重点培育核电、风电、太阳能等新能源，智能电网、仪器仪表以及电子、自动控制、传感技术、生物技术、新材料、新能源汽车、物联网等河南已有一定优势或产业基础的行业。

四、现代产业体系建设的主体框架

按照《指导意见》及省委、省政府《关于制定全省国民经济和社会发展第十二个五年规划的建议》的要求，坚持加快新型工业化，构建现代产业体系“三化”发展的协调性，不断增强“一个载体、三个体系”的原则，在强化新型工业化推进现代产业体系建设中，要努力做到“六个结合”：一是把现代产业体系建设与中原经济区建设和河南发展总体定位结合起来；二是把现代产业体系建设与提升河南产业竞争力结合起来，扩大规模、培育集群、提高科技含量；三是把现代产业体系建设与推进产业转移结合起来，加强对接，优化结构，推动产业优化升级；四是把现代产业体系建设与发挥河南现有产业优势结合起来，整合资源，强化转型升级力度；五是把现代产业体系建设与未来河南培育产业的发展结合起来，重视产业发展趋势，着眼未来，超前规划，抢占产业发展前沿和高端；六是把现代产业体系建设与保护生态环境结合起来，促进产业发展与生态环境良性互动，确保现代产业体系建设目标顺利实现。

河南省现代产业体系主要由五大产业板块组成：以装备制造、有色冶金、化工、食品、服装纺织等为主的工业主导产业；以电子信息、生物、新材料等为主的高技术产业；以文化、旅游、现代物流、现代金融等为主的现代服务业；以能源、水利、交通、信息化等为主的基础产业；以现代畜牧业、花卉园艺、经济作物等为主的现代农业。①在农业领域，加快粮食生产核心区建设，加大农田水利基本建设投入，确保到2020年粮食综合生产能力达到1300亿斤，农村经济向农产品加工业调整。②在工业领域，大力发展战略性新兴产业，把电子信息、生物、节能环保、新材料、新能源、高端装备制造、新能源汽车7大产业作为主攻方向，力争到2015年，全省战略性新兴产业产值占工业比重达到15%左右。③实施重大产业转型升级工程，做优做强装备制造、有色冶金、化工、食品、纺织服装五大战略性支撑产业，改造提升轻工建材等传统优势产业，着力打造全国重要的现代装备制造、高加工度原材料、中高端消费品制造基地。④把发展服务业放在重要位置。突出五个战略重点，即现代物流、文化、旅游、金融和房地产业；着力提高两个比重，即到2015年服务业增加值占GDP的比重达到35%左右，服务业从业人数占全社会就业人数的比重达到30%左右。⑤壮大主导产业，加快产业集群发展，主动承接沿海地区集群式链式产业转移，重点引进龙头型、基地型企业和项目，吸引一批上下游产品和配套企业，提升主导产业集群发展的规模和水平。现将有关产业发展的具体要求分述于后。

（一）做大做强工业主导产业

主导产业按照“竞争性强、成长性好、关联性高”的要求，全面实施十大产业调整振兴规划，加快实施转型升级双千工程，推动制造业与生产服务业融合，促进高新技术改造提升传统产业，发展高端优势产业群，引领和带动全省产业结构升级。

1. 装备制造业

装备制造业是河南省的优势产业之一，制造业发展重点是优化结构，改善品种质量，增强产业配套能力，淘汰落后产能。要以“优化结构，改善品种质量，增强产业配套能力，淘汰落后产能”为重点，实现从上游原材料到中游装备制造到下游加工业整个产业链的提升，从多个方面全方位提升制造业的水平和竞争力，使制造业“由大到强”。具体来说，要在大型成套装备、输变电重大装备、大型农业机械、大型工程机械、精品基础件六个关键领域实现突破。以提高“加工制造、自主创新和系统集成”三大能力为核心，依托骨干企业，加强重组合作，重点发展大型煤化工、超高压输变电装备、石化装备、高铁设备、数控机床、核级电机、重型轴承和关键汽车零部件等新优势产品，加快推进洛阳动力谷、中原电气谷、洛阳重型装备、洛阳轨道交通等重大基地建设，形成大型装备成套化、整机制造系列化、配套协作专业化的产业发展格局。从而解决河南制造业一直以来大而不实、大而不强的问题，以促进制造业打造新的核心竞争力，创造新的市场领域、新的价值链，将加速推动河南制造业告别“粗放制造”、“快速扩张”的时代，从“河南制造”走向“河南创造”，加快产业结构的调整。

2. 有色冶金行业

河南省是中国有色金属工业第一大省，有很好的资源和产业基础，今后要着力完善提升煤—电—铝一体化产业链条，大力发展高水平铝合金和汽车、轨道交通、航空用铝等精深加工产品，积极推进行业整合重组，做强做大骨干企业集团，加快推进节能减排和综合利用，使河南成为具有国际竞争力的铝工业基地。加大技术创新力度，规模化发展航空、电子、医疗器械用镁、钛、钼、铅等精深加工产品。进一步优化钢铁产业布局，全面实施精品钢工程，着力发展冷轧薄板、无缝油井管等钢铁精深加工和特色优势产品，提升产业集中度和竞争实力，着力打造洛阳有色金属新材料基地、鹤壁镁加工、济源铅锌和安阳精品钢基地，积极发展郑州、商丘、焦作、三门峡等铝工业产业园区。

3. 化工行业

围绕建设全国重要的现代化工产业基地，充分发挥资源和市场优势，以规模发展、技术先进、精深加工和循环经济为重点，以石油化工、盐化工、煤化工“三化”融合发展为途径，强力推进郑州、永城、鹤濮、义马四大现代煤化工基地、平漯煤盐化工基地、洛阳石化基地和商丘千万吨炼油基地建设，积极发展高附加值精细化工产品，形成产业链条完备、产品结构优化、技术装备先进、综合竞争力强的产业格局。

4. 食品工业

适应消费升级和食品安全新要求，紧紧抓住优质安全、精深加工、市场营销、集约发展四个关键环节，以提高产业整体竞争力为目标，以打造安全放心食品产业体系为基础，以专业化、标准化、规模化为重点，构建以原料基地—加工生产—市场销售为一体的绿色食品产业链，推进主食工业化、肉类加工升级、果蔬精深加工、饮品升级、优质卷烟、优质油脂和调味品、休闲食品升级，淀粉深加工 8 大工程，建立完善原料、流通、创新、安全监管、名牌培育 5 大保障体系，积极推进沿京广食品产业带建设，着力打造面制品、肉制品、果蔬制品、奶制品、卷烟优势品牌，成为全国重要的食品工业基地。

5. 服装纺织行业

适应消费结构升级和拉动就业的新要求，突出发展棉布、化纤布、产业用纺织品，积极开发高附加值产品，积极培育和引进知名品牌，提升服装规模和档次，推进郑州、安阳等服装产业集聚区建设，推进产业结构升级，形成亚洲地区重要新兴服装纺织基地。

（二）积极发展战略新兴产业

抓住国家培育和发展战略新兴产业的机遇，加强规划引导和政策支持，实施产业创新发展工程，发挥重大科技专项的引领作用，强化核心关键技术研发，突破重点领域，大力发展新能源汽车、生物、电子信息、节能环保、新能源和新材料等战略新兴产业，努力建设全国重要的战略新兴产业基地。

1. 电子信息

努力突破高端核心产品，抢占技术和产业规模制高点，重点发展新型平板显示、新型电源、半导体照明、新一代移动通讯、数字视听、软件及集成电路设计等产业，着力打造四个特色优势产业链（即硅光伏、光成像、绿色照明、电动汽车），积极培育六个新兴产业集群（消费类电子、集成电路、网络与通信、应用电子、动漫、软件外包）。

2. 生物及新医药

发挥生物资源优势，突出生物医药、生物农业、生物能源、生物制造、生物环保五个领域，重点加强转基因、创新药物、现代中药等关键技术和重要产品研制，实施化学原料药关键技术提升、中药现代化创新、基因工程药物培育等重大工程，构建生物能源、生物制造、生物环保等产业快速发展的新格局，使河南省成为国内具有较强竞争力的生物产业基地。

3. 新材料

围绕信息、生物、航空航天、重大装备、新能源等产业发展的需求，提高精深加工水平，重点发展新型结构材料、新型功能材料、新能源材料、环境节能材料等产业集群，着力打造镁材料及合金、钛材料及合金、超硬材料产业链条，重点建设洛阳新材料，郑州航空材料、超硬材料，周口生物基材料，新乡汽车用零部件材料等重大基地。

（三）大力发展现代农业

完善现代农业产业体系，发展高产、优质、高效、生态、安全农业，促进农业生产经营专业化、标准化、规模化、集约化。在稳定提高粮食综合生产能力的基础上，推进农业经济结构调整，大力发展果蔬花卉园艺业、畜牧业和农产品加工业，建设一批特色产业基地，深入调整农业机构，积极发展节水农业、循环农业，加快构建现代农业产业体系。

1. 粮食核心区

围绕保障国家粮食安全和农民增收两大核心任务，认真组织实施《河南粮食生产核心区建设规划》，提高粮食综合生产能力。通过稳定面积、主攻单产、改善条件、创新机制、完善政策，提高粮食生产的规模化、集约化、产业化、标准化水平，逐步建立起粮食生产稳定增长的长效机制，把河南省建设成为全国重要的粮食生产稳定增长的核心区。实施科技支撑工程，加快种质资源创新利用和新品种选育，健全公益性农技推广体系，加快科技成果转化，提高粮食单产水平和土地产出率。要重点实施主要粮食作物技术与应用研究、新品种选育引进和繁育、测土配方施肥和气象防灾减灾等一批农业科技开发与推广项目，增强粮食生产科技支撑能力。

2. 现代畜牧业

重点推进产业基地建设、服务体系完善、发展机制创新三大战略任务，统筹畜产品质量安全、公共卫生安全、生态环境安全，提高畜牧业综合生产能力，建成全国重要的优质安全畜产品生产加工和供应基地。着力建设优质肉牛、优质乳品、优质生猪、优质禽类四大产业基地，完善良种繁育推广体系、饲料兽药生产体系、动物疫病防治体系、市场信息服务体系四大服务体系，改革创新投入稳定增长机制、质量安全保证机制、产业经营发展机制、生态养殖引导机制四大发展机制。

3. 花卉园艺产业

河南省在花卉园艺方面具有天然的资源优势，许昌已经形成观赏苗木优势产区，洛阳牡丹也成为国际品牌。要发挥优势把河南省建成全国最大的名贵花卉生产、繁育和出口基地之一。重点建设豫中郑州盆栽植物、许昌观赏苗木、豫西洛阳牡丹、豫东开封菊花、豫南南阳月季、豫北濮阳鲜切花六大花卉园艺产业基地。进一步强化良种繁育体系、市场服务体系、科技创新体系等服务体系建设。

4. 经济作物

重点建设优质棉产业化工程、黄淮海优质花生产业带、淮河流域优质白芝麻产业带。以主要高速公路和沿线及大城市近郊为重点，建设全国最大的温棚蔬菜白色长廊和国家重要的“菜篮子”生产基地。大力建设焦作四大怀药基地、西峡山茱萸基地、封丘金银花基地和济源冬凌草基地等中药材生产基地。在新郑机场开发区建设河南道地中药材深加工基地。加快建设黄淮平原优质蘑菇，伏牛桐柏山区优质香菇、黑木耳，豫北平原优质白灵菇、金针菇和豫中优质平菇四大优势食用菌产业带。

（四）加快发展现代服务业

把推动服务业大发展作为产业结构优化升级的战略重点，以重点项目、龙头企业、特色园区建设为抓手，以改善政策和体制环境为保障，推动规模化、标准化、品牌化、网络化经营，努力提高服务业在国民经济中的比重和服务业从业人员在全社会从业人员中的比重。大力发展生产性服务业，积极培育生活性服务业，发展新业态，培育新热点。

1. 文化产业

重点发展传媒出版、文化旅游、演艺娱乐、影视制作、文化创意、动漫游戏、艺术品与工艺美术、文化会展、武术杂技九大产业，加大扶持力度，形成完善的产业体系，实现文化产业快速协调可持续发展。着力构建以郑州为中心，以沿黄文化产业带为主轴，以豫北和豫南文化产业区为两翼，以各地特色文化产业区块为支撑的“一带两翼”文化产业区域布局，打造具有中原文化和黄河文化特色的沿黄文化长廊，努力把郑州建成全省文化产业中心和全国重要文化产业基地。

2. 现代物流

完善以郑州现代物流枢纽为中心，中原城市群为重点，区域物流枢纽、综合物流园区和专业物流市场为支撑的现代物流网络体系。加大郑州国际物流园区建设力度，重点抓好郑州国家干线公路物流港、郑州国际航空货运中心、郑州铁路集装箱货运中心、郑州铁路零担货运中心、中南邮政物流集散中心、郑州出口加工区、河南进口保税区七大物流工程建设。构建以郑州中心物流枢纽为重点，以洛阳、商丘、安阳、南阳、信阳五个区域物流枢纽为支撑，以九大综合物流园区和一批专业物流市场为载体，相互协调、布局合理的结点网络体系。

3. 旅游业

坚持中原文化与山水生态并重，城市旅游与景区旅游并重的发展模式，将全省建成城市旅游发达，景区旅游繁荣，“华夏根源文化”特色鲜明，山水生态成为强势产品，区域旅游大环境优越，产业效益显著的国内外直接旅游目的地之一。

4. 现代金融

以健全金融机构体系、培育金融市场、加快金融改革创新、优化金融生态环境为重点，以郑州金融商务区建设为突破口，大力发展银行、证券、保险、期货、信托等金融产业，保持金融总量的快速增长，提高金融效率，增强金融业的竞争力和辐射力，把郑州建设成我国中西部地区重要的区域性金融中心。组建省级股份制银行、地方法人保险公司及其他金融法人机构；积极引进境内外金融机构，培育发展农村金融机构。

（五）加快建设基础设施和基础产业

围绕构建全国重要交通枢纽，加快推进综合枢纽和运输通道建设，加强交通、能源、水利等基础设施建设，构建功能完善、协调配套、高效快捷、支撑有力的现代基础设施体系，增强基础产业保障和支撑能力。

1. 能源产业

以保障有效供给为目标，以调整结构和优化布局为主线，以传统能源为基础、新能源为先导，以重大项目为抓手，加快建设全国重要的综合能源基地，提高能源供应保障能力，促进能源工业可持续发展。

推动能源结构调整和布局优化，充分发挥资源和区位优势，大力发展清洁能源和可再生能源，进一步做大做强能源产业，构筑稳定、经济、清洁、安全的能源供应体系。继续加强煤炭资源勘探，加快大中型矿井建设，促进煤层气产业发展，进一步提高煤炭资源的综合利用水平。加快调整电源结构，大力发展核电，重点建设豫北、豫南和豫中三大火电集群，加快推进风电、太阳能、生物质能等新能源和可再生能源开发，建设全国重要的综合能源基地。

2. 水利工程

完成南水北调中线工程及受水城市供水配套工程建设、农村饮水安全等城乡供水工程建设。重点加强 38 处大型灌区及 205 处中型灌区及末级渠系配套等农田灌溉工程建设；加快推进大中型及重点小型病险水库除险加固、重点城市防洪工程等防洪安全保障体系建设；尽快建成河口村、出山店、前坪水库等大型水利枢纽工程；扎实推进南丹江口库区及上游、长江上中游、豫西黄土高原水土保持等重点生态水利工程建设；促进水资源合理开发利用，强化水利支撑保障。

3. 现代交通

重点加快铁路、民航建设，提升全省交通保障水平。加快民航发展，重点推进郑州国际航空枢纽建设，巩固提升郑州铁路枢纽地位，加快构建以郑州机场为中心、覆盖所有省会及重要城市的 2 小时空中交通圈。逐步完善“五纵五横”干线铁路为主骨架、地方铁路和支线铁路为补充的铁路网络；以铁路客运专线、城际铁路和公路快速通道建设为支撑，构建以郑州为中心的半小时通勤圈；以铁路客运专线建设为依托，加快建设 1 小时交通圈。以疏通与外省联系通道、拓宽改造国道主干线为重点，进一步完善高速公路网络；继续推进通村公路建设，构建与农村经济社会发展水平相适应的农村公路网络和运输体系。

（六）积极发展信息产业，全面提高信息化水平

推动信息化和工业化深度融合，加快经济社会各领域信息化，建设“数字河南”。积极推进“三网融合”，构建宽带、融合、安全的下一代信息基础设施。积

极发展软件业、物联网和电子商务。重点在政务信息化、经济信息化、社会信息化三个领域，实施下一代网络工程、政务信息资源共享工程、新农村综合信息服务工程、制造业信息化示范工程、数字社区工程、电子商务推进工程、物流信息服务工程、信息技术创新工程八大工程。加强重要信息系统建设，强化地理、人口、金融、税收、统计等基础信息资源开发利用。大力推进电子政务网络建设，综合提升政府公共服务和管理能力，确保基础信息网络和重要信息系统安全。

五、坚持新型工业化主导、构建现代产业体系的支撑性措施

（一）加大财政支持力度

新型工业化作为“三化”协调发展的主导，对中原经济区建设至关重要。加大政府性资金扶持力度，设立全省现代产业发展导向资金。建议省财政根据每年财力情况安排一定数量的引导资金，视财政收入情况逐年增加。专项引导投向以先进制造业和现代服务业为重点的高端产业和各类产业链的高端环节，重点支持关系现代产业全局和战略支撑产业的重大项目。制定《河南省现代产业发展导向资金的管理和使用办法》，强化资金的管理。探索公共财政体制下促进现代产业发展的政策框架，整合工业结构调整、节能减排、自主创新、农产品加工等各项专项资金，适度向构建现代产业体系的重点项目集中。

（二）探索金融支持模式

要围绕新型工业化的主导地位，制定并定期完善《河南省现代产业投资指导目录》，发布更新现代产业发展的项目信息。加大对符合新型工业化发展要求的现代产业政策导向的重点企业给予信贷支持，对纳入《河南省现代产业投资指导目录》“鼓励类”的产业项目，金融机构应优先予以信贷支持，对不符合新型工业化发展要求的“限制类”产业项目要从严审查、审批贷款。建立多部门信息沟通机制，搭建符合新型工业化发展要求的投融资服务平台。既要建立符合新型工业化发展要求的现代产业投融资优质项目数据库，通过论坛、研讨会、洽谈会等形式，加强对现代产业项目和金融产品的宣传、推介，促进银、政、企合作，对纳入数据库并获得政府部门推荐的优质项目，金融机构应重点支持。还要引导和扩大社会投资，完善投资审批、土地使用、金融信贷、税收优惠等激励政策，激发民间资本对高新技术产业和现代服务业、现代农业的投资活力。

（三）提升技术创新能力

努力形成自主创新机制是构建符合新型工业化发展要求的现代产业体系的关键。培育壮大新型工业化发展的创新主体，完善创新平台，构建创新载体，推进重点工业领域创新，健全体制机制，努力构建要素完备、配置高效、协调发展、充满活力的新型工业化自主创新体系。一是营造鼓励新型工业化创新的良好环境，培育壮大创新主体。制定《河南省新型工业化促进自主创新条例》，完善相关政策措施，建立健全激励机制，优化科技资源配置，加强知识产权保护。引导和支持创新要素向企业集聚，增强科研院所和高校创新动力，培育壮大一批拥有持续创新能力的创新主体，着力构建以企业为主体、市场为导向、产学研用紧密结合的新型工业化技术创新体系。二是实施新型工业化技术创新工程。围绕现代装备制造、新材料、新能源、电子信息、生物医药、生态环保等重点领域和传统支柱产业技术改造升级，加快推进重大科技专项，努力在共性和关键核心技术开发上取得突破，掌握一批重要的自主知识产权和标准。加快发展企业研发中心和重点实验室，强化基础性、前沿性和共性技术研发平台建设，推进新型工业化领域重大科技基础设施开放共享。三是加大财政投入，支持新型工业化发展的重大科技专项、重大科技工程、技术创新基础平台和服务体系建设，建立健全多元化、多渠道的科技投入体系，推动建设创新型河南。四是加快新型工业化创新平台建设。大力发展科技园区和创新基地，积极发展创业孵化器，支持组建产业技术创新战略联盟。对新认定的省级以上企业技术中心、工程（重点）实验室、工程（技术）研究中心、重点产业集聚区（开发区、园区）、公共技术研发检测中心等技术创新平台，省、设区市政府应从财政科技专项资金中拨款给予奖励。

（四）加强重大产业项目建设

"十二五"时期，河南仍然要把重大产业项目建设作为发展新型工业化的首要任务，围绕省重点项目、转型升级"双千工程"项目等，继续开展重点项目观摩活动，重点集中在传统产业改造、产业链延伸项目、新兴产业项目、自主创新项目等领域，新上一批发展潜力大的产业项目，强化新型工业化发展的微观基础。其一，加强新型工业化重大建设项目的谋划和储备。坚持"自谋"与"他谋"相结合，既要立足自身、指导企业不断提高项目谋划质量和水平，又要借助外力、委托专业团队采取市场化运作方式谋划项目；建立健全省市两级重大项目储备库，实施动态管理。其二，切实抓好项目库建设。通过项目策划和论证，加强与国家规划的衔接，争取得到一批国家规划里的好项目、大项目；要通过招商引资，加强与国内外大企业、大公司的战略合作，引进一批好项目、大项目；要通过深化投融资改革，激活投资主体，新上一批好项目、大项目。要盯住产业扶持政策和自己的产业优势，抓好一大批与现有产业关联度高、适合区域实际、具有一定比较优势项目的前期规划、论证和包装工作。其三，着力解决新型工业化重点项目建设“瓶颈”的制约。发挥新型工业化发展导向资金引导作用，集中力量支持重点产业生产力布局调整、骨干企业科技创新、技术改造和新产品开发，引导带动金融机构和社会资本投向；利用河南省现代产业投融资服务平台，帮助企业扩大融资渠道。

（五）推进产业集聚区和开发区建设

产业集聚区是构建河南省新型工业化发展的主要载体，“十二五”时期河南应进一步提高产业集聚区的发展水平，按照“四集一转”的要求，支持各产业集聚区依托区域比较优势构建各具特色的现代产业体系，把产业集聚区建设作为拉动增长、优化结构、增强竞争力的战略举措，努力增强载体功能。结合河南省180个产业集聚区建设，认真贯彻落实《河南省人民政府关于进一步促进产业集聚区发展的指导意见》（豫政［2010］34号）精神，各集聚区制定相应的配套政策，根据比较优势选准、抓好若干个特色主导产业，抓紧布局战略性新兴产业，在能源、资源、原材料等产业领域要依托现有基础拉长产业链条，高起点编制总体规划和产业发展规划。坚持科学规划、提升功能，完善集聚机制、积累机制、服务机制和激励机制，不断提高基础设施、公共服务、创新平台等保障能力，促进企业集中布局、产业集群发展、资源集约利用和功能集合构建，促进农村人口向城市转移。坚持因地制宜、分类指导，积极承接集群式、链式产业转移，培育和壮大主导产业，做强一批辐射带动有力的产业基地，做优一批特色鲜明的产业集群，做精一批充满活力的特色园区。将重点产业聚集区和开发区优先纳入土地利用总体规划和城镇规划，并在财税政策、融资服务等方面给予支持。今后“退城进郊、退乡进城”企业和其他新建项目不在区内选址的，原则上不予审批，不提供土地、资金、电力等要素供应。

“十二五”期间，还要通过规划产业空间布局，为建设河南省现代产业体系提供有效的空间支撑。要加强产业用地增量管理，积极盘活产业存量建设用地，切实推进旧城镇、旧厂房和旧村庄改造工作，提高用地效益。建立有效的土地利用流转机制。加大工业用地储备力度，优先保障列入重大产业项目的土地供应。在产业用地相关政策设计上，河南省应注意强化产业空间布局规划，有效整合功能相似、空间相邻、规模偏小、效益偏低的工业园区，重新布局产业分工，使生产要素向能够发挥最大效能的园区集中，提高产业布局合理化水平；根据现有产业基础和资源优势，按照“深度开发，集约用地”的思路，加快园区基础设施建设和产业配套，以工业园和专业镇为载体，培育和发展从上游原材料到下游终端产品的相互配套、相互促进的产业链或专业镇，加快块状经济向现代产业集群转化的速度，提高产业集聚化水平。

（六）优化企业组织结构

新型工业化的微观基础与发展主体是企业，强化新型工业化主导需要各类企业主体的分工合作网络支撑。“十二五”时期河南强化新型工业化主导的着力点就是合理引导企业兼并重组，积极发展拥有国际知名品牌和核心竞争力的大中型企业，提升中小企业专业化分工协作水平，加快形成现代产业分工合作网络：通过战略联盟、兼并重组、引进战略投资者等方式，大力吸纳和集聚国内外相关产业链的上下游企业落户河南，形成集研发—生产—贸易于一体的产业网络；以大企业为核心，中型企业为配套、无数小企业层层跟进的产业网络，使之成为现代产业体系发展的有力支撑。

（七）促进产业绿色发展

一是加快资源循环利用产业发展，加强矿产资源综合利用，鼓励支持企业开展循环式生产，鼓励产业废物循环利用，建立完善再生资源回收体系和垃圾分类回收制度，推进资源再生利用产业化。二是推行新型工业化合同能源管理，发展节能服务产业。合同能源管理是发达国家普遍推行的、运用市场手段促进节能的服务机制。要采取切实有效的措施，努力创造良好的政策环境，推行合同能源管理，促进节能服务产业加快发展。三是加快传统工业的结构调整，把发展低耗能、低污染、高附加值的新型工业化作为主攻方向，努力提高其在经济总量中的比重；推广高效节能产品，抓好循环经济试点，扩大节能减排成果，实现绿色增长。四是狠抓重点领域，强化节能目标责任考核，完善节能法规和标准，建立节能减排统计监测制度，健全节能市场化机制和对企业的激励与约束，实施重点节能工程，淘汰落后产能，动员全民节能。继续盯住重点区域和耗能、排放大户，加强工作调度，解决突出问题，明确阶段目标，拒绝任何理由，确保限期完成。五是落实目标责任，进一步完善新型工业化发展的考核评价体系。严把源头关口，严格执行固定资产项目节能评估审查和环境影响评价制度，实行高耗能、高排放新上项目区域禁（限）批。加大检查考核和奖惩力度，形成长效机制。六是大力淘汰落后产能。健全完善退出机制，制定落实上大压小、等量替代、淘汰落后奖励等配套政策，强化差别电价、“阶梯”水价等约束性措施，辅之必要的行政手段，促使落后产能尽快退出市场。

（八）创新承接产业转移思路

“十二五”时期河南要进一步创新产业承接的思路，抢抓国际国内产业结构调整和区域性转移重大机遇，创新招商方式，提高引资水平，借用外力加快新型工业化发展。其一，理性把握承接转移的层次。要以承接高附加值工业、高新技术产业和现代装备制造业为主导承接层次，以承接技术密集型产业和生产性服务业为目标承接层次，提高环保门槛，制定承接产业转移的环境制度，对要进来的项目、投资进行严格的环评和能耗控制。其二，坚持以城市新区和产业集聚区为主要载体，以重大项目为核心，努力实现企业群体式引进、产业链接式转移。通过引导产业链与产业网络整体转移，尤其是要与世界500强及国内大型企业集团对接，弥补河南战略支撑产业的短板链条，承接战略新兴产业的空白领域和薄弱环节，引导本地企业强化与大型企业集团的配套协作能力，培育形成一批外资密集、内外资结合、带动力强的开放型经济增长板块和产业集群，使迁入的大型企业集团成为河南现代产业体系的重要支撑点，提高产业发展的层次与水平。其三，引导外来资本投资河南省战略支撑产业、战略新兴产业、现代农业以及现代服务业，鼓励外来企业设立研发中心，严格控制引进高污染、低效益的产业，实现承接产业转移和推进产业升级同步。重点引进大型跨国公司、央企以及外省大企业、大集团，深入推进省部合作，实现重大项目的聚核效应。积极借鉴国际国内先进管理理念、制度、经验，促进观念创新、体制创新和科技创新。

（九）培养高素质产业队伍

结合推进新型工业化和“三化”协调发展的战略契机，制定和完善人才引育政策，统筹抓好各类人才队伍建设，突出培养创新型科技人才，大力开发经济社会发展急需紧缺专门人才。实施以智力交流为特征的柔性引才措施，重点引进国内外高级专业人才。大力实施引进新型工业化的创新和科研团队计划、留学回国人员创业计划、现代服务业和先进制造业人才集聚计划等引才计划。充分发挥省内人才作用，大力引进海外人才和智力，积极利用省外人才。加快培养一批学科带头人、高级管理人才和五大产业的领军人才。大力发展高等教育和职业技术教育，加快发展服务新型工业化发展的技工教育，支持各层次产业人才参加继续教育，鼓励企业与大学、院所联合培养复合型人才和高技能人才，建立培训企业员工的长效机制。着力营造尊重人才的社会环境、平等公开和竞争择优的制度环境，推动优秀人才脱颖而出。

第三章　加快河南农业现代化，驱动“三化”协调发展

《国务院关于支持河南省加快建设中原经济区的指导意见》指出，改革开放特别是实施促进中部地区崛起战略以来，河南省经济社会发展取得巨大成就，进入了工业化、城镇化加速推进的新阶段，既面临着跨越发展的重大机遇，也面临着粮食增产难度大、经济结构不合理、城镇化发展滞后、公共服务水平低等挑战和问题。因此，积极探索不以牺牲农业和粮食、生态和环境为代价的“三化”协调发展的路子，是中原经济区建设的核心任务。而围绕这一核心任务的实现的基础，则是努力提升河南农业现代化，以期在此基础上真正驱动“三化”协调发展，把中原经济区不仅建设成为国家重要的粮食生产和现代农业基地，而且建设成为全国工业化、城镇化和农业现代化协调发展的示范区。

一、河南省农业现代化的发展概况

河南省是一个农业大省。新中国成立 60 多年来，在党中央的正确领导下，河南省各级政府开拓进取，勤奋努力，艰苦奋斗，经过几代人的不懈努力，以占全国 1.74%的国土面积，不仅养活了占全国 7.5%的人口，而且成为国家重要的农产品生产基地，为实现全国农产品供求平衡做出了积极贡献。河南农业虽然发展很快，但也面临许多问题，农业现代化的总体水平距离发达国家还相差很远。因此，研究探索河南省现代农业发展历程，分析河南省现代农业现状，对于加快全省农业现代化进程具有十分重要的意义。

（一）农业现代化的概念与特征

中原经济区建设要以新型农业现代化为基础，首先就要弄清楚什么是农业现代化，为什么要发展农业现代化。

1. 农业现代化的概念

一直以来，基于“任何社会相对于过去的社会而言是现代社会”的认识，引

发了人们从不同角度对现代化进行了大量研究，这些研究大致可以分为五个大的方向：一是以亨廷顿为代表的政治学方向；二是以罗斯托为代表的经济学方向；三是以帕森斯为代表的社会学方向；四是以英克尔斯为代表的人文学方向；五是以布莱克为代表的制度学方向。这几个学派基本上从两个角度去定义现代化：一是认为现代化是一个过程，“现代化是在现代社会中正在进行着的重要变化”；二是认为现代化是一个经历了种种变化的结果或所追求的预期目标。也有人进行了综合性概括，如现代化可以看作是经济领域的工业化、政治领域的民主化、社会领域的城市化，以及人们价值观念中的理性化的互动过程，它广泛涉及国际环境、政治结构、经济发展、社会整合和技术进步等方面。

农业现代化以现代化理论为基础，结合农业的特点提出。西奥多·W.舒尔茨认为，发展中国家的经济成长，有赖于农业的迅速稳定增长，而传统农业不具备迅速稳定增长的能力，出路在于把传统农业改造为现代农业，即实现农业现代化。传统农业是农业发展史上的一个重要阶段，根据舒尔茨的理解，其应被看作是一种特殊类型的经济均衡状态。国内外大多数专家普遍认为，现代农业是相对于传统农业而言的。所谓现代农业，是指与传统农业相对应，以广泛应用现代科学技术为主要标志的农业。现代科技的应用，使农业的内涵、结构、体系等方面发生巨大变化，包括生物技术的发展和应用，使农业转变成为技术密集型产业；计算机和信息技术的应用，使农业经济运行的方式发生了变化，逐步转变成为可控性行业；材料、能源科学和工程技术的应用，使农业生产领域不断扩展，并且超脱除原有行业局限，实现与其他行业的互动融合；等等。人们青睐和发展现代农业，正是由于现代科技对农业的联结、渗透与支撑，彻底改变了完全听命于自然的、以手工作业为主要劳动方式的简单再生产过程，实现了专业化、规模化、集约化、社会化的大生产，大幅度提高了农业劳动生产率，这也是现代农业的本质内涵所在。

我国自20世纪50年代中期以来，关于农业现代化概念，学术界曾提出了不少极具价值的见解。具有典型代表意义的有：①20世纪50~60年代，农业现代化被概括为机械化、电气化、水利化和化学化。②农业现代化是用现代科学技术装备管理农业，要求具有高度的劳动生产率和商品率（章宗礼，1980）。③所谓农业现代化，就是要把农业建立在现代科学的基础上，用现代科学技术和现代工业来装备农业，用经济管理科学来管理农业，把传统农业变为具有当代世界水平的现代农业，即生产技术科学化、生产工具机械化、生产组织社会化、管理上的多功能系列化（《中国农业经济学》编写组，1984）。④农业现代化是一个客观的经济范畴，它的特定含义就是从古代、近代农业转化为机械化、科学化、社会化的现代化农业的历史过程（李周等，1990）。⑤农业生产是自然再生产和经济再生产的交织过程，农业现代化则是这一过程在社会科技不断进步下的延伸和扩展，随着这种延伸和扩展的渗透，众多元素涉入其间，从而形成以自然再生产与经济再生产为主轴，凝聚现代科技文明于一体，囊括各种自然资源和社会资源的纵横交错的网络系统（王宏广，1991）。⑥农业现代化首先是一个经济、技术过程，最终是一种社会文化现象，是一个传统农业社会向产业化、现代化演变的过程（范晋明，1997）。⑦农业现代化是用工业技术装备的、受实验科学指导的、产加销一体化的商品性农业产业，其一般特征是，普遍使用现代化的工具，有很高的劳动生产率；广泛运用现代科学技术，有很高的土地生产率和适应市场需求的产品结构和品质结构；普遍实现了农业的企业化管理，相当多的产品和行业实行了产供销一体化、种养加一条龙，有很高的商品率、总体效率和经济效益（牛若峰，1999）。⑧农业现代化是用现代工业装备农业，用现代科学技术支撑农业，用现代管理方法管理农业，用现代社会化服务体系服务农业，用现代科学文化知识提高农民素质的过程，是建立市场化的农业运行机制和高产优质高效农业生产体系，把农业建成具有显著经济效益、社会效益和生态效益的可持续发展的现代产业的过程，也是大幅度提高农业综合生产能力、不断增加农产品有效供给和农民收入的过程（顾益康，2001）。⑨农业现代化是用现代生产要素、科技成果、管理经验装备农业。以提高农业生产力，使之成为有效益、有竞争力的产业的过程。它既是一个特定的概念，又是一个动态的概念（杜鹰，2010）。

显然，就农业现代化的概念，不同时期有着不同的认识和表述。我们认为，农业现代化是一个过程，是指由传统农业向现代农业在时间与空间上的转化的过程。从时间方面看，农业现代化首先是一个时点概念，呈现出不同时期的阶段性的特点，即一个阶段有一个阶段的追求目标和评价标准。从空间方面看，农业现代化又是一个承载着农业经济的生动的内容的不断更替、调整、升级的过程，呈现出不同阶段的发展特点，包括现代农业基础、现代农业生态、现代农业科技、现代农业工艺、现代农业装备、现代农业组织、现代农业经营、现代农业管理、现代农业人才等内容要件的互动和转换，也正是因为这些内容要件的互动和转换，推动着现代农业的发展。农业现代化与现代农业是连在一起的，如果说，农业现代化反映着现代农业的建设与发展，那么，现代农业则构成农业现代化的基本的内容实体。值得指出的是，中国特色社会主义道路所决定的中国农业现代化的实质，应该是以迅速提高农民小康水平、破解城乡二元结构、统筹城乡发展为根本目标，以成就农业产业的高级化、实现农业的高效益、高节能为基本取向，通过生产技术、生产条件、经营管理和社会服务的现代化，特别是依靠现代科学技术、现代生产要素的投入、现代市场机制的调节、现代社会化服务体系的建设，把传统农业转变为人们所憧憬的农业的工业化、集约化、市场化、社会化和可持续发展的过程。或者说，转变到农业产业比重不断下降，农业人口规模不断下降，农民人文素质不断上升，农民收入水平不断提高，以及农村的城镇化、都市化程度不断提高，农业经济社会不断跨越的新的局面和境界。

农业现代化的基础是农业劳动的高科学技术化。就是用现代科学技术嫁接或取代传统农业技术，使农业逐步实现各类产品良种化、耕作制度与栽培技术科学化、基本农田标准化，大幅度提高土地的投入产出率和农业综合生产能力、提升农产品质量、降低生产成本，以期全面提升科技对农业增长的贡献率。

农业工业化，就是用现代工业技术装备农业，改变传统、落后的生产手段，从而降低劳动强度，大幅度提高农业劳动生产率；同时利用现代农产品加工技术、流通技术，不断提高农产品的加工水平、增加农产品品种、提高农产品品质、延长农业产业链、加大农产品附加值和市场销售能力。

农业生产组织社会化，就是用现代科学管理方法组织管理农业，在不改变目前家庭承包经营的前提下，由贸工农一体化的规模经营方式取代千家万户分散的小农经营方式，使农业经营逐步实现产业化和规模化，大幅度提高农业的总体效益和农民收入。用完善的社会化服务体系服务农业，取代“小而全”的自给自足或半自给自足的生产，大幅度提高农业生产的专业化、市场化和社会化水平，实现农业生产经营组织公司化和农民工人化。

农业现代化的一个重要标志是农业发展中人的现代化。作为农业劳动者的人，是生产力中最活跃、最积极、最具有决定性的因素，因而，农业现代化的主观性条件的创造，最重要的是全面提高农业劳动者素质。农民不仅要成为现代农业的生产者，而且要成为现代农业的管理者，还要成为高品质、高效益农业的创造者，这才是实现农业现代化的最根本的路径和动能。

农业可持续发展是农业现代化的又一重要标志，而生态环境的可持续化则是农业可持续发展的重要保证。因此，必须坚持可持续发展战略，把经济、社会、技术同农业自然资源与环境保护结合起来，促进资源、环境和现代生产要素优化配置。现阶段，河南省农业的发展，既受资源环境，又受国内外市场的双重约束。因此，农业不能再走破坏生态环境、掠夺自然资源、追求短期效益的老路，必须选择培育和保护资源、优化生态环境、提高综合生产能力的可持续发展道路。

2. 农业现代化的特征

农业现代化既要立足国情省情，也要注意吸取国外农业现代化的经验教训，真正认识和把握农业现代化的基本含义和特征。

（1）阶段性与动态化。农业现代化作为一个时点概念，首先表现出来的是它的相对性、动态化特征。由于农业现代化的内容等总是随着技术、经济和社会的进步而变化，所以，不同时期有不同的内涵特征。从这个意义上讲，农业现代化一般应是就某一个阶段而言的，即呈现出一定的阶段性目标，从而在客观上要求不同时期应当选择不同的阶段目标，并使这一阶段性目标与相应的国民经济运行发展的水平保持着密切的联系。根据发达国家现代农业的历史进程，他们将农业现代化划分为五个递进的阶段：准备阶段、起步阶段、初步实现阶段、基本实现阶段、发达阶段。一个国家、地区要加速农业现代化进程，既要注意到它的阶段性又必须结合国家和区域发展的社会经济水平、技术进步水平，拉近并预测到农业发展的不同阶段实际，作出科学的抉择和规划，动态、稳健地推进农业现代化。例如 20 世纪 50~60 年代，有些学者认为，农业现代化就是工业技术在农业中的运用，只要在农业中实现了机械化、化学化和电气化，就实现了农业现代化。这主要指的是生产要素和生产方法的现代化，没有涉及管理、组织、营销、人员领域，因为那个年代没有提出农产品的商品化、市场化。

（2）区域性与差异化。西方发达国家农业现代化的实现，有其自身的历史背景、经济发展水平以及技术、生态、资源（包括气候、土壤、水源）条件，因此，我们在借鉴应用这些发达国家的经验时，一定要对其实现的背景条件进行分析，注意国与国之间、区域和区域之间存在的差异化问题。或者说，农业经济具有很强的区域性特点，即使同一个国家不同区域、同一区域不同地方，农业经济的条件都存在着很大的差异，这一现实就要求我们必须按照自然规律和客观经济社会发展规律办事，实施差异化的、区域之间的非均衡的发展战略。农业现代化是工业化、城镇化的基础，更应坚持这一区域性、差异化特征，扬长避短，趋利避害，在积极地争取自身发展的同时，也为工业化、城镇化发展创造良好的环境作出自己的贡献。

（3）世界性与标准化。世界经济史也好，经济全球化也好，无不揭示出一个理念，即在当代几乎没有一个国家的发展是可以独自前行、孤立无助、闭关锁国的。也就是说，农业现代化也是一个世界性的概念，一个开放性的概念，人们必须要从世界的、开放的视角来研究农业现代化，不仅要强调本国、本地区的情况特点，还要参照当代发达国家的一些指标和评价体系来建设，形成和确定农业现代化的目标预期或判断标准，以使我们的农业现代化切入一个高的起点和水平。农业现代化是没有国界的，世界各国的现代农业科学技术和现代化管理手段都是通用的，特别是农产品的品质标准是统一的。

（4）协调性与规制化。农业现代化和工业化、城镇化是互为动力、互为条件的，所以人们强调“三化”应协调发展。农业现代化的协调性，就是要保持现代农业与现代工业、现代城镇的整体、均衡的发展，特别是在依然是以农业为主、小农经济像汪洋大海的农业大国、农业大省背景下，尤其应注重以工业化、城镇化带动和引领农业现代化，保持“三化”之间的协调性。农业现代化的协调性的实现，又是与农业现代化的规制化分不开的。农业现代化的规制化，就是要强调在农业现代化过程中，以规章制度的制定和安排、贯彻，来保证从对农业资源的配置，到农业生产方式的转变，到农业经营体制、机制的完善，到农业考核评价体系的建立健全等，对农业现代化形成加法，而不是减法；是鼓励，而不是削弱。围绕农业现代化，制定规章和作出科学的制度安排，对于以农业为主的、封建主义痕迹与羁绊都很严重的地区来说，更显得无比重要。

（二）河南省农业现代化发展历程及现状

河南省是一个典型的农业大省，粮食、畜禽、食品、饲料等在全国具有举足轻重的地位，因此，从中央到地方，各级政府都十分关心河南农业现代化发展问题。但是，由于自然、资源、历史、社会、经济等基础条件影响，农业现代化的发展长期处于爬坡阶段，始终不能进入理想预期。

1. 河南省农业现代化的发展阶段分析

根据河南省统计局 2011 年《河南统计年鉴》资料显示，从河南省主要年份的农业总产值、人均农业生产总值、粮食产量和人均拥有粮食产量等方面可以明确看出河南省农业现代化的发展历程（见表 3-1）。

表 3-1 河南省农业发展状况（1949~2010 年）

年份	农业总产值		粮食产量	
	万亿元	人均（元）	万（吨）	人均（吨）
1949	17.19	41.6	71.35	0.171
1957	31.57	65.6	118	0.247
1962	28.13	57.7	903	0.185
1965	42.17	81.6	1166	0.226
1978	64.86	91.7	2097.4	0.297
1983	187.02	246.9	2904	0.383
1988	240.72	289.4	2663	0.320
1995	762.99	841.8	3466.5	0.382
1998	1123.14	1201.2	4009.61	0.430
2008	2658.8	2045.2	5365.48	0.542
2010	3258.11	3464	5437.1	0.578

资料来源：《河南省统计年鉴（2011）》、《中国农业全书·河南卷》。

新中国成立 60 多年来，经过河南人民的艰苦奋斗，农业取得了巨大成就，农村发生了翻天覆地的变化。特别是中共十一届三中全会以来，农业生产得到了快速发展，从根本上改变了河南农业的落后状况，大大加快了河南省农业现代化的进程。与全国许多省区一样，其主要发展历程大体上经过改革开放前的传统计划经济和改革开放后的市场取向两个时期三个阶段。

第一阶段是国民经济恢复发展阶段（1949~1957 年）。历史上的河南，十年九旱。新中国成立时，河南省的农业生产水平极低。统计资料显示，1949 年河南全省农业总产值只有 17.19 万亿元，人均产值 41.6 元；粮食总产量 71.35 万吨，人均占有量 0.171 吨。

1949~1952 年，河南人民经过 3 年的努力，使农业和农村经济得到了恢复性发展。1952 年，全省农业总产值达到 27.74 亿元，比 1949 年增加 10.55 亿元，增长 61.4%；粮食总产量达到 100.7 万吨，比 1949 年增产 29.35 万吨，增长 41.1% 。

随着国家第一个“五年计划”的实施和社会主义建设的全面开展，河南农业和农村经济从恢复到发展，取得了很大成就。同 1952 年相比，1957 年农业总产值为 31.57 亿元，增长了 13.8%；粮食总产量 118 万吨，增长了 17.2%。其他农产品都有较大幅度增长。

这一阶段，由于处在国民经济恢复发展阶段，主要是通过土地改革转变土地所有权方式和通过农业合作社改变土地的生产方式。虽然对农业现代化有着一些认识与追求，也在一些方面作了一定的尝试，如进行土地规划、调整生产经营方式、酝酿集体经济、鼓励机械化、水利化作业等，但是，基本上仅仅是做了一些农业现代化的理论的、政策策略上的引导，还不具有农业现代化的实际性建设。

第二阶段是徘徊和缓慢发展阶段（1958~1978 年）。从 1958 年开始，“一大二公”的理念和体制的推行，严重打击了农民的劳动积极性，加之连续 3 年的严重自然灾害，导致全省农业生产大幅度下降。1962 年，全省农业总产值 28.13 亿元，比 1957 年下降 10.9%；粮食总产量为 903 万吨，比 1957 年下降 23.5%。使刚刚恢复的河南农业生产受到严重干扰和破坏，农村经济处于非常时期。之后，随着人们观念的转变，对国民经济进行了适当的调整，使遭受破坏的农业和农村经济得以恢复发展。1965 年，全省农业总产值达到了 42.17 亿元，比 1962 年增长 49.9%；粮食总产值达到了 1166 万吨，棉花、油料、猪肉等重要农产品都有较大增长，基本恢复到 1957 年的水平。“文化大革命”的 10 年，河南农业生产再一次受到重大挫折。粉碎“四人帮”后，农业和农村经济开始有了一定的发展。1978 年，农业总产值达到 64.86 亿元，比 1965 年增长 53.8%；粮食总产量达到 2097.4 万吨，比 1965 年增长 79.9%。

这一阶段，事实上已经提出并具体开展了农业现代化的建设与发展问题，包括当时推行的人民公社体制、农业生产工资变革等生产关系方面的变革，科学规划基本农田设施建设、基本水利设施建设、深翻土地、大办水利、推广农业“八字宪法”等以及围绕机械化设施建设，兴办的“五小”工业、社办企业等生产力方面的创新，但在兴修水利方面取得巨大成就的同时，由于自然灾害和“左”的思想路线干扰，“大办”不可能形成一种持续的发展，“围湖造田”、“开山种地”严重破坏了生态平衡，破坏了土地生产力，特别是十年“文革”浩劫，更使农业现代化跌入低谷，一顶“唯生产力论”的大帽子到处甩，“宁要社会主义的草，不要资本主义的苗”的谬论，吓得谁也不敢问津农业现代化了。

第三阶段是改革开放和全面发展阶段（1979~2010 年）。在这一阶段，以中共十一届三中全会为标志，河南农村发展及其农业现代化进入了一个新的阶段。

这一阶段的农业现代化发展，主要是解放思想、转变观念、调整农业经营方式，推行家庭联产承包责任制和统分结合的双层经营体制，极大地调动了农民生产的积极性，使全省农业开始走上稳定持续发展的轨道。1983 年，农业总产值达 187.02 亿元，比 1978 年增加 91.64 亿元，增长 96.1%；粮食总产量达到 290.4 万吨；农民人均纯收入 272 元，比 1978 年增加 167.3 元。

与此同时，1985 年进行农产品购销体制改革，取消粮、棉、油、猪等主要农副产品的传统派购，代之以合同收购，并逐步放开农产品的市场和价格，使河南农村出现了农、林、牧、副、渔全面发展的喜人景象。到 1991 年，农业总产值达到 531.05 亿元，比 1983 年增长 184%，粮食产量达到 301 万吨；乡镇企业总产值达到 803 亿元，比 1983 年的 46 亿元净增 757 亿元，农民人均纯收入达到 539.29 元，比 1983 年增加 267.29 元，增长 98.3%。

1992 年，中共十四大确定了建立社会主义市场经济体制的新目标模式，大力发展社会主义市场经济，为农业和农村经济注入了新的巨大的动力和活力，使河南农村经济开始迈向市场经济全面发展的新阶段，全省农业和农村经济保持了良好的发展势头，也为河南农业现代化的推进铺垫了扎实的制度保障。进入 21 世纪，政府又把千百年来一直压在农民身上的皇粮国税清理消除，同时大力推进小康社会和新农村建设，大大加快了农业现代化的步伐。

从河南省农业现代化的发展历程看，计划经济时代的重点是提高土地生产率，带有浓厚的自然经济色彩，社会主义市场经济时代重点是改变发展方式，从手工劳动转向机械化操作，从自然经济转向商品经济、市场经济，实现农产品商品化和农业经营方式的市场化、产业化，是在市场化的推动下的现代化。

2. 河南省农业现代化的发展现状分析

改革开放以来，河南省认真贯彻执行党在农村的各项方针政策，深化农村改革，不断强化农业基础地位，加大对农业的投入力度，大力调整农业和农村经济结构，现代农业及其延伸产业获得了长足发展，农业和农村经济结构调整取得明显成效。省委、省政府始终坚持把解决农业、农村、农民问题作为全部工作的重中之重，始终坚持在推进工业化、城镇化的过程中牢牢抓住农业、农村、农民“三农”工作不放松，努力提高粮食综合生产能力，启动国家粮食生产核心区建设，深入调整农业结构，积极推进农业产业化进程，全面落实各项强农惠农政策，实现了全省农业和农村经济的持续健康发展。

（1）农业综合生产能力稳步提高。粮食生产能力跨上新台阶，2011 年全省粮食产量达到 5542.5 万吨（其中，夏粮 3131.5 万吨，秋粮 2411 万吨），连续 5 年稳定在5000万吨以上，连续8年创历史新高。其中河南小麦占全国总产量的1/4，粮食总产量占全国的1/10。畜牧业快速发展，2010年全省肉类总产量达到638.38万吨，禽蛋产量达到388.6万吨，奶产量达到290.9万吨，均居全国前列。特色经济作物产量实现快速增长，油料、蔬菜、水果、水产品总产量分别达到540.72万吨、6624.26万吨、767.33万吨、99.4万吨，分别比2005年增长20.3%、18.7%、38.1%和92.3%。农业机械化水平显著提高，全省农机总动力达到10195.88万千瓦，比2005年增长28.5%。

（2）农业内部结构进一步优化。2010年全省优质粮食比重显著提高，优质粮食品种种植面积占粮食种植面积的70%以上，其中小麦、玉米、水稻的优质化率分别达到71%、82%和94%，分别比2005年增长9.6、14.6和18.2个百分点。畜牧业规模化生产快速发展，生猪、肉鸡、蛋鸡规模养殖比重分别达到69%、97%、75%。特色农业主导产业进一步壮大，优势特色农作物加快向适宜地区集中，蔬菜种植面积达到2556.1万亩，比2005年增加162.3万亩，其中设施蔬菜种植面积590万亩；果园、茶园、花卉、中药材种植面积分别达到682.9万亩、97.7万亩、125.9万亩和182.8万亩，分别比2005年增长9.3%、96.9%、14.5%和35.4%。2011年加强良种繁育推广，主要农作物的良种覆盖率已达98%以上，小麦品种超过10次更新换代，平均亩产已达400公斤，有6个小麦新品种亩产超过700公斤，目前正集中力量建设粮农生产核心区，把7500万亩耕地打造成全国重要的优质粮食生产基地。

（3）农业产业化水平全面提升。从2006年起，河南省选定24个产粮大县作为全省粮食生产核心区，集中农业综合开发资金的70%，重点投入中低产田的规模开发，24个粮食生产核心区分别建设高标准基本农田300万亩以上，完成了120万亩中低产田改造任务，粮食生产核心区的农业机械化程度达85%以上，农业科技贡献率达55%以上，粮食综合生产能力增加200万吨以上，农民人均收入增加300元以上。

农产品加工龙头企业发展迅速，2010年底全省各级龙头企业达到6248家，其中国家级龙头企业39家、省级龙头企业562家，年销售收入超1亿元的企业594家、超30亿元的企业10家、超100亿元的企业3家，12家企业在国内外上市。农民组织化程度不断提高，全省在工商部门注册的各类农民专业合作组织达到2.3万家，合作社统一组织销售的农产品总值148.6亿元，有效带动了农民增收。农产品加工能力和加工效益显著提高，全省农产品加工企业达到3.1万家，面粉、肉类、乳品加工能力分别达到1775多万吨、350多万吨和150多万吨，火腿肠、味精、面粉、方便面、挂面、面制速冻食品等产量均居全国首位。

（4）农业基础设施建设进一步加强。水利工程建设取得重大进展，南水北调中线工程河南段全线开工，燕山水库建成并发挥效益，河口村水库开工建设，出山店水库前期工程有望近期开工，沙颍河、涡河、小洪河治理基本完成，378 座大、中、小型病险水库除险加固工程预计全部完成，远超河南省“十一五”规划确定的 90 座建设目标。标准农田建设取得显著成效，完成中低产田改造 885 万亩，建成高产稳产田 207 万亩，实施了 38 座大型灌区续建配套和节水改造，农田有效灌溉面积达到 7550 万亩。林业建设取得长足进步，5 年内造林 2275 万亩，建成林业生态县 102 个，森林覆盖率达到 22.19%，比 2005 年增长 4.42 个百分点。

（5）农业服务体系不断完善。农产品市场建设成效显著，全省农产品批发市场已发展到 281 个，交易总额 817 亿元。其中，年交易额超 10 亿元的市场 19 个、超 1 亿元的市场 146 个。农产品质量安全检测体系逐步完善，建成了 18 个省辖市和 122 个县（市、区）的农产品质检中心，在 198 个主要农产品批发市场和无公害农产品产地建立了检测机构，初步形成了“三级四层”（省、市、县三级，省、市、县、基地四层）的农产品质量安全检测体系。农业信息服务能力增强，建成了 18 个省辖市和 133 个农业县（市、区）的信息网站及 1686 个乡镇农业信息服务站，覆盖省、省辖市、县（市、区）、乡镇、村、户的农业信息化服务网络已经初具规模。农作物重大病虫害监测预警能力和防控能力显著提高，中、短期预报准确率分别达到了 75%和 90%以上。组织全省农业科技力量，在不同的生态类型区组装简易的栽培技术体系，制定技术规程和田间管理意见，分区域实施主推技术，开展“万名科技人员包万村”活动，把粮农作物管理技术指导责任落实到人，服务到田。

（6）农民收入水平不断提高。农民收入大幅度稳定增长，2000~2010 年，农民人均收入由 3261.03 元增长至 5524 元，扣除价格因素，年均增长 10%，超过“十一五”期间确定的年均增长 6%的预期目标。表 3-2 显示，2000~2010 年河南省农民人均纯收入大幅增加，并且增速逐年提高。这种高速增长主要是由较高的价格指数带来的，但扣除物价因素后的实际增长率仍呈平稳增长趋势。说明国家“多予少取放活”、“两减免、三补贴”、提高农产品价格等政策效应逐步显现。但是，人均纯收入增长速度却不太稳定。

表 3-2 2000~2010 年河南省农民人均纯收入增长率

单位：%

年份	2000	2001	2002	2003	2004	2005	2006	2007	2008	2009	2010
人均纯收入	1986	2098	2216	2236	2253	2871	3261	3852	4454	4807	5524
人均纯收入增长率	1.92	5.64	5.61	0.90	14.2	12.4	13.6	18.1	15.6	7.92	14.9

资料来源：《河南省统计年鉴（2011）》。

(7) 农业占 GDP 的比重有所下降。降低农业占国民生产总值中的比重，提高城镇化水平是解决“三农”问题的根本措施，是产业结构优化的重要途径，是实现现代化的必由之路。实践表明，实施城镇化战略是实现全面建设小康社会宏伟目标的重要举措。由表 3–3 可知，2000~2010 年，河南省农业占 GDP 的比重总体呈下降趋势，且城镇化水平逐步提高。

表 3–3　河南省农业占 GDP 比重与城镇化水平

单位：%

年份	2000	2001	2002	2003	2004	2005	2006	2007	2008	2009	2010
农业占 GDP 的比重	22.6	22.3	20.7	18.1	19.8	17.9	15.3	14.8	14.4	14.2	14.1
城镇化水平	23.2	24.4	25.8	27.2	28.9	30.7	32.5	34.3	36	37.7	38.8

资料来源：《河南省统计年鉴（2011）》、《中国农业全书·河南卷》。

二、河南省农业现代化水平与当代全国水平的对比

有比较才有鉴别。河南省农业现代化的发展，既要作纵向历史比较，也要作横向关联比较，特别是要深刻认识河南省与全国农业现代化发展中的地位关系，找出差距，明晰原因，理清思路，提出对策。

（一）农业现代化评价指标的选择

评价农业现代化发展水平，首先要建立评价指标体系，而建立评价指标体系之前，重要的是要考虑建立指标的基本原则。我们在运用相关统计学知识的基础上，同时借鉴了大多数专家和学者的研究，认为建立农业现代化的评价指标体系，至少应该考虑到以下基本原则：①全面性原则。指标的建立既要满足评价以往农业现代化发展的需要，还要考虑到未来有重要影响的一些因素。重要的是，指标不仅要能够体现评价内容量的一面，还能够体现质的一面。②系统性原则。指标的建立要考虑到与农业现代化有关的各个方面及其内在的联系，并且各个指标既要保持一定的相关性，又要有一定的独立性。③综合性的原则。指标的建立要达到通过这些指标的综合，能够比较全面地反映农业现代化的发展状况。④代表性的原则。指标的建立要考虑到我国以及河南省的农业发展的实际情况，也要最大限度地涉及农业现代化发展的重要因素。⑤可比性原则。指标的建立能够在不同对象以及不同时期之间具有一定的可比性。⑥可操作性的原则。指标的建立

应尽可能多地考虑到能够量化以及易得的客观数据，难以量化或者难以获取的客观数据尽量少设或不设。

针对建立评价农业现代化指标体系的问题，不同的学者有不同的观点。例如，曾利彬（2008）建立了我国农业现代化评价的指标体系，即农业产出水平、农业生产技术和农业经济发展水平三个一级指标。辛岭和蒋和平（2010）在遵循指标的系统性、综合性、重点性等原则的前提下，借鉴国内一些学者的研究基础，建立了4项准则指标和12项个体指标，用来评价中国农业现代化发展水平。①反映农业现代化投入水平方面的指标组，主要表现为土地、资金、动力、科技以及劳动力等农业生产资源的投入水平；②反映农业现代化产出水平方面的指标组，主要表现为劳动生产率、土地生产率、农民人均纯收入等产出水平的指标；③反映农业现代化农村社会发展水平的指标组，主要表现为恩格尔系数、农业劳动力就业率等农村社会发展水平指标；④反映农业现代化可持续发展水平的指标组，主要表现为森林覆盖率等指标。邵一珊、李豫新（2010）在评价西北五省农业现代化水平时，基于农业现代化的内涵，并且参考了大量文献和统计数据，最终设定了5项主体指标和20项个体指标，其中5项主体指标是农业生产水平、农业生产条件、社会发展水平、农民生活水平、生态环境水平。王淑英（2011）在对河南省108个县的农业现代化发展状况进行聚类分析时，则借鉴农业现代化发展经典理论，依据农业现代化的内涵，并且还结合了河南省的具体情况，以及从数据的可得性和可计算性的角度出发，选择了经济发展水平、农业科技发展水平、农民生活水平和农业生态化水平作为农业现代化评价的子系统，并且每个子系统又包括若干个具体指标。王淑英建立的农业现代化评价指标体系及指标的计算方法是：①经济发展水平：人均GDP（万元/人）县域内GDP/人口总数、第一产业比重（%）县域内第一产业产值/GDP、农业就业率（%）县农业人员就业数量/县人口总数、人均粮食产量（t/人）县域内粮食总产量/县人口总数。②科技发展水平：人均农林水事务资金（万元/人）县域内农林水事务资金投入总额/农村人口、人均机械总动力（10 kW/khm·khm）县域内农业机械总动力/耕地面积、人均地膜使用量（t/khm·khm）县域内耕地使用地膜总量/耕地面积、土地产出率（万元/khm·khm）县域内农业产值/县域内耕地总面积。③农民生活水平：农民人均纯收入（万元/人）县农民各种收入总和/农村人口总数、人均教育财政支出（万元/人）县域内教育财政支出总额/县人口总数、社会保障率（%）县域内社会保障总人数/县人口总数。④农业生态化水平：城乡人均收入比（%）城镇职工人均年收入/农村人均年收入、化肥使用量（t/khm·khm）县域内耕地使用化肥总量/耕地面积、农药使用量（t/khm·khm）县域内耕地使用农药总量/耕地面积。谭爱花等人（2011）基于农业现代化的内涵和农业可持续发展理论，设计出了我国农业现代化评价指标体系，并且认为我国农业现代化评价指标体系的一级指标应包括三个方面：农业经济现代化、农业社会现代化、农业生态现代化。同时在认真总结国内外学者的相关研究成果和考虑我国农业实际的基础上，根据一级指标所反映的内容，最终形成了评价我国农业现代化综合水平的 8 个二级指标和 30 个三级指标，这里就不再一一举出。

值得指出的是，王淑英的指标体系的建立，不仅考虑了建立指标的全面性、系统性、代表性、可比性、可操作性等原则，并且还结合了河南省农业的实际情况，比较符合我国政府出台的有关农业现代化发展的一些指导文件和建议，更重要的是其子系统比较全面准确地反映了农业现代化的内涵，各个具体指标的组合也充分反映了子系统的发展现实和运行动态。鉴于此以及考虑到之前对河南省农业现代化发展现状的研究，我们基本上是以参考王淑英的评价现代化水平指标体系为基础，形成整个农业现代化的相关研究。

（二）河南省农业现代化水平与全国水平的对比

河南省是一个人口大省、粮食和农业生产大省，农业人口和农产品产量在全国均占有举足轻重的地位。《国务院关于支持河南省加快建设中原经济区的指导意见》在对河南省进行战略定位时，位于首位的就是河南省是国家重要的粮食生产和现代农业基地。因此，加快推进河南省的农业现代化具有重大的现实意义，它是河南崛起的需要，是实现“三化”协调发展的需要，是加快建设中原经济区的需要，是与全国同步实现全面建设小康社会目标的需要。所以，在当前各级政府大力支持河南省加快建设中原经济区的背景下，将河南省的农业现代化水平与全国的农业现代化水平进行全面深入的对比分析，找出河南省农业现代化发展存在的问题以及与全国农业现代化存在的差距，是一个紧迫、现实且必需的任务。

我们谨借鉴王淑英的研究成果，结合河南省农业现代化的发展现状，具体从四个层次来对比分析河南省和全国的农业现代化水平。

1. 经济发展水平

王淑英认为能够体现经济发展水平的三个具体指标中，第一个就是人均 GDP。一般来说，这个数值越大，说明整个社会的经济发展状况越好，对农业发展的支撑作用就越大，相应地对农产品的市场需求也就越旺盛。2009 年，河南省的人均生产总值是 20597 元，比全国的人均国内生产总值 25575 元少 4978 元，低 19.5%，这与中国农科院农经所设计的农业现代化基本实现阶段的标准值 40000 元还相差甚远，这说明了河南省的整体经济发展水平还比较低，对农业发展的支撑能力还比较弱。2009 年，河南省的第一产业比重为 14.2%，全国的为 10.3%，这体现了河南省是一个农业大省的现实，但是还说明了河南省向第二和第三产业的转移的力度不高，产业结构不合理；河南省的农业就业率为 27.7%，相对全国的 22.3%而言，高出了 5 个百分点，这可以反映出河南省的劳动力从事农业的人数较多，从事二、三产业的人数较少，河南省的非农产业发达程度低，工业反哺农业的能力较低。河南省 2009 年的人均粮食产量为 0.55 吨，比我国的 0.40 吨要多出 0.15 吨，高 37.3%，这正体现了国务院对河南省的第一个战略定位的实际情况。由以上分析可知，河南省的整体经济发展还处于较低水平，还未形成良好的对农业发展的支撑机制；农业机械化水平有待提高；粮食生产能力还有很大的提高空间。

2. 科技发展水平

2009 年，河南省人均农林水事务资金 582.4 元，与全国的 942.7 元相比，相差的绝对额为 360.3 元，河南省的仅相当于全国平均水平的 61.8%，这说明河南在农林水事务方面的资金投入还不够高；河南省平均每公顷耕地拥有机械总动力为 1.24 千瓦，比全国平均水平 0.72 千瓦多 0.52 千瓦，高 72.3%，这反映了河南的农业劳动条件还是可以的，对劳动者的替代作用还是比较明显的，这样就能加快农业劳动力的转移速度，但是与农业现代化的发展标准相比，还是有一定差距的；河南省平均每公顷耕地使用地膜总量为 17.8 吨，相应的全国平均水平为 5.2 吨，仅相当于河南的 29.0%；河南省的每公顷耕地的农业产值为 3571.7 万元，比全国平均水平 2513.2 万元多 1058.5 万元，高 42.1%，2011 年河南省的良种覆盖率达 98%，良种在科技中的贡献率达 40%，为全国第一。这表明了河南的土地产出率以及农业生产目标的实现程度还是比较理想的，尤其在我国土地资源稀缺并且不断减少的条件下，这个指标值得引起重视。此外，2009 年，河南省的财政支出用于科学技术方面的支出为 35.52 亿元，与相应的全国的 2744.52 亿元相比，仅相当于全国的 1%多一点。总的来说，河南省的农业科技发展水平还需要进一步提高。

3. 农民生活水平

实现农业现代化的核心目标是提高农民的人均纯收入，该指标数值越大，表明农民对农业生产的投入能力越强，农民对农业机械的采用、新技术新产品的推广以及对农业的持续投入保障能力就越强，从而农民的生活水平也就越高。2009 年，河南省农村人均纯收入为 4806 元，比全国平均水平 5153 元少 347 元，低 6.7%，这与农业现代化初步发展阶段标准值 6000 元相比，还相差了 1194 元，低了 19.9%，这反映了河南省的农民对农业的投入能力以及可持续发展的保障能力还不够强；河南省的城镇职工人均年收入是农村人均年收入的 5.6 倍，就全国而言此数值为 6.3，这充分表明了河南省农民收入水平和生活水平的低下；河南省的人均教育财政支出为 527.9 元，相当于全国平均水平 782.0 元的 67.5%，这反映了河南省的财政支出用于教育的投入比较少，意味着劳动者的整体素质不高，对农业现代化的促进作用还不是很强；河南省的社会保障总人数仅占河南省总人口的 12.0%，相当于全国的 23.1%而言，低了多于 11 个百分点，这说明了河南省的社会保障覆盖率还比较低，严重制约了其整体经济的发展。综上所述，河南省的农民收入水平低，教育投入不足以及社会保障率也比较低，这在很大程度上制约了农业现代化的发展速度。

4. 农业生态化水平

2009 年，河南省每公顷耕地使用化肥总量为 792.5 吨，比全国平均水平 443.7 吨多 348.8 吨，高了 78.6%；河南省每公顷耕地使用的农药总量是 15.3 吨，与全国平均水平 10.7 吨相比，多了 4.6 吨，是全国平均水平的 1.4 倍还多。另外，2009 年，河南省的财政支出用于环境保护的支出为 92.98 亿元，相应的全国为 1934.04 亿元，大约是河南省的 21 倍。从以上分析可知，河南省的化肥和农药使用量都比较大，这从侧面反映了河南省的农业生态环境受到破坏，对生态环境的保护力度较弱，这直接影响了河南省农业的可持续发展。

（三）提高河南省农业现代化水平的思路对策

河南省农业现代化水平与全国比较，既有自己的优点，也有许多不足，关键在于认真梳理和分析出问题的成因，以便从指导思想、理论政策、措施方式上改进和完善，特别是紧密结合河南实际、结合国务院关于支持河南建设中原经济区的指导意见要求，提出科学的提升河南农业现代化水平的思路对策，以保障农业现代化在中原经济区建设中“三化”协调发展的重要性作用。

1. 强化政府对农业的支持，提高现代化农业的综合发展水平

在实现农业现代化的进程中，政府对农业的支持至关重要。经济发展的过程实际上就是工业化的过程，在此期间，要正确处理好工业和农业的关系显得尤为重要，这对于农业能否又好又快地发展以及农业现代化能否迅速实现都有重要的影响。我们知道，日、韩等国在迅速实现工业化、城镇化的过程中，也曾面临着农业发展萎缩的难题，但都在工业化发展到一定水平后，政府采取了对农业反哺的政策，从而使农业迅速发展起来。日、韩两国对农业的支持政策具有共同的特点，即先对农业实行硬件反哺，重点就是提高农业装备水平、加快农村建设等，这就为改善农村生产条件、生活水平等打下坚实的基础；后期则实施软、硬结合，以软为主的方针，重点在结构调整、扩大经营规模、提高农民素质等方面。可以说，没有政府对农业的全方位支持，日、韩的农业是不可能在这么短的时间内达到世界先进水平的。但是，由于两国对农业价格的过度保护，使他们主要的农产品在国际市场上失去了竞争力。所以，我们在强化政府对农业支持的同时，要吸取一些日、韩的教训，更重要的是，还要根据河南省自身的现实情况。

近年来，河南省省委、省政府坚持把解决农业、农村、农民问题作为全部工作的重中之重，始终坚持在推进工业化、城镇化的过程中牢牢抓住农业农村工作不放松，努力提高粮食综合生产能力，启动国家粮食生产核心区建设，持续调整

农业结构，积极推进农业产业化进程，全面落实各项强农惠农政策，全省农业和农村经济的发展取得了明显的成效。2010 年，全省粮食产量达到 543.7 亿公斤；全省农机总动力达到 10195.88 万千瓦；优质粮食品种种植面积占粮食种植面积的 70%以上；南水北调中线工程河南段全线开工，燕山水库建成并发挥效益，河口村水库开工建设，出山店水库前期工程有望近期开工，沙颍河、涡河、小洪河治理基本完成，378 座大、中、小型病险水库除险加固工程预计全部完成，远超河南省"十一五"规划确定的 90 座建设目标。2006~2010 年，农民人均收入由 3261.03 元增长至 5523.73 元；农村居民恩格尔系数由 2005 年的 45.4%下降到 2010 年的 37.2%。另外，农业服务体系不断完善，农村改革也不断深化，农村社会服务和生活条件显著改善等。可以说，"十一五"时期的发展成果都离不开政府的大力支持，政府在农业、农村、农民的发展任务中有着举足轻重的作用。

"十一五"的发展成果值得重视，但是河南省农业的发展仍然面临着一些问题。首先就是土地问题。土地作为一项稀缺并且日益减少的资源，不仅对河南省农业现代化的发展，甚至对工业化、城镇化的发展以及"三化"协调发展都有着重大的影响。"十一五"期间，由于河南省人口的增加，人均耕地面积从 1.24 亩减少到 1.1 亩，仅相当于全国的 79%，农业现代化发展所需的耕地资源越来越少，其次是资金问题。农业是一个投资回报低并且周期长的行业，金融部门大都不愿投资农业，河南省的农村金融机构网点也比较少，并且针对"三农"的金融工具数量更少，满足不了农村农业的经济发展需要，同时农村资金外流比较严重，这都制约了农业和农村的经济发展。最后，农业基础设施比较薄弱。目前河南省仍然有 5000 多万亩中低产田需要改造，3000 万亩不能得到有效灌溉。近年来极端自然天气比较突出，农业靠天收的局面没有得到根本的改善。农业抗灾减灾能力不强已经成为制约河南农业生产持续稳定发展的主要因素等。

在总结河南省"十一五"时期农业现代化发展成果以及未来发展面临的问题基础上，可以明显地看到，强化政府对农业的支持力度是提高河南省农业现代化水平的重要举措。政府应该积极贯彻落实建设中原经济区的总体战略决策，尽快努力地在国内率先走出一条不以牺牲农业和粮食、生态和环境为代价的"三化"协调科学发展的路子。首先，要根据河南省的现实情况，制定全面、清晰、正确的政策，具体应包括预算拨款建设农业基础设施、价格支持和补贴、优惠信贷政策、税收政策以及对资源和环境的保护政策等。其次，要积极的贯彻落实，并且加强对政策施行的监督和考核。最后，在施行政策的过程中，要根据内外环境的变化，及时地进行政策调整，从而保证政策落实到位和取得成效。

2. 因地制宜，加强粮食生产核心区建设

河南省作为一个农业生产大省，特别是粮食生产大省，肩负着保障国家粮食安全的重大责任，粮食对于一个国家来说，其重要性是不言而喻的。党中央、国务院也始终高度重视农业和粮食问题，采取了很多惠农政策，实现了全国粮食的稳定增产，基本上保障了现代化建设的需要。河南省省长郭庚茂也曾指出，粮食问题决定着河南省能不能顺利推进现代化。目前，在中原经济区建设时期，《国务院关于支持河南省加快建设中原经济区的指导意见》为河南省指出了发展方向，把发展粮食生产放在突出位置，打造全国粮食生产核心区，重点是着力提高粮食生产能力，积极推进农业现代化。河南省在中原经济区建设中面临着严重的粮食问题，比如，粮食增产难度大、粮食质量安全等。

河南省在以邓小平理论和“三个代表”重要思想为指导，深入贯彻落实科学发展观，全面实施中原经济区建设的战略过程中，特别在加强粮食生产核心区建设方面，应大力执行科学发展观的要求，因地制宜，发挥各地区的比较优势，实现粮食核心区建设的目标。首先，政府可以找一些农业专家和学者，组成若干小组，到各个地区去实地考察，分析各地区的地理环境以及土质等情况，再针对不同情况采取不同的措施，使有优势地区的优势更强，优势不强或不突出地区的优势得到加强，没优势的地区寻找出它的优势或发展其新优势。也就是说，政府可以针对不同地区制定不同的政策，其倾斜度或者倾斜的范围也可以不同等。比如，支持地区原有优势作物的生产，支持黄淮海平原、南阳盆地、豫北豫西山前平原优质专用小麦、专用玉米、优质大豆、优质水稻产业的建设，形成特色、优良、优质的作物基地；对于农业基础设施不健全或缺乏的地区，应及时有重点地给予大力支持；对于农业大型灌溉以及相关工程老化的地区，应及时进行更新；在不同地区，对其优势作物建立产业基地，并且支持发展现代种业，建设优势作物育种实验基地等。

3. 加大对农业的科技投入，实施科技兴农方针

农业现代化说到底是农业科技化。没有现代科技成果的不断开发和应用，就谈不上农业现代化。只有靠科技才能实现高产、优质、高效，只有靠科技才能提高劳动生产率和资金利用率，只有靠科技才能提高竞争力。目前，河南省的农业科技发展取得了很大进步，比如，河南省的科研育种小麦、玉米水平处于国家领先地位，近几年小麦良种推广面积 2000 万亩以上的品种有豫麦 21、郑麦 9023 和矮抗 58 等，其中豫麦 21 获国家科技进步二等奖，郑麦 9023 获国家科技进步一等奖；全国推广面积第一的玉米品种是郑单 958、第二的玉米品种是郑单 20，其中玉米郑单 958 品种获国家科技进步一等奖。因此，政府要把增加对农业科研的投入作为增加农业投入的重点，要把研究尤其是基础性的研究作为对农业科技投入的重点，继续加快农业科技体制的改革，加大农业科技创新体系的建设，着力提高河南省的农业科技自主创新能力。政府可以按照社会主义市场经济的机制，根据河南省的具体现实情况，构建布局合理、精干高效的现代农业研究体系和现代科技成果开发体系。建立的体系应重点关注在稳定和改善农作物和经济作

物的育种、加强生物技术研究和新建或拓宽农产品加工研究等方面。同时，政府还应广开筹资渠道，加大农业科技推广的投入力度，建立多形式、多样化农业技术推广平台，形成市场化的农业科技推广组织，提高农业科技成果的应用水平。另外，政府还要对重点实验室及时地进行整顿、完善和更新，并且在配备常规仪器设备的基础上，有重点地配备大型仪器和成套的设备，实现实验研究现代化。与此同时，政府更要增加对农业科技人才的培养，对农业科技人才进行定期培训，加强农业科技人员对基础知识的深化和对新知识的学习，真正地实现科技兴农的目标。

4. 加大对农民的教育投资，提高农民的整体素质

人力资本是农业增长的源泉，农业劳动者是农业现代化建设的主力军。一直以来，我国始终把培养有文化、懂技术、会经营的新型农民作为农业现代化建设的核心内容，通过大力发展农村教育，实施新型农民科技培训工程、农技入户项目等，有力地推动了农民总体素质的提高，一大批有文化、懂技术、会经营的新型农民加快成长。农业劳动者素质的提高，为推进农业现代化提供了智力支持和人才保障。就河南省的情况来说，河南省农民的整体素质偏低，提高农民的整体素质的任务十分紧迫。提高农民素质，首先政府就应该加大对农村教育的投入，由统计年鉴数据可知，2009 年，河南省农村的人均教育财政支出为 527.9 元，仅相当于全国平均水平的 67.5%。河南省政府应按照现代农业的发展要求，大幅度提高对农村人力资源开发的投入力度，建立多层次、多元化和多渠道的农民教育和培训体系。同时，要根据农民的不同特点和不同需求，逐步完善培训内容，创新培训方式等。另外，还要不断充实农村的人才队伍，努力营造一种城市辅助农村的氛围。

5. 改善农业生态环境，提高农业可持续发展的保障能力

“十一五”时期，是河南省全面建设小康社会、奋力实现中原崛起的关键时期，只有大力加强环境保护，才能解决经济社会发展与资源环境的矛盾。在此期间，河南省的环境质量得到改善，主要污染物的排放总量减少，生态环境保护得到加强等。但是，河南省的生态环境建设仍然面临着严峻的形势，比如，河南省的环境污染依然严重，四大水系监控的 7979.4 公里的河段中，32.9%的河段水质劣于Ⅴ类标准；流经城市的河段绝大多数都受到严重污染；工业污染源的达标水平总体偏低；土地资源利用不合理，土壤存在不同程度的污染；天然湿地萎缩；森林生态系统的生态功能较弱；野生动物栖息地严重破坏，生物多样性降低等。为了改善农业生态环境，河南省政府应在全面落实科学发展观的基础上，制定环保制度、健全环保机制、加强监管力度。坚持预防为主、综合治理的方针，从源头来防治环境污染和生态破坏，综合运用法律、经济、技术等必要的行政性手段来解决环境问题。农业的生态环境保护是农业实现可持续发展的基本条件，只有

改善了农业生态环境，才能逐步提高农业可持续发展的保障能力。

三、农业现代化在“三化”协调发展中的基础性作用

以农业现代化驱动“三化”协调发展，是中原经济区建设的核心任务、基础性工作，反映了国家和河南省省委、省政府高层的科学的、战略性的决策。党的十七届五中全会将“工业化、城镇化深入发展中同步推进农业现代化”的目标作为“十二五”时期的一项重大任务。2011 年 7 月 22 日，《河南省农业和农村经济发展“十二五”规划》明确指出：以科学发展观为指导，贯彻落实中原经济区建设的总体战略，把推进农业现代化、稳定提高农业综合生产能力作为建设中原经济区的基础和重要任务，坚持以粮为基、统筹“三农”、推动全局，大力转变农业发展方式，积极构建集良种繁育、规模生产、精深加工、物流销售和循环利用于一体的现代农业产业体系，深入推进农业结构战略性调整，优化现代农业发展布局，提高农业现代化水平和农民生活水平，努力探索一条农业现代化与工业化、城镇化协调推进的发展道路。2011 年 9 月 28 日，《国务院关于支持河南省加快建设中原经济区的指导意见》明确指出，要把中原经济区建设成为国家重要的粮食生产和现代农业基地，全国工业化、城镇化和农业现代化协调发展示范区；要在国内率先走出一条不以牺牲农业和粮食、生态和环境为代价的“三化”协调发展的路子，着力稳定提高粮食综合生产能力，着力推进产业结构和城乡结构调整，以新型工业化、城镇化带动和提升农业现代化，以农业现代化夯实城乡共同繁荣的基础，推动中原经济区实现跨越式发展。2011 年 10 月 26 日，省委书记卢展工在中国共产党河南省第九次代表大会上的报告中指出：持续探索不以牺牲农业和粮食、生态和环境为代价的新型城镇化、新型工业化、新型农业现代化“三化”协调科学发展的路子，是从根本上破解发展难题的必然选择，是河南省加快转变经济发展方式的具体实践，是中原经济区建设的核心任务，走好这条路子，必须充分发挥新型城镇化的引领作用、新型工业化的主导作用、新型农业现代化的基础作用。作为农业大省的河南，农业现代化是整个社会现代化的基础。但是，河南省农业和农村经济发展还面临一些突出的矛盾和问题，农业与工业之间、城乡之间的差距逐渐拉大，农业生产方式落后、农业生态环境恶化、农民整体素质低等诸多问题，不仅严重影响了农业现代化发展，而且进一步制约了城镇化和工业化发展。

(一) 农业现代化在“三化”协调发展中的作用与贡献

在“三化”协调发展中，关键是要加快推进农业现代化，充分发挥工业化和城镇化对农业现代化的主导和引领作用，实现工农和城乡协调发展。工业化、城镇化不发展，农业现代化就缺乏动力；农业现代化若跟不上工业化、城镇化发展步伐或者被忽视，就会导致工业化、城镇化陷入停滞、不可持续的状态。只有工业化和城镇化互相促进、协调发展，共同带动农业现代化，才能实现“三化”协调发展。国家新增1000亿斤粮食生产能力规划，赋予河南的增产份额占1/7，河南向国家承诺2010年后的10年中粮食生产能力稳定在1300亿斤。这标志着河南农业在“三化”协调发展中对国家承担的独特分量。

首先，农业现代化水平的提升能为工业化、城镇化提供支撑和保障作用。农业是国人的粮仓和厨房。2006年以来，河南省农业粮食产量和食品加工业得到长足的发展。5年来粮食产量稳定在5000万吨以上，连续8年创历史新高，连续11年居全国首位，2010年全省粮食产量达到5437万吨（见表3-4）；5年来河南省标准农田建设取得显著成效，完成中低产田改造885万亩，建成高产稳产田207万亩；5年来，河南省农业产业化水平全面提升。2010年底全省各级龙头企业达到6248家，12家企业在国内外上市。农产品加工能力和加工效益显著提高，全省农产品加工企业达到3.1万家，面粉、肉类、乳品加工能力分别达到3550多万吨、700多万吨和300多万吨，火腿肠、味精、面粉、方便面、挂面、面制速冻食品等产量均居全国首位；5年来农民组织化程度不断提高，目前全省经工商登记注册的农民专业合作社30758家，合作社统一组织销售的农产品总价值148.6亿元，有效带动了农民增收。[①] 河南省成了全国的粮仓和厨房。

其次，农业现代化为工业化、城镇化提供各种要素（包括原材料、劳动力、土地等）和市场发展空间。农林牧副渔等第一产业的发展为第二、三产业提供了诸如木材、棉花、粮食、橡胶、皮毛等原材料（见表3-4）；农业产业结构的不断调整，以及农业科学技术的发展，大量的农村剩余劳动力转移到城镇，为工业化和城镇化的建设和发展出财、出力，同时土地的调整也为工业化和城镇化的建设提供土地资源。农业现代化的发展和农民收入的提高，又为工业和城市提供了广阔的市场空间和市场需求。这样，通过农业现代化与工业化、城镇化协调发展，加强城乡联系，就能在更大范围内实现土地、劳动力、原材料等生产要素的优化配置，实现以工促农，以城带乡，最终达到城乡共同繁荣。

① 李晓玮，胡心洁. 新型农业现代化：“三化”协调发展的基础［N］. 河南日报，2011-10-27.

表 3-4　历年农业生产情况

年份	粮食产量（万吨）	小麦	棉花产量	粮油产量	水果产量
2002	4209.98	2248.39	76.49	420.68	427.01
2003	3569.47	2292.50	37.67	309.91	430.38
2004	4260.00	2480.93	66.67	408.75	507.07
2005	4582.00	2577.69	67.70	449.60	555.69
2006	5112.30	2936.50	81.00	460.07	591.78
2007	5245.22	2980.21	75.00	483.98	663.49
2008	5365.48	3051.00	65.08	505.34	714.09
2009	5389.00	3056.00	51.75	532.98	755.90
2010	5437.10	3082.22	44.72	540.72	795.99

资料来源：《河南统计年鉴（2003~2011）》。

（二）河南省农业现代化驱动“三化”协调发展的“瓶颈”

河南省农业现代化已经取得长足的发展，但农业基础薄弱、物质装备水平不高、科技创新和农业生态环境恶化、劳动力素质难以适应现代化农业发展的问题日益凸显。另外，农产品市场体系、农业社会化服务体系、国家农业支持保护体系还不健全。农业现代化发展滞后于工业化、城镇化，已成为我国现代化建设的“瓶颈”，不仅影响农村经济社会的持续发展，还会削弱工业化、城镇化进一步发展的基础，严重阻碍“三化”的同步推进。如何协调“三化”建设，2004 年 9 月十六届四中全会上胡锦涛关于“两个趋势”（在工业化初始阶段，农业支持工业、为工业提供积累是带有普遍性的趋向；在工业化达到相当程度后，工业反哺农业、城市支持农村，实现工业与农业、城市与农村协调发展，也是带有普遍性的趋向）的讲话以及 12 月初提出的“以工促农、以城带乡”的思路很好地回答了这个问题。“以工促农、以城带乡”就是“三化”协调的具体表现，基于此思想建立起来的衡量“三化”协调的指标体系和预警系统，通过量化使“三化”是否协调更直观、更形象。

1. 基于农业现代化发展视角下“三化”不协调的“瓶颈”

农业现代化的滞后体现在各个方面，以下通过五个指标的对比分析来阐述目前河南省“三化”协调的“瓶颈”。

（1）工业、农业产业贡献率。产业贡献率指各产业增加值增量与 GDP 增量之比。由图 3-1 可知，农业产业贡献率在 2003~2005 年波动较大，2005 年之后基本上稳定在 5%的范围内，而相比之下，工业产业贡献率要高很多，一直维持在 60%左右，工业、农业产业贡献率差距的悬殊可以看出，工业、农业产业在资金投入、科技投入、劳动者素质等方面存在很大的差距。这种差距的拉大不仅造成河南省产业结构的失衡，而且大量资金涌入工业产业所造成的产业供给过剩，也不得不成为我们必须关注的问题。这不仅关系到河南省产业发展的可持续性，而且也危及经济发展的稳定性和中原经济区建设的连贯性。

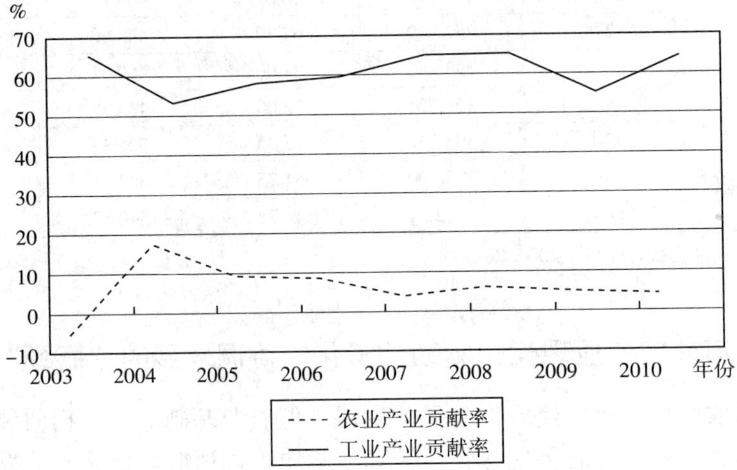

图 3–1 工业、农业产业贡献率

（2）劳动生产率。劳动生产率是劳动者在一定时期内创造的劳动成果与其相适应的劳动消耗量的比值。劳动生产率水平的高低不仅受劳动者素质高低的影响，而且也跟机器设备的自动化程度、生产过程中科技因素大小有关系。2003~2010 年第一产业劳动生产率水平从 3562 元/人·年发展到 11898 元/人·年，8 年增长了 8336 元/人·年，增长速度喜人，但同时期与第二产业劳动生产率相比差距悬殊，而且有继续拉大的趋势，仅从 2010 年来看，第二产业劳动生产率是第一产业劳动生产率的 6.5 倍。劳动生产率水平的高低也决定了工资水平的高低，劳动力要素是跟随工资水平流动的，无怪乎大量农村劳动力向城镇涌入，这不仅造成农村出现人口空洞、留守儿童和留守老人等诸多问题，而且也造成诸如城镇人口拥挤、劳动岗位供不应求、环境污染、住房紧缺、交通拥堵等一系列社会问题。

（3）财政支出结构。农业资金短缺是影响农业发展的主要因素，造成这种局面的关键根源就是财政支出的偏颇。从图 3–2 可以得出，政府对河南农业投入的总量是逐年增加的，其数额由 2000 年的 34.3 亿元增加至 2006 年的 110.4 亿元，7 年间增加了 3.2 倍。但如果考究财政支出结构就不难发现，2000 年以来，财政支农占整个财政支出的比重较低，不足 8%，且波动较大，2003 年达到谷底，仅占 6.8%。可知，近几年来，尽管从中央政府到地方政府一直强调要增加财政支农力度，但行动步伐却很缓慢。

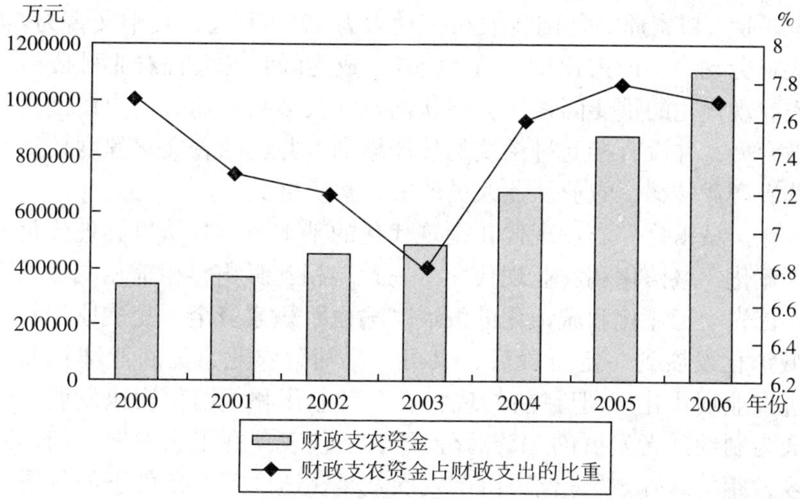

图 3-2　河南省历年财政支农资金

（4）居民收入水平。邓小平曾指出，“社会主义最大的优越性就是共同富裕”。江泽民也曾指出，“确定农业政策和农村政策的首要出发点，是充分发挥社会主义制度的优越性”，即确保人民共同富裕。改革开放以来，维系我国社会稳定的基本价值观念是社会主义的“共同富裕”信念，且构成了稳定的社会心理基础，进入 21 世纪以来，工农业发展不均衡，城镇居民收入差距拉大的问题日益突出，2003~2010 年农村居民纯收入呈逐年上升的趋势，但与城镇居民同时期相比，收入差距却越来越大，到 2010 年竟高达 10406.53 元。这完全违背了“共同富裕”的信念。

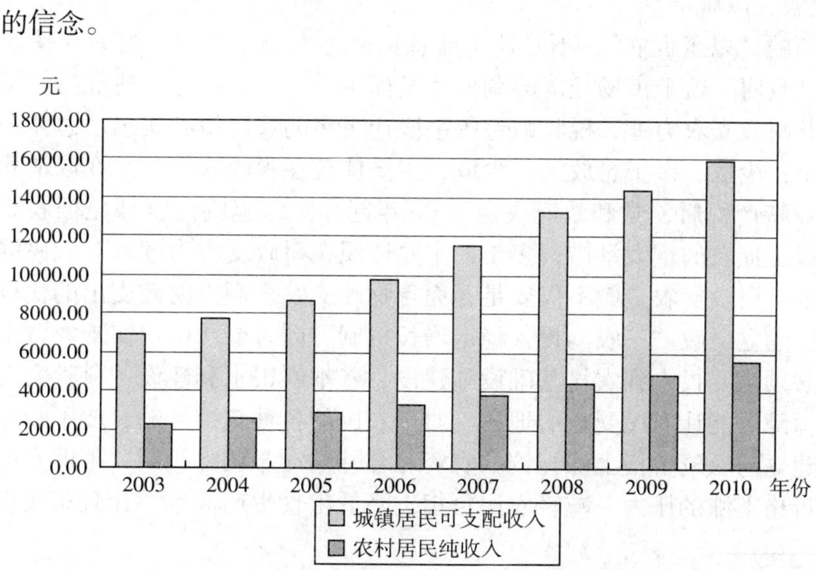

图 3-3　河南省城乡居民收入差距

(5) 就业人口素质。河南省农村劳动力为4700万人，其中文盲为543万人，文盲在农村劳动力中所占比重高达11.5%，成为限制河南省农业科技推广，阻碍河南省农业现代化的重要因素。就现状而言，大多数农业劳动力在接受较低水平的文化教育后，并没有接受过系统的技能培训，并且随着文化程度较高的农民向城镇和非农产业转移，农业从业人员的文化素质更低。

工业化、城镇化和农业现代化是现代化的基本内容。从世界现代化发展的历程看，工业化、城镇化和农业现代化"三化"相互影响、相辅相成。农业作为第一产业，首先为工业化和城镇化的发展"输血"积累资金，完成原始积累。当工业化、城镇化发展到一定阶段后，又可"反哺"农业，为农业增长提供资本积累，推进农业现代化。① 但目前的现状是，工业化和城镇化快速发展，农业现代化反而成为制约二者发展的"落后分子"，不仅表现在工农发展失衡，同时也表现在城乡差距的悬殊。"三化"协调发展就是在适度差距条件下的发展，如果超过这个"度"则会适得其反，不仅将制约河南社会经济的稳定，同时也会影响中原经济区建设的可持续性。如何处理"三化"发展的失衡状况，成为目前急需解决的问题。

2. 农业现代化约束背景下衡量"三化"协调发展的指标体系的建构、选择、评价

目前，河南省城乡二元结构、工农产业发展失衡，要想"三化"协调发展必须有个突破口，"以工促农、以城带乡"便是一个很好的解决方案，也是对工业化、城镇化发展到一定阶段工农关系、城乡关系的科学概括。关键是如何做到"以工促农、以城带乡"?

所谓的"以工促农"，不是让工业直接通过人力、物力、财力支持农业，而是通过"政府"这个市场经济的调控者发挥主导作用，通过一些优惠政策，比如加大公共财政支农力度、税收减免等手段让更多的农民得到实惠。总体来说，就是六个字：少取、多予、放活。少取，主要体现在税收政策上，在取消除烟叶以外的农业特产税后，党和政府决定2006年起在全国范围内全部免征农业税，这是实施以工促农的重大举措；多予，主要体现在财政支农力度和对农民的各种直接补贴上。财政支农金额不仅要足，而且财政支农金额占财政支出的比重也要不断增加，建立财政"三农"投入稳定增长机制。同时要严格落实支农资金的使用问题，必须主要投入到农村基础设施建设、基本农田水利建设、科教文卫以及农村社会保障等能让农民受益的地方。对于农民的各种直接补贴，要不断完善补贴政策，建立与农资价格上涨挂钩的农资综合补贴动态调整机制，帮助农民抵御生产资料价格上涨的压力，减轻农民负担，降低粮食生产成本，让政策实惠真正留

① 长子中. 推进农业三化协调发展意义和对策［DB/OL］. 中国乡村发现网，2011-08-15.

在“田头”。①

所谓的“以城带乡”就是推进新型城镇化建设，这不仅是解决城乡差距的办法，而且是解决“三农”问题的根本出路，同时也是“三化”协调发展的基本途径。从河南省实际看，农村人口多、农业比重大、保粮任务重，“三农”问题突出是制约“三化”协调的最大症结，人多地少是制约“三化”发展的最现实问题，城镇化水平低是经济社会发展诸多矛盾最突出的聚焦点，这一状况对城镇化模式转变形成倒逼压力，要求我们必须创新城镇化发展思路和路径。实践证明，推进新型城镇化，有利于拓宽农村人口转移渠道，有效解决农村劳动力亟待转移与城镇承载能力不强的矛盾；有利于促进城乡一体化发展，改善农村生产和生活条件，逐步解决城乡差距大、二元结构矛盾突出的问题；有利于推动农业规模化和组织化经营，提高农业劳动生产率和综合生产能力；有利于集约利用土地，解决建设用地刚性需求与保护更低硬性约束的矛盾；有利于扩大内需，推动经济社会持续较快发展。我们要统筹推进大中小城市、小城镇和新型农村社区建设，加快构建符合河南实际、具有河南特色的现代城镇体系。

“以工促农、以城带乡”是解决“三化”协调发展的最佳方案，同时也是建构“三化”协调发展的风险预警指标体系的依据。秉承“少取、多予、放活”的指导精神，同时增加农业现代化、工业化、城镇化，“三化”互动因素，建构一套衡量“三化”协调的风险预警指标体系，以此测量“三化”发展是否失衡，从而为协调三者关系制定切实可行的措施。

衡量“三化”协调发展的指标体系及指标计算方法：

少取：农村税收减免单位额度（每年农村各种税收减免，单位：元/人·年）；农民因而受益的额度（单位：元/人·年）。

多予：财政支农比重（每年财政支农金额/财政支出，单位：亿元/年）；农村信贷金额（通过深化金融改革，拓宽融资渠道来突破资金“瓶颈”。通过投融资促进农业和农村经济结构的战略性调整和城乡一体化进程）；社会保障水平（包括养老保险、失业保险、医疗保险和扶贫力度）。

放活：农业产业贡献率（农业产业增加值增量与生产总值增量之比）；新农村社区建设；农村教育投资；土地政策（包括农村征地政策的规范、农村土地自由流转制度等）。

互动：每年供给城镇居民生活和非农业产业生产的粮食总量；农产品质量安全监督管理力度（包括农林牧副渔的各种初级产品和经过加工的农副产品）；农村富余劳动力的有效转移（即在城镇中可以保证当地最低生活的农村劳动力）；第一、二产业贡献率之比以及城乡居民收入水平的差距。

---

① 长子中. 推进农业三化协调发展意义和对策［DB/OL］. 中国乡村发现网，2011-08-15.

（三）河南省农业现代化驱动“三化”协调发展路径选择

推进农业现代化，出路在全面改革创新，关键在转变领导方式，根本在转变农业发展方式。必须在思路、科技、机制、改革、管理等方面改革创新，闯出新路。河南省省委书记卢展工在中国共产党河南省第九次代表大会上的报告中讲道：推进“三化”协调发展，持续探索中原经济区科学发展路子，就是持续探索不以牺牲农业和粮食、生态和环境为代价的新型城镇化新型工业化新型农业现代化“三化”协调科学发展的路子，是从根本上破解发展难题的必然选择，是河南省加快转变经济发展方式的具体实践，是中原经济区建设的核心任务，这是一条重在农业生产效率、农产品品质、农业经营效益、生态环境美化的路子，是一条工业和农业协调发展、城乡统筹兼顾、城乡一体化、农民和工人共同富裕的路子，是经济社会全面协调发展的路子。走好这条路子，必须充分发挥新型城镇化的引领作用、新型工业化的主导作用、新型农业现代化的基础作用。诚然，只有“三化”同步推进，才能实现各方面的协调发展与良性互动。从河南省的省情出发，推进农业现代化必须坚持工业反哺农业、城市支持农村，努力使农业的发展与工业发展、城市发展相协调。

1. 加大农业和粮食的科技投入，不断提升农业和粮食经济的科技含量

《国务院关于支持河南省加快建设中原经济区的指导意见》中指出：把发展粮食生产放在突出位置，打造全国粮食生产核心区，不断提高农业技术装备水平，建立粮食和农业稳定增产长效机制，走具有中原特色的农业现代化道路，夯实“三化”协调发展的基础。河南省是农业大省，解决好近亿人口的吃饭问题，同时为保障国家粮食安全作贡献，是我们必须担负的责任。在粮食生产上实现新突破，不仅要关切粮食生产核心区的建设，而且关键在于激励农业科技创新，健全农业技术推广体系，促成农业技术集成化、劳动过程机械化、生产经营信息化，提高农业物质技术装备水平。河南省农业技术创新首先要围绕制约河南省农业发展的重大领域进行自主创新，同时加强科研投资、研发、示范和推广，健全农业计划推广体系，使产学研紧密结合，更加注重“授之以渔”，从而不断提升粮食产量，同时提升农业和粮食经济的科技含量。《河南省全面建设小康社会规划纲要》中关于推进农业现代化建设的意见指出：到2020年，实现农业科技现代化。农业生物、信息等先进技术得到了广泛应用，良种覆盖率达到100%，科技成果转化率达到60%以上，农业科技贡献率达到55%左右，全面改善和提升河南省农业科技的整体素质，重点领域和部分关键技术达到国内领先或国际水平。提升河南省农业和粮食经济的科技含量。

2. 加强土地资源、生态环境建设保护，统筹城乡一体化发展

统筹城乡一体化发展越来越受到资源和环境因素的制约，资源禀赋的匮乏和

因人多资源少而造成的各种各样的环境问题，使工农业之间失衡、城乡之间融合越发困难。

所谓的资源，主要指的是土地资源。随着经济发展和工业化、城镇化快速推进，农业和非农产业、农村和城镇在耕地等资源方面的竞争不断加剧。目前，城乡发展都聚焦在耕地上，城市建设、开发区、高速铁路、公路、粮食安全都需要土地。我国目前仅有 18.26 亿亩耕地，要守住 18 亿亩耕地，难度很大。河南省土地稀缺的问题更加严重，全省目前仅有耕地 9958 万亩，人均 1.15 亩。有 6 个地市、47 个县（市、区）人均已不足 1 亩。为保障河南省经济持续健康发展，必须保护和合理配置土地资源。首先，要完善土地资源价格的市场化，保证农村土地与城市土地的“同地同价同收益”。改变过去征地过程中“忽视农民意见，强制征地，强行拆迁”的行为，合理让渡一部分土地用于城乡建设和工业化发展，同时进一步完善征地制度，实行价格市场化，最大限度地保障农民的土地权益，提高农村土地的资产性收入。其次，健全农村土地承包经营权流转制度，促使农业耕作规模化、集约化，提高土地的产出率。再次，着力增强新型农村社区战略基点作用。新型农村社区建设是统筹城乡发展的接合点、推进城乡一体化的切入点、促进农村发展的增长点。要坚持分类指导、科学规划、群众自愿、就业为本、量力而行、尽力而为、积极稳妥开展新型农村社区建设，推动土地集约利用、农业规模经营、农民多元就业、生活环境改善、公共服务健全，加快农村生产方式和农民生活方式转变。把新型农村社区建设纳入城镇体系规划，统筹安排、合理布局；纳入重点项目，加大支持力度。探索建立新型农村社区管理体制，提高管理水平。同时，着力构建城乡一体化发展新格局。把加快新型城镇化与建设社会主义新农村结合起来，统筹城乡规划、产业发展、基础设施建设、公共服务、劳动就业、社会管理，促进城乡经济协调发展和基本公共服务均等化。切实解决农民进城的就业、户籍、住房、社会保障、子女入学等问题，逐步使符合条件进城落户的农民真正转为城镇居民，享有平等权益。[①]

除了土地资源外，环境因素也成为制约城乡一体化统筹的路障。有关数据显示，全国每年仅因重金属污染而减产粮食 1000 多万吨，另外被重金属污染的粮食每年也多达 1200 万吨，合计经济损失至少为 200 亿元，足以每年多养活 4000 多万人。同时农业耕地也面临着沙化、盐碱化、灌溉水资源短缺的困难。河南省所面对的农业生态环境也日益恶劣。有 1/3 以上的重点饮用灌溉河流被污染；森林覆盖率仅为 17.26%；旱灾、雹灾及洪灾等自然灾害发生密度越来越大。这些问题已经对河南省经济的持续发展构成了严重威胁。环境因素是经济社会发展的基础，西方“先污染，后治理”的发展路径已经为我们敲响了警钟，“可持续发

① 卢展工在中国共产党河南省第九次代表大会上的报告。

展”战略也为我们指明了道路。中原经济区的建设、统筹城乡一体化，需要以不牺牲生态和环境为前提，大力推进生态文明建设。

3. 加快农业产业化、农区城镇化步伐，实现农、工、贸并举

“农业产业化、农区城镇化”提法本身就体现了农、工、贸并举发展之意。农业产业化发展实质上是新型工业化的一部分，而城镇化必然带动贸易的繁荣，二者的结合也促使农业现代化、工业化、城镇化“三化”的协调发展。农业产业化和农区城镇化相辅相成，农业产业化的发展，带动劳动力、资金等生产要素及相关服务行业的集聚，从而影响城镇化的发展态势。

所谓的农业产业化，实质就是用管理现代工业的办法来组织现代农业的生产和经营。它以市场为导向，以提高经济效益为中心，以科技进步为支撑，围绕支柱产业和主导产品，优化组合各种生产要素，对农业和农村经济实行区域化布局、专业化生产、一体化经营、社会化服务、企业化管理，形成以市场牵龙头、龙头带基地、基地连农户，集种养加、产供销、内外贸、农科教为一体的经济管理体制和运行机制。目前制约农业产业化发展的关键因素，就是目前小农户经营体制，但仅仅依靠扩大生产规模是远远不够的，必须彻底改变传统农业生产经营的组织方式，发展壮大龙头企业和知名品牌，拉长产业链、提高附加值。过去农业生产经营大多数采取小农户单独经营，其经营规模小，生产链条短，农产品流通不畅，使得农业效益低，农民收入少，生活水平低，农民很难跻身于市场竞争。通过“公司 + 农户”、“合作经济组织 + 农户”等，构成利益联合体，采取合同方式，参股分红制度，自主经营，自负盈亏，讲求效益，带动农业产业经营企业化。淇县畜牧业的发展就是一个典型的案例。政府通过龙头企业把政府调整农业结构的行为变成了企业带动农户的经济行为，从而形成“政府—企业—专业养殖大户—农户”的经营模式，通过“龙头”企业、专业市场、中介组织，把分散的农户经营与统一的大市场衔接起来；通过按市场需求组织农产品生产，兴办加工和运销业，把农产品生产同市场需求衔接起来，进而把农业和农村经济纳入了市场化的轨道，为农业现代化创造了条件。河南省农业和农村经济发展“十二五”规划指出：到 2015 年，培育年营业收入超 1 亿元的龙头企业 600 家、超 10 亿元的 50 家、超 100 亿元的 5 家、超 500 亿元的 2 家、超 1000 亿元的 1 家，各类农业产业化龙头企业销售收入达到 14000 亿元，显著缩小与山东省在农业产业化发展上的差距。

农业产业化的发展使大量当地农民就近就业，例如辉县市孟庄专业园的 291 家企业，使孟庄镇 90%的农民实现了就近就业；洛阳市麻屯镇新艺花城小区的建设是依托产业聚集区内的 223 家企业，产业工人占住户的 70%。[①] 同时也吸引了

① 陈素云. 新型城镇化带动“三化”协调发展 [DB/OL]. 大河网，2011-5-25.

大量的外来资金和劳动力等生产要素，农、工、贸共同发展必然导致农区城镇化。在农区城镇化建设过程中不得不再次提到土地问题，目前很多发展起来的乡村都在搞农村社区建设，有这样一项调查结果显示：3层以内的新区可节地40%，5层的新区可节地70%。因此，在农区城镇化建设中就可以节约更多的土地，但如何合理使用这些土地，更好发挥潜在效用？这不仅要求当地政府规范新村建设用地指标，而且对于土地总量做好合理、可行的用地规划。通过招标、拍卖、挂牌出让方式，转为城市用地；通过“增减挂钩用地指标交易有形市场”有偿调剂使用；节约土地复耕；用于产业发展用地，都是节约土地可以选取的使用方式。但首先要保证耕地面积，确保粮食安全，同时要切实保护农民的长远利益，不能因短期利益断送可持续发展的“三化”协调道路。

4. 加速农业现代化发展的体制改革与创新步伐

“少取、多予、放活”中的“少取、多予”都是基于外部因素而言的，实现农业现代化关键就在于“放活”，也就是加快农村体制改革与创新步伐。体制是约束人们在建设农业现代化的过程中循规蹈矩，同时也允许创新，保证制度的制定适时有效、灵活机动。这里主要解决当前农业现代化建设资金不足；城镇化过程中，农村外出务工劳动人口的户口及与市民的待遇差距；以及与“三化”协调息息相关的土地问题。如何妥善解决上述问题，还需要制度上的改革与创新。

（1）支农资金制度改革与创新。首先调整国民收入分配结构，建立健全财政支农资金的长效增长机制，逐渐完善农村基础设施建设、提高社会保障水平、加大教育培训力度等；创新金融支农机制。落实县域内银行业金融机构新吸收存款主要用于当地发放贷款政策；建立农业产业与资本市场对接机制。引导符合条件的龙头企业通过首发上市和发行企业债、短期融资券、中期票据等方式筹集资金，推动已经上市涉农企业提升再融资的能力，指导龙头企业利用融资租赁工具，促进融资结构多元化等。

（2）在城镇化过程中农村人口城市化的相关制度改革与创新。要妥善解决伪城镇化问题，应改变现有不合理、不公平的户籍制度以及隐藏于城乡户口差别背后的社会地位、教育、就业、医疗卫生、社保、福利等制度性壁垒和歧视性待遇。首先，应建立平等竞争、规范有序的统一劳动力市场，拒绝户籍歧视；严格执行用工制度，规范用工行为，确保工资正常发放及建立农民工工资长效增长体制；建立完善的社会保障体系，并公平对待城乡职工工伤补偿；妥善解决农民工子女教育问题，公平对待城乡子女异地就读问题……实现城乡居民享有同等待遇，关键在政府，在积极呼吁城镇化建设中，不能忽视推动城镇化建设最大功臣“农民工”的利益。

（3）土地制度与改革。发展农业现代化则需以土地的适度规模经营为前提。但现状是家庭联产承包责任制是党在农村长期稳定的一项土地政策，传统的小农经营，规模小、效益低，是不争的事实。如何协调家庭联产承包责任制与适度规模经营的关系，成为发展农业现代化首要解决的问题。正如前文所提到的，健全农村土地承包经营权流转制度，完善与之相关联的市场化的土地资源价格体制和更低保护补偿激励机制。《河南省农业和农村经济发展“十二五”规划》对于如何加速农村土地流转机制的改革与创新给出了指导性意见：在稳定完善农村基本经营制度的前提下，积极发展转包、出租、互换、转让、股份合作等多种形式的土地经营权流转模式，推动土地适度规模经营。探索建立土地银行、农村土地交易所，重点解决流转中的信息对接、价格评估、利益保障等问题。建立农村产权交易所，探索农村资产资本化的有效途径。按照节约用地、保障农民权益的要求推进征地制度改革，完善农村集体经营性建设用地流转和宅基地管理机制。严格界定公益性和经营性建设用地，提高征地补偿标准，逐步实现农村建设用地与国有建设用地同权同价。深化集体林权制度改革，将林地承包经营权和林木所有权落实到户，鼓励林地、林木依法规范流转。

5. 加大人才培养力度

农业现代化是靠人来实施的。因此，要实现农业现代化，不仅要实现物质生产方法、方式和手段的现代化，更要实现农业生产主体——农民的现代化，要着力培育懂科学、会管理、会经营的新型农民，培养农业科学家、农业工程师、生物学专家、畜牧兽医人才、水利专家、土壤专家、气象专家、营销网络专业人才、农机手、育种专家、养殖专业户等，全面提高农民的科学素质、思想素质和文化素质，使广大农村居民成为科学化、现代化的新型农民，彻底改变贫穷愚昧、保守的状态。农业现代化的根本动力，内在的决定性因素是农民的现代化，是新时代的农业科学家。

第四章　实施大交通大物流战略，建设现代综合运输体系

古代物流业是随着人类社会经济的商品交换和行业分工而产生的，与中原区域的历史紧密联系的就有著名的丝绸之路、京杭大运河以及遍布多地、四通八达、纵横四海的水陆驿道。原始交通工具承载着中原大地的物品流通与文化传播的双重使命。从传说中的黄帝造车到夏朝开始被视为“天下之大命”的仓储制度，从商代甲骨文中出现“舟”字到西周时形成以人员传递的“传”和以车辆传递的“驲”为代表的完整邮驿制度，物流系统既维系了国家的统一，又加强了中原区域与其他各地区的经济交往活动。

现代物流业被称为企业“降低成本的最后边界”和“第三利润源泉”，起源于“二战”时期的美国，在此之后正式形成并发展成为专业理论。英国工业革命后“世界工厂”的形成、日本经济增长奇迹及其工业化进程，都得益于先进的物流系统。而地处“九州腹地、十省通衢”的中原经济区，更是具备了发展现代物流的先天区位和资源禀赋优势。在现代信息技术的支持下，物流将日益成为中原经济区产业升级和企业重组的关键推动力、区域创新和社会发展的主要环境重要支撑因素。

一、大交通大物流战略的背景和意义

“问鼎天下，逐鹿中原”。在我国经济格局历史演变中，形成“重工业基地在东北、轻工业在东南沿海、矿产资源基地在西部地区的产业分布和资源分布错位的经济格局”。经济活动的完成需要信息流、商务流、资金流。而符号化的信息流、商务流、资金流可以不受地域限制任意传输。但物流涉及实体的转移，能够为此提供综合包容和支撑，并且不能越过交通枢纽地带。在全国地理格局中，中原具有独特区位优势，物流业在国民经济发展中理应具有显著的基础地位。

（一）中原崛起与物流业跨越

1. 物流发展的良好机遇

我国物流业正处于起步阶段并进入快速发展期，逐步受到各级政府的高度重视。多个城市已经着手建立统一的物流基地或物资集散地，各级政府都在鼓励和扶持物流企业。2010 年，我国物流市场总规模达 4.9 万亿元，社会物流总额实现 125.0 万亿元，物流业增加值达到 2.7 万亿元；1991~2010 年，社会物流总额、物流增加值年均复合增速分别达到 20%和 15%；社会物流总费用占 GDP 的比重正在逐年下降，由 24%下降至 18%。比较美国、日本等发达国家物流业不足 10%的比例，这些数据虽然偏高，但意味着行业的巨大发展空间。

中原经济区的物流业进入到难得的发展机遇与时期，越来越与国内经济、国际经济的潮流密不可分。中原经济区的物流企业也在流通业不断延伸中进入贸易金融领域，必将在国家战略主导下成为国力爆发和中原崛起的标志产业之一。物流需求的扩张、物流结构的分化以及服务业政策环境的优化，正在为中原经济区的物流业发展注入持久的动力（以河南省为主体的中原物流业主要统计指标如表 4–1 所示）。

表 4–1　2005~2010 年河南省物流业主要统计指标

单位：亿元

指标	2005	2006	2007	2008	2009	2010
社会物流总额	20489.65	24662.14	30045.62	37090.73	39843.43	52251.74
农产品物流	3024.20	3280.05	3545.16	3939.22	4092.48	4701.88
工业品物流	14976.74	18649.52	23465.71	29586.36	31762.07	42494.03
进省货物物流	2249.01	2404.84	2657.00	3039.35	3516.91	4489.08
再生资源物流	16.17	19.73	25.89	36.57	40.47	56.19
单位与居民物品物流	10.11	12.34	13.91	15.81	15.33	19.49
进口货物物流	213.42	295.67	337.95	473.42	416.17	491.07
社会物流总费用	1691.90	2017.40	2542.44	2966.22	3273.56	3980.57
生产流通企业自营物流费用	757.06	930.31	1171.28	1390.29	1584.16	1987.29
农业自营物流	62.19	67.45	72.91	87.75	91.55	107.75
工业自营物流	566.13	704.96	801.59	943.90	1074.60	1359.81
建筑业自营物流	111.93	139.46	150.29	182.03	213.65	263.99
批零业自营物流	16.81	18.44	146.50	176.61	204.36	255.74
社会物流费用	906.81	1087.09	1371.16	1575.93	1689.40	1993.28
物流业增加值	489.43	553.44	655.28	635.58	685.73	733.73
运输业	454.90	513.35	612.44	504.43	551.20	593.03
铁路运输业	98.82	110.79	122.45	115.23	113.16	119.14

续表

指标	2005	2006	2007	2008	2009	2010
道路运输业	346.00	390.57	473.35	375.59	425.70	458.82
水上运输业	9.37	11.07	15.61	13.40	12.26	14.79
航空运输业	0.35	0.47	0.34	0.21	0.08	0.28
管道运输业	0.36	0.45	0.69	—	—	—
仓储业	9.96	10.78	9.32	41.90	42.18	50.91
装卸搬运和其他运输服务	20.83	24.62	28.10	86.54	89.44	85.67
邮政业（物流部分）	3.74	4.69	5.42	2.71	2.91	4.12
相关行业城镇固定资产投资	468.35	568.40	426.06	389.43	484.25	660.28

资料来源：《河南统计年鉴（2011）》。

表 4–1 显示了中原物流业发展的强劲趋势。我们一定要抓住国家促进中部崛起和新一轮国际国内产业转移的战略机遇，构建大交通、带动大物流、形成大产业、建设大经济区。按照中原经济区的物流业发展规划，将在 2020~2030 年建成“以推进物流全球服务能力为核心，以高端产业和消费市场物流需求为基础，以供应链管理为核心竞争力的领先物流业，成为高端工业制成品、进口消费品分拨和航空货运网络的重点区域”。随着中原经济区建设的稳步推进，河南在全球物流格局中的枢纽功能和地位的提升，现代物流业的优势将进一步扩展。

“十二五”时期，中原经济区物流业不仅要支撑经济总量的持续增长，而且要通过提高效率降低运行成本、减少资源消耗，来促进国民经济运行质量和效益的提高，以减轻社会经济过度依赖规模增长的压力。随着扩大内需政策的落实和消费结构升级、消费方式转变，与商贸服务业相关的居民消费服务需求也将占有越来越大的比重，电子商务、连锁经营、快递配送等新型业态将加速发展，物流业也需要实现进一步的市场化和专业化。

随着全球化、一体化步伐的加快，中原经济区的物流企业将面临更为激烈的竞争环境，市场竞争从管理创新、模式创新、技术创新等更高层面展开。经过近几年金融危机的考验，优势企业进行业务整合兼并重组，使整个物流业的集中度进一步提高。在未来一定时期内，在中原经济较快平衡发展预期的影响下，物流业将处于总量扩张期，增速平稳。危机带来的经济格局变化与中原崛起和跨越式发展的时机相一致，物流企业面临新的挑战与机遇。中小物流企业谋求新的市场定位，物流企业兼并重组活跃，超大规模物流企业或物流企业联盟将会形成。

2. 得天独厚的区位地理优势

区位地理优势是一个综合性、发展性的概念，是某一地区在发展经济方面客观存在的有利条件或优越地位，包括地理位置、自然资源、人文资源、社会经济、科技管理、政治教育、工业聚集、物流交通等。单项优势往往难以形成区位优势。一个地区的区位优势主要就是由自然资源、劳力、工业聚集、地理位置、交通等决定。同时区位优势也是一个发展的概念，随着有关条件的变化而变化。

区域地理优势作为天然的在生产与销售方面是最为有效的要素配置，这就是效率与财富。以河南为主体、以郑州为辐射中心的中原经济区的独特区位优势，自然是“综合发展优势”。独特的地理位置，使中原经济区成为全国举足轻重的铁路、公路、航空、通讯和能源枢纽。河南是全国铁路、公路、航空兼具的综合性交通枢纽，是重要的商品生产及货物集散地。承接东西，贯通南北，东临经济发展速度和水平较高、具有较强的开放和技术优势的地区，西接经济发展速度较快、具有丰富的资源优势的西部大开发地区。

中原经济区不但是天下粮仓，而且是新兴的工业基地。工业门类覆盖了国民经济行业的 39 个大类，形成了食品及饮料、机械、电力、建材、冶金、化工、煤炭、石油及天然气、烟草等一批重点产业。推动东部地区符合条件的产业向中西部地区转移，有利于更好地发挥中西部的比较优势，有利于各地区进行分工合理、特色鲜明、优势互补的产业发展。

中原区域的中心城市——郑州是全国七个公路主枢纽之一，京珠高速公路、连霍高速公路以及国道 107 线、310 线在此交会，公路在 500 公里半径之内，覆盖近 3.5 亿人口，4E 级的新郑国际机场通达全国多个城市及多个国家和地区。随着高速公路客运枢纽站、铁路客运专线枢纽的建成，郑州铁路集装箱中心站、国家干线公路物流港、中石油兰州—郑州—长沙成品油输送管道，中石油郑州输送管道等重大基础设施的建设，全国众多的能源管道（包括西气东输等至少四条天然气管道以及至少四条石油管道）、南水北调和北煤南运、未来的中国东北、西北和中亚、远东的石油管道，将在这里交会，区位交通优势更加凸显。

然而当下的中原经济区，区位优势还没有完全转化为经济优势，在一些方面仍然是全国的“洼地”。从人均水平看，河南的财政收入、财政支出等多项重要指标，在全国排名依然靠后。在物流方面，较为分散的工业布局，也难以让物流服务业的形成有效集聚。国家装备制造等行业的大型企业在产业布局中，却很少布局河南。与沿海发达地区相比，中原经济区的公路、铁路、航空协调配套运行能力还较弱，多式联运尚没有得到充分发展。

中原经济区的区位优势，宜将其培育成全国乃至世界的核心物流基地，发挥出其应有的产品流通、产业集聚、产业关联的整体效应，将物流纳入整体布局之中，在资金、产业政策上给予大力引导和推动。河南是中原经济区的主体，物流综合资源丰富，交通基础优势突出，是最适合发展现代物流业的区域之一。在“十二五”期间，要以物流一体化和信息化为主线，以体制创新和技术创新作保障，以建设物流园区和培育第三方物流为重点，建设具有特色竞争能力的新型现代物流体系。

3. 以前沿理念推动物流发展

随着跨国公司对物流服务的需求增大，新一轮的物流热为中原经济区的物流业带来了更多机遇，越来越多的有识之士认识到物流服务是区域竞争战略的重要手段。正如世界银行运输专家兰布洛克所说，中国的物流产业“要在发展的初期就与国际接轨，不能自成一套”。要提升中原经济的整体竞争力来应对全球化和一体化的挑战，尽快发展物流业来形成对整个产业体系的支撑力，要通过现代化、系统化的发展理念，走社会化、国际化的发展道路。

物流理念就是物流的哲学和思维方式，特别是对物流的行业战略态势和企业运营方式的变化显得更为重要。物流理念的本质就是功能整合，对各种功能性活动进行统筹的安排和协调，使得局部的战术整合成为整体的战略决策，供应商、制造商、分销商和分散的客户正是通过功能的整合实现优势互补而结成全方位的联盟。具体的功能性活动都是很容易被理解和执行的，通过市场机制可以有效地解决。事实上，功能整合是发展物流产业的核心业务，是物流企业运作的灵魂，而发展物流产业政府尤其要解决的就是如何去整合的问题。

（1）培育物流企业。物流企业必须实行服务的专业化，必须抓产品，围绕产品的物流特性所进行的服务技术开发将为物流企业创新服务并形成核心服务能力提供强大的动力。物流企业在供应链中的服务定位取决于资源配置所具有的比较优势，核心服务能力就是“比竞争对手略胜一筹之处”，物流技术的不断创新和服务品种的不断创新将为物流企业的发展提供永恒的动力，物流企业发展了物流行业自然就发展了。

（2）激发物流需求。对制造商的服务要求和标准有透彻的了解是物流企业发展的前提。物流企业要能为制造商提供物流服务解决方案，整体的或者是局部的。物流企业是为制造商的客户服务战略提供服务的，要能用优质的服务为制造商的市场营销战略提供支援，并能够消化掉一部分制造商自营物流的成本，同时自己还能获得足以维持发展的利润。这是市场对物流企业发展的最基本的要求。

（3）延伸物流服务。物流企业延伸服务一方面是沿供应链“顺流而下”，即在制造商的产品销售渠道内作为服务供应商；另一方面是沿供应链“逆流而上”，即在制造商的物料供应渠道内作为服务供应商。目前国内还缺乏第三方物流企业运作的经济和法律环境，所以，物流企业在现阶段不能盲目追求第三方物流企业的运作模式，还只能是根据自身的特点为生产制造企业提供阶段性的和有特色的物流服务。

作为一个涉及面广、服务领域宽、区域跨度大的综合性产业，现代物流是中原地区社会经济发展的“助推器”。要以现代物流业为重要引擎，带动一、二、三产业协调发展。当务之急就是要站在全球经济一体化、区域经济现代化的高度，着力实现物流发展的理念创新和模式创新。要依托专业市场形成大市场带动大流通、大流通促进大商贸的格局，确立依托市场、示范经营、发展物流的营运理念，细分物流市场，差异化经营，发展特色物流。

建成全国性的物流基地，这是河南依托农业大省、促进中原经济的重要一环。在市场选择和政府主导的双重拉动下，形成优势互补、布局合理、运行高效的物流网络体系，发展先进运输组织方式，加快行业物流公共信息平台建设，提升港站枢纽物流服务水平，强化运输市场培育与监管，推进行业物流标准体系建设，促进农村邮政物流的发展，培育大型现代物流企业集团，吸引大型知名物流企业入驻和境外资本的投入等。以物流业为“中部崛起”的支点，实现中原经济圈的经济、金融、贸易、交通、信息、科教的现代化和一体化。

（二）“三化”协调与物流业支撑

区域经济是综合性的经济发展概念，反映了区域性的资源开发和利用的现状或问题，主要表现在地区生产力布局的合理性和经济性上。衡量区域经济科学发展的指标有很多，其中的一些指标涉及地区内各生产部门的发展与整个区域经济的发展应当比较协调、生产部门与非生产部门之间在发展上的相互适应程度。在当今形势下，研究如何保持中原地区物流业与其他经济部门的协调以及物流业自身的比例结构具有重要意义。

1. 推动三化协调，保障和谐共进

区域产业发展是物流需求产生的源泉，是物流业发展的主要驱动力，而物流现代化又是产业升级的先决条件和支撑要素，两者之间密不可分，形成了互相促进、相互依存的关系。物流业是第三产业，其存在需要依存于农业、工业及商贸流通业的大发展，其价值体现在产品运送与服务上。在正处于加快推进新型工业化、城镇化、农业现代化这样一个特定阶段上，“三化”协调发展成为中原经济区建设进程成败的关键。中原经济的“三化”协调如果没有现代化物流作为支撑，就很难摆脱传统、低效的发展模式。

物流在产业发展中的重要性表现为四个方面：一是不可替代的生产要素；二是经济地理现象的存在依据；三是生产力推动和实现的客观条件；四是内陆地区不发达的地理或产业限制根源。制订中原经济区的经济发展方案时，要以“工业化”为关键来考虑发展问题，以农业为基础的具有核心竞争力的工业发展的目的就是要实现“现代化”，而现代化在区域内人口等要素集中表现则是“城镇化”。城镇是社会生产力高度聚集之地，在这里的生产力水平是处于区域生产力水平的高峰。

现代物流在加快新型工业化进程方面具有重大的保障作用，中原经济区要想实现工业生态化之路就要求改变原有的单向性的物流模式。在《指导意见》中提出了建设郑州汽车制造基地，建设郑州、漯河、鹤壁等电子信息产业基地等；在培育战略性新兴产业方面，提出建设郑州生物产业基地和洛阳新材料产业基地，支持建设南阳国家生物质能示范区等；在承接产业转移方面，将支持设立承接产业示范区。这将有力地去实现企业、园区、区域、社会等各层面物流的优性循环，推动工业生态化发展。

现代物流在促进城乡一体化发展方面，中原经济区以中原城市群为核心的现代城镇体系将加快形成。在《指导意见》中提出支持郑汴新区加快发展，建设内陆开放高地；支持新乡统筹城乡发展试验区、信阳农村改革发展综合试验区建设；并建立耕地保护补偿激励制度。在基础设施建设方面，明确提出了推进郑州国内大型航空枢纽建设，开工建设郑州至万州铁路，研究规划郑州至济南、郑州至太原、郑州至合肥等快速铁路通道等。这将有效地发挥城市物流对农村物流的辐射与带动作用，加速城乡一体化进程，

随着中原经济区与周边经济区的协调发展和城镇化加快推进，区域物流将会形成新的格局。推进农业现代化，加快社会主义新农村建设，农产品进城和农资、日用工业品下乡形成的“双向物流”网络将成为其中的重点建设内容。产业集聚和转移带来大宗商品、原材料流量和流向变化，与之相匹配的物流体系将调整和转型，形成新的“物流带”。区域经济加强合作，相邻城市同城化趋势，将会产生新“物流圈”。城镇化速度加快，城市数量和规模扩张，以中心城市为核心的城市群加快发展，将促进“物流集聚区”的形成。

2. 推动农业生产，保障粮食安全

粮食作为一种特殊商品，不仅具有经济性还具有政治性。在“三化”协调中，粮食问题是头等大事。具有“中原熟，天下足”美誉的中原经济区涵盖河南全省、延及周边地区的经济区域，粮食产量约占全国的1/10，小麦产量占全国的1/4，成为对国家粮食安全贡献最突出的三个省份之一。现在发展中所面临的一大难题是：在工业化、城镇化推进过程中，农业现代化步伐较慢，虽然一些地方经济得到发展，但粮食生产却下降；而另一些地方虽然粮食生产增长，但经济发展又偏慢。工业化、城镇化发展与粮食安全间的失衡，逐渐成为增长的“瓶颈”。

现有的农村物流运作方式主要是单户生产经营、分散销售，大流通、大市场、大公司的农业物流体系尚未形成。农村市场的分散性和政府投入的不充足使得一些地区的道路建设还处在初级状态，储运设备的机械化水平远不能达到现代物流的要求。农村交通运输的能力和产品深加工技术水平低，交通运输链条过短，不能很好地增加农产品价值。据调查资料显示，河南农产品精深加工做得还远远不够，深加工增加值与农业增加值的比重是0.9∶1，还不到1∶1，而有些先进省市农产品深加工增加值达到2∶1，甚至3∶1。再加上地方保护主义的影

响，信息化建设起步晚，导致农村物流效率低下。

现代物流是维系农业生产、农民生活和农村发展的血脉系统，建立“安全、方便、畅通、高效”的现代物流体系，是推进农业现代化的重要基础。中原经济区农产品种类众多齐全，交通运输优势明显，物流市场日益成熟，农业物流产业的发展潜力极大。《指导意见》的出台将使得农产品运输、储存、装卸、搬运、包装、流通加工、配送、信息处理等方面降低成本，提高效率，将健全农产品市场体系，提升农产品竞争优势，满足现代农业发展的需要。

对需求缺乏弹性的粮食而言，由于生产过程较长且生长期种植规律的无法改变。借鉴先进地区的经验，制定农村物流发展规划，改变城乡信息不对称的局面，促进商品与信息的适时双向流动，通过引进或自建的方式，建设农村物流发展所需设施，鼓励购置物流设备，加强棉库、粮库、糖库、保鲜库、冷藏库等仓储设施设备的更新和改造，逐步实现物流作业的机械化、自动化和信息化。

粮食现代物流体系建设是粮食流通基础设施建设的重要转型，将粮食流通效率建设摆在与生产能力建设同等重要的地位。要抓好粮食储备库新项目等一批粮食重点物流建设项目，加强粮食龙头企业的培育，加快粮食批发市场建设步伐。紧密围绕发展粮食“四散化”运输，加快建设跨区域粮食物流通道，完善布局，提升功能，构建畅通的流通体系。在主要粮食集散地和交通枢纽，建成一批全国性重要粮食物流节点和粮食物流基地。

3. 推动区域融合，保障快速增长

中原经济区包括河南整体、晋南、冀南、鲁西、苏北、皖北、鄂西北等省市的经济区域，这种经济区划可以强化区域经济优化资源配置的功能，弱化行政区划对区域经济的刚性约束与封闭性。发展现代物流业可以促进各区域快速融合发展，做好做强物流业，中原经济的血脉就通畅了。只有中原经济区得到现代物流业的支撑，才能更好地协调发展，才能确保实现构建中原经济区战略意图。

物流产业是典型的服务类第三产业，与日益发达和细化分工的现代农业、加工制造业和商贸服务业具有相互促进、相互支撑的关系：一方面，中原经济区整体经济发展水平为物流业发展提供经济基础，吸引各个行业的国内外知名企业前来投资或合作发展，为物流业提供必备的交通、通讯、仓储等硬件条件和人才、管理、文化等软件条件，主导产业及产业结构变化趋势将对物流产业的结构及演化趋势产生主导作用；另一方面，物流业的发展有利于转变中原经济区经济增长方式，提升中原经济区经济运行质量，节约物流成本，步入集约化发展轨道，推动新老产业整合资源优势、优化配置组合，加速产业间结构优化升级和产业内结构演化，形成强大的中原经济的区域品牌。

由物流服务供需双方构成物流业的发展的推动力，区域经济对区域物流的影响，还在于通过对产业结构的调整和在产业转移中抢占先机，能够形成一些新产业，例如，培育装备制造业、电子信息业等。随着一些新企业、新产业的进驻，带来了国际物流公司，如富士康有自己的国际合作伙伴，国际物流公司就要来给所属的客户做定制化的物流方案；再如联邦快递、UPS、DHL、TNT，这不仅是一个企业，实际上还是一个产业链的形成和完善，对整个物流业的需求程度、技术和水平比传统流通业的要求高得多。

中原经济区地理位置优越，交通优势明显，现代物流将有效促进与东边的长三角经济带、西边的关中经济带、北边的京津冀经济带和南边的长江中游经济带等互通有无、中转分拨。在以郑州为中心的500公里中原经济区范围内，构建并完善以高速公路和干线铁路为骨架的高速物流网络通道，将促进区域范围内不同地区战略趋向于价值上的认同、产业结构优化、要素合理流动、统一市场形成，促进区域范围内行业的快速融合发展。

现代化、专业化物流服务可以优化地区的资源配置，实现企业从销售、生产到采购整个物流系统的高效、优化管理，从而为企业降低总成本，提高其竞争力。中原经济区有很多大型生产制造企业，都将现代物流作为企业发展新的利润增长点，这些生产制造业已经联合起来做大物流、大流通。为区域内外创造了新的经济增长点，有利于地区吸引外来投资到此办实业，物流企业在中原经济区的建设中必将大有可为。

二、建设现代综合运输体系的理论和实证

随着现代科学技术的进步，物流业作为新兴的服务产业，在经济可持续发展中，发挥着日益重要的作用。中原经济区作为一个开放经济体系，不断提升与强化区域经济竞争力，成为确保经济快速、持续、稳定增长的必要举措。要开拓大市场、发展大流通，物流业是基础和动脉，河南在落实科学发展观、实施中部崛起战略和东向发展战略中，加快物流产业的发展是必然选择，也是促进区域经济快速崛起的重要途径。

（一）现代运输体系与经济增长的分析

1. 现代物流与区域经济

英国经济学家亚当·斯密对“物流之于国民财富增加”的论述，于1776年在《国富论》中给予高度重视，他说：“运输进步之基本功能为可扩大市场，并激励劳动之分工与提高生产力”。考察历史能够发现，深居内陆的地区在古代多是文明、经济发达的地区，因为在古代那里的劳动边际效应大。但近代以来经济发达

的依据则是在于工业区位的优越，内陆地区因为同样的原因反而成为落后地区，可见物流的滞后是内陆地区不发达的根源之一。

物流是区域经济的一个子系统，它以其结构和功能对区域经济产生影响。区域物流子系统在空间上的展开，由“点”、“线”等相互连接而形成网状结构。中原经济区的物流与区域经济相辅相成、不可分割，物流网的空间结构及运能直接影响着对交通依赖性较强的部门或企业在区域中的布局，对经济作用的外在表现则是区域生产资源布局。任何一个部门或企业，都与物流运输有联系但作用程度不同，区域内外不同位置因距离物流网中的点或线的远近不同而具有各异的交通条件。

区域经济是区域物流得以生存的基础和服务对象，区域经济水平决定区域物流的现代化程度，区域经济的发达程度与区域物流的现代化水平是相适应的。区域内各经济部门的原材料及产品的运输、人员的流动等都由交通运输物流子系统来完成。发达的区域经济必定与外界的联系十分紧密，产品的商品率很高，通过向区外输出产品，使区域经济维持在较高的水平，这就必然要有发达的物流以保持产品的运输以及区域内外的联系。

物流对中原经济区还有更深层次的作用，中原经济区的整体物流功能同区域产业政策、劳动力素质、技术条件等都是评定投资环境优劣的重要因素。物流功能的强弱，直接关系到中原经济区对投资的吸引力，从而影响到区域经济的进一步发展。可以说，区域经济发展的直接动因就是投资，对于区域开发，物流条件的好坏常是投资者最关心的一项因素。投资是区域建设的开端。没有良好的物流运输系统作为保证，大规模的区域开发是很难成功的。

（1）物流对区域工农业的作用与贡献。物流产业规模是社会经济的重要支配变量，物流发达支持工业的发展，工业的发展造成地区经济发达。世界上没有哪一个地方是物流产业发达而经济十分落后的，或者经济十分发达而物流产业十分落后也是不可能的。物流支持工业发展，并成为工业发展的必备条件，只有物流的支持才能使工业生产规模不断扩大直至规模经济。通过物流的输送和吸引功能，才能将集中散布在一定地域范围内的各种生产要素聚集到各种产业工厂的生产线上。在这种集中化之中既包含了生产要素的规模，也包含了要素品种的规模。

物流中心地带具有最好的工业区位和市场区位。物流中心具有线路、运输方式的转换功能，使这个地区能从多条线路，或从多个方位上去聚集各种生产要素，这正是发展工业的最好条件。物流中心与工业城市、商业城市是“三位一体”，一个地区总是先有物流中心的出现，才有工业发生发展的条件。工业生产需求集中，工业产品消费需求分散，在物流中心的地区是分散产品的大市场，也是人口集中的地区，具有物流中心区位的地区同时也具有工业区位和市场区位。

随着资源规模的扩大，更可实现规模经济，降低工业生产成本。而生产要素品种、规格的多样化是产业技术进步的保障，技术的复杂化又可导致产业从资源密集型进步到资金密集型以至高科技密集型。物流中心线路不但有强大的聚集功能，同样也具有强大的分散和辐射功能，分散产品是完成“生产—消费”循环链条中必不可缺的环节。

农村物流基础投资形成的资本存量，可以提高农村经济的生产效率和交易效率，同时也扩大了农村经济的生产经营可能性边界。农村物流基础投资改善了生产条件，提高了对劳动对象的有效利用程度，可以提高农村经济的效率。在农业生产过程中，改善乡村运输、道路等基础设施，不仅能够有效降低包括生产成本、运输成本、储藏成本、销售成本等，还可以增加农产品市场交换能力，提高农作物的产量和质量，推动农业劳动生产率增长。

在农业的增长过程中，土地等物质资本和人力资本结合在一起，都是现代农业生产活动所必不可少的生产要素。根据物质资本在经济增长中的地位不同，可以将其分为基础设施物质资本和一般物质资本。基础设施物质资本是社会的基础资本或先行资本，在经济增长中发挥着基础性作用。除基础设施之外的其他物质资本称为一般物质资本，也是农村经济增长的重要推动力。基础设施通过改变时空的相对距离，扩大了地区的辐射范围和影响，从空间上使产业链条得到有效延伸，产业得到合理布局，刺激出现新的经济增长点。

加强农村物流基础设施建设，能够增强农业抵御自然风险和经济风险的能力，保障农产品生产和销售的稳定性，从而促进农业生产的专业化、规模化、产业化、市场化、一体化和可持续发展。农村物流基础的发展促进了市场交易的进行，农村公路运输的发展缩短了市场距离，降低了运输成本和市场分割程度，使交易效率提高，交易成本降低。发达的农业水利设施可以提高农业抗自然灾害的能力，稳定农业生产和实现专业化生产。农村物流基础的发展为农村经济增长提供了物质基础，拓宽了生产经营决策的边界。随着分工深化和生产经营可能性边界的扩大，农民对于产业选择和行业选择的范围扩大，农村产业结构和农民就业结构实现逐步优化，从而促进了农村经济增长。

（2）物流对区域城市群的作用与贡献。在经济地理论的“中心地学说”由德国地理学家克里斯塔勒始创，他在分析中心地体系形成条件时，把中心地所服务的地区称为补充地域，认为中心地等级取决于毗邻的补充区域的大小。物流业的兴起，促进区域中心城市的形成和城市功能的演进。充分借助物流活动，促进城区的形成和经济的发展，城市群经济的协调又反向促进现代物流产业的完善。

充分利用现代物流业对城市群要素集聚和扩散的强化作用，物流产业与城市经济契合促进了城市群规模的扩大，使现代物流能够充分发挥对城市群要素集聚和扩散的强化作用。例如，美国经济高度发达，通过发展现代物流降低物流传输费用，增加了城市群以及国际之间的往来业务，从而增强了对世界性经济资源的集聚能力；再如，美国与加拿大交界的五大湖城市群包含了多伦多、底特律等城市，与美国东北部大西洋沿岸城市群共同构成北美制造业带，制造业需要的物流业务量大并且特别频繁，成为美国最大的商业贸易中心和世界最大的金融中心。

物流业需要集中商流、人流与信息流等服务体系，促使交易日益集聚、最终形成小城区。在小城区的基础上，进一步吸引大量农民进城务工，增加城市就业率，吸引区域外的高素质物流人才汇入大城市群，提升了城市群的劳动力素质，促进大城市群劳动要素的增长。比如，日本地域狭小，却形成了世界上最发达的六大城市圈之一。其中东京都市圈集中了全国工业企业和就业人员的 2/3，占据了国内工业产值的 3/4，国内生产总值的 2/3。

发达国家更是通过不断更新物流技术和城市群产业结构形式，实现城市群的可持续协调发展。通过物流布局规划、发展绿色物流等途径，物流中心的建立为其提供了场所，也为城市用地结构调整创造了条件。这些都减少了不必要的交通量，完善了城市功能布局，减少汽车尾气排放和噪声对市中心的影响，美化城市环境，促进城市群的可持续发展。

在物流发展的不同阶段，城市空间布局以及聚集程度也会随之表现出不同的特征，两者的变化规律是相近的，局限性也是同时存在的。比如，以伦敦为核心的英国城市群，就是两者相契合催生发展的典型案例；再如，纽约的形成与发展都离不开物流活动，其诞生是依靠港口，凭借良好的区位优势和交通条件迅速发展起来。为此，需要认清物流业布局的演变规律，以加快物流运转速度，实现现代物流业与中原经济区城市群互利发展的“双赢”。

(3) 物流对区域外贸易的作用与贡献。从系统论的思想出发，物流贸易是物流业最重要的系统属性。从微观角度来看，物流贸易指物流厂商为物流需求主体提供物流服务的能力；从宏观角度来看，物流贸易指物流产业为全社会提供支撑服务与增值服务的能力。同时，可以将物流贸易看成一个功能体系，包括经济支撑功能、增值功能、规范管理功能以及创新功能等。物流贸易功能具有层次性，不同层次的物流活动其功能不同，但是这不影响物流产业功能作为系统整体属性这一性质。

随着中原经济区交通基础设施网络化建设的不断推进，区域间的运输成本处于不断降低过程中，一方面有利于促进国内贸易从而扩大国内市场，另一方面有利于促进国外贸易从而扩大国际市场。物流对于国际贸易贡献可以从国际货运业发展的角度来考察，但是国际贸易大发展的基础却是作为物流主体的货运产业的进展，同时国际贸易与货运产业又互为因果关系，物流产业的进步与国际贸易的发展是以一种相互推动、相互约束的关系向前发展。

物流产业是一个复杂多体系统，同时也是一种具有涌现性的复杂自组织巨系统，其中存在大量的自组织现象。物流贸易在空间分布和时间尺度上推进与演化，在结构体系上表现出不同的比重，物流贸易功能的集成与演进表现出明显的自组织特征。这要求在中原经济区的物流产业过程中加强协同管理，围绕协同物流任务和目标要求，通过建立“竞争—合作—协调”的协同物流自组织运行机制，共同实现统一的物流目标。

在现阶段，发达国家的电子商务与现代物流不断紧密集成，呈现出技术模式、商务模式以及经济运行方式三方面协同发展、聚合并循环的特点。技术模式（包括信息采集、存储、传输、学习等）转变引起相应的功能模式的转变，从而影响企业资源配置模式的转变，进而导致企业策略模式的转变，最终产生商务模式的转变。这些在物流体系内部“自发”形成的模式，最后聚合成为新的经济运行方式，从而引发新一轮的模式转变并依次循环发展。

现代物流贸易的健康、快速发展依赖于透明、统一、公平和高效的社会法律制度，物流业渗透在商贸流通、运输等领域，对其法律服务及咨询服务需要有专业的知识。目前，相关的法律制度仍然不太完善，法律服务机构、咨询机构与物流业的发展并不匹配。现有的与物流相关的法律法规往往偏向于相关部门和地方，关于物流市场的竞争规则，甚至进入与退出基本上都没有统一的法律法规可以遵循，特别是那些带有社会性的物流服务缺乏有效的法律约束。

近几年来，在社会各方面的共同努力下，中原经济区物流企业的技术水平不断提高、物流需求不断增加、跨国物流企业纷至沓来、第三方物流快速发展，物流贸易有了较大的发展。但从总体上说，物流贸易仍然处于初级阶段，那些系统化、专业化、大规模的物流系统尚未形成。由于中部地区经济状况落后，企业对物流的认识还不到位，没有把物流管理作为自身成熟的标志，加上市场发育滞后，企业多数处于“小、散、弱”的经营状况，形成高效的物流服务网络还存在着一些障碍。

综上所述，从促进中原经济区经济又好又快协调发展的角度出发，构建区域物流发展战略的关键，一是物流产业形态必须与经济形态相适应，要坚持把物流业作为先导性产业优先发展，通过规模化某种牵头的产业区位，然后利用这种发展从局部出发，以打破整个地区经济发展的平衡；二是通过区域物流基础建设去触发这种产业的上、下游产业，产生吸引聚集效应，进而使这种产业形成规模，推动区域经济可持续发展。

2. 作用关系与计量模型

在20世纪60年代，美国经济学家彼得·杜克拉认为：物流业是经济增长的“黑大陆”，是降低成本的“最后边界”，是降低资源消耗、提高劳动生产率之后的“第三利润源”；日本早稻田大学西泽修教授认为：物流是一块“冰山”，人们只看到了水面上的，而实际水面下的“冰山”更大。物流业现在已经成为中原经济区国民经济的重要产业和新兴增长点。这里有必要对以河南物流业为主体带动区域经济发展的作用进行实证分析。

在国家标准术语规范中，对物流的解释是“物品从供应地向接收地的实体流动过程”。因此，物流业应包括交通运输、运输代理、仓储、配送、信息与咨询服务等。尽管现代物流在内涵上有了很大的扩展，但仍可以归结为“物品的实体流动”。物流业是连接社会再生产过程中生产与消费之间的桥梁，可以选用货物周转量（亿吨公里）表示物流业发展状况（这一指标既反映了社会对运输的需求，又间接反映了物流业发展的情况），具体数据见表 4-2 所示。

表 4-2 2001~2010 年河南省货物周转量

单位：亿吨公里

年份	货物周转量	铁路	公路	水运
2001	1573.28	1185.36	375.78	12.01
2002	1649.22	1234.77	398.87	15.43
2003	1891.73	1463.20	405.20	23.22
2004	2107.26	1650.00	422.02	34.93
2005	2282.60	1759.77	467.00	55.49
2006	2415.89	1810.80	538.76	65.85
2007	2729.30	1962.93	681.85	83.95
2008	5215.84	1985.84	2995.15	213.77
2009	6146.09	1955.36	3927.08	263.05
2010	7141.82	1980.23	4860.63	300.28

资料来源：《河南统计年鉴（2011）》。

测算可以采用计量经济学的方法。以国内生产总值（GDP）为被解释变量（Y），表示河南的经济发展水平；以货物周转量作为解释变量（X），表示物流业的发展水平。根据 2011 年度的《中国统计年鉴》、《河南省统计年鉴》，得到 2001~2010 年河南的国内生产总值和货物周转量的统计数据。运用统计软件 Eviews，采用线性模型将非线性模型通过线性变换，并且利用样本线形回归模型的参数估计方法——普通最小二乘法（OLS）进行拟合分析，该模型的估计方程为：

$$\text{Ln}(\text{GDP}) = 7.2944 + 0.9892 \times \text{Ln}(X) + \text{et}$$

$$R2 = 0.6193,\ \bar{R} = 0.5683,\ DW = 0.3521,\ F = 14.3921$$

根据定量分析，可以得出结论：①河南物流业与经济发展之间表现出一定的正相关关系；②Ln(GDP) 与 Ln(X) 均为二阶单整，它们之间存在协整关系，即河南物流业与区域经济发展之间存在着长期的均衡关系；③在 10%的置信水平上，河南物流业的发展是引起经济增长的重要原因。

由模型还可以进行河南的物流业对 GDP 的边际作用分析。物流业对 GDP 的边际作用，可分为两个阶段，即当 xt < 20500000 时，物流业每增加一个单位，所产生的 GDP 的增加额随物流业本身规模的增大而不断增加；当 xt > 20500000 时，物流业每增加一个单位，所产生的 GDP 的增加额随物流业本身规模的增大而不断减小；当物流业本身达到相当大规模时，在 xt = 20500000 时，物流业对 GDP 的边际作用最大。河南物流的货物周转量对 GDP 的边际作用接近最大值，适时适度地发展物流业，对 GDP 增长的作用较为显著。

从以上分析可知，河南物流业对于 GDP 的增长作用是显著的，应该抓住时机，加速物流业的发展，使之对中原经济区经济的增长产生较大的推动作用。物流业仍有较大的发展空间，根据当前所面临的问题和经济发展对物流提出的要求，政府、企业和相关机构对于今后物流业的发展应采取下述措施：制定明确的产业政策、统一规划物流业发展、加强物流基础设施建设、推进物流标准化进程、加快物流信息化进程和加强物流专业人才的培养。

（二）交通基础设施的效益与效果分析

1. 特性效益与溢出效果

交通基础设施对区域经济的作用是巨大的。任何一个发达地区必然拥有一个结构合理、四通八达、快捷高效的交通基础设施系统。交通基础设施具有基础地位性，社会经济对其依赖性越来越大；交通基础设施具有自然垄断性，建设投资大但投入使用后的运营费用很小，呈现明显的规模报酬的递增性和流通成本的弱增性。这表明在一定的运营范围内，交通基础设施由一个或少数几个经济组织垄断经营能达到最小平均成本，实现最大生产效率。

对于不同阶段的经济增长速度以及增长方式来讲，相应的基础设施建设的速度和结构都会有所不同。一个交通网络结构合理、通路等级高、通达深度足的交通系统对整体的推进作用是巨大的。目前中原经济区特别是中原城市群经济的快速增长就离不开高速公路、机场以及正在建设的城际铁路、高铁的支持。特别重要的是，交通等基础设施建设投资可以成为拉动经济回升的主要因素。要使区域经济保持稳定增长格局，可以通过加大合理的基础设施建设投资来扩大内需，增强对经济增长的拉动能力。

基础设施的建设是中原经济区增长的内在要求，但是基础设施建设的发展要先于经济增长提出的要求，要有一定的提前量。交通网络的完善加强了劳动地域分工的深化，促使经济能力沿发展轴线转移。交通网络对沿线区域的分工协作是一个无法替代的前提，中原地区由最初较为孤立的据点式开发，逐渐到“黄金十字”交通经济轴带，再逐步沿着交通网络向两翼扩散。伴随着资源在运输过程中与沿线城镇产业链的结合，核心城市和经济轴带辐射逐渐扩大，郑州逐渐成为中部地区的核心，经济带内部及周边地区的经济一体化和劳动地域分工也日益显著。

当前的物流业发展水平与中原经济区建设、“三化”协调发展战略的需要还有较大的差距，物流甚至可能成为中原经济发展的瓶颈。原因可能来自于两个方面：一是物流供给的规模；二是物流供给的质量。物流供给的规模取决于装备、设施、人力的能力，而物流供给的质量与运作模式、信息化水平、服务理念等有关。物流业作为国民经济运行的“命脉”和“助推器”，能否在中原经济区与世界经济一体化中具有竞争优势，关键看是否具有成本优势，这也是物流业发展的重点和难点。

交通基础设施的空间溢出效应主要来源于两个方面：一是随着外地交通基础设施的增加，区域间的运输成本降低，区域市场规模扩大，会带来市场规模效应。交通运输有助于市场规模扩大，带来规模效应，决定劳动分工的精细程度——社会分工越细，规模经济和生产效率也就越高。二是运输成本的降低会促进区域间的产业集聚或扩散，带来集聚与扩散效应。市场规模效应对区域经济增长始终存在正向作用，但集聚与扩散效应则有可能是正向的也有可能是负向的。交通运输的发展促进区域间的产业集聚或扩散，带来集聚与扩散效应。运输成本的降低将改善区域间的贸易自由度，从而改变原来的产业分布。

2. 网络空间与联动效果

中原经济区域的网络空间是由区域内外的物流节点、物流带、物流圈有机结合、逐步构建而成，物流空间布局的合理规划对于推动产业聚集的发展，提高区域经济竞争力又起到重要的作用。物流节点服务于区域产业经济的发展，推动产业聚集的不断成熟；随着聚集规模的扩大，物流经济客体由聚集点向线状基础设施方向延伸，辐射一定范围的物流产业带；物流产业带推动现代物流技术、设施设备等的发展，从而形成现代化的物流圈。

物流链的每个环节又可以作为节点，连接具有供需关系的不同企业，形成集群内的分拨网络系统，建立起各企业生产与需求之间紧密的联系。通过产业集群与区域物流的协调运作，提升集群竞争力。现代物流企业带动郑州物流产业的发展和相关配套设施的不断完善，承接产业转移的中部崛起战略，需要高效率、一体化、现代化的物流服务体系的建立，将促使以郑州为中心的中原经济区现代物流圈的形成。

极化效应促使物流经济的空间聚集，表现为点状聚集和线性聚集两种形态：点状聚集的特征是物流活动集中区域为面积狭小的城市区域，如物流中心城市；线性聚集是指由于物流资源及其带动的相关产业，沿着物流资源流动的线性公用基础设施周围进行集聚，如物流通道。在中原经济区城市带规划中，郑州、洛阳、开封、商丘从区位上看处于主轴带，主轴线的一端——商丘靠近合肥、济南，是豫东地区与山东省、安徽省产业承接的枢纽城市，主轴线的另一端——洛阳市是豫西交通枢纽中心，同时也是中原经济区重要的化工产业基地。

陇海主轴线上的城市凭借高速公路和铁路，承接南京物流圈，联系杭州物流圈，接轨长三角国际物流中心，成为吸引长三角产业转移的“桥头堡”。该地带的区位、资源、劳动力等要素优势和现有产业基础，使得该地带逐渐发展成为以主轴线为基础，辐射西安和太原的东西向物流带。沿京广主轴线上的工业、能源产业聚集的发展促使沿南北区域物流园区的形成，依据城市群资源型产业特色及其特征，以供应链一体化管理理念，整合产业链企业、交通设施、市场、通讯等要素，依托铁路和高速通道形成以安阳为龙头，新乡、许昌、漯河、驻马店、信阳等工业重型化与城镇密集化高度协同的走廊，使得各级物流基地均匀分布。

郑州市作为中原经济区物流枢纽城市，承接南北东西，目前已形成多家具有较强实力的现代物流企业。如中原经济区徽商集团、中原经济区新华发行集团、中原经济区中邮物流有限公司、中外运郑州物流有限公司、中原经济区徽骆驼物流有限公司等。在现有产业集群内，上下游企业将综合物流系统将产品的包装、运输、装卸、仓储、保管以及由此所发生的信息管理和传递的所有过程。

安阳、信阳是豫北地区的老工业城市，是承接中原经济区北部和中部的交通枢纽节点城市。凭借两地的资源优势，利用产业转移的契机，建设集管理、仓储、配送、加工为一体，面向进出口的区域综合物流园区，服务于中原经济区的东南、西南的重工产业集团。依托物流园区的建立，借助于高速公路和铁路枢纽、商贸基地，不断提升沿南北物流服务竞争力，促进沿京广地区产业聚集的成熟和发展，推动区域经济的竞争力的增强。

改善中原经济区承东启西的运输条件，将降低西部地区与沿海发达地区要素流动的运输成本，缩短东部与西部地区之间的空间距离，提高中部与西部地区的市场接近性。加快交通基础设施建设，有利于发展交通经济带经济，促进中原经济区的新经济中心出现。经济增长的梯度也会转移到可以重点开发、条件较好的部分西部省份。市场规模效应会促进西部地区经济增长。但同时交通基础设施的发展会带来集聚与扩散效应，使西部地区的产业尤其是技术密集型产业更大规模地转移到中部和东部地区。

综上论述，中原经济区交通基础设施与经济增长的空间依赖性是客观存在的，而且这种特性表现出鲜明的区域差异性。在社会资源有限的情况下，基础设施投资和其他投资存在着此消彼长的关系，政府需要通过比较现实产出和潜在产出增长率，重新审视交通投资对于促进经济增长的政策，审慎地调整交通基础设施投资力度，以确保资源配置效率最大化以及保证国民经济持续快速稳定增长。

（三）运输对产业体系的投入产出分析

1. 假设条件与数据运算

现代物流业涵盖了运输、仓储、货代、流通加工、信息管理等多种功能，涉及城乡经济运行的多个领域，与各产业的发展有着紧密的关联关系，是派生型、需求型的综合服务业。其他产业的发展、产业结构升级通过需求拉动效应促使物流服务向高水平、集约化、专业化转变，而这种转变又将通过供求关联进一步渗透到其他产业中，从而促进经济运行质量的提高和产业结构优化效应的增强。

美国经济学家瓦西里·里昂惕夫的投入产出模型为产业关联关系的定量分析提供了有力的工具。在投入产出模型基础上，通过一系列指标的测度可以直观反映出中原经济区现代物流业与各产业间的关联效应和波及效应，揭示出现代物流业发展对各产业的影响及各产业发展、升级所产生的结构性需求。

一般认为，物流包含社会专业化物流企业的活动和生产、流通企业的自我物流服务活动，而后者在目前的统计体系中是难以测算的。即使是对前者的界定，目前也存在争议，同时有“宽派”和“窄派”之分：“窄派”认为只有第三方物流才算现代物流业，“宽派”则将社会专业化的运输、仓储等一并归入到物流业中。在中原经济区域的河南物流研究中，宜采用“宽派”的观点，将社会专业化的运输仓储等并入到物流产业中。

在 1997 年之后的全国以及地区范围的投入产出表编制过程中，“货物运输业”、“仓储业”被剥离出来，或两者统一计量，或两者分开计量。按上述对物流业的界定，这两个产业之和与物流业比较接近。另外，邮政业也是从事物流服务的一个重要行业组织集合，以这三者经过加总之后将更接近物流业的实际数据。所以，将货物运输业（包括铁路货运业、公路货运业、管道运输业、水上货运业、航空货运业、其他交通运输及交通运输业）、仓储业和邮政业合并为“物流业”而进行测算分析，其主要结果如表 4-3 所示。

表 4-3 河南现代物流业投入产出测算的主要结果

数值	前向关联系数	前向关联排名	后向关联系数	后向关联排名	影响力系数	影响力排名	感应度系数	感应度排名
物流业	0.9429	9	0.4798	32	0.8139	36	0.8334	26

资料来源：韩松，谢慧等. 国家粮食安全战略工程视角下河南粮食现代物流的产业关联分析 [R]. 河南省统计局.

2. 关联效应与波及效应

在河南三次产业的内部各行业中，常规性传统行业仍占主导地位，其中商业批发零售贸易、餐饮业、金融保险业占份额较大，其次才是交通运输、仓储及邮电通信业，发展物流业对河南经济发展的影响主要体现在前向效应、后向效应和旁侧效应三个方面。

前向效应是指物流业的发展将促进物流装备制造业、系统产业、新工艺和新技术的发展，进一步提高物流活动的效率，促进区域物流的产业优化，潜在地增进地区经济和社会发展机会，使物流资源向专业化、合理化、规模化方向配置。在“十一五”期间，河南按照“物流圈→物流枢纽城市→物流园区→专业物流市场”进行布局，构建完善的物流网络体系，依托现有优势产业和发展较好的物流企业作为发展现代物流的切入点，大力发展汽车物流、钢铁物流、石油化工物流、农产品物流、快递物流等。

后向效应是指区域物流业的发展将带动公路、铁路、航空、管道、仓储、通讯等区域基础设施的建设。河南发展现代物流的公共基础平台建设已初步完善，全省已形成集合铁路、公路、水运、航空和管道五种运输方式组成的点线结合、连接城乡、沟通内外的发达的综合运输网络。在公共信息平台建设方面，电信网、计算机网络和有线都市网已颇具规模，综合通信能力明显增强。大力发展物流业将进一步带动基础设施的建设，同时还可以拉动对钢铁、煤炭、水泥以及制造业和加工行业的需求。

旁侧效应是指区域物流产业的发展将对地区商业、供销、粮食、外贸等行业乃至区域内所有行业的供应、生产、销售中的物流活动产生积极影响，提高区域内各类经济活动的效率。此外，物流业与会展业、大型商业及连锁经营、专业市场等相关产业的发展有着相互依存与促进的关系。在“十一五”期间，河南投资建设汽车物流园区，如整车销售、配件经营、物流贸易、会展中心等。依托现有批发市场和物流基地，建成以香菇、干鲜果、林业、烤烟为主的农产品物流中心，以物流业支撑了相关产业基地的建设与发展。

（1）前向关联与后向关联分析。现代物流业作为产业链中的一个部分，既是要素供给者，又是市场需求方。作为供给者，通过向其他产业提供要素的投入来确立自己在产业链中的地位；而作为需求方，通过对其他产业产出的消费来显示其在产业链中的作用。

表 4-3 中的数据表明，河南物流业的前向关联系数处于较高水平，这说明了物流业的生产服务业性质，也带有提供中间产品（生产资料）的性质。从未来的发展趋势看，物流业会因为对最终消费品运输与仓储作业等活动的增加，促使前向关联系数逐步降低。

通过对河南 42 部门后向关联系数的计算表明，物流业的后向关联系数分别为 0.4798，排名第 32 位和第 31 位，都属于中间投入率相对较低的产业，附加价值较低。随着将来区域生产和流通的进一步发展，外购产品和服务数量会逐步增加，对国民经济发展的直接带动能力会逐渐加强。

从计算数据可以看出，相比于第二产业部门前向关联系数远小于后向关联系数、第三产业前向关联系数和后向关联系数几乎差不多。河南物流业与下游行业的关联要高于和上游行业的关联，其对下游行业如各类型制造业、贸易业和最终消费等的依赖性相当高，而对于上游的生产商和制造商等的需求却相对要弱一些。

从投入的角度来看，河南现代物流业的产出对自身的最初投入依赖性还相对比较小。随着经济的发展，物流业对其他部门的消耗将减少，将更多地依赖自身的发展，成为独立性增强、推动力量更大的重要产业。从产出的角度来看，河南现代物流业对其他部门的相对依赖程度较高，属于中间产品型产业。所以，现阶段的发展思路应该是提高物流服务水平，最大限度地整合物流资源，降低物流运作成本。

综合考察河南物流业的投入产出系数，并对比钱纳里和渡边经彦的产业分类，可以判断出物流业为前向关联效应大而后向关联效应小的中间投入型基础产业，物流业应当得到优先发展。

（2）波及效果分析。现代物流业的影响力反映了其最终产品变动对整个国民经济总产出变动的影响能力，这种能力表现为该产业对国民经济发展的直接与间接推动能力的总和。而现代物流业的感应度反映了其他产业部门的最终需求都增加一个单位时，该部门做出的反应。如果该产业提供给其他部门的中间使用产品越多，那么其感应度就越大。

根据表 4–3 中的数据，从河南物流业对国民经济发展的推动能力来看，影响力分别为 0.8139 和 0.9943，位居第 36 位和第 12 位。可见，物流业是具有较高推动能力的产业，而物流业目前的地位与河南作为中部地区的核心大省地位仍然是不相符合的。可见，河南目前仍然处于工业化过程中，现代物流业对国民经济的推动作用尚不及第二产业、第三产业的大部分部门明显。但从发展趋势和发展潜力来看，随着物流业的迅速发展，其影响力也必然增强。所以，在现阶段将现代物流业作为主导产业来发展还是可行的。

从感应度系数看，河南第一产业、第二产业和物流业的感应度系数排名处于前列。这说明这些部门对经济的发展起着较大的制约作用，尤其是经济增长过猛时，会首先受到最大的社会需求压力，从而容易造成供不应求的局面。

而河南物流业对国民经济发展的感应度为 0.8334（低于平均水平 1.0000），在 42 部门产业感应度中排名第 26 位。这说明了物流业在区域经济发展中处于基础产业的地位和国民经济发展对物流业的需求程度较低，也表明了国民经济发展对物流业的带动作用较弱，这可能意味着河南现代物流业成为国民经济进一步发展的“瓶颈”因素。

对比河南物流业的影响力系数和感应度系数可知，该产业发展对区域国民经济整体的推动作用远远大于其受到国民经济发展后的拉动作用。区域现代物流产业的整体推进平稳以及区域性物流发展的不均衡，存在巨大的发展空间和发展潜力。河南物流业的发展将会极大地带动其他部门特别是生产的发展，并促进国民经济整体运行效益的提高。

随着河南现代物流业发展水平的提高，物流业对国民经济发展的推动作用会加大。因此将其作为未来的主导产业来发展是可行的。区域现代物流业会逐步向强拉动型转变，从而成为国民经济发展不可或缺的产业。物流业的影响力较高，应该作为主导产业进行发展，而且物流业的影响力高于感应度，适宜采取主动发展的模式，即通过主动发展来推动国民经济和区域经济。

对河南现代物流的投入产出分析结果，表明了物流业在经济体系中仍处于"瓶颈"地位。这是由于受到体制、政策、观念、技术、人才、管理等因素的制约，导致了现代物流业的社会化、专业化水平不高、组织布局分散、企业规模偏小、物流标准化和规范化滞后、技术装备落后等诸多问题。对此，应加大投入的力度，通过加快现代物流业发展，促进流通现代化，增强中原经济区的综合竞争力。

三、现代综合运输体系规划与网络布局

加快建设中原经济区《指导意见》的提出与实施，是实现国家"十二五"和更长远战略的新要求。中原经济区站在发展内需型和外向型的经济模式的最前沿，一是面向国内，定位为内需型经济的脉搏器，把附加值高的商品源源不断地运往全国各地；二是面向国外，聚集着生产基地，将大量的原材料、半成品、制成品，将物美价适的商品源源不断地发往世界各地。物流业以中原城市群为基点呈放射状向周边辐射，可形成最具经济性的集散规模效应，最有利于供应链一体化的运作。

在中原经济区规划中，必须从战略高度把握全国经济布局及主体功能区域发展规划，当前国际大型物流企业在我国东部地区布局已基本完成，正加快向中西部地区转移，"十二五"时期紧紧抓住现代物流业发展的重要战略机遇，面对周边重点城市激烈竞争，遵循物流要素向大城市、大企业集聚和先发优势排斥后发优势的规律，力争在今后 5 年左右的时间内形成赶超发展态势，以占据中西部地区物流发展高地。

(一) 总体思路与布局原则

1. 总体思路

深入贯彻落实科学发展观，把现代物流业作为国民经济发展的战略性新兴产业，着力培育，加快发展，打造新的经济增长点。推进物流业与制造业及其他产业联动发展，增强物流业对国民经济的支撑、服务作用，加快完善现代产业体系。以郑州为龙头，加快建设连接世界、辐射我国中西部地区的内陆型国际物流中心，带动区域发展成为业态先进、结构优化、辐射区域广、竞争能力强的现代物流业发展高地。重点抓好十大行业物流发展，加快传统物流改造与业态提升，积极营造良好的发展环境，培育壮大物流企业，构建与国际接轨的现代物流服务体系，为中原经济区建设提供坚实的物流体系保障。

突出一个中心：把郑州国际物流中心建设作为现代物流业发展取得领先优势和竞争优势的战略重点，高水平规划、高起点建设。

抓好十大行业：把食品冷链、医药、钢铁、汽车、家电、纺织服装、邮政、粮食、花卉、建材十大物流行业作为发展现代物流业的主要抓手，一业一策，各个突破。

实现“三联互动”，即物流、产业、市场的联合，物流中心、分拨中心、配送终端的联网，对外集输与对内集配的联动。以现代物流理念和技术改造提升传统物流，优化企业自营物流系统，创新第三方物流服务方式，鼓励企业物流业务外包；积极发展食品冷链、纺织、汽车、粮食等行业物流，形成物流业与中原经济区重要优势产业联动发展格局，推进物流、产业和市场的融合。

加快业态提升，坚持引进战略合作伙伴和提升现有业态两手抓，运用现代物流理念、技术和方法，提高物流企业信息化、专业化、社会化程度和行业集中度，加快传统物流向现代物流转型，以先进业态推动物流企业加速成长。

营造外部环境，对整个中原经济区所做的物流业规划，要做整体的方案设计。依据中原经济区中长期经济、产业发展规划做配套设计。总体规划应一次完成，分步实施。同时规划与城市群的产业分工一致起来，避免重复建设。强力推进物流领域对外开放，营造物流业发展的良好外部环境。

2. 布局原则

一是有利于发挥各地区位、交通、产业和资源优势，最大限度地将比较优势转化为现代物流业发展的竞争优势。二是有利于集聚发展。遵循要素向中心城市和大企业逐步集中的规律，在规划布局上充分考虑强化物流资源整合、引导企业集聚发展的需要。三是有利于防止同构竞争。在一定辐射半径内的不同城市，注意避免物流功能和重点物流行业布局上同构。四是有利于优化城市功能和便捷配送。配送中心布局要在考虑城市发展总体规划和城市交通、配送效率等因素的基础上科学合理安排。

根据上述原则，对中原经济区域层面现代物流业发展，实行“郑州国际物流中心—物流节点城市”的总体布局。即郑州以区域性国际物流中心为基本定位，着力建设辐射中西部地区的内陆港、连接中亚欧洲的东方陆港和国际多式联运中心、国内集散分拨中心、区域物流配送中心。强化公、铁、海、航等多种运输方式的有效衔接，加快物流园区和专业物流中心建设，构建与国际接轨的现代物流服务体系。不断扩大物流辐射半径和覆盖范围，发展成为连接世界、辐射中西部地区的国际物流中心。

按照“核心带动、轴带发展、节点提升、对接周边”的原则，形成放射状、网络化空间开发格局。“核心带动”即提升郑州交通枢纽、商务、物流、金融等服务功能，推进郑汴一体化发展，建设郑洛工业走廊，增强引领区域发展的核心带动能力。“轴带发展”即依托亚欧大陆桥通道，壮大沿陇海发展轴；依托京广通道，拓展纵向发展轴；依托东北西南向、东南西北向运输通道，培育新的发展轴，形成“米”字形重点开发地带。“节点提升”即逐步扩大轴带节点城市规模，完善城市功能，推进错位发展，提升辐射能力，形成大中小城市合理布局、城乡一体化发展的新格局。“对接周边”即加强对外联系通道建设，促进与毗邻地区融合发展，密切与周边经济区的合作，实现优势互补、联动发展。

各地市根据自身产业特色和区位、市场优势，差异化发展专业物流和区域内物流配送，发展成为服务本地、辐射周边的重要物流节点城市，形成郑州物流中心与各物流节点城市分工合理、配合紧密、互为支撑、互动发展的物流节点城市网络。各省辖市现代物流业发展实行两级布局即“物流园区—城市配送中心”，引导市区内物流企业、物流设施向物流园区集聚，城市配送中心布局主要根据不同城区的物流需求，本着交通便捷、配送高效、成本最低的原则合理规划，形成高效便捷的“最后一公里”配送网络。

各重点行业的物流布局，主要根据行业特点、产业基础、集聚功能和合理辐射半径等因素，遵循布局集中、服务联动、集聚发展的原则，规划布局物流分拨配送区域、节点城市和配送网络，推动重点行业物流发展，为相关产业发展提供强力支撑。按照统筹规划、合理布局、适度超前的原则，加快交通、能源、水利、信息基础设施建设，构建功能配套、安全高效的现代化基础设施体系，为中原经济区建设提供重要保障。

（二）交通运输网络与物流信息系统

1. 构筑便捷高效的交通网络

交通是人民生活的基础，是城乡统筹的支撑。全面适应城市带、产业区建设和推进中原经济区发展战略等需要，实施大交通战略，在发展空间上实现大拓展。加强铁路、公路、航空、水运网络建设，提高通达能力，强化与沿海地区和周边经济区域的交通联系，形成覆盖全区的“衔接顺畅、能力充分、运行高效、安全环保”的交通运输网络。

在铁路方面，开工建设郑州至万州铁路，研究规划郑州至济南、郑州至太原、郑州至合肥等快速铁路通道，逐步形成大区域间高效连接的铁路通道网络；推进中原城市群城际铁路网建设，加快内蒙古西部至华中地区铁路煤运通道建设，完成宁（南京）西（西安）等铁路复线电气化改造工程，形成多条出海运输通道。

在公路方面，完善内联外通的高速公路网，实施京港澳、连霍等高速公路扩容改造；建设国家级区域公路交通应急救援和路网协调中心；提高农村公路建设标准，加快县乡道改造和农村连通工程等建设；以高速公路网络为依托，以服务区为基地，发展路域经济，开展多元化经营，强化高速公路运营管理，提升管理服务水平。

在航空方面，推进郑州国内大型航空枢纽建设，加快建设郑州机场二期工程，统筹研究洛阳、南阳、商丘、明港以及豫东北、鲁山机场建设，支持发展通用航空，适时试点开放低空空域。积极引进和培育基地航空公司，增开连接国际大型枢纽机场的客货运航线，扩大航权开放范围，大力发展航空物流，把郑州机场建成重要的国内航线中转换乘和货运集散区域性中心。

在水运方面，坚持建管养并重、道站运一体化、水铁公空各种运输方式协调

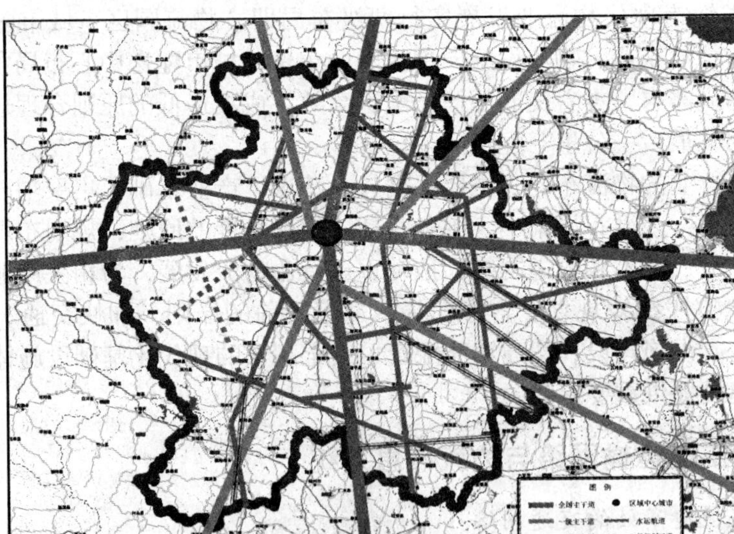

图 4–1　中原经济区物流网络构建架构示意

发展的思路，提高水运综合运输优势和组合效率，推进淮河、沙颍河、涡河、沱浍河等跨省航道建设。在积极争取国家在政策、项目、资金等方面支持的同时，加快水运建设投融资体制改革，形成“政府引导，社会参与，市场运作”的投融资格局，引导和鼓励民营、社会资本进入水运基础设施建设领域。

2. 建立现代化立体化公路枢纽

公路运输枢纽是公路运输网络的重要节点和运输生产的重要环节，是实现公路运输集约化、专业化、信息化的基本平台，是促进多式联运、集装箱运输、现代物流化快速发展的重要基础保证。建立现代综合公路交通运输体系，充分发挥各种运输方式的组合效率和整体优势。在中原经济区“三化协调”进程的不断加快及现代物流业的快速发展，对公路的客、货运输服务的效率和质量都提出了更高的要求。

在国家公路运输枢纽布局规划中，在中原经济区范围内的有郑州、洛阳、新乡、南阳、商丘、信阳、开封、漯河、周口、邯郸、菏泽、襄樊、阜阳等多个城市被列入国家公路运输枢纽。在“十二五”期间，以服务中原经济区和产业集聚区为基础，服务全国的现代物流体系，不仅要打通公路与铁路的物流通道，还要发展公路与水路的衔接运输以直通出海口。建设洛阳、安阳、商丘、濮阳、信阳、南阳、邯郸、菏泽、襄樊、阜阳等区域公路运输枢纽，吸引国内外大型物流集团建设区域性分拨中心和配送网络。

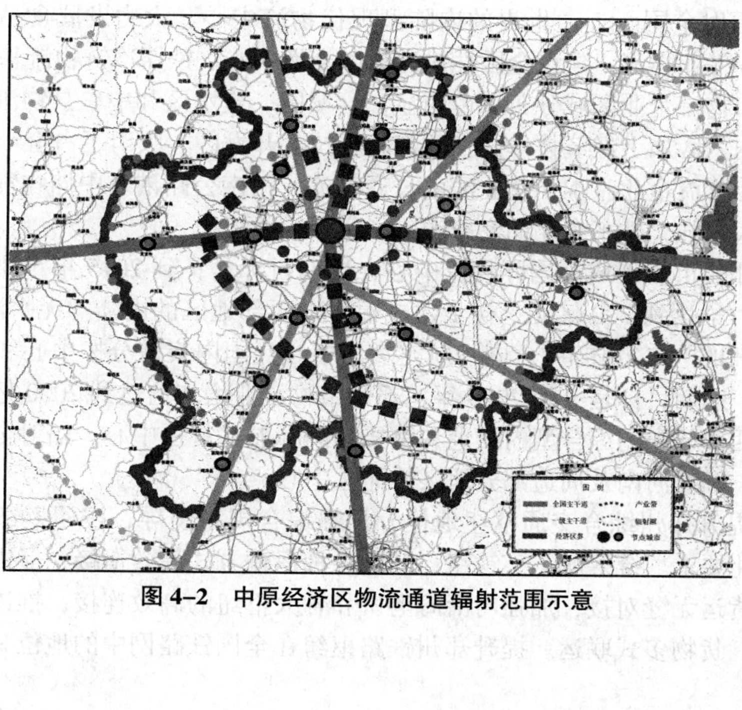

图 4–2 中原经济区物流通道辐射范围示意

以公路为基本连接手段的发展目标为：以服务"郑—汴—洛城市工业走廊"建设为目的，打通东部水路物流通道；服务"新—郑—漯（京广）产业发展带"，打通南北铁路物流通道；以服务"洛—焦—济（南太行）产业发展带"，建设西部物流服务通道；连接长三角、珠三角、京津冀三大经济圈的物流服务通道，以服务"中原城市群"和承接东、西部产业转移，打通河南物流的出海大通道。

3. 支持郑州中心节点城市建设

实施大交通大物流战略，建设以郑州为中心、地区性中心城市为节点、专业物流企业为支撑的现代物流体系。在未来建成的"四横四纵"高速铁路中的"一横一纵"将在这里形成一个"大十字"，即"北京—石家庄—郑州—武汉—广州—深圳"客运专线和"徐州—郑州—西安—兰州"客运专线，郑州综合交通枢纽将成为中国唯一同时拥有两条高速铁路客运线的高铁车站。

在郑州的东南部，密集分布着"七大物流工程"——郑州国家干线公路物流港、郑州国际航空货运中心、郑州铁路集装箱货运中心、郑州铁路零担货运中心、中南邮政物流集散中心、河南进口保税区、郑州出口加工区，将实现铁路港、公路港、航空港、物流港有效整合，据测算，流通成本可在现有的基础上至少下降 10%~20%。

优化郑州物流功能区布局，支持郑州干线公路物流中心、郑州铁路集装箱中心站二期和航空港物流园等建设，强化国际物流、区域分拨、本地配送功能，促进交通公共服务信息平台和物流信息平台共建共享，建设内陆无水港，成为覆盖中西部、辐射全国、连通世界的内陆型现代物流中心。大力发展食品冷链、粮食、邮政等专业物流，建设全国性快递集散交换中心、铁路冷链物流基地。

郑州市物流企业区域分布特色明显，管城区、金水区和中牟县物流企业发展迅速，市内六区加上经济技术开发区和高新技术开发区，吸引了占全市总量 60%的规模以上物流企业。本土企业河南长通物流、河南公路港、中储物资流通中心等迅速做大做强，外来企业如宅急送、华宇快运等纷纷入驻。

推动郑州市发展成为国际物流中心，近期目标是：到 2015 年，郑州市物流业增加值力争达到 700 亿元，初步建成辐射中西部地区的内陆"无水港"、连接中亚和欧洲的"东方陆港"、国际航空货运中心、国内集散分拨中心和区域物流配送中心；远期目标是：到 2020 年，郑州市物流业增加值达到 2000 亿元，把郑州建成中西部领先的综合型内陆港和重要的国际航空货运中心，辐射全国的区域分拨中心，辐射河南及周边部分地区的配送中心。

巩固提升郑州综合交通枢纽地位，加强综合规划引导，按照枢纽型、功能性、网络化要求。统筹航空、铁路、公路各种运输方式高效衔接，促进客运零距离换乘、货运无缝对接，加强与沿海港口和各大枢纽的高效连接，推进空路运输一体联程、货物多式联运。提升郑州铁路枢纽在全国铁路网中的地位和作用，推进郑州东站、郑州机场站和郑州火车站三大客运综合枢纽建设改造。推进郑州国内大型航空枢纽建设，加快建设郑州机场二期工程，积极引进和培育基地航空公司，增开连接国际大型枢纽机场的客货运航线，把郑州机场建成重要的国内航线中转换乘和货运集散区域性中心。改造提升洛阳、安阳、商丘、南阳、信阳、三门峡、漯河、新乡等地区性交通枢纽，形成与郑州联动发展的现代综合交通枢纽格局。

4. 打通东部南部水运通道

在古代，水运是最实惠、最基本、最有效的交通方式，黄河、长江、淮河、济水以“四渎”并称，其中黄河、淮河、济水与中原渊源深厚。长江与中原也有关，因为长江的重要支流汉水流经中原。历史上唐河、白河、丹江均为通航河流。

唐河是汉江北侧较大支流之一，据史书记载，“航路北通方城之赊旗，南达襄樊汉口，每日帆樯如织，往来不绝。云、贵之来京者，率由襄樊乘舟溯唐河北上。而北方货物之运往汉口者，亦顺唐河而下”。南阳由白河流贯，自北向南，环绕县城，水道宽平，利行舟楫，航路北通南召，南达襄阳，帆船往来络绎不绝，为水路出入的门户。丹江是历史上南阳盆地西部联系陕豫鄂之间的唯一水运通道，上溯可达商南龙驹寨、下航可通襄樊、汉口等江汉沿河大埠，民航商运相当繁忙。

除了自然水系，中原还有贯通南北的隋唐大运河。在陆路运输能力不足的情况下，隋王朝开凿了以洛阳为中心，北至通州、南达杭州的大运河。这条大运河为南北物资交流、全国平衡发展，乃至皇皇盛唐、东京梦华，奠定了基础。

中原经济区应打通东部和南部的水路物流通道，让物流连江、出海。特别是依据实际，分析中原经济区建设为航运发展提供的历史机遇，积极谋划水运发展前景。依托长江、淮河水系航运开发，实施干支联动。长江水系干流与众多支流是一个有机的整体，支流不通和干流不畅都将影响水系航运功能的发挥。在支流河道可以通过梯级渠化向上游开发航道、建设港口，如唐白河上游距煤炭基地平顶山最近，可以通过水运分流煤炭运输，并可以通过焦枝铁路转运焦作、晋城煤炭至南阳提前下水转水路运输。

中原经济区内河航运重点开发建设的有五条河流，均在长江或淮河水系，即唐白河、淮河、沙颍河、涡河、沱浍河、丹江库区航运。这些河流或库区航道的开发将实现豫东部、南部的大部分地区与南方水网地区的沟通，使郑州、商丘、平顶山的煤炭、矿建材料、化工原材料等基地纳入长江或淮河的水运网络，促进中原经济区更便捷地融入长三角经济区。

针对《指导意见》中指出的“构建便捷高效的运输网络”，“推进淮河等跨省航道建设”，可以充分发挥信阳境淮河干流的天然水资源优势，继续加大淮河航运基础设施建设力度，保障淮河淮滨至三河尖航运基础设施建设项目，争取淮滨至息县段航运工程建设，努力构建豫南地区通江达海、覆盖城乡的水运网络。进一步加强与港口相关的配套基础设施建设，实现水路、陆路的无缝对接，争取将淮滨港、固始望岗港建设成为水路物流枢纽，以充分发挥港口的产业集聚效应，带动区域经济发展。

在中原经济区的水运体系构建中，需要加快发展现代航运服务业，推动船舶经纪、船舶评估等相关航运服务产业的规范发展；优化航运企业融资环境，建立和完善银行与航运企业间的沟通机制；优化水路运力结构，增强内河航运的经济性和安全性；探索内河集装箱运输的发展途径。充分发挥豫东和豫南的水运优势，加快推进航运发展，打造地区性水运城市为中原经济区建设和综合交通枢纽、物流枢纽建设提供水运支持。

5. 扩大信息系统覆盖范围

根据中国物流与采购联合会发布的数据显示，2010 年中国物流总费用占国内生产总值比重约 18%，比发达国家高出 1 倍。中国商品流通领域居高不下的物流费用，增加了民众的生活成本，助长了通胀的趋势。日益增长的人力和运输等各项成本，也使得物流企业面临越来越大的经营压力。据测算，我国物流成本每降低一个百分点，就可以产生 2200 多亿元的经济效益，这还不包括节能减排的社会效益。而信息化则是物流行业增长的“倍增器”、物流发展方式的“转换器”、物流产业升级的“助推器”。

中原经济区的物流信息系统应定位于面向全国、免费提供货源信息与车源信息，每天向客户及时发布物流需求信息，只要货主用手机发条短信或点击网页，就可以免费得知哪里有返程的空车想配货，哪里有等着运走的货物在找车。信息化建设已被河南物流企业重视，比如，2002 年 3 月，长通与同济大学合作，投资 200 万元开发物流软件系统，实现信息流与资金流同步，创建国内第一个零担物流软件模式；2011 年 7 月，在河南人民会堂，由河南长通物流联合中国电信、郑州银行共同推出的“畅愚 3G 物流宝”正式投入使用，标志着本土物流业信息化水平上升到了一个新高点；2007 年 3 月，许昌众品物流公司在全球最先进的美国 UPS 公司物流管理系统的基础上，根据业务发展规划及业务需求，开发了自有的食品冷链物流管理信息系统，这一系统的上线为众品物流的快速发展提供了有力保障；2011 年 8 月，河南省交通运输厅对外公布，其打造的物流信息系统——“八挂来网”5 年来减少空车行驶里程约 11.15 亿公里，共计节省 2.79 亿升燃油，相当于节省了 16.3 亿元燃油费。这不仅降低了物流行业成本，而且提高了经济效益，为建设低碳交通运输体系提供了有效动力。这一物流信息系统已被交通运输部列为十大重点扶持单位。

服务“立足中原、辐射周边、服务全国”的目标，中原经济区物流信息系统要积极与区域外货运信息服务网站开展合作，进行数据交换、信息共享，加强物流各环节的沟通协作，实现交通物流信息化。形成以网站数据库为基础，自主研发包括门户网站、物流客户端、物流手机WAP、物流手机短信、集成性GPS卫星定位系统和网络通话等功能模块及“手机物流通”、“空中物流园”、“空中快车”、“手机客户端”为一体的综合性物流信息化服务体系。

按照“政府推动、企业投资、市场运作”的原则，构建能够整合供应链各环节物流信息、物流监管、物流技术和设备等资源，面向社会提供信息服务、管理服务、技术服务和交易服务的物流公共信息平台，进一步扩大信息网络覆盖范围，通过信息共享降低物流成本。推进物流公共信息平台与电子政务系统、物流公共信息平台与企业信息系统、物流公共信息平台之间的互联互通，实现资源共享、数据共用，以信息化推动物流业现代化。

按照国家统筹部署，全面推进电信网、广播电视网、互联网“三网融合”，加快光纤接入网建设和普及延伸，建设宽带中原。实施移动通信网络升级工程，扩大第三代移动通信网络覆盖范围，优先布局新一代移动通信网络。加快物联网发展，实施重点领域物联网应用示范工程。支持重大应用网络平台和信息安全基础设施建设，完善容灾备份和信息安全应急体系。提升农业农村信息化服务水平。

加强区域空间信息基础设施建设，建立和完善信息资源共建共享机制，深化信息技术应用。承载区域物流信息资源整合、处理的通用信息网络，以其跨行业、跨地域、多学科交叉、技术密集、多方参与、系统扩展性强、开放性好的特点对物流业的发展构成有力支撑。实施数字河南、智慧中原、无线城市、中原数据基地和光网城市等重大工程，提升郑州信息集散中心和通信网络交换枢纽地位，促进新一代移动通信、下一代互联网、物联网等新一代信息通信技术产业发展。

加快物流信息技术的推广应用，鼓励和扶持企业积极应用先进适用的信息技术，提高企业信息化水平。引导企业开发和应用ERP、SCM、CRM等先进管理系统，建设以供应链管理为基础的信息平台。推进企业物流管理信息化，积极引导、鼓励郑州交运、许昌万里、豫鑫物流等骨干物流企业运用电子信息技术改造传统业务流程，建立以信息采集、处理、存储、传输和交换为主要内容的物流管理信息系统，全面提高物流企业的管理服务水平。

（三）招商引资与扶持政策

现有物流服务资源的矛盾性突出地表现为巨大的市场和稀缺的制度之间的不平衡，是市场准入的限制和市场发展的规范之间的不平衡。因此，中原经济区要为物流业营造良好的“软环境”，按照WTO的原则标准与国际物流运行规则接轨是必然的选择。放宽本国国民市场准入的条件，加快对传统物流企业改造升级的进程，尽快制定物流产业发展的指导政策并制定具体的政策法规来扶持物流企业，特别要对网络建设的统筹规划并进行重点投资。

1. 改革、提升、培育龙头企业

从 2005 年起，我国快递市场允许国外企业以独资的形式进入，河南成为国际物流巨头“抢滩”重点。联合包裹（UPS）、敦豪环球（DHL）、荷兰天地快运（TNT）、联邦快递（Fed Ex）四大国际巨头携全球化的网络和空中优势、巨额的资金实力、先进的企业文化和管理制度，迅速占据了河南国际快递市场 80%左右的份额。国外物流巨头看重的不仅是河南本土日益增长的市场空间和发展潜力，更是把郑州作为其全国战略布局的制高点。

除了洋巨头，国内一些大的“中”字头物流企业也对市场虎视眈眈。中国外运瞄向了零担货运市场，专门成立了从事零担运输的公司，着手仓库、网络的建设；集信息流、资金流、实物流于一身的中国邮政物流，把市场目标定义为“精益物流”，即“附加值高，时效性强，体积小，重量轻，多批次，适合全网运作”的一体化物流项目。

在国内企业界，海尔、长虹、新飞、格力等大型生产制造企业已经开始建立自己的物流管理体系，大通、宝供储运、诚通物产、华运通等知名物流企业已具备较强的服务能力，中外运、中外代、中远、中海等都将发展战略定位在物流产业，预计未来 5 年内国内大型物流企业将完成全国性布局。除了上述大企业外，许多从事仓储、货运、货代、配载等的服务企业和生产制造起重搬运、仓库货架等设备的中小企业，包括个体和私营企业也积极跟进，开办物流增值服务和物流合作业务。

现今的中原经济区大型物流企业数量偏少、总体规模偏小、服务能力较弱。物流市场多小、散、乱，呈现出一些无序发展的状态。由于物流业进入门槛低，缺乏一定的准入标准，各行业、各部门相互间协调性差，造成了资源浪费，致使物流企业规模小、实力弱、增长乏力。物流社会化程度不高，形态比较落后，服务功能单一。企业对物流设施和信息技术改造的投入不足，专业化水平不高，服务能力低，缺乏高效整合，无法做大做强。

所以，政府部门要积极引导和鼓励重点物流企业通过并购、重组等方式壮大规模与实力，推进龙头企业的扶植和培育。当前，可以河南中邮物流有限责任公司、郑州交通运输集团公司、河南路港综合运输有限公司、河南煤业化工集团物流公司、郑州市商业储运公司等企业为龙头，着力扶持一批核心竞争力强、规模较大的物流企业集团，加快提高综合物流服务能力。逐步形成与工商企业紧密配套的专业化物流服务体系，引进一批国内外知名物流企业，整体提高全市现代物流管理水平。鼓励、支持重点物流企业通过联合、租赁、并购、兼并等形式整合现有物流资源，加速企业重组改造，科学布网设点，合理互补整合，提高市场集中度，优化产业结构，做大做强龙头企业。

此外，政府部门应积极鼓励传统大型物流企业引入现代理念，改变单一的运输、仓储、代理服务模式，提高服务的专业化、集约化水平；引导物流企业运用现代运营机制和管理模式，发挥专业公司优势，打破工商企业“自成体系”、“自我服务”的传统观念和运营模式，推进物流业向经营网络化、管理精细化、服务国际化方向迈进；有组织、有计划、有步骤地开展“引进来”和“走出去”活动，加强本地大型物流企业与国内外大型物流企业的合作与交流，努力为生产制造、商贸流通、现代物流企业，打造与国际接轨并行的高端运营平台。

2. 重视、扶持、引导民营企业

物流作为社会的基本元素，当然也少不了民营企业的参与。但入世后，国外跨国物流公司纷纷抢占中国物流市场，对于国内民营物流企业，仿佛处于十字路口上，竞争压力极大。目前中原经济区域内的民营物流企业数量众多，但能够形成像中邮物流、中铁快运、联邦快递这样的大公司却极少。

逐利的资本凭借着敏锐的商业直觉，悄然进入中原经济区的物流业，现已形成外资、国有、民营资本三足鼎立之势。但物流资源短缺与物流服务“过剩”同在。本地民营物流企业分为两大阵营：一是以长通、豫鑫等为代表的龙头企业；二是 8000 多家中小物流公司。与国外物流企业相比，本地的物流企业群在理念、人才、制度、国际化运作等方面还有很大的差距，即面临着高端业务渗透和价格竞争的双重挤压。

从民营龙头企业长通物流来看，集运输、仓储、产品配送、物流代理为一体，不仅建起了全国性物流网络，还通过与银行合作，实现了电子商务和网上购物。万里集团、新飞专运等一批物流企业也通过资产重组和业务转型，业务辐射区域突破省际。本地物流龙头企业的优势在于国内的零担货运，核心业务的差异化定位，暂时避免了针尖对麦芒的直接竞争。

从 8000 多家中小物流企业来看，预示着这个行业巨大的发展潜力，但个体货运车辆和外来车辆多，物流服务组织化程度低，小企业和个体车主从事道路货物运输，导致空驶和超载现象并存，企业投入成本高、能源消耗大、经济效益低、行业监管难度大。多数企业服务内容多局限在运输、仓储、搬运上，增值服务薄弱，没有形成供应链，没有向第三方物流发展的平台，无法提供相关的流通加工、物流方案设计及全程物流一体化服务。

众多的民营物流企业在逐步完成原始积累之后，又相继遇到了规模化成长过程中的各项“瓶颈”，在发展战略、管理体制、组织机构、决策机制、人员素质等方面已很难适应企业规模的扩张与发展，不能满足支撑继续高速增长的需要。大多数的民营物流企业太弱小、太松散，没有自己明确的战略定位，没有建立现代企业管理制度。管理的不到位、人员素质不高，就自然不会出现高质量的服务，丢失货物、延误货物的事件时有发生，而此时这些企业在危机处理上又经常不当而造成负面影响。

与同类国有企业与外资企业相比，“民营”加“物流”，这两个新概念的组合加剧了获取银行贷款的难度。一些民营物流企业主过度追求发展速度，盲目扩张而经营不够稳健，债务过多而超出自身的承受能力，信用不足而难以获得充足、有效的抵押和担保。因此，企业资金来源主要以自有资金为主，仅有少数的企业建立了银行信贷、风险投资、私募基金等融资渠道。银行对此类物流企业信贷业务手续复杂，审批时间长，贷款额度小，信贷资金占民营企业融资比例低于社会一般水平。而上市要求严格，成本太大，一般企业也无力承担。

政府机构和行业组织要对现代物流业和民营经济的重视提到新的高度，并给予政策和环境上的支持和引导。比如，对物流园区的政策支持方面，物流园区是民营物流企业的聚集地，各地对物流园区发展的政策支持，民营物流企业是主要的受惠者，解决问题的出路多。再如，行业组织应该定期组织与国外同行业的交流，使业界迅速了解一批可靠和有合作意向的国外代理，促进彼此的交流和合作，鼓励物流企业走出去，使国内物流企业的外国代理圈子不断扩大。

政府对于物流企业的设立，应以较细致的分类定出要求的条件，以便一些创业阶段的企业可以小资本启动，要打破行业垄断，对垄断现象如邮政垄断快递、铁路垄断货车厢和集装箱供应等，建议通过市场化和增加授权经营者的手段予以解决；更可在税收方面给予行业性低税率，在外汇和税收方面给予扶持，在外汇的管理和操作上，给予物流企业一定的便利措施。

3. 推动外向型保税园区建设

保税物流园区是指经国务院批准，在保税区规划面积或者毗邻保税区的特定港区内设立的、专门发展现代国际物流业的海关特殊监管区域。从功能优势上分析，保税物流园区充分考虑了现代国际物流的特点和需求，具有保税区和出口加工区的政策叠加优势，在一定程度上具备了国际上自由贸易区“境内关外”的基本特征。

保税物流园区重点发展国际中转、国际配送、国际采购和国际转口贸易四大功能。利用保税物流园区政策，企业可以开展过去无法做的一些业务如拼箱；而且可以彻底改变以往加工贸易存在的“境外一日游”现象。海关总署把区港联动的区位优势、功能优势、政策优势从港口转移到内陆保税物流中心，使内陆地区也具备了从事相关国际物流的基本条件。

中原经济区已经涌现出一大批具有全国乃至世界影响力的农业产业化龙头企业和制造业新秀，形成了食品冷链、汽车制造、商贸物流、金融期货、金属冶炼、皮革加工、纺织服装等一大批产业集群。规划和建设好中原经济区的保税物流园区，将内陆港口功能优势和保税区及出口加工区的政策优势叠加，更具有国际通行的自由贸易区特征，为区域内的各种物资流向国际贸易和国际运输需求提供了一个特殊的政策平台。这对于建设世界化的加工制造基地和国际物流中心的长远发展有着重要的意义，而且对于振兴中原经济、实现中原崛起的总体目标具有重要作用。

为了更好地优化经济结构和可持续发展，实施开放战略，促进产业升级，从而在更广范围内聚集国际先进要素，使中原在世界经济一体化中发挥重要的资源配置作用，已获国家批准建设的河南保税物流中心必将是其中重要的功能构件和运行载体。2010 年 1 月，经国务院授权，由海关总署、财政部、国家税务总局、国家外汇管理局联合批准，设立了河南唯一保税物流中心，位于郑州国家经济技术开发区中心和正在规划中的郑州国际物流中心北沿，距铁路集装箱中心站 1.5 公里，汽车东站 3 公里，310、107 国道侧面通行，15 分钟可抵 4E 级郑州国际机场，成为新亚欧大陆桥中段背靠资源大省发展国际物流的“黄金宝地”。

2011 年 5 月，河南保税物流中心正式开关运行，这意味着，河南把沿海口岸“搬到”了郑州，把关境线“搬到”了郑州，“中原制造”的出海通道就此打开。中心具有“进口保税，出口退税，国际采购、分拨、配送”等功能，探索开展的“就地出口复进口”特色业务，是大力发展加工贸易，推动外向型经济发展的重要功能性服务平台，将满足区域内重点支柱产业所需要的大宗原材料的国际采购、分拨、配送等方面的需求。例如，富士康开始尝试的“就地出口复进口”业务，估算即可为富士康每年节省运输成本 3600 万元。

该中心已开展了皮革、橡胶、食用油、二手机械设备等业务的保税仓储、国际贸易、国外寄售，业务遍及希腊、加拿大、美国、澳大利亚、法国、南非、德国等国家和地区，初步实现了皮毛进口渠道的资源整合，棕榈油、冷链、铁矿砂、铝精矿、纸浆、农产品等业务渠道已基本打通。现已经有达飞物流、开元、中启物流、金象保税物流公司、北京全球捷运、郑州交运、河南久磊、海诚邦达等企业入驻，开始与富士康、苹果、DHL、东风日产、海马汽车等知名企业开展广泛合作，更与青岛港、天津港、连云港等国际大港形成战略合作，为河南企业争取到许多切实的优惠。

对于保税物流园区或中心，应当更为合理规划和整合各种监管区域、场所，完善和增加其物流功能。政府和海关需从广义的角度来考虑监管区域、场所的全盘网络规划问题，根据市场自有的供需规律，从长远和眼前的利益、局部和整体利益等全方位考虑规划问题。进一步完善监管区域、场所经营的退出机制，从而实现资源的优化组合和效益最大化。

开发和建设保税物流信息监控系统，实现监管区域、场所的物流企业和加工贸易企业与海关联网，及时了解保税货物进、出、转、存等物流信息，对保税货物物流进行全过程、动态的监管；建设封闭式的物流监管运行模式，按照统一、规范的原则建设和完善各类识别系统和智能系统，实现自动信息数据采集、传输、运行、管理。建设和配套闭路电视监控系统和GPS监控系统；深化通关作业改革，推行EDI无纸报关、多点报关、集中报关等通关运行机制，满足企业不同的通关需求，提高通关效率。

目前应对有关监管区域、场所的立法进一步完善，为整个保税物流监管体系提供全面系统的法律保障。建议政府考虑设立物流发展局等类似机构进行统一管理，积极协调发展物流所涉及部门间的关系，解决由于管理体制滞后带来的部门分割、条块分割、政企不分的落后情况，理顺海关、检验检疫、工商、税务、外管、交通运输、银行等部门的关系。

4. 实施专业化信用系统管理

在18世纪，西方经济学家麦克鲁德提出“信用就是货币，货币和信用都是财富，信用是生产资本，能带来利润”。在我国古代，商训也有“信以生利”之说。诚信是物流业实现成功最为关键的要素，物流诚信是物流企业对社会的一种信义的践行承诺，即公平、公正、高效、守约地把商流活动的物质成果传递给最终消费者，并忠实地为物流信息使用者们提供优质服务。但近年来在物流业中时常发生的“蒸发事件”给诚信建设抹了黑，也使“物流”这一行业遭到人为的曲解。信用的缺失造成的损失不单单是客户，对于信用低的企业本身来说也是不稳定因素。在合作共赢的时代，诚信的缺失从长远来看更给自身带来严重影响，甚至让其他好的物流企业也跟着背黑锅。信用缺失现象如不加以遏制，必将影响到物流业的快速、健康发展与物流企业的成长。

“蒸发”较为直接的原因，一是物流业仍处于发展的初级阶段，外部监管不力而内部管理又不规范。对物流行业的管理理念滞后，如交通局只负责管理道路运输，而铁路运输则由铁路管理部门负责，但是物流却包括公路、水路、铁路、航运、航空多个领域，这种多头管理造成很大难度；无论货场管理处还是交通管理部门，都很难监管物流公司的内部经营，由于国内行业的监管还是按照传统各部门监管，未能统筹管理物流市场，从而使诈骗者有机可乘；二是行业内的恶性竞争较为严重。一些小规模公司不能提供高附加值的服务，只好打价格战，长期低价经营就会导致亏损，当积重难返的时候，一些企业就会选择“蒸发”。信用缺失损害了中原经济区物流业的整体形象，使得物流需求方在选择服务时不得不慎之又慎，更多的企业也不愿意把物流外包，这无疑会影响到本地物流业的健康发展。

信用缺失不仅表现在形象方面，也是造成民营物流企业融资困难的重要因素。由于社会信用评估体系的不完善，银行信用贷款只针对大型企业，作为中小企业的民营物流很难得到贷款。一些物流行业特有的信用信息没有列入评估范围，物流行业内部的等级评定还缺乏社会认可度和权威性。另外的一些金融服务也是民营物流企业经营中急需的如融资租赁，但在我国针对物流业的融资租赁的服务还远远没有普及，民营物流企业还无法真正从中受益。

市场经济是契约经济，信用是契约关系的灵魂。诚信是物流服务的大问题，缺乏诚信导致的损失是巨大的，政府、行业协会和物流企业自身都有很多工作要做。政府部门可凭借公信力和中立性，可以建立国家级的专项政策性担保机构，实现专业化管理，统一对民营物流企业银行信贷提供第三方担保。联合有实力的民营物流企业，建立行业"互保"、"联保"机制，构建民营企业信贷信用平台，用多种金融手段加大对民营企业融资的扶持力度。

此外，行业协会也在不断地为此努力。如中国物流与采购联合会通过物流企业信用评级工作，以求补足物流企业生产经营中的信用短板，并将首批物流企业信用评级的第一份"信用名单"公布于众。把企业的信用状况公布出来，宣传诚信经营的典型，对于加强企业信用自律，营造物流行业诚信经营的大环境有着积极的推动作用。中原经济区物流业的信用体系也可以参照实施，政府要加强对社会信用评级工作的推进，在金融机构内共享企业信用信息，增加优质民营物流企业获得信用贷款的能力。行业信用建设可以委托具有公信力的行业协会来参与并统一组织，制定、实施物流企业信用体系的相关处罚条例，严惩企业失信行为，通过提高失信物流企业的违规、违法成本来加强诚信意识。针对物流企业代收货款的问题，可实行货运公司代收货款准入制，并收取一定比例的赔偿保证金。

四、大物流战略的类别项目与标准规范

中原经济区物流业的发展不仅是物流企业或园区的集聚过程，也是相关类别项目制定、规划和装备标准的完善、配合过程。从总体上看，中原经济区物流业整体实力较弱，竞争力水平不高，正处于承接产业转移、发展重点产业、形成区域经济竞争力的关键时期。要因地制宜突出地方特色，形成合理的区域分工，优化资源配置，以重点物流项目的实施和装备标准的建立为抓手，集聚生产要素，形成带动力强、辐射面广、竞争力强的物流集群，实现区域物流一体化，推动中原经济区的发展。

（一）具体类别与重点项目

1. 农副产品物流

中原经济区的农副产品生产和消费都具有相当的规模。粮食、油料、烟叶产

量居全国第一位，蔬菜播种面积以及总产量居全国第二位，水果资源丰富，苹果、大枣、板栗、猕猴桃、西瓜等享有很高的声誉。畜牧业是仅次于种植业的第二大生产部门，规模化生产发展迅速，各类畜禽饲养专业户多达万户，涌现出如鹤壁淇县的兴业集团和永达集团公司、潢川华英集团、亚美集团和南阳肉食企业集团等龙头企业，形成“豫北蛋、肉鸡，豫南水禽，豫西山绵羊，豫东—豫中—豫西南肉牛带，沿京广、陇海的瘦肉型猪，城市郊区奶业”的区域化格局。

当前的农副产品的主要物流节点仍以农产品批发市场为主，大型农产品超市、连锁店、生鲜食品加工配送中心等现代化的农产品物流节点较少。大多数农产品批发市场存在布局不合理，管理水平低，功能不健全，辐射能力不强，综合服务能力低，利用率低等诸多问题。大多数批发市场没有低温保鲜仓储设施，保鲜和保温功能无法达到生鲜农副产品所需的标准，致使大量生鲜农副产品变质腐烂，造成极大的浪费。

政府在农副产品物流的发展过程中，特别在制定宏观物流发展规划、收集发布物流信息等方面具有不可替代的主导作用。采取“政府搭台，市场运作”的模式，借鉴先进地区的发展经验，制定现代农村物流大发展的规划，促进城乡商品与信息的适时双向流动。出台政策鼓励购置现代物流设备，加强棉库、粮库、糖库、保鲜库、冷藏库等仓储设施的建设，夯实基础，逐步实现农村物流作业的机械化、自动化、信息化。

中原经济区具有丰富的资源和区位优势，在既有不同层次、等级、类型冷链物流业分布的基础上，要依据战略布局整合现有散乱的冷链物流资源，集聚业已成型的冷链物流域化地带，打通辖区内专业冷链物流通道，有效衔接省域间冷链物流互通与联动。郑州市作为中部物流区域的中心节点城市，应重点发展贯穿南北的肉类冷链物流区域和依托陇海铁路贯穿东西的果蔬类冷链物流通道。

建立以郑州为中心，辐射洛阳、新乡、许昌、漯河的冷链物流核心区，主要发展肉类加工和冷冻食品冷链物流，培育大型冷链物流企业，整合肉类加工和速冻食品冷链资源，推动建设双汇、众品等大型冷鲜、冷冻肉类加工及物流企业，做大做强肉类冷链物流。在郑州新区国际物流园内建立以冷链配送、外运中转为主的冷链物流功能区，在惠济区以三全、思念为中心建立食品冷链物流园区。在中牟县内将建设河南万邦国际农产品物流园，集仓储、物流、销售、名优品种研发、推广为一体的新型粮油集散中心和交易储备调控中心。依托陇海铁路，建立包括商丘、开封、郑州、三门峡在内的果蔬类冷链物流带。在郑州市金水区以刘庄、毛庄等为中心建立蔬菜物流基地，在管城区以华中水果批发市场为中心建立的果品物流港。

在郑州物流中心建设的同时突出地域特色，在商丘设立冷链物流园区，吸纳豫东地区的蔬菜，进行净菜流通加工，冷藏存储及面向安徽、长三角地区的冷链运输。提升目前开封地区蔬菜冷藏能力，着力发展大蒜的深加工及冷藏运输。在三门峡建立苹果冷链物流园区，集聚豫西地区、渭南、山西运城地区“金三角”地带的水果资源，发展长距离冷藏运输或短距离管道运输。依托区位交通优势，发展焦作山药冷链物流配送中心和信阳茶叶冷链物流配送中心。加快培育大型第三方冷链物流企业，形成与东西部冷链物流区域的有机衔接。

现代物流的基本理念就是要彻底改变原来条块分割、流通不畅的现象，发挥多方的积极性形成合力。一是要发挥龙头的辐射作用，依托经济区物流园区和重点农村批发市场、农村运销企业、农村物流配送企业；二是要发挥企业、部门、农户三方市场主体的积极性，通过“生产基地＋农户”、“加工企业＋农户”等模式，实现合作以增强竞争力；三是做好农产品物流链上各环节发展的规划布局和建设，确保运转有效；四是通过培育和发展专门为农业产前、产中、产后提供物流服务的第三方，培育农村经纪人、农产品运销专业户和农村各类流通中介组织，支持多种所有制成分在内的农产品物流企业，多元化拓宽流通渠道；五是构建集中统一的农业物流网络信息体系，搭建信息网络平台，整合信息网络资源，实现信息资源共享，引导农产品批发市场逐步实现网上交易，有效实现农业物流信息的商品化、物流信息收集的数据库化和代码化、物流信息处理的电子化、物流信息传递的标准化和实时化。

2. 饲料兽药物流

中原经济区是全国饲料生产重点地区，饲料资源优势明显，气候适宜，劳动力低廉，适合饲料养殖产业的发展。饲料原料供需矛盾越来越大，价格波动剧烈，对畜牧企业的生存发展提出了严峻考验，对饲料企业的采购风险正在加大，生产成本正在增加，行业集中度逐年提高，作为饲料原粮的重点产区，中原经济区正成为各大饲料集团扩张势力的最新目标。

国内一些大型饲料企业集团的采购和并购能力更值得饲料物流企业关注，他们不断网罗行业精英，将采购平台前移至沿海口岸之后，更在谋求深入产区、发展铁路运输能力，形成更为独立的采购体系。在这些大型饲料集团下属的相对独立的贸易公司背靠极速扩张的巨大的需求，其贸易发展态势需要引起重视，特别是带来对散粮物流的需求。这不仅会改变中西部地区的饲料养殖产业的格局，对玉米、大豆消费结构、物流需求乃至于贸易格局都会产生影响。

粮食作为资源的属性正在加强，如大豆产业已被跨国粮商基本控制。而玉米的转基因风险让许多饲料企业不敢负担，加之进口配额过于分散，必须要控制玉米深加工产业的过快发展，同时提高玉米的使用效率和产出效益。对饲料企业而言，必须加快从数量规模型向质量效益型转变，积极提高产业链效益，努力提升创新能力和竞争力。只有这样，才能在新一轮的粮食战争中，获得更多的生存机会。

对于某一地区饲料用粮的需求增长，最根本的原因是居民对蛋白需求的增长。中原经济区居民对蛋白消费量增长达到较平稳但仍有较大增长空间的阶段，饲料产业规模化将提高配合饲料使用比例、挤占农民自养份额、整合小规模产能，但农民自养模式并不可能被完全取代。中原经济区背靠广阔的内陆腹地，对饲料用粮的需求与本地和外区需求都相关。随着中原经济的发展，货物输出由大宗原材料商品输出向精加工成品商品输出转变是未来的趋势。饲料兽药物流企业顺应市场来调整业务模式，扩大货源品类才能不断壮大。

在中原经济区的饲料兽药物流发展战略中，需要政府投入、引导、规划和支持。2011 年 11 月，全国最大的饲料、兽药物流交易中心——河南阳光粮油饲料物流园建设项目开工奠基。该项目是位于省级荥阳产业集聚区，总投资 14 亿元，规划总建筑面积 39 万平方米，主要建设以油脂、油料、饲料、饲料原料、兽药为特色的专业物流市场，此外，还有油脂油料加工区、粮油和大宗饲料原料物流区等 8 大投资项目，规划用地 800 亩，总投资约 40 亿元人民币。

阳光粮油饲料物流园区实施“前厂后店”模式，这样设计为的是让相关企业聚在一起，减少中间物流环节，有效降低物流成本，一年可降低物流成本 2000 多万元。园区全部建成运营后，入园企业及商户总数将达到 800 家，年加工油脂油料 100 万吨、饲料 200 万吨，物流总量 700 万吨，营业额可达 200 亿元，利税 3.5 亿元，安排劳动力 8000 余人。该项目也将成为我国中部最大的油脂油料物流交易中心和全国最大的饲料、兽药物流交易中心，对中原经济区的金融、服务等产业将起到极大带动作用。

政府机构和行业组织需要时刻关注饲料生产及养殖业发展状况，关注饲料产品结构、市场、价格及畜禽价格变化情况，关注疫情对养殖业的影响情况。建议有关部门对玉米粗加工项目坚决不审批，增加科技投入，组织研究综合开发玉米资源问题，研发玉米深加工后副产品的开发和利用，研发玉米秸秆饲料，替代玉米做饲料原料。对国家储备粮拍卖工作理应做到透明、量化、规范，打击饲料价格炒作，加强出库监督，提高出库效率，降低出库成本。尽量划小交易标的，放宽企业可竞拍用量。进一步完善价格监测网络。为做好供需平衡分析和预测工作，为国家宏观调控粮食市场和保障粮食安全服务。

3. 制造装备物流

在中原经济区的战略中，装备制造业作为构建现代产业体系、实现中原崛起的战略支撑产业，力争建设成为具有国际影响力的装备制造业强省和我国重要的现代装备制造业基地。发展装备制造产业的总体要求是“发挥优势、重点突破、外联内育、配套集成、技术先行、服务增值、人才为本”。

装备制造业是为国民经济发展和国防建设提供技术装备的战略性产业，具有技术密集、附加值高、成长空间大、带动作用强等突出特点，是产业链中的核心环节。制造业与物流业联动发展呈现加强趋势，更多制造企业分离了物流资源，将物流业务整合外包给专业的物流企业。在中原经济区今后的发展中，将坚持走新型工业化道路，以技术创新为先导，壮大特色产业集聚区，推进重大项目建设，持续做大优势装备制造业，培育高端装备制造业，提升产业集中度和基础配套能力，大力发展现代制造服务业。作为区域战略支撑产业之一，装备制造业发展的前提是不牺牲生态和环境。

在中原经济区的《指导意见》中，出台装备制造业产业发展规划纲要极为必要，建议围绕郑州和洛阳两个装备制造业基地布局物流业。郑州市政府已于2011年11月出台规划，计划经过5~10年的努力，成为国内一流的以重型装备和新型装备为主的重大装备制造基地、创新基地和服务基地，主要分布在郑州高新区、郑州经济开发区、中原区和一些郊县（荥阳、上街）等。洛阳在中原经济区的区域发展规划中担当副中心的地位，尤其是担当了在整个中原经济区西翼发展装备制造业的重任。

政府有必要对装备制造业物流的发展进行长期规划，调整与消除制约装备制造业物流发展的各种经济政策，提供各种优惠政策吸引资金的注入。完善相关服务支持政策，规划建立产业集群、工业园区，并在园区中为物流业的发展预留一定的区域。调整好相关物流单位的转型，加大政府对装备制造业物流服务的力度，鼓励与引导第三方物流以及第四方物流参与发展，构建装备制造业物流的科技创新机制，积极推进装备制造业与物流业的联动发展。选择适合不同装备制造业企业的物流模式，做好供应链的协调整合工作。

4. 铁路邮政物流

近代的中原是铁路通天下，铁路的崛起强化了中原的交通优势。在省域铁路方面，目前通车里程为4000多公里，郑州至西安高铁已经通车；在城际铁路方面，已经或即将开工建设6~7条城际铁路。多种铁路运输方式的畅通，将构建中原铁路的交通运输大通道。

郑州铁路局圃田物流基地项目占地568亩，依托107国道、310国道、京珠高速路、京广陇海铁路和环城快速路，是郑州铁路局涉足现代物流业发展的重大投资项目，以钢材、建材、汽配和东站转移包装物为目标市场，以运输、装卸、交易、仓储、加工、配送、中转分拨、信息服务和物流金融为主要功能的基地定位。

许昌粮食铁路物流园区在建设中，位于国家许昌经济技术开发区，是郑州铁路局与许昌市人民政府的战略合作项目，规划占地1500亩，计划总投资16亿元，能够形成集粮油仓储、加工、贸易、配送、中转、质检、信息、科研、军供服务和电子商务“十位一体”的现代粮食物流体系，成为立足中原且在全国具有重要影响力的粮油商贸中心。

从目前来看，中原经济区的铁路物流在实现与核心企业优势互补、业务合作、战略联盟的前提下，以市场为导向，建立企业联盟更具有可操作性。共同开展一体化物流业务，加快推进立体化货物运输网的建设，要注重与港口、机场的衔接，做到标准统一，加快推进多式联运、门到门运输。延伸服务范围，突出专业化铁路运输优势，为客户提供中长距离、快捷、安全、低廉的运输服务。依托客运网，加快货运网建设，简化货运办理手续，优化运输组织，加快货物列车提速。总结行包专列、“五定班列”的开行经验，加大开行范围，提供形式多样的快捷货物列车，面向用户提供短距离市内配送等方面的服务。

中原经济区的邮政物流 2/3 的职工和网点在农村地区，服务“三农”有着天然的优势和深厚的根基，构建遍及省、市、县、乡、村五级的“三农”服务网络和物流配送体系，从农民急需的生产资料配送入手，对农资产品配送免收运输费，利用规模优势降低采购成本、切实维护农民的权益。利用邮政渠道和品牌优势和外资公司（如美国地平线）资金和技术管理优势，建设“网络布局合理、双向流通高效、商品种类丰富、综合服务便利”的标准化连锁经营服务体系，推动农村零售市场发展，为广大农村消费者提供优质产品和便利服务。

中原经济区的邮政物流的网络布局是构建郑州“一个中心”和区外“两大网络”的发展格局。“一个中心”是以郑州为龙头，建区域邮政物流分拨中心；“两大网络”：一是面向全国建各大中心城市和河北、山西、山东、湖北、安徽等周边地区各省辖市的邮政物流网络；二是面向省内建设省辖市的邮政物流分拨场站。邮政物流的配送体系是集基本邮政业务办理、农资和生活消费品销售、代收代付、农技服务、金融服务、文化服务等多种惠农功能于一体的邮政末端服务网点，村邮站为邮政物流的商品配送网络画上了一个完美的闭环，也为邮政物流配送体系的大发展埋下了伏笔。

邮政物流应进一步整合社会资源，解决内部资源不足的“瓶颈”制约问题，按照市场方向和客户需求，设计适合市场的运营网络。探索建立适合邮政物流运作的资源整合平台，逐渐明晰干线发运成本，提升网络核心竞争力支撑业务发展，提升网络管控能力。集中采购、分层负责，完善集散网、一体化项目社会资源利用模式，建立资源有效整合机制，培育资源整合示范单位，提高信息共享水平，走多元化资源利用、规范化运作的路子。争取早日实现多数区域集散中心间的邮路直达，提高省会城市间的直达率，开通重点城市间的直达邮路，减轻区域集散中心经转压力。增加疏运频次，加大邮路运能，加快清分结算，强化专项资金支撑。

5. 城市应急物流

城市应急物流是指以提供城市发生的自然灾害、公共卫生事件、重大事故等突发性事件所需应急物资为目的、以追求时间效益最大化和灾害损失最小化为目标，对物资、人员、资金的需求进行紧急保障而形成的一种特殊的物流活动。随着现代城市的发展，城市灾害的规模不断扩大，各种自然灾害、突发事件对城市居民的生命和财产安全、社会的经济政治秩序甚至国家安全都可能造成巨大的影响，因此，需要建立规范化的城市应急物流管理体系，创建可持续的稳定发展的城市环境。

在《指导意见》中，多处出现了与"应急物流"相关的字句，如"建设国家级区域公路交通应急救援和路网协调中心"、"完善容灾备份和信息安全应急体系"、"支持重大应用网络平台和信息安全基础设施建设，完善容灾备份和信息安全应急体系"、"加强城市供水设施及应急备用水源建设"、"提升环境应急能力，建设郑州区域性应急物资储备基地和支援保障基地"、"加强社会管理能力建设，构建社会管理源头治理、动态监控和应急处置有效机制，全面提高社会管理科学化水平"，这表明政府对应急物流给予了足够的重视，全社会对应急物流的认识已经提高到一个新的水平。

但从应急管理组织体系和应急预案机制来看，应急物资的储备与交通运输没有相应地结合与统一规划。在应急物资储备方面，涉及经贸委、发改委等有关部门，在交通运输方面，涉及市交委、公路局等，在应急救灾中，负责应急物资储备的相关行政部门各自存储、发放物资，这种多种渠道、作用多个部门共同指挥管理会造成应急物资在储备上缺乏统一调动，装卸、搬运环节难以与运输、配送环节形成高效、灵活的协调。

根据中原经济区建设的实际需要，应成立郑州市应急物流执行部，下设立应急物流办公室和各级执行管理部门，负责应急物资和生活用品的及时供应，共同组建应急调控指挥中心、一级储备中心和一级配送中心、应急基金中心，各县乡参照市的做法，建立健全相关机制。根据各项预案规定储备的应急物资，制定应急物资储备资金总量及各有关单位应急物资储备的目录、数量、金额，统筹应急物资的生产、储备，统一规划物资储备场地。依托物流信息公共平台建立统一的应急平台数据库，实行全面的应急联动。

在政府的领导下与企业建立协商合同制，进行长效合作，在合作企业中建立二级储备和二级配送机制，各合作企业按照应急预案听从政府指挥。广泛动员社会力量，倡导建立家庭层面的三级储备体系，包括应急食品、应急生活用品、自救应急用具等在内的应急物资储备。增强市民的应急预防意识，促进全民参与应急管理。结合非政府社会力量，动员民间组织以及志愿组织等非政府组织（NGO）专业的组织能力，充分整合社会力量，及时展开救灾行动。在组织各单位进行演练的同时，加强动员学校、社区的演练，将应急演练工作延伸至学校和社区，通过组织群众广泛参与应急演练及宣传教育，提高市民对应急预案的认知，提高市民的自救互助能力，保障市民的生命财产安全。

推进军地双方在国家应急保障体系领域展开全面合作，如 2011 年 10 月，总后勤部与河南省签署的《关于推进应急运输与物流军民融合式发展战略合作协议》，加快转变战斗力生成模式，推进军民融合式发展步伐，提高军地应急投送保障能力为目标，按照“平时服务、急时应急、战时能战”的要求，紧密结合国家确立的中原经济区发展战略，将国防和军队现代化建设的需求与中原经济区发展统筹规划，共同建设全国首个军民融合式应急投送保障基地，把经济建设的成就运用到提高军队应急投送能力上来，使国防建设与经济建设相互促进、协调发展，实现军事效益、经济效益和社会效益的有机统一。

（二）标准规范与物流金融

1. 标准规范

物流标准化以物流作为一个大系统，制定内部设施、机械设备等技术标准，包装、装卸、运输等各类作业标准，这属于物流工具设施的标准化，此外还包括物流信息技术的标准化。在物流工具设施的标准化方面，集装箱、托盘等的标准化以及条形码技术的推广和应用，大大地减少了货物的运转难度，降低了物流费用；在物流信息技术方面，企业内部以及更高层次的企业之间或区域经济体内的信息技术标准化，提升了物流信息传递的效率。

与发达国家相比，国内的物流标准化差距较大。各种运输方式、运输设备、装卸设备标准的有效衔接性差，延缓了储存、装卸搬运以及运输等过程的机械化和自动化水平的提高。多式联运得不到较快发展，降低了整个物流过程的通用性和连贯性。包装标准与设施标准之间缺乏协调性，信息标准化严重滞后，已经制约现代物流发展的“短板”。虽然我国已经建立了物流标识标准体系并制定了一些国家标准，但是由于这些标准自身存在一些问题，实际应用率低，属于推荐实行而不具有强制性，所以标准尚未得到广泛普及。

物流标准化的建设可以节约资源、降低成本、提高效率，有助于统一国内物流市场，规范市场秩序。2009 年 8 月至 2011 年 6 月，河南省巩义市最大的物流企业——旭安隆物流有限公司作为国家标准委批准的国家级物流服务业标准化进行了试点工作。通过申报国家级服务业标准化试点，巩义市开拓了服务业标准化工作的新局面，以标准来引导行业的良性竞争，促进了物流服务质量和管理水平的提高。结合实际编制物流标准化体系，加强对体系运行情况的监督管理，保障了试点项目按照计划顺利推进并取得了实效，这一经验有望推广。

鉴于物流标准化建设的重要性和现实的滞后性，在中原经济区物流业规划中加速推进物流标准化建设刻不容缓，由政府部门牵头自上而下地推进。明确标准化的发展方向和主攻方向，进行系统规划，避免计划的盲目性、重复劳动和遗漏。借鉴国外先进物流标准，实现国内与国际物流标准的协调统一。有必要设立一个区域性的物流标准化管理机构，以消除体制性障碍，加快标准化组织协调工作。在前期典型企业的试点工作完成后，上报国家标准委审议、审核后尽快实施贯彻和监督管理，在国内物流标准化工作中占得先机。

根据国家实施物流标准化进程，推广物流基础设施、技术装备、物流信息及物流管理等方面的基础性、通用性标准，安全卫生和环境保护方面的强制性标准，各种物流作业和服务方面的专业标准。引导企业采用标准化、系列化、规范化的物流设施、设备、技术和服务，尤其重视两类特种物流的标准化和信息化问题：

一是加快普及一批冷链物流技术标准和操作规范，鼓励企业建立各类生鲜农产品原料处理、分选加工与包装、冷却保鲜、包装标识、低温储藏、冷藏运输、批发配送、分销零售等环节的全程质量控制体系，实施符合国际规范的GAP、HACCP、ISO等质量安全认证制度。依托郑州冷链物流中心和十字冷链物流密集带，在大中城市生鲜农产品集散地建立区域性冷链物流信息平台，鼓励应用系统软件开发，推广应用GPS、GIS、RFID、EDI，全面提升冷链业务的信息化管理水平。

二是促进医药物流企业、医药生产企业、医疗机构和零售药店等协同配合，积极推广应用条形码及电子标签技术，推进编码系统的统一化和标准化，实现药品质量的可控制和可追溯。鼓励新建的医药配送中心、医疗卫生机构和医药生产企业，积极应用国家标准的设施设备，推进托盘、货架和医药包装、中转箱等包装和运输容器标准化。

鉴于河南农业大省地位和近年来食品安全事件屡次发生，迫切需要提高农产品物流标准化程度，加强对农产品物流全过程的质量监督。农产品物流标准化程度是一个定性与定量相结合的指标，其评价指标体系应包括指标构成方案、指标数据及有关统计分析方法与制度，主要大类应涉及物流技术与装备的标准化、数据信息的标准化、物流技术与术语的标准化等方面。借鉴发达国家经验，对于超级市场和连锁企业，可以直接建立农产品身份认证制度。政府部门要对供应商、中间商和销售商在政策上给以优惠和支持。

2. 物流金融

物流金融是指面向物流业的运营过程，通过应用和开发各种金融产品，有效地组织和调剂物流领域中货币资金的一项业务活动，是银行和第三方物流服务供应商在供应链运作的全过程向客户提供结算和融资服务。物流金融作为一项创新业务已经成为商业银行和物流供应链企业拓展业务空间、扩张资本运用的重要领域，“物流业的未来决胜点在于金融服务”。

在发达国家物流业务中，基础性的物流操作的利润率越来越低，激烈的竞争使利润率下降到平均只有2%左右，主要利润来源转向了各种增值服务。在协助银行拓展供应链金融服务时，物流企业也给自己带来了价值。不管是世界最大的船运公司马士基还是世界最大的快递物流公司 UPS，其第一位的利润来源都是物流金融服务。这些跨国公司依托良好的信誉和强大的金融实力，可以作融资、收款等一些相当于银行职能的业务，如开具信用证、仓单质押、票据担保、结算融资等，通过物流金融活动创造了可观的利润。

对中原经济区物流企业运营资金的调查数据表明，物流企业一般采取的是“轻资产”的运营模式，运营资金主要靠自身积累，银行信贷资金多集中于少数龙头企业和专业渠道物流公司，70%的企业在近 3 年内存在资金缺口，85%的中小物流企业与银行无融资关系，融资难已严重制约了物流企业的规模扩张和专业化服务水平提高。

其实，物流金融业务蕴涵着广阔商机，特别是龙头企业的“跑马圈地”需要大量资金支撑。2008 年 2 月，中国工商银行河南省分行与中国外运集团有限公司河南分公司、中储股份郑州物资流通中心、青岛中远物流一起，向河南省 100 多家企业代表首次推出商品融资业务。这是基于储备物、存货或在交易所交易应收的商品进行的结构性短期信贷，包括以由物流公司提供监管的商品的仓单、库存、在途货物作为质押担保的融资方式。

金融机构要创新金融产品，参与物流金融服务有助于物流企业赢得更多客户，物流企业在抵质押物监管及价值保全、资产变现、市场动态方面具备良好优势。物流管理已从物的处理提升到物的附加值方案管理，使物流供应商在客户心中的地位大幅度提高。各银行业机构要针对不同物流企业的特点，创新抵押担保方式，针对物流企业自有资产和抵质押物不足的实际情况，对抵押、质押、保证等多种担保方式进行组合安排。

物流企业深度参与供应链金融，分担物流金融中的“物控”和“货代”职能，在降低银行风险的同时，为中小企业赢得银行授信提供了便利。目前，一些内地银行已逐步向企业开展金融物流供应链融资服务，着眼于某一个产业链，以提供流动资金来解决中小企业融资成本和盘活物流供应链。随着银行资金的流动，企业的上中下游将同时得到监管，这将提高资金流通速率。商业银行通过联合物流企业，可以通过优势互补、强强联合，汇聚成区域内物流、信息流和资金流于一体的全新电子化结算网络平台，优化资金运转流程。

在实际操作中，作为金融机构来讲如何降低风险是最重要的，保证主要来源于客户资信、质押货物的选择和保管以及内部的操作运营等。实现物流与金融高效率配合，必须加强两者之间的信息沟通。这种信息沟通首先是对物流进行全面信息处理为前提的，然后，银行资金系统要尽快建立市场反馈体系，及时监督和支持物流企业所用资金。对于物流企业应注重自身数据库的建立，为管理者的商务决策提供基本信息，为资金的融通安全提供基本保证。

开展以动产质押为基础的物流金融业务，鼓励中原经济区的金融机构与物流企业联手为客户提供融资担保、存货质押、仓单质押、保兑仓、统一授信等增值服务。发展应收款、专用设备等资产支持的信贷业务；完善物流企业融资担保机制，鼓励金融机构与物流行业龙头企业及行业组织加强合作，增加信息透明度，发展物流企业联保、互保贷款业务，探索组建行业性融资担保机构或专项担保资金，为物流企业融资提供信用增级支持；积极发挥融资租赁的作用，通过返租方式降低资金占用，提高企业资金使用效率，改善资产负债状况；拨划专项资金，构建物流金融公共信息平台，鼓励物流企业通过平台参与网上交易结算，对为网上交易提供支付、结算及融资等服务的金融机构给予奖励。

第五章　重视知识经济　深化与发展商务服务业

发达国家现代化产业结构的演进史和城镇化的发展史告诉我们，在一国或地区的现代化和城镇化的建设和运行过程中，都需要大量的商务服务业。因此，河南省乃至中原经济区的发展，自然也离不开商务服务业的发展和先行。现代商务服务业不仅能支撑和促进经济的发展，更是经济增长的本身。在本章中，将具体分析现代商务服务业对河南省、中原经济区经济发展的战略作用，探讨如何深化和发展商务服务业。

一、商务服务业的界定与发展趋势

商务服务业，既是现代生产性服务业的重要内容，也在国民经济中日益扮演着重要的作用。在现代生产性服务业各行业中，商务服务业增长最快，就业弹性最大，对国民经济增长作用特别显著。但在现阶段，人们对商务服务业还缺乏全面而深刻的认识，不同国家和地区对商务服务业的概念和范围不完全相同，在我国甚至还没有关于商务服务业的对口统计资料。因此亟待厘清内涵及边界，以促其健康发展。

（一）内涵及外延的界定

商务服务业是经济发展到一定阶段后社会分工高级化的产物。它不同于商贸服务业，主要是以生产者为服务对象，是一种作用于资产的无形服务活动，属于现代生产性服务业范畴。它将人力资本、知识资本等高级生产要素引入企业生产过程，降低企业的经营成本，提高产品的附加价值。它是一种高智力支持、高知识含量、低资源消耗、低环境代价的专业服务业。

具体来讲，商务服务业主要是指我国《国民经济行业分类》（2002 年版）中内容，主要包括其中的会展、租赁、咨询、中介、广告和创意等产业（见表 5-1 至表 5-3）。

表 5–1　商务服务业的界定

商务服务业的分类	
会展业	会务服务、展览服务
租赁业	设备租赁、融资租赁等
咨询业	会计事务服务、审计事务服务、税务事务服务、社会经济咨询等
中介业	职业中介服务
广告业	广告代理服务、广告制作服务等
创意业	工业设计、时装设计、软件设计、动漫游戏、建筑景观设计、艺术品创作等

表 5–2 《国民经济行业分类》(2002 年版) 商务服务业细分领域

L				租赁和商务服务业	本类包括 73 和 74 大类
	73			租赁业	
		731		机械设备租赁	指不配备操作人员的机械设备的租赁服务
			7311	汽车租赁	
			7312	农业机械租赁	
			7313	建筑工程机械与设备租赁	
			7314	计算机及通讯设备租赁	
			7319	其他机械与设备租赁	
		732		文化及日用品出租	
			7321	图书及音像制品出租	
			7329	其他文化及日用品出租	
	74			商务服务业	
		741		企业管理服务	
			7411	企业管理机构	指不具体从事对外经营业务，只负责企业的重大决策、资产管理，协调管理下属各机构和内部日常工作的企业总部的活动，其对外经营业务由下属的独立核算单位或单独核算单位承担
			7412	投资与资产管理	指政府主管部门转变职能后，成立的国有资产管理机构和行业管理机构的活动；非金融性投资活动
			7419	其他企业管理服务	指其他各类企业管理机构、派出机构，以及为企事业、机关提供后勤服务的活动
		742		法律服务	指律师、公证、仲裁、调解等活动
			7421	律师及相关的法律服务	指在民事案件、刑事案件和其他案件中，为原被告双方提供法律代理服务，以及为一般的民事行为提供法律咨询与服务
			7422	公证服务	
			7429	其他法律服务	
		743		咨询与调查	
			7431	会计、审计及税务服务	
			7432	市场调查	
			7433	社会经济咨询	

续表

L				租赁和商务服务业	本类包括 73 和 74 大类
			7439	其他专业咨询	指社会经济咨询以外的其他专业咨询活动
		744	7440	广告业	指在报纸、期刊、路牌、灯箱、橱窗、互联网、通信设备及广播电影电视等媒介上为客户策划、制作的有偿宣传活动
		745	7450	知识产权服务	指对专利、商标、版权、著作权、软件、集成电路布图设计等的代理、转让、登记、鉴定、评估、认证、咨询、检索等活动
		746	7460	职业中介服务	指为求职者寻找、选择、介绍、安置工作；为用人单位提供劳动力；提供职业技能鉴定及其他职业中介活动
		747	7470	市场管理	指各种交易市场的管理活动
		748	7480	旅行社	指为社会各界提供商务、组团和散客旅游的服务。包括向顾客提供咨询、旅游计划和建议、日程安排、导游、食宿和交通等服务
		749		其他商务服务	
			7491	会议及展览服务	指为商品流通、促销、展示、经贸洽谈、民间交流、企业沟通、国际往来而举办的展览和会议等活动
			7492	包装服务	指有偿或按协议为客户提供包装服务
			7493	保安服务	指为社会提供的专业化、有偿安全防范服务活动
			7494	办公服务	指为商务、公务及个人提供的各种办公服务
			7499	其他未列明的商务服务	指上述未列明的商务服务和代理活动

表 5–3　租赁和商务服务业的国际比较对照表

中国国民经济行业分类	国际标准产业分类
73 租赁业	
731 机械设备租赁 7311 汽车租赁 7312 农业机械租赁 7313 建筑工程机械与设备租赁 7314 计算机及通讯设备租赁 7319 其他机械与设备租赁	7111 陆上运输设备的租赁 7121 农业机械和设备的租赁 7122 建筑和土木工程机械和设备的租赁 7123 办公机械和设备（包括计算机）的租赁 7129 未另列明的其他机械和设备的租赁 7112 水上运输设备的租赁 7113 空中运输设备的租赁
732 文化及日用品出租	
7321 图书及音像制品出租 7329 其他文化及日用品出租	7130 未另列明的私人和家用商品的租赁 7130 未另列明的私人和家用商品的租赁
74 商务服务业	
741 企业管理服务	
7411 企业管理机构 7412 投资与资产管理 7419 其他企业管理服务	7414 商业和管理咨询活动 7414 商业和管理咨询活动 7414 商业和管理咨询活动

续表

中国国民经济行业分类	国际标准产业分类
742 法律服务	
7421 律师及相关的法律服务 7422 公证服务 7429 其他法律服务	7411 法律活动 7411 法律活动 7411 法律活动
743 咨询与调查	
7431 会计、审计及税务服务 7432 市场调查 7433 社会经济咨询 7439 其他专业咨询 7440 广告业 7450 知识产权服务 7460 职业中介服务 7470 市场管理 7480 旅行社	7412 会计、簿记和审计活动；税务咨询 7413 市场研究和民意测验 7414 商业和管理咨询活动 7414 商业和管理咨询活动 7430 广告业 7499 未另列明的其他商业活动 7491 劳动力的招聘和人员的提供 7499 未另列明的其他商业活动 6304 旅行社、旅游经营者和导游的活动
749 其他商务服务	
7491 会议及展览服务 7492 包装服务 7493 保安服务 7494 办公服务 7499 其他未列明的商务服务	7499 未另列明的其他商业活动 7495 包装活动 7492 检查和安全活动 7499 未另列明的其他商业活动 7499 未另列明的其他商业活动

（二）商务服务业发展的基本趋势

近年来，随着信息通讯技术的快速发展，以及经济全球化进程的加快，全球产业结构发生了巨大变化。结构变化的一个重要特征就是服务业快速发展。在知识、技术和全球化力量的推动下，世界商务服务业发展呈现出以下规律和趋势。

1. 服务业在经济中的地位提升

西方发达国家经济发展的历程显示，服务业（第三产业）的发展大致经历了三个阶段：第一阶段（资本主义工业化前期），商业和交通、通信业领先发展；第二阶段（19 世纪末至 20 世纪初），金融、保险业和商务服务业增强第二产业的服务功能；第三阶段（20 世纪初至今），金融、保险业和商务服务业、科学教育事业等现代服务业作为独立的产业快速发展。在西方发达国家，现代服务业的增长速度超出了传统服务业的平均水平。国际经验表明，人均 GDP 在 1000 美元尤其是在 3000 美元以上时，产业结构处于快速变动期，特别是服务业将处于加速发展的转折点。自 20 世纪 80 年代开始，全球产业结构已呈现出由“工业型经济”向“服务型经济”转变的趋势，人均 GDP 较高的国家，其服务业的产出与就业比重也相对较高。服务业的快速增长使得它的产出和就业在整个经济中的比重持续上升，并达到一个很高的水平，使服务业在整个经济活动中逐渐取得了主导地位（见图 5-1）。

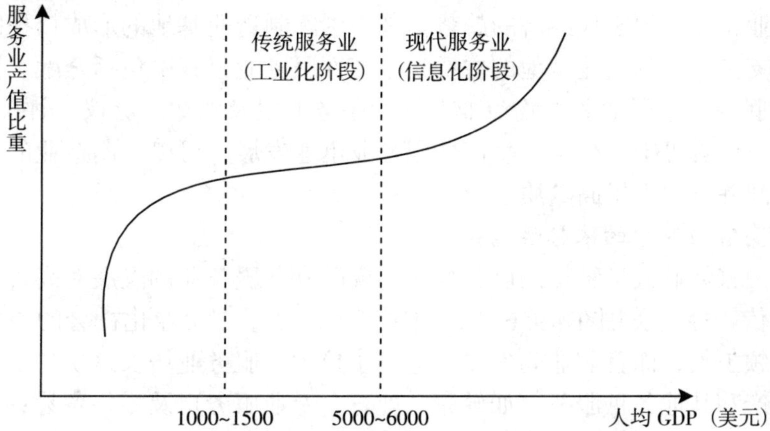

图 5-1 服务业产值比重与人均 GDP 的关系

2. 生产性服务业不断增长

生产性服务业增加值占 GDP 的比重与人均 GDP 呈显著的正相关关系。人均 GDP 在 6000~12000 美元，生产性服务业增加值大约占 GDP 的 13%~20%；人均 GDP 在 12000~20000 美元，生产性服务业增加值大约占 20%~25%；人均 GDP 在 20000~37000 美元，生产性服务业增加值大约占 GDP 的 25%~30%。

生产性服务业增加值比重随人均 GDP 的增加而上升，但上升幅度会有所下降。在人均 GDP 为 6000~20000 美元，生产性服务业在 GDP 中的比重上升较快，当到达 30000 美元后一般保持平稳。生产性服务业增加值占第三产业的比重与人均 GDP 呈显著的正相关关系，生产服务业在第三产业内部结构处于较高层次。

生产性服务业中商务服务业发展迅速。商务服务业属于知识密集型服务业，发展较快。知识密集型行业增加值比重和就业比重都是增加最多的，在 OECD 国家中，产出增长最多的是知识密集型的服务业，主要集中在金融、保险、房地产和商务服务类。同时商务服务业也是劳动密集型产业。企业对商务服务中间需求的增加直接导致了就业增加，尤其是高素质人才的就业增加。教育、卫生和社会服务的供给增加基本上也是由这些部门劳动增加所保证。

经济活动由以制造为中心，转向以商务服务为中心。商务服务业和某些经济活动特别是制造业的界线越来越模糊，经济活动由以制造为中心，商务服务只是被动参与起润滑作用，开始转向以商务服务为中心，服务起战略推进作用转变。另一方面，以服务为中心也体现在制造业部门的服务化上，表现为：该制造业部门的产品是为了提供某种服务而生产的，例如通讯和家电产品；随产品一同售出的有知识和技术服务；服务引导制造业部门的技术变革和产品创新。研究表明，制造业的增长无论采取何种方式，都会遇到能源、原材料以及环境资源供给的限制。而制造业发展所遇到的能源、原材料瓶颈可能被服务业所打破。现代服务业主导制造业正在成为现代经济的趋势。许多国际制造业基地的形成依托国际服务业基地，支持国际制造业基地的主要是生产性服务业，其中包括金融、保险、运输、信息服务、电子商务、物流业等现代服务业以及法律、会议、评估、咨询、工程设计、广告等中介机构。生产性服务业迅速发展，可以为制造业的发展提供更大的空间并可大大提高其质量。

3. 对高智力人才的依赖性增强

发达国家从业人员结构的巨大变化，说明商务服务业的发展对高智力人才具有较强的依赖性。美国在 1956 年，白领工人的数量在工业化社会的历史上第一次超过蓝领工人，而且职业间的差距进一步拉大。服务业增长最快的是金融、保险、房地产和其他各种服务（如健康、教育、专业服务）及零售贸易；而那些增长速度低于总就业增长率（31.8%）的行业失去了市场份额，尽管在绝对数量上仍然有所增长。从业人员结构演化关系表明：在工业经济时代，经济增长主要依赖于制造业的发展，而制造业的发展又主要依赖于物质资源的投入；在知识经济时代，经济增长主要依赖于服务业的发展，而服务业的发展又主要依赖于智力资源的支持。

商务服务业的发展依赖于信息技术的广泛应用。通过信息整合资源，可以帮助企业增加收入，获得持续竞争优势。图 5–2 展示了商务服务业企业如何通过应用信息技术而促进企业持续生存和发展。

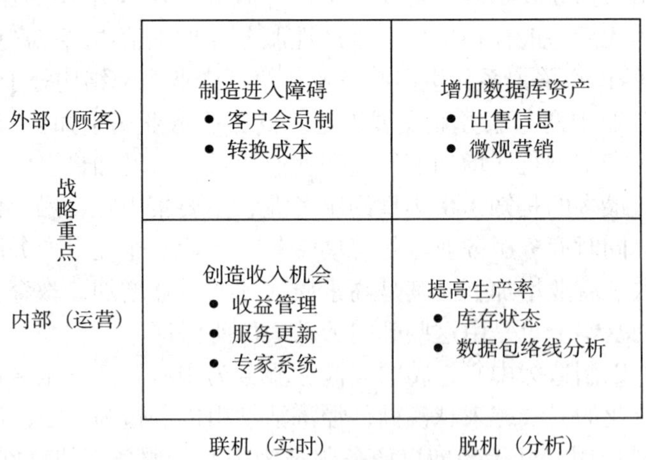

图 5–2 信息技术与商务服务业的发展

商务服务企业通过信息技术的应用，制造进入障碍，实现锁定客户，保持竞争优势的目的。最典型的是客户会员制、提高转换成本两种方法。

服务企业所拥有的数据库是企业重要的战略性隐形资产。装备和维护一个大型数据库本身就是竞争者进入的障碍。更重要的是，数据库资产可以帮助企业从数据库中挖掘出客户购买习惯等信息，以及抓住机会开发新的服务。商务服务业价值创造活动逐渐从实体市场转向虚拟市场。在现代经济环境中，任何企业都是在两个不同性质的市场上进行竞争：一个是基于有形的物质资源的实体市场；另一个是基于无形的信息资源的虚拟市场。企业必须考虑如何同时在这两个市场领域创造价值，特别是虚拟市场。只有这样，才能更好地发现、挖掘和满足客户需求，获得潜力更大的利润增长点。这无疑对人才的素质提出了新的要求。

二、商务服务业发展现状与战略任务

本节将具体分析我国以及河南省商务服务业发展的现状，指出目前河南省商务服务业发展中存在的不足和问题；明确河南省乃至中原经济区大力发展商务服务业的紧迫性及其战略意义和任务。

（一）商务服务业的发展现状

1. 我国服务业发展迅速，占 GDP 比重快速提高

1979~2009 年，我国服务业随着收入水平提高实现了较快增长。2002 年，中国经济进入新一轮增长，由于重化工业化加速，服务业增加值所占比重及对经济增长的拉动作用趋于下降。与此相适应，服务业增加值占 GDP 的比重全国来看较低，但一直在增加，从 1978 年的 23.9%，增加到 2008 年的 40.1%，30 年增加了 16.2 个百分点（见表 5-4）。但与全球服务业占整体经济中的比重 65%相比仍然较低，有的发达国家甚至超过 70%。因资料所限，这里仅以包含商务服务业在内的服务业为例。

表 5-4　全国服务业（第三产业）增加值及所占比重

单位：亿元

年份	国内生产总值	第一产业	第二产业	第三产业	比重（%）
1978	3645.2	1027.5	1745.2	872.5	23.9
1979	4062.6	1270.2	1913.5	878.9	21.6
1980	4545.6	1371.6	2192.0	982.0	21.6

续表

年份	国内生产总值	第一产业	第二产业	第三产业	比重（%）
1981	4891.6	1559.5	2255.5	1076.6	22.0
1982	5323.4	1777.4	2383.0	1163.0	21.8
1983	5962.7	1978.4	2646.2	1338.1	22.4
1984	7208.1	2316.1	3105.7	1786.3	24.8
1985	9016.0	2564.4	3866.6	2585.0	28.7
1986	10275.2	2788.7	4492.7	2993.8	29.1
1987	12058.6	3233.0	5251.6	3574.0	29.6
1988	15042.8	3865.4	6587.2	4590.3	30.5
1989	16992.3	4265.9	7278.0	5448.4	32.1
1990	18667.8	5062.0	7717.4	5888.4	31.6
1991	21781.5	5342.2	9102.2	7337.1	33.7
1992	26923.5	5866.6	11699.5	9357.4	34.8
1993	35333.9	6963.8	16454.4	11915.7	33.7
1994	48197.9	9572.7	22445.4	16179.8	33.6
1995	60793.7	12135.8	28679.5	19978.5	32.9
1996	71176.6	14015.4	33835.0	23326.2	32.8
1997	78973.0	14441.9	37543.0	26988.1	34.2
1998	84402.3	14817.6	39004.2	30580.5	36.2
1999	89677.1	14770.0	41033.6	33873.4	37.7
2000	99214.6	14944.7	45555.9	38714.0	39.0
2001	109655.2	15781.3	49512.3	44361.6	40.5
2002	120332.7	16537.0	53896.8	49898.9	41.5
2003	135822.8	17381.7	62436.3	56004.7	41.2
2004	159878.3	21412.7	73904.3	64561.3	40.4
2005	183217.4	22420.0	87364.6	73432.9	40.1
2006	211923.5	24040.0	103162.0	84721.4	40.0
2007	249529.9	28095.0	121381.3	100053.5	40.4
2008	300670.0	34000.0	14618.34	120486.6	40.1

注：2006 年全国农业普查后，对 2005 年、2006 年第一产业数据进行了调整，2004 年及以前年份数据未做调整。

资料来源：《中国第三产业统计年鉴（2008 年）》。

2. 商务服务业对整个经济的拉动作用逐渐增大

制造业发展到一定程度后，其附加值和竞争力的提升就必须依赖商务服务业的拉动和支撑。这可以从长三角地区的发展实践进行验证。上海周边的长三角地区之所以有制造业的大量集聚和良好发展，就得益于上海发达的商务服务业的支撑。研究表明，商务服务业对制造业呈现出显著的正相关关系。商务服务业产值每增加一个百分点，可拉动制造业产值增长 0.12 个百分点，商务服务业增加值比重提高 1%，可使制造业部门人均增加值增加近千元，远大于整个服务业对制造业的影响。

3. 商务服务业发展水平较低

与国际发展水平相比，我国现代服务业存在明显的不足。具体体现为：一是我国生产性服务在国民经济和整个服务业中的份额仍相对较低。目前发达国家生产性服务占整个服务业的比重大约在 70%，比我国要高十几个百分点。二是我国生产性服务的结构不够优化。从 2000 年看，商业饮食占 35.0%，运输邮电业占 27.3%，公用事业及居民服务业占 19.3%，而金融保险业仅占 12.6%，包含专业服务、综合科技服务等未分类的“其他服务业”仅占 5.9%。三是生产性服务占国民总产出的比重不及发达国家的一半，我国商务服务业目前在经济结构中的比重低，对制造业的支撑不够。

（二）商务服务业发展中的问题

与国际和全国相比，河南省商务服务业发展滞后，总量小，企业规模小，产业竞争力弱，主要集中分布在省会郑州。

1. 产业总量小，但发展趋势较好

河南服务业占 GDP 的比重，2005 年为 30%，低于全国同期 10 个百分点。全国商务服务业增加值占 GDP 的比重 2005 年为 1.6%，2006 年为 1.5%。2007 年全省商务服务业实现增加值约 107.53 亿元，河南商务服务业增加值占 GDP 的比重 2005 年为 2.79%，2006 年为 2.50%。根据国外数据测算，人均 GDP 在 3000~6000 美元，商务服务业增加值大约占 GDP 的比重为 5%~10%。总体来看，河南商务服务业占 GDP 的比重还比较低，只是略高于全国平均水平。总量与发达省市如北京、上海相比有很大差距，但在中部六省中处于第一位置，呈现出早期发展速度较低，但后期有加速发展趋势。

2. 企业规模较小，但在中部地区有一定优势

根据普查数据，河南商务服务业 2004 年法人单位数为 5860 个，2006 年为 7820 个，2007 年为 8620 个，2008 年法人单位数约 9602 个，每法人单位平均从业人员 2004 年为 24.54 人，2008 年只有 18.9 人，商务服务业龙头企业较少。2007 年中国百家第三产业大企业集团名单中，河南无一家企业上榜。当然，河南在中部六省中仍有明显的优势。

3. 从业人员较少，与人口大省地位不太相称

从全国来看，2007 年全国商务服务业从业人员数为 247 万人，河南省商务服务业从业人员只有 10 万人，只占全国 4%，与人口大省地位是不相称的。从普

查数据来看，情况略有调整。2004 年底从业人员 14.4 万人，2008 年从业人员数约为 15.7 万人，素质较高。2004 年本科以上学历的人员占全部从业人员的比重为 14.1%，具有高、中级职称人员占全部从业人员的比例为 9.9%，均高于全省服务业的平均水平。

4. 固定资产投资量小，比重偏低

全国商务服务业 2003 年固定资产投资仅为 375.5 亿元，2007 年为 949.3 亿元，增加很快，但其占服务业固定资产的比重仅分别为 1.2%和 1.3%，发展后劲明显不足。河南省的情况大致与全国类似，急需关注。

5. 区域分布不均衡，主要集中在省会郑州

商务服务业向城市尤其是中心城市集聚，省会郑州商务服务业增加值占全省一半以上。2007 年商务服务业增加值排名前二位的郑州、洛阳分别是 62.57 亿元和 10.16 亿元。

6. 与制造业没有形成较好的互动关系

实证研究表明，中部地区商务服务业与制造业没有形成较好的互动关系。商务服务业对制造业的促进作用明显，而制造业对商务服务业需求不明显，甚至还有“挤出效应”，河南情况尤甚。究其原因，可能与河南的制造业结构主要侧重原材料、初加工工业等有极大关系，因为这些产业对商务服务的需求相对较少。反过来，产业结构的转型和高级化，势必对商务服务业的发展提供较大空间。

（三）商务服务业发展的战略意义

在建设中原经济区的战略构想中，河南省提出的“一个载体，三个体系”战略新思路，为商务服务业发展提供了难得的机遇和发展保障。

1. 健全的商务服务业是现代产业体系应有之义

在构建现代产业体系过程中，需要大量的商务服务，如产业规划、实施、运行等商务服务。构建现代产业体系，要求技术进步和产品更新，走新型工业化发展道路。随着现代制造技术不断进步和产品档次的提升，企业用于生产环节的物质消耗将越来越少，而用于产品的研发、设计、策划、包装、宣传、运输、销售服务等方面的投入会越来越多，产品的附加值将主要体现在这些扩展环节上，生产分工进一步细化，对商务服务业的需求向更加专业化扩张，从而，伴随新型工业化形成了商务服务业的需求体系。河南省要走新型工业化道路，就要充分发挥制造业优势，把制造业尤其是高新技术产业做大做强，那就要延长制造业链条，并且确保链条的各个节点高效率。制造业链条，向上延长就是研发、金融、信息、教育、培训、租赁、创意等，生产前的这些服务能够提高企业经营效率和生产效率，向下延长就是物流、会展、中介、咨询、广告、通信等，生产后的这些服务能够实现制造业价值，满足最终需求。目前，河南省有相当部分制造业处于

产业链的中低端，从而造成制造业对生产性服务业的需求主要集中在交通运输、仓储以及批发零售业等传统服务业上，而单一化的服务需求导致产前、产后的服务业发展都不充分，没有形成完善的服务体系，影响了制造业的效率和竞争力。随着产业结构升级，商务服务业的需求会急剧增加。

2. 现代城镇体系对商务服务产生大量需求

发达国家现代化产业结构的演进史和城镇化的发展史告诉我们，在一国或地区的现代化和城镇化的建设和运行过程中，都需要大量的商务服务业。因此，河南省乃至中原经济区的发展，自然离不开商务服务业的发展和先行。正是基于此，河南省委、省政府着眼于构建现代城镇体系，组织规划和编制了郑汴新区、洛阳新区空间发展战略规划和许昌、新乡、焦作新区建设方案，以及相关商务服务业的部署。各地市较小的城镇区域的规划和商务服务业的部署，更是不胜枚举。

3. 自主创新体系要求更高的商务服务

自主创新体系的规划、建设和运作也需要大量的商务服务。一项新的产业或自主创新体系，往往需要大量的规划服务，租赁服务、知识产权和法律服务，企业管理及咨询服务，创意及广告服务等。与创新产业和体系相关的商务服务业，既是创新的支撑，更是创新的源泉。在现代工商业和区域经济的竞争中，商务服务业的竞争日益成为焦点。

4. 产业集聚区需要商务服务支持

产业集聚区是优化经济结构、转变发展方式、实现集约化发展的载体。在产业集聚区的规划、建设和运行过程中，也需要大量的商务服务。目前，河南省有180个发展较好的产业集聚区，但总体发展很不平衡，对很多地方来说，产业集聚区建设都是一个新课题。发展产业集聚区要科学编制规划，发展产业集聚区还要注重完善配套服务，尤其是商务服务。

5. 外向型经济发展需要商务服务业拓展跟进

外向型经济发展，首先是为国外制造商配套的商务服务业跟进，如宝洁公司进入中国，会带来与其长期合作的市场调查、咨询和广告企业的进入，同时这些国外商务服务企业也有独立进入的积极性。我国在2001年完成加入世界贸易组织时，对全面开放服务业做出了庄严承诺。首先，商务服务业迅速受到海外资本的关注，在华投资商务服务业是一项重要选择，在维护国家经济安全的前提下，商务服务业也正成为河南省招商引资的新亮点。其次，我国经济现阶段处在一个由东向西梯度转移的时期，发展商务服务业在东部地区已经先行一步，并获得较好的经验，向中西部扩展商务服务业是长期获利的战略选择。河南具有承东启西，接受经济梯度转移的最佳地理区位，已成为外商及东部客商投资的首选地，吸引对商务服务业的投资是河南整体引资的重要部分。再次，民间资本投资商务服务业热度较高，国家降低部分商务服务业市场准入门槛，势必带来商务服务业迅速发展。

（四）发展中原经济区商务服务业的战略任务

1. 明确发展和深化商务服务业的战略重点

要发展和深化商务服务业，首先要建设一批具有示范性的现代商务服务企业。围绕发展会展经济、创意经济、总部经济、网络经济等新经济业态，鼓励发展会议展览、数字传媒、动漫游戏、创意设计、广告创意、管理咨询、中介服务等各类具有创新意义的现代商务服务企业，支持技术创新、管理创新和商业模式创新，使其成为商务服务业发展的排头兵。

建设一批商务服务业的重大项目。加大推介和招商引资力度，使商务服务业成为下一轮投资新热点。编制商务服务业重大项目年度计划，优先支持高端商务服务业项目和带动性强的商务服务业项目，切实抓好用地保障，并在投融资、用水用电等安排上给予倾斜，加快商务服务业重大项目建设，促进商务服务业高水平发展。

建设一批现代商务服务业特色园区。以科学发展观为统领，以信息技术应用为基础，以骨干企业和专业人才为依托，促进商务服务业在空间上相对集中，培育和形成商务服务业产业特色园区，并在此基础上大力提升产业特色园区竞争力，在一定地理区域内集聚而成商务服务企业的综合体。商务服务业特色园区具有产业集中、发展集约、资源共享、科技含量高、运行成本低、环境污染少的产业集聚特征。因此，各级政府可通过规划引导建设中央商务区（CBD 或微型 CBD）的形式来发展商务服务业，在推进城镇化的进程中发展商务服务业。

建设一批商务服务业品牌。着力研究制定推进商务服务业品牌建设的实施意见，完善商务服务业品牌认定办法，支持企业开展自主品牌建设，鼓励商务服务企业以品牌为纽带，促进集团化发展。加强名牌产品、商标、商号、老字号等认定与复检。加强名品企业、品牌市场、品牌会展建设，培育知名商务中心、特色商务街区。加强服务业行业品牌和区域品牌建设。

2. 制定发展商务服务业的产业政策

首先发展租赁业。树立面向全国、服务全国及逐步走向世界的观念，加大政府东道主租赁业的投资力度，扶持若干本省的融资租赁企业试点企业，把租赁业建设成为河南省的优势产业，使租赁经济成为全省新的经济增长点。

重点发展会展业。加快现有会展场馆配套设施建设，提升综合服务功能；发展壮大一批专业展览公司和会展企业，积极策划举办大规模、高水平、有特色的展览、节会活动，吸引国内外大型会展企业、展会活动落户河南，培育形成国际国内知名会展品牌。

鼓励发展创意设计产业。依托河南省优势产业，加快发展具有地方文化特色的工业设计、包装设计、服装设计、工艺美术设计、营销咨询、管理咨询、广告策划、动漫设计等创意产业，创新技术手段和服务方式，培育创意产业品牌，形成创意产业与优势产业互动融合的产业链集群，提升产品附加值和市场竞争力。

大力发展职业中介服务业。健全农村劳动力转移就业的信息指导、技能培训和权益维护服务体系，做好农民进城务工的引导、管理和服务工作。实施“百万农民培训工程”，建立政府扶持、面向市场、多元办学的培训机制，大力开展农村劳动力技能培训。

3. 率先发展以郑州为中心的中原城市群

郑州市是河南省的政治、经济、文化、物流中心，在各个方面具有得天独厚的优势，理应在商务服务业发展方面走在前面。

中原城市群，一是河南省的战略发展重点，积聚着丰富的资源，优秀的企业和具有后劲的产业集群；二是在承接产业转移中，有望成为中部地区重要的制造业中心之一，发展生产性服务业的潜力最大，因此可以率先发展商务服务业。

支持中原城市群中的区域中心城市规划建设专业会展场所，提升城市现代商务服务功能；在区域经济较发达的城市，规划建设创意园区、动漫园区或广告设计、中介服务等商务服务中心，强化功能整合及有序延伸；在IT产业较发达的城市，整合软件企业、高校和相关研发机构，培育建设软件与服务外包基地；在文化底蕴深厚、文化产业较发达城市，培育建设创意产业园，促进其服务业加快发展。

4. 优化商务服务业的发展环境

商务服务业发展事关河南省乃至中原经济区发展大局，要优化发展环境，制定产业政策，完善政策措施，培养各类人才，加强组织协调，推进河南省商务服务业稳步发展，为河南省商务服务业健康发展提供坚实保障。

(1) 优化商务服务业的法治环境。①加强商务服务业法制建设。通过地方立法，制定相应的法规、条例，确保促进商务服务业发展的相关政策、措施顺利执行。推进职业道德和诚信体系建设，规范商务服务企业市场行为。②完善商务服务业统计信息工作。构建符合河南实际的商务服务业统计调查体系，健全商务服务业统计调查制度，规范商务服务业统计调查方法，完善商务服务业信息发布制度，加强对会展、创意、咨询、租赁等新兴产业的统计工作。③组建商务服务行业协会。充分发挥现有商务服务业行业协会在制定服务标准、流程规范、行业监督、行业自律等方面的作用，有计划地吸收本土商务服务企业参与河南省有关规划、策划和前期项目研究工作，支持会展、创意、咨询、租赁等新兴商务服务业行业协会建设。

(2) 学习国内外先进管理经验。加强省内商务服务企业同国际先进商务服务企业的合作与交流，引进和吸收国内外促进现代商务服务业发展的先进经验和管理方法，提高商务服务业的全球化与区域化程度。一是运用信息技术改造提升传统服务业。充分发挥信息化在经济发展中的引领带动作用，推进信息技术在传统服务业领域广泛应用，激励传统服务业企业引入信息技术以及新理念、改造业务流程、更新经营技术、变革经营业态。二是增强信息技术对现代服务业创新的推动作用。围绕服务业发展重点领域，运用信息技术支撑服务手段多样化、服务产品个性化，拓展服务范围，提升服务效率，建立服务行业信息内容的增值服务体系。三是学习借鉴国际先进的经营方式和规则。掌握服务业领域的国际惯例和规则，提高服务业公共管理水平。推动企业运用世界贸易规则，提升应对竞争的能力。

（3）加强对商务服务业的资金支持。①实施税费优惠。切实抓好现行商务服务业各项税收优惠政策的落实。对鼓励发展的服务行业，要研究探索房产税、城镇土地使用税、水利建设专项资金等地方税费实施优惠倾斜的办法。加快推进对商务服务企业收费的清理工作，对不符合商务服务业发展要求的政策和行政性收费，要及时废除或作出修改。全面清理涉及商务服务业的行政事业性收费，取消和禁止国家和省行政事业性收费、政府性基金目录外的一切收费。对商务服务业企业的行政事业性收费，凡收费标准有上、下限额度规定的，一律按下限额度收取。②提供融资和用地支持。引导和鼓励金融机构对符合国家产业政策的商务服务企业予以信贷支持，加快开发适应商务服务业需要的金融产品，积极支持符合条件的商务服务企业进入境内外资本市场融资。鼓励创业风险投资机构和信用担保机构对商务服务企业开展业务。合理调整城市用地结构，逐步增加商务服务业用地比例，对鼓励发展的商务服务业建设项目，在供地上给予优先安排。

（4）建立多渠道投融资体制。①加大金融支持力度。积极支持和帮助品牌服务企业通过上市、发行债券、合资合作、融资租赁以及产权交易等方式向资本市场直接融资，鼓励发展创业基金、风险投资基金和主要为中小服务企业提供贷款服务的担保机构；支持服务业担保公司、中小企业担保公司、会员制担保公司等发展壮大；支持优势企业通过多种渠道募集社会资金。②拓宽商务服务业投融资渠道。建立健全以政府投入为引导、企业投入为主体、境内外投资共同参与的多渠道、多元化投融资体制，在项目审批、投资、融资、土地使用、税收等政策方面予以倾斜，鼓励、吸引各类社会资金投入商务服务业。引导和鼓励金融机构扩大对服务业的信贷支持；扩大服务业企业利用外资规模，积极引导外资向国家鼓励的服务领域投资。建立和完善金融信贷服务体系，推行服务信用认证和信用档案公示制，建立公共的企业或个人信用系统，实行联保、互保、设立担保基金和建立信贷保险制度。

（5）为商务服务业发展提供智力资源。①智力引进。重点引进具有较强业务拓展能力和综合协调能力的高层次综合管理人才、高素质的专业技术人才和复合型人才，特别要吸引重点领域、关键技术的紧缺专业人才和经营管理人才，实行与引进科技人才相同的激励政策，形成优势产业集聚人才、重点项目吸引人才的发展态势。②人才培养。引进一批国内外著名培训机构，发展多类型、多层次专业教育。按市场需求，在高等院校和职业学校增加现代服务业中跨学科复合型紧缺专业的布点，扩大高级专门人才和专业技能型人才培养。依托国内外知名院校，定向培养一批金融保险、现代物流、服务贸易等紧缺人才。加强岗位职业培训，提高在职人员的业务水平。发展远程教育，构建多元、开放的终身教育体系，拓宽培训渠道。适应人口流动趋势，加快发展面向农民的职业技术教育和职业技能培训。③优化人才发展环境。建立适应服务业特点的人才使用、评价和激励机制，形成有利于服务业人才创业的环境。要为人才提供良好的生活环境，解决就医、住房、子女就学等后顾之忧。设立服务业优秀人才奖，定期评选并给当选者以奖励。建立与推进职业资格证书认证制度，提高在职人员的业务水平。

三、深化与发展会展业

随着经济全球化、区域一体化的不断推进，会展业已成为衡量一个城市国际化程度和经济社会发展水平的重要标志之一，是一个城市活力和发展潜力的体现。会展经济作为一种新兴经济形态，在推动城市科技进步、展示城市形象、带动城市和区域经济发展、增强参展企业实力、扩大国际交流等方面逐步发挥越来越重要的带动作用。

（一）会展业及其经济关联性

会展业是展览业与会议业的总称。根据产业的定义，可以将会展业定义为利用各种会展资源，以会展场馆设施为条件，为社会提供会展活动策划、组织、场地及其配套设施和其他各项服务的经营单位的集合。这些经营单位的业务范围包括会展的策划、咨询、组织、广告设计与制作、展台设计与搭建、现场服务、评估、场馆经营等。目前我国的会展产业已经成为一个独立的经济部门，在国民经济行业分类中拥有自己的代码：L7491，归属商务服务业。

会展经济是通过举办大型会议、展览活动，带来源源不断的商流、物流、资金流和信息流，直接推动商贸、旅游业的发展，不断创造商机，吸引投资，进而推动其他产业的发展，并形成一个以会展活动为核心的经济群体。会展业不仅自身市场巨大，而且对国家、地区的服务、旅游、餐饮、通信、广告、住宿、交通等经济部门的发展具有非常强的关联带动作用。据专家推算，国际上展览业的产业带动系数大约是 1∶9，即展览场馆的收入如果是 1，相关产业收入则为 9。会展经济作为一种新兴经济形态，在推动城市科技进步、展示城市形象、带动城市和区域经济发展、增强参展企业实力、扩大国际交流等方面逐步发挥越来越重要的带动作用。

（二）会展业发展优劣势分析

近年来，河南会展业发展迅速，取得了骄人的业绩，在国内外的影响迅速扩大。

1. 河南省会展业的优势

（1）经济实力雄厚，在中西部处于领先水平。经济总量不断扩大，综合实力显著增强。1978 年全省 GDP 总量仅为 162.92 亿元，1991 年跨上千亿元台阶，2000 年突破 5000 亿元，2005 年突破 1 万亿元大关，2009 年为 19367.28 亿元，GDP 继续保持中西部第一，全国第五的位次，1978 年以来全省 GDP 以年均 11.2%的速度增长，高于同期全国平均水平 1.4 个百分点。

城乡市场繁荣活跃。改革开放以来，河南以培育和健全统一的社会主义市场体系为总目标，以郑州为中心，以中原城市群为主要依托，统筹规划，合理布局，建设了一大批水平较高的零售商场、商品批发市场等商业基础设施，同时加快推进万村千乡工程，积极推动“家电下乡”、汽车、摩托车下乡等活动，有效带动了商品销售的增长。城乡居民的消费由原来简单的数量增长向数量增长、结构调整、品质提高并行演变，生存型消费向发展型和享受型消费转化。

旅游业发展迅速。2008 年河南省旅游业接待海外游客数量 104.36 万人次，旅游创汇 3.7 亿美元。2008 年，全省接待海内外游客的总数达到 2 亿人次，居全国第 7 位；旅游总收入 1592 亿元，居全国第 6 位，相当于全省 GDP 的 8.6%，河南省逐步由旅游资源大省向旅游经济大省迈进。

（2）场馆设施先进。郑州拥有充足的硬件场馆设施，具备承接国内外各类大型展览和会议的能力。从中部 6 个省会城市的展馆情况看，郑州展馆总面积和单个最大展馆面积都最大，而且设施水平先进，武汉、长沙、合肥、南昌等城市场馆的硬件设施都不及郑州（见表 5-5）。

（3）历史文化底蕴深厚，旅游资源丰富。河南是个文物大省，是中华文明的摇篮和文化的中心，悠久的历史积淀了丰厚的历史文化资源。河南境内已明确的各类文物点有 28168 处，仅国家级重点文物保护单位就达 96 处之多，在全国各省市中居第二位，世界文化遗产 2 处。河南既是历史文化资源大省，也是自然景观荟萃之地，山川壮美，风光秀丽，融南秀北雄于一体。全省有国家级风景名胜区 8 处，省级 23 处。

表 5-5　中部城市会展场馆比较

展馆	建筑面积（万平方米）	室内展览面积（万平方米）
郑州国际会展中心	22	6.5
武汉国际会展中心	13	5.0
湖南国际会展中心	12	5.0
安徽国际会展中心	10	3.7

资料来源：中国会展经济研究会。

（4）区位得天独厚，交通通畅便利。河南区位优势十分明显，是全国承东启西、连南贯北的重要交通枢纽，拥有铁路、公路、航空、水运、管道等相结合的综合交通运输体系，交通区位优势十分明显。位于郑州市东南西北四个方向上的长江三角洲、武汉、西安、京津与郑州市的距离都在 500 公里上下，会展的区位优势得天独厚。

2. 河南省会展业的劣势

尽管河南会展业取得了长足发展，但总体上仍处于发展起步阶段，与先进省市还有一定的差距，在发展过程中仍存在许多矛盾和问题。

（1）会展的质量、水平和集约化程度不高。目前，河南已培育出了河南国际投资贸易洽谈会、郑州全国商品交易会、世界武术传统大会、洛阳牡丹花会、开封菊花会、信阳茶叶节、驻马店全国乡镇企业博览会等在国内外较有影响力的会展品牌。但是与河南经济总量在全国的排名相比较，河南自主品牌还很少，展览和会议的品牌化、专业化、国际化和规模化程度不高，缺乏具有地方产业依托和文化特色的品牌展会。

（2）展馆使用率偏低，配套设施、接待能力有待提高。以郑州国际会展中心为例，虽然规划面积较大，但一期使用面积不足 10 万平方米，不能满足日益增多的大型会展活动的需要，限制了郑州承办全国或国际性大型会展的能力。展馆使用率仅有 20%，与上海新国际博览中心和广州琶洲国际会展中心相比还较低（见表 5-6）。

表 5-6　郑州国际会展中心与上海、广州最大场馆比较

展馆名称	总建筑面积（万平方米）	展厅总面积（万平方米）	国际标准展位（个）	展馆使用率（%）
郑州国际会展中心	22.68	6.5	3394	20
广州琶洲国际会展中心	39.5	12	10200	50
上海新国际博览中心	33	12.7	10000	40~50

资料来源：郑州市会展业发展规划（2010~2020 年）。

（3）专业人才匮乏。目前，全省拥有专业展馆从业人员约 300 人，展览公司数量约 100 家，固定从业人员约 800 人，松散型从业人员 1500~2000 人。展览业从业人员来自各行各业，大都没有经过专门培训，缺乏系统的会展知识和相应的操作技能。熟悉展览业务、了解国际惯例和富有操作经验的专业人士十分匮乏，许多会展设计人员的设计理念尚停留在商品展销的水平上，这成为制约河南会展业务开展以及会展组织水平提高的“瓶颈”。

（4）会展业规范化程度及管理水平不高。目前，河南会展业缺乏一个权威的主管部门，没有一个包括政府机构、社团组织和各类会展服务型企业组成的完善的组织体系。虽然河南和一些地方成立了行业自律组织，如省市会展业商会等，但这些会展业商会自身的机构不健全，缺乏有效的手段，严重影响了自律机制的发挥，造成各个办展主体各自为政，往往重利润轻服务，使展览资源分散浪费，行业秩序紊乱。另外，目前河南尚未对办展主体的资质实施认证，从而使会展业的办展主体良莠不齐，影响了会展业的整体水平。

（三）发展会展业的举措

1. 加快培养会展业人才

注重核心和专项人才的培养，加快培养项目策划、营销和运营等核心会展管理人才，以及设计布展、搭建、运输及其他配套服务等环节所需的专项人才，尤其注重培养一批既有创新和策划能力又有现代经营理念的会展中高级管理人才。积极支持在郑州市高等院校设立本科及硕士教育层次会展经济与旅游管理专业，形成职业培训、中等职业教育、高等职业教育、本科教育和硕士研究生教育等不同层次的多元化会展人才培养体系。加强人才交流，加强境内外会展企业、机构、团体、行业协会和院校间的交流、学习和合作，有计划地选派专门人员到国外学习其运行规则和先进经验，同时引进国外高素质管理人才。加强职业培训，以行业协会为主导，高等院校为依托，从业人员为主要对象，开办各类培训班，使会展职业培训时效化、制度化。

2. 建立会展行业信息中心和会展网站

建立河南省会展行业信息中心，一方面可以为河南省政府制定会展行业的宏观调控政策和河南省的会展企业制定微观的经营决策提供依据；另一方面，还可以通过河南省会展行业信息中心公布参展企业的资质状况等，为参加展会的参会人员和参会企业提供相关信息。

3. 制定优惠政策，扶持会展业的发展

借鉴会展发达国家的成功做法，加大政府对会展行业的政策投入力度。在会展土地的使用方面，应优先保证会展场馆建设用地的需要；在对会展的税收上，给予会展企业适当的优惠减免。在资金方面，除加大政府的投资外，增加银行低息或贴息贷款的数量；另外对本省的企业到国外参展提供一定的经费支持。还可设立会展经济发展专项基金，用于培养郑州市的专业会展人才，会展活动的对外宣传，支持国际性的大型专业会展的申办等。

4. 培育和发展会展服务产业链

大力发展会展业的前向产业，形成以大型会展专业企业为核心，以交通运输、通讯、旅游、餐饮、住宿业为支撑，以广告、印刷、装修、布展、翻译企业为配套的产业集群，形成完整、坚实的会展产业链。要把会展服务产业纳入城市建设规划，合理布局配套发展，在本省各相关的专项规划中，要体现有利于推动河南省会展业发展的内容。

四、深化与发展租赁业

现代租赁业在发达国家被誉为“朝阳产业”，是与银行信贷、证券并驾齐驱的三大金融工具之一，又是商品流通的重要渠道，在国民经济和市场体系中扮演了重要角色。近 20 多年来，中国租赁业迅速发展，市场前景广阔。根据中国租赁网的统计，目前在我国从事租赁业务的企业共计 8879 家。国内很多行业的租赁市场极为火暴，涉及的领域大致可包括：房产租赁、设备或仪器租赁、汽车租赁、电池租赁、航空租赁、人才租赁、书籍音像租赁、服装租赁、玩具租赁、户外运动用品租赁等。但是也应看到，我国租赁业发展水平较低。据统计，我国每年的融资租赁额不到美国的 1%，不到日本的 2%，甚至不到韩国的 1/10。这巨大的差距也意味着中国租赁业有着巨大的发展潜力。

（一）租赁业发展的态势

河南省的租赁业随同经济改革开放同步发展。但由于外部环境和内部机制都不成熟，尽管发展了 20 多年，至今没有重大起色。形成了一些老的租赁公司陷入困境，待机重组或退出，一些新的投资人又急于介入这个领域的“围城”现象。

1. 总量低，速度快

河南省的租赁业发展较晚，起点较低，总量少，但发展速度较快。表 5-7 显示，2004~2006 年河南租赁和商务服务业产出在全国范围内处于中等水平，但与北京、上海、广东、江苏和浙江等地相比差距很大；与中部六地区相比，河南省的租赁和商务服务业的产出水平属于最好水平，2006 年产出总量为 328.24 亿元，略高于 319.93 亿元的全国平均水平；河南省 2006 年的同比增长速度在中部地区也属于最高。

表 5–7 各地区租赁和商务服务业总产出及其增长

地区		2004 年	2005 年		2006 年	
		总量（亿元）	总量（亿元）	同比增长速度（%）	总量（亿元）	同比增长速度（%）
全国平均		264.85	306.99	17.00	319.93	17.76
发达省区	北京	1249.81	1382.71	10.6	1774.17	28.3
	上海	1323.63	1446.59	9.3	1646.11	13.8
	广东	1404.52	1550.72	10.4	1777.61	14.6
	浙江	682.59	794.77	16.4	955.15	20.2
	江苏	517.44	634.96	22.7	808.90	27.4
	山东	328.60	427.74	30.2	647.17	51.3
中部地区	河南	218.44	233.85	7.1	328.24	40.4
	安徽	188.97	214.22	13.4	249.98	16.7
	湖南	158.92	167.50	5.4	183.66	9.6
	湖北	136.99	158.20	15.5	196.04	23.9
	山西	118.42	136.04	14.9	150.59	10.7
	江西	74.76	85.90	14.9	98.99	15.2
中部平均		149.42	165.95	11.87	201.25	19.42

资料来源：作者根据《2007 年中国第三产业统计年鉴》整理。

2. 数量多，规模小

表 5–8 是现代租赁网统计的全国从事租赁业务的企业明细表，不论是从租赁经营机构的数量还是 114 查询租赁企业的数量，仍然是北京租赁企业最多，分别是 1159 和 1632 个，其次是上海、广东、江苏、浙江等，河南租赁经营机构的数量以及从 114 查询租赁企业的数量分别是 365 和 1002 个，在全国范围之内属于租赁企业数量比较多的省份，在中部六省中属于租赁企业数量较多的省份。但是这一方面不是官方数据，统计口径不一定一致，另一方面这也说明河南省租赁业是由数量众多、规模较小的企业组成。

表 5–8 全国从事租赁业务的企业明细表

地区	租赁经营机构数量	114 查询数量统计	地区	租赁经营机构数量	114 查询数量统计
北京	1159	1632	黑龙江	226	522
天津	336	736	上海	876	1466
河北	211	828	江苏	611	3052
山西	257	473	浙江	574	1596
内蒙古	90	257	安徽	239	474
辽宁	319	556	福建	143	292
吉林	97	463	江西	151	274

续表

地区	租赁经营机构数量	114 查询数量统计	地区	租赁经营机构数量	114 查询数量统计
湖北	117	490	贵州	117	356
湖南	95	331	云南	298	396
广东	890	690	西藏	11	13
广西	54	330	陕西	158	419
海南	12	9	甘肃	110	168
重庆	280	742	青海	9	150
四川	176	521	宁夏	45	180
山东	543	672	新疆	310	736
河南	365	1002	共计	8879	19826

资料来源：现代租赁网。

3. 融资租赁发展仍处于初级阶段

目前我国租赁业处于多头监管，存在着三类租赁公司：一是由银监会监管的金融租赁公司；二是商务部监管的中外合资租赁公司；三是内资租赁公司，也归商务部监管。

目前中国银行、中国工商银行、中国建设银行、交通银行、国家开发银行以及招商银行、中国民生银行等多达近 10 家银行均已独资或合资成立了金融租赁公司，同时中国光大银行、兴业银行和中国农业银行的租赁公司也即将获批开业，但没有一家融资租赁公司落户河南。

河南省中外合资融资租赁公司状况也不容乐观，表 5–9 是中国 2010 年外资租赁企业分布情况，从中看出中外合资融资租赁公司也是没有一家落户河南。据查证，河南省曾经有一家租赁公司——黄河国际租赁有限公司，它于 1987 年 8 月 23 日在郑州成立，但其经营状况并不令人满意，租赁公司陷入困境，已经整体股权转让，现已不复存在。

表 5–9　中国 2010 年外资租赁企业分布情况

地区	企业个数	地区	企业个数
北京	31	宁波	2
上海	34	香港	2
深圳	8	珠海	1
广州	5	武汉	2
东莞	1	重庆	2
天津	4	成都	2
厦门（福建）	4	大连	2
福州	2	沈阳	2
杭州	3	南京	1

续表

地区	企业个数	地区	企业个数
张家港	1	昆明	1
苏州	1	青岛	1
海口	1		
合计		113	

资料来源：作者根据中国租赁联盟网资料整理。

随着近几年来全国融资租赁的政策性的放开，2004~2009 年商务部与国家税务总局分六批确认了全国 45 家内资融资租赁业务试点企业名单，其中河南省为 0。我国内资融资租赁业务试点企业分布如表 5-10 所示。

表 5-10 2004~2009 年不同地区内资融资租赁业务试点企业个数

地区	企业个数	地区	企业个数
北京	10	成都	1
上海	5	唐山	1
杭州	4	徐州	1
天津	4	吉林	1
济南	4	南昌	1
重庆	2	合肥	1
乌鲁木齐	2	深圳	1
福州	2	厦门	1
西宁	2	沈阳	1
西安	1	合计	45

资料来源：作者根据中国租赁联盟网（www.zgzllm.com）资料整理。

（二）租赁业发展的优劣势分析

1. 河南省租赁业发展的优势分析

自 2008 年经济危机以来，内需不足、消费不旺，生产过剩、产品积压严重，急需发展新的营销方式，发展除销售之外的流通渠道已成为一种客观需求。购买力疲软，恰恰是促进河南租赁需求增长的重要动因之一，租赁对拉动内需和激发购买力起到四两拨千斤的作用。同时，“中部崛起”的战略决策也为租赁业的发展提供了可能。

（1）市场空间巨大，需求正在迅速增长。从宏观角度分析，河南省融资租赁市场发展空间巨大。据世界租赁年报统计，2005 年全球设备租赁交易额已达 6000 亿美元，其市场渗透率一般为 15%~30%。而 2005 年中国的租赁业务规模仅为42.5亿美元左右；租赁业务规模与GDP之比约为0.16%，租赁渗透率3%左右，全球排名在50位以后。下面具体从GDP占比和市场渗透率指标分析河南省租赁业的发展空间。

GDP占比指标。2005年，美、日、德三国租赁业与GDP占比平均为1.65%，日本为1.45%，由于经济结构以及商业习惯等原因，保守估计1%为测算上限，2009年的数据0.16%为下限，并以2009年河南GDP总量19367.28亿元人民币为基数，不同比例下的行业容量测算情况如表5-11所示（汇率按照2009年平均汇率6.83计算）。可以估算，当GDP占比达到0.96%时，河南租赁业务额将达到年均186亿元人民币左右。相对现在31亿元的交易额尚有至少155亿元的发展空间。

表5-11 不同GDP占比情况的行业容量测算

租赁额/GDP（%）	0.16	0.36	0.56	0.76	0.96
市场容量（亿美元）	4.54	10.21	15.88	21.55	27.22
市场容量（亿元人民币）	30.99	69.92	108.46	147.19	185.93
与目前容量相比	1	2.25	3.5	4.71	6

市场渗透率指标。国内融资租赁渗透率偏低，相比于国外10%以上的市场渗透率水平，国内3%左右的市场渗透率尚存在较大的增长空间。参照同样以间接融资为主的德国（9.8%）、日本（9.3%），以及转轨经济的俄罗斯（4.4%），还有快速发展中国家巴西（11.4%），按照2009年河南省全年全社会固定资产投资13704.65亿元人民币为基数（假设40%为设备投资，即13704.65×40%=5481.86亿元人民币），以2003年数据（1%）为下限，估算不同比例下市场容量情况如表5-12所示。

表5-12 不同市场渗透率下的市场容量测算

市场渗透率（%）	1	2	3	4	9	11
市场容量（亿美元）	8.03	18.06	24.09	24.12	72.27	88.33
市场容量（亿元人民币）	54.82	109.64	164.46	219.28	493.38	603.02
与目前容量相比	1	2	3	4	9	11

按照市场渗透率指标估算，当该值达到9%时，河南省的市场容量为493.38亿元左右，如以1%作为2009年的市场渗透率，则交易额仅为54.82亿元，其间还有438.56亿元的市场容量有待挖掘。

（2）中小企业为融资租赁业的发展提供了机会。河南省中小企业快速发展，队伍不断壮大。2009年全省中小企业数量已达到37.8万家，其经济贡献总量占河南工业总产值的60%左右。然而，中小企业因为资信问题，很难从银行取得贷款，担保公司只做到了138亿元，份额不到10%，而中小企业从银行贷款的总额，不到整个贷款率的1%。而融资租赁业可以解决中小企业融资难这一问题，这刚好填补了银行给中小企业贷款的空白，这种交易安排将为中小企业融资提供良好机遇。因而占领金融服务缺失的中小企业市场是租赁业对自己的正确定位。

(3) 可供租赁的资源充足。租赁涉及不同行业，可供租赁的资源有很多，主要来源之一是企业长期积累的大量利用率较低的设备、工具，或重复配置、闲置的设备。国营大中型冶金、化工、建筑、纺织等行业的专用设备闲置现象最为突出。来源之二是随着产业结构调整和现代企业制度改革的深入进行，大量设备因企业转产、停产、合并和技改而闲置下来，这部分闲置设备总量仍处于上升趋势。来源之三是为深化金融改革防范和化解金融风险，收购、治理和处置银行不良贷款，同时为解决国有大中型企业的过高负债，一些政府成立的资产治理公司拥有大量的质押抵押资产，其中不乏数量可观可供租赁的资产，这些构成了河南省可供租赁资源的主要来源。

(4) 河南发展人才租赁大有优势。人才租赁是一种新兴的租赁形式，其实质是通过人才租赁专业公司以服务合同或劳务合同来实现的服务交易。人才租赁公司分别与用人单位和派遣人员签订人才租赁协议、人才派遣合同，以规范三方面在租赁期间的权利和义务。人才租赁在国外非常流行，有4%~7%的就业人口就属于这一范围，而国内近几年才开始出现。自2008年金融危机后，这一灵活用工模式正在受到越来越多的企业关注，使用的单位也逐步增加。“招之则来，来之能战，挥之即去”是人才租赁的特色，通过租赁人才，用人单位不仅可以控制固定员工数额，而且还能在不扩大编制的情况下解决用人需求，节省用人成本，增强企业面对经营风险时的应变能力。从社会角度讲，可以有效整合社会人才资源，提高人才利用率，为企事业单位人事制度改革提供了富余人员的分流渠道和退出机制，同时能推进人事管理、人才开发的专业化发展。河南省是人口大省，具有丰富的人力资源，每年有大量的大中专毕业生，可以将外派劳务和人才租赁结合起来，充分发挥河南省人力资源的优势。

2. 河南省租赁业发展存在的问题

租赁业基础较薄，体系不健全。租赁业在河南省是近二十年才发展起来的，基础薄弱，有很多问题尚处于摸着石头过河的摸索过程中。一方面，多数企业库存比重高，资金周转率低，从生产到流通的全过程对银行依赖很大，河南省设备租赁采购占设备投资比例远远小于我国并不高的平均1%市场渗透率；另一方面，河南租赁机构偏少，而且表现为小型、分散和无序，类型单一，定位不清晰，专业化程度低，未形成强有力的产业链。内资厂商类租赁公司业务受限，从事的基本是传统出租，融资、促销、资产管理等功能无法发挥，产业根基太浅；与租赁业相关的担保公司、租赁经纪公司等非常缺乏，产业缺乏配套；租赁公司之间未形成完善的上下游互补的租赁网络。总体而言，租赁行业里尚未形成有相当知名度的品牌企业，因此行业性的服务标准和经营规范都未形成，而且发展缓慢。

观念落伍影响着融资租赁市场的拓展。传统上“借的不如买的好”、“别人有不如自己有”等观念深深地影响着河南省租赁业的发展，公众对融资租赁的认知水平偏低，许多企业和个人尚未走出“租不如买”、“租东西是皮包商，没面子”、“制造商搞租赁是不务正业”等认识误区，这是河南省乃至我国租赁业发展缓慢，市场渗透率低的一个主要原因，融资租赁等现代租赁的概念以及现代租赁的优势还没有被普遍接受。

社会诚信基础较薄弱，承租人违约往往造成出租人巨大损失。目前，省内租赁业整体法律意识较为淡薄，信用环境较差，承租人拖欠租金现象严重，个别租赁公司的机构投资人的投资目的不纯，在拖垮租赁公司的同时，也败坏了整个租赁行业的声誉。由于租金不能及时收回，租赁业财务状况欠佳，出租人资金周转困难，难以开展正常的业务，更使外方投资者对在河南省经营租赁业务失去信心。所有的租赁公司，特别是中外合资租赁公司都面临着大量的租金拖欠问题，截至 2006 年，河南省租赁企业平均被拖欠金额占其资产总额的比例达到 30%，严重的甚至高达 60%~70%，导致部分租赁公司难以维持而破产。

管理体制不完善，缺乏完善的法律法规和相应的政策支持。河南省的租赁业与全国一样实行的是多头管理，这直接导致行业信息不畅和监管不力，没有一个全行业的发展规划和政策指导，为融资租赁业的继续发展留下了诸多隐患。融资租赁行业的健康发展离不开完善的法律保障，而目前行业立法滞后，虽然相继颁布了《外商投资租赁公司审批管理暂行办法》、《金融租赁公司管理办法》、《外商投资租赁业管理办法》等一系列法规，对于规范融资租赁的交易发挥了重要作用，但是在适应范围和法律效力上有一定的局限，缺乏有效的配套措施和扶持政策，融资租赁各方当事人的合法权益难以得到有效保障，融资租赁业所发生的大量问题仍然无法可依。

理论知识和实践研究少，缺乏专业人才。融资租赁在河南省的认知度还较低，长期从事融资租赁业务的专业人才严重匮乏，加上目前河南省还没有建立完善的租赁人才培训体系，员工素质远远低于与国际接轨的标准，这种状况极大地制约了河南省融资租赁产业的发展。

（三）发展租赁业的举措

发达国家融资租赁业发展的经验表明，融资租赁在发展初期，离不开政府的大力扶持。借鉴国外及上海、天津等先进经验，在目前河南省融资租赁业方兴未艾的情况下，政府应在税收、财政、保险、信贷等方面给予融资租赁多方面的政策倾斜，制定一部专门的融资租赁行业法，同时完善相关立法，建立完备、科学的融资租赁法律体系，规范融资主体的行为，明确融资租赁双方的权利和义务及融资租赁企业的法律地位等问题，为融资租赁行业的发展提供健全的法律环境。

1. 构建统一的监管制度

我国从引进融资租赁以来，一直处于多头管理的局面，这对融资租赁业的长久发展很不利，构建统一的监管制度成为河南省融资租赁发展的重要目标。由于对租赁的认识不清，对租赁业实行了“一刀切”的严格管理政策。在资金上实行过度监管，使整个行业缺乏稳定资金来源，发展力不从心。租赁业是资金密集性服务业，没有大量的资金支持，租赁公司的发展壮大是很困难的。就政府监管而言，一方面，要加强监管防范融资租赁的消极因素，在租赁物的物权、资本运营、权益维护和环境建设等方面进行监管；另一方面，监管不是对具体业务的干涉，要给予足够的发展空间，对于融资租赁业的监管也应适时调整，逐步放宽。适当放松对租赁公司资金来源的限制，使得租赁公司在风险可控的范围内更好地发展壮大，为中小企业的有效融资、为河南省经济的全面发展更好地发挥其作用。

2. 发挥租赁行业协会的作用

加快组建河南省租赁行业协会，制定租赁行规，进行租赁行业间的协调和管理，建立租赁行业信息中心和租赁网站，发布租赁相关信息，加强现有租赁从业人员的培训，提高租赁人才的管理水平和服务质量，建立租赁行业的法人资质评价体系，对租赁企业进行资质与信誉评定，加强对租赁业的产业发展研究，为会员单位提供有价值的研究报告。

3. 适当的税收优惠政策

美、日、俄等国都很重视租赁业发展，尤其是融资租赁，普遍实行税收等优惠政策，目前我国融资租赁业的政策环境远不如西方发达国家和某些发展中国家。自 2009 年 1 月 1 日起，全国所有地区、所有行业将推行增值税转型改革，其核心内容是允许企业抵扣新购入设备所含的 17%增值税。新税制显然有利于刺激企业加大设备投资。但由于新税制中并未明确适用于融资租赁行业，亦缺少相关配套政策，因此如果通过融资租赁方式添置固定资产不能抵扣增值税，无疑增加了企业的采购成本，企业将不再选择此种方式购置设备，这对中国原本薄弱的融资租赁行业无疑是致命打击。

4. 完善租赁企业的准入和退出机制

现代租赁是金融和贸易结合的产业，必须具备两个基本市场才能健康开展业务。一是资金市场。如果没有资金来源和债权退出，租赁行业不可能保持持久的发展。二是二手拍卖市场。租赁物件必须保证“轻松回收，轻松处置”才能保障债权，才能和资本市场接轨。如果没有物权退出通道，既不可能解决融资问题，也不能解决物权变现问题。所以，在《物权法》下合理解决租赁业面临的物权保护和退出机制问题值得进一步研究。

5. 加强融资租赁人才的培养

随着融资租赁业的发展，加强融资租赁理论研究和专业人才的培养是河南省融资租赁业快速、稳定发展的关键。融资租赁作为一门综合性很强的边缘性应用科学，涉及金融、投资、贸易、科技、管理、财务及法律等多个学科的专业知识，因而对业务人员特别是管理人员的专业素质要求很高。河南省租赁业应加强对复合型人才的培养和引进，加强省内外的人才交流与合作。另外，可以借助河南省高校这个人才培养平台，通过和融资租赁企业联合办学、定向培养等方式，培养融资租赁人才，促进河南省融资租赁业的健康发展。

五、深化与发展咨询业

20 世纪 90 年代以来，全球经济发生了更加深刻的变革，市场瞬息万变，经济和科技竞争日益加剧，信息流动的速度不断加快，电子商务和网络企业如日东升，企业跨国经营迅速发展。这种变革不仅给社会进步和经济发展带来了巨大的影响，而且极大地促进了咨询业的飞速发展。咨询业不仅能极大地促进经济的发展，而且能加速经济增长方式的转变和经济结构的调整，因此在经济发展中发挥着越来越重要的作用。

（一）咨询业的发展趋势

1. 咨询业的界定

根据国家统计局行业分类标准，咨询与调查同属于商务服务业的范畴，其中咨询业主要包括以下行业：会计、审计及税务服务，社会经济咨询、经济贸易咨询、投资与工商咨询、资信服务（企业、个人的资信、评估、评级等）、企业管理咨询、企业策划与形象设计、公共关系服务、提供点子与创意服务等。其他专业咨询，指除社会经济咨询以外的其他专业技术咨询活动，主要包括：工业生产活动咨询、交通运输咨询、医疗与医药咨询、邮政与通信咨询、市政建设及规划咨询等。

2. 国际咨询业发展趋势

近十多年来，世界咨询市场增长迅猛，年均增长为 12%。世界各国咨询业的产值平均占其国民生产总值的 1%，发达国家一般占到 2%~3%。2003 年统计数据表明，世界咨询业的年收入高达 4000 亿美元，而他们所创造的巨大社会经济效益则难以计数，咨询业已成为某些发达国家企业生存和发展不可或缺的一部分。

目前，国际咨询业主要发展趋势表现在以下四个方面：咨询手段现代化，信息技术是咨询工作最重要的技术手段；咨询业务全球化，跨国经营推动了跨国咨询业务的发展；咨询业务综合化和专业化，分工的深化使咨询业出现了咨询综合化和专业化并举的特征；咨询服务的高层次化，一些国家的智库和大型咨询公司为政府和跨国企业集团提供全局性、战略性的咨询服务。

3. 我国咨询业的发展

近年来，全国咨询业发展的数据报道较缺乏，尽管咨询行业发展迅速，但宏观统计报导甚少。但是，国家科技部进行咨询业试点的三市一省的情况对了解我国咨询业具有重要的参考作用。例如，北京市形成了国有、股份制、民营和外企等多种所有制共同发展的格局，从业人员约 50 万人，年营业总收入超过 200 亿元，服务领域逐步扩大，市场范围也扩展到了我国东、西、南、北众多省区。咨询业在上海兴起较早，发展也较快，全市咨询机构已经有一万余家，从业人数约 30 万人，咨询业年收入超过 100 亿元。天津市咨询业咨询队伍不断发展壮大，人员素质不断提高，但多数咨询机构规模过小，年营业额不足 100 万元。江苏省咨询业产业规模逐步扩大，市场开拓初见成效，咨询业营业收入每年以 30%的速度增长。

（二）咨询业发展现状和问题

1. 河南省咨询业发展现状

随着市场经济体制逐步完善，河南省咨询业产业化进程也随之加快，咨询市场逐步培育，行业管理趋于规范，各地各行业对咨询的需求呈现加速上升的态势。

（1）会计、审计、税务服务业。据统计，目前河南省的会计师事务所共 426 家，注册会计师 4000 余人，从业人员近 1.2 万人，年收入超过 5 亿元。会计师事务所中，已经涌现出一些行业龙头。以亚太（集团）会计师事务所有限公司（以下简称亚太）为例，目前具有财政部、中国证监会批准的执行证券期货相关业务的审计资格和评估资格，财政部、中国人民银行批准的金融相关业务审计资格；以及建设部门批准的工程造价咨询资格和司法部门批准的会计、评估、计算机、工程造价鉴定资格。现有从业人员 500 余人，注册会计师近 200 人，造价工程师 31 人，形成了一支较高素质、业务精专、充满生机与活力的专家型执业队伍。

（2）企业管理咨询。管理咨询是咨询人员在对企业进行深入调查和分析的基础上，帮助企业提出切实可行的改善方案，使企业的运行机制得到改善，提高企业的管理水平和经济效益的智力服务业。河南目前登记在册的管理咨询企业有 832 家，每年市场规模大约为 3 亿元。经过十多年的发展，河南省管理咨询业已初步成熟，但受行业特点所限，目前河南省管理咨询行业集中度偏低，大多公司管理咨询业务年收入在100万元以下。

(3) 政府决策咨询。政府科学决策、民主决策是民主政治建设的重要内容。近年来，河南科协及所属团体、省内各科研机构、高等院校按照为经济社会发展服务的工作要求，围绕河南经济社会发展的重大问题，加强决策咨询科学论证和课题研究，推动制定相互协调的科技经济和社会政策，完成各类发展研究决策咨询数百项，已经形成了一批具有较高知名度和广泛社会影响力的思想库和智囊机构。河南省政府已经开始逐步重视并积极引用"外脑"，广泛采纳意见，充分发挥咨询机构在政府决策上的积极效应。

(4) 投资工商咨询。河南省投资工商咨询业多以小型投资公司为主，以金融投资、投资担保、金融理财、信贷融资等为主要业务，也有涉及财务管理、记账代理、工商手续代办等相关业务，承接业务对象也主要以中小企业为主。按照国家统计局行业分类，投资工商咨询不包括证券投资、上市融资等方面的业务，因此投资工商咨询业多以代办相关工商手续为主，行业附加值比较低下，市场较为分散。

(5) 企业资信咨询。从全国看，国内企业资信调查专业服务公司大体有三类：第一类是中资的企业资信调查公司，目前有40多家，以新华信商业风险管理有限公司、华夏国际企业信用咨询有限公司等为代表；第二类是外经贸系统、国家统计系统和国家工商管理系统以及各商业银行系统所属的专门提供企业资信调查服务的有关机构；第三类是已进入我国的外国征信公司，如邓白氏公司、ABC公司、TCM公司等，均已在我国大陆设有分支机构，并提供企业资信调查服务。一些国外征信调查机构经过几年的发展，目前已占有我国国内企业征信市场的较大份额，具有相当强的竞争能力，该市场主要由上述企业分割占领，河南省企业资信咨询很大程度上沦为债务调查、资产调查等，资信调查机构良莠不齐，各自为战。

2. 河南省咨询业存在的问题

总体来说，河南省本土咨询业整体发展水平较低，企业提供咨询服务的能力和质量较低，难以满足省内外企业高端咨询服务需求，与发达地区尤其是北京、上海等地咨询业相比竞争力较弱，存在一些问题。

(1) 缺乏核心竞争力。河南省现有的咨询公司数量较前几年已有了膨胀式增长，但本土咨询公司成长势头仍然缓慢，同时一部分早期成立的咨询公司已经销声匿迹。这与河南省咨询业缺乏核心竞争力有着密切的关系。在河南省咨询业发展初期，由于随同全国咨询业新兴发展，市场制度的不完善，加之咨询需求企业缺乏对咨询的认识，由于信息不对等一度造成了咨询行业表面的繁荣，背后却危机四伏。由于咨询业介入资金门槛低，造成了河南省咨询业局面的混乱，严重影响了咨询品牌的建立过程。发展至今，河南省咨询业市场逐步走向规范化，慢慢形成了稳定发展的格局，但已经比发达区域的咨询发展滞后，除了河南省内极少数咨询企业，绝大多数咨询企业都缺乏独特的核心竞争力。

（2）缺乏专业咨询人才。一是河南省地处中原，由于周边尤其是中西部地区其他城市和地区发展水平低，咨询行业的发展缓慢，众多优秀的咨询人员都更愿意选择咨询业发达地区的咨询企业就业，寻求更好发展。二是由于河南省本土咨询业资金实力薄弱，难以给予优秀咨询人才丰厚待遇，也影响了一部分管理咨询人才在河南省咨询企业就业的积极性。三是咨询人才除了看重待遇之外，更看重整个行业的规范化程度是否高，是否有利于个人的职业生涯发展，河南省咨询行业市场化程度偏低也导致了咨询人才难以吸收。由于受到地域限制、人员待遇、市场规范化程度低等因素影响，河南省从业人员素质整体偏低。一般咨询师要求研究生学历，但是河南省咨询业从业人员普遍为本科学历，严重缺乏咨询人才。

（3）咨询企业运作不规范。河南省咨询业存在着盲目发展的趋向，主要表现为业务方向不明、市场定位不明确、找不到咨询主体业务；机构数量膨胀、良莠不齐、单个规模小；专业化水平低、人员业务素质不高、手段落后；咨询项目付诸实施能力差、处理大型项目的能力不足、服务质量不高、短期行为较为普遍、咨询人员与客户的信任关系尚未建立起应有的信誉。另外，虽然河南省咨询机构众多，但有水平、有实力及服务能力强、信誉好的为数不多。为了生存与发展，大多数咨询公司业务内容及范围不够稳定，还摆脱不了以副业养主业的局面。

（三）发展咨询业的举措

1. 提升咨询行业服务的规范化程度

河南省管理咨询业处于行业发展初期，行业内仍有许多服务不规范现象。我们要引导咨询服务企业真正以服务客户为中心，建立起对客户认真负责的企业观。要通过行业协会、有关条例加强咨询行业的行业规范建设，保持这种互利关系将会带来可观的价值，引导咨询行业树立良性的经营规范是未来河南省咨询业发展的主要任务之一。

2. 加大对咨询行业的政策扶持力度

通过税收、资金、政府采购、政策性金融、高端人才引进等政策手段，积极支持建立以企业为主体、以市场为导向、产学研相结合的管理咨询服务的创新体系。在重点保障相关基础研究、社会公益研究及科技基础条件建设和咨询相关常识普及的基础上，在 863 计划、973 计划和国家科技攻关计划中加大咨询机构承担研究开发项目的力度，进一步激励咨询机构开展理念创新和对引进先进理念的消化吸收与再创新。要在高科技企业的认定上，提高对高端无形服务类企业的认定比例，引导和激励咨询机构逐步提高自身的研发能力和竞争力，从而增强河南省咨询业的可持续发展能力。

3. 鼓励民营咨询机构参与政府决策咨询

应加强咨询机构与政府在决策方面的合作管理。省内各级政府应有意识主动与咨询机构进行交流合作。在政府决策项目的招标上采用“公平、公开、公正”原则，并且优先考虑与河南省本土咨询行业内的优秀咨询机构进行合作，在大专院校、科研院所与民营咨询机构之间选择时要一视同仁，促进河南省本土咨询机构在参与政府决策咨询方面的快速增长，为河南省咨询业在品牌树立等方面打下良好基础。

4. 引导咨询企业与国内外知名企业的交流与合作

咨询企业之间要有能力互补与组合、结盟、合作，在分工与协作中求生存与发展，这是为了适应市场需求。包括大的顾问公司，也应该能与小专业公司合作。要注意上家、下家的合作；要注意横向的合作，如与 IT 公司、市场调研与研究的公司或资本运作的公司合作。同时由于我国咨询行业协会发展较为滞后，应加强河南省咨询行业协会建设，为提高咨询行业服务水平提供良好的信息交流平台。

六、深化与发展职业中介服务业

职业中介服务业是介于政府与市场主体之间、生产者与生产者之间、生产者与经营者之间、个人与社会组织之间，遵循独立、客观、公正原则，依照法律、法规、规章或受政府委托成立，发挥服务、沟通、监督、公证等功能的行业。职业中介服务业对加快推进产业结构升级转型，增强经济发展后劲等都有着重要的作用，是现代经济发展的润滑剂，其发达程度是衡量产业结构合理化和城市现代化的一个重要标志。

（一）职业中介服务业发展态势及模式

1. 国内职业中介服务业发展态势

我国正处于经济高速发展时期，一方面经济社会的高速发展亟须各方面的人才；另一方面，随着经济结构的不断调整，人才的流动性也在不断加快。无论是经济社会发展对人才需求的规模增加，还是经济结构调整引起的对人才需求结构的调整，都意味着人才总规模的扩张，从而引致人才市场的不断扩大。因此，职业中介前景更加广阔。

作为一种新型的产业，职业中介服务业正在形成具有自身特色的市场体系。一方面，从市场主体来看，无论是职业技能和服务的供给方，还是需求方，都更加成熟更加理性；另一方面，从市场客体看，劳动者提供的技能和服务质量更高，更能够满足需求方的多方面需求；再者，职业中介服务的平台建设也得以迅速发展，通过互联网等现代媒介能够迅速将供求信息发布给供需双方，提高了职业中介的服务效率和质量。

过去的职业中介主要是以介绍消费型职业劳动力为主，比如保姆、家教、护工等，这种消费型职业中介的特点是规模小，不易管理。随着职业中介的深入发展，生产型中介服务开始迅速扩大，职业中介中生产型职业劳动力所占比例越来越大，比如法律顾问、就业指导、职业技能培训、与承包工程有关的整体职业介绍等。生产型职业中介的发展扩大了传统职业中介的视野，使职业中介服务业的发展延伸到社会经济生活中的诸多领域，从而促进了职业中介服务业的发展壮大。

2. 职业中介服务业发展模式

从国际范围来看，职业中介服务业的发展主要有两种模式：一是职业介绍所模式；二是职业中介服务公司化模式。

职业介绍所是职业中介的初级形式。这种模式的典型特征是：场所固定，从业人员少，投入规模小，范围主要在本地区内，且主要以介绍消费型职业为主要业务，一般不涉及对所介绍的劳动力的职业技能培养和训练。这种模式一般存在于职业中介服务业发展的初级阶段。

职业中介服务公司是职业中介的高级形式。这种模式的典型特征是：实行公司化运作，从劳务人员的遴选、分类、专门培训，到开拓职业需求市场、满足不同客户的需求，形成了一个完整的产业价值链。这种模式是职业中介服务业发展到一定阶段的必然结果。

（二）职业中介服务业发展的优劣势分析

按照国家统计局行业分类标准，河南省职业中介服务几乎包括了十大门类中几乎所有门类，即有劳务市场、人才市场、职业介绍所、家教中心、就业指导中心、人才公司、劳务输出公司等。

1. 优势分析

（1）人力资源优势。河南省为我国第一人口大省，人力资源极其丰富。随着我国教育体制改革的不断深化，河南省的教育水平也在不断提高，九年制义务教育基本实现，接受高等教育的人口比重不断提高，河南省人口的知识文化素质也在不断提高。因此，无论是规模，还是质量，河南省人力资源都具有明显的优势。

（2）经济快速发展提供强力支撑。近年来，河南省经济持续快速健康发展，2009 年国内生产总值达到 1.94 万亿元，比 2005 年提高了 85%；人均国民收入 20477 元，比 2005 年提高了 81.6%；国内生产总值在全国的位次不断提高，2007

年一举达到第五位，2008 年和 2009 年一直保持这一位次。经济的快速发展为河南省职业中介服务业更好地参与国际分工，增强对周边地区的辐射力，提高国际竞争力创造了良好的机遇。

（3）区位优势明显。河南省地处中原腹地，九省通衢，自古就有“得中原者，得天下”之说。随着经济社会的发展和科学技术的进步，河南省的交通枢纽地位得到了进一步加强，航空、铁路、公路交通四通八达，形成了通往全国各地的、极其便利的交通网络。区位优势为河南省职业中介服务业的发展提供了良好的便利条件。

（4）为中原城市群的形成提供依托。围绕郑汴新区这一核心区正在形成的中原城市群，正逐步发展成为我国中西部地区商务服务中心。商务服务中心的形成将引起河南省产业结构的变迁，即打破原有的产业格局，形成新的产业架构，这种变迁为职业中介服务发展创造了更大的市场空间，为职业中介服务提供了良好的发展机遇。

2. 问题与劣势分析

随着市场经济的发展和政府职能的转换，许多过去由政府部门承担的工作逐渐转移到了职业中介机构，而政府相应的管理规范和扶持政策又没及时跟上，使得一些职业中介机构一时无法适应代行政府部分职能的角色；同时，职业中介机构在适应市场经济发展和实现自身职能转变的过程中，服务观念较落后，竞争意识较薄弱，发展步伐较缓慢。集中表现在以下几个方面：

（1）职业中介机构法人治理结构不健全。河南省多数职业中介机构由脱钩改制而成，企业章程不够完善，机构内部管理制度不健全。有的机构仍延续着改制前的官办模式，一股独大，一个人说了算，没有按照《公司法》的法人治理机制管理企业，导致职业中介机构执业质量下降，服务产品的可靠性和真实性无法得到保证。这不仅误导了政府宏观决策，损害国家、投资者和债权人的利益，而且危及整个职业中介服务行业的有序发展。

（2）机构规模较小，专业化程度不高。相对于国际大型专业服务机构来说，河南省大部分职业中介服务机构仍处于“小作坊”状态。从专业化分工来看，除少数规模较大的机构内部设有一些专业部门，绝大部分机构从业人员少，资产规模小，业务范围狭窄，没有实行专业分工，没有本身的业务强项，难以形成与境内外大机构相抗衡的竞争力，也难以吸引高素质人才，推行优质、高效服务。

（3）行业自律管理机制尚未形成。一些职业中介机构为争揽业务采取不正当手段，有的甚至有违职业道德，出具虚假报告和证明，损害行业的信誉，影响行业的正常发展。

（三）发展职业中介服务业的举措

1. 规范行业管理

（1）加强行业管理的规范化、制度化建设。职业中介服务业的政府主管部门要依法建立健全各项规章制度，履行政府的管理职责，从服务、管理和监督的角度加大对职业中介机构的引导，规范其市场行为。要转变观念，减少直接管理，把一些实务性、日常性的工作交由行业协会管理。

（2）建立诚信制度和诚信机制。为防止职业中介机构恶性竞争、违规执业等情况的发生，政府主管部门要建立一整套职业中介机构的诚信制度和诚信机制，将诚信档案、问责机制、机构诚信表现与执业人员和执业机构执业质量的考核紧密结合起来，建立违反诚信的责任追究制度，并将诚信记录作为年度检查的重要依据。

2. 提供发展条件

（1）转变政府职能。凡是能由职业中介服务机构提供服务和发挥作用的领域，政府职能均应主动退出，改由职业中介机构来行使。政府相关部门要切实转变职能，尽量减少直接管理，更多地着眼于指导、监督和服务，尤其要强化服务职能。

（2）为职业中介服务业搭建更大的发展平台。政府部门和新闻媒体要多宣传职业中介服务的社会意义和作用，引导企业或个人遇事多向职业中介机构咨询，提高人们对职业中介服务业的认识，使大量潜在客户变为现实客户。要给职业中介机构创造更多的机会，支持职业中介机构依法开展各项业务，在全社会营造有利于职业中介机构规范和发展的大环境。

（3）加强职业中介服务信息基础设施建设。通过信息化网络平台建设，支持职业中介服务业以资源数据和公共信息资源交换为基础开展咨询、鉴证、技术支援等服务业务，支持职业中介服务业利用国内外有关资源，有效控制、指导和监督各分支机构的经济运行和规范运作。

3. 健全行业自律与舆论监督

（1）充分发挥行业协会的作用。行业协会要从服务、协调、管理的角度，遵循协会章程，指导和监督会员依法执业，促进会员不断提高执业质量和职业道德水平，维护会员合法权益和社会公众利益，为会员提供各项专业化服务，协调行业内外的各种关系。

（2）制定行业自律规则。加强对收费标准执行的管理，严肃查处压价竞争的违法行为。逐步完善自律性监督机制，充分发挥行业协会在提高业内从业人员的职业道德水平、加强执业纪律建设、维护合法权益等方面的作用。

（3）积极发挥舆论监督作用。通过新闻媒体的介入，对非法职业中介及其违法、违规行为进行彻底的曝光，提醒广大职业中介服务对象注意识别判断，加强防范意识，避免上当受骗。

4. 提升行业素质

（1）改善职业中介服务业人才结构。加快培养和引进适应现代化管理和国际竞争的职业中介服务业企业家、经营管理人员、专业技术带头人、项目经理、复合型人才、外向型人才。为用好人才、吸引人才、留住人才营造良好的环境。

（2）重视职业中介服务业人才培训。行业主管部门和行业协会要分期分批组织职业中介服务执业人员参加专业培训及相关知识的学习，定期举办各类讲座和培训班，不断提高从业人员的业务素质。采取“请进来”和“走出去”的办法，为河南省职业中介机构提供多种学习交流的机会；可由企业、个人和政府共同筹资，定期或不定期地选派有前途的业内中青年人才出国考察、进修、研讨和培训等，以提高河南省职业中介服务业与国际接轨的能力与水平。

七、深化与发展广告业

改革开放以来，河南省广告业得到了快速发展，广告经营额总量保持着平均每年两位数的增长速度，成为经济领域发展较快的行业之一，广告业总体规模迅速扩大，产业整体水平迅速提升。广告业已成为推动河南省品牌经济发展的重要产业。

但是河南省广告业的发展业存在不容忽视的问题，据国家工商总局的资料显示，2009 年河南省广告经营单位已达到 6780 家（居全国第 10 位），从业人员 49546 人（居全国第 8 位），广告经营额为 350995.68 万元（居全国第 13 位），分别占全国比重的 3.31%、3.71%和 1.72%。河南省广告经营单位的平均规模和营业额较小，人均营业额也低于全国平均水平。

（一）广告业的 SCP 分析

外生的产业组织的结构特征对广告经营单位的利润和经营会产生重要的影响，企业的经营行为及结果又是该产业的基本组成要素及基本的表现形式。所以，用产业经济学的“结构—行为—绩效”分析范式（Structure-Conduct-Performance，SCP）分析广告产业对于判断河南省广告产业的基本形势，提出具有针对性的政策建议均具有指导意义。

1. 进入门槛过低导致产业市场集中度低，服务产品差异化小

市场结构是指广告经营单位在数量、市场规模、市场份额等方面形成的相互

关系以及由此决定的竞争形式总和，其实质是反映了市场的竞争和垄断程度。影响广告市场结构的主要因素有三个，分别是进入壁垒、市场集中度和产品差异化。

广告产业进入壁垒低。进入壁垒是指新企业进入广告产业所面临的一切经济、技术以及法律行政制度障碍的总和。由于河南省广告市场结构尚属竞争型，所以在此我们只考虑政府政策所造成的政策和法律壁垒。在市场准入方面，政府对广告公司的注册取消了资质的审查，并且对广告公司的设立所需要的资本量即注册资本的规定量是各类有限责任公司中最少的。依据我国《公司法》的规定，科技开发、咨询、服务性公司的注册资本最低限额是10万元人民币。与其他行业的法定进入要求相比，进入广告产业的政治法律壁垒是较低的。

河南省广告业的市场集中度低。该指标是衡量河南省广告市场中，广告经营单位的相对规模结构如何，它直接反映了产业链不同环节之间的竞争态势以及市场的垄断和竞争程度。

广告服务差异化小。该指标是指广告及相关服务的提供者通过各种方法提供区别于其他竞争者的产品和服务，从而达到在市场竞争中占据有利地位的目的。对于广告业而言，一般意义上的广告服务链包括市场调研→营销策划→广告创意设计→广告制作→媒体代理发布→广告效果检测→品牌管理。

广告业属于创新性较强的产业，一般来说，各个广告公司的服务在创意设计、制作上存在一定程度的差别，这也是当前河南省广告公司服务差别化的主要体现。而在市场调研、整体营销策划、广告效果检测、品牌管理等广告业务流程的前后两端，由于缺乏这些类型的应用性专门人才；并且大部分广告公司兼营甚至主营媒体代理等缺乏技术含量的工作，导致河南省广告公司在这些方面的服务能力较弱。总体而言，目前河南省广告产业的产品差别化程度偏低。

2. 广告经营单位之间的协调性差，容易陷入价格竞争

市场行为是指广告经营单位在市场上为实现其目标而采取的适应市场要求不断调整的战略行为。按照SCP理论，企业的市场行为受市场结构的制约；反过来，市场行为也会对市场结构有反作用，影响和改变市场结构的状态和特征。

河南省广告产业仍处于低集中度的竞争性格局中，广告公司数目众多，各公司之间很难达成价格协议，即使达成了也很难遵守，价格协调很难发挥作用。同时，由于当前竞争型的市场结构和广告服务差异不大的状况，使得众多广告公司为求发展不惜竞相压价，展开价格战，依靠较低的价格来吸引广告主，从而降价行为常常出现，有时降价的幅度甚至会以达到广告的成本为止。

3. 广告经营单位市场绩效偏低

市场绩效指在广告产业特定的市场结构下，通过广告公司的市场行为使广告产业形成的资源配置和利益分配的状态，是反映市场运行效率的综合性概念。通过研究市场绩效，可以判断市场结构和市场行为的合理性和有效性的程度。

（二）广告产业发展面临的问题

河南省广告产业经过近三十年的发展，取得了巨大成绩，经营单位数量持续增加，经营额快速增长。但也应清醒地认识到，河南广告业的发展仍然存在不容忽视的问题：

1. 市场进入过度

相比于其他行业，广告产业实行的是低准入制度，这种低准入门槛在广告产业发展初期无疑起到了推动和促进的作用，但随着广告产业的不断发展，这种低准入门槛会带来严重的不利影响：首先，准入门槛过低，导致河南省广告公司高度分散、规模小，具备综合实力的广告公司更少，现有广告经营单位平均年经营额不足100万元。其次，与"三密集"（知识密集、技术密集、人才密集）产业不相符合的知识、技术、人才低准入标准影响了广告产业的健康发展。此外，低准入制度带来广告市场低层次和低水平竞争，严重阻碍广告产业升级。

2. "泛专业化"

当前，河南省的广告公司仍然处于高度分散化和弱小化的状态，优秀人才缺乏，在为广告主提供服务的过程中存在"泛专业化"的现象，且服务项目主要集中在媒体代理和广告发布等方面。

但是，随着经济的发展和行业间边界的模糊，企业之间甚至行业之间的竞争加剧；同时信息技术的发展又推动了商业信息的过度传播。任何单一的营销传播手段都已不再能独自承担营销传播的职能，广告进入了"有限效果时期"。企业或品牌应通过发展与协调战略传播活动，使自己借助各种媒介或其他接触方式与员工、顾客、普通公众及其他利益相关者建立建设性的关系，从而加强与他们之间的互利关系。因此，当前市场环境下，单一的广告传播无法达到理想的营销效果，企业与消费者的沟通模式正从以广告为主，向广告、公关并重，综合运用多种推广形式的阶段过渡。

3. 缺乏核心竞争力

随着广告主营销理念的日渐成熟和行业竞争的不断加剧，如何打造核心竞争力成为广告公司得以生存和发展的关键性问题。作为广告公司服务的消费方，广告主和媒体的营销、传播等方面的专业意识随着市场的发展逐步升级，对广告公司的要求也越来越高。而广告公司的同质化现象却愈演愈烈，无论是大型公司还是中小型公司，在服务内容、服务方式和服务水准上，走向趋同。由于服务趋同，找不到核心专长，广告公司之间往往相互压价抢单，陷入激烈的价格竞争，造成广告公司的营业额和利润空间狭小，无力投入公司升级运作，无法积累更多的经验，而这一状况又使核心竞争力的打造更加困难，使广告公司，尤其是中小型广告公司陷入恶性发展循环。

（三）发展广告业的举措

1. 协调区域广告市场发展，培育大型专业广告企业

要使广告业的发展与经济社会发展的节拍相适应，并更大程度地反哺于河南省社会和经济发展，应鼓励省会城市广告资源跨区域整合和布局，协调省内主要媒体加大省会城市广告企业业务承包代理比重，实现资源对接，促进其他广告产业结构和经营水平逐步跟上全省广告业发展步伐。

支持广告人才、资金、技术合理流动和优化配置，鼓励广告企业实行联盟、联营，进行横向联合和专业协作，促进广告资源优化配置和集约化经营，提高广告企业竞争能力和抗风险能力，促进广告业区域合作与发展。支持实力强、服务优、信誉好，具有竞争优势的广告企业通过参股、控股、承包、兼并、收购、联盟等方式，组建股份制企业或广告集团，尽快实现规模经济，提高广告市场集中度。母公司注册资本500万元以上、有3个以上控股子公司、母子公司注册资本总额达到1000万元以上，可申请组建广告企业集团。

2. 鼓励广告企业提高科技水平

鼓励广告企业加强广告科技研发，积极推广科技成果，加速科技成果转化，提高运用广告新设备、新技术、新工艺、新媒体水平。鼓励环保型、节能型广告材料的广泛运用，支持开发低成本的替代广告材料，鼓励开发新的广告发布形式，运用新的广告载体，降低广告投放成本。支持互联网、楼宇视频、车载、手机网站、手机报刊、移动电视、网络广播、网络电视、固定形式印刷品等新兴广告媒体健康有序发展。加强自主开发广告分析软件工具，包括消费者生活与消费习惯分析、品牌评估系统、广告效果检测、广告收视率及风险分析等软件，提高广告制作发布技术水平和经营水平，以先进技术和工艺促进产业优化升级。

3. 完善广告人才培养体系

实施人才分类培养规划，培养一批高级广告专业人才。依托河南省高等院校等相关资源，建立广告人才培养基地。依托较具实力的广告企业建立广告专业实习、实践基地，拓宽校企合作渠道。实施广告从业人员学历教育，加强广告从业人员广告专业技术岗位培训和审查员培训等在职培训工作。

4. 贯彻广告业扶持政策

随着广告行业市场化程度越来越高，政府应加大政策扶持和调控力度，出台相应支持和保护广告行业发展的政策，强化产业政策指导，建立完善行业监管体系，赋予广告协会更多产业管理权限。同时完善制度建设，提高准入门槛，资金标准、从业资质标准和代理资质标准并重，从源头上解决过度进入问题。

认真贯彻执行国务院办公厅《关于加快发展服务业若干政策措施的实施意见》（国办发〔2008〕11号）和国家工商总局、国家发展改革委《关于促进广告

业发展的指导意见》（工商广字〔2008〕85 号），全面落实相关支持和鼓励发展广告策划、创意、设计、制作及服务的政策措施。把广告业发展作为河南省鼓励发展的现代服务业的重点领域，加大对以策划、创意设计等智力型广告服务为重点的广告企业扶持力度。

八、深化与发展创意设计业

21 世纪是创意经济时代，以人的创造性和智慧为核心要素的创意产业蓬勃兴起，已成为世界产业和城市发展的新趋势。当前，河南省正处在社会结构转型、产业结构升级、城市功能转换的关键阶段，加快发展创意产业，对于实现产业结构优化升级、推进新型城市化进程、集聚创新要素、建设创新型省份都具有重要的推动作用。

（一）创意业的界定及其发展

创意产业（Creative Industry）是在知识经济和全球化背景下发展起来的一种推崇创新和个人创造力，强调文化艺术对经济的支持与推动的新兴产业。

作为一种国家产业政策和战略的创意产业理念的明确提出是在英国。1998 年，由英国创意产业特别工作小组出台的《英国创意产业路径文件》中明确提出了“创意产业”这一概念，并将其定义为“源于个人创意、技巧及才能，通过知识产权的生成和利用，具有创造财富并增加就业潜力的产业”。阐明了创意产业的核心内容是文化和创意，强调文化艺术对经济的推动力。而有“创意产业之父”之称的英国经济学家霍金斯（John Howkins）在其 2002 年出版的《创意经济》一书中，将创意产业界定为其产品都在知识产权法的保护范围内的经济部门，认为版权、专利、商标和设计产业四个部门共同组成了创意产业和创意经济。这一定义着重强调了知识产权在创意产业中的重要地位，并将专利研发活动也纳入了创意产业范畴。

中国创意产业研究中心在《中国创意产业发展报告（2006）》中将创意产业解释为，“那些具有一定文化内涵的，来源于人的创造力和聪明智慧，并通过科技的支撑作用和市场化运作可以被产业化的活动的总和”。因此，我们可以对创意与设计产业定义为：以知识产权的形成和应用为载体，将具有一定文化内涵的创新创意，通过科技的支撑作用和市场化运作可以被产业化的活动的总和（见表 5-13）。

在全球化趋势不断加强，国际间竞争日趋激烈的今天，创意产业所带来的巨

表 5-13 部分国家和地区对创意产业的界定与分类

英国（13 类）	包括广告、建筑、美术和古董市场、手工艺、设计、时尚、电影、互动休闲软件、音乐、表演艺术、出版、软件与电脑服务、电视和广播 13 类
美国（4 类）	一是核心版权产业，包括电影、录音、音乐、图书报纸、软件、戏剧、广告及广播电视；二是部分版权产业，较为典型的是建筑业、玩具制造业、纺织品制造业等；三是发行类，主要指相关的运输服务业、批发和零售业等；四是版权关联产业，如计算机、电视机等
日本（3 类）	一是内容制造业，包括个人电脑及网络、电视、多媒体系统建构、数位影像处理、数位影像讯号发送、录影软件、音乐录制、书籍杂志、新闻、汽车导航 10 类；二是休闲产业，包括学习休闲、鉴赏休闲、运动设施、学校及补习班、比赛演出售票、国内旅游、电子游戏、音乐伴唱 8 类；三是时尚产业，包括时尚设计、化妆品 2 类
韩国（17 类）	包括影视、广播、音像、游戏、动画、卡通形象、演出、文物、美术、广告、出版印刷、创意性设计、工艺品、传统服装、传统食品、多媒体影像软件、网络 17 类
中国香港（13 类）	包括广告、建筑、漫画、设计、时尚设计、出版、游戏软件、电影、艺术与古董、音乐、表演艺术、软件及资讯服务业、电视 13 类
中国台湾（13 类）	包括视觉艺术、音乐与表演艺术、文化展演设施、工艺、电影、广播电视、出版、广告、设计、设计品牌时尚、建筑设计、创意生活、休闲娱乐 13 类

注：美国没有创意产业的提法，所使用的是版权产业的概念，指“生产及分销知识产权的产业”。

资料来源：《2001 年英国文化创意产业路径文件》、《美国经济中的版权产业：2004 年报告》、《日本文化创意产业介绍》、《香港创意产业基础研究》、《2008 年台湾地区文化创意产业发展计划》以及其他相关文献资料。

大经济效益和社会效益已经远远超出人们的想象。目前全世界创意产业每天创造的产值高达 220 亿美元，并且以 5%左右的速度递增。

在一些发达国家和地区，创意产业的增长速度更是惊人，例如：在美国，创意产业已经成为该国最大、最富活力的产业，它所创造的巨大收益已经超过航空、汽车、计算机等传统领域，成为美国最大的出口产业；在英国，创意产业所带来的经济效益仅次于金融服务业，其所创造的产值超过了任何制造业门类，成为第二大支柱产业。可见，创意产业已经成为当今发达国家和地区产业发展的一个重要趋势。创意产业本身也有可能成为未来产业结构中独立于第一、二、三产业外的又一重要产业。创意产业是所有产业中增长最快的产业，在 20 世纪 90 年代，创意经济的增长是服务业的两倍，是制造业的四倍。创意产业能够创造巨大的价值和大量的就业机会。

作为一个新兴产业，创意与设计产业在我国已经引起了高度重视。特别是在发展较快、国际化程度较高的大都市，创意产业的发展已经初具规模，并形成了各具特色的创意产业园区。从目前我国创意产业发展的状况看，主要的创意产业集聚区，多集中于经济发展水平高，对外开放程度大，高等人才资源丰富的少数发达城市，而在中部和西部地区，创意产业的发展速度较为缓慢。创意产业有待于在我国发展较快的各大城市迅速展开，从而构建辐射性强、影响力大的创意产业带，以推动我国创意产业的蓬勃发展。

（二）创意产业的发展现状和问题

1. 创意产业的发展现状

河南地域文化资源对河南人来说是一笔巨大财富，如何将丰厚的传统文化资源进行“现代性转换”得到人们的认同，这就需要有创新思维。近年来，依托丰富的文化资源，河南已成功打造出一批创意精品，大大促进了创意产业的发展。电视动画影集《少林传奇》及同名网络游戏，第一次将少林文化融入网络游戏与漫画，其中动漫《少林传奇》在海外 20 多个国家地区以及中国台湾、上海电视台进行播放，获得了青少年的普遍喜爱，多次收视率达到第一。“郑汴洛”精品工程通过现代科技手段，深度挖掘中原文化内涵，注入时代气息，改变以戏为主的单一艺术结构，实现河南创意产业的重点突破。

大型实景演出《风中少林》、大型舞蹈剧《河洛风》、歌舞剧《清明上河图》、大型实景演出《大宋·东京梦华》和木兰从军等这些公众熟知的古老文化精品，被赋予了全新的内涵，经过创作者的思想提炼，采用现代影视手段，成为蕴涵深厚的中原文化创意精品，承载了河南创意产业重点突破的时代重任。

从 2010 年 2 月起，《泥泥狗传奇》、《貔貅的故事》、《雪孩子》、《公路 Q 吧》这些动画片将陆续在中央电视台播出，它们均出自郑州惠济经济开发区的中国郑州信息创意产业园。以动漫产业为主要组成部分的信息创意产业，正在成为惠济经济的新亮点。中国郑州信息创意产业园总投资 120 亿元，是目前全省唯一的信息创意产业园，规划建设面积 1.8 平方公里，总投资将超过 120 亿元，建成后可接纳 300 家企业，创造 5 万个高端就业岗位，年产值将突破 300 亿元。

根据 2009 年河南省动漫产业发展报告显示，以郑州为主体的河南动漫相关产品市场总量已达 10 亿元，全省从业人员 5500 多名，省内已有 30 多家高等院校设立了动漫相关产业。2010 年 3 月 30 日，河南斥资 8 亿元人民币、建造总面积达 18 万平方米的国家级动漫产业发展基地，该项目在郑州举行了开工仪式。国家动漫产业发展基地集动漫研发、游戏研发、动漫传媒运营、动漫教育、动漫公共技术服务及动漫产业化开发于一体，建设内容包括动漫企业孵化器、动漫研发中心、动漫产业园、动漫交易会展中心、动漫教育培训中心、动漫公共技术服务平台等。

2. 发展创意产业的优势

河南发展创意产业有自己的独特优势，这些优势将对河南创意产业的形成与发展产生重要影响。

（1）创意资源比较丰富。河南是中华文明的发祥地之一，河南省地下文物、馆藏文物、历史文化名城、重点文物保护单位数量均居全国第一。以裴李岗文化、仰韶文化、河南龙山文化为代表的考古学文化，以夏商周文化、汉魏文化、唐宋文化为代表的中原历史文化，以老子、庄子、张衡、许慎、张仲景、吴道子、杜甫、韩愈、岳飞等为代表的名人文化，以新县鄂豫皖苏区首府、确山竹沟中共中央中原局所在地为代表的红色文化，博大精深。以白马寺、少林寺、相国寺和龙门石窟为代表的人文景观，以嵩山、南太行、伏牛山、大别山、桐柏山为代表的山水景观，以汴绣、钧瓷、汝瓷、官瓷、唐三彩、南阳玉雕、朱仙镇木版年画、汤阴剪纸、浚县泥塑、淮阳泥狗等为代表的民间工艺，以宝丰民间演艺、濮阳和周口杂技、豫西社火、豫南民间歌舞等为代表的民俗文化，异彩纷呈。河南省已经成为全国戏曲大省，豫剧享誉海内外，曲剧、越调等地方剧种，魅力独特。丰富的创意资源为河南省建设文化强省和创意产业强省提供了得天独厚的条件。

（2）创意消费市场逐步扩大。改革开放以来，河南省经济持续快速健康发展，经济社会跨入了新的发展阶段，城乡居民的收入持续提高，对创意消费的比重也将不断提高，消费重心开始向精神产品消费领域转移。需求结构的变化，既为创意产业建设注入了新的动力，也使创意产品的供需矛盾更加突出。

（3）有较强的科技支撑条件。创意产业的发展需要有科技条件支撑，目前，全省已经有 84 所高校，100 多万在校学生，中央所属科研单位 376 家，其中，中央驻豫科研单位有 38 家，占全国总数的 1/10，数量居全国前列。全省有 1000 多家独立科研机构，47 万研究开发人员，200 多万专业技术人员，这些都是河南省发展创意产业的基础。河南省创意产业重点发展的是创意文化产业，主要是软件产业、动漫产业。总的来讲，河南省的创意产业还在起步阶段，具有快速发展的科技支撑条件，创意产业发展前景美好。

3. 创意产业存在的问题

（1）专业人才缺乏。与一些创意产业发展较成熟的国际大都市和北京、上海等国内创意产业领先地区相比，河南不仅在文化创意人才的总量上偏小，在层次和结构上差距更是十分明显，国际知名的设计师、艺术家等高端人才、数字与艺术的复合人才以及经纪人等商业化运作人才非常缺乏。

（2）产业整合不力。一方面，企业同构、过度竞争，上规模、跨行业、有较强带动力的龙头企业缺乏，缺少具有影响力的文化创意品牌，产业的组织化程度还比较低；另一方面，创意产业各部门之间的协同联动效应还比较薄弱，产业链的延伸还不够，创意产品的市场增值能力还不强。有的创意产业如动画等的盈利模式尚不成熟，还需加以探索。

（3）自主版权不足。在软件、动漫、设计等创意产业领域，具有自主核心版权和特色文化内涵的创意产品还比较少，更多是停留在模仿、加工、改进等层次。另外，创意产业领域内的知识产权保护问题还需要进一步加强研究和加大力度，营造鼓励创新的良好环境。

（三）创意产业的发展重点

河南省发展创意产业所选行业应该考虑以下标准：一是要有一定基础、一定规模并具有发展潜力和前景，已经或将会在全国乃至国际上产生重要影响；二是对打造河南省先进制造业基地、建设创新型省份具有重要的推动作用；三是市场需求弹性高，市场容量大，成长性强；四是行业关联度大、带动性大，或河南省短缺程度大，对相关产业发展具有高度的增值作用等标准。结合前文提出的河南省创意产业划分，应重点做强六大行业。

1. 工业设计及研发

工业设计及研发已成为构成产业竞争力的核心因素。当前，工业产品的竞争越来越走向设计的竞争，企业更加重视工业设计对于提高产品附加值和品牌价值的作用。河南省工业设计已经进入快速发展时期，与工业设计紧密相关的研究开发作为提升自主创新能力的核心内容，对建设创新型省区、促进产业结构优化升级等至关重要。工业设计及研发的市场需求巨大。目前，国内工业设计总体上处于起步阶段的现状，河南省完全可以抢占发展先机。

河南省的创意产业应该以工业设计为突破，提高制造业的国际竞争力，形成以轻工产品设计、CI 设计、模具设计、工业计算机应用设计、精密零件设计、服装设计、包装设计等为内容的工业设计产业格局，带动制造业企业走向自主创新的发展道路，促进河南省制造业水平和国际竞争力的提升。

2. 时装设计

河南省服装产业发展基础较好。中国是世界最大的服装生产国、服装消费国和服装出口国。河南省作为服装大省，是目前国内服装生产品类、层面最齐全的省份之一，形成了独具特色的专业化生产和产业群。2003 年之后，“豫派”女裤开始崭露头角，梦舒雅、娅丽达、逸阳等先后叫响全国。以“Classic”的稳重成熟风格，风靡东北、华北及西北等地。到 2008 年，据不完全统计，大小规模的生产工厂已经有 600 家之多。随着制造工艺的不断改进及多种元素的整合，加上规范化的品牌运作和全国连锁的通路模式，“豫派”女裤基本可抗衡“广派”。

服装设计资源较为丰富，拥有郑州轻工业学院、中原工学院等知名的服装设计教育机构，有一批国内知名的服装设计师及工作室。而创新设计能力和品牌效应正是目前制约河南省服装产业发展的最关键因素。

3. 软件设计

（1）软件设计是软件产业形成自主知识产权和核心竞争力的首要环节。软件产业是电子信息产业中核心基础产业的重要组成部分，也是关系国民经济、社会发展和国家安全的基础性、战略性产业，同时更是国家信息化建设和传统产业改造不可或缺的核心和灵魂。在河南省信息产业快速发展的过程中，河南省有着良好的人才支撑和广阔的市场前景，是信息经济时代河南优先发展的战略性产业。

（2）软件产业发展空间巨大。近年来，尽管河南省软件产业发展速度很快，但是较之上海、北京、广东等省市仍有一定差距。河南省应加强与大力培育和引进高端软件技术人才和适用性软件设计人员，支持软件骨干企业和科研院所设立软件研发设计中心和设计工作室，不断扩大软件外包服务规模，提高产业国际化程度。在发展方向上，重点突出面向行业应用和产业升级的嵌入式软件、信息化支撑软件和应用开发平台软件、信息安全软件、电子商务与电子政务应用软件等。在空间布局上，着重引导软件设计产业向郑州等具有产业基础和人才优势的重点区域发展。

4. 动漫游戏

动漫游戏产业正成为新的经济增长点。2008 年，河南省有动漫企业 40 多家，现有动漫原创人员 1500 多人，年动画产能已达一万多分钟，衍生产品种类达 2100 多个，畅销全国各地及 10 多个国家和地区。郑州小樱桃动漫公司原创动画片《小樱桃》，版权已输出到德国、加拿大、越南等国家和地区；河南天乐动画公司原创动画连续剧《独脚乐园》被国家广电总局评为国产优秀动画片，“天乐”荣膺中国动漫产业十大标志性品牌；河南日报报业集团打造的《少林海宝》是上海世博会授权的唯一一部剧情类动画片。

近两年尽管河南省动漫产业发展迅速，但依然处在全国第二方阵的位置，郑州以及河南的动漫产业，还只是处在试跑阶段。动漫产业现在发展思路还不够清晰，造成动漫产业发展停留在较低水平和层次上，商业运作还不够，对和动漫产品配套的食品、服装、玩具等衍生品的开发还很欠缺。目前，河南省还没有一个专业的少儿和动画频道，致使本土的动画片播出困难，制约了全省动漫产业向深层次发展。此外作为历史文化资源大省的河南，历史长河给我们留下的大量独特的不可替代的文化资源，例如许昌三国文化、开封宋文化、商丘陈文化、洛阳西周文化和河洛文化、濮阳龙文化等，这些动漫产业可以深入开挖的“富矿”却一直没有得到系统的挖掘和弘扬。

因此，河南省应该构建完善教育培训、产业孵化、展示交流、技术支撑等公共服务平台，集聚美术原创人才、数字加工人才等专业创意人才，吸引漫画、动画、游戏、衍生品开发等各类相关动漫游戏企业，培育和完善动漫游戏产业链，逐步建立相对完整的包括人才培训、生产创作、市场运营等主要环节的产业体系，并逐步向数字娱乐内容产业方面拓展，使河南省成为国内具有重要影响力的动漫游戏产业中心。

5. 艺术品创作和交易

近年来国内的艺术品收藏进入了大众视野，各大艺术品拍卖机构每季的艺术品拍卖成交价屡破纪录，艺术品投资成为国内继房产、股票之后又一被强力关注的市场，艺术品创作和交易热情大涨，国内艺术品市场得到空前发展。

河南拥有艺术品创作和交易的有利条件。河南省历史文化灿烂，人文积淀深厚，形成了瓷器、刺绣、青铜器和金银器等大量杰出的传统工艺美术和知名品牌，一直是中国工艺美术制作中心之一。作为书画艺术大省，形成了群众基础广泛的艺术文化氛围和研习、创作、传播、欣赏、交流、收藏的习俗。无论是拍卖还是画廊业，以及民间书画、古玩交易，每年都保持繁荣的状况和大幅度增长的趋势。

河南应该依托优势资源，积极发展书画、雕塑、篆印、陶艺等各类艺术品创作，加快培育美术经纪、美术出版、艺术品展示、艺术品拍卖、艺术品鉴赏等中介服务机构，推进艺术品的商品化经营和产业化生产，办好郑州艺术博览会，弘扬豫派美术的传统文化品牌。加快发展和规范艺术品交易市场，加强艺术品经纪、艺术品市场管理人才、艺术法律人才等中介专业人才的培养和引进，鼓励发展画廊画店、艺术品经纪公司、艺术事务所、艺术收藏品市场、艺术拍卖行等各类主体，加强行业认证监管，建立健全信用评审和奖惩机制。

第六章　构建多层次资本市场　助力中原经济区建设

《国务院关于支持河南省加快建设中原经济区的指导意见》中指出，在中原经济区建设中，要“支持完善金融机构、金融市场和金融产品，形成多层次资本市场体系”。把构建多层次资本市场作为中原经济区建设的重要组成部分。

资本市场作为资金融通、优化资源配置的重要场所，对于企业而言，可以在短时间内通过资本市场筹措到所需资金，而对于整个国民经济来讲，通过资本市场的优化资源配置功能，可以提高整个国家的经济实力和竞争力。大力发展多层次资本市场，已成为各级政府和社会各界的共识。充分利用资本市场，可以筹集更多发展资金，破解中小企业融资难题；充分利用资本市场，能够规范和加强企业管理，提升上市公司的质量；充分利用资本市场，可以提高直接融资比例，从而防范和化解金融风险；充分利用资本市场，还能充分发挥资本市场的放大效应、倍增效应和“四两拨千斤”效应，通过资本市场来做大做强区域性经济；此外，利用资本市场，还能积极推动企业“走出去”，面向全球整合产业资源，抢占产业链的高端，提高产品附加值，并做大企业品牌。

一、多层次资本市场与中原经济区建设

十六届三中全会做出的《中共中央关于完善社会主义市场经济体制若干问题的决定》，在发展多层次资本市场体系方面实现重大理论突破，强调要“扩大直接融资，建立多层次的资本市场体系，完善资本市场结构”。十一届全国人民代表大会第四次会议高票通过的《十二五规划纲要》，提出“继续鼓励金融创新，显著提高直接融资比重”；“深化股票发审制度市场化改革，规范发展主板和中小板市场，推进创业板市场建设，扩大代办股份转让系统试点，加快发展场外交易市场，探索建立国际板市场”等；纲要为未来资本市场的发展完成了“顶层设计”，也开启了资本市场的转型期。随着整个经济、社会体系对资本市场认识的不断深化，在政府主导、各职能部门大力配合下，我国资本市场的深度和广度不

断加大。近年来，国内关于多层次资本市场的理论研究层出不穷，基于对层次资本市场内涵的不同理解，国内学者提出了多种构建中国多层次资本市场体系的模式。

（一）多层次资本市场的理论内涵与结构特点

1. 多层次资本市场的理论内涵

中国人民大学金融和证券研究所所长吴晓求（2010）① 提出了“主板市场—中小企业板市场—产权交易市场”模式，他认为“层次太多不好，管不过来，市场要求高度的透明度，实际上有两三个就够了，一个主板，一个中小企业，最多有个产权交易市场，当然，还有三板市场，但三板市场是为了处理遗留问题，不能成为主流”。

国务院发展研究中心金融研究所副所长巴曙松（2003）② 也认为，我国资本市场应当包括证券交易所市场、场外交易市场，即 OTC 市场、三板市场、产权交易市场和代办股份转让市场等几个层次。王国刚则认为，多层次是指资本市场应由交易所市场、场外市场、区域性市场、无形市场等多个层次的市场构成。还有一种说法则认为，多层次的资本市场是指能够为满足不同投融资市场主体的资本要求而建立起来的有层次性的配置资本性资源的市场。

综上所述，比较一致的看法是：多层次资本市场体系是指针对质量、规模、风险程度不同的企业，为满足多样化市场主体的资本要求而建立起来的分层次的市场体系，具体说来包括以下几个方面：

（1）主板市场，即证券交易所市场，是指在有组织交易所进行集中竞价交易的市场，主要是为大型、成熟企业的融资和转让提供服务；

（2）二板市场，又称为创业板市场，指与主板市场相对应，在主板之外专为处于幼稚阶段中后期和产业化阶段初期的中小企业及高科技企业提供资金融通的股票市场，此市场还可解决这些企业的资产价值（包括知识产权）评价，风险分散和创业投资的股权交易问题；

（3）三板市场（场外市场），包括柜台市场和场外交易市场，主要解决企业发展过程中处于初创阶段中后期和幼稚阶段初期的中小企业在筹集资本性资金方面的问题，以及这些企业的资产价值（包括知识产权）评价、风险分散和风险投资的股权交易问题。

2. 多层次资本市场的结构特点

（1）国外资本市场体系的结构特点。美国资本市场体系规模最大，体系最复

① 吴晓求. 中国资本市场二十年［DB\OL］. http：//news.ifeng.com/opinion/phjd/sjdjt/detail_2010.

② 巴曙松. 多层次资本市场与经济体制改革［N］. 证券时报，2003-10-26.

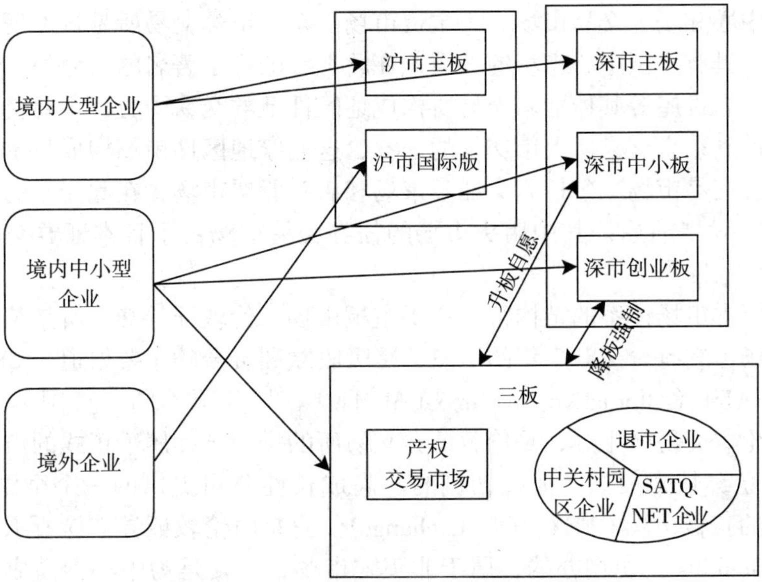

图 6-1　中国多层次资本市场体系展望[①]

杂也最合理，其结构特点主要包括三个层次：①主板市场。美国证券市场的主板市场是以纽约证券交易所为核心的全国性证券交易市场，该市场对上市公司的要求比较高，主要表现为交易国家级的上市公司的股票、债券，在该交易所上市的企业一般是知名度高的大企业，公司的成熟性好，有良好的业绩记录和完善的公司治理机制，公司有较长的历史存续性和较好的回报。从投资者的角度看，该市场的投资人一般都是风险规避或风险中立者。②以纳斯达克（NASDAQ）为核心的二板市场。纳斯达克市场对上市公司的要求与纽约证券交易所截然不同，它主要注重公司的成长性和长期盈利性，在纳斯达克上市的公司普遍具有高科技含量、高风险、高回报、规模小的特征。纳斯达克虽然历史较短，但发展速度很快，按交易额排列，它已成为仅次于纽约证券交易所的全球第二大交易市场，而上市数量、成交量、市场表现、流动性比率等方面已经超过了纽约证券交易所。③遍布各地区的全国性和区域性市场及场外交易市场。美国证券交易所也是全国性的交易所，但该交易所上市的企业较纽约证券交易所略逊一筹，该交易所挂牌交易的企业发展到一定程度可以转到纽约交易所上市。遍布全国各地的区域性证券交易所有 11 家，主要分布于全国各大工商业和金融中心城市，他们成为区域性企业的上市交易场所，可谓是美国的三板市场（OTC 市场）。

日本资本市场体系的结构特点也是分为三个层次：全国性交易中心、地区性

① 洪瑞春. 多层次资本市场体系建构研究 [D]. 北京交通大学硕士学位论文，2011.

证券交易中心和场外交易市场。①主板市场。东京证券交易所是日本证券市场的主板市场，具有全国中心市场的性质，在此上市的都是著名的大公司。②二板市场。大阪、名古屋等其他七家交易所构成地区性证券交易中心，主要交易那些尚不具备条件到东京交易所上市交易的证券，这七家地区性市场构成日本的二板市场。③场外交易市场。包括店头证券市场和店头股票市场，在此交易的公司规模不大但很有发展前途，其中店头市场的债券交易市场占了日本证券交易的绝大部分。

英国资本市场体系的结构特点：①主板市场。伦敦证券交易所是英国全国性的集中市场，它有着200多年的历史，是吸收欧洲资金的主要渠道。②全国性的二板市场AIM（Alternative Investment Market）。与美国不同，英国的二板市场AIM是由伦敦交易所主办，是伦敦证券交易所的一部分，属于正式的市场。其运行相对独立，是为英国及海外初创的、高成长性公司提供的一个全国性市场。③全国性的三板市场OFEX（Off-Exchange）。它是由伦敦证券交易所承担做市商职能的JPJenkins公司创办的，属于非正式市场，主要是为中小型高成长企业进行股权融资服务的市场。

（2）国外多层次资本市场的结构体系。国外市场经济发达国家，目前都建立了多层次的资本市场体系。如日本有东京证券交易所和纳斯达克证券交易系统，瑞典有主板市场和NGM成长市场，加拿大有阿乐伯塔证券交易所、多伦多证券交易所、温哥华证券交易所、蒙特利尔证券交易所四个证券交易所，巴西有里约热内卢证券交易所和圣保罗证券交易所两个证券交易所。这些证券交易所或证券交易系统，有的从事主板市场业务，有的是从事创业板市场业务。同时，在庞大的场内交易市场之外还具有大量相对成熟的场外交易市场。

美国的多层次资本市场构架主要构成：①全国性集中市场（主板市场）：有纽约证券交易所、美国证券交易所、NASDAQ；三个全国性市场其公司上市条件依次递减，公司依自身规模、特性选择融资市场。②区域性市场：有太平洋交易所、中西交易所、波士顿交易所、费城交易所等地方性市场；主要交易区域性企业的证券，同时有些本区域在全国性市场上市的公司股票，也在区域性市场交易。③“未经注册的交易所”，由美国证券监督管理委员会依法豁免办理注册的小型的地方证券交易所；主要交易地方性中小企业证券。全国性的小型资本市场：NASDAQ Small Cap Market（二板市场）；其专门针对富有经验的机构投资人而设立的市场，为那些中小型高成长的企业上市融资服务。全国性的场外交易市场（未上市证券市场）：OTCBB和Pink Sheets。早在纳斯达克市场形成之前，美国就已经有3000多个柜台交易网点所形成的场外交易市场，只不过到了20世纪70年代初，这些柜台交易网点才用计算机技术连接起来形成了纳斯达克。1990年NASDAQ设立了OTCBB市场，专门为未能在全国性市场上市的公司股票提供一个交易的场所。其后，OTCBB 独立出来，自主运行，直接由美国证监会和 NASD 负责监管。三板市场，又称为场外交易市场（OTC）、柜台交易（店头交易）市场，指在交易所外由证券买卖双方当面议价成交的市场，它没有固定的场所，其交易主要利用电话进行，交易的证券以不在交易所上市的证券为主，在某些情况下也对在证券交易所上市的证券进行场外交易。近年来，国外一些场外交易市场发生很大的变化，它们大量采用先进的电子化交易技术，使市场覆盖面更加广阔，市场效率有很大提高。在美国多层次的资本市场体系中特别应该提到的是以芝加哥商业期货交易所（CME）为代表的交易场所提供的各种金融衍生品的交易，它不但为整个社会提供了各种风险不一的投资产品，并在很大程度上化解了市场的系统性风险。

美国多层次资本市场的功能特征。美国资本市场体系庞大、条块结合、功能完备、层次多样。既有统一、集中的全国性市场，又有区域性的、小型地方交易市场，使得不同规模、不同需求的企业都可以利用资本市场进行股权融资，这无疑有力地推动了美国经济的创新与增长。全国性集中市场主要是为大型企业融资服务的；二板市场的服务对象主要是中小型企业和高科技企业；二板市场的上市标准要比集中市场低，同时还设计出几套不同的标准，由不同规模的企业自己选择适宜的标准进行上市融资；新兴市场（三板）则基本取消了上市的规模、盈利等条件，把市场监管的重点从企业上市控制转移到以信息充分披露为核心，以管理从业券商为主要手段，以会员制为主要形式，以券商自律为基础的监管模式。多个证券交易所或证券交易系统同时存在，有利于资本市场的竞争和提高资本市场效率。我们应在充分借鉴发达国家经验的基础上，制定适合中国国情的多层次资本市场的一系列相关法律制度和管理制度。我国是一个面积和人口较多，经济总量较大的国家，只有一两个证券交易所是远远不行的，应当构建层次结构合理、地域分工清晰的多层次资本市场体系。

（3）中国资本市场体系的结构特点。和国外资本市场体系对比，中国资本市场体系的显著特点是市场结构不完善。中国资本市场是伴随着经济体制改革的进程逐步发展起来的，发展思路上还存在一些深层次问题和结构性矛盾，主要有：重间接融资，轻直接融资；重银行融资，轻证券市场融投资；在资本市场上“重股市，轻债市，重国债，轻企债”。这种发展思路严重导致了整个社会资金分配运用的结构畸形和低效率，严重影响到市场风险的有效分散和金融资源的合理配置。

具体来说表现为：①主板市场，包括上海证券交易所和深圳证券交易所。沪深证券交易所在组织体系、上市标准、交易方式和监管结构方面几乎完全一致，主要为成熟的国有大中型企业提供上市服务。②二板市场（创业板市场）。2004 年 6 月 24 日，为中小企业特别是高新技术企业服务的创业板市场刚刚推出，它附属于深交所之下，基本上延续了主板的规则：除能接受流通盘在 5000 万股以下的中小企业上市这点不同以外，其他上市的条件和运行规则几乎与主板一样，所以上市的“门槛”还是很高。③三板市场（场外交易市场）。包括“代办股份转让系统”和地方产权交易市场。总的说来，中国的场外市场主要由各个政府部门主办，市场定位不明确，分布不合理，缺乏统一规则且结构层次单一，还有待进一步发展。

十六届三中全会《决定》对多层次资本市场地位的确立，意味着妨碍市场建设的“篱笆栏杆”开始拆除，限制体系健全的政策已做出重大调整。从现实条件来看，目前我国发展多层次资本市场条件已经基本成熟，适时推出可谓水到渠成。当然，发展多层次资本市场也是一项系统工程，需要在发展过程中积极推进制度建设和体制创新，其中尤为迫切的是采取切实有效的措施，建立严格的、市场化的退出机制。唯此，才能很好地满足多样化的市场主体对资本的供给和需求，高效率地实现资本市场供求平衡，发挥多层次资本市场的功能改进效果。

要合理界定不同层次市场的功能定位，如果从目前看中国的资本市场应当包括证券交易所市场、场外交易市场（即 OTC 市场）、产权交易市场和代办股份转让市场等几个层次的话，那么，究竟这几个层次应当如何确定其定位，需要慎重研究。继续发挥主板市场（集中交易市场）功能。

上海证券交易所和深圳证券交易所依然是我国大中型企业上市融资的主要市场，但这个市场需要有相当一段时间的调整，同时也需要在发展思路和战略上进行反思。从总量与规模上看，沪深市场依然是未来我国多层次市场体系的主要组成部分。

健全三板市场（场外交易市场）。目前主要指“代办股份转让系统”和地方产权交易市场，“条块结合”的场外交易市场体系等。“代办股份转让系统”的特点是股份连续性交易、具有 IPO 的功能、设置一定的挂牌交易标准等。地方产权交易市场由原体改及财政、国资系统组建的产权交易所和由科委系统组建的技术产权交易所两大部分组成，其主要特点是以做市商或会员代理制交易为特征，进行产权、股权转让、资产并购、重组等。国资系统以上海产权交易所为龙头组织了长江流域产权交易共同市场，成员为长江流域省市的产权交易机构；以天津产权交易所为龙头组织了北方产权交易共同市场，成员为长江以北地区及京津地区的产权交易机构。科委系统自 1999 年 12 月在上海成立我国第一家技术产权交易所以来，目前全国各地已成立技术产权交易机构 40 多家，这些交易机构全部都是由当地政府部门牵头发起设立的。据统计，目前设立的交易机构注册资本金中由各地方政府财政直接出资或地方财政资金通过具有政府背景的国有企业出资已达到将近 4 亿元。近两年来，地方产权交易市场的发展十分迅猛，其主要原因是地方中小企业的发展缺少金融服务的支持，更没有资本市场的支撑。因此，我国三板市场体系的建设应采取“条块结合”模式，既有统一、集中的场外交易市场，又有区域性的权益性市场。

拓展金融衍生品市场。我国股票市场近年持续下跌，包括市场投资者、证券公司受到巨大亏损，出现市场参与者全输的局面，已严重影响到证券市场功能的正常发挥、金融和保险市场的稳定。虽然其中原因多种多样。但与我国资本市场缺少避险交易品种有很大关系。因此，建立我国多层次的资本市场体系，在考虑如何满足中小企业融资需求的同时，还要考虑提供各种金融衍生品交易场所的建设问题。我国资本市场发展到今天，对金融衍生品市场的需求已愈来愈显迫切。金融衍生工具在规避风险、提高资本利用效率等方面发挥的作用不可替代。加入世界贸易组织后，象征我国已经从过去封闭的计划经济体系中脱离出来，我国的经济体系将由市场的力量和全球贸易来确定。引入金融衍生品对于加快我国经济发展具有举足轻重的意义。从降低市场系统性风险角度而言，中原经济区也有必要加快步伐推出金融期货市场。

（二）中原经济区资本市场现状的实证研究

这里拟围绕河南 GDP 增长率、外商直接投资、金融机构、发行 A 股融资情况、保险业务、国库券以及郑州商品期货交易情况进行分析，探讨中原经济区多层次资本市场发展现状和差距。

首先看河南省自 1952 年以来的 GDP 增长率，如图 6–2 所示。

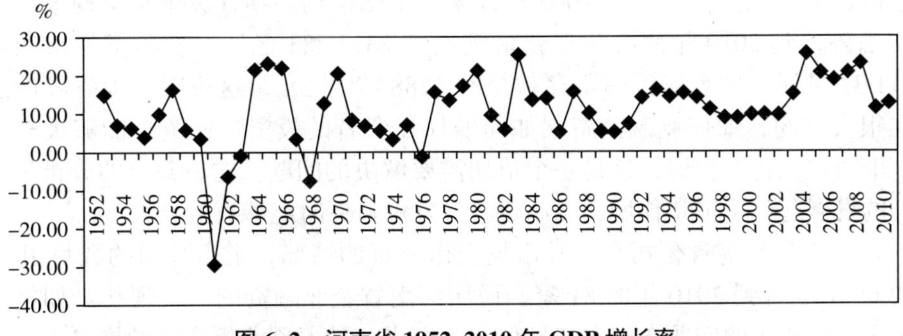

图 6–2 河南省 1952~2010 年 GDP 增长率

资料来源：锐思金融研究数据库，www.resset.cn。

由图 6–2 可知，总体来看，河南省 GDP 增长率变动幅度不是很大，20 世纪 60 年代处于三年自然灾害时期，GDP 增长率为负，之后的大跃进使得 GDP 保持在一个较高水平上，改革开放以来，GDP 增长率均为正，2008 年的金融危机使 GDP 增长率有所降低，但到 2010 年底，经济逐步恢复，GDP 又开始保持增长态势。由此可知，河南省在建设中原经济区的过程中，应使 GDP 保持较好的增长率，使中原经济区能够成为全国一个示范经济区，推动“三化”的迅速发展。

在建设中原经济区的过程中，外商投资对经济的发展会起到一定的推动作用，因此进一步分析河南省外商投资额情况，为中原经济区的发展提供一些经验证据。图 6-3 展示了河南省 1994~2010 年外商投资情况，虽然增幅较缓，但是投资的金额确实推动了河南经济的发展。所以在今后的“三化”协调过程中，外商直接投资也必将会助力中原经济区的深化发展。

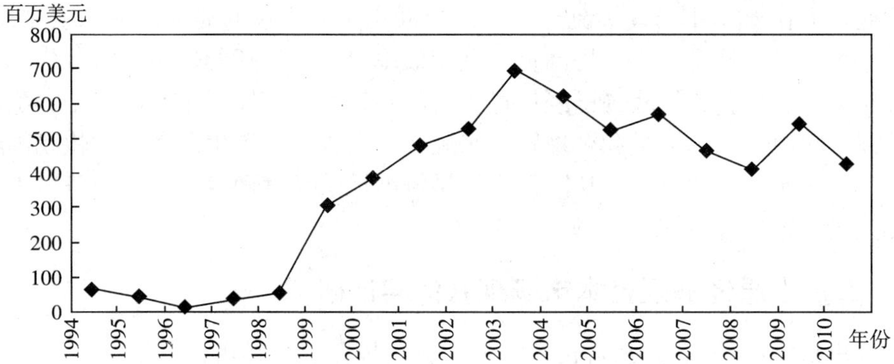

图 6-3　河南省 1994~2010 年外商直接投资额

那么河南省的现实状况又是怎样的呢？下面主要从金融机构、保险业、股票、国债等进行分析。表 6-1 列示了改革开放以来河南省历年金融机构和保险业的指标，可以看出，尤其是 2005 年以来，金融机构各项存款余额呈现大幅度增加的态势，到 2010 年底各项存款余额达到 23148.83 亿元，各项贷款余额达到 15871.32 亿元，城乡居民储蓄存款余额 12883.70 亿元，这说明河南省经济发展存在很大空间，如何刺激消费，如何增加投资者的投资，使资金能够被充分运用，助力“三化”发展，这是一个迫切需要解决的问题。这一部分的分析为“三化”的发展起到了铺垫作用，在制定经济发展目标时能够有的放矢。

表 6-2 是河南省公司在证券市场上市融资的情况，上市公司的数目由 2009 年的 66 家上升到 2010 年的 81 家，说明河南省企业融资的一个现状。如何解决中小企业融资难的问题在河南省显得尤为突出，随着创业板市场的推出，这在一定程度上缓解了中小企业融资难的问题。结合河南省的实际情况，河南省应着力扶持一批优秀的中小企业到创业板上市，解决融资难题。

表 6–1　河南省历年金融机构和保险业主要指标

单位：亿元

年份	各项存款年底余额	# 企业存款	各项贷款年底余额	城乡居民储蓄存款年底余额	保险公司保费收入	保险公司赔款及给付
1978	45.71	12.26	99.99	9.81	—	—
1979	52.00	14.15	108.14	12.97	—	—
1980	57.77	17.51	125.01	19.44	—	—
1981	68.45	19.10	146.42	26.90	—	—
1982	74.08	21.96	153.73	32.83	—	—
1983	88.10	26.47	174.83	45.59	—	—
1984	136.84	53.38	229.88	64.35	—	—
1985	146.42	59.13	284.91	84.23	—	—
1986	184.66	69.64	350.21	115.03	—	—
1987	231.71	85.54	392.32	167.88	—	—
1988	270.67	92.01	447.99	209.33	—	—
1989	329.01	88.79	511.90	276.34	—	—
1990	593.96	120.86	773.04	376.12	6.57	3.18
1991	754.03	149.68	945.90	484.84	8.47	4.49
1992	936.04	204.60	1127.26	595.39	13.65	5.46
1993	1143.66	275.80	1366.98	766.57	18.48	7.55
1994	1602.95	381.45	1704.82	1085.80	21.03	11.89
1995	2131.69	524.66	2170.17	1456.35	25.57	11.47
1996	2707.65	700.86	2665.41	1855.28	26.87	15.23
1997	3271.76	861.43	3320.89	2243.00	34.84	16.02
1998	3772.51	907.25	3878.53	2657.23	44.92	17.78
1999	4198.10	990.69	4179.51	2940.08	47.89	15.83
2000	4753.41	1207.41	4356.94	3182.08	55.77	17.30
2001	5530.16	1398.27	4885.73	3634.50	69.57	21.85
2002	6451.59	1566.27	5553.58	4202.57	126.22	22.68
2003	7618.03	1827.48	6422.66	4919.09	162.98	27.53
2004	8631.79	1988.23	7092.31	5607.30	202.05	33.84
2005	10003.96	2138.70	7434.53	6488.55	213.55	38.16
2006	11492.55	2584.95	8567.33	7367.37	252.31	50.98
2007	12576.42	3012.85	9545.48	7812.24	323.56	100.88
2008	15255.42	3432.57	10368.05	9515.82	518.92	128.77
2009	19175.06	4845.22	13437.43	11207.40	565.39	148.23
2010	23148.83	5688.32	15871.32	12883.70	793.28	153.91

表 6-2　证券市场情况

指标	2009 年	2010 年
年末河南上市公司数量（家）	66	81
年末发行股票（只）	68	83
发行 A 股	41	52
新发行	3	11
发行境外股票	27	31
新发行	3	4
截至年末募集资金总额（亿元）	577.46	751.10
本年首次发行、再融资募集资金（亿元）		
	57.64	173.64
A 股	50.06	142.27
年末 A 股上市公司		
流通股市价总值（亿元）	2503.00	3296.88
股票成交量（亿元）	26054.00	24290.27
投资者开户数（万户）	316.00	359.66
# 机构	0.32	4.96
个人	315.68	354.70
证券营业部个数（个）	123	138
# 外省证券公司设本省营业部		
	89	101

表 6-3　河南 A 股股票发行情况（1993~2010 年）

股票名称	证券代码	发行日期	发行数量（万股）	发行价格（元/股）	发行总市值（万元）	募集资金净额（万元）
中原环保	000544	1993-10-25	4500	3.50	15750	15075
神马实业	600810	1993-11-03	4950	4.68	23166	23166
洛阳玻璃	600876	1995-09-28	5000	5.03	25150	23900
焦作万方	000612	1996-09-09	3201	6.80	21767	21127
ST 冰熊	600753	1996-09-16	2000	5.18	10360	9760
思达高科	000676	1996-12-03	1250	5.20	6500	6000
许继电气	000400	1997-04-02	5000	9.24	46200	44700
银鸽投资	600069	1997-04-16	4000	4.62	18480	17810
宇通客车	600066	1997-04-23	3500	9.75	34125	33075
郑州煤电	600121	1997-10-28	8000	5.50	44000	42520
豫能控股	001896	1997-11-10	8000	3.36	26880	25920
莲花味精	600186	1998-06-15	10000	7.01	70100	68000
S 双汇	000895	1998-09-16	5000	6.24	31200	30046
黄河旋风	600172	1998-10-19	4000	6.40	25600	24721

续表

股票名称	证券代码	发行日期	发行数量（万股）	发行价格（元/股）	发行总市值（万元）	募集资金净额（万元）
SST 春都	000885	1998-12-02	6000	7.08	42480	40980
安彩高科	600207	1999-06-21	18000	7.20	129600	127623
神火股份	000933	1999-07-23	7000	7.50	52500	51170
太龙药业	600222	1999-08-13	3500	6.52	22820	21823
新乡化纤	000949	1999-08-18	7500	7.80	58500	56752
中原油气	000956	1999-09-10	17000	4.89	83130	80580
羚锐股份	600285	2000-09-14	4000	8.30	33200	32030
天方药业	600253	2000-12-06	6000	7.75	46500	44820
平高电气	600312	2001-01-15	6000	12.45	74700	72787
安阳钢铁	600569	2001-08-01	27500	6.80	187000	182925
中孚实业	600595	2002-06-12	5000	8.30	41500	39939
豫光金铅	600531	2002-07-15	4500	7.34	33030	31502
瑞贝卡	600439	2003-06-25	2400	10.40	24960	23956
中原高速	600020	2003-07-24	28000	6.36	178080	172754
风神股份	600469	2003-09-29	7500	4.30	32250	30533
华兰生物	002007	2004-06-10	2200	15.74	34628	32985
轴研科技	002046	2005-05-11	2500	6.39	15975	14784
平煤天安	601666	2006-11-08	37000	8.16	301920	294892
新野纺织	002087	2006-11-17	8000	5.19	41520	38821
恒星科技	002132	2007-04-13	4100	8.00	32800	30200
中航光电	002179	2007-10-18	3000	16.19	48570	46231
利达光电	002189	2007-11-15	5000	5.10	25500	23512
三全食品	002216	2008-02-20	2350	21.59	50737	48864
濮耐股份	002225	2008-04-25	6000	4.79	28740	27012
辉煌科技	002296	2009-09-29	1550	25.00	38750	37004
汉威电子	300007	2009-10-30	1500	27.00	40500	37364
华英农业	002321	2009-12-16	3700	16.98	62826	58884
郑煤机	601717	2010-8-3	14000	20.00	280000	270040
豫金刚石	300064	2010-3-26	3800	21.32	81016	74502
雏鹰农牧	002477	2010-9-15	3350	35.00	117250	108623
远东传动	002406	2010-5-18	4700	26.60	125020	121490
森源电气	002358	2010-2-10	2200	26.00	57200	54715
多氟多	002407	2010-5-18	2700	39.39	106353	99085
中原内配	002448	2010-7-16	2350	21.80	51230	47275
新开源	300109	2010-8-25	900	30.00	27000	24805
新大新材	300080	2010-6-25	3500	43.40	151900	148008
中原特钢	002423	2010-6-3	7900	9.00	71100	67383

资料来源：《河南统计年鉴（2011）》。

表 6-3 展示了河南省 A 股上市公司情况，包括沪深主板、中小企业板、创业板，目前仅有 4 家公司在创业板上市，由此可见，创业板发展空间还很大。河南省应抓住发展机遇，为中小企业发展，为“三化”发展提供各种优惠条件和政策，助力中原经济区的强势发展。

表 6-4 进一步展示了河南省 2006~2010 年保险业务的情况，从财产保险、人身保险等情况来看河南保险业务的发展情况，保险费收入从 2005 年的 2523106 万元涨到 2010 年的 7932838 万元。

表 6-4　河南保险业务情况

单位：万元

项目	2006 年	2007 年	2008 年	2009 年	2010 年
保费收入	2523106	3235621	5189239	5653914	7932838
财产保险	476181	647687	778537	977354	1347210
# 机动车辆险	399160	538271	631479	817024	1193388
企业财产险	41440	52030	57058	54314	66260
家庭财产险	3810	1916	2452	2242	2034
人身保险	2046925	2587934	4410702	4676560	6585628
寿险	1854461	2386260	4110140	4344466	6183363
健康险	133789	132658	223564	249136	310332
意外伤害险	58675	69015	76997	82958	91933
赔款及给付	509782	1008777	1287669	1482335	1539086
财产保险	231549	338994	451263	521312	707189
# 机动车辆险	189390	289728	382449	431539	586623
企业财产险	23945	28708	23876	29468	52660
家庭财产险	396	536	627	687	813
人身保险	278233	669783	836406	961023	831897
寿险	197318	600394	745623	862212	686418
健康险	60553	44116	65145	73159	115751
意外伤害险	20362	25273	25639	25651	29728

资料来源：《河南统计年鉴（2011）》。

表 6-5 展示了河南省各市国债发行情况，可以看到全省国债由 2000 年的 485000 万元发展到 2010 年的 618676 万元，省会郑州市的增长幅度居第一。由此可知，国债也对经济发展起到了极大的推动作用。

表 6-6 是郑州商品期货交易所的交易情况统计，主要包含了白糖、菜籽油、棉花、小麦、一号棉花、早籼稻，还有红小豆、花生仁等商品期货，但未找到相关交易数据，根据锐思金融研究数据库获取的数据做了描述性统计分析。郑州商品期货交易所作为全国三大期货交易所之一，其对经济的发展起到了功不可没的作用，在建设中原经济区的过程中，更要充分利用商品期货交易所的带动作用。

表 6–5 河南省各市国债发行情况

单位：万元

年份 市	2000	2001	2002	2003	2004	2005	2006	2007	2008	2009	2010
全省	485000	365700	328900	439978	514630	460969	538669	432787	378128	629698	618676
郑州市	160330	126160	135264	224993	206636	190559	182749	162122	165302	260249	140710
开封市	23266	9500	10504	37050	13973	18625	27500	16700	11917	25413	31839
洛阳市	79250	70300	54341	38227	89702	68155	75090	58420	53215	69539	55497
平顶山市	21000	11150	16462	17582	14178	13410	19250	14140	13363	17609	24190
安阳市	30500	12100	8690	13265	12260	16682	17830	16130	11677	19723	13050
鹤壁市	2880	1950	2202	2780	7927	3360	10290	8150	2619	4587	10755
新乡市	30737	18800	13078	15875	18342	24089	29550	18060	11750	23661	45620
焦作市	25021	12800	9850	9925	10306	11699	16850	17180	11700	22824	31401
濮阳市	35300	37820	24566	17095	50250	35975	55380	23460	28492	62422	45013
许昌市	14600	9100	8741	8660	12519	10770	12620	11040	4927	11236	10737
漯河市	3296	1550	1665	2940	5505	6080	10170	8760	7766	11846	8191
三门峡市	11710	9900	8560	7555	14262	9690	10460	9255	6314	11447	18821
南阳市	8000	12870	7924	7422	11686	17220	21990	19320	11486	20616	25086
商丘市	6515	3100	2829	3851	5700	4505	8290	10600	7166	12629	22454
信阳市	8275	9250	8932	11688	13515	9900	14650	12400	7757	16395	37562
周口市	8800	7050	5197	4720	6783	5575	9970	11200	8477	14225	28285
驻马店市	11600	8250	6754	13600	16955	9125	10170	10270	10197	21248	59963
济源市	3920	4050	3341	2750	4131	5550	5860	5580	4003	4029	9502

资料来源：《河南统计年鉴（2011）》。

表 6–6 郑州商品期货交易所 1999~2011 年商品期货交易情况的统计

	最小值	最大值	均值	标准差
PTA	1142.32	518395600	75771789	106002186.7
白糖	1193.33	3359115200	358802858.7	616376508.1
菜籽油	980.2	85573900	17566831.06	22706507.67
棉花	173.36	2059314900	175750172.5	388818429.4
强筋小麦	427.5	151274800	17855026.53	26043483.4
一号棉花	279.89	156710500	24585312.01	34935369.77
早籼稻	200900	126627500	10972196.55	24677238.89

资料来源：锐思金融研究数据库，www.resset.cn。

这一部分主要对河南省的实际情况做了简单的经验分析，为后面部分做区域经济的比较做了较好的铺垫，结合与第二部分全国经济区的比较研究，找出存在的问题，最后一部分有针对性地提出建议。

因此，在加快发展多层次资本市场的同时，要着力于促进“三化”协调发展，坚持以人为本和节约集约。可以考虑：①设立农村金融试验区，开展农村金融综合改革创新试点。目前河南农村现状可以概括为“人口多、土地少、资金缺”，信用社改制势在必行，在小农经济的基础上，政府对合作社给予资金和政策支持。②进一步增加郑州商品交易所期货品种，建设全国农产品期货交易中心、价格中心和信息中心。③强化产权市场功能，建立土地承包经营权和排污权、碳排放交易市场。④设立创业投资基金。⑤探索保险业投资创新等举措。

（三）多层次资本市场对中原经济区建设的推动作用

1. 资本市场的结构性和层次性

资本市场一般被认为是长期筹资市场，从其作用与功能来说，可以认为资本市场是资金融通和风险分散的场所，这个场所可以是有形或无形的。资本市场的结构性内涵主要有两种描述：第一种是将资本市场结构分为主体结构和客体结构两大部分，① 市场主体由交易者组成，包括居民、组织、政府及中介，市场客体由交易对象组成，包括股票、债券、期货、期权等金融工具；第二种是将资本市场结构视为资本市场的组成部分及各个要素的构成、分布和组织状况，包括资本市场主体结构、客体结构、组织结构、分布结构等。②

一般而言，层次是指一个系统内部存在不同等级的范畴。针对资本市场，层次结构是指资本市场所包含为满足不同发展阶段的企业融资需求所具有的不同市场形式的内在次序、逻辑范围和层次关系。国内外学者从不同角度讨论了资本市场的层次性，如上市标准、服务对象、交易规则、地域结构等，但是从资本市场的内涵来说，资本市场层次性的含义在于资金流通和风险分散的程度不同，具体而言，多层次资本市场体系是指针对不同规模与发展程度的企业，用以满足这些企业各异的市场融资及投资需求和风险分散的需要建立起来的资本市场交易体系。

2. 多层次资本市场对中原经济区建设的功能

（1）提高资源配置效率。多层次的资本市场可以满足资金供求双方的多样化需求，实现资本供求均衡，进而提高资源配置效率。从价格发现和资源配置的角度看，单一层次和单一品种的资本市场的功能非常有限，不能满足融资者和投资者的需求，实际上有可能将大量的融资者和投资者“挤出”资本市场。

资本市场效率，一般是指资本市场实现金融资源优化配置功能的程度。具体可从两大方面着手进行分析：一是资本市场以相对较低的交易成本为资金需求者提供较强金融资源的能力；二是表现为市场的资金需求者使用金融资源向社会提

① 房汉庭. 现代资本市场的理论与实证分析［M］. 北京：东方出版社，1995.

② 余甫功. 中国资本市场制度分析与机制研究［M］. 北京：中国财政经济出版社，2001.

供有效产出的能力。高效率的资本市场，应是将社会即时有限的金融资源配置给效益最好的企业、行业及区域，创造最大产出，实现社会福利最大化的市场。

资本市场作为金融系统的核心组成部分，具有金融资源的属性特点。不同表现形态的资本存在一个配置问题，通过资本市场实现金融资源的优化配置，表现为不同表现形态的资本得到最充分有效的利用。资本的合理使用可以使金融资源得到优化配置。资源的配置与资本所带来的利益分配不能截然分开，资本所带来的利益分配或多或少地会影响和制约金融资源的配置。因此，在一定意义上说，资本市场正是通过各种利益关系的再分配，影响甚至决定了金融资源的配置。

（2）有助于以新型城镇化引领的新型城镇化、新型工业化、新型农业现代化协调推进。新型城镇化是以城乡统筹、城乡一体、产城互动、节约集约、生态宜居、和谐发展为基本特征的城镇化，是大中小城市、小城镇、新型农村社区协调发展、互促共进的城镇化。从河南省实际看，农村人口多、农业比重大、保粮任务重，“三农”问题突出是制约“三化”协调的最大症结，人多地少是制约“三化”发展的最现实问题，城镇化水平低是经济社会发展诸多矛盾最突出的聚焦点，这一状况对城镇化模式转变形成倒逼压力，要求我们必须创新城镇化发展思路和路径。

实施新型城镇化是一个人口集聚的过程，是诸多因素共生演化发展的过程，是推进人口聚居、产业、生态环境、基础设施、政府服务等的全面协调发展的过程，在这个过程中需要利用市场机制进行多方融资。因此在河南省建立多层次资本市场有利于深化城镇投融资体制改革，动员各方力量多渠道、多形式筹集建设资金，实现城镇建设投入与产出的良性循环，从而实现以新型城镇化引领的新型城镇化、新型工业化、新型农业现代化协调推进。

（3）有助于积极推进农业现代化，构建现代农业产业体系。推进农业现代化，需要河南省优先安排并重点支持重大控制性水利工程、低洼易涝地治理、病险水库（水闸）除险加固和大中型灌区建设，加大大型灌排泵站更新改造力度，增强抗御水旱灾害能力。需要河南省建设国家级现代农业示范区和国家级农业科技园区。需要扶持重点龙头农业企业，创建农业产业化示范基地，培育知名品牌，推进农产品精深加工，不断提高农业产业化经营水平。需要河南省建设大型农产品批发交易市场、培育和发展农产品综合交易市场。

推进农业现代化必须有相应的长期建设资金的稳定持续投入，这种资金投入单靠政府投入和间接融资是远远不够的，必须大力发展直接融资。而多层次资本市场的建立，可以帮助更多的农业企业融资，带动农业发展，从而筹措到经济快速增长所需要的巨额的长期的经济建设资金。同时在河南省构建多层次资本市场有助于土地承包经营权的流转，有助于将郑州商品交易所建成全国农产品期货交易中心、价格中心和信息中心，有助于农业保险和农村金融改革的试点和发展。

（4）有助于加快新型工业化进程，构建现代产业体系。强化新型工业化主导，加快转型升级、提升支撑能力。以科技含量高、信息化涵盖广、经济效益好、资源消耗低、环境污染少、人力资源优势得到充分发挥为主要内涵的新型工业化，在经济社会发展中具有决定性作用。要坚持做大总量和优化结构并重，推动工业化与信息化融合、制造业与服务业融合、新兴科技与新兴产业融合，构建结构合理、特色鲜明、节能环保、竞争力强的现代产业体系，加快新型工业化进程，有力支撑“三化”协调发展。

加快新型工业化进程，构建现代产业体系，需要以做大做强为方向争创工业新优势，需要以拓展提升为重点发展壮大服务业，需要以产业集聚区为载体推动集聚发展，而多层次的资本市场可以使得河南省顺利完成工业结构转换，并解决工业转型过程中的一些“颈瓶”性问题。

第一，加快新型工业化所需巨额长期资金，需要借助于多层次资本市场。工业转型和产业结构调整，必须有相应的长期建设资金的稳定持续投入。这种资金投入，单靠间接融资是远远不够的，必须大力发展直接融资。

第二，企业改革与发展需要借助于多层次资本市场。河南省的众多企业大多需要仰仗发达的多层次资本市场建立现代企业制度和自我约束机制与激励机制。同时，多层次资本市场的存在与其说是在银行体系之外给深圳企业提供了另一种筹资的渠道，还不如说是为那些有活力企业的成长壮大提供一条快车道。因为，发达的多层次资本市场，可以为河南省企业上市、并购重组搭建一个可以超越空间限制的广阔的运作平台。

第三，经济结构转换需要借助于多层次资本市场。经济结构调整是以促进产业结构的合理化和高度化、改善企业的市场适应性和竞争力、提高新技术的自生成能力和商业化能力为最终目标的，为了达到这些目标，通常都将产业结构、技术结构、企业结构、产权结构等作为调整对象，通过这些领域的升级、整合、转化，实现整体经济结构的升级和优化。在上述领域的结构调整中，尽管离不开政府的政策引导，但更多的是借助于多层次资本市场调节。

第四，产业结构调整需要借助于多层次资本市场。产业结构调整归根结底是不同种类企业的市场进出问题。通过多层次资本市场，使有效益有竞争力、市场成长性好的企业得到资本而成长壮大，使没有效益成长性差的企业无法得到资本支持而受到抑制或者被淘汰。这种市场作用最终将带来产业结构优化的结果，因为，投资者以自利为前提的投资活动必然会刺激市场资源向位于优势产业中的企业倾斜。

第五，技术创新需要借助于多层次资本市场。在经济发展的不同阶段，驱动经济增长的动力是不同的：在经济发展的初级阶段，驱动经济增长的动力是要素，其竞争优势主要来自于廉价劳动力和自然资源，企业间的竞争主要是价格竞争；在经济发展的中级阶段，驱动经济增长的动力是投资，竞争优势的重要来源是生产的效率，企业间的竞争主要依靠资本的投入和生产的效率；在经济发展的高级阶段，驱动经济增长的动力是创新，竞争的优势主要来自于创新产品在全球的竞争能力，企业能够推出创新的、处在全球经济前沿的产品，经济中存在强有力的、支持创新的制度和激励机制。目前河南省的经济增长正处在由资本驱动向创新驱动过渡的阶段，以技术进步推动产业升级是经济结构调整的重要内容。但是，技术的创新与商业化本身是一项高风险的活动，加之创新型企业规模普遍较小、发展前景不明、信用积累和担保资产缺乏，很难取得银行贷款。为解决这一难题，美国纳斯达克找到的有效方法就是建立发达的多层次资本市场，让多层次资本市场与创新活动结成广泛的互动关系。

第六，金融结构调整需要借助于多层次资本市场。金融是经济发展的支柱产业，但金融也是受经济周期波动影响最大的行业之一。在其周期性发展过程中，结构调整是一种常态。无论是金融企业上市、再融资、金融机构之间的兼并、重组，还是不良金融资产的出售都离不开发达的资本市场。

(5) 资本市场作为一种垄断性、稀缺性和资源性的作用。

第一，GDP 的重要组成部分。长久以来，人们把多层次资本市场只是简单地视为一个融资场所或融资工具。其实，多层次资本市场不仅仅是一个融资场所或融资工具，更重要的是，它是经济总量的一个组成部分，并在 GDP 构成中将占有相当的比例和贡献。这主要表现在：①它可以成为河南省经济中的一个庞大产业。多层次资本市场是投融资产业和服务性产业，且它可以从一般的第三产业演变成向产业化、工程化和信息化为主要特征的龙头产业，甚至可以演变成河南省现代金融业的核心。②它可以成为河南省金融业中的上游产业。其繁荣和壮大不仅可以带动投资银行、会计师事务所、律师事务所、资信评估公司、投资咨询业等中介业的发展，而且可以带动传媒业的发展。③它可以成为河南省金融业中的朝阳产业。未来资本市场发展主要表现为规模扩张和结构优化两个方面，包括：通过细分市场体系，发展市场层次，健全产品线，实现证券产品类别的量的扩张；通过创设新的市场机制，发展衍生品市场，连通产品线，实现资本市场质的提升。而这些又与资本市场制度创新、产品创新和市场创新等密不可分，几乎涵盖了资本市场发展的所有问题。所以，无论是规模扩张和结构优化都需要借助于一个健全的多层次资本市场。④它是占地少、消耗低，但人均产值高的产业，最能体现科学发展观的要求。

第二，提高影响力。由于多层次资本市场的发展既可以依托本地区的经济和产业，也可以依托外地经济和产业支撑；既可以主要服务于本地经济，也可以主要支持外地经济和产业。因此，拥有多层次资本市场的河南，不仅可以成为中国中部举足轻重的经济中心，而且可以成为全国，甚至全世界具有影响力的经济中心。

第三，增加聚集力。多层次资本市场较之于单层次资本市场更能满足各类筹资者、投资者和市场中介的不同需求，会形成巨大的磁吸效应，意味着大量资金、人才、技术、信息和企业的聚集。

第四，增强辐射力。有了多层次资本市场，可以使河南突破本地经济和区域经济的羁绊，把发展的触角延伸到全国，甚至是全世界。

第五，提升推动力。发展经济学和现代金融理论所进行的大量实证研究都证明，所有形式的金融资产都具有一定的流动性，并通过资本市场的中介与分配作用，形成乘数效应过程，带来产出、投资、消费、税收、财富呈倍数增长。可以说，就整个金融而言，河南未来的发展空间充其量也只是一个区域性金融中心，但从多层次资本市场来看，河南省未来的发展空间远不只是一个区域性中心，至少是一个中国中心，如果发展路径选择得当，甚至有可能成为一个国际中心。所以，一旦拥有多层次资本市场，就可以使河南省的“经济区”做得更大，“内陆开放高地”做得更高，“样板”更具有典型性。

（四）构建中原经济区建设多层次资本市场的机遇与挑战

1. 机遇

（1）宽松的政策环境。中原经济区构想成为国家战略，河南的发展，特别是中原经济区建设，始终得到了党中央、国务院和国家各部委的高度关注与大力支持。省委、省政府团结带领全省人民，励精图治，持续探索，经济社会发展呈现好的趋势、好的态势、好的气势。在这样一个良好的大环境下发展多层次资本市场已经具备了坚实的基础和优良的条件，可以加快建设多层次资本市场的步伐和速度。

中央和省委省政府提出解放思想先行先试。时代的发展要求我们必须开辟新的“试验区”，超越经济特区的固有内涵，以点带面，产生新的改革动力、新的改革思路、新的改革实验，实现渐进性体制创新和制度创新。这样通过先行先试，可以摸清改革攻坚的难点问题，通过在“试验区”中的充分酝酿和实验，可以较小的成本取得成功经验，降低改革的风险和代价，可以为人们的思想观念更新提供时间和平台，可以通过“试验区”的辐射和示范，促进和带动更大范围创新实践的成功。

从国内实践来看，中国的改革开放过程，也是一个不断探索、不断完善、不断取得阶段性胜利的过程。对于区域经济的改革发展也是一个逐渐实验的过程。先是对广东、福建两省实行“特殊政策，灵活措施”，增加自主权，使区域经济迅猛增长，在改革经济体制方面树立了成功经验。在此基础上，1980 年，中央决定建立深圳、珠海、汕头以及厦门经济特区。1984 年，中央做出进一步开放

14 个沿海港口城市的决定，扩大这些城市的自主权，使之有充分的活力去开展对外经济活动。此后，又相继设置海南和上海浦东经济特区。2005 年，国务院正式批准上海浦东新区为综合配套改革试点，2006 年 5 月 26 日，国务院正式批准天津滨海新区为综合配套改革试区。可以看出，经济特区和“实验点”、“实验区”担负着中国改革开放的试验场、排头兵的任务。同样，对于中原经济区的建设和发展也需要实行先行先试。

需要指出的是，我们今天的解放思想、先行先试，已经超越了过去的“摸着石头过河”、有着太多盲目和不确定性的阶段。今天的改革和实验，是我们在党中央和省委省政府的正确领导下，通过 20 多年的不断探索，积累了丰富的成功经验和深厚的物质基础的阶段；是我们实施人才战略，形成了一支能够适应新时期发展要求和应对知识经济挑战的高素质干部群众队伍的阶段；是我们通过在全社会大力弘扬创新精神，统一思想，有着良好的政治、经济、社会、文化、技术等创新环境和资源，可以为中原经济区实现“三化”协调发展切实提供各种保障的阶段。

（2）雄厚的资本供需环境。河南省综合经济实力跃上新台阶。国民经济持续较快增长，预计 2011 年生产总值突破 2.5 万亿元，是 2006 年的 2 倍，人均生产总值由 1600 多美元增加到 4000 多美元，财政总收入达到 2800 亿元，翻了一番。粮食产量连年稳定在 1000 亿斤以上，2011 年突破 1100 亿斤。新兴工业大省地位进一步巩固，工业增加值预计达到 1.4 万亿元，集聚发展态势初步形成。城镇化处于较快发展时期，中原城市群实力增强，县域经济竞相发展。基础设施支撑更加有力，高速公路通车里程保持全国第一。生态建设成效比较明显，国家下达的节能减排任务全面完成。经济实力的快速上升为发展多层次资本市场创造了良好条件。

2. 挑战

（1）资本市场结构单一。单一的资本市场层次难以满足经济发展多层次融资的需求。当前，河南省资本市场体系单一，通常银行是首要选择，利用银行融资的内容和形式单一，保险业、证券业和直接融资方式缺乏，导致资本外流或转入不合法渠道。这在一定程度与中国资本市场整个大环境也有关，十多年来，中国资本市场在建设多层次资本市场方面进行了许多尝试，但没有取得实质性进展，各类市场包括股票市场、债券市场、创业资本市场、期货市场、产权市场和期权市场虽然取得一定进展，但是仍然都是单一结构的资本市场，各个市场不但缺乏有机联系，而且自身的发展都存在一定制约，没有发挥应有的作用。

（2）资本市场规模滞后，与河南经济总量不匹配。河南资本市场是非常典型的“大经济，小资本”，资本市场的规模和辐射面明显滞后于区域经济。河南省的上市公司无论数量还是质量在全国都居于中下游，远远不能体现 GDP 全国第五的地位。

（3）资本市场中介结构发展滞后，不能适应新形势下中原经济区建设发展的需要。

二、国内外多层次资本市场的比较与借鉴

构建中原经济区的多层次资本市场体系最有效的途径莫过于引用与借鉴，因此，这一部分主要围绕与国内外多层次资本市场的比较分析，以及中原经济区资本市场的现实情况，找出差距，借鉴成熟资本市场的成功经验，为中原经济区多层次资本市场的构建提供有针对性和可行性的措施。

（一）国外多层次资本市场的发展模式比较

1. 美国多层次资本市场

美国拥有全球最发达的资本市场体系，为世界各国进行相应的制度设计提供了最有价值的市场模式和经验借鉴。在美国，资本市场分层在金融工具风险特征、交易组织形式、地理空间三个维度上同时展开，形成了由五个层次构成的金字塔结构的多层次资本市场体系，如图 6–4 所示。包括：主板市场（纽约证券交易所和美国证券交易所）、创业板市场（纳斯达克市场）、场外交易市场（OTCBB 和粉单市场）、区域性证券交易所及私募股票交易市场。

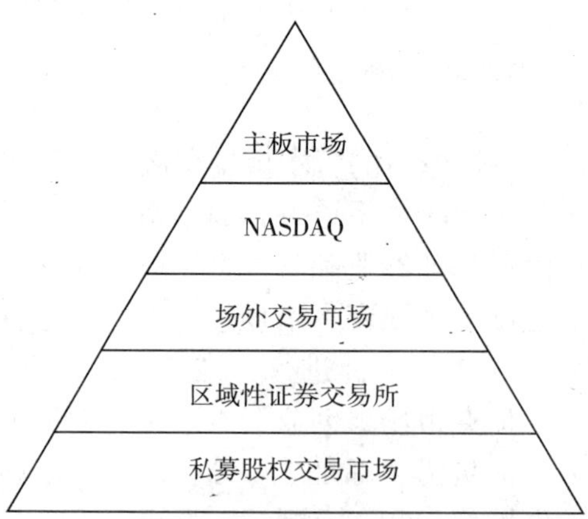

图 6–4 美国资本市场体系

第一个层次：主板市场位于金字塔的最顶端，对上市公司的要求最高，主要包括纽约证券交易所（NYSE）和美国证券交易所（AMEX），这里集中交易国家

级、知名度高的上市公司证券，主要目标是发展成为全球性的蓝筹股市场。

第二个层次：创业板市场（NASDAQ）面向成长型企业，纳斯达克市场内部进一步分为三个层次，即全球精选市场、全球市场和资本市场，其中全球精选市场是纳斯达克市场中上市标准最高的一个层次，它的建立与纽约证券交易所的蓝筹股市场形成了竞争。NASDAQ 市场设立较晚，但发展速度很快，其交易额仅次于纽约证交所，位列全球第二大交易市场，而上市数量、成交量、市场表现、流动性比率等方面已经超过了纽约证交所。NASDAQ 的建立，大大促进了美国高科技产业的发展，技术创新与资本市场的良性互动，保持了美国经济强国的地位；也因其不限国别、行业、经营历史等宽松特性，受到全球高新企业的广泛欢迎。

第三个层次：场外交易市场为初具规模、需要资金发展，却又达不到主板和纳斯达克上市条件的高科技公司提供的交易渠道，包括电子告示板市场（OTCBB）和粉单市场（Pink Sheet Market）。其中，OTCBB 是全美证券商协会管理的一个电子报价系统，该系统便于投资者报价，有利于交易信息的广泛传播；OTCBB 因门槛较低、上市程序简单，被称为 NASDAQ 的预备市场或 NASDAQ 摘牌公司的后备市场。粉单市场由国家报价局设立，该市场对订阅用户定期制作刊物，方便证券经纪商获取市场信息，将分散在全国的做市商联系起来；粉单市场中的挂牌公司不必向 SEC 和 NASD 披露财务信息和任何报告，比 OTCBB 市场受到的监管更少、证券信誉等级更低。

第四个层次：区域性证券交易所基本上没有上市功能，已成为纽交所和纳斯达克的区域交易中心。目前，美国资本市场已经淡化了全国性交易所与区域性交易所的划分，从整体上看，区域性交易所的存在只能算是“历史遗留问题”，美国的主要市场都是全国性市场，并都在积极向全球化市场的方向推进。

第五个层次：私募股票交易市场是专门为合格机构投资者交易私募股份的市场，可以大大增强私募证券的流动性。全美证券商协会还运营了一个 Portal 系统。该系统为私募证券提供交易平台，参与交易的是有资格的机构投资者。机构投资者和经纪商可通过终端和 Portal 系统相连，进行私募股票的交易。在全球范围内，美国是多层次资本市场最为健全、机制和功能发挥最为完善的代表。其发达程度在市场规模、交易方式、横向多元化及纵向多层次化方面都能体现出来。美国多层次资本市场体系的发展经验，值得世界各国广泛借鉴。

美国多层次资本市场结构体系可简单概括为图 6-5 所示。

2. 英国多层次资本市场

英国多层次资本市场分为全国性主板市场、全国性二板市场、全国性三板市场（未上市证券市场）和区域性市场四个板块。

全国性主板市场为英国金融服务局批准正式上市的国内外公司提供交易服务，主板中还包括一个“交易行情单列式的技术板市场”。伦敦证券交易所已有

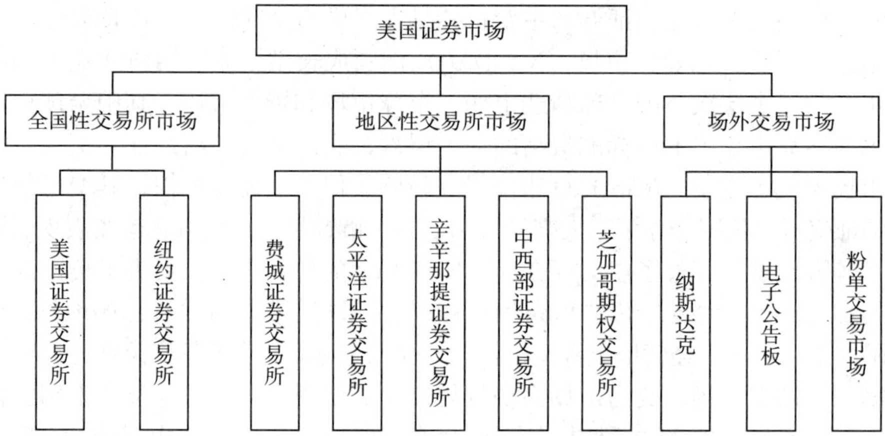

图 6–5　美国多层次资本市场结构

200 多年历史，设有主板市场和二板市场两个板块，作为世界四大证券交易所之一，不仅是欧洲债券及外汇交易领域的全球领先者，还受理超过 2/3 的国际股票承销业务，是吸收欧洲资金的主要渠道，也是世界上最国际化的金融中心。

二板市场（AIM）是伦敦证券交易所于 1995 年为英国本地及海外初创的、高成长型公司所提供的一个全国性市场，AIM 有别于美国 NASDAQ，虽附属于伦敦交易所，但其运行相对独立。AIM 是世界级的快速成长型公司初级市场，AIM 由于该板块监管制度灵活、门槛及上市成本较低，入市审批灵活等特点，正成为中国公司海外上市的热门选择。三板市场（未上市证券市场，OFEX），创立于 1995 年 10 月 2 日，是 JP JenkinS 公司为更初级的中小企业融资服务的未上市公司股票交易市场。在 OFEX 挂牌交易的公司，通过市场的培育可以按照相应的规则进入主板或 AIM 交易。JP JenkinS 公司作为一个家族性公司是伦敦证券交易所登记在册的、具有良好经营记录与信誉的做市商，2002 年以后，由于该市场日益发展壮大，已正式纳入英国证监会的监管范围之中，由英国证监会直接监管。

区域性市场主要交易地方企业股票，同时也可以买卖伦敦交易所的挂牌股票。除集中的伦敦交易所外，还包括伯明翰、曼彻斯特、利物浦、格拉斯哥、都柏林等地方性交易市场。

英国多层次资本市场体系条块结合、有集中、有分散，这样一个结构完整、功能完备的市场体系，有力地支撑、维护了英国在国际金融市场的地位。

3. 日本多层次资本市场

日本资本市场包括交易所市场和店头市场两大层次，如图 6–6 所示。其中，交易所市场又分为三个层次：

第一层次：第一部市场，具有较高的上市标准，主要为大型成熟企业服务。该主板市场主要由东京证券交易所和大阪证券交易所的主板交易构成，东京证交

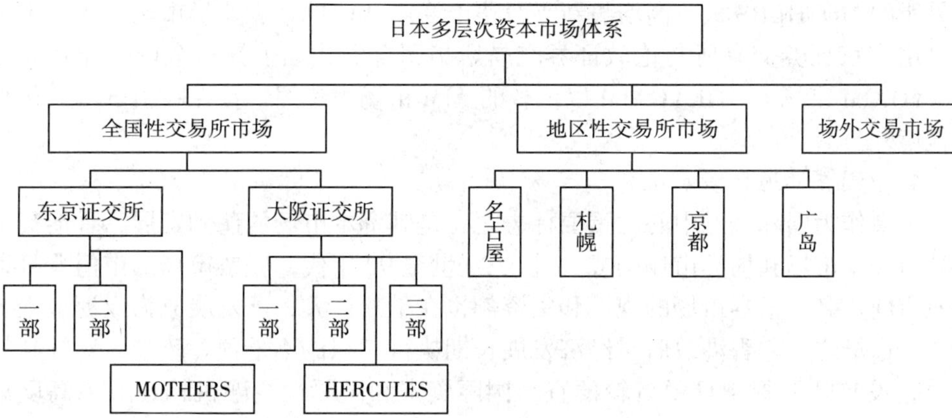

图 6-6 日本多层次资本市场结构

所的主板细分为第一事业部和第二事业部两个层次，两者的上市公司在品质上有高低之分，但可以平滑转板与下市。在交易制度上，东京证券交易所全面改造了原有的交易系统，建立了适合于散户交易的投资者指令驱动交易系统、适合于机构投资人交易的证券商报价驱动交易电脑系统和仅适用于控制权转让的场外协议交易三种制度，它所体现的制度合理性值得中国借鉴。

第二层次：第二部市场，上市标准低于第一部市场，为具有一定规模和经营年限的中小企业和创业企业服务。

第三层次：新市场，上市标准低于第二部市场，为处于初创期的中小企业和创业企业服务。日本原来有八个证券交易所，目前经过合并与联合形成东京、大阪、名古屋及福冈、札幌五个交易所，其中东京、大阪和名古屋证券交易所都设立了第二部市场与新市场。

店头市场（即柜台交易市场 OTC）以吸引中小公司挂牌为主，也吸纳一些被交易所摘牌的公司，是风险性企业筹资的最大市场。目前该市场分为两个层次：

第一层次：第一款登记标准市场，为登记股票和管理股票服务。所谓登记股票是指发行公司符合日本证券业协会订立的标准，申请并通过该协会的审核，加入店头市场交易的证券；管理股票是指下市股票，或未符合上柜标准，经协会允许在店头市场受更多限制得以进行交易的股票。

第二层次：第二款登记标准市场，为特则（青空，Green Sheet）股票服务。特则股票是指未上市、上柜的公司，但经券商推荐有成长发展前景的新兴事业股票。该市场与交易所设立的新市场上市标准类似，因此两者之间存在着一定程度的竞争。

近年来，日本业界普遍认识到多层次资本市场合理构建的重要性，除广泛保留着柜台交易市场，还开始积极建设主板以外的其他市场，分别建立了东京证券交易所的 MOTHERS 板（高增长新兴股票市场）、JASTAQ 创业板市场，2009 年 1 月又由东京证券交易所与伦敦证券交易所集团合资建立了针对全球创业企业的 TOKYOAIM 市场。TOKYOAIM 以伦敦的 AIM 市场为参照，旨在吸引日本公司和其他境外公司。

4. 中国香港地区多层次资本市场

香港作为国际金融中心的重要标志之一是其资本市场的蓬勃发展，香港资本市场由股票市场和债券市场构成。进入 20 世纪 90 年代，股票市场的市值晋身世界股市前八名，债券市场的规模和集资额也在不断扩大，已发展成为亚洲最主要的债券市场之一。香港政府对经济发展长期执行“积极不干预”政策，对外高度开放，没有外汇管制且税费较便宜，国际资本和国际性金融机构在香港高度集中，机构投资者占据市场主导地位，配套法律法规与国际接轨。

20 世纪 90 年代以来，内地积极参与香港资本市场运作，内地与香港经济联系的加深又强化了香港作为内地融资中心的作用，香港因有地利之便及后续增发较易的优势而成为内地企业海外上市之首选，进一步推动香港资本市场深入发展。已经有百年历史的香港交易所从 2011 年 3 月 7 日开始围着内地的交易时间开盘了，香港与邻近市场同步买卖，不仅显示出香港市场的改革魄力，更表明全球资本市场一体化正成为一种趋势。

香港主板市场是香港联合交易所；场外交易市场有香港企业资产及股权交易所；1999 年诞生的香港创业板是香港主板市场以外的另一个独立的股票市场，该板块力图吸纳具有增长潜力但未符合主板上市条件的企业挂牌，但因为缺乏优质高成长公司，致使机构投资者不愿涉足，变相限制了创业板公司筹资及寻觅新投资者的机会，成长至一定规模的公司都转往主板。港交所在 2008 年修订了上市规则，把香港创业板重新定位为“第二板及跃升主板的踏脚石”，简化由创业板转往主板上市的程序，令香港创业板沦为“跳板”。随着深交所创业板的推出和沪交所国际板的即将推出，香港创业板也将扩大与国内资本市场的合作，更多分享到中国经济高速增长的益处。

5. 中国台湾地区多层次资本市场

与香港同被誉为“亚洲四小龙”之一的台湾，在地理位置上具有得天独厚的优势。台湾资本市场规模虽然不算大，但是在全球市场上具有不容忽视的重要地位。从台湾地区资本市场的发展历程来看，先出现店头市场，后有集中交易市场；在集中交易市场产生后，店头市场曾萎缩并被禁止；此后，店头市场复又呈现发展的必要，继而根据“法律”规定而如凤凰涅槃般重生，还出现了非公开的私人股权交易市场——盘商市场。

目前，台湾资本市场分为台湾证券交易所市场（即集中交易市场）、柜台市场（即店头市场）、兴柜市场和盘商市场（即地下做市商市场）四个层次。

（1）台湾证券交易所，自1962年正式开业至今，一直是台湾地区唯一的集中交易场所，采取典型的竞价制度和电子交易，不允许场外交易，台交所推动资本市场的造市能力强。交易品种除了公司股票之外，还有存托凭证、受益凭证、认购权证、政府债券、公司债券等多个种类。

（2）柜台市场，其交易模式以竞价制度为主，做市商制度为辅，是上市公司的"预备市场"，包括一类股票和2000年4月推出二类股票市场（即台湾创新成长企业类股）。有股票、公债、金融债、公司债等多种债券以及可转债、认股权证、衍生产品等交易品种。

（3）兴柜市场，属于新开发的股票市场，由柜台买卖中心代管，目的是取代以"盘商"为中介的未上市上柜股票的交易，将未上市上柜股票纳入制度化管理，为投资者提供一个合法、安全、透明的交易市场。

（4）盘商市场，这是非公开的股权交易市场，以盘商为中介进行。虽然流通性低、交易成本高，筹资效果不免受到限制，但是盘商市场确是中小企业从资本市场筹集资金的一个重要来源。

台湾资本市场具有交易活跃，流动性佳，享有高周转率、高本益比及筹资容易等优点，自1991年实施QFH制度后，外资大举进入，台湾资本市场国际化及自由化程度日渐成熟。但近年来，台湾出现资金外流、专业人才外流等严峻情形，台湾地区需加强与周边地区，尤其是与中国大陆的经贸合作，改革配套法规，形成和巩固台湾作为"区域金融中心"的地位。

（二）国内经济区资本市场发展的分析与比较

1. 长三角以上海为金融中心的资本市场

上海建设国际金融中心最大的优势在于自身是一个能量极大的经济中心，而且长江三角洲是中国最大的经济圈，上海拥有长三角乃至长江流域巨大的经济腹地和金融腹地、亚洲一流的制造业基地和较高的人均经济水平等综合经济优势。

上海证券交易所依然是长三角地区乃至我国大中型企业上市融资的主要市场，对国际资本市场的影响日益增加，同时也需要在发展思路和战略上进行布局和谋划。继续发挥货币、证券、期货、黄金等全国性金融市场的作用，促进金融衍生品、保险再保险、离岸金融、企业债券等市场和业务发展。

目前，长三角地区已形成以上海产权交易所为龙头的长江流域产权交易共同市场，成员为长江流域省市的产权交易机构；近年来，地方产权交易市场的发展十分迅猛。产权市场是多层次资本市场的重要组成部分，作为企业资本运营的平台，产权市场是实现生产要素加快流动、资源有效合理配置的重要手段。目前长江三角洲的产权市场呈现出良好发展势头，形成上海产权交易所、浙江（杭州）产权交易市场和江苏（南京）产权交易市场三足鼎立的格局，成交活跃，但目前市场尚处于相互分割状况。

在动员民间资本等方面，浙江显然有非常大的优势。浙江的信用制度很特殊，相当程度上靠血缘关系来维系，好多信用制度说不上靠什么来保证，但事实上就能得到保证。要做适合金融市场、产权制度的事情，浙江具备了所有的条件。统一的市场必须要有统一的规范，根据金融发展的规律来制定规范，这样市场才会自然而然地得到发展。

缺乏二板市场和金融衍生品市场。

2. 泛珠三角区域资本市场

泛珠江三角洲地区概念（即知名的“9 + 2”经济地区概念）是 2003 年 7 月在国内正式提出来。泛珠江三角地区包含了中国华南、东南和西南的九个省份及两个特别行政区，它们是：福建、广东、广西、贵州、海南、湖南、江西、四川、云南、香港和澳门特别行政区。泛珠江三角地区覆盖了中国 1/5 的国土面积和占 1/3 的人口。2004 年 6 月泛珠三角“9 + 2”政府共同签署《泛珠三角区域合作框架协议》，泛珠三角的发展进入快车道。

泛珠三角区域内拥有国际金融中心和区域性金融中心，香港是亚太地区知名的国际金融中心，香港交易所是亚太地区乃至全球最重要的证券市场之一，也是内地企业在国际资本市场最主要的直接融资平台。深圳证券交易所是内地仅有的两家证券交易所之一，该所 2004 年开设中小企业板，2009 年开设创业板，为泛珠三角区域发展利用资本市场合作提供了新的融资平台。香港交易所的主板、创业板和深圳证券交易所的主板、中小企业板和创业板互补性也很强，能够满足不同规模、不同类型企业的融资需求。在产权市场建设方面，2009 年 6 月泛珠三角区域 9 省区省级产权交易所的代表在长沙联合签署了《泛珠三角区域产权交易机构合作框架协议》，标志着我国继北方、长江流域、黄河流域和西部四个产权共同市场后，华南地区产权交易的共同市场也开始形成。

3. 环渤海地区资本市场

“环渤海地区”抑或是“环渤海经济圈”，狭义上是指辽东半岛、山东半岛、环渤海滨海经济带，同时延伸辐射到山西、辽宁、山东以及内蒙古中东部，分别约占全国国土面积的 13.31%和总人口的 22.2%。区域内包括北京、天津、沈阳、大连、太原、济南、青岛、保定、石家庄等多座城市。

（1）北京资本市场。北京虽然没有证券交易商，但是作为全国的政治经济中心，北京的资本市场仍然有着得天独厚的条件，北京资本市场的发展有几个突出特点：

一是上市公司众多，截至 2010 年 10 月底，北京地区 A 股上市公司 161 家，居全国第四位，北京市在上海、深圳两个证券交易所上市公司所取得的总市值占全国 A 股市场总市值 40%以上。自创业板正式启动以来，北京市在创业板上市方面开局良好，并持续保持全国领先地位。截至 2009 年 10 月 30 日，创业板首批上市 28 家企业挂牌，北京市占了 6 家，数量居全国之首，截至 2010 年 9 月底，在创业板开板一年时间内，北京市创业板上市企业数量达到 22 家。

二是各种要素市场较为齐全，具有首都特色的要素市场体系。截至目前在京注册成立的要素市场达到 29 家，其中包括中国技术交易所、中国林业产权交易所等一批中字头要素市场。2011 年又有北京金融资产交易所、北京国际矿业权交易所，北京石油交易所正式运营，目前正着手开展首都药品市场发展规划研究，着力打造一批中字头的要素市场，提升一批战略性药品市场，截至 2010 年 9 月底，中关村代办股份转让系统挂牌企业共 74 家，参与试点企业 112 家，中国证监会统一监管下的场外市场组建工作正在积极推进中。

三是股权市场较为发达，北京市出台了《关于促进股权投资基金业发展意见》，出台“1 + N + 3 框架”。与凯雷集团 IDG 签署协议，据有关市场机构统计，截至 2011 年 9 月，北京市 VC/PV 投资总金额 24.3 亿美元，分别占全国投资比重的 25.6%和投资金额的 35.4%，两项统计指标均居于全国首位。

（2）天津资本市场。随着国务院对《天津滨海新区综合配套改革试验总体方案》的批复，全国首个 OTC 市场（全国性非上市公众公司股权交易市场）落户天津，天津以此为依托所开展的多层次资本市场建立就主要立足于三板市场，包括 OTC 和产权交易。除积极在天津滨海新区设立全国性非上市公众公司股权交易市场外，天津滨海新区金融改革创新重点内容还包括：拓宽直接融资渠道，改善社会资金结构，提高社会资金使用效率；开展金融业综合经营试点，增强金融企业服务功能；创新和完善金融机构体制；改革外汇管理制度；优化金融环境五方面内容。

（三）国内外多层次资本市场经验的借鉴

1. 全球多层次资本市场建设经验

与西方国家资本市场几百年的发展历史相比，中国资本市场的发展过程略显短暂，这里面不仅仅是由于我国现代化经济发展的历程无法与西方国家相比，也与政府的发展导向有关。一方面我国真正的市场经济发展也只有二十多年；另一方面我国资本市场的发展还是以稳为主，与我国所处的国际大环境也有很大关系。但是仅仅经历了二十几年，中国资本市场的发展、成熟与完善已经达到了一个相当的高度。

首先，西方国家多层次资本市场的发展与企业和市场的演进一样，很大程度上是自发出现和形成的，说明任何不顾经济发展与市场发展实际的盲目推动都注定不会成功。对于中国来说，资本市场的发展主要还是依靠行政力量的推动，虽然政府的引导是必要的，但是不能忽视企业和市场的需求。

其次，发达国家的资本市场体系几乎都是从场外交易发展起来的，都遵循了从分散到集中、从场外到场内、从低层次到高层次的发展规律。缺少了发展充分及相对成熟的、低层次的场外市场，高层次的场内市场就没有了发展的源泉及退出的渠道，其发展必然会受到很大的制约。高层次的资本市场与低层次的资本市场是相互联系、相互影响的，二者之间的天然联系不能割裂。我国以深交所、上交所为代表的主板市场的发展相对较快，但基础性的场外市场却发展受限。因此，多层次资本市场体系的构建和完善，既要适应不同规模、不同发展阶段的企业融资需求，也要兼顾不同层次市场的发展重点和目标，既要建立创业板市场，也应该大力发展场外市场，促使不同层次的市场相互促进，相得益彰。

最后，多层次资本市场的建立是一个复杂的体系，需要完善的监督和监管系统。资本市场的发展及多层次体系的完善，离不开一定的市场环境、企业发展环境和制度环境，而健全的法律体系则是保证多层次资本市场良性运作的重要条件。

从不同国家成熟资本市场的情况可以看出，全国性主板市场主要是为大型企业融资服务的；二板市场的上市标准要比集中市场低，同时还设计出几套不同的标准，由不同规模的企业自己选择适宜自己的标准进行上市融资；三板市场则基本上取消了上市的规模、盈利等条件，把市场监管的重点从企业上市控制转移到以充分信息披露为核心，以管理从业券商为主要手段，以会员制为主要形式，以券商自律为基础的监管模式。这是成熟资本市场一个重要的发展变化，值得我们去关注与学习。

2. 国内区域性多层次资本市场的经验

资本市场的发展具有与经济发展同步的特性，以长三角和珠三角为代表的中国最发达区域在资本市场的建设方面同样走在了全国的前面，上交所和深交所作为唯一两个全国性证券交易所，其主板市场的作用毋庸置疑，同时，在近期各级政府的发展规划中也可以看出两者的定位日益清晰，上交所的定位在于“主板”加“国际板”，而深交所的定位则是“主板”加“创业板”。

随着天津滨海新区的深入开发和中央配套政策的实施，OTC（场外交易市场）已成功落户天津，这样天津的全国性非上市公众公司股权交易市场与北京的股权代办系统相互配合，全国性的三板市场中心已经在环渤海地区出现雏形。同时天津和北京的以产权交易为主的要素市场也较为发达，走在了全国的前面。

河南省的资本市场发展与先进省份和区域相比已经落后，但是凭借中原经济区建设的东风和后发优势，河南省资本市场的建设大有可为，一方面要吸收借鉴西方发达国家资本市场的建设经验，以市场为主，政府和政策引导为辅，建设资本市场要立足于满足企业发展和经济进步的要求，以“三化”协调发展为指引，服务于并落脚于“三化”协调发展；另一方面要积极学习借鉴和利用全国性的资本市场来发展河南省资本市场，并使河南省资本市场融入全国资本市场之中。

三、中原经济区构建多层次资本市场的战略目标与发展路径

根据前文的实证研究以及比较与借鉴分析，本节提出中原经济区构建多层次资本市场的战略目标，并有针对性地提出切实可行的发展路径。

（一）中原经济区构建多层次资本市场的战略定位和战略目标

通过前文的现状分析和国外成功资本市场及国内其他区域多层次资本市场的比较和借鉴，并综合河南省的优势，提出较为切合实际的区域多层次资本市场构建，既需要有一定的前瞻性，又不能脱离中原经济区建设的实际情况。

1. 中原经济区多层次资本市场的战略定位

首先要明确中原经济区多层次资本市场的建立并不意味着要在这里建立包括主板市场、二板市场和三板市场等各个层次的资本市场，也不要求必然要将这里资本市场发展成为全国或全球性的资本市场。

对中原经济区多层次资本市场的定位离不开其服务的对象，即“三化”协调稳定发展，“三化”协调发展中，必须充分发挥新型城镇化的引领作用、新型工业化的主导作用、新型农业现代化的基础作用。其中新型城镇化是引领和载体，通过有序引导农村人口成为城镇居民，可以减少农村人多地少的矛盾，深化农业结构改革，有效解决“三农”问题。新型城镇化的实施重点在于农村人口的有序迁移，而要做到有序迁移不能依靠政府或政策，应该依靠市场的力量，重点是发展新型工业化建设的主导作用，通过产业发展、产业升级、产业调整以及产业集聚引导农村人口有序迁移。同时新型工业化的发展可以支持新型农业化，因此新型工业化在“三化”协调发展中处于先行地位。发展新型工业化需要建设资金及各种人才、物力等资源，所有这些资源的取得仅仅依靠自身的努力难以在短期内达到，因此必须建设有利于发展新型工业化的多层次资本市场，利用省内外的资金和资源，甚至国外资金和资源建设新型工业化、新型农业现代化和新型城镇化。

因此，中原经济区资本市场的定位不是将本土的资本市场发展成为多层次、多元化的市场，而是定位于服务“三化”协调发展，服务于发展新型工业化、发展新型农业现代化、发展新型城镇化，不拘泥于资本市场的具体形式和地理位置，重点关注空间、虚拟形式，重点关注其起作用的方式、形式、发力点和作用力。首先要大力发展的是三板市场和各种要素市场及期货市场，这些层次的资本

市场要么是河南省本身已经发展起来，要么是在全国具有领先地位如期货市场。其次要与国内各地的资本市场相互融合沟通。最后要充分利用全球资本市场。简而言之，这里资本市场的定位是利用国际多层次资本市场，融通国内主板二板市场，大力发展本地三板市场和各种要素市场。

2. 中原经济区建设多层次资本市场的战略目标

多层次资本市场建设的战略目标是：综合利用本地、全国乃至国外的各种资金和要素资源，全面建设好中原经济区。

建设中原经济区，新型城镇化是引领。河南省农村人口多、农业比重大、保粮任务重，城镇化水平低，需要农村人口有序迁入中心城市、中心城市辐射带、县市、中心镇以及新型农村社区，这个过程需要大量资金，不仅仅需要政府的财政支持，还需要引入市场机制，充分利用资本市场的作用，使得新型城镇化形成一个有序的良性循环。

建设中原经济区，新型工业化是主导，以做大做强为方向争创工业新优势。加快工业转型升级，推动生产规模由小到大、产业链条由短到长、产业层次由低到高、企业关联由散到聚。以龙头带动、基地支撑、高端突破为着力点，大力发展汽车、电子信息、装备制造、食品、轻工、新型建材等高成长性产业；以精深加工、节能降耗、重组整合为着力点，积极运用先进适用技术和信息技术改造提升化工、有色、钢铁、纺织等传统优势产业；以核心关键技术研发、自主技术产业化为着力点，培育壮大生物、新能源、新材料、新能源汽车、高端装备等先导产业，大力发展节能环保产业，促进战略性新兴产业发展。食品工业关联工业、农业、服务业，要发挥农产品资源丰富的优势，加快建设食品工业强省。不同行业的企业在发展的不同阶段需要对应不同层次的资金资本支持，只有构建完备的多层次资本市场，才能使得不同规模、不同发展阶段和不同性质的企业针对不同的市场进行投融资的定位。

优化投资结构、提升投资质量，提高工业项目投资在重点项目投资中的比重，发挥重点项目在产业升级中的带动作用。深入推进企业兼并重组，提高产业集中度，壮大一批拥有知名品牌和核心竞争力的大型企业集团。培育一大批“专、精、特、新”中小企业，增强分工协作和产业配套能力。支持老工业基地调整改造和资源型城市可持续发展。这些工业化进行都需要资本市场的有力支撑。同时新型资本市场也是现代服务业的有机组成部分。

建设中原经济区，新型农业现代化是基础。新型农业现代化是以粮食优质高产为前提，以绿色生态安全、集约化标准化组织化产业化程度高为主要标志，基础设施、机械装备、服务体系、科学技术和农民素质支撑有力的农业现代化。要建设现代化的农业基础设施、机械装备、服务体系、科学技术和农民素质同样离不开多层次资本市场的有力支持。

发展新型农业现代化要求在确保粮食稳产增产的前提下，推进农业结构调整，大力发展现代畜牧业和特色高效农业，加快发展节约型农业、循环农业、生态农业。建设一批国家级和省级现代农业示范区。探索多种土地承包经营权流转方式，促进适度规模经营。推进农业产业化，发展壮大龙头企业和知名品牌，拉长产业链、提高附加值。培育有文化、懂技术、会经营的新型农民。发展农民专业合作组织，健全农业社会化服务体系，提高农业经营组织化程度。加强农产品质量安全监督管理。坚持内部挖潜与外部拓展相结合，创新农民增收机制，拓宽农民增收渠道，加快农村富余劳动力转移，千方百计增加农民收入。这都要求建立农村金融试验区，进行先行先试，尝试多种资金筹集方式和资本运作方式。

（二）中原经济区构建多层次资本市场的战略规划

1. 积极培育大中型企业主板上市

工业是国民经济的主导产业，是财政收入的主要来源。因此必须牢固树立抓工业就是抓主导经济、抓财源建设的理念，进一步加大对工业化的支持和服务力度。当前最紧迫的任务之一，就是要像重视招商引资那样重视资本市场，像支持国企改革那样支持大中型企业上市融资，着力帮助企业解决融资难的问题。

2. 指导规划小型高新企业二板上市

河南工业基础差，财政比较困难，加速发展工业必须拓展融资渠道。资金瓶颈一直是制约河南工业发展的一个突出问题。目前，各级财政只能用非常有限的资金重点扶持少数支柱产业和骨干龙头企业；各商业银行改制后，大多把扶持重点转向了优势产业和效益较好的大中型企业，对绝大多数中小企业往往爱莫能助。而要加速实现“三化”协调发展，仅靠少数重点企业远远不够，必须站在提升全省经济整体实力和优化产业结构的高度，认真审视工业资金瓶颈制约的问题，充分利用现有条件，帮助中小企业拓展融资渠道。

3. 规范上市公司行为，增强其再融资能力

为确保上市公司拥有明晰而具体的资金使用计划，做到有序、有效再融资，结合河南的实际情况，在建设中原经济区的过程中有必要从以下几个方面改进对上市公司融资的监管：

（1）及时掌握公司再融资动向，事前纳入监管计划。为未雨绸缪，及时了解辖区上市公司再融资动向，增强再融资监管工作的针对性。适时对有关公司的再融资意向进行了调查摸底，并安排再融资工作，提出对有再融资意向的公司，制定现场检查计划时予以重点考虑，并高度关注相关公司的再融资信息披露情况。

（2）结合信息披露日常监管，对相关公司信息披露文件的审核要强化。一方面，重点审核公司的定期报告。审核再融资公司的中报及年报等定期报告时，重点关注募集资金使用部分，并以临时公告、招股说明书中披露的信息进行核对，

对发现的疑问采取包括电话询问、约见公司负责人和中介机构谈话、监管发函等多种措施。另一方面，临时公告的审核不能放松。重点关注实施再融资公司的信息披露是否及时、准确和完整，是否进行选择性信息披露，是否引致股价异动等。对于变更募集资金投向的，重点关注其是否履行相关审议程序和及时进行信息披露。

（3）对募集资金使用情况进行全程监管，提高资金使用效率，重点关注募集资金使用效益和变更情况。一旦发现问题和疑点，由证监局约见上市公司负责人、董事会秘书、保荐代表人、签字注册会计师等相关人员谈话，请其做出解释或出具专项说明等措施。对经核实违反相关规定的，要求公司限期严格整改。在募集资金使用期间，要求公司每季报一次《募集资金极度使用情况明细表》，实时掌握募集资金使用进度，严格关注募集资金投向变更情况。募集资金使用完毕后，原则上安排对公司进行现场检查，检查募集资金是否按规定用途使用，是否进行专户存储，变更用途是否履行相关程序等。在后续期间，做好对募集资金项目的持续监管，关注其收益产生情况以及是否达到预期使用效益等。

对再融资项目进行全程监管，证监会已出台了一系列规范证券市场的办法，其中有多项涉及募集资金闲置问题。中国证监会在《关于做好上市公司新股发行工作的通知》中提出，将经常性净资产收益率作为核准新股发行申请的重要依据。《上市公司新股发行管理办法》第十一条也将上市公司前次募集资金的使用情况作为公司能否获得再融资资格的关注重点。管理层应依法规范上市公司行为，提高上市公司的质量。创造条件让优质企业上市，使优质上市公司能更方便地取得再融资机会。要做到严把再融资审核入门关，把没有必要的再融资计划挡在市场的大门之外；还应事后追踪、审查再融资资金使用情况，进行事后监管。在这一过程中，认真实施好保荐制度是切实提高市场再融资效率的一个重要途径，要让中介机构证券公司发挥其应有的作用，进行有效的事中审核。

4. 支持鼓励河南省企业重组外地 ST 类公司

河南省人民政府《关于积极促进企业战略重组的指导意见》指出，对重组企业增资扩股和发行股票、企业债券、中长期票据、短期融资券给予优先支持，对省内重点企业并购境外制造企业、研发机构和开发重要矿产资源给予相关项目贷款贴息支持。大力发展融资担保体系、小额贷款公司和创投基金，为企业重组发展提供“过桥贷款”等多形式、多层次的融资支持。

近年来，全省企业战略重组工作取得重要进展。2007~2009 年，全省实施企业战略重组重点项目 474 项，新增资产规模 1474 亿元，安置就业 31 万人。特别是 2008 年以来，以组建河南煤业化工集团有限责任公司和中国平煤神马能源化工集团有限责任公司为标志，全省企业战略重组工作进入新阶段，思路更加明晰，程序更加完善，方式更加科学，加快了企业做大做强进程，促进了全省经济布局和结构优化。但河南省资源配置分散，大公司、大企业集团少，产业集中度低，结构不合理等矛盾依然突出。在促进企业重组过程中，还存在着条块分割、相关政策措施不配套等问题，影响了重组的效率和效果。

借此东风，立足全省产业发展实际，适应中原经济区经济发展趋势，促进企业战略重组事关经济社会发展大局，势在必行。在当今经济全球化迅猛发展，世界性产业结构调整步伐加快的新形势下，积极促进企业战略重组有利于河南省企业统筹配置国内外资源，在新一轮竞争发展中抢占先机，在产业再分工中赢得主动；有利于在现代农业、工业主导产业、高新技术产业、现代服务业等重要行业和关键领域尽快形成一批有较强辐射力、影响力和带动力的市场竞争主体；有利于"三化"发展，有利于企业整合上下游资源，集中各类创新要素，优化治理结构，促进优势互补和产业链接，加快技术进步和产业升级，推动体制创新和机制转换，实现规模效应、聚变效应和集成效应。

由于ST类公司具有壳资源，所以河南省拟计划融资的企业可通过并购重组省外的ST类公司，达到企业上市融资的目的，助力中原经济区。具体把握的原则有：①提高产业集中度。推动基础产业、先进制造业、高新技术产业、现代服务业和基本公共服务领域的资源整合，促进企业非主业资产合理流动，加快形成若干专业化水平高、具有规模优势的完整产业链条。②打造优势企业群体。培育一批主业突出、规模或效益进入国内同行业前3名的企业。其中，年销售收入接近或达到1000亿元的企业3家，力争进入中国500强企业前100名，形成3~5家具有国际竞争力的跨国经营企业集团。③提升企业核心竞争力。集聚优势资源和创新要素，推进企业管理创新、文化创新，提高自主创新能力，形成一批自主知识产权、核心技术和知名品牌，增强企业软实力和综合竞争力。

5. 加强产权市场建设

国务院国资委纪委书记贾福兴在北京产权交易所调研时指出：产权市场是推行国有产权进场交易制度建设的重要环节，也是防止产权交易中商业贿赂行为的重要场所，要在完善交易规则、创新竞价方式、提高竞价能力等方面进行探索的同时，下大力气加强产权交易市场规范化建设。

需要说明的是，所谓"多层次资本市场"的概念并不是国外或者经济学上固有的概念，而是中国的土特产，美国与此近似的概念叫"证券市场结构"，并无资本市场的概念，既然是个中国本土的概念，与美国的语境是不同的，没有必要生搬硬套，用美国的"证券市场结构"来套中国的"资本市场"，比如美国的OTC仍然是一种股票市场，而中国的场外交易，除了"股票"市场以外，还有大量的非标准化的股权交易，甚至是产权交易，而且也正是中国的场外交易市场，才孕育了沪深证券交易所，此后同证券交易所市场相伴而行多年，对交易所市场起着重要的补充作用，无论谈历史、谈发展、谈结构，研究中国的资本市场，都不可能跳过产权交易，产权交易是中国的一大创新。因此，在促进中原经济区发展过程中也绕不开产权交易这一层次的资本市场构建。

截至 2011 年 7 月，河南省虽然有 90 余家上市企业，包括境内的 50 余家和境外 30 余家，但是相对于一亿人口、中部地区 GDP 总量第二、增速第一的河南省来讲，这仍然是杯水车薪。虽然目前河南省在拼命地往新三板挤，但是全省只有四个国家级高新技术开发区，还有其他众多的中小企业，而新三板，河南能有一个高新区挤进去就不错了。在这种形势下，河南省采取了许多创新措施，如 2010 年 11 月 12 日由工信部李毅中部长和河南省郭庚茂省长共同按动电钮，“国家区域性中小企业产权交易市场试点单位”正式启动，41 家企业的 41 只股权经过综合席位会员保荐、会计师审计、评估师事务所评估、律师事务所尽职调查、省政府指导委员会批准后上市挂牌交易，十天内除了双休日闭市，共六天，交易额 7 亿多元，成交额 2 亿多元。但是由于与《证券法》的关系没有理顺等各种原因，中国证监会等部门提出异议，于 11 月 22 日公告停牌。这件事情，在全国范围内都引起了巨大反响，再次使大家意识到了多层次资本市场建设的必要性。之后在《国务院关于支持河南省加快建设中原经济区的指导意见》中明确提出，“支持完善金融机构、金融市场和金融产品，形成多层次资本市场体系”。这给中原经济区带来新的发展契机，构建区域股权产权交易中心，建立股权、金融资产、环境权益性产品等要素市场都是多层次资本市场的构成部分。其实，早在 2004 年，《河南省人民政府关于大力发展和利用资本市场的实施意见》包含“完善股票融资和债券融资相配套，证券市场、产权市场、期货市场相协调的资本市场体系”的内容，换言之，河南省的资本市场建设工作向来都把产权交易市场作为一个重要内容来做。

但是，让人稍有不安的是，产权股权交易的功能有许多，如价格发现、资源配置、拓宽民间投资、丰富公民理财方式等，帮助企业融资固然很重要，但如果把它上升为中心位置，实有功利主义之嫌，因为有些企业“上市”确实是以“圈钱”为目的，如此将辜负国家的良苦用心和人民群众的期望了。其实，企业挂牌，更重要的是为社会做贡献，因为成功的上市能够充实社会长期的信用资源，丰富资本市场，满足机构和公民投资理财的需求，即使是非标准化的产权交易和股权交易，莫不如此。因此，公司必须把精力放在如何股改、如何接受中介结构的辅导、督导和监管机构的监督上，从而使自己的资本品能够得以进行收入流评估。

据悉，河南省技术产权交易所被确定为全国 5 个试点机构之一，承担着为中部 6 省和山东、浙江等省搭建产、股、债权交易平台的重要任务。为河南省利用产权交易市场进一步拓宽中小企业融资渠道。试点工作启动后，河南企业在市场实现的年直接融资额至少 200 亿元，可以为 300~400 家中小企业提供发展资金。

6. 建立健全股权登记和代办转让系统

代办股份转让系统是由中国证券业协会组织设计、具有资格的证券公司参与的为非上市股份公司流通股份提供转让的场所。代办股份转让系统的出现，解决了原中国证券交易自动报价系统（STAQ）、人民银行发起的报价系统（NET）挂牌公司流通股份的流通问题，也为交易所终止上市公司提供了股份转让渠道，完善了我国证券市场的退出机制，成为我国证券市场体系的重要组成部分。习惯上，将代办股份转让系统称为“三板市场”，视为交易所市场（主板市场）、创业板市场（二板市场）之外的证券市场的第三层次。但是，在国家证券管理部门颁布实施的政策法规中，并没有“三板市场”的提法，甚至“代办转让市场”的提法也不存在，普遍的用语是“代办股份转让系统”。这是因为其尚处于发展初期，市场定位尚未明确，机制、制度远未完善，要成为真正意义上的“三板市场”还存在较大的差距。

随着中原经济区建设步伐的加快，应结合实际情况，建立健全和完善股权登记和代办转让系统，为“三化”发展奠定基础，助力中原经济区发展。

7. 鼓励发展创业投资基金、股权投资基金和股权投资类企业

经过三十年改革开放和经济的持续高速增长，一方面河南省面临着大量中小科技企业需要通过创业投资和创业板市场的直接融资渠道，获得发展壮大的资金；另一方面又面临着很多老的国有企业和一些已成规模的民营传统企业急需通过并购进行产品和技术升级。为此，对如何发展有特色的创业投资基金和并购投资基金，建议从以下几方面进行：

（1）在借鉴国外成功经验和失败教训的基础上，认真总结我国创业投资实践中创造的宝贵而新鲜的经验，尽快对国家十部委《创业投资企业管理暂行办法》加以修订和完善，并将其提升到国家法律法规层面，使创投业走上法治化轨道。与此同时，要加快制定和实施创投的相关扶持政策，尤其是企业所得税法中关于创业投资税收优惠政策的规定要抓紧落实。此外，还要对河南省设立的政府创业投资引导基金进一步加以引导和规范，充分发挥其引导社会民间资金进入创投行业的作用，进一步为源源不断涌现出来的高成长科技型和商业模式创新型中小企业，提供更加充沛的资本金直接融资。

（2）关于并购投资基金的发展与监管问题。我国发展专业化并购投资基金已势在必行。为此，尽快单独制定并购投资企业管理办法，并在实践中逐步完善施行。其中包括定向募资对象的条件、资金募集方式、杠杆融资比例、管理团队资格、并购上市企业的程序等。虽然国家已经出台并购贷款等措施，但是还远远不能适应并购投资基金的发展要求。因而，要大力发展企业债券，扩大并购投资基金融资渠道，还应充分发挥信托投资的功能，通过发行信托凭证为并购投资基金并购融资提供工具。

至于对并购投资基金的监管，主要集中在：一是严格控制其杠杆融资的比例及资金来源的合法化；二是管理团队的资格认定，包括职业道德和业务技能；三是并购融资的资金要专注于并购业务，不准用于其他业务；四是并购上市公司要严格按照证监会的相关规定和程序进行操作；五是充分发挥行业自律的作用，制定行规和行约，强化行业自律的权威性。

（3）《证券投资基金法》正在修订，要注意区分创投基金、并购投资基金与证券投资基金，因为这三者的投资对象和投资工具不同，另外这三者的运作机理更不同，证券投资基金主要通过买卖二级市场股票，申购新股上市 IPO 股票及上市公司增发股票，以赚取市场差价；创投基金是通过投资入股非上市高成长科技型和商业模式创新型的中小企业，服务和培育企业，然后通过所持股份转让、回购或上市退出，收回投资并获投资收益；并购投资基金是通过杠杆融资收购兼并企业的控股权，对企业重组整合，改善企业经营管理，使企业增大收益，再通过出售所持股权而获得投资收益。

8. 稳步发展期货市场

郑州商品期货交易所作为河南省最重要的金融资源之一，对全国期货行业的发展起着带动作用。多年来，在中国证监会的领导下，郑商所坚持依法治市、规范管理。应着力于依托郑州商品交易所，建设中原经济区乃至东亚重要的期货交易中心。郑州商品期货交易所应不断推动中原优势资源期货品种上市，为全面发展中原经济区做出新的贡献，支持郑商所加快发展步伐，推动郑州期货市场在国民经济建设中发挥更大的作用。

9. 积极推动资本市场金融产品的革新和创新

管理层应推出一系列的政策来鼓励金融产品的革新和创新，减少在这方面的限制。首先，进行有效的金融创新，其基本思路为设立公募型产业投资基金（以封闭式为宜），把投资环节向上游移动，向准备上市的企业（以企业开始提出上市意向为起点，以企业实际上市为终点）投入股权投资，使融资方在排队等待期间就能获得部分股权投资资金的支持，有助于降低其上市成本，提高经营效率。使投资方的投资向上游延伸，降低投资风险，提高投资收益。其次，积极开发新的金融工具。2005 年 5 月 24 日，央行公布了《短期融资券管理办法》，25 日即有 5 家公司（包括三家上市公司）同时公布了短期融资券的发行计划。30 日，5 家公司发行的全部 7 只短期融资券开始上市交易。与股票融资相比，短期融资券发行方式简便易行，成本低速度快，在一定程度上将大大减轻股票市场的扩容压力，降低企业的融资成本和商业银行的经营风险，为上市公司提供了新的融资渠道。此外，还应积极完善两年前开始进行合格境外机构投资者（QFII）制度以及信托产品、融资租赁等再融资的创新工具。加大发行创新的力度，增加融资方式的灵活性，吸引更多资金的参与以支持优势企业的健康发展。

10. 建立各种所需的要素市场

要素市场是多层次资本市场的重要组成部分。要素市场大概分为两类：一类是对应于商品概念，主要以资本品为交易对象，交易权属而不是交易具体的商品，如产权市场、非上市股权市场、技术、信息市场等，可以称其为权益类要素市场；另一类是以具体商品为交易对象的大宗商品交易市场，可以称其为大宗商品类要素市场。这两类要素市场有共性的地方，都具有可平台化、指数化、金融化的特点。

比如研究设立农村金融改革试验区，开展农村金融综合改革创新试点，建设土地流转权交易市场，以及林业产权交易所等，结合中原经济区长远发展，着力建设技术交易所、矿业权交易所、石油交易所等，解决中原经济区发展瓶颈，一切服务于“三化”发展。

（三）中原经济区构建多层次资本市场的关键性和支撑性措施

1. 加强与上交所和深交所的联系与沟通

中原经济区多层次资本市场的发展离不开与沪深证交所的联系，从对上市公司的监管而言，当前证券市场改革发展的新形势对证券监管和执法提出了新的要求，河南省对上市公司的监管与处罚就可以与沪深证交所结合建立联席会议制度，双方要以联席会议为平台，定期或临时召开工作联席会议，通报证券市场违法违规行为的新情况与新动向，对证券执法过程中遇到的重大、疑难问题进行深入研讨，充分发挥各自的优势，加强协调配合，努力形成对违法违规行为多层次的打击态势，进一步提高证券执法能力和社会效果。

2. 对于拟上市企业或拟重组 ST 类公司的企业给予政策优惠

证监会《关于修改上市公司重大资产重组与配套融资相关规定的决定（征求意见稿）》指出，按照在产权清晰、治理规范、业务独立、诚信良好、经营稳定和持续经营记录等方面执行首次公开发行趋同标准，要求拟借壳资产（业务）持续两年盈利。同时，支持上市公司重大资产重组与配套融资同步操作。

上述措施旨在支持企业利用资本市场开展兼并重组，促进行业整合和产业升级，进一步规范、引导借壳上市活动，完善上市公司发行股份购买资产的制度规定，鼓励上市公司以股权、现金及其他金融创新方式作为兼并重组的支付手段，拓宽兼并重组融资渠道，提高兼并重组效率。

在中原经济区的建设过程中，不妨借鉴证监会的做法，对河南省的 ST 类公司重组给予更多的政策优惠，进而调整产业结构，服务于“三化”发展，助力中原经济区建设。

3. 规范产权市场的交易与信息披露等机制

借鉴成熟证券市场的做法，对建立健全产权市场信息披露机制建议如下：

（1）统一信息披露的格式和内容。制定国有产权转让信息披露的统一格式，对产权市场公开披露的信息进行分类管理、分级披露。市场主体交易信息分为四级：提供给一般交易会员；提供给一般公众；提供给投资人；提供给执业会员。交易机构交易信息分为三级：提供给产权交易机构的所有产权交易信息；提供给经纪人的与报价有关的交易信息；提供给市场监管部门的产权交易重要信息。

产权受让主体应提供的信息内容，包括但不限于：受让主体的营业执照；受让主体关于同意受让标的产权的批准文件；受让主体签约之日的银行资信证明以及其他法律、法规、产权交易机构认为必备资料。产权经纪机构需提供的信息内容：产权经纪机构营业执照；产权经纪机构从事产权经纪业务的资质证书；产权经纪机构执业人员证书；产权经纪机构与产权所有人的委托代理协议以及其他法律、法规和产权交易机构认为必需的其他资料。

（2）明确相关市场主体的权利和义务。在国有产权转让过程中，应充分调动各市场参与主体的积极性，明确各方的权利和义务，使其各司其职、各负其责。国资监管部门负责出台相应的规章制度和规范性文本，并实施有效监管；转让方应提供交易机构所需的各项材料，并保证所提交材料的真实性、准确性和完整性；其他中介机构包括经纪机构、审计评估机构、律师事务所等，应做好尽职调查，根据转让方的实际情况独立出具相关意见书，并对出具的意见书承担相应责任；产权交易机构负责对提交的资料进行形式审查，监督交易各方按相关规定及时披露相关信息，拓宽信息披露渠道，确保信息披露的及时性、广泛性。

（3）拓宽信息披露的渠道。国内外主要证券市场信息披露的方式有三种：一是通过纸媒体进行披露；二是使用专门的信息披露系统；三是通过互联网的电子化信息披露系统。这三种方式并不互相排斥，而是共同使用，其中通过互联网进行信息披露是国内外证券市场信息披露的发展趋势。

（4）强化国有产权信息披露的时效性。根据国务院国资委 3 号令要求，产权转让公告期不低于 20 个工作日，20 个工作日的起算日以报刊披露为准。而由于项目信息披露的内容和数量有限，在纸媒体上每天开辟专版的难度大，这就导致信息披露存在时间差。目前北京、上海、天津三家产权交易机构采取每周一在指定报刊上刊登产权转让信息的方式，问题随之出现：每周一发布的信息是上一周的项目信息，这就造成部分项目最多可能耽误 5 个工作日才能见报。如果公告期以各交易机构网站上发布日为起算日，由于网站知名度小、点击率少等原因，使信息披露影响面小，达不到预期的效果。“全国企业国有产权转让信息监测系统”建立起来后，建议国有产权转让信息披露起算日以在监测系统披露的时间为准，这样既保证了信息披露的权威性和广泛性，又提高了效率。

总之，建立健全国有产权转让过程中的信息披露制度，是规范国有产权有序流转、确保产权市场健康发展的重要工作。国务院国资委正在筹建的“全国企业国有产权转让信息监测系统”，对于实现国有产权转让信息的集中发布、加强国有产权转让信息的监督管理有着十分重要的意义。建议在建设监测系统的同时，出台相应的规范国有产权转让信息披露工作的政策性文件和格式指引，统一国有产权转让信息的标准、格式和内容，明确各市场参与主体在国有产权转让信息披露中的义务和责任，同时加大对信息披露工作监督检查力度，建立起一整套行之有效的信息披露管理制度，进而健全产权市场的风险防范机制，促进产权市场的持续、稳定和健康发展。

4. 积极加入全国非上市股份有限公司代办股份转让系统

中关村科技园区非上市股份有限公司股份报价转让试点，是中国证监会、北京市政府和科技部等有关部门落实《国家中长期科学和技术发展规划纲要(2006~2020)》关于推动高新技术企业股份转让的要求，经过两年多精心准备推出的一项重要措施。

中原经济区建设纲要明确指出，支持郑州、洛阳、南阳、安阳等地申报国家级“代办股份转让试点园区”，努力实现园区内非上市股份有限公司进入系统挂牌交易。结合河南省实际情况，要积极加入全国非上市股份有限公司代办股份转让系统，为全省非上市公司服务，深化股权转让系统的完善。

5. 着力建设土地流转权交易中心、技术交易中心、资源交易中心等要素市场

中原经济区发展规划纲要中指出“积极发展金融服务业。加快发展银行、证券、保险、信托、担保、租赁业，积极培育股权投资基金、网络金融等新型金融服务业，不断提高金融服务业增加值的比重。加快推进金融机构、人才、资本和上市公司总部集聚。积极发展金融服务外包业务，促进各类金融数据业务和后台服务业务在河南省集聚。培育有区域特色的金融交易服务平台。积极引进域外金融机构。支持以重组方式设立全国性法人金融机构。加快构建多层次资本市场体系，建立区域性股权交易所，探索建立国际绿色金融交易所。发展多种形式的股权投资基金，以市场化方式构建新型投融资平台，努力创新和培育新型金融业态和金融产品。着力解决各行业的现实融资需求。鼓励开发证券类、投资类、产业发展类、基础设施类等信托新产品。加大直接融资力度，培育打造更多的上市公司。”

产权交易市场作为多层次资本市场体系中的重要组成部分之一，其重要功能就是融资，通过办理股权转让融资、股权质押融资等业务，帮助企业解决融资难问题。河南产权交易中心在做好股权登记托管业务的同时，办理股权质押业务，积极为中小企业解决融资难题。要积极筹建区域性股权交易所，为全省非上市公司股权流转提供专业化服务。并加快促进科技成果转化。建立有利于促进科技成果转化的激励机制、人才评价导向和政策支持体系，鼓励高校和科研院所进入经济建设主战场，积极促进产学研相结合，充分发挥企业在技术创新和成果转化中

的主体作用，促进科技成果转化为现实生产力。加快科技成果转化平台建设，强化科技企业孵化器作用，大力发展技术评估咨询、科技成果推广、技术产权交易等中介机构。创新政府科技资金投入和引导方式，完善财税金融支持政策，促进科技与资本有效对接。组织实施若干重大科技成果转化项目，培育发展高新技术产业基地。

针对河南实际情况，要建立土地流转权交易中心、技术交易中心、资源交易中心等要素市场，为“三化”服务，助力中原经济区的发展。

6. 依托期货交易所，积极发展期货市场

期货市场未来发展已有一个很明显的政策导向。我国“十二五”规划明确提出了要推进期货和金融衍生品市场发展；其次是中国证监会在很多场合已经提出了我国当前的期货市场正处于从量的扩张向质的提升转变的关键时期；最后是证监会主席尚福林在全国期货监管工作会议上明确提出了要创新改革理念、发展理念、监管理念和服务理念。

在国家从政策上对期货发展给予大力支持的同时，目前期货行业所处的经济环境却不容乐观。当前世界经济发展并不稳定，全球流动性泛滥，国际大宗商品价格波动比较剧烈；在国内管理通胀的预期也是比较明显的，现货市场价格体制并不完善，市场基础薄弱、投资者结构不合理，市场功能发挥不充分等，这些因素会给期货市场未来发展带来很多不确定性。

目前，期货市场在国家宏观调控中重要作用开始逐步体现，期货的实物性和金融性兼备的特征开始为现货企业和大众所理解和认可，现货企业开始更多地谋求期货和现货的结合，通过期货市场开展套期保值、原料采购或者产品销售乃至开展仓单质押贷款等融资业务。随着股指期货推出步伐日益加快，期货市场各层次的参与者结构开始发生重大变化，商业银行等金融机构获准进入国内期货市场；交易所不断优化自身管理和服务体系；投资者教育工作不断深入；期货公司开始进入多元化时代。中原经济区的建设也应该充分利用郑州商品期货交易所的优势，发挥期货市场在中原经济区发展过程中的积极作用。

第七章　建设金融产业集聚区　打造郑州区域金融中心

金融业的发展具有双重属性，首先它是一种产业，有其本身经营运作的客观规律；其次金融业的发展可以为本地区的经济发展提供资金支持，从而推动本地区经济的发展和就业的扩大。金融产业集聚是促进金融业发展、提升金融产业竞争力的有效途径。在中原经济区发展进程中，引导金融产业的集聚进而中部区域金融中心的形成对于促进中原经济区经济发展具有非常重要的意义。

一、金融产业集聚理论概述

金融产业集聚的形成，本质上来源于经济的发展演化并具有组织变迁的规律。目前理论界对于产业集聚的研究主要集中于制造业领域，对于金融产业集聚的研究尚比较欠缺。金融业作为一种产业，其集聚理论既有和其他产业共同的方面，也有其自身的特征。

（一）金融产业集聚内涵

1. 金融产业特征

金融的资源属性已被广泛认可，金融资源具有突出的层次性特征，主要包括：基础核心层的货币资金、中间层次的金融工具体系和组织体系、整体功能层次的金融制度和法规等。所有金融要素通过专业部门的运作，构建出完整、独特的价值运动系统，凝聚成具有统一属性的产业集合，此即金融产业。

金融资源集中于最能发挥潜力和实现最高经济效益的地区，在资金价格的引导下在区域间运动，因而其具有地域特色。金融产业不是虚拟经济，它是一种复合型组织体系，是金融地域性特征与金融资源各层次体系融合而成的有机实体，它一般由银行业、证券业和保险业等专业部门构成。金融产业既是创造价值的实体产业，同时它也是开放的、具有推动力的生产要素，与其他产业保持着密切的关联，促进和导向其他产业的变革与发展，成为经济发展的启动器。因此，金融的作用首先是在当地经济建设中的资金融通和经济助推作用，没有金融的支持，经济发展的许多项目难以完成；其次是发展金融业本身可以提高当地金融服务业占 GDP 之比，也有利于改善当地的产业结构、扩大就业。关于二者的关系，张凤超认为：区域经济发展水平是金融产业成长的重要地理约束条件，为其提供了承载空间。另外，金融产业成长是介入区域经济发展的动力性条件和重要力量，是推动区域经济非均衡运行的启动器和神经中枢。[①]

金融产业的主体是经营货币资金及其他金融产品的经济实体，提供的产品是金融商品和金融中介服务，其构成要素包括金融经营组织、金融监管机构、金融产品生产和流通市场等。金融体系的形式受到交易成本和非对称信息的影响。交易成本是指金融交易所花费的时间和金钱，金融体系的建立就是为了降低这些交易成本以使有价值的交易活动能够发生。金融中介能够利用规模经济的优势，随着交易规模的增加而降低交易的成本。非对称信息是指金融交易的双方由于所处地位不同而不能对称地掌握相互的信息。不对称信息导致金融体系的两类问题：逆向选择和道德风险。为了最小化道德风险问题，贷款人必须对借款人采取限制性合约，以使借款人不能够从事于不偿还贷款的行为。贷款人还必须监控借款人的活动并在借款人违约时实施限制合约。与逆向选择和道德风险密切相关的是“搭便车”问题。“搭便车”问题因为那些没有花费资源收集信息的人们仍能够利用其他收集信息的人们的信息时发生。金融中介在降低这些逆向选择和道德风险问题上起到了关键的作用，同时它们可以通过发起不能被外部投资者共享的私人贷款来防止“搭便车”问题。

所以，从本质上来看，金融产业是具备鲜明地域性特色、生产高度专业化信息的行业。

2. 金融产业集聚定义

目前，理论界尚未形成对金融产业集聚的权威定义。国外研究金融产业集聚比较早的是金德尔伯格。他认为金融市场组织中存在着规模经济，这促使银行及其他金融机构选择一个特定的区位，形成了金融市场的集聚力量。参考国内外学术界对金融产业集聚的论述，我们把金融产业集聚定义为一国的金融监管部门、金融中介机构、跨国金融企业、国内金融企业等具有总部功能的机构在地域上向特定区域集中，并与其他国际性（跨国）机构、跨国公司、国内大型企业总部存在密切往来联系的特殊产业空间结构。金融产业总是以企业集群的形式出现并形成金融中心，金融中心是金融企业高度集聚的产物。

金融产业集聚作为金融产业的一种空间组织形式，是金融资源地域运动的结果。金融资源受经济效益和价格机制的引导而在区域间运动。在金融产业领域，

① 张凤超. 金融产业成长及其规律探讨［J］. 当代经济研究，2003（10）.

从20世纪70年代开始，金融产业集群已经成为现代金融产业组织的基本形式。在世界范围内形成了以纽约、伦敦和东京为代表的三大国际金融集聚区，而在一些新兴的国家和地区也出现了明显的金融机构集聚趋势。新加坡在20世纪90年代就通过税收政策优惠、亚洲美元市场的建立和对证券期货市场予以支持等措施吸引大量的金融机构集聚。国内的金融机构集聚现象也是风起云涌，北京的金融街已经成为国内外金融机构的集聚地，上海浦东金融机构聚集的趋势也十分明显。

3. 金融产业集聚与实体产业集聚的比较

与实体产业集聚相比，金融产业集聚具有自己的特征。首先，在聚集机制上，在形成产业集聚前期，服务业特别是金融产业是从制造业中分离出来的，金融产业发展服从于制造业的需求，也就是说制造业的发展在一定程度上能带动金融产业的发展。但是在形成产业集聚后，两者的就业结构变化存在一定的差异，制造业的就业呈现扩散态势，而金融产业的就业呈现集聚的趋势。从空间分布上看，金融产业集聚主要倾向于中心城市，而制造业则由于城市高昂的地价和租金而逐步退出中心城市转向次级区域。

其次，在影响集聚的因素上，作为区域经济学理论基础的区位理论不完全适用于服务业集聚特别是金融产业集聚，区位理论主要是解决厂商如何进行布局才能使成本最低或利润最大的问题，它的许多理论和方法都成为区域经济学理论的组成部分，如专业化生产理论、资源禀赋理论、规模经济理论、相互依存理论和区域贸易理论等。但对于金融产业集聚来说，更为开放的全球市场和更加快捷的交通运输与通讯系统削弱了地理位置在竞争中的作用。从根本上说地理位置不再是金融产业集聚竞争优势的决定性因素。相对而言，高素质的人才、健全高效的法制和适宜的金融环境对金融产业集聚有更为重要的影响。

（二）金融产业集聚效应

一般来说，金融集聚区所在城市是一个区域的经济核心，通过金融集聚区这个增长极可以带动整个区域的经济水平增长，因此金融集聚的发展水平将很大程度上决定区域经济的发展水平。金融产业集聚的效应表现在以下方面：

1. 外部规模经济效应

金融集聚的外部规模经济效应是通过提高资金使用效率，提供投融资便利；提高金融市场流动性，降低融资成本；金融机构共享辅助性产业以及降低金融机构的交易成本等方式而得以实现的。

第一，集中交易能大大提高交易效率。金融产业聚集效益主要体现在跨地区支付效率的提高和金融资源跨地区配置效率的提高。同时，发达的金融市场和金融体系能为本地区有闲置资金的投资者提供投资渠道，这使得金融产品能达到供给与需求的平衡发展。第二，通常金融市场的规模越大，各种金融产品的流动效率就越高，金融资源利用率就越高，借款人就可以支付较低的利率或得到更多的贷款。第三，金融企业集群产生的外部规模经济不仅使得金融业本身得到发展，而且能带动本地区的其他产业集群发展，然后反过来促进金融业发展、达到相互促进集群发展的良好局面。当大量金融机构集中在特定空间时，商业银行与投资银行之间，保险公司与证券公司之间、商业银行与保险公司之间的客户可能是交叉互补的，所以跨行业的金融合作业务也产生了。第四，金融产业集聚加强了金融企业间信息的流动并增强了企业间的相互信任，这种信任能使得客户很容易签订合作意向。第五，由于企业之间的邻近，各种信息可以通过正式渠道和非正式渠道迅速传播，从而降低企业获取信息的成本。第六，由企业的集聚带来劳动力的集聚，从而减少劳动力的获取成本。

2. 金融扩散效应

在金融产业集聚发展的不同阶段，极化和扩散作用的效果是不同的。在金融中心城市成长初期阶段，其功能应该是以集聚为主，主要指依靠其集聚能力吸收更多的资金，然后才有能力去辐射周边地区；在金融集聚发展到高级阶段，金融中心城市的扩散作用才能得到更大的体现，金融中心在扩散过程中不断得到发展，更重要的是金融中心城市通过扩散效应，在与其他城市的相互联系、相互作用中，带动了整个区域的经济发展。作为增长极的金融中心主要通过技术、资金、产品等途径对周边地区进行扩散。首先是资本输出，金融中心可向周围地区输出大量资本，满足其经济发展以及产业升级对资金的需求，同时为周围地区发展提供金融服务；其次是技术的扩散，金融中心集聚了大量研究与开发机构，以及有创新能力的企业，可将技术创新成果不断向周围地区扩散，通过技术外溢提高周边地区的技术水平；最后是产业的扩散，金融中心是城市发展的高级阶段，产业开始进行转移，而这些都需要强大的金融支持作为保障。

3. 金融外溢效应

由于处于不同发展阶段和具有不同竞争实力的金融机构在同一地理位置上的密集设置，会带来知识、技术等要素的外溢，使金融产业集聚具有典型的信息外溢效应。地理位置的接近有利于掌握更加丰富的金融信息，金融中介的参与使得银行与借贷经营的企业家之间信息交流充分，从而提高了整个金融产业价值链的利润。研究表明，技术外溢效果受到空间距离约束比较大，空间距离加大就会导致技术外溢效果比较差，集群所带来的知识溢出有利于集群内企业的经验共享、提高技术创新能力和生产率。此外，对于支付手段复杂而且信息灵敏度高的证券等金融衍生工具来说，投资者在地理位置上的接近有利于其掌握更加丰富的交易信息，通过网络传播的信息往往都是失真的。地理位置的接近有利于掌握更加丰富的金融信息的金融中介的参与，使得资金提供者与借贷经营的企业家之间信息交流充分，从而提高了整个产业链的利润。而金融机构可根据集群内企业的需求，提供多样化的金融产品，更好地满足企业的进一步发展的资金需求，同时也提升了金融机构的盈利空间。

4. 知识学习效应

在信息外溢的同时，处于同一金融产业集聚中的金融机构之间会相互学习对方的优势，从而使集聚具有突出的知识学习效应。知识技术的外溢效应随空间距离的扩大而下降，集聚所带来的知识溢出，有利于集群内经验共享、提高技术创新能力和生产率。集聚主体之间经过知识的综合、外化和内化，实现了知识的区域化过程，有利于金融知识的共享，创造“知识乘数效应”。知识学习效应加快了集聚区域的金融知识孵化和金融创新，从而获得了金融创新的区域比较优势。

5. 机构整合效应

金融集聚能够通过金融机构整合把优质金融资源配置到需要金融支持的区域和企业，在高效的金融体系中，能有效降低金融交易成本，节约周转资金余额，提高金融资源的流动性，使得金融资源向着收益率高的部门流动。如果高附加值、高利润率的产业获得了资金资源，就有可能促进产业结构的调整升级，从而提升整个区域的经济发展水平。

从金融资源流动方向来看，其流动过程呈现集聚与扩散同步进行的方式，这是一个对立统一的过程，两种方式的流动方向是相反的，主要表现为在产业升级的情况下，处于比较低层次的金融资源被“挤出”并溢出到周边区域，金融资源呈现梯队形式并由集聚区域向周边地区扩散，这反过来在一定程度上可以提升集聚中心区对高端金融资源的吸引力。金融资源集聚与扩散作用一般是同时进行的，但在两个方向上流动的要素特点却是不同的，一般来说，集聚性资源大多是高质量、成长性高和竞争力高的金融要素，而扩散性的资源往往是一些处于衰退期的低层次要素，主要表现为低端产业向边缘地区的转移。金融资源集聚、扩散的效应就逐渐形成了核心区域、扩散区域、边缘区域等梯形转移层次。在金融资源不断集聚的情况下，核心区域得以不断地补充、扩张，有限的空间肯定会把在市场竞争中被淘汰的资源向周边区域挤出，在这个扩散过程的同时，周边区域中的一些优势资源也同时向核心区域集聚。

因而，金融集聚能够促进本地区产业结构的调整，金融机构能为有成长性的高技术产业提供资金支持以促进其发展，为本地区经济结构调整提供了较好的融资环境，从而大力推动产业结构的优化升级。

（三）金融产业集聚的实现路径

金融集聚的产生和发展是金融业由低级到高级、从无序到有序且结构功能不断完善的发展过程。金融产业集聚的成长和发展阶段可以划分为发生、发展和成熟三个阶段。金融产业集聚的动力机制包括向心力和离心力两种力量，向心力因素包括：规模经济、信息外溢、市场流动性与市场外在性厚度；离心力因素包括市场进入成本与协调、寻租和政治干预以及地方保护等。它们之间的权衡决定了金融产业集聚的趋势。在金融产业集聚发生阶段，其主要动力是地域分工和外部经济，集群的主要表现形式是专业化生产；在集聚发展阶段，集群成长动力主要来自社会资本优势以及竞争合作效率；在集聚成熟阶段，主导动力主要来自于集群内知识与技术创新，高等级生产要素的动态合作效率。①

1. 金融产业集聚是经济性和交易费用对比的结果

经济性在此指金融产业集聚所带来的经济效应。经济性主要包括规模经济和范围经济。规模经济是随着企业生产规模的扩大可以获得成本降低的好处；范围经济是企业经营产品品种的增多，可以获得协同效益。规模的经济性是指随着生产规模的扩大，收益的非线性增长。在一定的技术状况和生产投入价格不变的情况下，因扩大或缩小生产规模带来的平均成本的降低，称为规模经济性；相反，因扩大或缩小生产规模带来的平均成本的升高，称为规模的不经济性。

经济性还可分为内部经济和外部经济。内部经济是企业通过内部组织边界的扩张，扩大业务规模或者产品经营范围等获得的收益增加。外部经济是企业之间的相互联系所产生的经济效应。两类经济性融合起来，经济性就可以进一步细分为内部规模经济、内部范围经济、外部规模经济、外部范围经济四种。集聚的外部经济包括外部规模经济、外部范围经济等。

交易费用主要分为内生交易费用和外生交易费用。内生交易费用主要来自有限理性和不完全信息，但空间的聚集可以大大节省内生交易费用；影响外生交易费用的一个很大因素是企业之间的交易距离，交易距离过大导致巨额的运输成本和搜寻成本，空间的集聚则大大节省了这方面的交易费用。金融业是生产高度专业化信息的行业。金融产业的两个主要影响因素是交易成本和不对称信息。信息流对于金融活动的选址有重要影响，包括信息的可得性与信息的可靠性。有些集聚可以用需要面对面的联系来解释，要处理的问题越复杂，面对面的接触就显然越重要。对于那些支付手段复杂而且信息灵敏度高的股票和金融衍生工具来说，投资者和券商在地理位置上的接近有利于其掌握更加丰富的金融信息。

在金融集聚的条件下，各方都尽可能地将各自有限的资源投入到分工网络中去，而不必受限于规模。这些因素都使得分工链条可以尽可能地延长，尽可能地发挥专业化生产的潜力。金融产业集聚的形成是在外部经济和交易成本之间的权衡，当外部经济的效益超过交易成本的增加时，就会促进金融产业集聚。

2. 金融产业集聚的组织演进

产业集聚作为一种生产组织形式，其组织性质是随着分工的深化，逐渐从专

① 魏守华. 产业集群的动态研究及实证分析 [J]. 世界地理研究，2002 (9).

资主体与中介的发展，极大地降低了上海金融市场多元化融资成本，有力地推动了上海金融市场对上海和全国经济的支持。

目前上海是全国金融市场最集中的地区。证券交易所、期货交易所、全国银行间同业拆借、债券交易、外汇交易、黄金交易市场均设在上海。过去 5 年中，上交所股票、债券发行额占全国直接融资总额的比重超过 90%。上期所占全国期货市场份额的比重超过 60%。黄金交易所交易量逐年上升，2010 年，上海黄金交易所各黄金品种累计成交 6051.50 吨，同比增长 28.46%；成交金额 16157.81 亿元，同比增长 57.04%。[①] 多元化的金融市场体系全面推进上海国际金融中心建设。

3. 营造一流的金融环境

1995 年以来，金融产业成为上海的支柱产业，金融业产值占上海 GDP 的 10%以上。2009 年金融业增加值占上海 GDP 的 11.99%。上海已成为我国金融机构、金融资产、金融人才最集中的地区之一，全国性金融机构的功能性营运中心大都设在上海。上海金融机构资产规模约占全国的 9%，盈利能力较强。证券、保险机构资产规模、盈利能力等均位居全国前列。

上海制定相应政策制度，刺激基金管理公司、保险公司和各种功能性公司。上海积极创新人才激励机制，吸引集聚全球金融人才，加强以能力建设为核心的开放的金融机制，不断提升金融人才特别是高端人才的发展空间。上海注重风险控制与防范系统建设，把各类金融活动纳入法制化轨道，保障金融稳定运行。

（二）北京模式

1. 借助政治中心地位优势推进金融中心建设

北京是首都，是全国政治、文化交往中心，具有建设金融中心城市的政治优势。北京是中央人民银行、银监会、证监会等国家金融管理机构所在地，具有信息优势。银行、证券、保险大型金融机构总部聚集在北京，种类齐全，具有发展的总部优势。大型企业聚集在北京，中国的 136 家中央企业有 102 家在北京，具有总部经济优势。加之各个部委也都在北京，为了方便与政府部门打交道，许多大的跨国企业也选择在北京设立办事机构。全球 500 强企业的中国总部一半以上在北京，中国的 100 强企业 80 多家总部在北京。

金融中心建设最主要的条件除了金融需求、制度健全之外，还包括交易成本最低，交易效率最高。在总部聚集地，政府、金融机构及企业总部所掌握的核心信息可以及时通过面对面的交流来共享、互动，极大地降低了交易成本，提高了交易效率。所以总部集聚的地方往往是金融中心所在地。

① 资料来源：上海黄金交易所网站。

2. 借助科学规划推进金融中心建设

世界上的金融中心建设经验表明，一个城市的金融机构距离越近，金融中心成长起来的可能性就越大。北京早在 20 世纪 90 年代就规划出金融街和中心商务区（CBD）为建设金融中心提供物质基础。通过制定科学的金融业发展规划和确定合理的金融资源空间布局，将存量和增量金融资源向特定空间区域配置，从而有意识将这一特定区域发展成为全市的金融中心区。《北京市十一五时期金融业发展规划》提出“三个功能区”模式，突出金融街在金融资源聚集和金融业发展中的主体地位，同时将 CBD、中关村西区作为重要的金融功能区。三个功能区在金融资源聚集和金融业发展方面具有较为明确的分工：金融街侧重聚集国内金融资源、发展国内金融业；CBD 侧重聚集国际金融资源、发展国际金融业；中关村西区侧重发展科技金融业。2008 年市委市政府出台《关于促进首都金融业发展的意见》时提出“一主一副三新四后台”模式，“一主”是指金融街作为金融主中心区，要进一步聚集国家级金融机构总部，提高金融街的金融聚集度和辐射力。“一副”是 CBD 作为金融副中心区，是国际金融机构的主聚集区，加快北京商务中心区的核心区建设，提高国际金融资源聚集度。“三新”是新增海淀中关村西区、东二环交通商务区、丰台丽泽商务区为北京市新兴科技金融功能区。“四后台”是加快推进金融后台服务支持体系建设，完成四个金融后台服务园区基础设施规划编制工作，推进海淀稻香湖、朝阳金盏、通州新城金融后台服务园区的征地拆迁和土地开发工作，推进西城德胜金融后台服务园区配套设施建设。

3. 制定营造吸引金融机构和人才的良好环境

高素质的金融人才队伍既是金融中心金融创新的源泉，也是实现金融国际化的必要条件。北京市制定了吸引跨国公司中国总部和国外金融机构落户北京以及吸引国际金融人才的优惠政策，营造了良好的金融发展环境，为金融人才在京发展提供全方位服务。北京不断优化金融人才结构，完善对金融监管人才、金融高管人才、中介服务人才、金融研究人才、金融后备人才等各方面人才的综合开发和服务机制。加强金融人才境内外交流和培训工作，引进境外人才培训机制，提升金融从业人员国际化水平。目前北京已形成一支具有一定规模的金融从业人员队伍，金融从业人员的层次也不断提高，形成了一支学历较高、素质较高、工作经验比较丰富的中高层管理人才队伍。

（三）深圳模式

1. 突出三大优势，助推深圳金融中心建设

（1）深圳证券交易所是非常活跃的交易所，中小企业板的开设使深圳成为全国中小企业、成长型企业、高科技企业的融资中心，以交易所为核心的多层次资本市场初见雏形。

（2）深圳是创业投资最活跃地区，机构数量和资本规模居全国首位。

（3）深圳是全国最大的财富管理中心，深圳的共同基金规模在2006年已经占到全国基金总规模的50%。在私募证券投资基金方面，深圳创新发展了国内最为规范的"私募 + 信托"的私募证券投资模式，成为全国的私募证券投资基金中心。

2. 准确定位，在金融创新中打造科技金融中心

深圳针对国家大环境的变化，一直在调整自身的定位和发展方向，建设具有自身特色的金融中心。根据拥有较好的证券业、基金管理业和风险投资聚集的现实条件，深圳在金融中心的路径选择上避免与上海、北京进行同质竞争，而是将建设重点放在投融资、财富管理和金融创新方面，打造高科技金融中心。

作为我国最早和最大的经济特区，深圳已经形成了金融创新机制，这对各类金融机构都具有吸引力。国内各家银行总行特别看重深圳的窗口示范效应，大力支持深圳分行的金融创新。深圳的保险、证券及基金等金融机构也在金融工具、金融产品、金融服务、金融运作创新方面走在全国前列。包括私募股权基金、风险投资基金在内的另类投资发展也在国内名列前茅。深圳市政府在政策上鼓励金融创新，设立"金融创新奖"。深圳准确的定位、金融创新的传统和创新机制，使深圳金融中心保持了国内领先的竞争优势。

3. 深化深港合作，构建港深国际金融中心

香港是亚太最重要的国际金融中心之一，具有完善的金融市场体系、丰富的金融产品结构以及先进的运营管理经验，拥有大量的高级金融人才。深圳利用毗邻香港的区位优势，大力推进深港金融经济合作，主动接受香港金融业的辐射，推进深港两地金融市场的融合，扩大香港金融业发展的腹地，实现两地优势互补，与香港共同建设中国的世界级国际金融中心。

（四）沈阳模式

1. 雄厚的工业实力助推金融中心建设

沈阳是东北地区的经济中心，在以沈阳为中心半径150公里范围内，集中了以基础工业和加工工业为主的八大城市，构成了资源丰富、结构互补性强、技术关联度高的辽中城市群，沈阳据此成为东北地区重要的制造业基地。近几年来，特别是中央实施东北振兴战略之后，沈阳市GDP年平均增长幅度保持在15%以上，地方财政收入连续多年实现30%以上的增幅，均位居国内副省级城市前列。沈阳深厚的经济实力为其发展成为金融中心奠定了坚实的根基，而得天独厚的地理位置和交通便利的条件，也是沈阳区域性金融中心建设不可多得的优势。

2. 大力发展现代服务业，形成产业集聚

1992年，沈阳成立了沈阳金融商贸开发区，这是我国除上海陆家嘴外唯一

的金融商贸开发区。在 2002 年晋升为省级开发区后，沈阳积极争取在金融商贸开发区筹建区域产权交易所、债券交易所、票据交易市场、基金批发市场、风险投资中心、战略性融资中心和信用信息数据应用中心。“十一五”期间，沈阳金融商贸开发区获得“中国金融生态区”和“中国最具竞争力金融开发区”称号。在国家提出振兴东北老工业基地的大背景下，沈阳市提出以金融商贸开发区为平台，建设东北地区金融中心。

3. 良好的金融发展态势

2006 年，沈阳市委市政府将沈阳建设东北地区区域金融中心纳入《沈阳市国民经济和社会发展第十一个五年规划纲要》。2006 年底外资银行管理条例颁布实行，东北地区获得了金融方面的优惠政策。沈阳进一步加大引进外资银行力度，加快引进保险公司、融资担保、金融租赁、风险投资、信用评估、期货等非银行类金融机构；积极开展手机银行、风险管理、个人理财、保险代理、产业基金等现代金融业务；鼓励境内外金融机构成为战略投资者，参与当地企业的并购重组；加强各类高端金融人才的引进和培育。

沈阳市金融工作的发展思路，就是构建和完善东北区域金融中心，大力发展金融市场和要素市场，优化金融生态环境，全面拓展金融服务领域，实现金融与经济和社会发展的互赢共惠。可以看到，沈阳金融业对经济增长的支撑作用不断增强。

（五）模式借鉴

通过对上海、北京、深圳、沈阳四个城市建设金融中心经验总结，我们发现有以下特点可供借鉴。

1. 政府推进特征明显

这和世界许多国家的做法一致，也是符合我国各地经济发展要求的。四个城市都出台了一系列规划，谋求本地金融中心的长远发展。

2. 与经济实力、地理位置密切相关

金融资本只有与产业资本结合才能创造价值。缺乏产业和经济的长期稳定发展，金融资本就会成为无源之水。而上述这些城市的经济发展水平高、区域经济实力强，都是所在地区的经济中心，具备了雄厚的经济基础和财政实力，也具备优越的地理位置，可以为金融业的发展提供良好的生态环境条件。

3. 充分利用自身优势

上海的优势在于历史、雄厚的经济实力和便利的交通条件带来强大的金融需求，形成了全方位、多层次的金融市场体系。北京的优势在于北京的政治地位，政治中心产生信息，信息是减少交易费用、提高交易效率的条件。深圳的优势在于实体产业的发达和毗邻香港，可以受到香港金融业的辐射。沈阳的优势在于东北地区经济贸易中心的地位，地理位置优越，工业贸易发达。

4. 目标定位准确

这四个城市都根据自身的经济实力、资源禀赋和区位优势，提出了各具特色的目标定位和辐射范围。这些城市都制定了金融中心发展规划，通过明确的金融中心发展构想，一方面扩大城市对外影响力和吸引力，另一方面也形成差异化的金融中心发展策略，避免同质竞争。

三、郑州区域金融中心发展现状及问题

（一）河南省金融业总体发展状况

“十一五”以来，河南省金融总体保持健康平稳的运行态势。存贷款总量持续增长，信贷结构得到优化，金融对经济发展的支撑和助推作用稳步增强，服务地方经济发展的能力得到提升，金融改革逐步深化，金融市场功能继续完善，金融生态环境趋于优化，经济金融良性互动格局初步形成。“十一五”以来，主要国民经济和金融指标如表 7-1 所示。

表 7-1 “十一五”期间河南省国民经济及金融业主要指标

指标＼年度	2006	2007	2008	2009	2010
国内生产总值（亿元）	12362.79	15012.46	18018.53	19480.46	22942.68
第三产业增加值（亿元）	3721.44	4511.97	5271.06	5700.91	6452.64
人均生产总值（元）	13172	16012	19181	20597	23898.63
各项存款年底余额（亿元）	11492.55	12576.42	15255.42	19175.06	23148.8
各项贷款年底余额（亿元）	8567.33	9545.48	10368.05	13437.43	15871.3
保险公司保费收入（亿元）	252.31	323.56	518.92	565.39	793.28
保险公司赔款及给付（亿元）	50.98	100.88	128.77	148.23	153.91
金融业城镇固定资产投资（亿元）	3.74	6.65	7.87	12.19	—
金融业增加值（亿元）	219.72	302.31	413.83	499.92	—
金融业增加值占 GDP 比重	1.78%	2.01%	2.30%	2.57%	—
金融业增加值占第三产业比重	5.90%	6.70%	7.85%	8.77%	—
金融相关率（FIR）*	1.62	1.47	1.42	1.67	—

注：* 金融相关率计算过程中，金融资产总量数值用存款加贷款近似代表；—表示数据暂不可得。

资料来源：根据《河南统计年鉴（2006~2010）》、《河南省统计公报（2010）》、中国人民银行网站、中国保监会网站整理。

1. 金融机构存贷款总量增加明显

2010 年，河南省存贷款总量位居中部 6 省首位、增量位居第 2 位，有效支持了全省经济平稳较快发展。从图 7-1 可以看出，“十一五”以来，河南省金融机构存贷款增速远高于经济增长速度。金融业增加值占 GDP 比重以及金融业增加值占第三产业增加值比重逐年提高（见图 7-2），其中金融业增加值占第三产业增加值比重在 2009 年达到了 8.77%，从而表明河南省第三产业结构正日趋合理，金融相关率逐步提升。

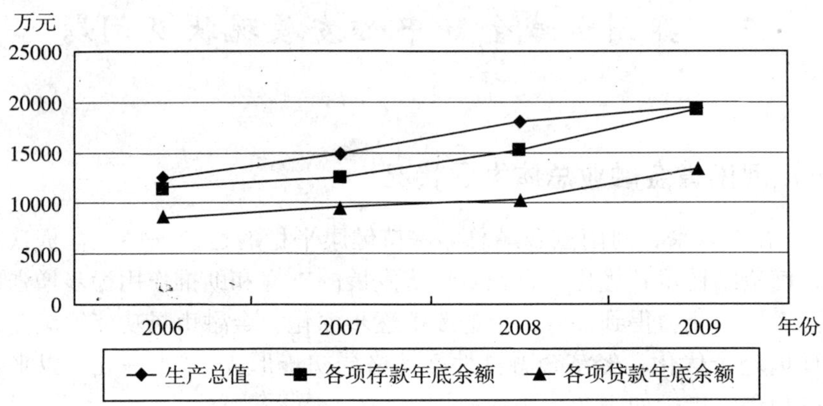

图 7-1 “十一五”期间河南省各项存贷款余额与生产总值变动趋势

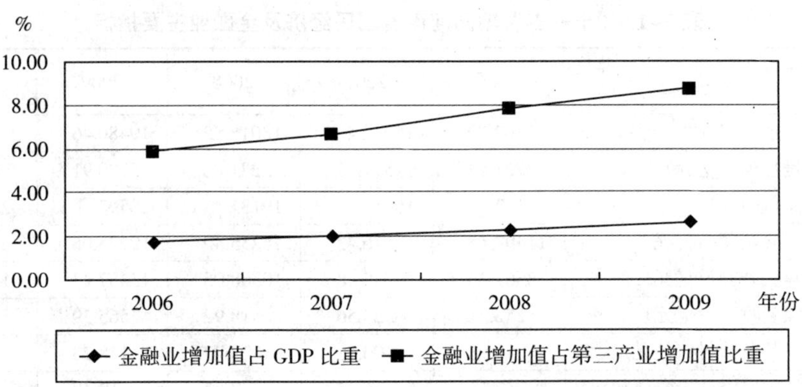

图 7-2 “十一五”期间河南省金融业增加值比重

2. 保险业市场规模稳步扩大，社会保障能力持续增强

2010 年，河南省保费收入 793.28 亿元，比上年增长 40.3%，[①] 全省保费收入在全国占第五位，居中部六省的首位。保险公司赔款及给付等各项指标也持续上

① 河南省统计局. 2010 年河南省国民经济和社会发展统计公报.

升，保险覆盖面不断扩大，对经济社会的渗透程度日渐加深。

3. 证券业规模稳步扩张，上市公司数量继续扩大

截至 2010 年末，全省已有 81 家境内外上市公司，发行股票 83 只，其中，境内发行股票 52 只，境外 31 只，募集资金总额达 751.10 亿元。境内市场流通股总市值 3296.88 亿元。[①]

表 7–2　2009 年河南省证券业基本情况表

项目	数量
总部设在辖内的证券公司数（家）	1
总部设在辖内的基金公司数（家）	0
总部设在辖内的期货公司数（家）	3
年末国内上市公司数（家）	51
当年国内股票（A 股）筹资（亿元）	142
当年发行 H 股筹资（亿元）	0
当年国内债券筹资（亿元）	208
其中：短期融资券筹资额（亿元）	62

资料来源：摘自中国人民银行郑州中心支行货币政策分析小组《2010 年河南省金融运行报告》。

4. 多项指标居中部地区首位

表 7–3 列示了“十一五”以来，中部六省主要经济、金融指标的对比数据。

表 7–3　中部六省“十一五”期间主要经济、金融指标对比

年度	指标＼省份	河南	山西	安徽	江西	湖北	湖南
2006	生产总值（亿元）	12495.97	4752.54	6148.73	4670.53	7581.32	7568.89
	第三产业生产总值（亿元）	3721.44	1727.44	2471.94	1563.65	3075.83	3084.96
	金融业增加值（亿元）	219.72	138.26	130.25	76.13	174.99	184.70
	金融业增加值占生产总值比（%）	1.76	2.91	2.12	1.63	2.31	2.44
	金融业增加值占第三产业生产总值比（%）	5.90	8.00	5.27	4.87	5.69	5.99
2007	生产总值（亿元）	15012.46	5733.35	7364.18	5500.25	9230.68	9200.00
	第三产业生产总值（亿元）	4511.97	2025.09	2874.88	1753.56	3886.00	3657.04
	金融业增加值（亿元）	302.31	160.31	154.73	85.72	337.27	211.74
	金融业增加值占生产总值比（%）	2.01	2.80	2.10	1.56	3.65	2.30
	金融业增加值占第三产业生产总值比（%）	6.70	7.92	5.38	4.89	8.68	5.79

① 河南省统计局. 2010 年河南省国民经济和社会发展统计公报.

续表

年度	指标 \ 省份	河南	山西	安徽	江西	湖北	湖南
2008	生产总值（亿元）	18407.78	6938.73	8874.17	6480.33	11330.38	11156.64
	第三产业生产总值（亿元）	5271.06	2370.48	3318.74	2005.07	4586.77	4216.16
	金融业增加值（亿元）	345.36	189.76	183.18	98.06	393.05	245.67
	金融业增加值占生产总值比（%）	1.88	2.73	2.06	1.51	3.47	2.20
	金融业增加值占第三产业生产总值比（%）	6.55	8.01	5.52	4.89	8.57	5.83
2009	生产总值（亿元）	19480.46	7358.31	10062.82	7655.18	12961.10	13059.69
	第三产业生产总值（亿元）	5700.91	2886.92	3662.15	2637.07	5127.12	5402.81
	金融业增加值（亿元）	499.92	361.64	359.60	165.10	479.11	402.57
	金融业增加值占生产总值比（%）	2.57	4.91	3.57	2.16	3.70	3.08
	金融业增加值占第三产业生产总值比（%）	8.77	12.53	9.82	6.26	9.34	7.45

资料来源：2006~2009 年上述六省统计年鉴。

从国内生产总值、第三产业增加值以及金融业增加值三项指标来看，河南省连续多年位居中部地区首位，金融对经济的支持作用显著。图 7-3 列示了中部六省“十一五”期间金融业增加值对比及趋势。可以发现，河南省金融业增加值在中部地区处于明显的优势，较好地支持了地方经济的发展。

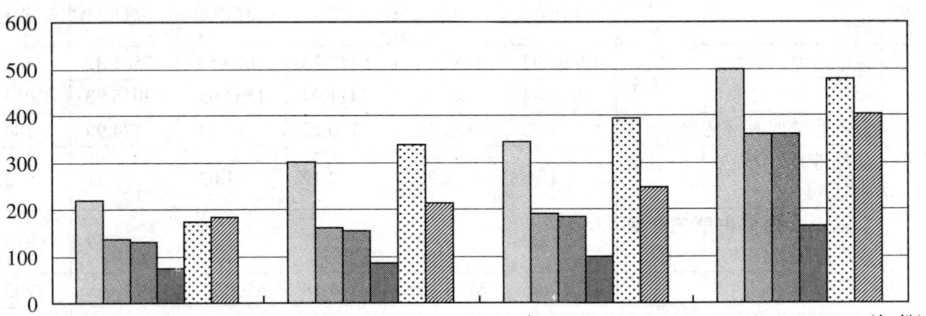

图 7-3　金融业增加值中部六省比较

（二）郑州市金融业发展现状

1. 金融业总体发展水平

“十一五”期间郑州市金融业主要相关指标如表 7–4 所示。

表 7–4　“十一五”期间郑州市金融业主要指标

指标 \ 年度	2006	2007	2008	2009	2010
国内生产总值（亿元）	2013.48	2486.75	3012.86	3308.51	4040.9
第三产业增加值（亿元）	865.52	1092.79	1263.74	1418.92	1646.4
人均生产总值（元）	27961	34069	40714	44231	49945
各项存款年底余额（亿元）	3559.94	3938.18	4916.39	6540.27	7990.9
各项贷款年底余额（亿元）	2722.86	2939.90	3612.29	4922.19	5717.5
保险公司保费收入（亿元）	49.54	60.77	94.55	103.07	151.23
保险公司赔款及给付（亿元）	11.39	17.49	22.97	28.85	—
金融业城镇固定资产投资（亿元）	0.25	1.15	2.06	2.86	—
金融业增加值（亿元）	110.00	141.14	184.28	218.31	—
金融业增加值占 GDP 比重（%）	5.46	5.68	6.12	6.60	—
金融业增加值占第三产业比重（%）	12.71	12.92	14.58	15.39	—
金融相关率（FIR）*	3.12	2.77	2.83	3.46	3.43

注：* 金融相关率计算过程中，金融资产总量数值用存款加贷款近似代表。2010 年国内生产总值、金融机构存贷款数据来自郑州统计信息网，保险业相关数据来自中国保监会河南监管局网站。—表示数据暂不可得。

资料来源：根据 2006~2010 年河南统计年鉴整理。

根据表 7–4 可以看出，“十一五”期间，郑州市无论是 GDP 总量，还是金融业增加值、金融市场规模都持续增长，对地区经济的支持力度不断增强，在河南经济中真正起到了带头作用。

同时，郑州市金融组织体系逐步完善。“十一五”期间，郑州辖区银行、证券期货、信托、保险业与多层次资本市场发展迅速，融资担保、股权投资基金等新型金融业态蓬勃兴起，随着改革开放的不断推进，金融机构资本实力与经营活力也不断提高，区域金融稳定性增强。

按照综合开发研究院[①] 发布的第三期 CDI 中国金融中心指数，郑州金融综合实力得分 23.37 分，在排名的 29 个城市中综合排名第 20 位。在其他各分项排名得分方面：金融产业绩效 38.99 分，排名第 21 位；金融机构实力 12.34 分，排名

① 综合开发研究院又称“中国脑库”，英文缩写 CDI，是经国务院总理批准成立、在业务上接受国务院研究室指导的独立研究咨询机构。

第 22 位；金融市场环境 3.85 分，排名第 5 位；金融生态环境 41.84 分，排名第 23 位。

2. 金融业发展相对水平

从郑州市金融业相对于全省、全国的水平来看，郑州市金融机构存贷款余额均占全省的 1/3 强，保费收入约占全省的 20%（见表 7–5），这些指标占全国的比例在 1%上下。从占比的年度发展趋势看，各项指标均呈上升态势，金融增长速度快于全省和全国平均水平，郑州金融急剧发展的格局基本形成。

表 7–5 郑州市金融相对于全省、全国水平

单位：亿元

项目 \ 年度		2006	2007	2008	2009	2010
郑州市	各项存款年底余额	3559.94	3938.18	4916.39	6540.27	7990.9
	各项贷款年底余额	2722.86	2939.90	3612.29	4922.19	5717.5
	保费收入	49.54	60.77	94.55	103.07	151.23
河南省	各项存款年底余额	11492.55	12576.42	15255.42	19175.06	23148.8
	各项贷款年底余额	8567.33	9545.48	10368.05	13437.43	15871.3
	保费收入	252.31	323.56	518.92	565.39	793.28
全国	各项存款年底余额	335459.8	389371	466203	597741	718237.93
	各项贷款年底余额	225347.2	261691	303468	399685	479195.55
	保费收入	5640.3	7036.21	9784.24	11137.30	14527.97
郑州占河南比重（%）	各项存款年底余额	30.98	31.31	32.23	34.11	34.52
	各项贷款年底余额	31.78	30.80	34.84	36.63	36.02
	保费收入	19.63	18.78	18.22	18.23	19.06
郑州占全国比重（%）	各项存款年底余额	1.06	1.01	1.05	1.09	1.11
	各项贷款年底余额	1.21	1.12	1.19	1.23	1.19
	保费收入	0.88	0.86	0.97	0.93	1.04

资料来源：根据中国人民银行及其分支机构网站相关统计资料整理。

另外，从金融业增加值占 GDP 比重、金融业增加值占第三产业比重和金融相关率（FIR）三项指标来看，郑州市的三项指标水平明显高于全省（见表 7–1、表 7–4 以及图 7–1、图 7–2），金融业对 GDP 的贡献、金融业增加值占第三产业比重逐年提高，金融业对第三产业的结构优化作用日益增强。特别是金融相关率保持了总体提高的趋势，从而表明郑州市在保持经济平稳、良好的运行过程中，金融业的发展水平较高。

3. 金融业发展与中部省会城市的比较

使用 2009 年金融相关率指标来对比郑州市与中部 6 省省会城市金融发展水平（见表 7–6），郑州市金融业发展水平仅低于太原，比其他 4 省水平均要高，

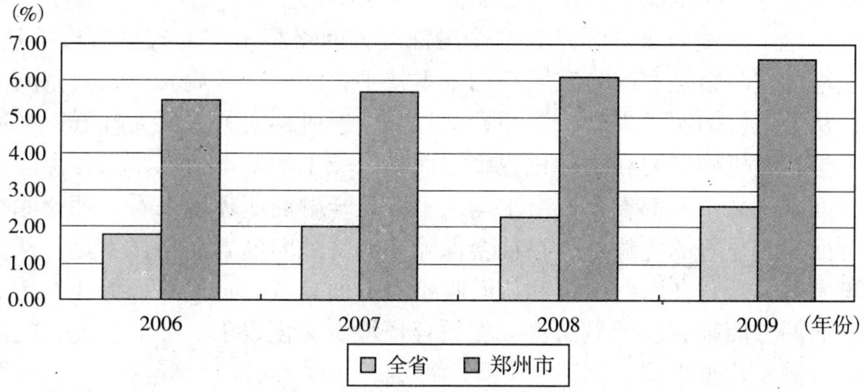

图 7-4　郑州市与河南省金融业增加值占 GDP 比重对比

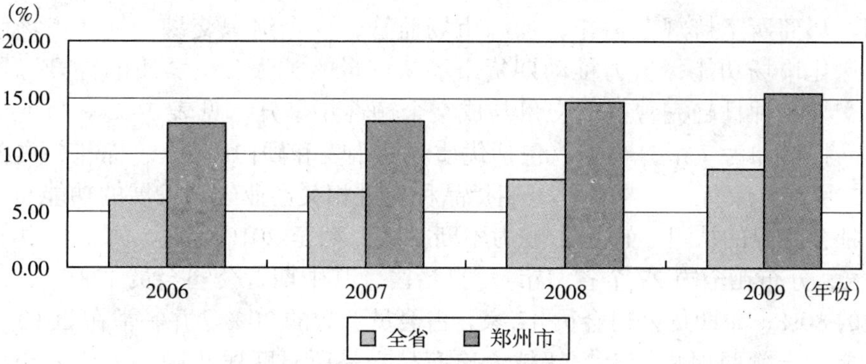

图 7-5　郑州市与河南省金融业增加值占第三产业比重对比

高于全省和全国平均水平。郑州市金融业增加值占 GDP 的比重在 2009 年达到 6.60%，在中部城市排名第一，比排名第二的武汉高了 0.27%（武汉为 6.33%）。

表 7-6　2009 年郑州市金融发展水平的城市比较

	郑州	武汉	长沙	合肥	南昌	太原	河南省	全国
金融相关率 FRI	3.46	3.33	2.81	3.44	3.35	6.50	1.68	3.10

资料来源：根据相关统计资料计算。

就金融资产规模比较，2010 年郑州市金融机构各项存款、贷款余额分别为 7790.9 亿元和 5717.5 亿元，在中部 6 省的省会城市存款和贷款增量比较中分居第 2 位和第 3 位；2010 年郑州市保费收入、保险深度和保险密度在中部 6 省省会城市中分别居第 2 位、第 1 位和第 2 位；2010 年全市期货交易额 61.8 万亿元，郑州商品交易所在全国 4 家期货交易所中排名第二。[①]

从金融产业绩效来看，郑州在金融深度方面略高于中部省会城市平均水平，金融业增加值与金融宽度与区域平均基本持平，而金融从业人员数量稍弱于区域平均；从金融机构实力来看，郑州在证券类金融机构实力方面大幅低于区域平均水平，银行类机构实力和国际化程度方面与区域平均基本持平，而在保险类机构实力方面则远高于中部省会城市平均水平；从金融商业环境来看，郑州除在专业服务方面具有显著的优势外，在社会保障和经济外向度方面略显不足；从金融人才环境来看，郑州在医疗卫生和旅游吸引力方面具备一定优势，但在城市绿化和城市交通两方面则有较明显劣势，在教育环境、文化娱乐、环境状况、生活成本方面与区域平均水平持平。

4. 郑州商品期货交易所发展现状

郑州商品期货交易所是我国较早开始运营的成功发展的交易所。“十一五”期间，郑商所坚持规范运作，加强市场监管，安全组织交易，创新市场培育方式，深化市场功能，努力推动期货市场从“量的扩张”向“质的提升”积极转变。交易品种日趋完善，成交量与成交金额逐年攀升（见表 7–7）。目前上市的交易品种增加为 7 个，小麦（包括优质强筋小麦和硬白小麦）、棉花、白糖、精对苯二甲酸、菜籽油、早籼稻等期货品种促进相关产业经济发展的功能与作用得到了社会各界的认可，市场影响力不断扩大。截至 2010 年底，郑商所共有会员 215 家，分布在全国 27 个省（市）、自治区，其中期货公司会员 173 家，占会员总数的 80%；非期货公司会员 42 家，占会员总数的 20%。并一举在 2010 年成交量与成交金额两项指标上均超越大连商品交易所，跃居我国三大商品交易所第二位。

表 7–7 2006~2010 年期货交易统计

年份		2006	2007	2008	2009	2010
大连商品交易所	成交量（万张）	23952.28	36978.58	63831.94	83356.4628	80633.5536
	成交金额（亿元）	51975.87	118152.92	274853.26	376437.03	417058.8131
上海期货交易所	成交量（万张）	11484.55	16631.2	28052.6	85972.8044	124379.6286
	成交金额（亿元）	125748.31	226899.65	288719.93	737583.2	1234794.99
郑州商品交易所	成交量（万张）	9259.65	19832.3	44511.43	45422.51	99181.0088
	成交金额（亿元）	31809.61	62385.8	155600.1	191122.642	617998.883

资料来源：中国证监会网站。

① 数据来源于中国证监会网站及商品期货交易所报告。

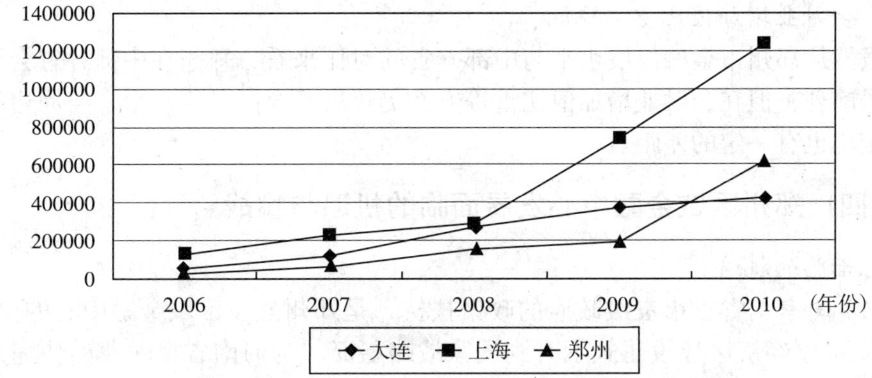

图 7-6　2006~2010 年期货交易所成交金额趋势变化

（三）郑州区域金融中心建设存在的问题

1. 目标定位尚不明确

近年来，武汉、西安、合肥、长沙、成都、重庆等中西部大中城市均在加快区域性金融中心的建设步伐，构筑区域竞争的战略高地，以赢得经济发展的主动权。如何借助国家推进中原经济区发展的重大机遇，进一步科学定位郑州区域金融中心发展的目标是需要首先解决的问题，这其中要特别明确自身与其他中部区域金融中心的关系和差异。

2. 金融集聚规模仍较小

目前，郑东新区中心商务区内，已有中国农业银行、广东发展银行、中国民生银行、汇丰银行（中国）、百瑞信托、郑州银行等多家金融机构的省级机构入驻，中国工商银行、中国建设银行、中国银行、交通银行、中信银行、中国光大银行、浦发银行、招商银行、兴业银行等金融机构也均设有营业网点，金融商务聚集效应正逐步显现。但国内外知名的金融中介服务机构、中外资金融机构河南或郑州分行或分公司、法人金融机构、金融机构的全国性或区域性总部等进驻率相对较低，金融集聚规模和效应仍需进一步扩大。

3. 集聚区金融体系的构建仍不完善

截至目前，与全国其他省份相比，河南省金融整体功能不够完善的现状仍旧存在，地方金融机构不发达，金融组织体系不健全，金融生态环境有待改善，直接融资比重低等问题比较突出，制约着经济的持续快速健康协调发展。突出表现在金融产业结构的不平衡，即银行业金融机构为主体，而非银行金融机构规模偏小。同时，金融机构的核心竞争力尤其是参与国际市场竞争的能力还不强，总部机构数量少，要素集聚、对外辐射的能力还较弱。

4. 金融业增加值比重仍较低

虽然从郑州市金融发展水平与中部6省的对比来看，郑州在中部各省会城市中位居前列，但在金融业增加值比重等方面仍落后于全国平均水平，与周边省会城市相比也有一定的差距。

（四）郑州区域金融中心发展面临的机遇与挑战

1. 面临的机遇

（1）国家、省、市三级政府的政策扶持，是郑州建设区域金融中心的保障。2011 年中原经济区建设正式上升到国家战略层面。为河南省金融业的快速发展创造了良好的政策环境，也为郑州区域性金融中心建设提供了有利时机。河南省政府从软硬环境两方面进行支持：一是继续推进郑东新区金融商务区建设，使之成为全省金融机构的集聚区、金融创新的示范区、金融服务的优质区和金融运行的安全区；二是制定出台有关政策，推进信用体系建设，强化监管，加快金融人才的培育和引进，提高公共信息服务水平，加强组织领导等具体政策措施。郑州市也出台了吸引金融机构进驻的优惠政策，包括吸引金融机构总部、地区总部、分支机构或代表处等给予的资金补助和营业税、所得税的减免等。

表 7–8　郑州金融产业集聚规划主要政策背景

年份和文件	文件出台背景	相关内容（摘要）
1998 年 12 月国务院批复《郑州城市总体规划（1995～2010 年）》	将郑州建成全国重要的商贸、金融、信息中心，成为经济繁荣、交通发达、环境优美、基础设施完善、服务功能良好、具有中原文化特色的社会主义现代化商贸城市	明确了规划区范围、城市性质、城市规模、城市布局等问题
2006 年 4 月《中共中央国务院关于促进中部地区崛起的若干意见》	促进中部崛起	增强郑州中心城市辐射功能，促进中原城市群发展
2007 年 1 月郑州市人民政府办公厅贯彻落实中共中央国务院关于促进中部地区崛起的若干意见责任分工的通知	贯彻落实《中共中央国务院关于促进中部地区崛起的若干意见》	
2007 年 11 月河南省人民政府关于《郑州区域性金融中心建设规划纲要》	为了进一步增强郑州市的凝聚力、辐射力，把郑州建成全国有重要影响的区域性金融中心，有效带动全省金融业发展，更好地发挥金融对经济发展的推动作用，加快全面建设小康社会、实现中原崛起的步伐	明确了郑州区域性金融中心建设的发展目标、战略重点、主要任务和实施步骤，鼓励和引导在郑金融机构和将要入驻郑州的金融机构向金融商务区集中，使之成为全省金融机构的集聚区、金融创新的示范区、金融服务的优质区和金融运行的安全区，打造特色鲜明的金融中心标志性工程

续表

年份和文件	文件出台背景	相关内容（摘要）
《郑州市人民政府关于进一步加快郑州区域性金融中心建设的意见》	把郑州建设成为全国有重要影响的区域性金融中心，有效带动全省金融业发展，更好地发挥金融对经济发展的推动作用	
《中共河南省委河南省人民政府关于加快发展服务业的若干意见》	促进河南省服务业又好又快发展	郑东新区 CBD 金融集聚区项目列入 30 个省服务业特色园区
《中共河南省委河南省人民政府关于推进产业集聚区科学规划科学发展的指导意见》	加快构建省（市）现代产业体系，实现资源要素优化配置，促进产业集聚区科学发展	加速产业集聚和企业集聚
《郑州市人民政府关于进一步推进产业集聚区科学发展的实施意见》		
2010 年《郑东新区管委会关于促进经济繁荣加快产业发展的意见》	为全面落实科学发展观，培育经济发展产业结构，促进经济繁荣，推动郑东新区产业经济发展再上新台阶	发展现代金融业，建设金融聚集区。积极吸引国内外金融机构到中央商务区设立总部、区域总部和分支机构，提高郑东新区的服务功能和凝聚力、辐射力，把郑东新区建成最富活力的金融聚集区和郑州区域性金融中心的龙头
2010 年《关于加快推进企业上市工作意见》	助力资本市场郑州板块建设	
2011 年《全国主体功能区规划》 2011 年《国务院关于支持河南省加快建设中原经济区的指导意见》	指导科学开发国土空间 明确中原经济区建设的总体要求、战略定位和发展目标	中原经济区被纳入国家层面的重点开发区域（包括河南省以郑州为中心的中原城市群部分地区） 明确提出加快推进郑东新区金融核心功能区建设

资料来源：根据有关文件和公开资料整理。

郑州区域金融中心获得国家、省、市三级政府重点政策扶持，将比其他地区更早、更多地获得政策倾斜和要素配置，郑州建设区域金融中心，占据“天时、地利、人和”的竞争优势。

（2）河南省和郑州市日益增强的经济和金融实力为建设郑州区域金融中心提供了强大支撑。2010 年，河南省国内生产总值突破 2 万亿元大关，处于全国第五位。全省存贷款总量位居中部 6 省首位，有效支持了全省经济平稳较快发展。2010 年，郑州 GDP 达到 4040 亿元，[①]“十一五”期间年均增长 13.7%，GDP 总量占全省的比重由 2005 年的 15.7%提高到 2010 年的 17.4%。此外，根据中国社会科学院 2011 年 2 月 28 日发布的《中国省域经济竞争力发展报告（2009~2010）》

① 郑州市统计局. 郑州市国民经济和社会发展统计公报（2010）.

蓝皮书，在全国各省区各项竞争力的综合评价中，河南排名第 14 位，处于中游区的前列，在中部 6 省位列第二。

从世界各国的经验分析，经济中心城市同时也是金融中心城市，纽约、伦敦、东京以及我国的上海、北京、深圳均是如此。金融中心作为金融机构和金融服务的聚集地，发挥着资本集聚和辐射功能。通过金融中心的资金融通和资本运作，实现资源在区域内外的优化配置，带来金融中心所在城市及周边地区投资的持续繁荣，形成产业的扩张和交易的集聚，创造大量的就业机会和财政收入，为区域经济发展做出贡献。中部地区由于金融效率相对较低，区域金融发展的滞后加剧了经济发展的落后。目前中原经济区已上升为国家战略，中原经济区建设以及现代农业发展对金融的强烈需求，都对区域金融中心的形成与发展提出了迫切的要求。经济的快速发展，市场经济体制的逐步完善，金融业的全面开放，社会资本的快速流动，对河南省整合金融资源、完善金融体系、发展金融市场、优化金融环境提出了新的更高的要求。从经济和金融发展水平来看，郑州在河南的首位度持续增强，必然要求郑州金融业的快速发展和集聚，为中原经济区经济的持续增长和发展提供强有力的支撑。

（3）已经形成的金融体系为建设郑州区域金融中心奠定了良好基础。随着金融体制的改革和发展，河南省已形成了银行、证券、保险、期货、信托各业并举、各类机构并存的金融体系。多层次的资本市场体系初具规模，郑州拥有我国中西部地区唯一的商品交易所，交易品种不断增加，交易规模不断扩大，证券和产权交易市场趋于活跃，显现出较强的融资功能，初步形成了资本市场与货币市场相互促进共同发展的格局。

各主要金融机构构成比例如图 7-7 所示。目前，依托郑州现实基础和优势条件，郑东新区以银行、证券、保险以及期货等为主体的金融体系格局已基本形成。在郑州金融产业凝聚力、辐射力逐步增强的背景下，拟将郑东新区 CBD 及 CBD 副中心建成郑东新区金融集聚区。郑东新区 CBD 环境优美、基础设施完善。截至 2010 年，已有 73 家金融机构进驻，成为中部地区金融机构最密集的区域之一，金融中心雏形初显。

（4）明显的区位优势为建设郑州区域金融中心提供了便利条件。根据《全国主体功能区规划》，中原经济区作为国家层面重点开发区域，位于全国“两横三纵”城市化战略格局中陆桥通道和京哈、京广通道纵轴的交会处，包括河南省以郑州为中心的中原城市群部分地区。郑州作为中原城市群以及中原经济区的核心城市，处于承东启西、联南贯北的战略部位，东邻发展势头强劲的沿海发达地区，西接广袤的西部地区，在我国公路、铁路大动脉和通讯信息网络中占据中枢地位，是东西南北大通道的交会点，为各种生产要素的流动、集聚和区域性金融中心的建设提供了便利条件。

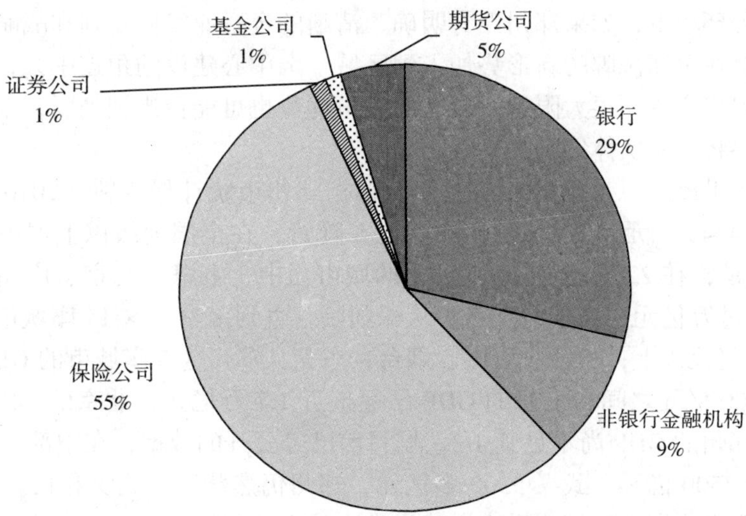

图 7-7　郑州金融机构集聚情况

(5) 郑州具有强大的资金供给能力和旺盛的资金需求。巨大的资金供给和需求是建设金融中心的必要条件。首先，郑州具有强大的资金供给能力。2010 年，郑州市金融机构各项存款余额为 7990.9 亿元，各项贷款余额为 5717.5 亿元。[①] 这显示出郑州金融业较强的融资能力。其次，郑州具有旺盛的资金需求。随着促进中部崛起规划的实施、中原城市群一体化、中原经济区战略的推进，郑州作为河南省的省会城市，进入到一个重要的战略机遇期，未来发展对资金需求量之大可想而知。这种巨大的资金需求决定未来将有更多国内外资金涌入郑州，郑州作为区域金融中心的地位必将不断加强。

2. 面对的挑战

在未来发展中，郑州区域金融中心面临着东部领先、西部开发、东北振兴、中部崛起以及其他地区金融中心快速发展带来的竞争压力。

(1) 郑州周边中心城市的竞争压力。近年来，国内各主要城市都意识到金融中心以及金融产业集聚对推动区域经济发展所具有的重要作用，因此发展区域金融中心成为这些城市经济发展的重要目标。随着区域经济竞争的加剧，竞争的焦点必然集中在区域金融中心这些金融资源的争夺上。目前国内已有 26 个城市提出以建设区域性金融中心为目标。仅在中西部地区就有武汉、郑州、长沙、重庆以及成都等城市分别角逐中、西部金融中心的地位。西安、合肥等也都提出了打造区域性金融中心的发展战略，以期构筑区域竞争战略高地，赢得经济发展的主动权。

① 郑州市统计局. 郑州市国民经济和社会发展统计公报（2010）.

在这种环境下，如果郑州没有明确、清晰的金融业发展规划和战略，不能顺应国内金融业重新洗牌的新形势加入到区域金融中心建设的角逐中去，则郑州金融业的发展将会受到很大限制，原有的竞争优势也可能会遭到削弱，金融业发展的迟缓最终将限制实体经济的发展。

（2）郑州经济总量仍旧存在差距。根据郑州市统计局资料，2010 年郑州市 GDP 达到 4040 亿元，首次跻身 4000 亿元阵营，在全国地级以上城市中排名第 22 位。但是，在 22 个超过 4000 亿元的城市当中，上海、北京、广州三座城市的 GDP 超过万亿元，居于前三名；从深圳始，直到南京，这 14 座城市的经济总量在 5000 亿元以上；长沙、唐山、烟台、东莞、郑州这 5 座城市的 GDP 在 4000 亿元至 5000 亿元之间。上海的 GDP 已经接近 1.7 万亿元，北京的 GDP 接近 1.4 万亿元，郑州的 GDP 尚不足其 1/3。据目前已经公开的数据，在中部，长沙 2010 年 GDP 为 4500 亿元，武汉 5500 多亿元，郑州仍然落后于武汉和长。[①] 郑州经济总量的差距也为郑州区域金融中心建设带来较大的挑战。

（3）高级金融人才的匮乏，对郑州金融中心的发展形成制约。就数量而言，郑州的金融从业人员数在中部地区仅次于武汉，排在第二位，但是郑州缺少高层次的金融管理人员和高素质的金融专业人才。特别是缺少既懂国内金融又懂国际金融规范运作的银行家及经理人队伍。省内高校培养的博士生、紧俏专业硕士生大部分因为郑州工资水平偏低，住房等消费水平偏高而首选东部沿海城市。外地高级金融人才也因为收入、住房、子女读书等限制因素而最终选择更发达的城市，这直接影响到郑州区域金融中心的建设。

（4）金融机构实力仍有待加强。截至 2009 年，郑州只拥有 1 家本地法人证券公司，当年承销金额和经济规模分别为 2.7 亿元和 7265.34 亿元，均处于中部地区最末的位置。在保险机构方面，虽然河南省的保费收入有 700 多亿元，郑州本地保险市场业务规模也较大，排名中部第二。[②] 但由于缺乏机构总部和运营决策权，保险公司的资金很少投资到本地市场。因此，做大做强本土金融机构、大力引进外部金融机构总部、区域总部等仍是目前较为紧迫的任务。

---

① 郑州统计局. 郑州市国民经济和社会发展统计公报（2010）.

② 余凌曲. CDI 中国金融中心指数（CDI CFCI）报告第三期［M］. 北京：中国经济出版社，2011：128.

四、引导郑东新区金融产业集聚，促进区域金融中心形成

《国务院关于支持河南省加快建设中原经济区的指导意见》指出："加快推进郑东新区金融集聚核心功能区建设，适时申请开展电子商务国际结算业务。"从国内外金融产业集聚和金融中心形成的经验可以看出，金融产业集聚的形成主要分为自发演化和嵌入发展两种不同模式。金融产业集聚有其自身的发展规律，河南省必须在遵循其客观规律的基础上，积极引导金融产业集聚，促进郑州区域金融中心的形成。

（一）金融产业集聚与金融中心形成的关系

1. 金融产业集聚是金融中心形成的前提和基础

金融产业集群综合了金融市场和金融企业各种组织的功能，能够形成一个稳定、持续、有序的金融生态系统，从而在金融整合力、竞争力、吸引力和影响力等方面具备一般的金融市场或金融机构所不具有的整体竞争优势。金融中心是金融产业集聚发展的结果和高级表现形式。

纵观全球金融中心的发展历程，可以发现金融机构的集聚是金融中心形成的必要条件和必经阶段。金融机构进驻后会引来更多企业客户。这些机构集中在一起，与要素市场相伴，形成资金流、信息流和人才流，从而推动金融中心的形成和经济的快速发展。

2. 金融产业集聚过程与金融中心形成过程相统一

金德尔伯格（Kindleberger）认为银行和高度专业化的金融中介的集聚，形成了今天的金融服务中心。[①] 从金融机构集聚的动态过程与静态功能的角度分析，金融中心形成的过程与金融机构集聚过程是统一的。金融机构在规模经济、溢出效应以及吸引政策的作用下形成金融机构集聚，随着集聚的深化导致金融产业集群，其影响力进一步扩散，金融业逐渐成为该地区的核心产业，该地区进而成为区域的金融中心（见图 7-8）。而金融中心要想保持较好的金融广度和较强的区域辐射力，实现金融资产的定价、交易、信息集散等功能，又必须具备一定的产业集中度以及相关产业衍生出来的辅助性产业的支持。

---

① Kindleberger C P. The Formation of Financial Centers：A Study of Comparative Economic History［M］. Princeton：Princeton University Press ，1974.

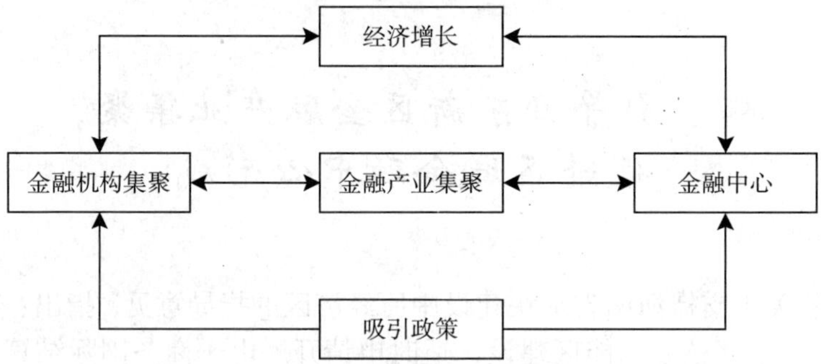

图 7–8　金融机构集聚过程与金融中心形成过程

3. 金融中心与金融机构集聚之间存在相互强化效应

金融机构集聚是金融中心形成的前提，而金融中心的建设又进一步促进地区金融机构的集聚。随着金融机构集聚的深化，金融机构数量不断增加，已经存在的金融机构会不断得到规模经济带来的效益，进而增加对金融机构的吸引力，吸引新的金融机构进入，最终形成金融中心与金融机构集聚的相互强化，推动金融中心的进一步发展。

（二）郑东新区金融产业集聚设计构想

1. 郑东新区金融集聚区概况

郑东新区规划总面积 115 平方公里，规划总人口 120 万人，作为郑州建设进程中的核心示范区，目前郑东新区已建成为既有优美的生态景观、人居环境和良好的城市形象，又兼具强劲产业支撑和雄厚发展实力的新城区。截至 2010 年 9 月底，郑州集聚了河南省九成以上的期货机构、近一半的证券机构、1/3 的境内上市公司，入驻郑东新区的金融机构累计达到 53 家，还有许多金融机构将陆续迁入。目前郑东新区中心商务区内，已有中国人民银行、中国农业银行、广东发展银行、中国民生银行、汇丰银行（中国）、百瑞信托等多家金融机构的省级机构入驻，中国工商银行、中国建设银行、中国银行、交通银行、中信银行、中国光大银行、浦发银行、招商银行、兴业银行、郑州银行等金融机构也均设有营业网点，金融商务聚集效应正逐步显现。此外，有 24 家世界 500 强企业和 47 家国内 500 强企业在此设立机构或进行项目投资，郑东新区已成为河南省乃至整个中部地区企业争相入驻的战略要地。

2. 郑东新区金融产业集聚发展理念

（1）政府推动和市场导向相结合的理念。坚持政府主导与市场化发展相结合，正确处理市场在资源配置中的基础作用与发挥政府推动作用的关系，前期政府应采取超常规的措施大力推进，在税收、土地使用、优惠政策等方面给予政策引导，后期则需要坚持市场化、产业化、社会化的发展方向，按照市场化原则来运作，从而实现郑州区域性金融中心的可持续发展。

（2）集约高效理念。基于环境容量、土地资源有限的条件，按照集约利用土地的原则，应明确单位土地投入产出强度、容积率、绿地率、公共服务设施用地比例、配套生活设施用地比例等指标。鼓励标准化设施建设，提高土地利用效率，防止圈占土地、无序开发等行为。科学制定金融集聚区空间资源配置，合理确定金融企业的入驻门槛，使金融集聚区得到高效合理的利用。

（3）统筹协调理念。郑东新区金融集聚区及由此发展的金融中心是基于全省和郑州市整体产业布局大框架下的合理选择，是郑州城市总体规划的功能区之一。金融集聚区规划在功能定位、基础设施和服务设施的建设上，要加强与郑州市总体规划的协调，体现资源共享的理念。通过金融集聚区建设，提高配套能力，提升郑州城市品质，将郑州金融集聚区打造成人居环境优美的现代化城市功能区。

（4）弹性灵活理念。制定弹性、灵活的郑东新区金融集聚区发展规划，合理确定开发时序，协调近、中、远期关系。集聚区建设在不同时期应反映出社会经济的不同要求，空间布局既要满足近期经济发展的需要，又要达到长远合理有序的目标。布局结构要保持一定的灵活性，并满足分期建设的需要，对未来发展可能产生的变数及市场需求的弹性给予充分的考虑和预留。

3. 金融产业集聚发展目标

（1）总体发展目标。郑东新区金融集聚区规划应实现“金融机构集中布局、金融产业集群发展、资源节约利用、功能集合构建”这四个要素的有机融合，用10~15年时间把郑东新区金融集聚区发展成为金融机构种类齐全、园区功能完善、配套设施齐备、投资环境友好、金融市场发达、金融创新活跃、监管体系合理、金融服务快捷、规模优势突出、集聚效应明显、辐射带动有力、生态环境优美、金融产业繁荣发展的生态型金融产业集聚区和区域性金融中心，在金融资源配置中更大限度地发挥基础性作用。

第一，完善四大体系。即完善金融组织体系、金融市场体系、金融监管体系、金融信用体系。通过改革、调整等形式，进一步建立起与市场经济相适应的金融组织体系；按照高起点、全方位、规范化、辐射面广、渗透力强的思路，推进金融市场建设，逐步达到功能健全、筹资迅速、服务广泛的要求，形成统一、开放、竞争、有序、严格管理的金融市场体系；逐步形成部门监管、行业自律、内部控制、社会监督、政府协调五位一体的金融大监管体系；通过采取综合措施，全方位推进，建立良好的金融秩序和信用环境。

第二，达到四个增长。即达到融资总额、金融业增加值、税收、就业人数显著增长的目标。金融产业的发展和金融中心的建设，首先是金融在当地经济建设中的资金融通和经济助推作用，没有金融的支持，拉动内需的诸多项目难以立项和完成。金融对产业经济发展、产业结构升级乃至企业经营运作具有资本聚集和资金配置功能；其次是发展金融本身可以提高当地金融服务业占 GDP 之比，也有利于改善当地的产业结构、扩大当地的就业。作为一个高增长、高附加值的产业，金融业自身产值的增长对经济发展具有直接贡献，而且它还具有较高的产业关联性，能带动一批具有高附加值的相关产业如电子商务等高新技术产业和一大批相关商务服务业如资信服务、会计审计、税务及法律服务的发展。

第三，实现两个突破。即实现金融机构入驻、地方性金融机构发展的突破。积极吸引内外资银行、证券公司、基金公司、国际财团及其区域性总部、跨国公司的功能性中心等入驻；从全省实际出发，大力整合金融资源，把发展地方金融机构作为全省金融业发展的重中之重，大力培育地方金融龙头机构，加快涉农金融机构体制改革步伐，实现地方性金融机构在质量上的全面提升，全面增强中原经济区金融实力。

（2）分阶段目标。郑东新区金融集聚区发展应实行近、中、远期目标“三步走”战略：

第一，近期目标（2011~2015 年）。在现有基础上，进一步加大郑东新区金融集聚区道路系统、供水、供配电、通讯、网络等公用设施的投资和建设力度，做好配套设施建设和布局规划等工作；在健全管理服务机构，构建高效快捷的服务管理体系的基础上，做好招商引资工作，积极引导金融机构集聚，使金融产业集群初具规模。

第二，中期目标（2015~2020 年）。到 2020 年，实现“四个基本”，即基本确立金融在郑州经济发展和城市功能运行中的核心作用；基本形成中外金融机构共同发展的多元化的金融机构体系；基本形成交易各种金融工具的金融市场；基本实现良好、规范的金融发展环境。从而形成区域性金融中心的基本框架。

第三，远期目标（2021~2025 年）。这一时期是金融集聚区功能趋于完善、扩大产业优势、发挥集聚效应的时期。郑东新区金融集聚区将被打造成河南省乃至中部地区金融机构最密集、金融业态最丰富的区域，将基本建成中原经济区金融中心。郑东新区金融集聚区将通过庞大的资金流、信息流吐纳，为中原经济区建设输出新的动力。

（3）行业目标。①银行业。引进全国性及区域性股份制商业银行落户郑州，引进战略投资者，组建省级股份制银行；整合省农村信用联社金融资源，大力发展村镇银行、小额贷款公司、抵押担保公司、典当行、消费金融公司、融资租赁公司、企业集团财务公司等中小金融机构及涉农金融机构。②证券业。建立股票、债券等证券种类齐全、证券机构发达的市场体系和监管体系，扩充企业上市直接融资渠道，建设地方资本市场。国内债券融资和国际资本市场融资有较大增长。大力促进当地企业上市，做好上市辅导工作等一条龙服务。③保险业。将郑州建成为重要的区域性保险中心。争取在保费收入、保险覆盖面、渗透率、保险密度、保险深度等方面取得较大进展。④期货业。力争到2015年，郑州商品交易所交易品种达到10个左右，到2020年，把郑州商品交易所建成集农产品、能源、原材料、工业品和金融产品为一体的现代化综合性期货市场，争取推出期权等衍生品业务，成为在国内外具有重要影响的期货定价中心之一。⑤信托业及担保体系。建立以政策性担保机构为龙头、商业性和互动性担保机构为两翼的信用担保体系。此外，大力发展票据市场，成为中部地区票据发行及转让最集中的地区。

（三）区域金融中心形成因素

金融产业集聚的高度发展形成了金融中心。所谓金融中心，是指金融机构大量聚集、金融市场开放自由、金融信息运转流畅、金融体系健全高效的城市或地区。Gehrig 指出，向心因素和离心因素的相互博弈最终决定金融中心的产生。向心因素包括规模经济、信息溢出效应、市场流动性；离心因素包括市场进入成本、政治干涉及地方保护所造成的进入壁垒。上述向心因素往往由大规模金融企业集聚产生，当这些向心因素大于离心因素，也就是金融产业集聚发展到一定程度和水平时，才会形成金融中心。[①] 潘英丽认为金融中心的聚集效益与外部规模经济效益促进了金融产业的集聚。金融机构所在地的经营成本、金融机构所在地的人力资源供给、电信设施的质量与安全可靠性、监管环境与税收制度这四大因素影响着金融中心城市竞争力。具体而言，以下因素对金融中心的形成有较重要的影响：

1. 地理因素

金融地理学认为，形成金融中心的区域必须具有优越的区位条件。因为距离与非标准化信息的传递效率恰好是成反比，距离贸易交通中心越远，相关信息就越少。所以金融业要想快速发展，更多地获得相关信息就必须尽可能地接近商业集中地，克服距离问题。便利的交通及发达的基础设施、优越的地理和时区位置仍然是金融中心形成的先决条件。尽管科技进步淡化了地理位置的重要性，但是便利的交通和发达的基础设施保证了生活的便利程度，为金融集聚提供了基本的外部条件。交通中心为实体经济运行的枢纽，早期形成的河流交叉点和经济航线，后来建成的铁路、地下电缆和高速公路枢纽，以及当今的先进的航空联系和卫星通讯，这些交通中心汇聚了最多的“非标准化信息”，从而使城市在金融中心的竞争中处于有利地位，这是跨国公司、金融机构选址考虑的基本条件。

---

① Thomas Gehrig，Cities and the Geography of Financial Centers，University of Freiburg and CEPR.，March 1998.

具备收集、交换、重组和解译信息的能力是国际金融中心必须具备的最根本特征。由于面对面的接触仍是决策中非常重要的方式，节点城市的集聚优势对于公司选址十分重要。公司喜欢选择具有以下特征的地点：①具有充分交通和通讯基础设施的战略节点；②有特定范围的劳动力市场，尤其是具有熟练信息处理技能的人员能够提供高质量的外部服务；③丰富的社会和文化愉悦；④好的社会制度因素，包括人们的工作态度、忠诚度、生产率及技能等。[①]

2. 制度因素

政府在某城市的优惠政策也能吸引跨国公司的地区总部并产生集聚。这些制度主要包括监管环境、税收制度以及投资激励。对存贷款利率的限制、业务许可和存款准备金要求方面的差异会对资金的国际流动和金融机构业务发展的地理分布产生重大影响。

对于监管制度的尺度把握非常重要，适度的监管制度既能够对市场强制实行有效的控制，同时它的限制性又不能太强，否则它将会促使市场向其他地方转移。金融机构对由于业务和利率限制导致金融机构成本上升的监管措施持抵触态度。税收是金融机构判断投资环境质量方面的一个重要因素。如果政府对金融业采取自由化和国际化政策，并提供税收方面的优惠和便利，那么对于金融产业集聚的促进作用是相当大的。例如1968年新加坡开放离岸金融业务，并以低税收、提供便利等来吸引和鼓励外资银行在新加坡营业，外资银行纷纷登陆新加坡经营亚洲美元业务，亚洲美元市场及亚洲美元债券市场随即形成。

3. 基础设施因素

（1）经营成本。日益激烈的竞争已明显增强了金融机构对经营成本的敏感性。在各类成本中，“空间成本”如办公楼租金、不动产价格、建筑成本成为金融机构选址时考虑的重要因素。

（2）信息技术。通讯服务的价格、可获得性、质量和可靠性是决定一个地区是否具有潜在吸引力的重要因素。信息技术主要是指现代通讯和电子技术。调查显示，银行与金融机构平均每年电信费用预算至少比其他行业高29%。但是与成本相比，电信服务的质量与可靠性变得越来越关键。电话与网络银行的发展也充分显示了金融市场开发、金融服务分销与金融交易效率的提高对电信服务的依赖性。电信设施的质量取决于这样一些因素：设施利用现代技术的程度，升级现有设施的投资规模，地区电信公司对业务需求的反应程度和能力，政府对电信业投资的态度和政策，包括税收政策、折旧补贴、激励技术升级的制度等。

---

① Danny T. WANG , Multinational Corporations（MNCs）'Strategic Location and the Development of Financial Service Hubs in China，part of Ph.D. at HKU（Department of Geography，University of Hong Kong）and presented in 101 AAG conference at Denver during April 5–9 2005.

4. 人才因素

金融行业是高知识密集型行业，特别依赖人的创造性劳动，人力资源是金融服务业的核心资源，人才的优势也是金融机构最重要的竞争优势。国际金融中心的活力和发展状况在一定程度上取决于人才特别是高端金融人才的数量和质量，例如，香港金融业就把高级金融管理人员的国际化工作经历作为一个重要指标来考量。对于金融产业集聚来说，人才的聚集效应变得愈益重要。有才能和创业精神的投资银行家、基金经理和货币交易员如果聚集到一起并且相互影响，他们在进行交易、开发产品、拓展投资、寻找机会、发现客户等方面的表现将会更为出色。掌控金融交易不仅需要一流的金融和商务人才，还需要法律、会计、项目管理和信息技术方面的一流人才。因此，一个同时具有多种类型人力资源供给的地区对金融机构总部或各业务部门都具有吸引力。劳动力成本及间接影响劳动力成本的城市生活费用水平，对金融机构选址也有一定影响，但是劳动力的素质与专业技能也是金融机构十分重视的因素。

5. 信息流因素

信息流对于金融活动的选址有重要影响，包括信息的可得性与信息的可靠性，金融产业的潜在机会与获利性在很大程度上依赖于信息的因素。信息中心理论强调信息在金融中心形成过程中的主导作用，从信息角度解读金融中心在地理空间的位移。该理论认为，金融中心在提供专业及高附加值的中介服务时，很大程度上依赖于信息流。金融中心不仅是信息的收集者和使用者，也是将底层信息升华为有机信息的中转站，信息流主导着金融中心发展的步伐和方向，金融业也因此可被称作高附加值的信息服务业。

Porteous（1995）强调塑造和发展金融中心背后的力量，大致上可以从“信息外在性”（Information Externalities）、“信息腹地”（Information Hinterland）、“国际依附性”（International Attachment）、“路径依赖”（Path Dependence）和“不对称信息”（Asymmetric Information）来解释，这些力量是金融中心地位的决定因素。[①] 信息腹地是指一个中心城市能获取有价值信息流的最佳地点。在信息腹地，可最先以最低成本获得有价值信息流。因此信息腹地的大小与特征对金融企业有重要影响。世界主要金融中心往往是一个信息数量和质量较强的信息腹地城市。

金融中心发展需经历两个阶段：①首先创造出一个最方便到达，同时又能以最高利润去开发信息流的“信息腹地”；②着重加强与外界（其他信息腹地）的联系，条件在于该地区能否频繁有效地接收加工外来信息。此外，不对称信息与

① Porteous D J.The Geography of Finance: Spatial Dimensions of Intermediary Behaviour [M]. Aldershot: Avebury, 1995.

默示信息（意义含糊、难以理解及具有广阔文化和社会背景的信息）被认为是金融中心形成的另一个重要原因。这种信息的传递与获得具有歧视性和边际成本递增特性，要想获得和准确利用默示信息的价值，最好的办法就是尽可能接近信息源。在全球化经济体系中，由于金融市场日趋投机，金融机构应该进驻信息腹地，以更方便地获取和利用各种信息。当金融机构冲破地理约束，大规模集中到信息源时，金融中心便水到渠成。

综上所述，区域金融结构的合理程度会直接影响整个区域金融资源配置的效率。在金融发展过程中，受到各方面市场因素的推动，金融资源和金融机构会向某些特定的具有相对经济优势的中心城市集中，各金融机构围绕快速增长的中心分布，并在此形成了区域性金融中心。作为一个区域性的金融增长极，随着这些金融中心的发展，极化效应使原有金融组织得到迅速发展，实现外部规模效应。随后，金融中心在生产、商品流通、资金流动等方面都会产生极化效应，由此带动整个区域的集聚效应产生，促进整个区域经济增长。

（四）郑州区域金融中心发展定位和发展模式

1. 郑州区域金融中心发展定位

随着交通、能源、通信、水利、环保这些基础设施都趋向完备，郑州具备了加快承接产业转移的支撑条件。郑州是河南的省会城市，又是国家级的区域中心城市，它发展很快，位次在全国大城市中不断提高。将来郑州主要是发挥区域中心城市的带动作用，也就是说一方面自身要发展，另一方面要服务周边地区，带动全省乃至周边地区的发展。所以，现在郑州做的很多事情都带有明显的“中心”特点，比如说交通枢纽中心、物流中心、通讯中心，将来的医疗服务中心，国家明确规定，郑州要建设大型航空枢纽，要完善铁路枢纽，要完善物流仓储体系等，所以，郑州主要是发挥实际的服务带动功能和作用。

鉴于此，郑州区域金融中心的目标定位是：立足郑州，服务河南，面向中原经济区，形成以金融区域总部为龙头，投融资服务为主体，期货业和要素市场为两翼，金融后台服务和各类中介服务为依托，金融生态环境和人才建设为保障的金融中心发展格局。着力构建金融机构总部功能区、投融资中心、保险中心、农村金融创新中心、商品期货交易与定价中心、证券交易中心、区域产权交易市场、金融中介服务基地等。适时申请开展电子商务国际结算业务，提升郑州作为我国中部地区重要的中心城市地位。

2. 郑州区域金融中心发展模式

外生比较优势是金融产业集聚形成的最初吸引力，而内生比较优势是金融产业集聚发展的内在动力，金融产业集聚是外生比较优势和内生比较优势共同发生作用的结果，这一点从世界金融中心的发展进程可以得到反映。从国际金融中心形成模式看，主要有以伦敦为代表的历史积累自发形成的和以新加坡为代表的政府主导发展的两种金融产业集聚形成模式。国家（地区）推动模式是指以政府作为主要推动力，在经济发展尚未达到特定水平的情况下，通过政府部门人为设计、实施制度变革，大力支持国内金融业的发展，最终形成金融中心，进而促进区域经济的发展。

比较北京、上海和深圳等区域金融中心的发展模式，可以看出：北京是首都所在地，是中国的政治、经济、文化中心，因而其金融政策资源优势突出，这一点是任何其他城市所无法比拟的，可以说北京金融中心建设走的是充分利用政策资源优势的路线。并且，近年来，金融街还先后吸引了高盛集团、摩根大通银行、法国兴业银行、瑞银证券等70余家世界顶尖级外资金融机构和国际组织的入驻，金融的国际影响力不断增强，北京已经成为名副其实的亚太地区金融中心。

和北京相比，上海金融中心的优势不在于金融资源的总量，而在于金融市场和金融营运中心等特色。上海的金融市场门类相对齐全，有全国性的证券市场、银行间外汇市场、银行间拆借市场、黄金市场、债券市场、商品期货市场、金融期货市场等。中国人民银行上海总部、外资银行总部和地区总部、中资银行的信用卡中心、私人银行总部、证券公司、基金管理公司、保险资产管理公司、金融后台服务中心等都落户上海。金融业增加值占浦东新区生产总值的17%左右，已经接近发达国家金融中心金融业占GDP 18%的平均贡献水平。所以，上海的发展方向完全是以完善金融市场为核心，把金融机构总部（包括跨国金融机构亚太区、中国区总部，资产管理机构、金融租赁机构、私募股权投资基金及其他新兴金融机构）更多地吸引到上海，进一步提高上海对全球金融资源的定价能力，拓展金融市场的深度和广度。同时上海还集聚着一大批会计、法律、评估、监管、审判、检察、仲裁、咨询等各类专业机构，在维护金融秩序，保障投资者权益方面发挥着重要作用，为上海金融中心建设提供了优良的软环境。

深圳的金融中心发展模式更多的是依赖占GDP较大比重的民营企业和高新技术企业的大力发展，深圳建立有高新技术产业园区等产业集聚区，民营经济发展成了经济发展的主力，在此基础上，加上深圳证券交易所，使深圳金融中心的发展打上了以产业发展促金融发展的烙印，反过来，金融发展进一步带动了产业的发展。

通过以上分析，我们认为郑州区域金融中心建设不具备北京那样的政策资源优势，而更适宜走上海和深圳的发展道路，即以实体产业为支撑、以市场为导向的政府推动金融中心发展模式。

区域性金融中心的构建不可能一蹴而就，必须要经历一个发展演化的进程。综合中原经济区特征和内外环境，我们设计了两步走战略：政府推动的区域性金融中心——市场主导的区域性金融中心。第一阶段，主要是构建政府推动的区域性金融中心。这主要是因为：第一，我国目前仍处于市场经济体制转型的过程中，政府主导的特征非常明显，中原经济区建设也不例外；第二，金融业所具有的高风险性，迫使国家和地区政府必须加强对金融的监管和控制；第三，根据国内外金融中心的发展经验，在初建阶段，政府在政策、环境建设、信息服务等方面对金融资源的适当支持能够发挥重要的作用。郑州作为后起的区域性金融中心建设城市，在这一阶段，政府的大力扶持显得尤为重要，它有助于克服和缩短制度创新的时滞。第二阶段，在郑州区域金融中心发展的中后期，将逐步向市场主导的区域性金融中心转变。随着我国金融业开放度、外向度的不断提高，市场导向的作用将越来越重要，这就要求打造相对开放、自由的市场体系，以市场化的发展带动区域金融中心的形成。这一时期政府的作用将主要体现在提供宏观调控、政策引导、信息服务、法制建设、改善市场环境等方面。

此外，郑州区域金融中心向中原经济区的辐射，可采取集中发散型模式，以郑州为中心，向中原经济区整体扩散。有两种途径：一是通过金融机构体系自上而下的发散；二是郑州区域金融中心向各分中心的扩散。

（五）郑州区域金融中心建设发展措施

1. 发挥政府的推动作用，加速金融中心形成

制订较为宽松的、具有激励性质的政策措施，促进金融业对内对外开放，鼓励各种性质的社会资本参与金融机构的重组改造和投资入股，为地方性金融机构壮大发展创造条件。当前可以重点落实以下工作：一是加快组建区域性股份制银行的步伐，进一步发挥其在集聚地区金融资源、支持地区经济发展的龙头带动和辐射作用；二是要不失时机地促进城市商业银行的发展，积极争取在中原经济区的主要城市设立更多的地方性商业银行；三是壮大资本市场参与主体，做大做强中原证券公司；四是整合地方金融资源，探索组建地方金融控股公司，推动银行业、证券业、保险业的业务合作与创新，为中原经济区发展提供强大的金融支撑。

2. 引导金融机构总部集聚

金融中心建设的成败在于总部金融建设。总部金融是总部经济在金融产业领域的一种延伸和表现，是指跨国金融公司、国内大型金融企业总部（含地区总部）在区域金融中心高度集聚，并通过调度资本、技术和人才等资源，对周边产生强烈辐射效应的经济形态。之所以强调总部金融的聚集是因为总部金融的聚集地一定是金融管理中心、运营决策中心、资金集散中心、金融业务交易中心和金融信息发布中心。金融机构高度集中并不必然成为金融中心，如果只是金融机构分支网点的集中，最多也只能形成低层次的客户服务市场，难以形成多层次的金

融同业市场。因为金融机构分支网点的功能在于服务，是各种制度和政策的执行部门，是金融产品的推广营销单位，金融从业人员也主要是金融客户服务人员和较低级别的管理人员。而机构总部的服务对象以金融机构同业为主，主要发挥决策、运营和调度的作用。此外，金融市场中的交易主体需要有管理和营运决策权力的总部作为支撑。一般情况下，金融产品的研发、资金的调集和管理、大的信贷项目的审批和风险控制管理都由总部负责和审批。金融高端人才，特别是金融产品设计人员、风险管理人员、投资组合管理人员、金融经济研究人员、金融高级管理人员等一般也只在总部机构发挥作用。

金融总部聚集的城市，金融业对 GDP 的贡献值就大，金融从业人员就业占比也大，金融在产业结构中地位也更突出。从金融机构总部的角度审视，郑州应从以下方面吸引金融机构总部的集聚：首先，打造发达完善的金融市场，金融市场的发达和完善有利于发挥金融中心的规模经济与集聚效应，扩大金融中心的辐射深度和广度，从而进一步吸引新的金融机构总部加入。目前应大力发展郑州商品交易所、股权交易市场、资本市场、货币市场、保险市场、票据市场、期货市场、外汇市场、黄金市场和衍生金融工具市场等。其次，在打造加工制造、物流、商贸和信息文化等区域性中心的同时，要努力使其成为区域内外金融机构集聚中心、金融市场中心、资本运营中心和资金调度与清算中心。

3. 规范的监管体系和国际通行的监管法规

从国际金融中心发展历史看，一方面，国际通行的监管规则是国际金融市场公认的游戏规则，是规范运作、防范金融风险的基本保障，也是保证金融中心持续发展的前提。另一方面，建立符合国情的监管体系，创造相对宽松而规范的监管环境，有利于形成本地金融市场特色和优势，有利于促进金融创新和市场影响力的提升。从宏观上看，问题的解决有赖于国家总体金融产业政策和监管部门的市场准入政策，但地方政府对地方主体金融机构也并非无能为力。因此，郑州区域金融中心建设应力求定位于建立以国际通行规则为基础、和国际接轨、在中部地区有影响力的金融中心。而开放、自由的市场体系对国内外金融机构而言，意味着更低的进入成本、运营成本和更有效率的资金流动。

4. 保持区域经济金融政策的稳定性和连续性

稳定的区域经济金融政策，有利于投资者的融资能力和投资信心，有利于金融集聚过程的连续性。目前中原经济区的发展政策以及广阔的内地市场都为郑州打造区域金融中心创造了条件。地方政府支持金融发展要多在“给政策”、“建机制”和优化环境方面下工夫，扎扎实实地做一些有利于促进金融安全、化解金融风险的工作，从而更好地为中原经济区经济发展服务。

首先要落实支持金融集聚区发展的财税、收费和奖励政策；其次要针对郑州乃至中原经济区金融发展特点，有针对性地加大各项政策扶持力度，引导金融资源和优秀人才的集聚；再次，应注意在制定相关政策法规时增加操作细则，提高政策的可操作性；最后，应注意政策的透明度和执行过程中的公平、公正性。

5. 鼓励金融创新，吸引金融资源集聚

金融创新是金融发展的内在动力，也是国际金融中心发展变迁的重要推动力量。郑州区域金融中心建设金融创新的重点放在以下方面：一是坚持以市场供求为导向，实施金融产品和金融服务创新，不断开发金融新产品、新业务，大力拓展新的金融市场；二是坚持实施制度创新，努力营造有利于金融中心形成的金融制度和环境；三是实施金融组织和金融发展模式创新，包括金融机构的功能扩展和业务种类创新等；四是加强金融创新的规划指导，确保金融安全。

6. 注重区域性金融生态建设，构建良好的金融生态环境

当前困扰中原经济区金融生态的一些突出问题是：企业逃废银行债务、金融胜诉案件执行难、对金融活动的非法干预、虚假财务信息、金融欺诈、金融恶性竞争等。这些都是对金融资源的掠夺性破坏，导致金融生态环境失去平衡，金融业的发展就不可能持续，最终必然要付出惨重的代价。构建良好的金融生态环境，应从以下方面着手：第一，以建立现代金融企业制度为基础，积极探索新型银政（府）、银企（业）关系；第二，强化金融监管，防范化解金融风险，建立金融发展与稳定的协调机制；第三，建立健全社会信用体系、文化道德体系和诚信价值体系，为建设区域金融中心创造良好的社会环境；第四，加强金融行业组织自律的约束力；第五，完善金融服务基础设施，提高金融服务效率。鼓励和支持金融部门加强金融信息化建设，不断完善现代化支付体系、电子金融等金融服务平台和金融监管信息平台。

第八章　打造内陆开放高地，增强经济辐射能力

在区域经济一体化日趋深化的背景下，任何一个区域的经济发展都越来越离不开外部因素的支撑。《国务院关于支持河南省加快建设中原经济区的指导意见》明确指出，中原经济区建设要把改革创新和开放合作作为强大的动力，打造内陆开放高地，全方位扩大对内对外开放。这既是对经济一体化背景下中原经济区发展利用外部因素的具体阐释，也为如何利用外部因素指明了方向。这就是，打造内陆开放高地，聚集外部因素，将河南乃至中原经济区对外开放推向一个新的更高的阶段，对此，笔者重点围绕“四个高地”建设展开论述。

一、中原开放态势与打造开放高地的新要求

（一）对外开放现状概述

外部因素对中原经济区建设的影响主要是通过三种途径发生作用的：一是贸易因素；二是投资因素；三是产业转移因素。“十一五”期间，河南省采取各项措施，积极利用外部因素，从而对河南经济建设乃至对中原经济区建设起到较大的推动作用。

“十一五”期间，全省共实现进出口总值 713 亿美元，实现出口总值 436 亿美元，实现进口总值 277 亿美元，分别比“十五”期间进出口、出口、进口值多了 462 亿、275 亿、187 亿美元，分别是“十五”期间进出口、出口、进口值的 2.8 倍、2.7 倍和 3.1 倍。除 2006 年全省进出口总值接近 100 亿元外，其他年份均超过 100 亿元，2008 年、2010 年均跨越了 150 亿元大关。[①] 2009 年受金融危机影响，出口市场严重萎缩，导致全省进出口出现负增长，其他年度均保持较高增速。一般贸易和加工贸易是进出口贸易的主要贸易方式，“十一五”期间，一般

① 河南省统计局. 对外经济发展良好　利用外资成效显著. 2011-02-18.

贸易发展迅速，增长速度高于加工贸易。“十一五”前三年，一般贸易实现的进出口值增长速度均大于加工贸易；2009 年受国际金融危机的影响，全省进出口出现负增长状况，一般贸易的下降幅度大于加工贸易；2010 年，全省上下积极实施促进进出口的战略，消除金融危机对进出口的影响，稳步推进加工贸易转型升级，加工贸易增长速度超过一般贸易。但总体来讲，“十一五”期间一般贸易发展速度快于加工贸易。“十五”末的 2005 年一般贸易方式实现的进出口值占全省进出口值的 65.5%，出口值占全省出口值的 68.5%；加工贸易实现的进出口值占全省进出口值的比重为 30.5%，出口值占全省出口比重为 28.9%。而到“十一五”末的 2010 年，一般贸易方式实现的进出口值、出口值的比重分别为 78.7%和 76.8%，加工贸易方式实现的进出口值、出口值的比重分别为 17.7%和 19.1%。

“十一五”期间，河南积极实施开放带动主战略，先后出台了一系列招商引资的政策和措施。特别是 2009 年下半年以来，在全省范围内开展了大型招商活动，全省上下创新招商引资方式、拓宽招商引资领域，利用外资成效显著。目前，来河南投资的世界 500 强企业、国内 500 强企业分别达到 68 家和 128 家。五年间，全省共签订项目 2013 个，比“十五”时期多了 225 个；全省合同利用外资累计 249.49 亿美元，比“十五”时期增长了 2.2 倍；全省实际利用外资累计 199.85 亿美元，比“十五”时期增长了 4.8 倍。[①]“十一五”时期合同利用外资和实际利用外资的增长速度都较“十五”时期平稳，相比较而言，实际利用外资的增长幅度更加平稳。“十一五”时期实际利用外资的增长速度均高于合同利用外资，特别是 2009 年，在金融危机冲击下合同利用外资低于 2008 年，但实际利用外资仍保持 19%的增长速度。

“十一五”期间，河南省承接产业转移也取得了较大的发展。以“中国郑州产业转移系列对接活动”为例，2010 年和 2011 年共举办了两届，第一届共签约合同项目 381 个，合同金额 1371.3 亿元，项目履约率达 78%，资金到位率达 67%。第二届共承接食品、纺织、服装、装备制造、新材料、生产性服务业等行业签约项目 813 个，签约总投资 3608.6 亿元，其中省外资金 3154 亿元。通过承接产业转移，可以引进龙头型项目，第二届活动共签订 5 亿元以上项目 120 个，投资总额 1531 亿元；带动产业升级，河南省六大高成长性产业承接项目 120 个，投资总额 972.7 亿元；有利于产业集群的形成，来自长三角、珠三角、京津冀地区项目 140 个，投资总额 1217 亿元，河南省省级产业集聚区承接产业转移项目 167 个，投资总额 1297 亿元，板块承接态势明显。[②]

通过上述数据可以看出，外部因素通过贸易、投资和产业转移三种路径，在

---

① 河南省统计局. 对外经济发展良好　利用外资成效显著. 2011-02-18.

② 河南承接产业转移超 3000 亿元　助中原经济区建设［DB/OL］. 新华网，2011-11-12.

中原经济区建设中发挥了巨大的技术外溢效应、市场示范效应和产业集聚效应，为中原经济区建设换取了经济发展急需的外汇资金，缓解了内部供需矛盾，促进了河南省的产业聚集和产业结构升级。

（二）打造内陆开放高地的新要求

随着中原经济区上升为国家战略层面，河南的对外开放近年来有了前所未有的新机遇，提出了打造开放高地的新目标和新要求。《国务院关于支持河南省加快建设中原经济区的指导意见》中至少有三个地方涉及关于利用外部因素问题：一是要把中原经济区建设成为全国重要的经济增长板块，要不断提升中原城市群整体竞争力，建设先进制造业和现代服务业基地，打造内陆开放高地、人力资源高地，成为与长江中游地区南北呼应、带动中部地区崛起的核心地带之一，引领中西部地区经济发展的重要引擎，支撑全国发展的重要区域。二是要发挥区位优越、劳动力资源丰富等优势，完善产业配套条件，打造产业转移承接平台，健全产业转移推进机制，全方位、多层次承接沿海地区和国际产业转移。支持中心城市重点承接发展高端制造业、战略性新兴产业和现代服务业，推动县城重点发展各具特色、吸纳就业能力强的产业，形成有序承接、集中布局、错位发展、良性竞争的格局。三是要打造对外开放平台，营造与国内外市场接轨的制度环境，完善涉外公共管理和服务体系，加快形成全方位、多层次、宽领域的开放格局；支持郑州建设内陆开放型经济示范区，加快郑州新郑综合保税区建设，推进“一站式”通关和电子口岸建设，创新监管模式；支持符合条件的省级开发区升级为国家级开发区，支持具备条件的地区申报建设海关特殊监管区域，鼓励与东部地区合作承接沿海加工贸易梯度转移；支持符合条件的城市申报服务外包示范城市；统筹规划，合理布局海关、出入境检验检疫机构；加强与沿海港口口岸的战略合作；依托现有园区，加强与港澳台经济技术和贸易投资领域的合作。

《国务院关于支持河南省加快建设中原经济区的指导意见》实际上为中原经济区建设过程中如何利用外部因素设定了整体框架和发展方向，那就是承接产业转移，形成产业集聚高地；加快综合保税区建设，形成开放制度创新高地；提高外资利用质量，形成利用外资高地；打造服务外包示范城市，形成服务外包高地。

打造内陆开放高地，既可以整合外商投资、进出口贸易、服务外包、加工贸易等各种外部因素，形成外部因素的综合优势；也可以集约公共服务平台，提高政策效力和服务效率。既可以通过打造高地完善创新机制，形成中原经济区建设新的经济增长点；也可以通过承接产业转移形成特色产业聚集区，提高外部因素的利用质量，从而奠定中原经济区建设的产业基础。可见，打造内陆开放高地是中原经济区建设过程中利用外部因素的必由之路。

二、承接产业转移，形成产业集聚高地

产业转移是市场经济发展到一定历史阶段的必然产物。在统一的大市场下，资源供给或产品需求条件的变化，必然发生某些产业从一个地区向其他地区转移的经济行为。产业转移可以给承接地带来资金、技术、品牌和市场，促进承接地产业从无到有、产业规模从小到大、产业结构水平从低到高，是形成新的经济增长点最直接、最迅速、最有效的途径。当前，由于资源禀赋和要素价格等原因，世界发达国家和我国东部地区产业向中西部转移步伐明显加快，并呈现出转移规模越来越大、产业层次越来越高的趋势。对于中原经济区来说，积极主动地承接转移产业，不仅是加快经济发展、做大经济总量的重要途径，也是优化产业结构、转变发展方式、增强竞争优势的必然选择。

（一）国际产业转移的规律

国际产业转移是指产业通过商品或资本流动在国家或地区之间的转移，几乎涉及国际经济领域的各个方面。因此它一直都是国际经济领域研究的重点。随着国际经济形势的变化和国际经济的发展，国际产业转移呈现出一定的规律性。

1. 国际产业转移的产业演进规律：从初级产业领域到服务业领域

国际产业转移真正成为一种经济现象是发生在 19 世纪后期。这一时期，交通运输条件的改善、第三世界铁路建设的兴起和第二次产业革命后工业先行国对橡胶、铜、石油、铝矾土等工业原材料的大量需求，使工业先行国与第三世界在国际分工中地位开始分化，从而引起制成品与初级产品之间的国际分工。因此，这一时期的国际产业转移主要发生在初级品与工业制成品之间。20 世纪 50 年代，随着西欧的复兴、日本的崛起，欧、美、日等发达国家相继进入了工业化的中后期；同时，大批殖民地独立且其工业化开始起步。受这些因素的影响，发达国家开始以国际直接投资的方式将劳动密集型的产业转移到东亚、拉美等国家和地区，后者通过吸收发达国家转移的生产能力，迅速实现了工业化，逐步成长为新兴工业化国家。这一时期的国际产业转移已由初级产品领域拓展至工业制成品领域，不仅在结构上逐步升级，而且结构升迁的周期明显缩短。1990~2002 年，全世界制造业的国际直接投资流入存量增长了 2.03 倍，而同期全世界服务业流入存量则增长了 3.60 倍。这种流量结构的变化说明服务业已经成为国际直接投资的主要领域。

2. 国际产业转移的技术路径：从垄断技术、标准化技术、边际技术到技术研发

在市场失效的情况下，企业进行对外投资的真正优势在于拥有核心资产的垄断优势，而这种优势主要包括工艺或设计专利、专有技术、商标和牌号、市场营销技巧以及使产品差异化的能力等。20 世纪 60 年代，跨国公司投资的技术无论在母国还是在东道国都具有垄断优势。20 世纪 70 年代，跨国公司的对外直接投资出现了新的变化，这种变化主要体现为，跨国公司对外投资中的技术是在母国已经成熟的技术或者标准化的技术，而不再必须是垄断的技术。20 世纪 70~80 年代，日本企业开始成为对外直接投资的主体。其对外直接投资是从母国已经处于或即将处于比较劣势的产业部门（即边际产业部门）开始进行的，而这些产业部门正是在东道国具有明显或潜在比较优势的部门。对外直接投资可以使东道国因缺乏先进技术等条件而没有显现出来的潜在比较优势显现出来，并充分利用。因此，母国对外直接投资的技术应该是在国内已经或即将被淘汰的技术，即边际技术。日本企业的对外直接投资从一个侧面说明了 20 世纪 80 年代对外直接投资中的技术大都是投资母国的边际技术。20 世纪 90 年代以来，随着经济全球化趋势的迅猛发展和国际竞争的日趋激烈，跨国公司对外直接投资的技术路径也发生了重要变化，由原来在母国研发对外技术投资的组织形式开始向直接在东道国从事研发转变，研发投资成为 20 世纪 90 年代国际直接投资的主流。

3. 国际产业转移的投资路径：从直接投资到服务外包

国际产业转移是经济全球化的主要载体。由于国际产业转移的内容不同，经济全球化被划分为第一次全球化和第二次全球化。以制造业作为转移内容、以对外直接投资作为投资方式的全球化被称为第一次全球化；以服务业作为转移内容、以外包作为投资方式的全球化被称为第二次全球化。第一次全球化发生在 20 世纪 50~90 年代。在第一次全球化过程中，国际产业转移的方式是直接投资，以制造业为内容的国际产业转移的最适合方式是对外直接投资。20 世纪 90 年代末以来，第二次全球化迅速发展。这一时期国际产业转移的特点是，跨国公司将非核心的服务环节，如后勤、财务、寻呼中心、研究开发、软件设计、经营管理、金融财务分析、办公支持、售后服务等，外化为一个投资项目或专业服务公司后再外包出去。服务外包不仅越来越成为对外投资的主要方式，而且这种投资方式在日益向分工的深度和广度延伸。向分工的深度延伸体现在外包已经开始由传统的价值链具体到工作岗位；而向分工的广度延伸则体现在，不仅发达国家向发展中国家外包业务，发展中国家也开始向发达国家外包业务。

从上述对国际产业转移规律的研究综述中可以看出，服务业越来越成为国际产业转移的主导产业，而包括研发在内的服务外包则是当前国际产业转移的主导方式。国际产业转移的这种路径给我们的启示是，今后我国在承接国际产业转移

和利用外资过程中，应该更多地引导外资投向服务业，而服务外包则应成为今后利用外资的主要方式。

（二）中原承接产业转移的比较优势分析

河南是全国第一人口大省、第一农业大省、第一粮食大省、第一农村劳动力输出大省、第一粮食转化加工大省，也是全国重要的经济大省、新兴工业大省和有影响的文化大省，具有很多承接产业转移的比较优势：①作为承东启西、连南贯北的中部省份和全国重要的交通枢纽，具有得天独厚的区位优势和交通优势，是我国东部产业转移和西部资源输出的重要枢纽和桥头堡；②作为资源大省和全国重要的能源原材料基地、粮食和畜产品生产加工基地，形成了门类齐全、规模较大、技术水平较高的工业体系，食品、有色金属、化工、装备制造业、汽车及零部件、纺织等产业在全国的竞争优势比较明显，承接产业转移具有较强的资源支撑能力和产业配套能力；③作为拥有近亿人口、1000多万农村富余劳动力的大省，蕴藏着巨大的消费需求，具有产业发展所必需的广阔市场空间和低成本的劳动力供给优势；④作为中华文明发源、演进、融合、发展的地方，形成了自强不息、开拓进取、刚柔相济、兼容并蓄和博大精深的中原文化，具有承接产业转移的良好人文环境。

具体而言，[①] 河南省承接产业转移的比较优势体现在以下几个方面：

1. 劳动力资源优势

河南省劳动力资源丰富。2010年末，河南省总人口接近1亿人，就业人数超过6000万人，全年城镇新增就业人员100多万人，新增农村劳动力就业100多万人，劳动力适龄人口规模巨大。同时，河南省的人才资源也非常丰富，据统计，2005年以来，河南省每年的高校毕业生都在30万人以上，2011年的待就业毕业生更达到80万人；研究生规模逐年增加，2011年的招生规模达到9000人以上。目前，全省高等教育总规模达227.96万人，人力资源优势突出。另外，长期以来河南省职工平均工资水平较低，处于全国末尾（这里且不论是否正常合理），其中2008年为14485元，为全国平均工资的73.4%，而同期北京市为39663元，为全国平均工资的2.01倍，上海市为39004元，为全国平均工资的1.98倍，天津市为27687元，为全国平均工资的1.40倍，浙江省为23603元，为全国平均工资的1.20倍，广东省为23078元，为全国平均工资的1.17倍。可见河南省劳动力不仅资源丰富而且价格低廉。

2. 自然资源优势

河南省自然资源蕴藏丰富。在已发现的127种各类矿产资源中，河南省有8

---

① 资料来源：http：//www.dahe.cn/xwzx/zt/gnzt/dsjzbh/jdtp/t20080426_1295006.htm.

种居全国首位，19 种位居前 3 位；全省电力装机总容量近 5000 万千瓦，居华中电网第 1 位、全国第 5 位；水力资源充足，黄河、淮河、海河、长江四大水系均流经河南，南水北调中线工程水源地就在河南。河南是农业大省，农产品供给充足，2007~2010 年河南省粮食产量连续 4 年突破 1000 亿斤，占全国产量的 1/10 强；小麦产量超过全国的 1/4，玉米、大豆、棉花、油料和肉类等产量稳居全国前 3 位，烟叶、禽蛋、奶类等产量也位居全国前列；2011 年是河南第八个粮食产量连续增长的年份，全年粮食总产量也首次登上 1100 亿斤的历史新台阶。国家统计局河南调查总队发布的数据显示，2011 年河南省粮食总产量达到 1108.5 亿斤，在全国粮食总产量中占 9.7%，比上年增产 21.1 亿斤，增幅为 1.9%。丰裕的自然资源对发展特色产业有明显的比较优势。

3. 区位优势和交通优势

河南省地处中原腹地，区位优势明显。优越的地理位置使河南省成为全国举足轻重的铁路、公路、航空、通信和能源运输枢纽。三纵五横的主动脉铁路在河南交汇，五纵四横的高速公路国道干线穿过河南，2010 年底，河南高速公路通车总里程突破 5000 公里，居全国第一，基本实现县县通高速；航空运输已开辟近百条国际国内航线，国家民航总局已经把郑州新郑机场列为全国八大航空枢纽之一，河南省正在努力把郑州建成国际性航空枢纽；四纵四横的全国光缆干线贯通全境，包括西气东输等在内的众多的能源管道在河南交汇。因此，河南承接产业转移具有得天独厚的区位优势和交通优势。

4. 产业基础优势

目前，河南省的化工、有色、钢铁、纺织产业等传统优势产业得到提升；汽车、电子信息、装备制造、食品、轻工、新型建材等高成长性产业也已初具规模；生物、新材料、新能源、新能源汽车等先导产业初显端倪；金融业、物流业、文化产业、旅游业等服务产业集聚区正在形成。这些产业基础为河南承接产业转移打下了良好的基础。同时，河南省相关产业集群正在不断发育和壮大，部分产业集群在招商引资方面已经开始发挥作用。

（三）中原承接产业转移的思路

1. 准确定位，选择好承接产业转移的路径

由于区位不同、资源不同、产业基础不同，因此，中原承接产业转移也应不同于其他地区，找准适应中原经济区区情的着力点和路径。首先要根据国家产业政策和当地优势，有重点地确定主攻方向，变被动接受为主动承接。着力引进一批关联度高、辐射力强、带动力强的龙头型、基地型大项目，不断完善产业链条，促进上下游企业共同发展。其次，要创新招商方式，实行专业招商、专题招商或“点对点”产业对接，支持采取资源整合、异地托管、项目共建、税收共享

等方式积极承接发达地区链式或集群式产业转移。最后，探索与境内外商协会及沿海地区实力强、信誉好的经济实体合作建设产业转移示范园区，发展共建共享的“飞地经济”。实行税收分成，带动劳动就业、技术进步和相关配套产业的兴起，加快推进产业集聚发展。

2. 发挥比较优势，选择好所要承接的产业

中原的比较优势在于劳动力成本低、自然资源丰富、交通便利、产业基础好。在选择所要承接的产业时，要充分发挥这些比较优势，提高承接产业转移的效率。一是充分发挥成本优势，承接劳动密集型产业转移。成本优势是河南省承接产业转移最具竞争力的优势，在承接产业转移时，应从河南省的省情出发，充分发挥比较优势，承接劳动密集型产业转移。比如，东部沿海地区向外转移的主要是当地生产成本上升、需要大量用工、用地、用水、用电的劳动密集型产业，如纺织服装、建材化工、机械电子等，在转出这些产业时亟须找到适合的转入地。河南省劳动力资源丰富，水电资源充足，工业用地价格相对低廉，这些都对东部产业转移有巨大的吸引力。二是立足资源优势，承接深加工产业转移。河南省是全国重要的粮棉油商品基地和农畜产品加工基地，也是全国重要的能源原材料基地，农副产品供给充实，矿产资源丰富。因此，要大力承接资源深加工产业和农副产品深加工产业。三是发挥基础设施优势，承接配套产业转移。经过多年努力，河南目前已培育发展了化工、有色、钢铁、纺织产业、汽车、电子信息、装备制造、食品、轻工、新型建材、生物、新材料、新能源、新能源汽车、金融业、物流业、文化产业、旅游业等一批优势产业，围绕这些优势产业发展配套产业，形成规模集聚效应，具有很大的发展空间，在承接产业转移时，应紧紧抓住这一优势。

3. 提高承接质量，促进产业结构转型升级

提高质量，促进产业结构转型升级，既要成为承接产业转移的落脚点，也应该是承接产业转移的出发点，必须坚持承接产业转移与产业结构调整、产业升级相结合。为此，一是要积极承接高新技术企业和有技术、有品牌、有市场的国际知名企业；二是要着力承接先进制造业、现代服务业、服务外包业等知识技术密集型产业，大力承接食品、纺织、服装、轻工、电子、医药、机械和装备制造等劳动密集型产业；三是要按照国家产业政策，严格项目落户门槛，运用土地价格、规划、环保、项目准入等手段，严禁引进能耗高、污染重的低水平项目。在承接沿海企业整体搬迁时，鼓励企业同时更新技术、更新设备，实现产品的更新换代。

4. 构建特色产业集聚区，打造一批环境优良的承接载体

目前，河南省全省有 180 个产业集聚区。要以这些产业集聚区为依托，引导同类企业向同质的产业集聚区转移，发挥集群协同效应，降低企业发展成本。建

设产业特色突出、配套体系完善、发展环境优良、体制机制灵活、带动作用明显的产业集聚区，形成投资带动效应，使这些产业集聚区成为带动当地经济发展的龙头。《2011 年河南省加快产业集聚区建设专项工作方案》明确提出，2011 年全省产业集聚区建设确定了四个具体目标：

（1）产业集聚水平加快提升，力争使规模以上企业主营业务收入超百亿元的产业集聚区达到 60 个以上，其中超千亿元的 1 个、超 500 亿元的 3 个。

（2）基础设施建设持续加强，力争完成投资 1000 亿元以上，实现发展区主干路网和供电、供排水等配套设施全覆盖。

（3）集约节约水平明显提升，力争使全省产业集聚区单位土地投资强度、产出强度进一步提高，万元规模以上工业总产值能耗下降 3.5%以上。

（4）就业承载能力大幅提高，力争使全省产业集聚区从业人员达 185 万人以上，新增 30 万人以上。

（5）产业集聚区的建设和完善，不仅能够创造就业机会、经济效益，还将为承接产业转移提供一个较好的承接载体。

三、加快综合保税区建设，形成开放制度创新高地

（一）综合保税区的功能定位

1. 郑州新郑综合保税区的特点

综合保税区是设立在内陆地区具有保税港区功能的海关特殊监管区域，具有口岸、物流、加工三大主要功能。具体包括仓储物流，对外贸易，国际采购、分销和配送，国际中转，售后服务，商品展示，研发、加工、制造，口岸作业 9 项功能。综保区的税收优惠政策主要包括：国外货物入区保税；国内货物入区视同出口，实行退税；货物出区进入国内销售按货物进口的有关规定办理报关手续，并按货物实际状态征税；区内企业之间的货物交易不征增值税和消费税等。综合保税区集保税区、出口加工区、保税物流区、港口的功能于一身，可以发展国际中转、配送、采购、转口贸易和出口加工等业务。

2010 年 10 月 24 日，郑州新郑综合保税区正式获国务院批准。它是经国务院批准的全国第十三个综合保税区，也是中部地区唯一的一个综合保税区。根据国务院批复文件，郑州新郑综合保税区总规划面积为 5.073 平方公里，东至规划的郑港七街，南至郑州新郑机场规划的第三跑道边界，西至振兴北路，北至登封—郑州—商丘高速公路。郑州新郑综合保税区具有以下显著特点：①我国目前

开放层次最高、优惠政策最多、功能最齐全、手续最简化的特殊开放区域；②整合原来保税区、保税物流园区、出口加工区等多种外向型功能区，是更为开放的一种形态，也更符合国际惯例；③实行封闭式管理，综合保税区与中国关境内的其他地区之间，设置符合海关监管要求的卡口、围网、视频监控系统以及海关监管所需的其他设施，是目前最先进的管理模式。

综合保税区的这些特点和优越性为创新中原经济区建设机制和改革开放制度提供了实践基础。

2. 综合保税区的主要功能及其设施要求

1992 年以来，经国务院批准的全国 13 个综合保税区，其功能各不相同，基本情况见表 8–1。

表 8–1 综合保税区主要功能

名称	设立时间	主要功能或主要功能区
成都高新区综合保税区	2000.4	保税出口、保税物流、口岸功能
重庆西永综合保税区	2010.2	保税区、出口加工区、保税物流、港口
苏州工业园综合保税区	2006.12	保税物流、进出口贸易、采购分销、检测维修、展示展览
天津滨海新区综合保税区	2008.3	保税区、保税物流园区、出口加工区
北京天竺综合保税区	2008.7	口岸通关、保税物流、出口加工
海口综合保税区	1992.10	仓储物流、对外贸易、国际采购、分销配送、国际中转、售后服务、商品展示、研发、加工、制造、口岸
郑州新郑综合保税区	2010.10	口岸作业区、保税物流区、保税加工区
广西凭祥综合保税区	2008.12	对外开放区、保税物流、保税出口加工、国际贸易、国际中转、国际配送、国内采购、分销和配送
上海浦东机场综合保税区	2009.7	保税区、出口加工区和保税物流园区
绥芬河综合保税区	2009.4	国际中转、国际配送、国内采购、转口贸易、商品展销、进出口加工、集聚企业、政策示范
江苏昆山综合保税区	2009.12	保税物流、货物贸易、服务贸易、展览展示、研发
广州白云机场综合保税区	2010.7	以保税加工和贸易为主
苏州高新区综合保税区	2010.8	口岸作业区、保税物流区、保税加工区

资料来源：高纲彪等. 综合保税区与城市空间的规划契合——以郑州新郑综合保税区控制性详细规划为例［J］. 规划师，2011（6）.

从表 8–1 中可以看出，保税出口、保税物流、保税出口加工、口岸作业是综合保税区的最基本功能，几乎每一个综合保税区都具有这几个方面的功能。而仓储、对外贸易、国际采购、分校配送、国际中转、售后服务、商品展示、研发、加工、制造、口岸等功能则因保税区不同而不同。有的综合保税区功能比较多，比如苏州工业园综合保税区、海口综合保税区、绥芬河综合保税区、广西凭祥综合保税区。有的综合保税区功能则相对较少，比如成都高新区综合保税区、天津滨海新区综合保税区、北京天竺综合保税区、郑州新郑综合保税区、上海浦东机场综合保税区、广州白云机场综合保税区和苏州高新区综合保税区。综合保税区功能的多少主要取决于该保税区所在的经济区域的功能定位，比如海口综合保税区之所以功能较多，是因为海口老城经济开发区的功能比较齐全；广州白云机场综合保税区的功能较少，是因为广州白云机场的经济功能较少；苏州工业园综合保税区比苏州高新区综合保税区功能多，也是因为苏州工业园综合保税区比苏州高新区综合保税区的经济功能多所决定的。

为了保证综合保税区的功能的实现，综合保税区必须具备相应的设施。表8–2列举了我国现有综合保税区的功能设施要求。

表 8–2　综合保税区的功能设施要求

分区	主要功能	主要设施要求
口岸物流区	包括接收、发送、中转，通过空运、陆运口岸货物的配套作业，开展货物装卸、托运、拼装、拆箱、存储等基本货运口岸作业业务	拼装库、查检罚没库、查检设施、堆场、停车场地
保税物流区	开展保税物流服务、重点发展第三方和第四方物流业务、靠站服务生产制造企业的 VMI、“零库存”服务、延伸物流供应链	物流仓库、堆场、停车场地
保税加工区	发展先进制造业、引入电子信息、装备制造、汽车零配件、光机电一体化为主导的高新技术产业和高附加值制造产业、发展高新技术产品的加工、研发和维修业务	厂房及附属设施
综合服务区	为企业提供综合服务	包括“一站式”报关大厅、海关、国检、管委会办公及企业办公设施

资料来源：高纲彪等. 综合保税区与城市空间的规划契合——以郑州新郑综合保税区控制性详细规划为例［J］. 规划师，2011(6).

从表8–2中可以看出，为了保证其功能作用的发挥，综合保税区必须要建设有相应的设施，并且设施的数量与其功能还必须相适应。口岸物流区的主要功能是接收、发送、中转，通过空运、陆运口岸货物的配套作业，开展货物装卸、托运、拼装、拆箱、存储等基本货运口岸作业业务，那么其主要实施就是拼装库、查检罚没库、查检设施、堆场、停车场地；保税物流区的主要功能是开展保税物流服务、重点发展第三方和第四方物流业务、靠站服务生产制造企业的VMI、“零库存”服务、延伸物流供应链，其设施要求是物流仓库、堆场、停车场地；保税加工区的功能比较单一，主要是为了发展先进制造业、引入电子信息、装备制造、汽车零配件、光机电一体化为主导的高新技术产业和高附加值制造产业、发展高新技术，那么其设施要求也就相应比较简单，只要具备厂房及附属设施就可以了；而综合服务区的主要功能是为企业提供综合服务，那么其设施则倾向于提供政府综合服务，“一站式”报关大厅、海关、国检、管委会办公及企业办公设施则是必需的。

3. 郑州新郑综合保税区的功能定位

我国综合保税区设置伊始，功能是根据区位条件和进口贸易的流量而确定的。这样就不难理解，为什么同是综合保税区，而其功能却有很大不同。根据目前我国综合保税区的功能定位，可以将其归纳为保税出口、保税物流、保税出口加工、口岸作业、仓储、对外贸易、国际采购、分校配送、国际中转、售后服务、商品展示、研发、加工、制造等功能。从其功能定位也可以看出，各综合保税区也都是根据自身情况进行功能选择的。

郑州新郑综合保税区紧邻新郑国际机场，有利于形成综合保税区与机场互为依托、优势互补、协调发展的良性格局。海关可通过开展“区港互动”监管模式，实现郑州新郑综合保税区和机场口岸的无缝对接、深度合作，使货物在两个区域间快速、高效流转，发挥综合保税区保税物流和口岸功能，推动航空口岸物流跨越式发展。另外，郑州市出口加工区的发展也已经相当成熟，具有了较好的出口加工基础。因此，郑州新郑综合保税区应综合保税区、出口加工区的优势，把口岸作业区、保税物流区、保税加工区作为功能定位范围。大力发展接收、发送、中转业务，通过空运、陆运口岸货物的配套作业，开展货物装卸、托运、拼装、拆箱、存储等基本货运口岸作业业务；开展保税物流服务、重点发展第三方和第四方物流业务、靠站服务生产制造企业的 VMI、“零库存”服务、延伸物流供应链；发展先进制造业、引入电子信息、装备制造、汽车零配件、光机电一体化为主导的高新技术产业和高附加值制造产业，发展高新技术产品的加工、研发和维修业务。

（二）综合保税区在中原经济区建设中的作用

新郑综合保税区是国家在中部地区设立的首个综合保税区，它的设立是河南省对外开放史上的标志性事件，意味着河南省从此拥有了接轨世界的桥梁，表明河南已经具备了承接国际产业转移和跨国公司转移的能力，标志着河南省在区域竞争中站在了新的制高点上。综合保税区功能的发挥将对河南经济和中原经济区的发展产生极大的促进作用。

1. 有利于促进经济的均衡健康发展

一个经济体的发展需要三种力量的拉动作用：一是内需；二是出口贸易；三是投资。这三种力量被称为拉动经济增长的“三驾马车”。在拉动经济增长的“三驾马车”中，出口贸易始终是河南最为落后与薄弱的环节。作为全国重要的经济大省，河南经济总量在全国排名第 5 位，但与这一地位不相称的是 2010 年进出口总额只有 177.9 亿美元，经济外向度仅为 4.7%，排名全国第 17 位。郑州新郑综合保税区的设立，将从根本上改变这一状况。一方面，综合保税区可以改善和提升河南省开放型经济发展环境，吸引更多依赖空运进出口的高新技术等高端产业投资中原，带动中原经济区外向型经济的发展；另一方面，综合保税区的设立可以为河南省的产品出口提供更加便捷的通道，也将有助于提高出口产品的竞争力，提高经济发展中的出口贸易的贡献率，从而拉动并促进河南经济的均衡健康发展。

2. 有利于发展外向型经济

河南省地处内陆，和沿海省份相比，缺乏发展外向型经济的区位优势和有效通道，一些外向型、现代化的产业如国际物流、国际会展等发展受到一定制约。此前设立的郑州出口加工区尽管具有保税功能，但也只有仓储、物流功能，河南省经济发展中涉及的相应的业务只能通过青岛、天津等地保税运转，有的业务甚至要转道香港，增加了企业的经营成本和市场风险，不少企业因为原材料无法就近配套或不能开展国际贸易而停滞不前，外向型经济发展严重滞后。获准设立国家级的综合保税区，无疑为发展外向型经济提供了机遇。一方面，企业可以因为就地办理各种通关手续而降低费用，从而有利于吸引更多的外商投资；另一方面，也有利于本土企业的对外交流与合作，从而有利于河南省外向型经济的发展。

3. 有利于承接跨国公司转移

作为海关特殊监管区域，综合保税区在管理和税收方面都具有极大优势。它可以降低企业的进出口成本，成为各地区承接跨国公司转移的主要筹码。由于综合保税区具有口岸、物流、加工三大主要功能，具体包括仓储物流、对外贸易、国际采购、分销和配售、国际中转、售后服务、商品展示、研发、加工、制造、口岸作业等功能，在综合保税区，进出区货物按照进出口管理，实行快速通关作业，可以为外资企业发展提供与沿海发达地区一样便利的条件。按照国家规定，进入综合保税区的企业，可以享受五大优惠政策：一是国外货物入区保税；二是区内自用基建物资及进口设备免征进口关税和进口环节增值税；三是货物出区进入国内销售按货物进口的有关规定办理报关，并按货物实际状态征税；四是国内货物入区视同出口，实行退税；五是区内企业之间的货物交易不征增值税和消费税，这些税收优惠政策同样对外资企业尤其是跨国公司具有很大的吸引力。综合保税区这种“境内关外”的特殊地位，使得国内产品入区视同出口，即可享受出口退税政策，可大大缩短出口退税期，提高企业资金使用效率。再加上中原经济区具有劳动力成本低廉、市场消费潜力巨大等优势，这些优越性将会吸引更多的跨国公司向中原经济区的转移。富士康集团落户郑州新郑综合保税区就是一个很好的例证。据了解，富士康集团进驻综合保税区后，惠普、香港招商局等一批实力雄厚的企业集团也表达了进驻综保区的愿望。目前，美国联邦快递、俄罗斯空桥航空、顺丰速运也依托郑州机场建立了货运航空基地，打开了河南省直通国际市场的航空物流通道。

4. 有利于促进产业结构升级

新郑综合保税区在吸引大批企业来豫投资的同时又带动了相关服务业的发展，提高了服务业在产业结构中的比重。这势必会推动产业结构升级和产业结构水平的提升。同时，外向型经济的发展，无论出口贸易总量还是出口产品结构也都会得到提升和改善。据海关统计，2011 年 1~9 月，河南全省进出口已完成 207.3 亿美元，比去年同期增长 66.9%，预计 2011 年仅综保区出口就将达到 71 亿美元，而 2010 年全年全省进出口总额还不到 180 亿美元。以富士康为引领的电子信息产业集群形成后，河南省出口产品结构不合理、以初级加工品、低附加值产品为主的局面将得到扭转。

（三）郑州新郑综合保税区的制度创新

郑州新郑综合保税区建设十分重视创新，综合保税区的建设和运行也充分体现了其创新性。这种创新主要表现在以下三个方面：

（1）注重体制创新。在申报之初，河南省政府先后多次组织人员，到上海、重庆、深圳等保税园区进行考察学习，借鉴经验，多次组织海关、检验检疫等部门，研究确定综合保税区监管设施的规划布局，研究综合保税区与城市空间的规划契合，先后形成了《综保区验收设施工程可行性研究报告》、《综保区控制性详细规划》、《郑州新郑综合保税区控制性规划》等一系列创新性成果。并将这些创新性成果应用于实际工作中，形成了具有创新性的综合保税区建设方案。现已实现了“保税仓储、出口加工、转口贸易”三大功能的融合、“综合保税区、出口加工区、保税物流区”三大开放平台的贯通，实现了综合保税区各种功能的真正“综合”。

（2）注重机制创新。为了服务综保区内的企业，郑州海关采取 7 × 24 小时的全天候服务，出口产品随时都可以报关，“当天报关，当天出口”。而且只要企业在海关完成前期备案和报关货物的预录入，10 分钟不到就能办完所有报关手续。为方便企业及时通关，综保区实行口岸前移，建设专门的口岸作业区。货物在综合保税区内打板、安检、商检和海关报检后，货物可直接装机外运，实现了“一次申报、一次查验、一次放行”；同时，郑州新郑综合保税区卡口系统采用了国内最先进的电子关卡系统。通过卡口安装的电子数据采集系统、地磅系统，重车通过卡口时，司机只需刷卡，通过数据对比系统确认，卡口自动放行，大大提高了通关效率，降低了通关成本。这些做法都体现了郑州新郑综合保税区的运行机制的创新性和为企业服务的理念。

（3）注重模式创新。郑州新郑综合保税区的模式创新主要体现在发展速度和发展模式两个方面：①发展速度方面。2010 年 10 月 24 日郑州新郑综合保税区获得国务院正式批准，历时7个月，在一片沙丘地上，完成基本建设；10个月全部完成系统集成和建设；2011年8月3日通过国家验收，11月4日正式封关运行。这一速度在我国综保区建设历史上前所未有，被称为“郑州速度”。②发展模式方面。我国前12个综合保税区大多是在出口加工区、保税物流中心的基础上升级改造而成。而郑州新郑综合保税区是一个没有任何基础、没有任何城市配套，从零建立起来的一个全新的综保区，采取了项目引进与综合保税区和航空城建设相互促进，同步推动的建设模式，被称为“郑州模式”。郑州新郑综合保税区正启动综保区二期建设，加快口岸作业区等功能设施建设，加快综合办公楼等配套设施建设，综合保税区各项设施将更加完备，功能更加齐全。同时，加快推动“区区联运、区港联动”，在确保监管安全的前提下，逐步建立起与航空、铁路与公路各口岸之间的“区港联动”，建立起与郑州出口加工区、保税物流中心及其他海关特别监管区之间的“区区联动”。[①]

四、提高外资利用质量，形成利用外资高地

（一）利用外资的进展及特点

“十一五”期间，河南积极实施开放带动主战略，先后出台了一系列招商引资的文件和措施。特别是2009年下半年以来，在全省范围内开展了大型招商活动，全省上下创新招商引资方式、拓宽招商引资领域，利用外资成效显著。目前，来河南投资的世界500强企业、国内500强企业分别达到68家和128家。[②]外资在河南经济发展中的作用明显增强。“十一五”期间河南利用外资的进展及特点是：

1. 利用外资规模增大

5年间，全省共签订项目2013个，比“十五”时期多了225个；全省合同利用外资累计249.49亿美元，比“十五”时期增长了2.2倍；全省实际利用外资累计199.85亿美元，比“十五”时期增长了4.8倍。利用外资的快速增加，促进了经济转型，拓展了全省经济的发展空间。

2. 利用外资增速平稳

“十一五”时期合同利用外资和实际利用外资的增长速度都较“十五”时期

① http：//www.people.com.cn/h/2011/1110/c25408-3472233939.html .

② 资料来源：http：//www.stats.gov.cn/tjfx/dfxx/t20110217_402703859.htm.

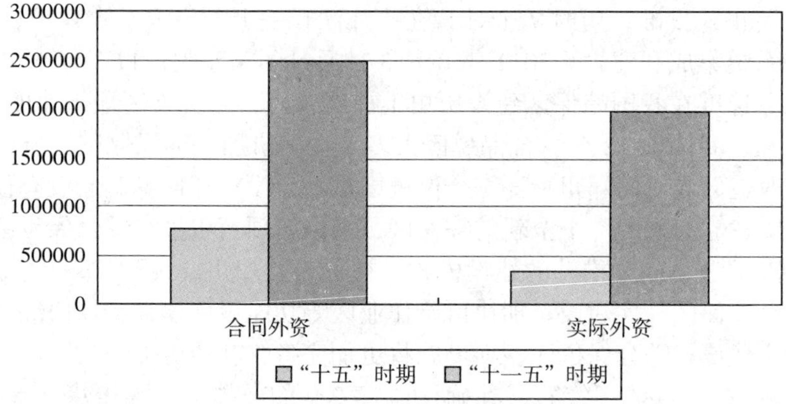

图 8–1 "十五"、"十一五"时期利用外资比较（万美元）

平稳，相比较而言，实际利用外资的增长幅度更加平稳。"十一五"时期实际利用外资的增长速度均高于合同利用外资，特别是 2009 年，在金融危机冲击下合同利用外资低于 2008 年，但实际利用外资仍保持 19%的增长速度。

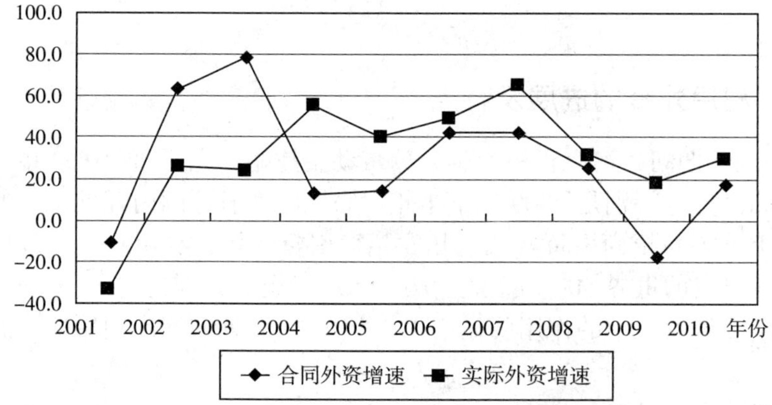

图 8–2 "十五"、"十一五"时期利用外资增长速度（%）

3. 独资经营成为利用外资的主要方式

随着河南省对外开放程度加深，利用外资环境进一步改善，外商投资各项政策更加完善和规范，外商直接投资方式逐步向独资经营转变，独资经营成为外商直接投资的主要方式。"十一五"期间，全省实际利用外资的数额共为 199.85 亿美元，其中以独资经营形式实现的实际外资 109.53 亿美元，以中外合资形式实现的实际外资 62.97 亿美元，以中外合作形式实现的实际外资 12.76 亿美元，分别占实际利用外资总额的 54.8%、31.5%和 6.4%。"十一五"期间，独资经营、中外合资、中外合作三种经营形式实际利用外资额分别比"十五"时期增长 7.8

倍、2.6 倍和 2.3 倍。其中，2010 年以独资经营形式实现的实际利用外资为 36.68 亿美元，占全省实际利用外资的 58.7%，分别比中外合资、中外合作以及外商投资股份制等经营形式实现的利用外资比重高 28.1、49.3 和 57.4 个百分点，独资经营成为全省实际利用外资的主要方式。

4. 利用外资行业结构逐步优化

“十一五”期间，第二产业仍是河南省利用外资最多的产业，但相比较而言，第一产业、第三产业利用外资也增长较快，第一产业利用外资比重有所提高。2010 年，第二产业签订合同项目 217 个，合同利用外资 38.33 亿美元，实际利用外资 45.22 亿美元，占全省的比重分别为 59.9%、66.3%和 72.4%。和“十五”末的 2005 年相比，合同项目和实际利用外资比重有所下降，分别下降了 9.5 和 2.1 个百分点，但和第一、三产业相比，第二产业仍是三个产业中利用外资比重最高的。2005 年三次产业合同利用外资比重为 5.8：60.6：33.6，实际利用外资比重为 1.8：74.5：23.7；到 2010 年，三次产业合同利用外资和实际利用外资的比重分别为 7.9：66.3：25.8 和 3.9：72.4：23.7。第二产业利用外资比重的下降部分主要增加在了第一产业，第一产业利用外资比重明显提高，河南利用外资的行业分布结构逐步优化。

分行业来看，制造业是利用外资最多的行业。2010 年制造业新签的项目个数、合同利用外资、实际利用外资占全省的比重分别达到了 55.0%、57.9%和 52.5%，均超过了全省总量的半数；合同外资方面，仅次于制造业的是农、林、牧、渔业，新签的项目个数、合同利用外资比重分别达到了 10.5%和 7.9%；而实际利用外资方面则是电力、燃气及水的生产和供应业居第二位，实际利用外资比重为 16.7%。

2011 年是“十二五”开局之年，前 9 个月河南实际利用外资 67.9 亿美元，同比增长 56.1%，居中西部第一位；实际到位省外资金 3012.8 亿元，同比增长 48.5%；预计全年实际到位省外资金 4000 亿元。其中，郑州市实际利用外资 6.99 亿美元，增幅为 74.1%。[①] 前 9 个月全省利用外资主要表现出三个特点：大项目强力支撑，全省到位 1000 万美元以上项目 218 个，共到位资金 57.1 亿美元，占总额的 84.1%；外商投资方式以独资、合资为主；外资主要集中在二、三产业，第二产业新批项目 151 个，占项目总数的 63.7%，第三产业新批项目 73 个，占 30.8%。据省商务厅相关负责人介绍，上半年河南实际利用境内外资金占全省固定资产投资的 31%，比 2010 年提高近 9 个百分点，有力地支撑了固定资产投资规模的扩大，成为国际国内复杂经济形势下，河南经济平稳较快增长的重要拉动力量。这说明，河南的外资利用保持了良好的势头，“十二五”期间的外资对中

① 资料来源：http：//www.henan.gov.cn/zwgk/system/2007/11/08/010047487.shtml.

原经济区的贡献将会越来越大。

（二）外资利用中的质量问题

尽管近年来河南省在外资利用方面取得了较大成就，外资利用的数量不断提高，外资利用的产业领域也不断扩大，但河南省的外资利用也还存在不少问题，尤其是外资利用过程中的质量不高的问题。只有弄清楚这些问题的症结之所在，才能在不断扩大外资利用数量的同时，提高外资的利用质量。

1. 外商直接投资的产业结构水平较低

产业结构水平决定着投资的效率，因为不同的产业结构创造的附加值是不同的。一般而言，较低的产业结构水平创造的附加值也相应较低，较高的产业结构水平其创造的附加值也相应较高。产业结构水平的高低取决于第一、二、三次产业在整体产业结构中的比重，并且与第一、二、三次产业的顺序成相反的变化，即第一产业占得比重较大，则附加值就相应较低，第三次产业比重较大则附加值相对较高。同时，附加值还与同一产业中的加工深度即价值链有关。也就是说，深加工阶段的附加值高，浅加工阶段的附加值低。长期以来，河南省利用外资主要集中在第二产业和浅加工阶段，比如，2010 年，河南省第二产业外资签订合同项目 217 个，合同利用外资 38.33 亿美元，实际利用外资 45.22 亿美元，占全省的比重分别为 59.9%、66.3%和 72.4%；2011 年有所改善，但前 9 个月外商直接投资也还主要集中在第二产业，第二产业新批项目 151 个，占项目总数的 63.7%，仍然占有绝对比重。同时，外商在河南省的直接投资主要集中在加工制造、房地产业、电力燃气及水的生产和供应业、农林牧渔业等附加值不高、科技含量较低的环节，进入信息产业、批发零售、科学研究等技术含量高附加值高的环节较少。另外，外商在河南省的直接投资较少有研发、总部转移，大多以较低技术含量的产业投资为主。这些都严重影响了河南省外资利用的质量。

2. 投资方式较为传统和单一

我国利用外商投资，一般分为直接投资方式和其他投资方式。采用最多的直接投资方式是中外合资经营企业、中外合作经营企业、外商独资经营企业和合作开发。其他投资方式包括补偿贸易、加工装配、BOT、投资性公司、外商投资股份公司、购并等。每一种投资方式都有其优越性，比如，直接投资可以获得资金、技术、人力资源培训等，并购可以获得管理经验、营销技巧等，BOT 则有利于减少政府的财政负担、避免政府的债务风险、提高项目的运作效率、更好地满足社会需要。河南省在利用外商投资时主要是传统的中外合资经营企业、中外合作经营企业、外商独资经营企业、合作开发和加工贸易等。利用外商投资方式的单一性，就难以获得投资方式多样化带来的好处，进而影响利用质量。

3. 投资区域较为分散

产业集群的形成可以从以下五个方面提高外资的利用质量：一是产业集群使区域吸引外资的能力不断增强。由于产业集群的网络系统具有“地方根植性”的特色，跨国公司若想充分利用这种优势必须参与其中。跨国公司或者将某些业务外包给当地制造加工企业贴牌生产或者直接将加工制造部门迁入。集群内部分工协作，信息交流，不断创新的区域生产效率成为当代跨国公司从外部获取并加以吸收为己用的重要竞争优势源泉。由于这种效应，产业集群从形成就开始具有吸引区域外资资本的功能。二是产业集群能有力地促进技术进步和扩散。在现代经济增长中，全要素生产率的贡献率越来越高，技术进步与制度变迁在经济增长中的作用表现得非常明显。在发达国家，由于经济制度相对稳定，技术进步成了长期经济增长的唯一引擎，因而有关技术进步和技术扩散的研究成为增长理论的重要方面。技术进步来源于技术创新，技术创新又来源于技术创新体系，对于区域经济而言，产业集群就是重要的创新体系。产业集群不仅有利于企业创新，而且形成了新的创新模式——集群式创新。因而产业集群能加速技术进步，不断为经济增长提供原动力（Audretsch 和 Feldman，1996）。对于技术扩散，产业集群更有明显的优势，集群内部企业之间地缘接近，联系紧密，互通有无，技术扩散的速度非常快。技术的迅速扩散，使每一个企业都能及时更新设备、采用新工艺，调整要素投入组合，能够普遍提高企业的生产率和产出量，从而增加地区经济总量和市场竞争力，促进地区经济增长。[①] 三是产业集群有积聚力量，会吸引区外的技术、资本和劳动等经济资源向产业集群集中，这将增强地区经济实力，提高地区的经济增长速度。如前所述，产业集群是某些或某一产业的资本、劳动力、技术和企业家有组织地集中，成长能力非常强，市场发展十分迅速，因而它必然对集群外企业和组织非常有吸引力，相关企业和组织如果有条件一定会向集群地区迁移（王缉慈等，2001）。这一点在现实中表现最为突出的就是产业集群对外资的吸引：无论发达国家还是发展中国家，外商投资的区域性都非常明显，产业集群政策能够降低外资进入的成本和风险，对地区吸引投资非常重要；而外商投资的地域和行业集中又能够有力地促进地区产业集群的发展，甚至能培育新的产业集群，这将对地区经济增长有双重的促进作用。四是产业集群可以优化产业结构，提升产业竞争力。在河南利用外资的过程中，有一点特别值得关注，即外资进入的产业及行业分布极不均衡。从外商直接投资产业和行业结构看，外商直接投资偏重第二产业。在第二产业中，劳动密集型和一般加工组装企业居多，资金密集型和技术密集型企业比重不高。在第三产业中，房地产、金融、保险业的外商投资发展较快，而交通运输业、科教文卫业发展迟缓。这些严重影响了产业结

① 吴利学，魏后凯. 产业集群研究的最新进展及理论前沿［J］. 上海行政学院学报，2004（5）.

构的有效调整和均衡发展，影响了跨国公司先进技术的引进和外资利用质量。为了改变这种状况，提高利用外资的质量和效益，有效地优化产业布局，提升产业竞争力，必须采取合理的措施来优化外资的结构。五是产业集群可使企业获得竞争优势。相对于单独的企业而言，集群企业在产业集群中可获得多方面的相对优势，如价格优势、质量或品种优势、市场竞争优势、创新优势等，但这些优势最终反映在产品的相对成本和特性上，表现为产品的成本领先优势、差别化优势、区域品牌优势和创新优势。

迄今为止，河南省在利用外资方面尚未真正形成产业集群，这也在一定程度上影响了河南省外资利用的质量。

4. 政策环境有待进一步优化

与东部发达地区相比，河南省利用外资的政策还存在不少缺失。从国家政策层面看，尽管国务院颁布实施了《促进中部地区崛起规划》、《国务院关于支持河南省加快建设中原经济区的指导意见》等政策措施，河南省也制定了相应的扩大外资利用的政策，但毕竟河南省利用外资的经验和基础比较薄弱，有些政策的制定还缺乏针对性、系统性和可操作性，各有关部门之间还没有形成有机的运行机制，还没有形成良好的政策环境，这些在某种程度上不仅影响政策效果，也会影响外资利用质量。

（三）提高外资利用质量的对策

1. 优化利用外资的产业结构和层次结构

一方面，加大高端制造业、高新技术产业、新能源和节能环保产业、现代农业及物流、商业、旅游、医疗、金融、保险、教育、咨询服务、文化产业等现代服务业和在河南省经济发展符合环保要求的劳动密集型产业的外商投资企业的鼓励力度；另一方面，鼓励跨国公司在豫设立地区总部、研发中心、采购中心、财务管理中心、结算中心以及成本和利润核算中心等功能性机构，提升外商投资的层次。

2. 促进利用外资方式多样化

一是支持A股上市公司引入境内外战略投资者，实现优势互补、强强联合；二是利用境外资本市场，积极支持符合条件的企业到境外上市；三是支持符合条件的外商投资企业在境内公开发行股票、企业债券和中期票据，拓宽融资渠道；四是鼓励外资银行到河南省设立分支机构和开办业务，当地政府可给予适当补助或补贴；五是鼓励外资参与国有企业改组改造，促进体制和机制创新，完善产权交易机制，为外商以并购、参股等方式投资提供便利、规范的服务和环境。

3. 营造良好的投资环境

充分利用郑州新郑综合保税区封关运行的契机，营造良好的外商投资氛围，加快海关特殊监管区域发展；同时，创新外商投资企业外汇管理制度，简化外商投资企业外汇资本金结汇手续。对暂时不具备设立条件而亟须投资的外商投资企业，经省外汇管理局批准，可分别按投资类、收购类、费用类、保证类等先行设立外国投资者专用外汇账户；对依法经营、资金紧张暂时无法按时出资的外商投资企业，允许延长出资期限。

4. 加快形成外商投资的产业集聚区

就我国目前的区域经济发展体制来看，开发区是利用外资的重要载体。目前，河南省级以上开发区共计 27 个。其中，国家级经济技术开发区 4 个，含原有郑州经济技术开发区和新近批准设立的漯河、鹤壁、开封经济技术开发区；省级经济开发区 12 个，即洛阳、新乡、焦作、濮阳、三门峡、许昌、商丘、驻马店、周口、惠济、林州、潢川经济开发区；4 个工业园区，即洛阳、新乡、濮阳工业园和长垣起重工业园；高新技术开发区 6 家，郑州、洛阳、安阳和南阳为国家级的，新乡、平顶山为省级的。此外，河南现有 1 家国家级出口加工区，即郑州出口加工区。各类开发区凭借其优惠的政策、灵活的体制，在吸引外资方面具有不可比拟的竞争力，成为各地区利用外资的主要阵地。为了更好地发挥开发区利用外资的作用，2010 年，河南省商务厅注重招商引资载体建设，着力打造开发区承接产业转移主阵地，力促“区中园”建设，强力推进重点产业园区的产业招商，通过一系列招商引资活动和支持产业聚集区发展政策的推动，一批重大项目落地开发区。

五、打造服务外包示范城市，形成服务外包高地

（一）服务外包的运行机制

所谓服务外包是指发包企业将原来在内部从事的非核心服务外化为一个投资项目或专业服务公司发包给企业以外的服务提供者去完成的过程。

服务外包主要分为信息技术外包（Information Toechnology Outsourcing，ITO）和商务流程外包（Business Process Outsourcing，BPO）。ITO 的业务范围主要有 IT 系统操作服务、IT 系统应用管理服务和 IT 技术支持管理服务等，软件外包是 ITO 的主要外包形式。BPO 的业务范围主要有需求管理、企业内部管理、业务运作管理、供应链管理等，BPO 的业务形式主要有金融与财务分析服务、呼叫中心、客户服务、采运服务、市场调查与分析等。图 8-3 和图 8-4 显示的是 ITO 和 BPO 的典型业务流程。

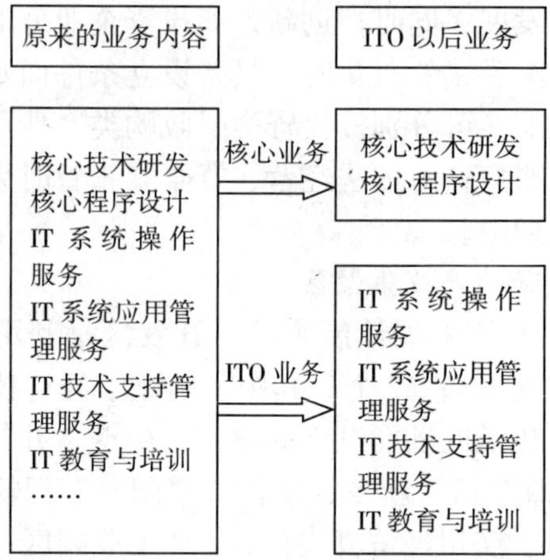

图 8-3　ITO 典型业务流程

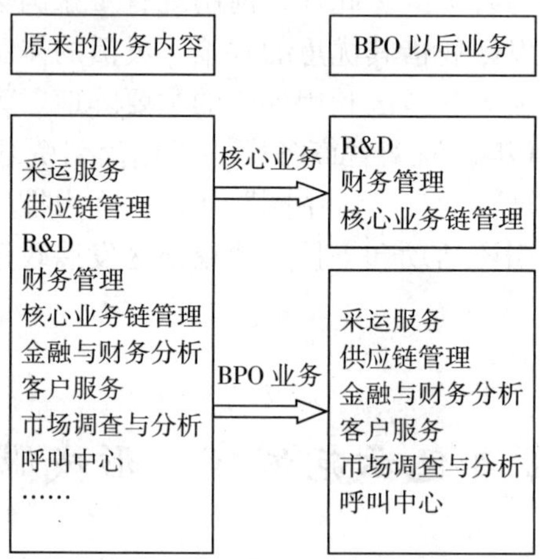

图 8-4　BPO 典型业务流程

从业务流程可以看出，无论是 ITO 还是 BPO 都是企业实施归核化战略的具体体现。企业为了降低自身的运营成本，提高效率，在保留自身核心业务的同时，把辅助性的非核心业务系统化后通过电子系统外包给国外的服务外包公司(张磊等，2006)。而国外的专业外包公司则通过互联网将这些辅助性业务程式化和程序化，为发包企业提供专业服务。

服务外包的基本运行平台是互联网，发包和承包双方的业务交易一般都是通过互联网来完成的。从图 8-5 反映的服务外包流程的运行机制可以清楚地看出，互联网（电子拍卖系统）在整个业务流程运行中所起的关键作用。

图 8-5 显示的运行机制也说明，与传统制造业相比，服务外包受时间和空间制约很小，物流、产业配套要求不高。对于承包方来说，不需要处在地理位置优

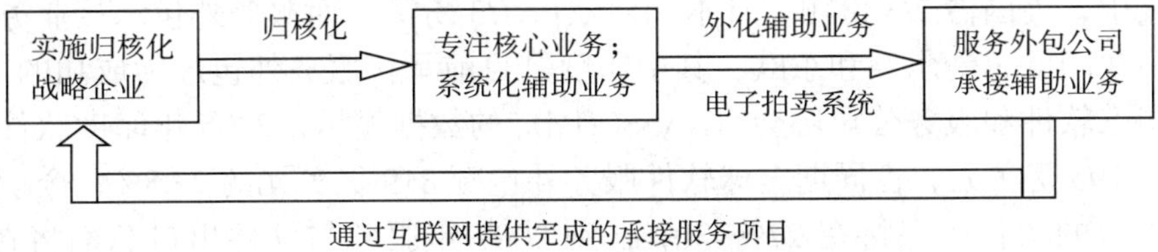

图 8-5　服务外包流程运行机制

越的沿海地区，只要有便捷的互联网等通信工具就可以从事服务外包活动。服务外包这种业务形式为地处内陆的地区直接参与国际分工、利用外资，创造了难得的发展机遇。因此，大力发展服务外包将有助于包括中原经济区在内的我国中西部地区利用外资，也有利于中原经济区服务外包的发展。

（二）发展服务外包的路径选择

随着 2006 年 10 月商务部促进服务外包发展“千百十工程”的实施，中国服务外包进入快速发展阶段。服务外包分为信息技术外包和商务流程外包两种业务模式。目前，国际上较为流行的服务外包模式是以印度为代表的信息技术外包。由于中国与印度在信息产业发展和吸引外资方面存在较大差距，中国不可能照搬印度发展服务外包的成功模式，中国应该走符合中国特色的服务外包发展之路。

1. 服务外包的兴起与 ITO 业务模式

20 世纪 90 年代以来，国际直接投资逐渐向现代服务业转移，而现代服务产品的核心内容——知识和信息因信息和通讯技术的飞速发展而变得更加数字化、标准化。这使得服务业的生产过程可以通过生产地的重新配置来降低成本、提高质量和实现规模经济。这种服务生产的离岸外移形式就被称为服务外包（Service Outsourcing）。服务外包既是现代服务业国际转移过程中的一种业务现象，同时也是跨国公司实施归核化战略的结果。通过服务外包，外包提供商可以从外部获得特定服务业务的全面解决方案，减少或消除在该业务方面的费用和管理成本，将全部精力集中于核心能力的培育，从而提高其核心竞争力；而承包国家或地区也可以通过承接服务外包业务，整合国内现有资源，以优势部门融入世界经济，从而获得比较利益。信息技术外包和商务流程外包是服务外包的两种主要业务内容。2000~2003 年，全球信息技术服务和业务流程服务的出口累计增长了 31%，远远超出这一时期服务贸易和货物贸易 21%和 16%的增长速度。据联合国贸发会议《2004 世界投资报告：转向服务业》估计，未来几年全球服务外包市场将保持 30%~40%的速度增长，2007 年的服务外包额达到 1.2 万亿美元。可见，服务外包正呈现出方兴未艾之势。

目前，在国际服务外包市场上，美国、日本和西欧是最主要的服务外包发包地，其中，美国占 2/3 份额，日本和西欧占 1/3 份额。而服务外包承接业务则主要集中在印度、爱尔兰和东欧，其中印度是目前承接服务外包最为成功的国家。印度国家软件和服务公司协会（NASSCOM）的数据显示，2005 年印度软件外包额达到 195 亿美元，占同期全球软件服务外包额 819 亿美元的 23.8%；今后印度服务外包的增长将保持在 27%~30%，到 2007 年服务与软件出口总额将在 290 亿~310 亿美元。在服务外包方面，印度已构建了一个较为成熟、具有典型意义的成功模式，那就是"以 ITO 为主要业务内容、发端于低端、完全依赖国外市场"。

印度 ITO 模式之所以能获得成功，关键在于以下几个方面因素的支撑：

首先，印度政府为服务外包的迅速发展提供了一个良好的政策环境。从 20 世纪 80 年代中期提出"要用教育和电子革命把印度带入 21 世纪"的口号，到"十五"计划（2002~2007 年）明确将 IT 产业发展作为战略重点，印度政府为了扶植计算机和软件产业发展，先后制定了多项支持、鼓励政策，包括 1986 年为了明确软件产业发展的战略目标，采取相应的优惠政策而制定的《计算机软件出口、软件发展和软件培训政策》，为计算机软件出口企业发展提供资金、组织人员培训、简化投资和进口手续、减免国内货物税、实行 10 年免税等；1991 年 6 月，印度在班加罗尔创建了全国第一个计算机软件技术园区，其后又在马德拉斯、海得拉巴、孟买、加尔各答等地建立了 18 个具有国际先进水平的软件技术园区，并对园区的企业实行各种优惠政策，如符合条件的软件企业 2010 年前免征所得税、研发所需进口的软件实施"零关税"优惠、为开发软件而进口的硬件设备实施关税减让、对软件和服务公司的银行贷款实施"优先权"；1998 年由政府设立风险投资基金，用于支持中小企业发展。同时，为了保护知识产权，保护企业和消费者的信息安全，为解决信息服务纠纷提供法律规范，印度也在不断地完善相关法律，1994 年出台了世界上最严厉的《新版权法》；2000 年通过了《信息技术法》和《半导体集成电路设计法》。此外，为了保证软件公司的规范运作，NASSCOM 还规定，凡拥有 10 名员工以上的软件公司必须达到 ISO9001 标准认证。这些政策法规为印度服务外包尤其是软件服务外包的兴起和快速发展发挥了积极的促进作用。

其次，系统、规范的教育为印度软件外包的发展储备了丰富的软件开发人才。提出"要用教育和电子革命把印度带入 21 世纪"口号以后，在印度逐渐形成了"全民学软件"的风尚，培养了一大批被世界誉为"一高一低"型的"软件蓝领"。"一高"是专业素质高，"一低"是工资诉求低。[①] 这种人才结构的形成是与印度系统化、规范化的软件人才培养模式密不可分的。以印度著名的软件人员

① 印度软件设计人员的工资水平在 800~1000 美元，虽然远远高于普通印度人的收入，但却只有美国同类人员工资水平的 1/10~1/5。

培训机构 APTECH 的 ACCP 软件课程培养计划为例，培养一名“软件蓝领”严格经过三级培训：首先用 160 个学时学习初级程序，再用 184 个学时学习程序设计，最后用 330 个学时学习系统分析。以 APTECH 的培养模式为代表，目前印度已经形成了印度理工学院居于顶端、各大学居中、国家信息技术学院居于底层的金字塔式的人才培养体系，这一完整的体系每年为印度培养软件设计人员约为 178000 人。在软件教育中，印度还十分重视软件研发的标准化建设。印度软件企业的质量管理及认证除了国际通用的 ISO 质量体系认证外，还采用目前世界软件业公认的权威性认证、美国梅隆·卡耐基大学软件工程设计院研发的软件能力成熟度模型 CMM 等级认证体系。目前印度已有上百家软件企业获得了该体系最高的 CMM5 级认证证书。[①] CMM 认证目前已成为行业公认的选择外包合作者的“指标体系”，通过 CMM 体系等标准化建设促进了印度软件开发的国际化，使印度的软件服务外包竞争力得以大大提高。

最后，准确定位承接服务外包市场是印度服务外包能够迅速发展的关键因素。面对全球服务发包市场，是选择在全球服务外包市场上进行竞争，还是先选择某一个国家市场作为服务对象，是服务外包企业在开展外包时必须首先解决的问题。实践证明，印度做出了正确的选择：以与本国有密切联系的美国作为承接对象。这种联系一方面表现在，印度文化深受英语语系国家的影响，在文化上与美国有“认同感”；另一方面，印度的许多软件开发人员都有在美国研发的经历，他们了解美国 IT 技术发展的状况以及外包的技术取向，很多外包业务甚至都是“将在美国的工作带回到印度来做”而形成的。另外，准确的市场定位还表现在业务选择方面。选择以软件外包为发展服务外包的切入点，既充分发挥了印度软件开发人才丰富的优势，又在其国内形成了“研发促成软件外包、软件外包带动研发”的良性循环，保证了 ITO 模式发展的可持续性。

2. ITO 模式的缺陷：缺乏自主创新，增长空间有限

ITO 模式是利用本国的人力资源优势承接发达国家的非核心软件项目，而发达国家发包的这些非核心软件项目基本上属于为主机系统服务的小型应用程序、为现成系统和客户服务系统提供升级服务的程序等应用型软件，技术含量低，在软件产业链中处于低端。因此，以软件服务外包为基础形成的软件产业也相应处于下游。这种处于产业链下游的低端服务外包，附加值低，难以形成自主品牌。2005 年，印度拥有 100 万名软件人员，创造了 234 亿美元的出口总额，但与 IBM 和微软相比，却是“不可同日而语”的：IBM 软件部门只有 3 万名员工，年营业

① 目前全球通过 CMM 最高认证即 CMM5 认证的只有 7%的软件企业，其中印度占了大部分，而中国通过 CMM5 认证的、包括外资公司（比如塔塔信息技术（上海）有限公司、摩托罗拉中国软件中心等）只有不到 20 家。

额却是170亿美元，接近于整个印度；而微软只有6万名员工，年销售额为400多亿美元，几乎相当于两个印度。[①] 印度软件外包的这种低附加值的“来料加工”模式，是以发包国家的系统软件作为平台的，其软件业发展的结构和水平受发包企业的需求约束，缺乏自主品牌，失去了发展的自主创新性。

ITO模式下的服务外包业务由于过于集中在软件外包上，造成业务结构单一、增长空间受限。尽管当前的软件外包是服务外包中的最主要构成，更是印度服务外包的命脉，但是，软件外包毕竟只是众多服务外包业务中的一种业务形式。从发展趋势看，随着经济全球化的发展，商品、金融、生产等全球联系的进一步加深，服务外包的其他业务形式如IT系统操作服务、IT系统应用与技术支持管理服务、金融与财务分析服务、保险服务、呼叫中心、客户服务、采购与运输服务、市场调查与分析服务、旅游服务等都在不断增加，并且正逐渐构成服务外包的主要内容。在服务外包业务向多元化发展的背景下，印度的这种“单一软件外包”的模式将面临着越来越严峻的挑战。首先，是来自竞争对手的挑战。近几年来，印度软件外包“一枝独秀”的格局逐渐被打破，东欧、拉美、东南亚国家和地区正在不断加入国际服务外包的竞争行列，软件外包的市场“份额单位”越来越小。其次，是来自印度软件外包企业自身的挑战。软件的研发是一项高智力的活动，从事软件研发的人员需要严格的专门培训，因而研发人员的能力结构存在单一性倾向；同时，软件外包企业的基础设施投入也多具有软件研发的特性。这就造成了印度软件外包具有较强的“资产专用性”，从而限制了其从事其他外包服务的灵活性，限制了服务外包的未来发展。

3. BPO与中国发展服务外包：合意性与长期增长

服务外包是与加工外包相辅相成的一种业务外包形式。中国在承接加工外包方面已经取得了成功，但在发展服务外包尤其是软件外包方面，与印度等国相比却存在着相当差距。根据赛迪顾问股份有限公司最新发布的“2005~2006年中国软件外包服务市场研究年度报告”，2005年中国的软件外包额虽然增速较快，达到9.2亿美元，但全球占比也只有1.1%，是印度的3.9%；东软集团外包收入虽然增长了90%达到6270万美元，但其外包收入额也只有印度塔塔咨询服务公司同期的4.7%。中国服务外包与国际服务外包之间的巨大差距引起了中国政府的高度重视。2006年9月在厦门召开的“中国国际投资贸易洽谈会”上，国务院副总理吴仪在接见跨国公司代表时就表示，承接以跨国公司为主的各类服务外包将成为中国吸引外资新的领域，中国将积极创造条件承接国际服务外包。

中国与印度在信息技术产业发展模式和吸引外资方面存在较大差距，中国软

① 计红梅. 软件业：中国如何赶超印度［ON］. 科技网，2006-10-18.

件产值的90%来自国内，而印度的80%~90%则来自国外；[①] 2004年和2005年中国吸引外资分别为606亿美元和724亿美元，是全球第三大外国直接投资东道国，而印度同期吸引外资则分别只有53亿美元和65亿美元；[②] 中国2006年上半年吸引外资为285亿美元，[③] 而印度2006~2007年吸引外资目标只是100亿美元。[④] 因此，在发展服务外包方面，中国不可能走与印度相同的道路。参考印度的ITO模式，结合中国自身优势，我们认为，中国发展服务外包的条件不适宜ITO模式，而与BPO模式具有较强的合意性。BPO模式的业务涉及生产、采购、销售等商务流程的各个环节，其发展要求以加工制造业的充分发展为支撑，而中国吸引的巨额国际直接投资则可以满足这一要求。

（三）打造服务外包示范城市

1. 全国服务外包示范城市优势比较

2007年以来，国务院共批准21个城市为中国服务外包示范城市，分别是北京、天津、上海、重庆、大连、深圳、广州、武汉、哈尔滨、成都、南京、西安、济南、杭州、合肥、南昌、长沙、大庆、苏州、无锡、厦门。这些服务外包示范城市各具优势和特色，都在结合自身的资源条件优势，努力走特色化的发展道路。表8–3列举了几个服务外包示范城市发展服务外包的优势和特色。研究分析和借鉴这些优势和特色，将有助于河南省服务外包示范城市的申报和打造。

表8–3　服务外包示范城市的优势和特色

服务外包示范城市	优势和特色
大连	产业集聚度高，对日软件外包优势明显
苏州、无锡	区位优越，政策扶持得力，制造业基础雄厚，附加值较高
西安	人力资源优势明显，科研力量雄厚，以研发服务外包为主
大庆	依托资源禀赋优势，走最有特色的产业发展道路
杭州	全力打造金融外包之城
北京、上海	国际化程度高，综合条件优越，具备除成本之外的全面优势
深圳	毗邻港澳的区位优势不可复制，文化包容，环境幽美
长沙	发达的文化产业成就独特的外包品牌

① 于欣烈. 完全复制印度模式会失去我们的优势［J］. 环球企业家（印度特辑十五），2006（7）.

② 联合国贸发会议. 2006年世界投资报告［M］. 北京：中国财政经济出版社，2006.

③ 从2006年上半年全国吸引外资数据看发展趋势及特点［OL］. www.investment.gov.cn，2006–09–20.

④ 世界在敲印度的大门［OL］. www.21our.com，2006–03–01.

续表

服务外包示范城市	优势和特色
天津	世界办公室，集中发展金融服务外包、生物医药服务外包和基于机械和电子制造业的嵌入软件和产品设计服务外包产业三个方向
成都	以信息技术服务外包为主，覆盖研发、工业设计、市场营销、人力资源、财务会计等业务流程的服务外包产业体系
武汉	嵌入式软件和空间信息技术、信息安全、制造业信息化等应用软件，基本形成了以武汉光谷软件园为龙头的发展格局
重庆	逐步形成以软件服务外包为主，包括工程设计、电子商务、动漫、金融等服务外包产业领域
合肥	软件研发、数据处理、动漫网游、呼叫中心、人力资源管理、金融后台服务，基本形成了高新区、经济技术开发区、安徽服务外包产业园、滨湖新区 4 个专业化服务外包园区
哈尔滨	建设“一个园区、一个中心、一个平台”，打造新支柱产业
南京	已形成服务外包产业多层次的产业集群
济南	园区产业聚集效应明显，成为发展服务外包的主要载体，知识产权保护体系在国内处于领先位置
南昌	以政府推动、市场主导、企业主体为原则，以培养人才、引进人才为核心，坚持引进跨国公司与大力培育本土骨干企业并举
厦门	以海西经济区为载体，拓展对台合作和服务外包

资料来源：http://www.shandongbusiness.gov.cn/index/content/sid/91219.html.

2. 郑州市打造服务外包示范城市的优势

郑州市具有良好的服务外包发展环境：一是具有得天独厚的地理位置和交通优势。郑州是河南省省会，是中原城市群的龙头城市，是全国重要的综合性交通枢纽，具有承接东部沿海发达地区向西部辐射的重要功能。二是具有雄厚的经济发展实力。2010 年，郑州实现地区生产总值 4040.9 亿元，在全国省会城市中排名第九位，产业特色鲜明，三大产业构成比例为 3.1：56.2：40.7。[①] 三是城市基础设施配套完善。郑州是仅次于北京、上海的全国第三大邮政电信枢纽。四是拥有丰富的人才资源和充足的劳动力。2010 年全市普通本专科学校 47 所，本专科毕业生逾 20 万人，毕业研究生逾 7000 人，能够为郑州发展服务外包产业提供人才保障。[②] 五是劳动力成本低于国内发达城市。发展软件产业和服务外包产业主要成本是人力支出（据测算占 75%左右），郑州市劳动力成本为沿海发达城市的 50%~60%，以从事软件外包的软件工程师为例，工资仅为上海的 1/3 左右。[③] 此外，

① 资料来源：郑州市统计局。

② 资料来源：河南省招生信息网。

③ 资料来源：http：//www.zzzxy.gov.cn/zzzx/html/32/25/2011-4-26/6190.html.

郑州市还具有办公场地、交通、住宿等商务成本较低的优势。

在服务外包产业发展上，郑州也具有一定的产业基础。目前，全市已经形成了高新技术产业开发区、经济技术开发区、金水区、惠济区等省级服务外包示范区。截至 2010 年底，全市共有外包企业 90 余家，实现销售收入突破 50 亿元人民币，实现就业达到 1000 人以上。有从事信息技术外包的郑州华和得易、河南 863 软件孵化器有限公司、北京向心合力通讯技术有限公司、印度 Cellent 公司、郑州微谷网络信息服务有限公司、郑州密码宝信息技术有限公司、安飞公司、中信昊园公司、中安集团、紫光慧图、苏州新宇、天乐动画等和从事业务流程外包的河南锐之旗信息技术有限公司（百度河南客服中心）、河南芝麻开门数码商务有限公司、清华紫光等。

在发展动力上，郑州市为促进服务外包产业发展提供了优惠的政策支持。郑州市人民政府专门出台了《郑州市人民政府关于加快推进城区服务外包产业发展的意见》、《关于加快促进国际服务外包业发展的若干意见》和《郑州市服务外包企业认定办法》，明确提出了服务外包发展目标，发展重点和支持政策等。高新技术开发区和经济技术开发区结合自己的实际情况也分别制定了关于促进服务外包产业发展的相关政策，从人才培养、税收、房租、保护知识产权、资质认证和代办制等多方面对服务外包企业进行了补贴和支持。

3. 打造服务外包示范城市的对策

中国发展服务外包起步较晚，业务量较少，河南省也不例外。为了保持 BPO 业务的长期稳定持续增长，今后在发展服务外包方面应采取以下对策。

首先，延长在华跨国公司业务链，发展“全程式”服务外包。实行服务外包是跨国公司实施归核化战略的具体业务体现，跨国公司转移出去的非核心业务将构成今后 BPO 的主要内容。目前，世界 500 强跨国公司大多已在中国投资，现存外资企业数十万家，并且这些跨国公司的投资越来越朝着有利于服务外包的方向发展。根据《全球 500 大公司在华投资企业概览》[①] 的统计资料，全球 500 强公司 1983~2003 年在中国投资设立的企业，按行业属性划分，就显示了两种有利于 BPO 的发展趋势：一是服务业跨国公司进入中国的数量越来越多。位列全球 500 强首位的 Wal-Mart Stores 从 1999 年 3 月开始进入中国至 2003 年 4 月，共在中国设立了各类分支机构 43 家；Citigroup 1990~2003 年共在中国设立各种分支机构 10 家，其中大部分设立于 2000 年之后。其他诸如商业服务、金融保险、电讯、软件、高技术研发、运输等行业的投资企业在总投资中所占比重也是越来越高。二是非服务业跨国公司在中国设立的企业中，从事商业、金融保险、资产管理、研发、咨询、技术培训等服务业务的越来越

① 王志乐. 2005 跨国公司在中国报告 [M]. 北京：中国经济出版社，2005.

多。如 Exxon Mobil、Royal Dutch/Shell、General Motor、Ford Motor、Daimler Chrysler 等都设立有类似的分支机构，有些公司甚至将研发中心迁到中国，把中国作为其全球业务的研发服务中心。已有在华投资的跨国公司的业务特点为我们发展“全程式”服务外包提供了有利条件：既可以从服务业跨国公司的“归核化”战略中获得商机，也可以延长制造业跨国公司的产业链，向制造业跨国公司提供相关的商务服务，[①] 全方位发展 BPO 业务。

其次，以承接日韩服务外包为突破口，逐步开拓欧美服务外包市场。日本和韩国都是国际上服务发包较多的国家，无论在文化渊源、地理位置，还是人脉关系方面，中国都具有承接这两个国家服务外包的先天优势。同时，这两个国家在中国的制造业投资也较多，均居中国吸引外资前列。以大连为例，截至 2005 年 12 月底，日本在大连的企业共有 3184 家，美国 1407 家，欧洲总共只有 644 家。较多的制造业投资也为开展 BPO 业务提供了业务潜力。实际上，包括大连、北京、上海、深圳等在内的中国承接服务外包较为发达的城市已经形成了承接日韩服务外包的服务外包中心。大连在开拓日本服务外包市场方面表现尤为突出，“在日本，有 23%与 IT 领域相关的贸易组织在享受由国外特别是中国提供的离岸外包服务……一些日本公司已经将其呼叫中心和后台业务办公室建在了大连……”[②] 而呼叫中心和后台服务正是 BPO 的内容。这种现象表明，我国在承接日本 ITO 业务的基础上，BPO 业务也开始发展。尽管日韩市场在中国服务外包中占据重要位置，但日韩市场毕竟在全球服务外包市场中所占份额较小，只有 10%左右，更大的市场在美国和欧洲。随着促进服务外包发展的“千百十工程”[③] 的实施，中国对外承接服务外包业务必将不断扩大。为了避免重蹈印度因市场过于集中而风险较大、增长空间有限的覆辙，在稳步发展日韩服务外包市场的同时，还要积极开拓欧美服务外包市场，以分散风险，不断扩展市场空间。

再次，培养复合型服务外包人才，为全程承接服务外包储备人才资源。印度服务外包业务之所以存在“囿于低端”、“结构单一”的问题，关键原因就在于，其培养的服务外包人才大都只适合做“低端的软件蓝领工作”，也就是只能从事一些非核心的软件业务。固然，这种人才在低端服务外包市场上具有明显的竞争优势，但随着服务外包市场竞争的加剧以及服务外包由单纯的软件外包向软件开

① 詹晓宁，邢后媛. 服务外包：发展趋势与承接战略［J］. 国际经济合作，2005 (4).

② 联合国贸发会议. 世界投资报告 2004：转向服务业［M］. 北京：中国财政经济出版社，2004.

③ 商务部会同信息产业部和科技部于 2006 年上半年开始实施的促进服务外包发展的“千百十工程”是指，“十一五”期间，在全国建设 10 个具有一定国际竞争力的服务外包基地城市，推动 100 家世界著名的跨国公司将其服务外包业务转移到中国，并培育 1000 家取得国际资质、具有发展潜力的优秀服务外包企业，全方位承接国际服务外包业务。

发和商务流程等纵深方向发展，其适应性和竞争力将会越来越减弱。因此，河南要吸取印度在人才培养方面的教训，从一开始就注重培养既能承接“来料加工”业务，又能从事独立开发尤其是嵌入式软件开发业务，既可以从事信息技术服务外包，又能够承接商务流程服务外包的复合型服务外包人才。

第九章　提升中原文化软实力　建设华夏历史文明传承创新区

文化软实力强弱关乎一个国家或地区的兴衰。提升中原文化软实力是中原经济区建设的应有之义和重要课题。这涉及以什么样的视角认识文化，以什么样的态度对待文化，以什么样的思路发展文化。解决好这三个问题，对确立文化发展目标、谋划文化发展战略、提出文化发展举措，扎实推动中原经济区建设，具有十分重要的意义。

一、建设中原经济区需要弘扬中原大文化

（一）文化软实力的内涵

环顾全球，自20世纪90年代以来，世界各国对文化重要性的认识越来越清晰和深刻。1990年，美国哈佛大学教授约瑟夫·奈将综合国力分为硬实力与软实力两种形态，文化软实力是国家软实力的核心因素，是指一个国家或地区文化的影响力、凝聚力和感召力。纵观人类社会发展的历程，任何一场重大的经济变革，都要求文化做出与之相适应的调整与反映。所以，从某种意义上说，创造财富的过程也是创造文化的过程，经济发展变革的历史也是文化创新演绎的历史。当今世界正处在大发展、大变革、大调整时期，世界多极化、经济全球化深入发展，科学技术日新月异，各种思想文化交流、交融、交锋更加频繁，文化在综合国力竞争中的地位和作用更加凸显，维护国家文化安全任务更加艰巨，增强国家文化软实力、中华文化国际影响力要求更加紧迫。当代中国进入了全面建设小康社会的关键时期和深化改革开放、加快转变经济发展方式的攻坚时期，文化越来越成为民族凝聚力和创造力的重要源泉、越来越成为综合国力竞争的重要因素、越来越成为经济社会发展的重要支撑，丰富精神文化生活越来越成为我国人民的热切愿望。

随着中国特色社会主义实践深入推进，全党全社会对文化的关注度越来越

高，对文化的认识也在不断深化。党的十七大报告中首次提出“文化软实力”这一概念，明确把“激发全民族文化创造力，提高国家文化软实力”作为重要的文化发展战略。作为衡量一个国家或地区综合实力的尺度之一，“文化软实力”指的是与经济、科技、军事等所表现出的“硬实力”相对应的文化力。文化软实力主要包括三个方面：首先是文化的创造力；其次是文化的作用力（如凝聚力、组织力、约束力等）；最后是文化的影响力。对于文化产业来说，文化软实力就具体表现为文化产品和服务的生产力和竞争力（如市场覆盖率和占有率）。

河南省委书记卢展工在中国共产党河南省第九次代表大会上的报告《深入贯彻落实科学发展观，全面推进中原经济区建设为加快中原崛起河南振兴而努力奋斗》中精辟指出：“文化是根、文化是魂、文化是力、文化是效。坚持社会主义先进文化前进方向，以建设社会主义核心价值体系为根本任务，以满足人民精神文化需求为出发点和落脚点，以改革创新为动力，培养高度的文化自觉和文化自信，加快建设文化强省，塑造中原人文精神，打造华夏历史文明传承创新区，推动社会主义文化大发展大繁荣。”这是中原经济区建设过程中指导推进文化大发展、大繁荣的总纲。

中原文化软实力，既有文化软实力的一般属性，也有其特殊性，中原文化软实力的巨大而特殊的作用具体表现在以下四个方面：

第一，文化是魂。文化是一个国家一个民族全部智慧的集中体现，是维系一个国家和民族的精神纽带和精神家园。文化是历史文明的沉淀，作为社会发展方向的引领，解决的是人类“从哪里来，到哪里去”的问题，是更深层次、更高境界的追求。文化直指人心，其作用非世间其他“器物”所能替代。中原经济区建设本身包含着物质与精神的双重目标，除了必须按经济规律办事以外，更需要精神文化的正确引领。我们要运用文化引领前进方向、凝聚奋斗力量，团结带领人民群体不断以思想文化新觉醒、理论创造新成果、文化建设新成就推动中原经济区伟大事业向前发展。

第二，文化是根。文化是人们生产生活方式的总和，是历史上长期积淀形成的，是由人民共同创造的，因而人们对其有认同感和归属感。文化的一个突出特质就是具有极强的渗透性、持久性，像空气一样无时不在、无处不在，能够以无形的意识、无形的观念，深刻影响着有形的存在、有形的现实，深刻作用于经济社会发展和人们生产生活。文化能调动人们的积极性，产生巨大的向心力和凝聚力，起到显性激励和隐性激励的双重作用，尤其是能够起到“润物细无声”移风易俗的特殊作用。2011 年 10 月 18 日，中共中央十七届六中全会通过的《中共中央关于深化文化体制改革　推动社会主义文化大发展大繁荣若干重大问题的决定》强调：“文化是民族的血脉，是人民的精神家园。在我国五千多年文明发展历程中，各族人民紧密团结、自强不息，共同创造出源远流长、博大精深的中华文化，为中华民族发展壮大提供了强大的精神力量，为人类文明进步作出了不可磨灭的重大贡献。”中原是中华民族和中华文明的重要发祥地，是民族之根、文明之根，是全球华人的心灵故乡。中原拥有根文化的优势，是全国其他经济区难以比肩和超越的。我们要发挥根文化的突出优势，让根文化成为中原经济区建设的根本支撑。

第三，文化是力。人类发展史证明，一个国家或地区要想崛起和保持竞争优势，必须有强大的文化力，必须有丰富的文化存量、文化增量和文化深度。《中原经济区建设纲要（试行）》指出：“文化是建设中原经济区的强大推动力量。坚持社会主义先进文化前进方向，按照胡锦涛总书记要求河南大力推动文化发展繁荣的重要指示，充分发挥中原文化兼容并蓄、刚柔相济、革故鼎新、生生不息的优势，建设和谐文化，推动文化创新，形成优势彰显、充满活力、全面繁荣的文化发展新局面，全面提升中原文化的吸引力和影响力。”中原经济区建设需要以文化为引领，以文化为支撑，释放文化的凝聚力、推动力、创新力、提升力，实现思想观念的解放、体制机制的创新、发展模式的突破，达到打造经济发展硬实力的目的。硬实力不够强，难以带动软实力的发展；软实力不突出，则难以推动硬实力的提升。只有软实力、硬实力相辅相成，相得益彰，才能极大地提升一个地方的综合实力。中原经济区建设必然要求中原地区成为具有国际影响力的文化高地，以卓越的、具有中原特色的文化艺术精品参与文化全球化竞争。我们不仅要有文化自觉、文化自信，更需要文化自强、文化创新，不断提升文化在中原经济区建设中的地位，发挥文化推动中原崛起、河南振兴的强大支撑力量。

第四，文化是效。文化既是推动社会发展的重要手段，又是社会文明进步的重要目标。联合国教科文组织提出：“发展最终应以文化概念来定义，文化的繁荣是发展的最高目标。”文化既直接贡献于经济增长，又对提升经济发展质量发挥着重要作用。现代世界经济发展表明，发达程度越高，文化产业支柱性作用就越明显，对经济的贡献就越大。文化既是凝聚人心的精神纽带，又直接关系民生幸福。文化民生应该是民生幸福的一个很重要的组成部分。必须在坚持“以文化人”、“以文育人”的同时，更好地用文化温润心灵、舒缓压力、涵养人生，更好地丰富人们的精神世界，满足人们多样化的文化需求，切实保障人民群众的基本文化权益。中原经济区建设不仅要关注“硬环境”的建设，还要关注“软环境”的营造。中原经济区不仅要有新经济，还要有新管理、新服务、新机会、新思想、新风尚、新文化。《国务院关于支持河南省加快建设中原经济区的指导意见》指出：“弘扬中原大文化，增强文化软实力。积极推进具有中原特质的文化大发展大繁荣，打造昂扬向上的中原人文精神，大力促进人口资源向人力资源转化，全面提高人的素质，为中原经济区建设提供强大精神动力和智力支持。”

（二）中原经济区需要文明之光的烛照

中原经济区建设需要中原文化增强我们建设中原经济区的自信心，激励中原人民充满信心、万众一心地朝着中原经济区奋斗目标坚定前行。文化自信是一个地方对自身文化价值的充分肯定，对自身文化生命力的坚定信念。只有对自己文化有坚定的信心，才能获得坚持坚守的从容，鼓起奋发进取的勇气，焕发创新创造的活力。中原文化源远流长、博大精深、光辉灿烂，无论是历史上还是社会主义革命和建设时期，中原文化对中国文化乃至世界文明进步都做出了不可磨灭的贡献。正是有了对自己文化的自信心和自豪感，中原才在漫长的历史长河中保持自己特质、吸纳外来文化，形成了独具特色、辉煌灿烂的中原文化。

同时，也要看到，在对待中原文化的态度上，伴随着宋代以后我国政治文化中心从中原外移，尤其是近代以来中原板荡、经济社会发展迟缓，社会上不时出现“文化自卑”、“文化虚无主义”的倾向，对中原发展产生了消极的影响。当今，国际上不同文化的交流、融合、交锋比以往任何时候都更加频繁；国内各个地区之间的竞争也是此起彼伏、风起云涌，各种区域文化各领风骚、竞放异彩。在这样的背景下，更加需要以理性、科学的态度进行文化反思、比较、展望，正确看待自己的文化、对待别人的文化，充分认识中原文化的独特优势和发展前景，进一步坚定我们的文化信念和文化追求。要做到文化自信，不忘根本，吸引外来文化，着眼未来发展。应当因根而溯源，因根而结缘，因根而自强，因根而作为，充分发挥自身的文化优势，让文明之光照亮未来发展之路。

（三）中原经济区需要形成与其重要地位相称的文化软实力

文化软实力是中原经济区综合实力的自然延伸和重要组成部分，是提升中原经济区综合实力的有效载体。必须不断扩大中原文化的吸引力和影响力，形成与中原经济区重要地位相称的文化软实力。

中原经济区要从全国众多经济区中脱颖而出，需要六个方面的实力：一是雄厚的经济实力，这是一个硬指标。这个雄厚应包括四层意思：第一，GDP 总量大；第二，人均 GDP 程度高；第三，后工业化经济结构明显，特别是现代服务业发达；第四，总部经济贡献率较大。二是巨大的高端资源的交易和流量。高端资源就是国际和国内高端的人流、物流、资金流、技术流和信息流。发达经济区不仅要看总量，更重要的是看流量。跨区域物流、金融、人才都是需要流量的。流量就是控制力，交易量就是影响力。这一点可把入境旅游人数和外省人游河南的人数作为“晴雨表”。三是发达的现代化的立体化的交通体系。四是安全、稳定、法治、宜居的社会环境。五是良好的社会形象。六是具有国际影响力的文化软实力。这六个方面的实力也就是支撑中原经济区的六个支柱，缺一不可。

软性的同化性实力与硬性的命令性实力同样重要，硬实力与软实力又相互作用、相互增强、相得益彰。文化是中原经济区软实力的基础，软实力的说服作用、渗透能力和吸引力主要是通过文化来实现的，文化价值观、政治价值观的认同及其影响力是一个地区软实力的核心因素。主义（马克思主义）、思想（毛泽东思想）、理论（邓小平理论）、价值观（社会主义核心价值观）都是文化，都是文化软实力，它们的作用、实力，大到改变世界命运，改变一个国家，一个时代的命运；信仰、理念既能把人引向光明，也能使人走向黑暗、死亡。所以建设中原经济区必须大力提升具有中原特色的优秀的文化软实力。道德也是文化，道德的力量也是文化软实力，道德既能使人成为英雄、模范、标兵，也能使人成为败类、罪犯、坏蛋。

中原文化是中华文化的正根、正道、正宗、正统。这种绵延千年、生生不息的人文精神早已深深浸润到河南人的头脑里、血液中，滋养了河南人勤奋、朴实、肯干、厚道的民风，造就了河南人普普通通、踏踏实实、不畏艰难、侠肝义胆的形象，形成了包容、宽容、和谐、和睦的良好氛围，铸就了河南大气、正气的“正之势”，平实、醇和的“和之势”。我们要充分发挥中原文化所独具的感召力、凝聚力和影响力，建立起独特的竞争优势并保持可持续发展的内在动力，让文化软实力成为中原经济区的一根硬支柱。

（四）中原经济区建设需要新的文化经济增长点给予硬支撑

文化既是社会的凝聚力、民族的向心力、事业的创造力，也是经济的驱动力、支撑力，是发展经济不可忽视的重要组成部分。许多发达地区的实践经验证明，一个地区的文化与经济有效融合所迸发出的巨大创造力，能够极大地推动区域经济快速发展。发展文化经济，是转变经济发展方式、调整经济结构的重要战略支点。促进文化与经济的融合，就是既要增加经济中的文化含量，又要增加文化中的经济含量。文化与经济融合的最佳方式，就是发展文化产业。文化产业作为文化与经济的相互交融的集中体现，科技含量高，资源消耗低，环境污染少，发展潜力大。随着知识经济的兴起和信息技术的发展，在整个世界范围内，出现了经济文化一体化的新趋势，文化产业日益成为经济发展的新引擎。国际金融危机的爆发，使文化产业的生命力和创造力得到了极大的彰显和激发，发展文化产业成为各国各地区提振经济的重要举措，文化产业的存量释放和增量开发在国家宏观政策的推动下快速发展，文化产业的战略地位进一步得到确立。发展文化产业，有利于提升现代服务业水平，调整优化经济结构和产业结构；有利于繁荣文化市场，拉动居民消费结构升级；有利于培育新的业态，扩大就业、带动创业；有利于中原经济区发挥文化资源优势，建设文化强省；有利于节能减排，发展低碳经济，保护生态环境，实现可持续发展。发展文化产业，能够极大地解放和发展文化生产力，充分释放文化所蕴涵的经济能量；能够助推中原经济区经济转型升级，推动经济发展由传统产业向现代产业转化，由低端价值向高端价值提升，由挤占市场需求向创造市场需求转化，由资源消费型向知识密集型转化，由依托现有优势向创造新的优势转化，由人口大国向人才强国转化。这些转化既有利于提高中原经济区的经济竞争力，增强中原经济区发展后劲，推动经济向质量效益型发展，也有利于推动文化产业摆脱封闭运行、自我循环、低水平发展的状态，在中原经济区大平台上获得更大发展。在中原经济区建设大背景下，要让文化产业日益成为经济发展新的强劲的增长点，在满足人民精神文化需求、创造就业机会、拉动消费、优化产业结构、加快转变经济发展方式、激发经济活力等方面发挥更大作用。

（五）中原经济区建设需要文化营造良好社会风尚

中原经济区建设需要中原人民的广泛积极参与，需要营造良好的社会风尚，形成好的气势、好的态势、好的趋势。而营造良好的社会风尚，就需要先进文化的正确引领。只有通过提升人文精神和提高全民文明素质，才能为中原经济区建设提供不竭的内生动力。社会风尚的好坏最终折射的是人的价值取向问题。提高文化软实力就是进行正确的价值选择，选择符合中原崛起、河南振兴所需要的价值观。以人为主题的文化软实力建设，就是通过“人性重塑”、“身心开发”、“道德人生”三个维度，通过文化对人的再塑造再升华，调节和干预人的行为方式，培育和激发人的内在力量，从而不断地实现人的自我超越、不断地提高创造特质财富和精神财富的能力。为此，就需要大力弘扬社会主义核心价值体系，培育和弘扬以爱国主义为核心的民族精神和以改革创新为核心的时代精神。深入推进社会公德、职业道德、家庭美德、个人品德建设，构建符合传统美德和时代要求的道德和行为规范。发扬新时期中原人民“平凡之中的伟大追求、平静之中的满腔热血、平常之中的强烈责任感”的“三平”精神，发扬河南人民勤劳、勇敢、忠厚、淳朴的传统美德，积极宣传和维护河南人形象。培育奋发进取、理性平和、开放包容的社会心态，营造我为人人、人人为我的社会氛围，大力倡导敬业诚信、创新创业、劳动致富、团结互助的社会风尚，形成扶正祛邪、惩恶扬善的社会风气。

（六）中原经济区新的窗口形象需要文化来塑造

中原经济区建设需要通过文化传播树立中原发展新形象。文化的传播能力是衡量一个地区文化软实力的重要因素，提升对外文化传播能力有利于塑造良好的中原形象、营造中原蓬勃发展的舆论环境；有利于展示中原文化的魅力，拓展中原文化的影响广度和深度；有利于推动中原文化参与国内国际竞争，为保证国家文化安全和促进文化贸易，做出自己特殊的贡献。用文化扮亮中原经济区的窗口形象，要从三个方面入手：一是要坚持古为今用、推陈出新，培育中原文化的迷人魅力；二是增强中原文化的凝聚力、吸引力，创造中原文化新价值；三是倡导共赢、责任、和谐的理念，提高中原文化的国际贡献度，在国际舞台上获得更大的话语权。要加快构建传播快捷、覆盖广泛的传媒体系，积极实施中原文化“走出去”战略，让具有国际美誉的世界遗产、功夫文化、豫剧文化、杂技艺术、古都文化、建筑园林、书法绘画、宗教文化等中原优秀文化香飘四海，架起中原与全国各地、世界各国友好交流的桥梁。通过大众传媒、大型文艺活动、旅游、体育等人们喜闻乐见的形式创意展现中原优秀文化，宣传中原发展新成就，树立中原发展新品牌形象。

二、提升中原文化软实力的路径

文化是一个国家或地区的精神和灵魂，是推动经济社会发展的强大力量。提升中原文化软实力对于提高全民文化素质、增强河南中原经济区综合实力、推进中原崛起河南振兴具有十分重要的意义。河南应在科学把握文化软实力内涵的基础上，找准提升文化软实力的路径。

（一）提升文化软实力，要从优秀传统文化中找根基

中原传统文化是提升中原经济区软实力的重要资源。一个地区之所以区别于其他地区，主要并不在于这个地区的区位因素和资源状况，而主要在于这个地区的历史文化传统。传承中原优秀传统文化，对于唤起文化自觉、恢复文化自信、实现文化认同、增强凝聚力具有十分重要的意义。中原历史文化传统是造就中原之所以为中原的根本所在，是中原的“根”和“魂”。中原人民创造了自己的文化，这种文化又哺育了一代又一代的中原人民。中原传统文化是个复合体，讲哲学当推道家，讲逻辑当推墨家，讲战争当推兵家，讲种田当推农家，讲法治当推法家，讲伦理道德当推儒家，诸子百家的思想和主张包含着许多值得继承弘扬的原创性文化元素。在中原文化宝库中，单论老子、庄子、列子的道家文化，就具有取之不尽、用之不竭的当代文化价值，其“道法自然”、“天人合一”的思想主张受到世界普遍接受和信奉，成为指导人类生活的圭臬，也理应成为中原经济区建设中应当汲取的思想精华。传承中原优秀传统文化，对于挖掘传统文化的当代价值、提高人们道德水准、提升人民的文化素质、建设和谐社会、增强中原经济区竞争力、提升中原经济区的国际影响均具有重要价值。通过学习和了解中原传

统文化，能够丰富和提升我们的精神生命，使我们获得安身立命的精神家园，学会积极乐观地对待人生，不断地完善自我。中原传统文化能给我们更多的灵感、更多的智慧、更多的自由，帮助我们应对各种人生问题，树立正确的人生态度，涵养新时代的新道德，构建新时代的新秩序，为中原经济区建设夯下坚固的思想道德基础。我们要更好地用中原优秀文化滋养心灵、激发创造力、铸造凝聚力，深入挖掘和提炼中原文化中有益的思想价值，使之不断发扬光大，成为涵养精神世界的不竭源泉。

（二）提升文化软实力，要突出彰显中原文化魅力

中原经济区建设的宏伟事业需要进一步扩大中原文化的知名度和美誉度，需要进一步总结经验、彰显中原文化魅力，千方百计创造“文化感动的瞬间”，通过文化感性的力量提升中原文化软实力。在国外，知道河南的不多，知道少林功夫的人却很多。河南文化资源丰富，需要更多像少林功夫这样的响亮名片，去搭建河南与世界沟通的桥梁。应当注意中原经济社会文化发展的不均衡性，那就是中原虽是一个经济社会发展相对滞后的地区，但是值得中原人民自豪和骄傲的是，中原是一个世所罕见的中华文化的聚宝盆，是一片魅力四射的文化热土。在当今文化经济化、经济文化一体化的世界发展潮流下，中原这一宝贵财富显得更加弥足珍贵。从国内外反映的情况看，河南最近几年已经一改过去在大家心目当中的贫困、落后、封闭、被人误解丑化的面貌，一举变为中国文化发展的前沿地带，河南开始成为文化建设的热点地区，“文学豫军”异军突起，“中原文化北京行”、“中原文化沿海行”、“中原文化海外行”系列文化交流活动走向全国、走上国际舞台，“魅力河南”图片展、图书音像精品展、河南书画名家作品展、夏商周时期文物展、“河南旅游”推广宣传活动等异彩纷呈，中原文化以其独特的魅力，赢得了海内外的强烈认同和赞扬。“文化河南”、“老家河南”逐渐为国内外所熟知，“文化河南·壮美中原”成为世人向往的文化旅游胜地，河南的文化名人和英雄模范人物频频亮相国人面前和世界舞台，河南的品牌形象得到大幅度提升，有力地增强了河南的文化软实力。著名豫剧表演艺术家小香玉唱的《河南人》生动形象地描绘了当代河南人的总体良好形象：“黄河滔滔流不尽，孕育了我们的身躯中原魂。平凡之中的伟大追求，平静之中的满腔热血，平常之中的极强烈责任感；勇于奉献，我们激情满怀。 这就是我们河南人。普普通通河南人，踏踏实实河南人，不畏艰险河南人，侠肝义胆河南人……这就是我们河南人。包容宽厚河南人，忍辱负重河南人，自尊自强河南人，能拼会赢河南人。”

（三）提升文化软实力，要以文化自主创新为根本动力

创新是文化的灵魂，自主创新能力是文化发展的核心能力，提高自主创新能

力是提高中原文化竞争力的关键。像任何领域的创新一样，文化领域也要从“中原制造”向“中原创造”转变，首要条件是形成一个使尽可能多的人们竞相迸发创造智慧，使各方面创新人才大量涌现的制度环境、文化环境和教育环境。为了实现文化产品的内容创新和文化生产的方式创新，为了培育新的文化业态，提高和扩大文化信息的传输速度和覆盖范围，要充分利用高新技术手段，比如用互联网、动漫等现代技术手段开发利用中原文化的丰富资源，用现代数字技术和现代传播技术支撑文化创新产业。即使比较传统的文化产业部门，如出版、影视、广告、演艺、戏曲、会展等，也要依靠现代技术手段进行内容、形式、管理、营销等多方面的创新。河南电视台的“梨园春”栏目就是一个突出的文化创新产品，其成功经验值得借鉴。加强文化自主创新能力，要特别强调创新型人才的培养，要为文化创新人才提供施展才华的舞台，因为文化产品的生产者、文化服务的提供者，不仅应该是有文化的人，而且应该是有创造性的文化人。

（四）提升文化软实力，要推动文化产业成为国民经济支柱性产业

改革开放以来，文化领域日益成为我国社会主义市场经济的新兴领域和重点领域。作为市场经济的组成部分，文化产业的成长和发展有助于进一步提高国家的经济实力；作为一种以文化为内容的现代产业，文化产业的扩张和提升则有助于加强中原地区形象的亲和力和中原文化的影响力，推动中原文化走向世界。在以市场化手段提供主要文化产品和服务的市场经济条件下，发展文化产业成为提升文化软实力的基本途径。而西方文化之所以能如此迅速地发展，也与其高度发展的文化产业密切相关。河南应当借鉴国外经验，通过文化产业集群以及文化产业链条的延伸发展文化产业，通过大大增加文化产业在国民经济中的比重，提升文化软实力。西方发达国家的文化产业在国内生产总值中所占的比例已经达到10%以上的水平，美国达到25%。河南也要向全国文化产业较为发达的广东、北京、上海等省市学习，加快推动文化产业成为国民经济的支柱产业。目前，全国已有20多个省市区提出建设“文化大省”、“文化强省”的目标，纷纷把文化产业作为支柱产业来发展。2010年，北京、上海、广东、江苏、湖南、云南等省市的文化产业增加值占地区生产总值的比重都超过5%，有的甚至达到7%，而河南省文化发展水平与发达地区相比还有不小差距，文化产业规模相对较小，文化产业占全省GDP的比重偏低，文化资源潜力尚待挖掘，推动文化产业发展任重而道远。

（五）提升文化软实力，要扩大文化消费，形成内生增长动力

作为文化产业链上的最终环节，文化消费对于拉动文化生产，提高国民素质和推动产业结构转型升级，有着十分重要的意义。分析文化产业发展成效，不仅

要着眼于文化生产的市场活动前端数据——文化产业增加值，更应该着眼于文化消费的市场活动后端数据——城乡居民文化消费。城乡居民文化消费所透视出的“文化民生效应”，不仅可以间接反映出文化生产效果，而且可以间接体现出文化分享结果。消费是经济增长的原动力，只有形成消费主导的文化经济格局，才能为文化长期繁荣发展提供持久动力。要让文化回归大众生活，不断满足人民群众日益高涨的多样化、多层次、多方面文化消费需求。经过30多年的改革开放，河南成为一个投资生产大省，但还不是消费大省。目前，河南从生存型进入发展型新阶段，走向公平与可持续发展，重要的在于不再“为生产而生产”、“为增长而增长”，而是将增长建立在多数人消费能力提高的基础上。走向消费大省，是作为一个快速发展和转型中的经济大省针对国内外发展环境变化的必然选择；是投资于人，形成内生增长动力的必然选择；也是使经济发展成果惠及多数人，探索中原经济区特色发展道路的必然选择。在文化经济发展中，要形成文化消费主导的新格局，建设文化消费大省最能体现发展方式转型的要求。一是文化消费主导侧重于关注人的实际需求，更能体现以人为本；二是文化消费主导强调全体社会成员，尤其是中低收入群体的消费能力，更能够体现公平发展；三是文化消费主导强调经济增长的内生动力，使文化经济持续增长建立在更为牢固的基础之上。近年来，河南省文化强省建设取得了巨大成绩，但是具体分析可知，主要是靠政府主导推动和企业投资拉动，文化领域亮点不断。与此同时，人们对河南文化发展前景也存在担忧，在很大程度上在于文化消费长期低迷，文化消费后劲不足。以文化消费增长情况较好的“十五”为例，河南省各地城乡居民文化消费总量及综合人均文化消费年均增速分别为111.3509%、111.0763%，在全国排在第21位。到“十一五”期间，河南省文化消费增速还有所下降，在全国排第23位。① 在城乡居民收入水平普遍不高的情况下，又受到国内食品、副食品等生活必需品价格上涨和国际金融危机以及频发的自然灾害的影响，文化消费作为“非必需”开支必然受到影响，状况堪忧。由此可知，文化消费不足是河南文化发展中的“短腿”，通过文化消费增加来拉动文化产业和相关产业发展还有很多工作要做。要加快构建文化产业服务体系，优化文化服务，引导和培育文化消费，满足百姓基本公共文化需求。要根据对中原经济区文化产品的需求量和供给能力的准确分析预测，引导居民文化消费不断增长，开拓新的文化消费领域，开发新的文化消费项目。要进一步提升和改善市场服务水平，让消费者更加方便、快捷地接受文化产品，创造舒适的文化休闲与消费环境。要把扩大文化内需的重点放在培育大众性文化消费市场上，加快培育、壮大大众性文化消费市场，探索建立面向

① 参见王亚南.“文化消费‘十五’分析与‘十一五’测算”，2009年中国文化产业发展报告［R］.北京：社会科学文献出版社，2009.

终端消费者的文化消费补贴机制，努力提高文化消费在城乡居民日常消费中的比重。要搭建文化市场平台，特别是要重视广大农村的文化宫、电影院、剧院的建设和剧团、说唱团小分队的组建。

（六）提升文化软实力，要推动中原文化走向世界

当前和今后一个时期，是中原经济区建设的关键时期，也是推动中原文化走向世界的重要战略机遇期，要倾力实施中原文化走出去工程。《中共中央关于深化文化体制改革推动社会主义文化大发展大繁荣若干重大问题的决定》提出：要“提高文化开放水平，推动中华文化走向世界，积极吸收各国优秀文明成果，切实维护国家文化安全”。这是提高我国文化对外开放的重要方针，也是中原经济区的文化工作中必须践行的重要准则。实践证明，我们的发展必须对外开放；我们发展所取得的成果，得益于对外开放。同样，我们要建设文化强省，也必须坚持对外开放。进入21世纪以来，河南省文化的对外开放已取得很大的成绩，加快了中原文化走向世界的步伐，文化产业快速发展，文化产品和服务出口规模逐渐扩大，中原文化国际竞争力不断增强，但这还不够，因为它与中原文化在世界上的文化地位相比，与中原文化的悠久历史和巨大影响相比，是不相称的，还存在很大的差距。因此，我们必须把对外开放作为文化发展的动力：一方面，我们要把中原文化推向世界舞台，把优秀的中原文化成果持续地、有效地介绍给世界，增进世界对中原的了解，在加强文化交流、促进文化交融、丰富世界文化多样性上，发挥更大的作用；另一方面，我们要提升中原文化的国际影响力，必须勇于面向世界。在当前世界一体化和经济全球化的背景下，以科技、文化为核心的软实力竞争也十分激烈。世界文化的发展更趋多样性、复杂性和曲折性。面对这种形势，我们要有高度的文化自觉和文化自信。应当认识到中原文化对于世界的独特价值，认识到中原文化在全球展示独特风采和魅力的时机已经成熟。我们应当抓住中原经济区建设的历史机遇，从文化建设全局出发，全面谋划文化开放的方向和重点，完善文化开放格局，提高文化开放水平，大力推动中原文化走向世界；同时，也要引进他国文化到中原来，相互交流，共同发展，以达到提升文化软实力的目的。

三、走出一条中原特色的文化大发展之路

把党的十七届六中全会精神与本地实际有机结合起来，走出一条具有中原特色的文化发展之路，大力推进文化大发展大繁荣，建设华夏历史文明继承创新区。

（一）以建设华夏历史文化传承创新区为战略目标

中原经济区的文化建设工作千头万绪，对此我们要以“删繁就简三秋树，领异标新二月花”的胆略和智慧，牢牢抓住建设华夏历史文明传承创新区这个战略目标，务实推进中原文化大繁荣大发展。在推动文化建设的进程中，我们要不断探索中原文化发展客观规律，不断增强文化自觉，谋划文化自立、文化自强、文化创新。

从《国务院关于支持河南省加快建设中原经济区的指导意见》和《中原经济区建设纲要（试行）》可以看出，新的文化发展理念已经形成，文化建设的方向更加明确，提出了一系列新论断新要求，阐明了文化的发展与中原经济区建设的关系、文化建设在中原经济区全局中的地位和作用、中原经济区文化发展的方向和目的、文化建设的主要功能、发展路径和动力、文化建设要遵循的方针和原则等重大问题，进一步丰富了中原文化的科学发展观，为当前和今后中原经济区文化发展提供了思想遵循和理论指导。

《指导意见》明确将打造华夏历史文明传承创新区列为中原经济区五大战略定位之一，这是我国主体功能区划中唯一明确了传承文化使命和功能的经济区域。在建设中原经济区过程中，既要向世界看齐创造现代文明，也要弘扬自己优秀的历史文化。在重视提高中原文化品位和居民文化素质的同时，更要注重彰显中原文化个性与特色。

1. 建设华夏历史文明传承创新区，是河南承担国家文化发展战略的历史责任

华夏历史文明传承创新区的命题，是立足于中原和中原文化的源头文化地位提出来的，中原文化是中华文化的根脉，这是任何其他地方不能替代的。中原，是中国人的精神家园，是中华之源、中国之源。中原文化的战略复兴，将影响着中华文化伟大复兴的时间表和路线图。其彰显了河南优势，集聚了发展动力，更是中原文化大发展的重要契机，今后河南要在历史文化传承、文化体制改革、文化产业基地建设、公共文化服务体系示范区建设、弘扬中原人文精神等方面大胆实践，先行先试，取得突破性进展。《指导意见》指出，建设“华夏历史文明传承创新区。传承弘扬中原文化，充分保护和科学利用全球华人根亲文化资源；培育具有中原风貌、中国特色、时代特征和国际影响力的文化品牌，提升文化软实力，增强中华民族凝聚力，打造文化创新发展区。”要让华夏文明在传承中不断创新发展，培育具有中原风貌、中国特色、时代特征和国际影响力的文化品牌，不断提升文化软实力和增强中华民族凝聚力，是华夏历史文明传承创新区建设必须完成的战略任务。

2. 华夏历史文明传承创新区是中原文化繁荣发展的载体和平台

《建设纲要（试行）》指出：建设华夏历史文明传承创新区，要“大力推动文

化繁荣，深化文化体制改革，发展壮大文化产业，打造一批地域特色明显、展现中原风貌、具有国际影响的文化品牌，突出根文化、姓氏文化、汉字文化等中原文化的传承弘扬，建设全球华人寻根拜祖圣地，提高中原文化影响力，增强中华民族凝聚力，成为传承弘扬中华优秀传统文化重要区域，在促进祖国统一和中华民族伟大复兴中发挥更大作用”。

近年来，河南省高度重视文化发展，特别是在谋划中原经济区过程中，把文化建设放到更加突出的位置。河南省委书记卢展工明确提出，文化是根、文化是魂、文化是力、文化是效，要求干部群众在文化自觉中提升认识、在文化自信中发现优势、在文化自强中科学布局，努力走出一条历史文化资源大省向文化强省跨越、文化引领推动经济社会发展的新路子。

建设中原经济区，重新认识华夏文明和中原文化的地位和作用，就是要以新思路谋划文化的改革和发展，更加自觉地承担起十七届六中全会提出的文化大发展大繁荣的历史责任，努力把河南建设成为中部区域文化中心，中华民族优秀传统文化传承创新的核心区，海内外炎黄子孙寻根的圣地、心灵的故乡、精神的家园，使河南成为中华文化发展的高地和世界文明对话的平台。要让华夏历史文明传承创新区在全国的文化建设中独树一帜，成为我国的文化高地。

中原经济区文化建设的提升文化软实力和增强中华民族凝聚力这两大目标已经明确，我们要在找准“如何传承”和“如何创新”这两个难点上下工夫，以高度的文化自觉和文化自信，做好华夏历史文明的传承，实践好当代文化建设的创新发展。

3. 建设华夏历史文明传承创新区需要确立中原历史文化传承的新目标

在中原经济区建设新形势下，需要明确传承中原历史文化的新目标。

（1）挖掘利用优势文化资源，进一步彰显“根文化”主题。发挥文化遗存集聚的独特优势，充分挖掘根文化、姓氏文化、都城文化、商业文化、汉字文化、功夫文化等中原优势文化资源，进行有效整合和开发，以“根文化”统领丰富多彩的中原文化。

（2）提高文化产品开发水平，精心塑造特色文化品牌。加强历史文化遗迹的勘探、发掘、抢救、保护和开发利用，分区域构建一批以殷商文化、东周文化、东汉和三国文化、盛唐文化、大宋文化，以及儒释道文化为主题的文化旅游基地，培育一批彰显地域特色、展现中原风貌、具有国际影响的文化品牌。积极推进世界文化遗产申报和非物质文化遗产保护传承工作。依托古都、名胜古迹、武术、杂技、魔术、民俗等资源，推进文化与旅游的融合，形成一批全国有影响力的文化品牌。

（3）搭建载体和平台，切实抓好文化基地建设。依托中原历史文化资源，创建一批以华夏历史文明为主题的研发基地。建设全国文化综合改革示范区；建设华夏历史文明研究中心；打造全国乃至世界闻名的功夫文化和禅文化、龙文化、中华人祖文化、民俗文化、宋文化等特色文化基地；以世界文化遗产和大遗址保护为重点，打造中国文化遗产保护传承示范基地；以“活态”传承为途径，建设一批河南非物质文化生态保护区。

（4）举办重大节事活动，倾力打造中原文化名片。以黄帝故里拜祖大典、中华姓氏文化节、中原根亲文化等为主要平台，打造全球华人根亲文化圣地，进一步增强海内外华人的凝聚力和向心力。

（5）推进文化从隐性向显性转化，创意打造文化新景观。依托古都文化、汉字文化、功夫文化、陶瓷文化、道家文化、宗教文化等，确立一批中原优秀传统文化符号，建成一批具有地标意义的标志性文化景观。“中华文化从安阳走来”，要以高度的文化自觉和文化自信，抢抓机遇，乘势向上，使安阳实现从文化大市向文化强市的跨越。

4. 建设华夏历史文明传承创新区需要把主要精力放在中原文化创新上

（1）观念创新。观念一变，形势就会大变。要清醒地认识到，文化增量比文化存量更重要。中原文化发展更要看中原历史文化的增量，当代文化增量决定中原文化的话语权，时势呼唤中原文化创新发展。文化存量固然重要，比文化存量更加重要的是文化增量。通过文化存量，激发文化增量，返本以开新；通过文化增量，激活文化存量，革故鼎新，与时俱进，实现质的飞跃，这才是一个良性循环。如果没有文化增量，文化发展就不可持续。文化是最需要创新的领域。改革创新是文化的本质和生命力所在。实践证明，文化领域每一次认识上的重大突破，每一次体制上的重大革新，每一次科技上的重大应用，都会给文化发展带来一次重大飞跃。华夏历史文明传承创新区建设迫切需要在现有知识存量与文化存量的基础上，大踏步向“增量”迈进，把精力主要放在文化创新上。世界古代文明中有些文明系统就由于缺乏适应性和创新力而消亡了，其历史教训值得吸取。正如《礼记·大学》所警示的那样：“苟日新，日日新，又日新。”中原文化只有不断创新，不断取得新的文化成果、文化成效，才能自立于全国乃至世界文化舞台，拥有中原文化的话语权。

（2）体制机制创新。必须不断突破影响和制约文化创新发展的体制机制障碍，优化文化创新发展的体制环境，不断解放和发展文化生产力。扎实推进文化领域改革开放。深化公益性文化事业改革，加快经营性文化产业发展，逐步建立与社会主义市场经济体制相适应的文化管理体制和运行机制。

（3）文化与科技融合创新。必须不断推动文化与科技的融合，推动文化在更高层次上创新发展，抢占文化发展制高点，创造文化发展新优势。我们要正视历史的经验教训，直面世界文化的交流交融交锋，以更加理性、科学的态度进行文化的反思、比较、展望，坚持以对民族、对历史、对后人高度负责的精神，更好地用民族优秀文化滋养民族生命力，铸造民族凝聚力，激发文化创造力，建设好华夏历史文明传承创新区，建设好中华民族共有精神家园。

（4）坚持以开放驱动创新。必须不断扩大文化领域对外开放，加强对外文化交流，吸收借鉴世界优秀文化成果，推动文化与外贸、援外、旅游相结合，创新文化"走出去"形式，提高中原文化国际知名度。

（5）坚持自主文化创新。始终坚持走文化自觉、文化自立、以我为主、吸收外来的文化发展道路，主要依靠自身力量，根据省情和实力，创造性发展文化事业，满足中原经济区建设和社会主义文化大繁荣大发展的基本需求。

（二）以满足人民精神文化生活新期待为出发点和落脚点

一个地方人民的心智能力是区域软实力的核心。软实力就是区域所掌握的心智能力，以及维持、吸引和发挥心智能力的能力。众所周知，区域人口素质对于区域所掌握的心智能力有着重大的影响。在其他方面的因素不变的情况下，人口素质越高，人的生产和创造能力就越强，区域发展就越健康和迅速。至于维持、吸引和发挥心智能力的能力，体现在政府政策和公共服务的主观能动性，而且与民众心智能力的格局和总量相联系。因此，它是一种宏观的、具有战略意义的能力，引导着区域民众心智结构演变的方向，影响着区域心智水平，内在地决定着区域文化软实力。要提高中原经济区人口科学文化素质，必须遵循科学发展观的要求，始终坚持以人为本，以满足人民精神文化生活新期待为出发点和落脚点。

1. 最大限度地满足人民日益增长的精神文化需求，始终是文化建设的根本任务

建设中原经济区的奋斗目标是，既要让人民过上殷实富足的物质生活，又要让人民享有健康丰富的文化生活。随着中原人民物质生活水平的持续改善，广大人民群众对自身文化权益的要求和丰富精神文化生活的期待越来越高，文化消费进入快速增长期，文化已经成为改善民生、提高群众幸福指数和生活质量的重要衡量指标。当前和今后一个时期，相对落后的文化生产力与人民日益增长的精神文化需求之间的矛盾，是中原经济区文化建设面临的主要矛盾。

人民越富足，对精神生活的追求就越高；国家越富强，对国民精神境界的提升要求就越高。总结国际经验，当一个国家人均国内生产总值达到或超过 3000 美元，国民的文化消费需求将呈现快速增长甚至井喷的态势。2010 年河南省人均生产总值已经接近 3000 美元。当前，随着经济社会全面发展和物质生活水平提升，河南省进入消费结构升级、文化消费活跃的阶段，人民群众的精神文化需求前所未有地强烈，呈现出高品质、多样化、个性化的特点，求知求乐求美的愿望日益迫切，而我们提供的文化产品和服务还远远不能满足城乡居民需要，既有总量严重不足的短缺，供需之间也存在结构性缺口。展望未来 10 年，随着中原

经济区建设的深入推进和人民生活水平的不断提高，亿万中原人民对实现自身文化权益的要求、丰富精神文化生活的期待必然更高、更加多样化，而文化繁荣发展作为实现中原经济区建设和文化强省的奋斗目标之一，也将成为衡量民生改善程度及社会幸福指数的重要指标。

2. 面临的主要问题和矛盾

河南省的文化领域正在发生广泛而深刻的变革，推动文化大发展大繁荣既具备许多有利条件，也面临一系列新情况新问题。

这个问题，归结起来，就是一个"不适应"的问题。所谓"不适应"，就是中原文化发展同经济社会发展和人民日益增长的精神文化需求还不完全适应，同提高全民族思想道德素质和科学文化素质的要求还不完全适应，同推动科学发展、促进社会和谐的要求还不完全适应，同转变经济发展方式、大力发展文化事业和文化产业、把河南省文化产业打造成国民经济支柱性产业的要求还不完全适应，同扩大对外开放、提高文化开放水平的要求还不完全适应。

推动文化繁荣发展，满足人民多样化精神文化需求，不论是发展文化事业和文化产业，基础工作都是要创作生产更多优秀作品。当前，河南省文化产品创作生产总体上呈现繁荣发展景象，但同人民群众的需求和期待相比仍然存在不小差距，特别是比较缺乏叫得响、传得开、留得住的高质量文化精品。河南省文化产业原创力还不强、知名品牌还不多、科技含量和附加值还不高，文化产品特别是优质文化产品和服务供给还不足，距离把文化产业打造成国民经济支柱性产业的要求还有很大差距。公共文化服务体系不健全，城乡、区域文化发展不平衡，比如在文化布局上，城乡之间、区域之间、门类之间发展还很不平衡，各类文化设施、文化服务在大中城市相对集中，而在农村、基层还相当薄弱、相当缺乏，特别是边远、贫困地区，人们的基本文化温饱还难以保障。在文化结构上，所有制结构、产业结构、产品结构、技术结构、进出口结构都还不尽合理，产品技术含量低、非公资本比重低，适合大众消费的优质文化产品还不够多。在产业集中度上，散、小、滥的问题依然存在，规模实力、抗风险能力还比较弱。切实解决这方面存在的问题，已经成为对中原经济区建设的一个新的挑战，也是河南省文化强省建设的一个重大课题。

3. 抓住重点和难点

我们要准确把握中原经济社会发展新要求，准确把握当今时代文化发展新趋势，准确把握人民群众精神文化生活新期待，始终坚持以人为本，以满足人民精神文化生活新期待为出发点和落脚点，做到文化发展为了人民、发展依靠人民、发展成果由人民共享，努力实现人的全面发展。

（1）重点。要牢固树立群众观点，摒弃"小众"意识，充分尊重人民群众的主体地位和首创精神，紧紧依靠人民群众，依靠全社会的共同努力。要开辟渠道、搭建平台、创造条件，大力支持人民群众的文化创造，及时总结提炼和积极推广源于群众、生动鲜活的文化样式、文化载体，把蕴藏于人民群众之中的智慧和力量进一步挖掘出来、释放出来。

(2) 难点。加强宏观调控，完善政策措施，将发挥政府职能作用与调动社会力量参与结合起来，推进文化建设城乡一体化和公共文化服务城乡均衡化，注重推动文化资源向新城区、新型社区、农村、基层倾斜，向革命老区、偏远地区、贫困地区倾斜，不断优化布局、优化结构、优化配置，不断增强文化发展后劲，提高文化发展的综合效益。

(三) 以文化体制改革创新解放和发展文化生产力

文化的繁荣兴盛，需要源源不断的动力。动力是什么？ 一是改革；二是创新。改革是解放和发展文化生产力的必由之路，创新是文化繁荣发展的制胜之道。

为此，《建设纲要 (试行)》强调指出："体制机制创新是建设中原经济区的强大动力。全面深化经济体制改革，加快推进社会、文化等领域改革，完善社会主义市场经济体制，鼓励引导民营经济发展，构建充满活力的体制机制支撑体系。"

体制机制管根本、管长远。在中原经济区建设中，要切实履行政府职能，一手抓繁荣发展，一手抓管理改革。只有不断深化改革，破除阻碍文化发展的体制性障碍，打破制约文化创新的桎梏，文化才能焕发出勃勃生机。这些年，河南文化体制改革由点到面、由浅入深，步伐不断加快、力度不断加大，在一些重点领域和关键环节取得了重要突破，效果初步显现。文化体制改革是全方位的改革，既包括宏观管理体制的改革，也包括微观运行机制的改革；既包括文化行政管理的改革，也包括公共文化服务的完善。

中原经济区建设事业要求以改革促发展、促繁荣，坚定不移地按照《指导意见》和《建设纲要 (试行)》确立的方向目标，加大力度、突出重点、全面推进，着力构建充满活力、富有效率、更加开放、有利于文化科学发展的体制机制。

根据现代经济学理论，一个经济体系的发展直接地取决于如下几方面：人力、投资、技术、文化和制度体系。显而易见，人力资本、制度和文化属于软实力资源。其中，由地方政府决定的包括发展路线、法规等在内的制度又都可以纳入公共管理范畴。地方政府的文化管理包括公共文化行政管理、微观运行机制和公共文化管理服务三个方面。

(1) 宏观管理体制改革。在宏观管理体制上，主要是理顺文化行政管理部门与所属企事业单位的关系，加快转变政府职能，推进政企、政资、政事、政府与市场中介组织分开，使文化行政管理部门实现由办文化为主向管文化为主转变、由管微观向管宏观转变、由直接面向直属单位向面向全社会，更好地履行政策调节、市场监管、社会管理、公共服务的职能。

（2）微观运行机制改革。在微观运行机制上，围绕培育文化市场主体，加快推进国有经营性文化单位转企改制，加快建立完善的现代企业制度、法人治理结构，打造一批文化领域的国有骨干文化企业和战略投资者，大幅度提高我省的文化企业的规模实力和市场竞争力。

（3）提高公共文化管理服务水平。在公共文化管理服务上，围绕提高文化服务水平和能力，深化公益性文化事业单位的劳动人事、收入分配等制度改革，不断增强活力，最大限度地发挥社会效益。

（四）创新走出去模式增强中原文化国际影响力

胡锦涛总书记在党的十七大报告中强调："文化的传播能力已经成为国家文化软实力的决定性因素。"同样的道理，文化传播能力对中原文化软实力的提升也发挥着极为关键的作用。

1. 认清形势和目标

应当清醒地认识到，中原文化"走出去"还只是刚刚起步，现状不容乐观，当代中原的文化话语权和影响力有限。不过，中原经济区建设过程是中原发展的战略机遇期，也是中原文化软实力提升的战略机遇期。随着中原经济区综合实力的增长，中原文化软实力必将赢得更好的提升环境。

在提升中原文化软实力过程中，应当高度关注中原文化国际影响力提升问题。使中原文化"走出去"的根本目的，是要向国际社会传达中原经济区发展好的趋势、好的态势、好的气势，在国际社会树立中原经济区的良好形象；为中原经济区建设创造良好的外部环境，用好国内国际两种资源，开拓好国内国际两个市场；向世界发出"中原的声音"，扩大中原文化的国际影响力，获得更多的话语权，为中华文化走向世界，维护好国家文化安全，做出中原更大的贡献。

文化因交流而丰富，因交流而多彩，因沟通而了解，因了解而互信。应当在积极传承中原文化的同时，承认并维护世界文化的多样性，推动不同文化的对话交流，相互借鉴，碰撞融会，推动中原文化在世界文化的百花园里大放异彩。通过中原文化与世界各国文化的交流，扩大不同文化背景下人们心灵的沟通，广交朋友。通过加强理解，减少误解，达到相互尊重，平等协商；经济上相互合作，优势互补；文化上相互借鉴，求同存异；环保上相互帮助，协力推进。从而为我们提高中原文化软实力打开更加广阔的空间，大力提高中原文化的国际亲和力、传播力和影响力。

2. 找准着力点

提升中原文化软实力的着力点有两个：一是"向内的"着力点，即"以文化人"、"文化天下"，使文化内化为中原人的人文素质和精神价值；二是"向外的"着力点，即文化传播、文化辐射，提升中原文化在世界上的文化吸引力和影响力。

中原文化的国际影响力不是自然禀赋，而是争取、运作的产物。这个影响力就是中原的说话“有人听”和“愿意听”，同时也包括“让他听”和“必须听”。

应当创新走出去模式，进一步提升中原的形象、中原人民的形象、中原发展的形象。高度重视对中原整体的“感性”形象提升，使中原文化生动、鲜活、阳光地“走出去”，进一步增强“中原发展模式”的影响力和吸引力。将中原文化“走出去”作为中原经济区的文化战略工程，将其放在中原经济区建设的重要位置，不间断地组织实施。为这个长期的战略工程投入经费、培养人才、打造平台、营造环境、主动出击、建设思想库。

（1）投入经费。经费是保障。像对待高速公路的投入、对地铁的投入、产业集聚区的投入那样，重视中原文化“走出去”战略工程的投入。应当设立有关“走出去”的专项资金，还应以省、市或民间团体名义设立多种基金，以多渠道重点扶持“走出去”战略工程。

（2）培养人才。人才是关键。中原文化“走出去”的第一道障碍是能够“走出去”的人才缺乏的障碍。一定要把培养“走出去”人才纳入党和政府的人才培养和使用规划，造就大批德才兼备的“走出去”人才。

（3）打造平台。平台是基础。进一步发挥已有传统媒体的作用，有针对性地创办多语种的传统媒体；利用科技手段，开拓新兴媒体，特别是把互联网作为最重要的战略平台，利用这个平台让中原文化能够便捷地“走出去”；充分地利用图书、电影、电视节目、音乐、舞蹈、戏剧，以及讲台、会议、论坛交流等手段和阵地，打开全方位的中原文化“走出去”的通道；重视开展民间外交和公共外交，通过人员“请进来”和“走出去”的密切交往，增进与世界各国各民族文化交流，向世界展示文明、发展、进步、开放的中原；广泛开展人文交往交流，通过深层次的文化对话与碰撞，向世界传递瑰丽多彩的中原文化。

（4）营造环境。环境是氛围。使中原文化“走出去”，提升中原文化国际影响力，绝不只是外事部门、外宣部门和媒体的事，而是中原人民共同的事业，是中原经济区的“一盘棋”系统工程。在全社会营造良好的舆论和观念环境，教育全体人民深刻认识外部环境和国际文化话语权对于中原崛起、河南振兴的重大战略意义，各界共同努力，形成对外合力。

（5）主动出击。出击是手段。提升中原文化的国际影响力，一方面了解世界各国的文化特点和热点，寻找共同话语，深入广泛地开展文化交流和对话；另一方面以我为主，打主动仗，努力掌握国际文化话语的主动权。[①]

（6）建设思想库。智库是智慧。在中原文化“走出去”战略问题上，加强基

① 张国祚. 中国文化软实力研究要论选（第一卷）[C]. 北京：社会科学文献出版社，2011.

础理论和重大现实文化议题的对策研究，拿出自己有分量的研究成果，形成自己原创性的理论体系，构建与国际思想文化界对话的学术资格和理论水平。认真研究和借鉴国内外一流智库的运作方式，建设几个具有中原特色、全国一流、具有国际发言权的高水平智库。

（五）以龙头文化项目和文化精品名牌为抓手

实施大项目带动和精品名牌发展战略，是大力提升中原文化软实力的关键抓手。靠实施龙头文化项目和塑造文化品牌来有效提升中原文化软实力，使文化软实力从隐性变为显性，从软任务转为硬任务。

实施项目带动、品牌带动、创新带动、服务带动，是中原经济区建设的重要举措。河南省委书记卢展工明确指出，要把实施项目带动作为各项工作的总抓手，把经济、政治、文化、社会建设和党的建设转化为具体的项目，围绕项目建设形成合力。这一重要思想是马克思主义方法论在实际工作中的具体运用，抓住了推动工作的要领。事实说明，抓住了项目，就抓住了做好文化工作的“牛鼻子”。

《建设纲要（试行）》指出：“牢固树立项目带动意识，把实施项目带动贯穿于中原经济区建设的全过程。围绕项目推进各项工作，把经济、政治、社会、文化建设和党的建设转化为具体项目，以项目带动要素集聚、带动服务提升、带动作风改进、带动形成合力、带动工作落实。带动能力强的重大项目，优先谋划促进区域协调、增强经济综合竞争力的重大项目，以项目带动集聚生产要素，激活人流、物流、资金流和信息流，促进投资增长，增强经济综合实力和发展后劲；以项目带动转变政府运作效能，营造富有竞争力的投资环境；以项目带动改进工作作风，营造良好发展环境。”

1. 立足现实，认清差距

清醒地审视过去河南文化建设，在项目建设上还存在很多问题和不足，具体表现在以下六个方面：①效益好的龙头文化项目和有影响的文化精品力作不够多，文化项目建设和文化产品创作生产引导力度需要加大。②项目意识不强，一些领导干部没有真正理解项目带动的要义，片面地认为项目建设仅仅体现在产业上，是政府和经济主管部门的事情，投入的人力、物力、精力不够。③谋划水平不高，有的领导干部不精于、不善于谋划项目，看不到发展机遇，吃不透国家政策，找不准自身优势，谋划的项目针对性不强、质量不高。④招商力度不大，一些单位和企业招商引资的积极性不高，有应付思想，重签约轻履约，资金到位率、项目开工率不高。⑤运作能力不足，面对项目建设中的难题，一些领导干部不重运作、不会运作、不善运作，致使一些项目引不进来、落不了地、开不了工，甚至是“无果而终”。⑥项目推进速度不快，一些项目手续不完善、补偿不到位、环境不优良，阻工现象时有发生；部分项目盯得不紧，造成一些问题久拖不决，长期没进度。破解谋划、招商、运作、建设等难题，是实施项目带动的关键所在。

2. 用龙头文化项目支撑中原文化软实力提升

以中国共产党十七届六中全会通过的《中共中央关于深化文化体制改革推动社会主义文化大发展大繁荣若干重大问题的决定》精神为指导，围绕建设华夏历史文明传承创新区的战略目标，以大项目促进华夏文明的传承、以好项目带中原文化的发展、以新项目促中原文化的创新。针对社会主义核心价值体系建设、公民文化道德素质提升、文化精品力作打造、覆盖全社会的公共文化服务体系建设、城乡文化一体化发展、推动文化产业成为国民经济支柱性产业、文化体制机制改革、中原文化“走出去”、高素质文化人才队伍培养、哲学社会科学及文学艺术繁荣发展等重点领域，谋划重大文化建设项目，力争每年推出 30 个重大项目。在实际工作中，增强项目策划的针对性，从可持续发展的高度，综合考虑文化政策、人民需求、市场经济等因素，策划一批文化基础设施建设项目、一批公共文化服务项目、一批文化产品生产项目、一批现代文化服务业项目、一批文化下乡项目，既包括公益性的文化项目，又包括符合“高端化高质化高新化”要求，能够大幅度增加经济总量和带动税收快速增长的重点项目；增强项目源培育的主动性，进一步整合资源、发挥优势、创新理念，对外引项目，对内挖项目，对上争项目；增强项目推进的实效性，抓好项目建设的实施推动，抓好项目建设的资金筹措，抓好项目建设中的服务工作，以各种有力有效的措施，推动重大文化项目又好又快建设。

3. 用文化精品名牌带动中原文化软实力提升

文化精品反映一个地区的文化创新能力和创新水平。实施文化精品战略是近年来河南文化创作生产的成功经验，是推出精品力作的重要举措。在认真总结经验的基础上，打造一批地域特色明显、展现中原风貌、具有国际影响的文化品牌。

继续组织好“五个一工程”、重大革命和历史题材创作工程、重点文学艺术作品扶持工程、优秀少儿作品创作工程等，集中优势资源和优秀人才，不断推出文艺精品。加大优秀文化产品推广力度，运用主流媒体、公共文化场所等资源，在资金、频道、版面、场地等方面为展演、展映、展播、展览弘扬主流价值的精品力作提供条件，扩大优秀文化产品社会覆盖面和影响力。设立专项文化艺术基金，支持收藏和推介文化产品，鼓励和引导优秀文化创作活动。

实施哲学社会科学创新工程，着力推出具有中原特色、代表国家水准、具有世界影响、经得起实践和历史检验的优秀成果。建设一批社会科学研究基地和省级、国家级重点实验室。

全面贯彻“二为”方向和“双百”方针，立足传承中原优秀文化、发展先进文化、建设和谐文化，激发文化创作生产活力，大力推动创作生产更多无愧于历史、无愧于时代、无愧于人民的优秀作品。繁荣文学艺术创作，推出一批思想性、艺术性、观赏性俱佳的精品力作。

发挥河南的文化旅游资源优势，打造全国一流、具有世界影响力的精品文化旅游产品。坚持大项目带动和品牌发展战略，壮大旅游市场主体，培育大型文化旅游集团。加强与国内外大型旅游企业的战略合作，强化国际、国内市场开拓和区域合作，显著提升旅游业综合竞争力。建设具有国际影响力的黄河文化生态旅游带，培育以郑州、洛阳、开封和安阳为主体的中原古都群体验游，发展以少林和太极为代表的中国功夫休学游，开发中原文化体验游新型业态，建设一批精品文化旅游景区和精品线路。

四、关键在做，着力实施七大工程

河南省委书记卢展工指出，建设中原经济区已经上升为国家战略，战略目标、战略思路、战略举措已经明确，关键在做。中原经济区建设最终是靠做出来的，靠各级党委、政府做，靠广大基层组织做，靠广大干部群众做，要从现在做起，从一点一滴做起，从一个项目一个项目做起，从能够做的事情做起。只要坚持不懈地做下去，中原经济区建设的宏伟蓝图就一定能够实现。中原经济区的文化强省建设目标和任务已经十分明确，关键是狠抓工作落实，坚持从具体的事情抓起，细化目标任务和实施步骤，把重点任务变成实实在在的工作项目，把原则性要求变为可操作性的工作措施。要提升中原文化软实力，应当组织实施如下七大文化工程。

（一）华夏历史文明传承创新工程

按照河南省委书记卢展工的“关键在做”的指示精神和工作要求，要把打造华夏历史文明传承创新区这个战略目标，变成实实在在的建设工程，把原则性要求变为可操作性的工作措施。建设华夏历史文明传承创新区，重在运作，要实现项目化、工程化、产业化，要能落地、可操作、出效果、见效益，让人们看得见、摸得着，既能够转化为精神动力，也能够转化为社会效益和经济效益，这种传承创新更加困难，但也更加有现实价值和深远意义。具体措施是：

1. 建设全球华人根亲文化圣地

河南具有悠久的文化渊源和深厚的历史积淀，以黄帝文化、姓氏文化、客家文化等为主要内涵的根亲文化资源丰富，对海外侨胞有着很强的吸引力和凝聚力。中原是中华文化的根，是中华民族的根，是全球华人的精神家园和寻根圣地。要以科学发展观看待中原的根亲文化，激活这一巨大的文化存量资源，使之成为“中原经济区建设”的巨大精神动力、智力支持。

依托河洛文化、姓氏文化、古都名城文化、名人文化、汉字文化、功夫文化、戏曲文化、民俗文化等优势资源，建设一批以中华姓氏、人文始祖、文明之源、民族之根为主题的文化基地和文化园区，以黄帝故里拜祖大典、中华姓氏文化节、中原根亲文化节以及丰富多彩的海内外华人寻根拜祖活动等为载体和平台，打造全球华人根亲文化圣地，弘扬“同根同祖同源，和平和睦和谐”主题，叫响“寻根中原，老家河南”宣传口号，进一步增强海内外华人的民族凝聚力和文化向心力。

2. 建设国家级文化生态保护实验区

建立文化生态保护实验区，是我国探索科学保护非物质文化遗产的一种重要尝试，也是我国文化建设工作的一项创举，有利于推动区域内非物质文化遗产的保护和传承，维护区域内文化生态系统的平衡和完整，增强区域内人民群众自觉参与文化遗产保护活动的文化自觉，增强民族凝聚力，促进当地经济社会全面协调和可持续发展，有效推动文化遗产保护、文化创新和发展。文化生态保护实验区建设强调动态、整体性保护方式，是适应非物质文化遗产活态流变性、恒定性和整体性特征而采取的一种科学保护措施，具有重要的开拓意义。河南要认真贯彻《中华人民共和国非物质文化遗产法》，结合河南非物质文化遗产资源的独特价值、文化内涵和中原特色，体现人与自然和谐相处、文化遗产保护与区域经济社会协调发展的要求。加强非物质文化遗产保护工作，弘扬民族优秀传统文化，促进文化与经济社会全面协调可持续发展。各级政府要高度重视中原经济区的文化生态保护实验区规划建设；科学编制和实施文化生态保护区总体规划；加强中原经济区内各级非物质文化遗产名录项目保护；加强代表性传承人保护，完善活态传承机制；加强与非物质文化遗产项目密切相关的物质载体、自然人文环境等文化生态的整体性保护；支持区域内民俗文化活动的广泛开展；开展区域内非物质文化遗产的宣传教育活动；编写、出版非物质文化遗产保护成果和传承普及读物，建立健全人才培养机制，培养、培训文化生态保护区建设人才，提高文化生态保护区建设管理人员的业务水平和工作能力。精心组织，科学规划，高起点建设洛阳河洛文化生态保护实验区、登封少林文化生态保护实验区、滑县木版年画生态保护实验区、浚县民俗文化生态保护实验区、温县太极文化生态保护实验区等河南文化生态保护实验区，并积极创建国家级文化生态保护实验区，力争在建设文化生态保护实验区方面走在全国前列。

3. 建设世界遗产保护研究基地

建设国际一流的世界遗产研究保护基地，对河南的世界遗产进行高水平研究和科学保护，对提升中原经济区文化软实力具有重大意义和示范效应。世界遗产保护科技文化含量高，应当加大研究和保护的力度。应运用科学手段和方法对其丰富的历史、科学和艺术价值进行认真的研究和深入的挖掘，使更多的人了解和认识世界文化遗产的价值，让全球民众分享中原传统文化的魅力。

（1）进一步加强洛阳龙门石窟、安阳殷墟、登封“天地之中”历史建筑群的保护管理、科学研究、宣传展示等工作，充分展现龙门石窟、安阳殷墟、登封“天地之中”历史建筑群独有的历史文化特色，更好地突出世界遗产保护、研究、传承的主题，叫响河南的世界遗产品牌，更好地发挥出世界遗产品牌带动效应，进一步增强中原文化在世界范围内的积极影响力。

（2）积极推进大运河河南段、丝绸之路河南段申报世界文化遗产工作；着力推进“明清皇家陵寝”扩展项目“潞简王墓（河南省新乡市）”申报世界文化遗产工作；抓好安阳曹操高陵文物修复研究、保护规划方案制定、保护展示以及重点建设项目建设。

（3）高度重视河南非物质文化遗产保护研究工作。对河南各地的非物质文化遗产，在组织、在步骤地进行一次全面普查，通过文字、录音、录像的形式进行调查、登记、采录、建档，建立河南非物质文化遗产数据库。政府要设立非物质文化遗产保护基金，对重要的传承人和传承单位进行资助、扶持。建立非物质文化遗产生态保护区，命名民间文化之乡，对有重要价值的非物质文化遗产项目进行动态保护。通过非物质文化遗产进社区、进校区，建立非物质文化遗产国民教育体系。对于有市场前景的非物质文化遗产项目，政府要支持地方进行科学适度的开发，使非物质文化产品产生经济效益和品牌效应。设立传统文化法定节假日，通过特定的文化仪式和节庆活动传承非物质文化遗产。[①]

4. 建设国家大遗址保护特区

郑州、洛阳、安阳、开封的古文化遗存分布集中、形态完美、内涵丰富，是河南省大遗址最突出的特点和最主要的优势。抓好这些大遗址的保护工作，对于实施文化强省战略、提升文化软实力具有十分重要的意义。

创新古文化遗址保护理念和管理体制机制，推动河南省与国家文物局合作共建，在洛阳等大遗址群地区，设立“国家大遗址保护特区”。调整原有的行政区划，成立大遗址保护特区管理委员会。管理委员会的主要职责是以文化遗产保护为中心，通过合理规划建设遗址区以外的城市发展空间，分流大遗址保护区内的人口和产业，通过大型遗址公园和文化遗产园区的建设，改善当地人文景观和生态环境，由此带动周边可建设用地综合效益的提高，使当地民众直接受益，并“反哺”大遗址保护，实现大遗址保护区与周边地区的全面和谐发展。同时，研

① 汪振军. 河南非物质文化遗产价值与传承思考［M］. 北京：东南大学出版社，2011.

究制定支持大遗址保护特区的各项政策，在继续加大大遗址保护专项资金投入力度的同时，在土地利用、产业结构调整、新农村建设、环境保护等各方面给予政策支持。通过政府主导、部门协作、社会参与、市场运作的方式，较好地解决古遗址保护和发展问题，实现“文物本体保护好，周边环境整治好，人民生活改善好，经济社会发展好”的总体目标。大遗址保护必须跳出“就保护而保护”的狭隘理念，追求“文物保护、弘扬文化、促进发展、改善民生”统筹兼顾、协调发展。在规划布局中，充分考虑城市的功能区划、生态文明建设等各大系统要素，着力提高大遗址保护的科学化、规范化水平。注意运用科技作支撑，以人民群众为主体来推进大遗址保护，积极调动群众积极性，聚力于民，通过营造重视文化遗产的良好社会氛围，建立起基层参与文物保护的严密网络。同时，立足于改善民生，普惠于民，坚持大遗址保护事业的公益性，在满足人民群众精神文化需求的同时，有效改善人民群众的生产生活环境。以申报、建设大遗址保护特区为切入点，打造华夏历史文明传承创新发展示范区。

（二）全民素质提升工程

党的十七届六中全会通过的《中共中央关于深化文化体制改革推动社会主义文化大发展大繁荣若干重大问题的决定》着重指出：“文化在推动全民族文明素质提高中的作用亟待加强；一些领域道德失范、诚信缺失，一些社会成员人生观、价值观扭曲，用社会主义核心价值体系引领社会思潮更为紧迫，巩固全党全国各族人民团结奋斗的共同思想道德基础任务繁重；舆论引导能力需要提高，网络建设和管理亟待加强和改进。”

一个国家、一个民族或者一个地区，要有生命力、凝聚力，都必须有强大而牢固的核心价值体系。要把亿万人民凝聚起来，万众一心地推进中原经济区建设，就必须在全社会形成共同理想信念、强大精神力量、良好道德风尚，更好地凝魂聚气、强基固本。以胡锦涛同志为总书记的党中央，科学总结历史经验，准确把握时代特征，从推进中国特色社会主义伟大事业、实现中华民族伟大复兴的需要出发，明确提出建设由马克思主义指导思想、中国特色社会主义共同理念、以爱国主义为核心的民族精神和以改革创新为信心的时代精神、社会主义荣辱观为基本内容构成的社会主义核心价值体系。这鲜明地回答了在新的历史条件下党以什么样的精神旗帜团结带领全体人民开拓前进、中国人民和中华民族以什么样的精神面貌屹立于世界民族之林的重大问题。国民素质高低最终决定一个国家或地区的综合竞争力。国民素质对于文化软实力的重要性，犹如水之源、木之本，没有国民素质的提高，中原文化软实力的提升就是无源之水、无本之木。

深入挖掘中原文化的精神财富，提高全民文明素质，塑造高尚人格，促进人的全面发展，形成积极向上的精神追求和健康文明的生活方式，弘扬奋发有为的中原人文精神，为中原经济区建设提供坚实的思想基础和强大的精神动力。具体措施是：

1. 推动社会主义核心价值体系建设

弘扬社会主义革命和建设时期中原文化凝聚的“敢想敢干，开拓进取、坚韧不拔、团结奋斗”的愚公移山精神，“自力更生、艰苦创业、团结协作、无私奉献”的红旗渠精神，“鞠躬尽瘁、执政为民”的焦裕禄精神。

2. 传承中原优秀文化传统

大力弘扬和践行河南精神，实施“思想道德引领”战略。继承“有容乃大”的开拓精神，“天人合一”的和谐精神，“自强不息”的奋斗精神，“和而不同”的包容精神，“精忠报国”的爱国精神，“中庸兼爱”的宽厚精神，“恋家念祖”的内聚精神。

3. 弘扬创造新时期河南精神

倡导新的形势下中原文化所体现的“平凡之中的伟大追求、平静之中的满腔热血、平常之中的极强烈责任感”的“三平精神”。更重要的是，要在中原经济区建设进程中，积极创造、凝练、提升出新时代的中原精神，并作为思想道德建设的重要任务，纳入公民教育和精神文明建设中大力弘扬，为中原经济区建设提供强大的精神支撑和良好的文化风尚。[①]

4. 深化精神文明创建活动

坚持以社会主义核心价值体系建设为根本，以群众性精神文明创建活动为载体，不断深化文明城市、文明县城、文明乡镇、文明村、文明社区、文明单位“六大创建活动”，全面推进区域共建、城乡共建、企地共建、军警民共建，使全省群众性精神文明创建活动呈现出知晓率越来越高、覆盖面越来越广、参与面越来越大、影响力越来越深的好局面，走出一条精神文明建设的创新之路，提高全省干部群众的思想道德素质、科学文化素质、健康素质和城乡社会文明程度，为中原经济区建设提供坚实思想基础、文化条件、道德支撑和强大精神动力。

（三）文化惠民工程

加大公共文化服务，优化改善文化环境，使文化成果归人民共享。当前，河南省公共文化设施无论在数量上还是质量上都与居民的满意度存在较大的差距，文化发展的基础比较薄弱，历史欠账多。文化活动场馆不多，社会文化氛围不浓，文化活动的文化科技含量和创意度也都有待提高。公共文化服务是社会文化系统的基本组成部分，它保障和满足公民的基本文化需求。因此，在未来的发展中，要着力营造良好的公共文化空间，满足人民群众不断增长的文化需求。

---

① 张锐，谷建全. 河南文化发展报告（2011）[M]. 北京：社会科学文献出版社，2011.

就文化建设的优化机制而言，实力、福利、精神这三个方面互为因果、相辅相成、缺一不可，三者共同构成了一个有机统一的运作系统。只有三方面良性互动、共同发展、各不偏废，文化发展的优化机制才可以获得正向的效应体现，文化的综合竞争力才能够获得极大提升。文化的综合竞争力不仅仅体现在“实力”强劲一个方面，还应包括“文化福利”完善和“文化精神”凝聚这两个方面。

提升中原文化软实力，要以文化繁荣和发展为中心，以改革和创新为动力，开拓文化建设的新局面；大力发展先进文化，支持健康有益文化，努力改造落后文化，坚决抵制腐朽文化，更好地满足人民群众日益增长的文化需求；深化文化体制改革，推动政府文化管理创新，推进公共文化服务，保障公民文化权利，实现文化惠民。

实施文化惠民工程，落实文化福利，在保障民众文化权利、改善民众文化福利、促进民众文化消费能力及消费实力方面有较大作为。积极建设城乡均衡的公共文化服务体系。推进公共文化设施向城乡接合部、新建大型社区及农村地区倾斜，优先安排涉及基层和农村群众切身利益的文化项目。以建设综合性、多功能的社区和乡镇文化站为龙头，加强农村文化基础设施建设，逐步实现城乡公共文化服务均等化，切实增强农村文化吸引力和感染力。将文化建设纳入经济社会发展总体规划，公共财政对于文化建设的投入增幅要高于财政经常性收入增幅。文化馆、博物馆、美术馆等公共文化服务设施陆续向全社会免费开放。继续深入开展“文化、科技、艺术进社区、进广场、进校园、进企业、进农村”，文化、科技、卫生“三下乡”活动。具体措施是：

1. 实施基础文化设施覆盖工程

实施基础文化设施覆盖工程，支持省辖市图书馆、文化馆、博物馆和文物大县博物馆等公共文化设施建设，继续实施广播电视村村通工程、农村电影放映工程。实施文化共享工程，建成文化信息资源共享各级服务网点，形成覆盖省、市、县（市、区）、乡镇（街道）、村（社区）五级文化共享工程服务网络。

2. 创新公共文化服务机制

创新公共文化服务运行机制。按照突出公益属性、强化服务功能、增强发展活力的要求，深化文化事业单位人事、收入分配、社会保障制度改革，全面推行岗位管理和人员聘用制度，制定完善服务标准和规范，建立健全经费保障、绩效评价和监督机制。创新公共文化服务设施运行机制，吸纳有代表性的社会人士、专业人士、基层群众参与管理。探索公共文化服务社会化管理办法。把公共文化服务机制改革作为文化体制改革的重要内容，形成以政府投入为主，动员社会各方面力量投入的机制，统筹各方力量，提供公共文化服务。

(四) 中原文化名家培育工程

在中原经济区建设过程中，中原文化传承创新需要大批文化人才，尤其需要一大批文化名家的高端引领。一个时代的思想大厦，必然要有一批名家和大师来支撑。一个民族的灿烂文化，必然要有一批泰斗和巨匠来传承。一个地区文化的繁荣兴盛，必然要有一批领军人物来领衔。在国际文化交流交融交锋日益频繁的大背景下，如何打造宣传思想文化战线人才辈出的生动局面，推动文化的大发展大繁荣；如何培养和造就一大批具有国际影响力的文化名家、民族艺术大师和各领域领军人物，大幅提升文化软实力，成为迫切需要解决的问题。

作为文化人才培养的重点工程，中原文化名家培育工程从 2011 年至 2020 年，每年重点资助扶持一批哲学社会科学、新闻出版、广播影视、文化艺术和文物保护、文化经营管理、文化科技等方面的名家。到 2020 年，中原文化名家培育工程的目标是由省资助的居全国领先水平的文化名家达到 100 名。

除了设立专项资金对文化名家承担重大课题、重点项目、重要演出，开展创作研究、展演交流、出版专著、学习调研、考察采风等活动给予资助扶持外，中原文化名家工程还将加大对文化名家的宣传推介力度，组织出版文化名家文集、文化名家经典等，集中展示文化名家的优秀作品和重要成果；组织举办文化名家作品研讨会、发布会等；在省主要媒体和重点新闻网站开设文化名家风采专栏，制作播出人物专题片等，适时开展重大典型宣传，组织文化名家巡回报告团，由省政府设立“中原文化杰出贡献奖”，努力提高文化名家的知名度和社会影响力。

(五) 文艺精品工程

贯彻“四个注重”，大力实施文艺精品战略工程：一是在创作方向上注重彰显地域特色文化。着力挖掘中原历史文化、红色文化、非物质文化等本土资源，组织重点文艺创作人员进行实地采风，搜集素材，确定创作目标和主题。二是在组织协调上注重活动经常化。政府宣传文化部门充分发挥组织协调职能，坚持定时召开“精品工程”调度会，及时了解情况，把握动态，协调指导；各有关部门都制定创作规划和年度工作目标，建立定期调度制度，检查督促创作进展情况，帮助解决实际问题。三是在扶持激励上注重考核创作实绩。为鼓励、支持文艺创作人员不断推出既具时代精神和中原特色，又被观众叫座的精品力作，确定重点创作人员和团队，制定《河南省重点文艺创作人员管理办法》和《河南省关于对“文艺精品工程”进行奖励的意见》，对文艺精品创作进行物质支持和表彰激励。四是在队伍建设上注重提升整合。加强人才培养储备力度，采用“走出去学、请进来教”等形式，提高现有文艺人才的业务素质，并改革和完善人才选拔、使用机制，不断优化文艺人才队伍；广泛吸纳河南籍在外发展的著名作家加入文艺创作队伍，建立河南省文艺精品创作人才库，力争突出名人带动效应，提升河南文艺精品创作整体上新水平、出优秀作品。

（六）文化产业振兴工程

积极打好文化大发展大繁荣攻坚战，以改革创新为动力，以满足人民群众精神文化需求为目的，加快实施文化产业振兴工程，主要围绕大力发展演艺业，加快高科技含量的文化创意产业发展，繁荣发展广播影视业，积极发展艺术品交易业，发展壮大文化旅游业，加快文化产业园区和基地建设等六大产业发展，积极推动郑州都市区文化建设率先发展，全面提升中心城区文化发展水平，大力发展市县民俗文化，抢占文化发展的制高点。具体措施是：

（1）构建现代文化产业体系，发展壮大演艺、娱乐、出版发行、印刷、工艺美术、影视制作、广告、电影发行放映、会展等传统文化产业，加快发展文化创意、数字出版、移动多媒体、动漫产品等新兴文化产业。

（2）充分利用河南厚重的历史、文化和宗教文化资源，以国家级和省级文化产业示范基地（单位）为依托，着力发展工艺美术、歌舞演艺、出版印刷、音像制品、艺术培训和文化旅游等特色文化产业。建设全国文化综合改革示范区，打造全国乃至世界闻名的功夫文化和禅文化、龙文化、中华人祖文化、民俗文化、宋文化等特色文化基地。

（3）通过文化体制改革，组建、壮大演艺集团、报业传媒集团、文化产业投资公司、电影发展公司、广电信息网络股份公司、体育发展总公司、体育赛事公司。加快发展移动多媒体广播电视、网络广播影视等文化信息服务，积极发展新兴出版发行业态。

（4）积极创造条件，鼓励、引导非公有制文化企业不断成长，健康发展；引进有实力的企业参与中原经济区文化产业发展；“十二五”期间，重点扶持、培育市场竞争力强的一批民营文化企业。

（5）依托古都、名胜古迹、武术、杂技、魔术、民俗等资源，推进文化与旅游的融合，形成一批全国有影响力的文化品牌。

（6）进一步推进文化产业与旅游、体育、科技、信息、物流等产业的融合，相互促进，共同发展。

（七）中原文化“走出去”工程

当前，文化软实力占有绝对优势的发达国家对世界的影响力和控制力主要体现在：一是对信息渠道的控制力，全球新闻发稿量80%来自美联社、路透社、法新社、合众社；二是对交流平台的控制力，美国、英国、德国在世界各地拥有上百个文化中心，全天候进行文化和价值观传播；三是对文化主体的控制力，有众多文化跨国公司，如时代华纳、迪斯尼、索尼等，节目制作动辄数亿美元，受众对象遍布全球。近年来，韩国、印度等发展中国家积极推行文化战略，运用国家资源支持文化产品出口并已形成品牌。要认真学习和借鉴这些做法，培育企业主体、增加传播渠道、建设交流平台、加大文化出口。加强河南与国际文化领域的多边交流与合作，推出一批影响较大的出口文化品牌，着重培育民族文化特色、中原地域文化特色、自主知识产权和原创性的知名文化品牌，创造性推动中原文化产品和服务“走出去”，进一步扩大中原文化国际影响力。具体措施是：

（1）制定文化“走出去”战略规划，明确文化“走出去”的战略目标和战略重点。要充分发掘和分析自身优势，科学编制文化“走出去”的战略发展规划，从战略高度把“走出去”作为一项系统工程进行科学设计。

（2）积极争取政府加大对文化“走出去”工程的扶持力度。各级政府要加大对文化建设的投入，政府在财政补贴、税收减免、信贷发放等方面给予政策支持，还可通过设立文化产业专项发展基金对“走出去”工程予以专项扶持。

（3）挖掘民族优秀文化资源，坚持传统与创新并重，精心打造精品图书音像。出版单位要精心策划“走出去”选题，既要深入挖掘地域优秀传统文化资源，又要结合时代特点，结合国外公众需求，不断培育优良图书品种，形成“拳头产品”；要依托中原文化特色与优势，通过产品贸易、版权贸易和联合出版等方式，全面拓展和加强开拓国际市场，推动中华文化走向世界。

（4）着力培养和引进具有国际视野和深厚文化素养的复合型、外向型文化人才队伍。培养和引进一批懂文化、会经营、懂外语、熟悉国际文化市场运作规律的复合型、外向型人才队伍是实施文化“走出去”工作的当务之急。全面锻炼培育文化人才队伍，培养一批策划、营销、咨询、翻译等方面的人才，努力造就一批适应文化“走出去”需要的国际化、复合型人才。

（5）以举办和参与重大活动为平台，全面建立多边文化交流合作机制。按照“统筹规划、整合资源、形成合力、突出重点、集中力量办大事”的原则，着力开展全方位对外文化交流，以积极的姿态主办或参与国际多边文化活动，积极参与“孔子学院”建设和国际之间“功夫”比赛；主办和积极参与国际多边文化活动，进一步彰显文化外交魅力；巩固并推广已有文化交流品牌，着力打造了一批新品牌，扩大河南在国际文化领域的发言权和影响力。

（八）文化企业孵化工程

政府应当尽快转变角色定位，从“直接管理”向“间接管理”转变，从“办文化”向“管文化”转变，从“小文化”向“大文化”转变，由管控者转变为服务者，大力扶持文化企业，对于新兴文化企业、高新技术文化企业以及涉及国际文化品牌、教育、媒体传播等行业的文化企业，政府应当以市场为导向，采取税收优惠政策、所得税返还政策、国家政策性贷款优惠利率政策以及财政贴息贷款政策等加以引导和扶持，并鼓励文化企业间的联合。同时，加强文化法律制度建设，保护知识产权，维护文化企业和文化工作者个人利益，为文化企业成长营造良好的法制环境。具体措施是：

1. 加快文化体制改革步伐，消除行政性垄断

要从体制上解决政企分开、政事分开、管办分离的问题。各级政府行政部门与所管的文化生产单位要逐步从经济、业务方面脱钩，让文化企业真正成为"自主经营、自负盈亏、自我约束、自我发展"的法人实体和市场竞争主体。对那些意识形态属性不强的经营性事业单位，转制改企后，要以建立现代企业制度为目标，以创新体制、转换机制、面向市场、增强活力为重点，按现代企业制度的要求，完成国有资产受权经营，进行股份制改造，建立科学的法人治理结构。

2. 加快培育文化产业的骨干企业

产业即企业的集合体，骨干企业决定着产业的发展水平和未来走向。经过这几年的文化体制改革，一大批经营性文化单位转制为企业，其中一些企业已经初步具备了骨干企业的特征，特别是在出版、发行、电影等先行改革的行业，遴选骨干文化企业的条件较为成熟。当前，骨干文化企业所面临的突出问题：一是文化企业的规模较小；二是国有独资公司的比重较大；三是文化企业的地域特征较为明显。因此，要发展大型文化企业和企业集团，提高产业集中度，实现规模经济，形成以大型文化企业（企业集团）占支配地位的、大中小文化企业协调发展的格局，是优化中原经济区文化产业组织结构的根本途径。应当尽快改变现有文化企业集团单一经营模式，通过组建跨媒体、跨行业、跨地域的文化产业集团，最大限度地提高文化资源的利用率。同时，政府应制定相应的优惠政策，积极扶持中小文化企业发展，引导中小文化企业走"专、尖、特、新"的道路，加强大企业集团与中小企业之间的联系，提高产业分工协作水平。

3. 提高企业自主创新能力

创新型是文化产业的根本特征。随着文化产业步入微利化时代，传统的增长方式和竞争方式已经没有出路，要向依靠技术驱动的内容创新型增长转变，提高自主创新能力，实现观念创新、技术创新、制度创新、管理创新、赢利模式创新。政府要制定优惠政策鼓励企业自主创新，设立创新奖励基金，对企业技术创新提供低息、无息或担保贷款等。①

---

① 杨吉华. 我国文化产业组织结构存在的问题. 载唐晋主编. 大国策：通向大国之路的中国软实力文化产业发展战略［M］. 北京：人民日报出版社，2009.

（九）文化人才培养工程

人才是文化产业发展繁荣之本。在文化体制改革过程中，切实贯彻人才兴文战略。文化产业作为知识密集型和技术密集型的产业，人才的竞争和储备尤其显得重要，特别是对既有深厚的文化底蕴和艺术素养又懂经营管理和技术应用操作的高层次人才有巨大的需求。目前这样的人才非常稀缺，必须通过精心培育和造就才能拥有和壮大。河南省文化人才资源的整体现状是，专业艺术类、行政管理类出身人员所占比重过大，管理类出身人员所占比重过低，整体人才文化知识层次偏低，形成专业化力量有余、经营管理能力不足的局面。文化人才队伍发展的突出问题是严重缺乏文化产业创新人才和经营管理人才，既懂文化艺术专业知识又精通经营管理的复合型人才则更少。文化人才的严重匮乏已经成为制约文化软实力提升的最大障碍之一。因此，加强高素质文化人才培养对于提升中原文化软实力显得尤为重要。中原经济区建设中，文化人才培养的目标应是：瞄准世界文化发展的制高点，动员一切力量，注重产、学、研、官联动，加强国际合作办学，大力培养高素质的“四型”文化人才——复合型、实用型、创新型、国际型人才。

体制机制的改革，政策措施的制定，都要有利于稳定人才、吸纳人才、培养人才，有利于发挥优秀人才和文化工作者的积极性和创造性。要努力实施人才培养工程，重点培养一批高素质艺术创作人才、新闻采编人才、经营管理人才、文化科技人才和基层人才骨干队伍。建立人才发现、培养、使用、激励机制。加强国际、国内人才交流，引进一批优秀产业人才和领军人物，以人才培养夯实文化软实力之基、文化繁荣之本。[①]

在具体工作中，高素质文化人才的培养模式的构建应从以下几方面寻找着眼点和突破口：①加强人才培养的规划、认证和监管；②拓宽人才培养渠道，充分利用各种力量加大人才培养力度；③科学设置专业结构和专业方向；④建立科学合理的课程体系；⑤加强和完善师资配备与培训；⑥不断改革和完善教学手段和方法；⑦大力推进实践教学和实践基地建设。[②]

---

① 武铁传. 我国文化“软实力”存在问题及提升路径探析. 载张国祚主编. 中国文化软实力研究报告（2010）[R]. 北京：社会科学文献出版社，2011.

② 欧阳有旺等. 文化产业高层次人才需求及其培养模式构建. 载唐晋主编. 大国策：通向大国之路的中国软实力 文化产业发展战略 [M]. 北京：人民日报出版社，2009.

第十章　构建区域研发联盟，推动产学研紧密合作

中原经济区将逐渐成为国内高成长性区域之一，但中原经济区的企业与我国发展中地区的企业一样，事实上也面临着自主创新能力不足、产业升级乏力和低水平粗放增长等问题，与此同时，中原城市群的产业结构趋同，以及与之相伴生的重复研发投入、恶性研发竞争现象仍较为严重。在新的形势下，中原经济区应当解放思想，转变观念，尽快构建起区域研发联盟，借此提升企业的自主创新能力和效率，并推动中原经济区在以技术为主要特征的新一轮区域竞争中建立优势。

一、区域研发协作现状概述

在区域层面上构建中原经济区研发协作机制，既有来自于市场竞争、区域竞争的压力驱动，也有来自于各参与主体的利益驱动，更是企业研发活动自然规律的本性使然。

（一）从独立研发走向协作研发的必然性

首先，构建共担风险、共享收益的研发协作机制，既是企业实现共赢发展的战略手段，也是研发活动日益复杂化、高级化的产物。在知识经济时代，技术生命周期不断缩短，缺乏自主创新能力的企业将可能会在新一轮以技术为主要特征的市场竞争中被淘汰。与此同时，研发活动本身的复杂程度及其财务风险不断加剧，企业独立研发的传统模式已不再适应创新活动的内在要求。而与战略盟友一起实施协作研发，将能够获取其他创新主体的互补性资源使用权，有效降低和分担研发风险与成本，提高创新组织的灵活性，并通过减少市场交易活动从而在一定程度上克服市场无效率行为。与战略盟友协作研发有望在较短时间内改变企业的技术路径锁定局面，提升企业核心竞争优势。这一做法与企业“不求所有，但求所用”的战略思想高度吻合。在这一时代背景下，已有越来越多的企业加入协

作研发的行列。有关资料显示，1980~1994 年，美、欧、日信息技术领域的研发联盟已达 2800 多家，生物工程领域的研发联盟将近 1300 家，新材料领域的研发联盟达 560 家。

其次，在知识存量水平尚不足以支撑创新驱动型区域经济增长模式的后进地区，构建作为自主创新载体的区域研发联盟，是实现创新主体在区域层面上的合作、发挥互补优势、促使创新驱动型区域经济增长模式提前达成的现实之选。进入 21 世纪，不仅企业间竞争加剧，区域层面上的竞争也日趋白热化。现阶段，对于发展中国家和地区来说，根据自身比较优势选取低水平的产业结构将面临“比较优势陷阱”。随着日益频繁的贸易争端以及人民币升值、工资成本的迅速上涨，河南企业在产业链低端的竞争优势也会逐渐丧失。面对着来自外省乃至全球的竞争压力，河南亟待提升自主创新能力，实施以创新为基础的发展战略。

最后，构建研发联盟也是为提升中原经济区整体创新能力的现实之选。据中国科技发展战略研究小组主编的《中国区域创新能力报告（2009）》，目前，河南创新能力综合指标在全国排名第 17 位，区域创新实力的提升任重而道远。但由于受到经济条件、政策因素和历史原因所限，河南多数地市在资金投入、人才集聚以及基础设施等方面的研发活动综合投入能力还远远不能满足实际需要。在研发投入水平严重偏低的同时，当前河南各地还存在明显的地域性产业结构同构，以及由此带来的重复研发和资源浪费现象。

区域研发联盟的整体创新功能远大于参与地区的功能加总，这将使区域整体科技能力产生质的飞跃。一个典型的例证是欧盟的“尤里卡计划”，欧洲任何一国的科技实力都无法与美国相媲美，但通过联合起来推行“尤里卡计划”，却能达到与美国不相上下的科研水平。

（二）区域研发联盟的独特优势

研发联盟的雏形是 1917 年在英国建立的“研究协会”（Research Association），成立研究协会的初衷是为了解决第一次世界大战期间产生的各种技术难题，并试图克服技术研发中的资金困难。协会的组织结构是以行业为单位，主要由中小企业参与的永久性联合体。此后，这种合作研发的组织形式逐渐传播到欧洲及美、日等国，并得到不断的发展与完善。

到了当代，研发联盟成为企业间具有战略意义的、实现技术资源长期共享的有效方式。企业基于市场机遇和自主创新需求，通过与其他企业、机构或个人结成一种优势互补、利益共享、风险共担的正式但非合并的合作组织，在保持各自相对独立的利益及社会身份的同时，在一段时间内协作从事技术或产品项目的研究开发，在实现共同研发目标的基础上实现各自的研发目标（邱钊，2011）。①

研发联盟的层次可分为区域、产业和企业三种。一般意义上的研发联盟主要是从企业的微观层面去进行界定，而区域研发联盟，则主要从系统的视角来探讨创新，处于区域和产业层面。区域层次的联盟构成了区域研发联盟的外延，企业层次的联盟则是区域研发联盟的内核。但从具体的运作过程来看，产业是区域研发联盟的最终归宿，同一产业内或相关产业间的研发联盟是直接面对市场需求扩大化、技术复杂化趋势的联盟层次。在产业或区域层次，还可能有高校、科研院所、政府部门的加盟，与企业开展协作。

在区域研发联盟的各协作主体中，大学和科研院所拥有较丰富的知识储备、先进的技术设备以及强大的知识创新能力，是新知识、新技术的来源。企业具有较强的创新需求和组织生产的物质能力，能敏锐地洞察市场动态。政府拥有较丰裕的资金和较强的组织调控能力，是技术政策和研发环境的缔造者与维护者，政府还能够承担一定的创新风险，保障研发系统内部稳定的交互作用。

紧密合作的区域研发联盟将使以上三类主体的功能被进一步放大。高校、科研院所将知识资本化作为目标，鼓励起源于高校、科研院所的新公司成立，这样的创业型或企业式高校包含和超越了原先的教育和科研使命，在其知识再生产和系统地进行科技创新的固有使命之外，又承担了经济发展的使命；企业常开展一些高水平的培训与科研活动，并通过合作经营分享知识，与高校的功能有几分相似；政府在继续其常规活动的同时，还扮演起公共风险投资家的角色，通过资助项目和改变管理环境来支持企业发展。

总体来说，相对于企业间研发联盟，这种由企业、高校、科研院所、政府广泛参与的区域研发联盟具有以下的独特优势：

（1）区域研发联盟有助于组织结构变革和转型。区域研发联盟中有高校和科研院所的广泛参与，另外，政府公共部门通过颁布政策法令、提供经费资助和作为咨询顾问等举措，也成为联盟的积极参与主体。联盟伙伴之间的知识互补性和能力异质性更为明显，产、学、研各方在组织性质上的本质差异使它们能够彼此借鉴，在联盟合作过程中不断推动本组织的结构变革和文化转型，而这种变革与转型非常有利于突破型创新的产生。

（2）区域研发联盟往往比单纯的企业间研发联盟更容易建立联盟伙伴间的信任关系。在区域研发联盟中，高校和科研院所的研发活动大多以企业普遍需要的、共性的基础技术为研发目标，最终研发成功的基础技术再由企业开发成各自的有差别的核心技术，并应用于后续的竞争性产品开发，因此联盟成员较易形成亲密的合作关系。

① 邱钊. 基于多主体技术的纵向研发联盟仿真［J］. 湖北民族学院学报（自然科学版），2011（6）.

（3）区域研发联盟有助于解决企业间研发联盟普遍存在的短视缺陷。这是区域研发联盟的最显著优势。从研发联盟的运作规律来看，几乎所有的企业间研发联盟都将目标锁定于短期项目上。缺少高校和科研院所参与的研发联盟很难关注那些影响区域长远发展、产业技术优化升级的关键或重大技术。正是觉察到这一重大缺陷，20 世纪 80 年代以来，各国政府和产业界从维系本国产业长期竞争力的战略高度出发，开始不遗余力地推进区域研发联盟的发展。

（三）发达国家的区域研发联盟

国际市场上半导体产业领域内的竞争格局演化历程，能够深刻揭示区域研发联盟这种组织模式对于产业技术进步及其竞争优势创建的关键作用。1976 年，富士通、日立、三菱机电、日本电气和东芝 5 家主要的日本半导体公司组建了超大规模集成电路技术研发合作产业联盟（VLSI consortium）。这一联盟帮助日本企业在 20 世纪 80 年代实现技术赶超，并影响此前美国在此领域的国际市场和技术领先地位。

为应对来自于日本企业的竞争压力，1980 年美国通过了 Stevenson-Wydler 技术创新法案和 Bayh-Dole 法案，鼓励高校的科研成果向产业转移以及产学研合作体系的建立。这种产学研合作体制是美国的首创。因为在当时的欧洲和日本，政府仅鼓励企业间联盟，对产学研合作却持反对态度。例如，欧洲国家普遍认为高校应当以学术性基础科学的研究为重，且反对科技成果的商业化。在 1986 年发布"单一欧洲协定"之前，各欧洲国家的法律普遍禁止高校与企业合作。在日本，20 世纪 90 年代中期以前创立的研发联盟也都以大企业为首、中小型私营企业为主要参与者，高校的作用仅限于提供受过训练的专业雇员。

由美国首创的产学研合作组织为美国半导体产业的复兴立下了汗马功劳。联盟中以高校作为研究主体的半导体研究中心面向未来 8~10 年内可能出现的技术热点，进行探索性研发工作。由电子、通讯与计算机企业共同组建的半导体研究集团（SRC）以及由半导体企业组建的半导体制造技术联盟（SEMATECH）重点瞄准应用研究。半导体企业之间的技术合作项目则主要是进行新产品开发。依托于这一强有力的区域研发联盟模式，美国半导体产业自 1992 年起开始凌驾于日、欧，重夺世界第一的市场地位。根据一项对 SEMATECH 联盟绩效的实证研究，SEMATECH 可减少成员企业研究投入的 59%，而效益成本比为 2.8 : 1，即投入 1 美元可获得 2.8 美元的回报（高扬，2009）。[①] SEMATECH 联盟的影响力延续至今。此后，日本政府逐渐意识到产学研合作的重要性，于 1995 年颁布了科学技术基本法和日本版的 Bayh-Dole 法案。

---

① 高扬. 产业技术创新战略联盟中的政府行为［D］. 华中科技大学硕士学位论文，2009.

SEMATECH 助推下的美国半导体产业重新崛起，也标志着全球产业领域内研发组织形态和管理思维的一次重大变革。一些并不局限于特定行业的区域研发联盟，如俄亥俄东北技术联盟（Northeast Ohio Technology Coalition）、圣地亚哥区域技术联盟（San Diego Regional Technology Alliance）、多伦多区域研究联盟（Toronto Region Research Alliance）等在地方政府的众多安排和大力协调之下，纷纷投入运营。与此同时，各国政府对区域研发联盟的支持性政策也相继出台，如英国贸易与工业部主导推行的知识转移合作伙伴计划（简称 KTP）、加拿大工业部主导推行的研究伙伴计划，都曾为区域研发联盟的发展做出了重要贡献。

（四）中国区域研发联盟的实践

1992 年，中国国家经贸委、国家教委和中科院正式发起成立和组织实施“产学研联合开发工程”，目的在于建立企业、高校、科研院所之间稳定密切的合作交流机制，加速科研成果向现实生产力的转化，加快企业技术创新和高新技术产业化的步伐，逐步形成产学研共同发展的运行模式，探索一条适合中国国情的科技与经济结合之路。到 2008 年，国家科技部、财政部、教育部等六部委联合发布了《关于推动产业技术创新战略联盟构建的指导意见》，旨在以国家战略产业和区域支柱产业的技术创新需求为导向建立技术创新联盟，共同突破产业发展的技术“瓶颈”。国家科技部还于 2008 年颁布了《国家科技计划支持产业技术创新战略联盟暂行规定》，明确提出经科技部审核的联盟可成为国家重大科技计划项目重点支持对象。

自各种支持性政策推广实施以来，我国已形成了一批卓有成效的国家级区域研发联盟。如中国第三代移动通信系统研发战略联盟、中国再生资源产业技术创新战略联盟、中国钢铁可循环流程研发联盟、中国新一代煤（能源）化工研发联盟、中国煤炭开发利用研发联盟、中国农业装备研发联盟、中国汽车制造装备研发联盟、中国麻纺织研发联盟、中国中医药防治病毒性传染病研发联盟等。

国家级区域研发联盟的成立旨在加强业界与政府的沟通，推动产、学、研的紧密结合，对于贯彻提高企业自主创新能力、建设创新型国家的战略部署，落实国家中长期发展规划，提高企业国际竞争力意义深远。在这一政策趋势的引领下，近年来国内各地也快速建立了各自的区域研发联盟。

1. 三大经济区建设区域研发联盟的主要举措及成效

上海、江苏和浙江早在 2004 年就签署了《沪苏浙共同推进长三角创新体系建设协议书》、《长三角区域信息化“十一五”合作规划》、《长江三角洲人才开发一体化共同宣言》，并采取措施共同建设长三角科技资源共享服务平台。随后，三地政府又通过长三角区域创新体系建设联席会议办公室，提出更为具体的《长三角科技合作三年行动计划（2008~2010 年）》，确立了“政府引导、市场运作”等合作原则，围绕区域重要产业基地和产业集群的长远发展，以企业技术创新和产业技术提升需求为核心目标，推动区域产学研各方紧密合作。

2007 年 10 月成立的长三角科学仪器技术创新战略联盟就是区域研发联盟的成功案例。联盟成员包括来自长三角地区的 20 多家科学仪器领域的产、学、研单位，其中包括浙江大学、复旦大学、南京大学、上海理工大学、上海光机所等著名高校和科研院所，以及上海精科、上海光谱、上海舜宇恒平、上海天美、江苏分析、南京分析、天瑞（中国）、聚光科技（杭州）、浙江福立等著名科学仪器企业。

近年来，珠江三角洲的研发联盟构建也在紧锣密鼓的积极筹划之中。2006 年以来，广东省人民政府陆续出台《关于加强产学研合作，提高广东自主创新能力的意见》、《广东省产学研省部合作专项资金管理暂行办法》、《广东省建设创新型广东行动纲要》、《关于深化省部产学研结合工作的若干意见》等一系列科技政策，为研发联盟的构建提供了法规保障。

目前，广东省已建成四种层次的区域研发联盟：包括两个省部级区域研发联盟、八个地级市区域研发联盟、三个区县级区域研发联盟和十个专业镇级区域研发联盟。各级政府已设立研发联盟协调领导小组和办公室，形成了省市联动的组织管理体制和会商制度，使联盟的运作获得了有力的组织保障。

目前，联盟的有效运转已取得明显的经济效益。截至 2009 年，已有 7000 多个研发项目签约，政府带动全社会资金投入累计达 230 多亿元，研发具有自主知识产权的新产品 2163 件，取得专利 7320 项，实现总产值 4088.3 亿元。区域研发联盟已集聚起区域内最强的科技资源和产业资源，正承担着一大批对区域产业发展起到重大支撑和引领作用的关键技术攻关任务。

几乎与长三角和珠三角同步，京津冀地区由政府牵头的区域研发联盟也已进入实践探索阶段。2004 年，北京、天津两市科委签署了《京津科技合作协议》，在协议中双方提出，京津科技合作要充分发挥京津地区智力资源密集、科技互补性强、制造业基础深厚、高新技术产业发展迅速的优势，共同打造以京津为核心的环渤海区域科技创新体系。此外，两地还签署了四项具体的科技合作协议。按照协议，双方将从区域共同的需求中寻求京津科技合作的切入点，联合解决经济社会发展中的重大科技问题；推进科技资源共享，相互开放国家级和市级重点实验室、工程技术研究中心，以及软件评测等大型公共仪器设备、科技基础设施，共同建设好京津冀大型仪器共用网；支持各类科技创新机构的联合与共建；鼓励科技成果、科技人才、创业资本等科技要素在区域内的有序流动。2005 年 4 月，环渤海 5 省 2 市的科技部门共同组建环渤海技术转移联盟，京津冀三方的科技合作进一步紧密。

2. 三大经济区研发协作机制运作现状的综合比较

三大经济区的一系列研发协作行动，推动着国内当前的区域研发协作机制从单一项目、点对点、松散型的合作向项目系列化、多领域、紧密型和长期性的合作转变，从企业双方的合作向多所高校与科研院所、整个行业乃至整个地区的全面战略联盟式的合作转变，从企业间单项技术研发合作向行业产业共性技术乃至共同参与全球技术标准研究制定的合作转变。表 10–1 从区域发展模式、竞争优势、协调机制、合作现状、存在问题、发展方向共六个方面比较评价了当前三大经济区研发协作机制的运作现状。

表 10–1　三大经济区研发协作机制的运作现状比较

地区 要素	长江三角洲	珠江三角洲	京津冀地区
区域发展模式	以上海为核心，在其聚集和辐射下，分别促进以杭州和南京为副中心的南北两翼区域共同发展，被称为“一核两翼”模式	以港澳台资本为动力，以外向型经济为导向，以第三产业为重点，被称为“四小龙”模式	以北京、天津两个中心为核心，以河北省为腹地的“双子星座”模式
竞争优势	区位条件优越，经济总量优势明显，内在潜质最佳，科技力量雄厚，科技成果产业化水平高，交通网络健全，城市群体效应高	自然资源禀赋优势，地缘、人缘优势，外向型经济发达，行政区划单一，社会信息化水平高	地理位置优势，工业用资源丰富，海空交通发达，科技实力和工业基础雄厚
协调机制	通过政府的牵线搭桥推进区域内各地区开展经济和科技合作，以解决各城市功能、结构、布局相似，跨越多个行政区的困难	区内都市间的互补性较为明显，合作特点是官方行为少，主要依靠市场机制，以企业间的合作和民间交流为主	整体发展仍处于规划中，区域合作协调机制尚未形成，缺乏具体的实施措施，城市间缺乏合作系统性
合作现状	长江三角洲核心与边缘城市差异进一步缩小，经济发展呈水平化趋势，科技合作依托核心城市，向周边扩散	发挥行政区划单一的优势，不断开展政府间互访，吸引外部先进技术，在城市之间扩散	召开政府间联席会议，签署各项科技合作协议，由政府直接参与科技合作
存在问题	受到两省一市行政区划的限制，产业转移、要素流动存在障碍	对外部技术依赖度过高，自身科技实力有限。科技合作以技术扩散为主，自主研发能力略低	各项协议大多停留在文件阶段，缺乏实际操作措施；多数合作活动仅是双边的
发展方向	推进区域经济一体化，淡化行政区划的影响，保证科技资源在区域内自由流动	提高产业研发和创新能力，政府从政策和市场两个角度创造有利于科技合作和交流的环境	尽快落实合作协议，拓宽合作渠道，支持中介组织发展，打破行政区划限制，建立统一市场

资料来源：闫凌州. 政府主导京津冀科技创新联盟研究［D］. 河北工业大学硕士学位论文，2005.

（五）中原经济区研发协作的基本态势

2000~2007 年，河南的企业与高校、科研院所共建研发机构及实体 110 多个，实施产学研合作项目 660 多项，总投资 120 亿元，已完成项目达 380 多项，新增年销售收入 300 多亿元、实现利税 60 多亿元。双汇集团、中孚实业等一批大中型企业集团分别与中科院、河南省科学院、郑州大学、河南大学等科研院所和重点院校联合攻关，解决了一大批关键技术难题，创造了良好的经济社会效益。

概括起来，河南的区域研发协作发展至今，已呈现出以下的基本态势：

（1）合作主体的广泛性。近年来，通过各级政府和行业主管部门的大力宣传、牵线搭桥和各类产学研活动的积极开展，参与研发联盟的企业、高校和科研院所日益广泛，研发联盟已成为产业界与科研、教育部门之间进行横向协作的重要手段和纽带。同时，政府部门还专门设立了省市级产学研工程计划，以大力推进高新技术成果的商品化、产业化和国际化。这种纵横结合的活动形式开创了科研成果转化的新局面，对于加快河南科技与经济发展产生了深远影响。

（2）合作领域的扩展性。一是协作研发的内涵扩大，已由最初的“产学研联合开发”扩展到“联合科研”、“共建成果中试孵化基地”和“创建研发联盟实体”等。这种转变既加强了合作力度，又拓展了合作的深度和广度，是产学研合作走向成熟的重要标志。二是产学研合作的外延继续扩展。合作领域不仅涉及科技，而且涉及教育、经济和国际交流等层面。合作形式不仅包括联合科研、共同开发和联营，还包括委托开发、技术转让、技术服务、技术咨询和技术中介等。

（3）合作过程的竞争性。随着市场经济的发展，产学研合作各方的技术创新意识、商品意识和市场意识不断增强，联盟中的竞争性也越来越明显。主要表现为：一是联盟各方在缔结合作关系时，均增强了对合作伙伴的选择性，克服了过去主要靠行政撮合或摊派结合的弊端；二是在吸纳高科技成果时，有些企业采取“先入为主”的手段超前介入，企业间的竞争性明显增强；三是在合作条件和能力考察等方面，大多采用招、投标等竞争机制。

（六）中原经济区研发协作中凸显的问题

与先行地区相比，中原经济区的协作研发由于起步晚，在合作水平上还存在很大差距。主要以政府的科技项目为载体或支撑的协作形式较为单一，仅停留在解决企业具体技术难题层面上的研发协作，还缺乏战略性目标，不能满足前瞻性、持续性技术创新的需求，对于企业核心竞争力和区域自主创新能力的提升尚无明显的支撑作用，具体表现为：

（1）各区域各自为政，缺少实质性的一体化。争夺地方经济利益成为影响中原经济区研发一体化的基本矛盾和核心问题。由于各地市产业结构雷同、市场趋同，在相互独立的财政包干体制下，各地政府在彰显独立利益的同时，通过吸引研发资源流入、排斥外来竞争等行政方式实现当地的科技目标。围绕同质资源和生产要素展开的区域利益的争夺已逐渐成为制约中原经济区经济健康发展和科技战略一体化的巨大障碍。

（2）企业参与协作研发组织的主体意识不强。一些企业仅着眼于在短平快项目中寻求合作，甚至有些企业进行合作的主要目的是利用高校品牌等无形资产获取短期市场利益。另外，企业技术需求不足导致其在系统性、高层次的新技术、新产品开发方面合作较少，致力于解决产业共性和关键性难题的联合技术攻关则更为鲜见。

（3）学、研方与企业的价值理念、研究目标存在冲突，协作组织缺乏稳固的合作基础。高校及科研院所的技术研究通常更注重技术水平的先进性，关注于是否有突破性创新，是否属于前沿研究，而对技术的适用性和成本问题考虑不足。企业则恰恰相反，希望在短期内获得可直接应用于生产的技术，这就意味着企业往往对于实验室成果的成熟性、效益性存有疑虑，不愿对其贸然投资，从而影响了产学研的合作效果。

（4）在省级层面上缺乏推进协作研发的统筹规划和协调机制，尚未制定相对完备的政策和法律制度。如区域间常设的磋商机制尚未建立起来，地区间合作也基本停留在以县区、企业、民间合作为主的水平上，跨区域的大型合作项目较少。科技、教育和各产业部门之间仍存在条块分割现象，各方利益的协调难度很大，各主体间存在沟通障碍，产学研发展的合力小，政府间协商的成果难以落实。

（5）以科技厅攻关项目为主的省级科技计划支持方式已不适应产学研有机结合的需要。由于除科技厅外的其他各厅局基本没有科技攻关的预算资金，在安排攻关计划时显得力不从心。而适应于产学研结合的科技攻关更是没有系统的计划安排。另外，政府对许多研发项目的资助存在“监督缺失”现象。对项目实施过程、验收及后评估缺乏有效的管理与监督，也没有定期或不定期地对企业进行评估和检查，影响了通过项目促进产学研合作的目标实现。

（6）技术创新服务体系不健全。近年来，河南虽有大量的生产力促进中心、工程研究中心、企业孵化器、创业中心等中介机构成立，但中介机构尚未创出品牌，没有形成专业化分工和网络化协作的服务体系，服务种类单一、规模偏小、服务质量不高，服务功能远不能满足产学研合作创新的需要。与此同时，由于政府的扶持经费有限、对风险投资等社会资本的引导作用不强，协作组织在研发、中试、商品化和产业化活动中仍存在投入严重不足的问题。另外，目前尚未形成涵盖研究开发、合作创新、技术转移与扩散诸环节的创新产权界定与保护的完整法律制度，在履约过程、交易过程和沟通过程中也缺乏有效的法律保护。

二、中原经济区研发联盟的战略构想及其可行性分析

当下，尽快构建区域研发联盟，整合力量协同创新已成为各界共识。而在向这一长远目标迈进的过程中，亟待解决的首要问题就是对未来5~8年内的战略目标和战略重点进行宏观规划。这一战略蓝图的勾勒将为联盟中各创新主体指明行进的方向，而建立在内外部环境条件评估基础上的战略目标可行性分析，则有助于进一步坚定信念、阔步前行。

（一）中原经济区研发联盟的战略构想

根据区情和国内外经验，可将构建中原经济区研发联盟的基本思路概括为：重制度、促互动、扶产业、优环境。其中，重制度指的是要建立和完善各类关于创新的宏观调控机制、微观管理机制、各地政府间的良性互动机制、知识与技术的流动应用机制、跨行政区域的合作机制、科技资源的共享机制。依托于制度建设，实现联盟组织形式的固定化；促互动要求建立、健全创新组织网络，培育和完善政府及民间的科技合作机制，促进跨地区的各类研发活动主体间的良性互动；扶产业要求制定和实施鼓励性政策，扶持建立有利于产业内和跨产业研发合作的科技中介及网络组织，优化产业合作的小环境，培育和形成具有中原经济区特色的创新产业集群；优环境要求推进科技体制改革和政策创新，打造区域创新文化，改善科技合作条件，优化区域联合创新的人才环境。据此，中原经济区研发联盟的战略目标可以确定为：

中期目标（2012~2015年）：构建中原经济区研发联盟的内核层。通过政策层面的制度设计促进重点行业中的企业结成研发联盟，实现联盟成员创新资源的有效分工与合理衔接，加强联盟成员间的技术合作、信息沟通、优势互补，促进形成集技术研发、行业应用和市场推广功能于一体的开放化支撑平台，持续承担产业技术领域内的关键、共性及重大前沿技术研发任务，凝聚、集成区域优势创新资源，共同突破制约产业发展的技术“瓶颈”，推动相关企业实现群体突围。

长期目标（2016~2020年）：构建中原经济区研发联盟的外延层。以产品为纽带、以市场为导向，以创新资源优化配置和提升区域自主创新能力为本质诉求，通过制度设计引导形成涵盖企业、高校和科研院所的广泛联盟。以应用技术开发为核心，以前沿技术研究为引导，以重大理论创新为基础，以条件平台建设为保障，按照产业链和生态区布局科技链，形成中原经济区科技创新体系的互补发展格局。重点培育和加强科技成果转化、知识应用能力、科技产业孵化能力及

核心区域对外围区域的技术转移与辐射能力。支持中原经济区成为中部地区的经济与科技中心，力争用5~8年的时间，使中原经济区的整体创新能力和重点行业的竞争力达到赶超国内发达省区的水平。

为实现上述目标，中原经济区研发联盟的构建必须完成三大重点任务：大力改善区域科技创新合作的薄弱环节，健全研发联盟的功能与制度；加快体制改革和制度创新，形成区域科技合作的动力机制，促成产学研合作成果转化的长效机制；采取切实可行的措施推进区域科技资源的优化配置，创建涵盖各地区的产业创新链。

（二）中原经济区研发联盟的可行性分析

从区域研发联盟的实际运作来看，其协同效应的充分发挥要求基础条件的基本成熟。这些条件可从构建研发联盟的产业基础、能力基础、政策条件和技术机遇四个方面来加以分析。

1. 产业基础

建立在专业化基础上、具有网络化特征的新型产业集聚区的发展，正是形成中原经济区研发联盟的重要途径。新型产业集聚区的类型尽管不一，但它们的一个共性就是以信息或知识的生产、扩散和应用为基础，尽管多数企业仍采用劳动密集型要素使用模式，但这种劳动投入是凝聚着更多知识员工智力、技能和知识的复杂劳动。如果将单个企业看做一条知识链，在产业集聚区内，一家企业可以参与多条知识链，不同企业之间的知识链相互交错，便构成了集聚区内的知识网，依赖知识网中各节点间的关联性，网络内的各节点企业会快速实现知识形态的更新，在其专业领域内迅速形成知识的高效率积累。因此可以说，新型产业集聚区是构建中原经济区研发联盟的产业基础。

近年来，在非公有制经济、县域经济加速发展和传统制造业转型的催生下，河南新型产业集聚区已稳步进入发展的快车道。在省政府的大力推动下，2008~2010年，河南确立了180个产业集聚区，这些产业集聚区涉及装备、信息、食品、纺织、化工、汽车等支柱产业，在河南“经济强省”战略中发挥着举足轻重的作用。截至2010年底，河南产业集聚区内共有企业（单位）22472家，与上年相比，企业数增长了16.5%。集聚区内入驻的高新技术企业有292家，占全省高新技术企业总数的56.5%。在郑州、洛阳、新乡、南阳和驻马店市的产业集聚区内，规模以上工业企业的数量均已超过400家。郑州和洛阳产业集聚区内入驻的高新技术企业分别达到130家和70家。

2010年，河南产业集聚区内规模以上工业企业实现主营业务收入1.24万亿元，比上年增长37.2%，占全省规模以上工业企业主营业务收入的34.3%，占全省二、三产业总产出、总收入的1/4。河南18个省辖市中，产业集聚区内规模以上工业企业主营业务收入超过 500 亿元的有 11 个市，主营业务收入增速在 35% 以上的有 10 个市。在漯河经济技术产业集聚区、洛阳市石化产业集聚区、新安县产业集聚区和洛阳市先进制造业集聚区内，规模以上工业企业主营业务收入均已超过 300 亿元。有关河南产业集聚区发展现状的统计数据详见表 10-2。

表 10-2　河南产业集聚区发展的基本情况统计

省辖市	单位个数（个）	占省辖市规模以上工业单位数的比重（%）	主营业务收入（亿元）	主营业务收入比上年增长（%）	固定资产投资完成额（亿元）
全省合计	5172	25.2	12368.69	37.2	5330.83
郑州市	640	23.5	1301.04	34.6	545.63
开封市	332	27.5	425.72	34.8	209.12
洛阳市	584	32.1	2039.38	35.4	474.35
平顶山市	136	13.6	607.92	29.6	183.76
安阳市	224	22.0	696.66	34.6	310.44
鹤壁市	117	22.3	223.78	57.4	138.43
新乡市	443	34.1	938.54	31.5	378.82
焦作市	308	27.0	929.89	36.4	345.06
濮阳市	150	21.3	351.84	40.5	140.39
许昌市	294	22.4	669.14	38.8	280.02
漯河市	169	23.5	752.22	27.1	204.36
三门峡市	98	14.1	626.13	46.9	211.99
南阳市	419	28.4	704.09	48.3	469.52
商丘市	252	31.1	318.71	62.8	490.68
信阳市	275	22.8	443.60	46.8	348.60
周口市	238	21.8	534.21	60.9	229.76
驻马店市	450	30.6	493.22	22.7	311.89
济源市	43	15.8	312.60	27.7	58.01

资料来源：河南省统计局. 河南省产业集聚区快速发展 集聚效应不断增强[EB/OL]. 2011-04-20. http://www.stats.gov.cn/tjfx/dfxx/t20110419_402720072.htm.

另据河南省政府规划文件，未来阶段，河南将继续深入推进产业集聚区建设，拟将符合主导产业集群发展方向的 5 亿元以上项目优先纳入省第二批重点项目，优先落实用地，优先协调贷款。可以说，遍布河南各地的产业集聚区及其内部正在快速成型的生产网络和社会网络构成了中原经济区研发联盟的产业基础。

2. 能力基础

互动学习的一个重要前提是各联盟主体必须具备一定的技术能力，以形成有效的知识溢出。

目前河南重点企业的自主创新能力正快速发展。河南共有国家级企业技术中心 40 家，省级企业技术中心 561 家，居全国第 3 位。省重点企业和高成长型企业基本建立了省级以上研发中心，中信重工获“国家认定企业技术中心成就奖”，羚锐、华晶等 4 家企业还获得了 2600 万元的国家企业技术中心创新能力建设专项资金支持。2009 年，河南大中型工业企业申请专利 5476 件，居全国第 7 位。河南现有 2 个国家级和 9 个省级高新技术产业开发区，高新技术企业 2410 家，其中国家级重点高新技术企业 62 家，高新区工业增加值年均增长 30%以上，形成以电子信息、新材料和生物医药为核心的高新技术产业化发展的新格局。超硬材料、高档耐火材料和多晶硅已发展成为全国重要产业基地，分别占全国市场份额的 50%、30%和 25%以上。输变电装备、铝板带、超硬材料、客车等重点产业技术保持领先地位。

科研基地是研发联盟合作创新的重要平台。河南现有省属科研院所 79 个，另有中央驻豫科研单位 38 家，研究领域涉及机械、化工、煤炭、冶金、纺织、通信、船舶、新材料、农林水利、医药食品、地球物理、核工业和工程技术等。中央驻豫科研单位科技创新优势明显，是我国相关行业的重要技术创新基地，在工程技术、新材料、农林水利与食品工程、电子信息四大领域技术开发实力雄厚。2000 年以来，中央驻豫科研单位累计实现技术性收入 27.64 亿元。

目前河南已建成国家级工程技术研究中心 11 家，省级工程技术研究中心 330 家。另外，从 1994 年正式立项至 2004 年，河南逐步加强了省级重点实验室的建设，以高等院校、省属和中央驻豫科研院所及大型企业为依托，以应用基础研究和高新技术研究为重点，以原始创新和聚集高水平创新团队、培养高层次创新人才为目的，围绕省重点研究领域，构建省级重点实验室 14 个。2004 年省科技大会召开之后，河南省级重点实验室的建设步伐明显加快。目前，省级重点实验室已达 65 家，其中国家级工程实验室 2 家。河南省生物工程重点实验室申报的省部（科技部）共建细胞分化调控重点实验室，已通过国家重点实验室的评估验收，列为国家重点实验室培育基地。[①]

河南集聚着一定数量的高等院校和科技活动人才。截至 2009 年，河南共拥有 99 所普通高等院校，44 所普通本科院校，拥有 4 个国家重点学科、17 个国家重点专科和一批省级重点学科。河南现有高校国家级重点实验室 1 个，高校教育部重点实验室 1 个，高校省部（教育部）共建重点实验室 7 个，高校省级重点实验室 31 个，高校重点学科开放实验室 25 个，高校附属研究与试验发展机构 112 所。建有国家大学科技园 1 个、科技园区 23 个。

目前，河南高校从事科技活动人员达 1.35 万人，其中，从事研究和开发的教师和科技人员达到 4855 人。河南在焊接、工业机器人、电站设备、大豆、乳

① http：//hi.baidu.com/li_fan/blog/item/e428f0d99a139be539012f90.html.

业等研究领域，拥有一批国家级优秀专家，一大批科研成果处于全国领先地位。长期在豫工作的“两院”院士有 17 人，建有 42 个院士工作站，128 个博士后工作站。涵盖自然、经济、社会和工程技术科学等不同领域，初步形成应用基础研究和技术开发等较为系统完整的学科布局，集教学、科研和社会服务三位一体的高等院校正在推动产学研结合的进一步深化。

可以说，来自于企业、高校、科研院所的科技资源优势互补，为中原经济区研发联盟的构建奠定了坚实的能力基础。

3. 政策条件

(1) 河南省研发联盟促进政策。2002 年 11 月，河南启动了“科技成果推广信息平台”建设项目，2004 年 3 月开通了河南省科技成果网，为推动产学研合作发挥了积极作用。为促进产学研的进一步发展，河南省政府制定了一系列地方科技法规，积极支持有技术优势的企业、高校、科研院所，联合共建实验室、工程技术中心、研究中试基地、研究生创新示范基地。

2007 年 1 月，河南省发布《“十一五”科学技术发展规划》。它指出，全省“十一五”期间科技工作要力争实现五个方面的重大突破，其中包括要“突破限制自主创新的机制性障碍”。要深化科技体制改革，构建以企业为主体、以市场为导向、产学研相结合的技术创新体系，加快科技成果转化及应用推广，为建设创新型河南提供科技支撑。

2009 年 9 月，河南省人民政府印发《河南省自主创新体系建设和发展规划(2009~2020 年)》。(以下简称《规划》)《规划》指出，应尽快创新产学研紧密结合机制。政府科技资金优先支持产学研结合开展的研发平台建设、引进消化吸收再创新、集成创新和有较明确应用前景的原始创新。到 2020 年，河南要基本形成以企业为主体、市场为导向、产学研紧密结合的技术创新体系。鼓励产学研联合建设自主创新平台。引导和鼓励企业、高等院校和科研院所联合组建重点实验室、工程（技术研究）中心、产业技术创新战略联盟等。

《规划》特别强调，应探索建立产业技术创新战略联盟。选择关联度高、带动性强、发展前景好、具有一定比较优势的产业领域，组织相关企业、高等院校和科研院所建立产业技术创新战略联盟，实现创新资源的有效分工和合理衔接，围绕产业技术创新的关键技术问题开展紧密的技术合作和联合攻关。近期选择风力发电装备、汽车及零部件、功能性耐火材料、生物疫苗等领域开展试点。

2010 年 2 月，中共河南省委、河南省人民政府联合下发《关于增强自主创新能力建设创新型河南的决定》。(以下简称《决定》)《决定》进一步指出，应尽快建立并完善以企业为主体、市场为导向、产学研相结合的技术创新体系；以科研院所与高校为主体，实行科学研究与高等教育有机结合的知识创新体系；以及以科技中介机构为主体，社会化、网络化的科技中介服务体系。加快高新技术产业开发区、经济技术开发区、农业科技园区、民营科技园区、可持续发展实验区建设步伐，引导创新资源向各类园区聚集。

（2）中原经济区建设框架下的研发联盟促进政策。中原经济区建设始终受到中央领导的高度关注与大力支持。胡锦涛总书记来豫视察时要求河南努力在中部崛起中走在前列。温家宝总理也对中原经济区建设、河南发展寄予厚望。2011年9月，国务院下达《关于支持河南省加快建设中原经济区的指导意见》，提出了建设中原经济区的指导思想、基本原则、发展目标和战略举措。这是建设中原经济区的纲领性文件，标志着建设中原经济区已上升为国家战略。《指导意见》的出台有利于加速河南发展、在中部地区快速形成新的经济增长板块、带动中部崛起、实现区域协调发展。

《指导意见》明确指出，加快新型工业化进程，构建现代产业体系，须提高产业核心竞争力。而产业核心竞争力的提升，又依赖于新兴科技与新兴产业的融合，走创新驱动型发展道路。《指导意见》着重指明了构建产业技术创新联盟对于向创新驱动型产业发展模式转型的深远意义。同时指出，应鼓励国家级科研院所、高校设立分支机构或建立成果转移中心，加强国家级企业技术中心、工程（技术）研究中心、重点实验室、工程实验室等研发平台建设，构筑区域性自主创新体系，完善创新服务体系。

2011年10月，河南省委书记卢展工在中共河南省第九次代表大会上做了题为《深入贯彻科学发展观全面推进中原经济区建设》的报告。卢书记明确指出，应推进科技创新培育核心竞争力，持续探索中原经济区科学发展新路子。应加快构建自主创新体系，引导和支持创新要素向企业集聚，增强高等院校、科研院所创新动力，推动产学研紧密结合。应加快建设企业研发中心、重点实验室等创新平台，推进创新资源开放共享。

4. 技术机遇

模块化这种研发活动的新模式为中原经济区研发联盟的构建提供了重要的技术机遇。模块化思路最早应用于生产领域，是将具有某一功能或某几项功能的零部件子系统集成在一起，用模块的变化组合去适应产品的差异。每个模块事先已确定了设计规则和功能，并在此范围内被做到最优。同时，各模块具有一定的自由度，只要符合事前标准或规则，可采用任何方法去组合模块。各模块的工序既不受其他模块工序的影响，也不会影响到其他的模块工序（胡晓鹏，2005）。①

将模块化方法应用于研发联盟，可增强技术创新的柔性。在合作进行的研发项目中，联盟可将总体研发项目的每一子过程进行细分，分割成若干个子模块，将研发、生产、营销的各个子模块任务分配给参与联盟的各企业，不同类型的企

① 胡晓鹏. 模块化整合标准化：产业模块化研究［J］. 中国工业经济，2005（9）.

业负责不同的模块任务，这相当于在企业之间进行了面向技术创新的分工，使得企业能够在特定领域内进行更为专业化的研发工作，发挥各自优势，提高创新效率。模块是产品知识的载体，大量利用已有的、经过试验、生产和市场验证的模块，可降低设计风险，提高产品的可靠性与设计质量。模块功能的独立性和接口的一致性，使各模块可以相对独立地开展设计和研发，可进行并行设计、开发和并行试验、验证，还可不断通过升级自身性能来提高产品的整体性能和可靠性，却不会影响到产品的其他模块。

由此可见，模块化的产业研发新模式为区域研发联盟的发展提供了一种机遇，可帮助中原经济区把产业同构、恶性竞争的劣势转化为分工研发、协同创新的优势，它可成为构建中原经济区研发联盟的技术基础。

三、中原经济区研发联盟中的政府定位及政策支持

政府部门的积极参与符合区域研发联盟发展的内在要求。组建区域研发联盟，涉及中原经济区内各类所有制和各种规模的企业，需要联系众多的高校和科研院所，更要面对各合作主体的利益分配及风险承担等复杂问题。联盟的成功运作尤需政府部门在其中扮演恰当角色，大力协调，通过合理的制度设计引导联盟各方树立一致的总体目标，逐渐形成有效的联盟贡献评价与补偿机制，以有效防止各地区研发活动中的重复建设、资源浪费和恶性竞争，使中原经济区在以技术为主要特征的新一轮市场竞争和区域竞争中取得优势。

（一）区域研发联盟中的政府定位

1. 政府定位

研发联盟是由企业“唱戏”，政府“搭台”。政府在为研发联盟营造良性发展环境方面一般担任以下角色：

（1）联盟的组建者和发展的引导者。由政府在行业重大共性技术和关键技术领域直接举办研发联盟，有利于社会各界明确当前地区经济、科研发展的重点，有兴趣的社会资金将加大对该类项目的关注程度，高校、科研院所的研究也必然向政府设立的课题方向转移，使得地区性科研项目重点得以有计划、有层次地转移。

可在教育部门或科研管理部门专设区域研发联盟的主管机构，专门进行宏观管理。政府主管机构不宜直接干预研发联盟的日常运营，应侧重于对科技项目进行监督和管理。应建立科学、公正、客观的科技合作决策咨询、评估和监督机

制，对科研院所、新型研发机构、科技中介等区域性组织的设置和定位进行统筹规划和长远布局。可通过制定中长期战略规划，引导研发联盟朝着有利于优化产业结构、行业结构、产品结构和企业规模结构的方向发展。可在专门管理机构内设立政府科技合作委员会和民间科技合作委员会，统一制定各地区的科技合作政策，明确区域科技合作的方向性。同时，充分利用、吸收已有的各类协会加盟，如信用协会、天使投资协会等，以加速联盟发展。

（2）政策和制度的供给者。政府的最大优势是利用政策资源为研发联盟提供良好的制度环境。这一制度环境既包括在经济中普遍适用的法律规章，还包括专用于促成产学研各方合作的制度机制，如联盟之产业平台的运作机制、区域一体化的协调机制、联盟成员的协作机制、企业合作中的第三方保障机制、促进高科技产业集聚的诱导机制等。总之，政府可通过诱导性政策、支撑性政策和专项资金支持，协调研发联盟中的各方利益，整合各联盟主体的创新资源。具体来说，政府部门为促进研发联盟发展，可结合实际情况、组合选择如表 10–3 所示政策工具。

表 10–3　研发联盟促进政策的工具类型

政策工具类型	内容及示例
政府发布的战略、计划	区域科技发展中长期规划
政府实施的研究开发	政府研究机构实施的基础研究、质量与技术标准研究等
政府委托的研究开发：以资格为委托标准，资格审查过程不公开竞争	政府委托给某个或多个特定研究机构、企业合作开展的科研攻关
政府对研究开发的资金支援	研究资助、出资、低息融资、税制、担保、资金配套
对创新性产品的普及支援	价格补贴、低息融资、优惠税制
支撑性制度的确立、运用	资质认定、知识产权保护、标准化、表彰制度、国家专业资格考试
政府及公共团体采购	颁布《政府采购法令》

资料来源：作者整理。

（3）冲突的协调者。区域研发联盟中的经济利益冲突常导致联盟失败，而政府的协调作用将有利于化解冲突。价值中立且非营利性的政府以第三方身份和超然立场监督联盟运作、协调企业间冲突，推动研发活动顺利开展，这正体现出政府监督和维持产业秩序的职能。具体来说，政府部门的协调重点可以侧重于：协调研发联盟与政府其他部门的关系，避免联盟的发展与其他政府部门的发展发生冲突；协调研发联盟内部各方关系；协调各级、各地政府部门的关系，避免恶性争夺科研项目、科技人才和科研资源的现象，促使各级、各地政府部门实现互通有无，协作完成科研项目。

（4）基础研究项目的合同发包者。政府作为研发联盟的一个参与方，主要是发生在基础研究项目中。这个时候，政府的角色就是合作研发项目的发包方。政府确定研究方向，提供研究资助，引导和鼓励企业开展合作研发。在日本，主要的计算机公司都参与了研发联盟，就是因为如果企业想在政府确定的基础研究领域获得项目和开发资助，则必须以参加联盟为前提。再者，政府作为研发合同的发包方，还能对研发过程中的资源使用情况进行有效监督，优化资源的配置。

（5）市场环境的完善者。以市场为基本规则实施区域一体化是构建研发联盟的重要前提，但市场有其不完善性，此时政府须发挥实效以完善市场环境。虽然政府并不能完全避免联盟的不稳定，也不能消除研发活动的内在风险，但政府应主导建立联盟的信息网络体系，这包括建立产业科技合作项目库和专家资料信息库，以及筹建研发联盟网站，及时发布国内外相关产业新闻动态、科技政策、科研项目、专家信息等各种数据和资料。信息网络体系能够给合作各方提供信息以辨识协同互补的机会，使研发结果有效地扩散给感兴趣的企业，降低合作中的信息成本，提高产学研合作的效率。

（6）合作平台的搭建者。区域研发联盟的规范运转需要依托于一系列的合作平台。公共合作平台的建设服务于整个区域的科技建设，其公共性与外部性明显，需要政府直接出资筹建或引导联盟主体联合搭建。具体来说，当前急需政府部门主导完善的基础设施条件平台包括：研究实验基地和大型科学仪器设备共享平台、自然科技资源共享平台、科学数据共享平台、技术标准检测服务平台、科技文献共享平台、科技成果转化公共服务平台、网络科技环境平台等；创新平台包括：重点实验室建设项目、中试基地建设项目、工程技术研究中心建设项目等。各类平台的建设是充分运用现代信息技术，对科技基础资源进行的战略重组和系统优化，可促进全社会科技资源的高效配置和综合利用，提高区域自主创新能力。

2. 政府的行动准则

政府致力于营造促使研发联盟良性运转的外部环境。在发挥自身作用的过程中，政府也须遵循以下的行动准则：

（1）妥善处理政府与市场的关系。尽管我们强调在区域研发联盟中政府的组织引导作用，但这并不意味着政府在联盟中应占据主导地位。对于联盟利益主体多、过程复杂、维持成本高、技术垄断等问题，均可通过市场机制加以解决。一定要充分认识到市场机制在资源配置中的基础作用，市场引导下的产学研结合才是政府组织引导联盟成员合作的初衷。

（2）妥善处理政府与企业的关系。要尊重企业的创新主体地位，让企业真正成为研发联盟的自主创新主体。既要充分发挥政府的引导作用，又要防范政府越俎代庖、本末倒置的情况。

（3）政府应“有所不为”，选择重点扶持的研发领域。任何一个区域想在所有领域都实现技术领先是不现实的，政府应对那些对国民经济发展有重大意义，并且已具有一定技术优势的关键技术给予更多关注。对高新技术、关键性技术、共性技术以及公共事业领域给予更多支持。而对于标准创新类的研发活动，政府只需在政策上进行引导即可。例如华为、中兴等企业与高校和科研院所合作研发进行标准类型创新时，政府部门仅指明了其所支持的研发方向。

（4）政府的介入强度应随着联盟合作进程和产业技术水平的变化而变化。有学者曾按照研发合作进程将其划分为四个阶段：准备期、接洽起步期、深度合作期和合作后期。由于研发联盟在各阶段面临的具体问题不同，所需的政府介入强度也不一样。总体而言，政府在准备期的介入力度应最大，其后应逐步减弱，到合作后期再度加强介入力度。

对处于不同发展水平的产业部门，政府的介入强度也应有所不同。例如，当汽车工业发展水平较弱时，政府应给予立法和制定标准方面的扶持性政策，主导产业初期共性技术的研发和扩散，影响汽车产业的技术发展方向，避免各合作主体的利益冲突，充分发挥政府资金的社会效益，鼓励有多种应用方向的技术发明，促进创新成果从研发到市场的推广。而当汽车工业发展水平整体领先时，政府的支持和指导作用更侧重于按照企业集成的理念和方法建立联盟企业间的协作。应以企业为主体，以市场为导向，以利益分配机制的平衡为支撑，以企业价值链为枢纽构建产学研一体化合作组织。此时，政府致力于引导企业联盟建立一种全新的关系、全新的工业秩序和全新的社会观念。

（二）建立区域研发一体化的协调机制

中原经济区的研发走向一体化是市场竞争格局发展演化的内在要求。随着自主创新能力在区域竞争中的决胜作用日益凸显，为了在更广阔的范围内获得互补性科技资源的使用权，就要冲破原有的封闭式经济格局，实现区域研发真正的一体化。

1. 纵向推动：区域研发一体化中的省级政府功能

中原经济区各地市级政府之间没有行政隶属关系，形成相对独立的行政分布格局，各地市的地方保护与竞争削弱了地方政府之间的共同利益基础及信任程度，相互之间的主动合作存在体制与实践上的障碍。

因此，中原经济区的研发一体化需要省级政府立足于全省发展的战略高度，推动各地市资源格局的重新洗牌。省政府可利用作为地市政府的直接行政领导者的角色，牵线搭桥，为地市政府建立相互协商的平台，并为区域科技战略的一体化提供宏观上的制度保障。

2. 横向合作：区域研发一体化中的地市政府功能

地方政府服从、服务于当地的经济及社会发展，其决策行为不仅受限于行政区划的界限，而且也受制于地方经济社会的发展水平。然而，当地方经济及市场扩展到辖区范围之外或者本地无法充分满足其发展需求时，地方政府也随之“跨界”求援。“跨界”求援有两种主要方式：一是向上级政府寻求资源及政策支持；二是与其他地方政府及社会力量合作。前者以行政等级规则为基础，受到上级政府资源丰裕程度及政策条件的限制；后者则是社会性与经济性的，建立在平等协商、利益互补的基础之上，力求实现各方共赢。在上级政府资源有限的情况下，地方政府基于利益动机的横向合作就显得尤为重要，而中原经济区的研发一体化战略恰好能够鼓励与释放地方政府这种实施横向研发合作的内在需求。

在这种情形下，省政府应首先充当地方政府间关系协调者的角色，通过纵向的行政推动来强化横向联系。但地方间横向合作的最终动力来源于地方研发活动的内在需求。在整个协作过程中，省级政府自上而下的行政推动，推动并释放了地方政府及企业间横向合作的自主需求。

3. 纵横协调：中原经济区的研发协商机制

中原经济区的研发一体化战略已超出了现有的政策执行框架，需另行设立基于民主协商的对话机制。各地市政府的主体性不能为纵向权力所覆盖，这也是建立地市政府间协商机制的必要性所在。在协商机制的基础上，才能形成各地方政府、相关企业、非政府组织和社会团体共同建立的高水平社会合作治理关系（罗峰，2009）。[①]

该协商机制应主要包括河南省推进中原经济区领导小组（扩大）会议和各地市之间的交流机制。为了部署与督促研发一体化的各种政策、为各地市及部门创造交流与合作的平台，可借鉴武汉城市圈的做法，由省政府定期召开“省推进中原经济区研发一体化领导小组（扩大）会议”。该会议由省长、各地市市长及各省级职能部门负责人参加，每年举行一次。会议上由省长总结、部署工作，各地市及省级职能部门递交当年的区域一体化工作进展总结报告，相关地市作典型发言。

建议建立中原经济区研发一体化战略的相关职能部门联席会议制度。这些联席会议每年举行一次，目的是协调各部门、各地市之间的关系，保障相关政策措施落实到位。

部门联席会议制度为各地市相关职能部门间的交流提供了一个平台，然而相互间的合作并不能仅停留在这种静止的机制层面。各地市职能部门间还需形成一种以领导机制、决策机制、协商机制以及执行机制为主要内容的区域研发协同管理体系。从其内在的运行机制来看，这一协同管理体系既延续了体制下的纵向行

---

① 罗峰. 区域一体化进程中的政府与治理——对武汉城市圈的实证研究［D］. 华中师范大学博士学位论文，2009.

政隶属关系，同时又借助这种强有力的纵向权力关系建构起下属地方政府间开展横向联系的桥梁，从而在省级政府与地市政府间建立起纵横交错的权力网络格局。

省政府召开省推进中原经济区领导小组（扩大）会议、建立部门联席会议等动作，有望将中原经济区内各地市政府的力量会聚起来，从形式上打破地方政府间的独立利益格局，为相互间的对话与协作提供可能。但是，如果仅用行政手段将各地市政府强行捏合到一起，并不能解决相互间的利益冲突，那么实质性的合作就难以实现。为推动中原经济区的研发一体化进程，打破当前的利益均衡格局，省政府还应加大对中原经济区研发联盟的政策及资源倾斜力度，从而在为地方政府协作部分"埋单"的同时，推动并激励地方政府间的主动合作。

（三）对研发联盟的资金扶持

研发活动需要大量资金。然而，据美国学者曼斯菲尔德对美国大型企业的创新项目调查发现，每 100 项研发活动中，仅有 57 项在技术上获得成功，存在 43%的技术风险；有 31 项能够顺利实现商品化，存在 26%的市场投入风险；有 12 项具有经济效益，存在 19%的经济风险。研发项目的高风险令经营者和投资者却步，这是联盟资金短缺的重要原因。因此，当前政府部门须大力协助解决研发联盟的融资难题。

1. 直接投入：公共财政政策与专项计划支持

政府对研发联盟提供资金扶持的一个重要前提是联盟必须有确切的定位，即研发联盟应是技术联盟而不是产品联盟。在一些先行国家和地区，获得政府资助的研发联盟基本上处于研发的早期阶段，产学研合作至多达到技术平台或原型开发的阶段。而在我国现有的研发联盟中，相当一部分是特定产品联盟，其合作涉及从技术研发一直到产品商业化的全过程。研发联盟如定位于共性基础技术的开发，其研发成果将能够应用于多种产品和产业，能推动更大范围内的产业技术进步，而如果定位于特定产品的开发，却极易导致成员企业心存猜忌，协同效应下降，使整个联盟失去效率。由此可见，技术联盟比产品联盟具有更大的战略价值，应成为政府资金扶持的重点。

研发联盟的资金投入宜采用"企业自筹为主、财政扶持为辅"的组合方式。政府层次的资金支持手段主要有两种类型，即公共财政政策支持和专项计划支持。其中，公共财政支持又分为两类：一是通过投入、补贴和奖励等方式支持政府组织、公共机构等，鼓励这类机构积极参与研发联盟，充分发挥政府的作用；二是直接资助企业，向以联盟合作方式承担的、以产业化为目标的研发项目直接投入资金。

在事关国家战略利益的重大产业技术和技术标准领域，政府应设立研发联盟专项计划，围绕区域经济发展和产业结构升级转型，推动建立跨产业研发联盟以及区域研发联盟。可考虑由省级政府成立研发联盟专项信贷基金，基金的经费主要来自于将政府附属研究机构推向市场后所节省的财政资金。这一基金由政府成立专家组进行管理，在专家组内部实行利益回避制度，以确保决策的独立性。基金只向一些参与重大技术创新、重要研究领域和基础研究的合作研发企业提供资金支持，也可为合作企业提供基本的研发启动资金。前一种资助应当讲求研发投资的前瞻性，旨在促进若干关键技术领域的先进技术开发，后一种资助则表明对于一般研发合作的支持态度。

可考虑建立财政性资金采购创新产品制度。制订创新产品认定实施细则、政府采购预算管理办法以及政府采购合同管理办法。改进政府采购评审方法，完善监督机制，给予联盟创新产品优先待遇；建立能有效激励联盟创新的政府首购和订购制度。

2. 间接引导：建立多方融资机制，引导风险投资公司介入

除直接的财政资金支持外，应发挥政府资金的引导作用，依赖政府的良好信誉吸引民间资金共同支持研发联盟发展。可由政府主导建立研发联盟的多方融资机制，如以加大企业从研发联盟成果中的获利比例的方式刺激企业的投入力度；以政策支持和其他优惠条件鼓励银行等金融机构参与和支持研发联盟发展；扶植一批风险投资公司，吸引社会闲散资金投资于研发联盟。

建立和完善风险投资机制，促进创新企业与风险投资机构合作，是解决研发联盟资金短缺、化解风险的有效途径。在我国，技术创新资金中仅有0.23%来自于风险投资，而在发达国家，这一比例已达50%以上。当风险投资介入科技成果的研究开发、中试、商品化和产业化活动，由专业的风险投资公司经营风险，企业就可集中精力开发新技术，从而提高研发效率。为此，需采取税收优惠、资金担保、财政补贴等措施引导资金流向，多方调动投资者从事风险投资的积极性(王素征，2006)。[①] 同时还应放宽保险基金、信托基金、养老基金、捐赠资金等介入风险资本运营的限制，多方动员民间闲置资金投入。

政府应在政策上支持风险投资基金获得企业的优先股并享受附加的优惠条件，一旦企业破产，基金将有权优先获得该企业的资产和技术；允许基金拥有与投资额不成比例的表决权或重大问题的否决权等。要形成多元化的风险资本退出机制，尽快完善以上市、出售、收购、企业回购和清算等主要方式运作的风险资本退出机制。

---

① 王素征. 上海市政府推进产学研战略联盟的相关政策研究 [D]. 华东师范大学硕士学位论文，2006.

（四）实施研发联盟绩效评价

据安达信管理咨询公司的研究，导致研发联盟高失败率的一个主要原因是仅有31%的联盟实施了绩效评价计划。由此可见，绩效评价对于研发联盟的成功运作具有重要意义，有必要根据创新资源在研发联盟中的演变过程，设计一套具有可操作性和现实意义的联盟绩效评价指标体系，以切实提高区域研发联盟的管理水平和运作效率。具体来说，这套绩效评价指标体系应具有以下特征：

（1）定量与定性相结合的评价方法。评估指标可以是有形的，也可以是无形的。有形指标可以量化、加权，建立数学模型；无形指标则不易量化、加权和建立数学模型。如效益评估中的社会效益、环境效益，成本评估中的潜在技术联盟成本，风险评估中的自然风险，以及人为风险中的盟友选择风险、关系风险等，这些指标都难以精确计量，只能定性分析。

（2）财务指标与非财务指标相结合的评价方法。如果过分关注研发联盟的投入回报率、专利数量及新产品数等直接的、有形的经济效果和财务指标，将导致研发人员倾向于研究风险小、周期短、见效快、容易出成果的短平快项目，这对于从事基础研究，尤其是参与风险大、研究周期长、见效慢的长期项目的研究人员会产生负面效应。因此，除了考虑与联盟本身相关的财务绩效指标外，还应兼顾联盟的市场定位、技术诀窍等无形资产、创新能力、顾客满意度等非财务绩效指标，从技术和市场等多角度综合评估联盟贡献。另外，还应将企业研发经验的积累、研发人员能力的培养、研发活动对企业核心能力和长远目标的贡献等非财务指标纳入绩效评价体系，以避免绩效评价中的短视行为，实现联盟长期利益的最大化。

（3）评价标准的多元化。对于不同类型的研发联盟，应根据其所从事研发活动的类型和层次采用不同的评价标准。对有明确市场目的、不确定性较小的研发联盟进行绩效评价时，应采用较为客观、准确的尺度，以产出和市场成果为导向，以定量和客观评价方法为主。而对于研究周期达3年以上、不确定性和风险都较高的基础研究和应用研究性质的联盟，其绩效评价标准应较宽松和有弹性，以研究目标为导向，以定性和主观评价方法为主，在评价中重点考察目标的完成程度和联盟成员企业在实现目标过程中的努力程度，评价指标体系中的产出和市场成果的权重应较低。

（4）评价过程的动态化。研发联盟也具有生命周期，在联盟发展的不同阶段会呈现出不同特点，因此评价指标也应结合各阶段特点量身定制，从而使绩效评价既能体现当前的客观实际，又能展示未来的发展潜力。在联盟的酝酿和萌芽期，应以盟友选择为重点；当进入联盟成长期后，逐渐转向关注知识共享和竞争优势的形成；在联盟的成熟期，则强调联盟的价值创造目标。表10-4列举了对于组建初期的研发联盟进行绩效评价时可使用的指标体系示例。

表 10–4 研发联盟在组建阶段的绩效评价指标体系

一级指标	二级指标	指标解释	评价方式
成员资质	高校及科研院所成员情况	具有强大研发实力的高校及科研院所研发团队	资格审查
	企业成员情况	行业中具有龙头、核心、引领作用的企业成员	资格审查
	中介服务机构情况	信息服务机构、企业孵化器、知识产权机构、资产评估机构、投融资机构、企业和个人征信机构、共性技术服务机构	资格审查
目标和任务	信息资源共享	开展产业统计分析和市场技术预测，提出制约产业发展的关键、共性技术	资格审查
	技术、实验设备等资源共享	建立公共技术创新平台，形成知识产权共享机制	资格审查结合问答
	人力资源共享	突破单个成员的能力限制	问答
	科技成果的产业化	加速科技成果的商业化运用，提升产业整体竞争力	资格审查、专家评审
	技术攻关、标准形成	联合研制优势产业的重要技术标准，促使标准与科研、开发、设计、制造相结合，推动核心技术专利化、标准化，对产业技术发展做出长远谋划	资格审查、专家评审
体制和机制	动力机制	联盟成员的合作基础	资格审查结合问答
	实体运行机制	界定联盟成员的权利义务	问答
	经费管理制度	使得联盟成员的资金投入、政府的支持经费得以落实，高效运用联盟资源	专家评审
	创新平台	建立重点实验室、工程（技术）研究中心等国家级、省级创新平台	资格审查结合问答

资料来源：黄子蕴，孙颖楷，张晶晶. 研发联盟评价指标体系研究［J］. 中国科技产业，2009（10）.

（五）建立健全科技中介机构

科技中介机构在联盟中从事信息沟通、提供法律咨询、市场调研、价值评估、风险分析和人才培训等专业服务。它能促进科技与经济的结合，是将众多的企业和高校、科研院所联系起来的桥梁与纽带。中介的繁荣能减轻有限政府的管理压力，增强科技市场的竞争能力与公正性，也是构建区域研发联盟的内在需要。

近年来，河南科技中介机构发展迅速，但从总体上看，科技中介服务行业整体规模偏小、功能单一、服务能力薄弱等问题还比较突出，尚不能适应区域研发联盟的发展要求。有鉴于此，应鼓励创办各类信息服务机构、企业孵化器、知识产权机构、资产评估机构、投融资机构、企业和个人征信机构、共性技术服务机构等科技中介服务机构，并大力推动各类科技中介服务机构走向规模化、专业化、标准化、社会化和网络化。

政府须制定政策法规为科技中介组织的发展创造良好环境，对于符合条件的科技中介机构，可认定为高新技术企业，同时享受相应的税收优惠政策。对于符合条件的科技企业孵化器、国家大学科技园，自认定之日起，在一定期限内免征营业税、所得税、房产税和城镇土地使用税。对于符合条件的技术咨询和技术服务机构，研究制定必要的税收扶持政策。

政府可直接资助设立技术创新服务中心、创业服务中心、生产力促进中心、技术市场、科技信息网络等科技中介机构。也可支持有条件的科研单位、高等院校充分利用科研设备和人才优势，兴办科技创业服务中心和生产力促进中心等民营科技中介机构。要引导科技中介机构与风险投资相结合，鼓励风险投资直接介入科技中介行业（王素征，2006）。[①]

建议成立中原经济区科技创新服务联合会。在政策层面上落实科技孵化器、创业中心、生产力促进中心、技术和产权交易所、信息服务中心、专利商标事务所、资产评估事务所等中介服务机构的整合，加强它们之间的网络化建设，使之形成从创新、产业到市场各个链条紧密结合的、比较完善的、高度诚信的社会中介和服务体系。

（六）确立研发联盟的非营利法人地位

欧盟一体化进程中的法制协调经验给了我们较大启发。欧盟一方面根据发展需要制定统一的、有约束力的法律方案；另一方面成立了包括欧盟委员会、欧盟理事会、部长理事会、欧洲议会和欧洲法院在内的五大协调机构。这五大协调机构都有各自明确的责权范围、议事规则和组织结构。与其他地区的经济一体化组织相比，欧盟在机构设置和权力分配上不但强调各成员国的参与，而且强调各机构具有在其管辖范围内超越各成员国政府的权力，以及各机构既相互独立又相互制约的关系。欧盟一体化的发展经验表明，区域协调必须以法制协调的方式加以制度化。因此，有必要尽快制定研发联盟促进法，为研发联盟提供有力的法律支撑和组织保障。

中原经济区内现有的研发联盟多采取非营利组织形式。但迄今为止，我国在法律上还没有设立适用于研发联盟的非营利组织形式。产业界要成立联盟组织开展协作研发，目前只有两种选择：在民政部门注册为行业协会，或在工商部门注册为营利性的实体公司。研发联盟与行业协会的性质不同，按照行业协会注册将面临以下问题：一是数量限制，单个行业只能设立一家行业协会，但是同一行业

① 王素征. 上海市政府推进产学研战略联盟的相关政策研究［D］. 华东师范大学硕士学位论文，2006.

可能产生多家技术联盟；二是治理限制，行业协会有特定的治理方式，不仅要求有相应的主管部门，而且要寻找挂靠单位，须由政府主管部门承担起管理责任，但研发联盟是市场导向的自治机构；三是存续时间问题，研发联盟常因特定目标设立，目标实现后就会解散或转型。行业协会却是长期存在的组织。

正因如此，目前的研发联盟多采取公司化实体形式。按公司注册不仅存在公司设立和运行的高成本及高税负问题，成员变动手续也相当复杂。更为严重的是，这些公司化运作的联盟既没有法律的“非营利”条款保障，联盟内部也难以建立起“非营利”的制度安排，导致联盟极易走向营利目标，从而违背了联盟进行非营利性协作研发的初衷，最终导致败局。

从国际经验看，由政府和产业界共同发起创建的研发联盟宜采用非营利法人机构这一组织形式，这种组织形式具有较强的科学性和适应性，是目前公认最合适的研发联盟运作形式。因此，政府部门有必要尽快制定研发联盟促进法，赋予研发联盟组织以非营利法人地位，同时通过立法确立研发联盟的性质和作用，规范研发联盟的组织行为，包括研发联盟成立目的、商业经济活动的限制以及盈余分配的禁止等。而在研发联盟促进法出台之前，政府可先制定相关政策和管理办法，给予研发联盟类似于非营利法人的法律地位，为研发联盟的健康发展提供必要的政策支持。

四、中原经济区研发联盟的运行模式与机会主义防范

参与研发联盟已逐渐成为企业追求共赢的战略手段。然而，在看到联盟绩效的同时，我们也不能忽视研发联盟的高失败率。美国麦肯锡咨询公司曾针对参与研发联盟的 800 多家美国企业开展调研，调研结果显示，自 20 世纪 90 年代以来，仅有 40%的研发联盟能维持 4 年以上，大部分研发联盟在短期内解体。事实上，虽然不同利益主体基于共同的愿景与战略目标组建了联盟，共同完成技术、产品或项目的研发，但联盟成员间还存在着直接的竞争关系，可能采取机会主义行为，这是导致联盟失败的重要原因。为此，须建立联盟合作机制，有效防范联盟成员的机会主义倾向。

研发联盟的合作机制是指从企业、高校与科研院所产生组建联盟的意愿开始，到联盟利益分配结束的过程中，涉及联盟各环节的一系列运行原理、相关制度及作用方式。主要包括：联盟的合作伙伴选择、运行模式选择、共同治理机制、投入分担机制、收益分配机制、学习管理机制和信任机制等。

（一）合作伙伴选择

选择合作伙伴是一个战略决策，是成功建立研发联盟的基础，也是联盟顺利发展的前提。联盟成员对合作伙伴的选择应持高度谨慎的态度。杜邦公司就曾在确立合作伙伴关系前，花费几年时间来了解对方。

在选择联盟合作伙伴时，需考虑对方的技术优势、研发能力、对联盟所持态度、联盟经历和信誉、科研成果积累与研发现状等。一般来讲，对于要组建研发联盟的公司来说，在选择合作伙伴时应熟练应用以下技巧：

一是具备战略眼光。许多研发机构合作的动机在于应对研发活动的复杂性和不确定性，因此，合作伙伴的选择应建立在合作的长期吸引力与合作项目内在共同利益的基础之上。选择具有长远战略眼光的合作伙伴具备多种优势，这包括在长期的合作中可形成公司间更稳定的信息共享和更有效的沟通网络、来自于不同公司的管理人员和工程师之间能建立起更默契的工作关系以及实现更广泛和更持久的技术合作等。

二是尽量选择实力相当的联盟伙伴。麦肯锡公司的调查研究表明，强弱联盟的成功率一般只有 30%，弱弱联盟的成功率约为 40%，而强强联盟的成功率则达到 67%。麦肯锡公司据此得出结论：实力相当，业务互补是研发联盟成功的必要保障（郭军灵，2003）。[①] 因此，联盟成员在选择合作伙伴时，并不一定要谋求与一流公司合作。合作的关键在于联盟能否产生研发协同效应，而非选择一个极其强大的合作伙伴。特别是当新技术呈现轻型化、微电子化发展趋势时，选择实力相当、掌握新颖技术的中小型公司作为合作伙伴也不失为一种明智之举。

三是关注联盟伙伴之间的合作互补性。合作互补性包括技术资源的互补性与组织管理的互补性。其中，组织管理的互补性常被忽视。尽管技术资源的互补性为联盟的成功创造了“可能性”，但只有在联盟成员拥有足以便利合作行为的兼容性组织系统时，联盟才能实现高效运转。只在技术上密切合作，但不能构建一致目标的联盟终将解体。因此，联盟成员在选择合作伙伴时应注意考察对方的合作愿景、企业文化、管理理念等能否与本企业相容，以及对方企业是否具备一种对文化差异的理解态度和灵活地协调文化差异的能力。具体来说，对联盟伙伴之间合作互补性的评估可从对表 10–5 中所列的各种考察指标的分析入手。

不管联盟成员把研发联盟当作长期战略还是权宜之计，由于联盟固有的不稳定性质，大多数研发联盟都不会永远存在。研发联盟终止之时正是联盟进入循环调整的关键时刻。联盟成员应结合自身的资源情况、能力和战略目标的变化，重新选择合作伙伴，对与其他联盟成员的战略关系、在联盟中的行为模式进行同步

① 郭军灵. 技术联盟中合作伙伴的选择研究［J］. 科研管理，2003（11）.

表 10–5 研发联盟成员合作互补性评估指标

创新资源	考察指标
人力资源	相关技术研发的经验和水平，交流与沟通能力，人力资源管理能力
财力资源	研发经费量，融资能力，研发经费管理能力，所能承受财务压力的极限
物力资源	仪器设备适用性，仪器设备先进性，仪器设备管理能力
信息资源	社会网络关系强度，信息网络完善度，信息分析预测与处理能力
技术资源	相关专利、成果与知识，技术开发能力
文化资源	诚信，合作精神，创新氛围，管理哲学，文化分歧的可控性
组织资源	整合能力，战略规划能力，冲突解决能力

资料来源：作者整理。

和持续的优化。只要放眼未来、真诚合作，联盟成员一定能在循环调整中寻找到最佳的联盟参与方式。

（二）运行模式选择

选择好合适的联盟伙伴后，下一步工作就是根据合作目标、合作各方的力量对比与合作伙伴确立研发联盟的具体合作模式。适当的联盟组织模式在保持联盟运行的灵活性以及维持良好的合作关系方面扮演着关键角色。

1. 联盟模式分类

研发联盟主要有共建研究机构、基于项目的联盟和共建经营实体三种形式（王雪原、王宏起、刘丽萍，2005）。[①]

表 10–6 研发联盟模式分类

共建研究机构	基于项目的联盟	共建经营实体
共建重点实验室 共建工程技术研究中心 共建技术开发中心	基于项目委托开发形成的研发联盟 基于项目合作开发形成的研发联盟	基于技术入股形成的经营实体 基于整体打包入股形成的经营实体

（1）共建研究机构包括共建重点实验室、共建工程技术研究中心和共建技术开发中心。共建重点实验室的运作模式是指企业、高校及科研院所以基础研究为目的共建实验室，实验室以高校或科研院所为主力，由政府支持、吸收企业参与。企业可提供资金或设备支持实验室建设，或以项目委托形式支持其科学研究；实验室则为企业提供研发所需的关键技术及知识。参与该联盟的企业往往在

① 王雪原，王宏起，刘丽萍. 研发联盟模式及选择策略研究［J］. 中国高校科技与产业化，2005（11）.

技术开发和应用研究方面能力较强，有实力同高校和科研院所共同开展基础研究，并能将其在参与过程中学到的前沿性知识转化为应用性知识，进而将其应用到新产品的开发中，以提高企业的研发效率与创新能力。

企业参与高水平的基础性研究可尽早获得有关技术开发的前沿知识和动态信息，有利于企业科学决策未来的技术开发方向和正确地制定技术发展战略。对于高校及科研院所来说，共建重点实验室则使其更容易获得持续的经费支持，并且使其研究内容与方向更接近市场，有利于成果经济价值的实现。共建重点实验室的具体运作过程如图 10–1 所示。

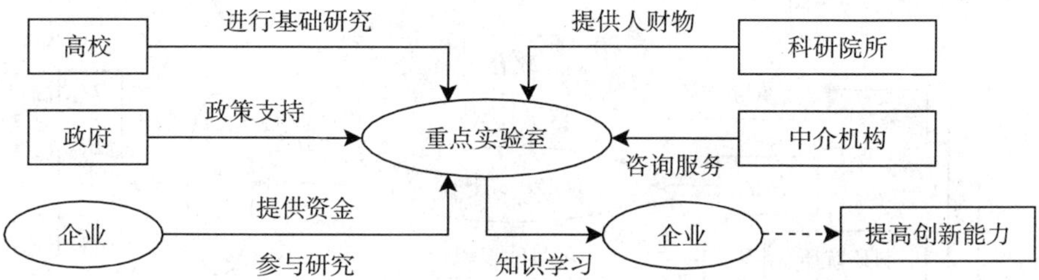

图 10–1　共建重点实验室

共建工程技术研究中心侧重于研发行业重大共性技术和关键技术。中心针对市场需求，对科研成果进行工程化与系统集成化应用研究和二次开发。参与中心的联盟各方分别提供研究资金、人员及设备，对研究成果的分配则由各方协商确定。企业是否参与共建工程技术研究中心，取决于其技术需求和技术发展方向与该中心的研究方向是否一致。参与共建工程技术研究中心的高校及科研院所应具备将科研成果工程化的优势，而企业则要具备与联盟高校、科研院所进行技术衔接的能力，以及将研究成果产业化的能力。

共建工程技术研究中心可为企业和行业提供成熟配套的技术及产品，培养高水平的工程技术人才，并可为行业发展提供信息指导和咨询服务。共建工程技术研究中心的具体运作过程如图 10–2 所示。

共建技术开发中心是以企业为主导的联盟模式，主要设在实力雄厚的大中型企业（集团）中，其任务是通过开发创新，形成拥有自主知识产权的新产品、新技术、新工艺。它按照企业技术需求的特点开展研发活动，企业为中心提供大量资金、先进试验设备和优秀研究人员。高校与科研院所主要根据企业的科技规划，提供相应的技术、知识和人力资源支持。由于企业在技术开发中心中起主导作用，对研发成果具有支配权，有利于提高成果的利用效率。

共建技术开发中心可提高企业对外部智力、知识资源的利用能力，逐步培养企业的核心竞争优势。共建技术开发中心的具体运作过程如图 10–3 所示。

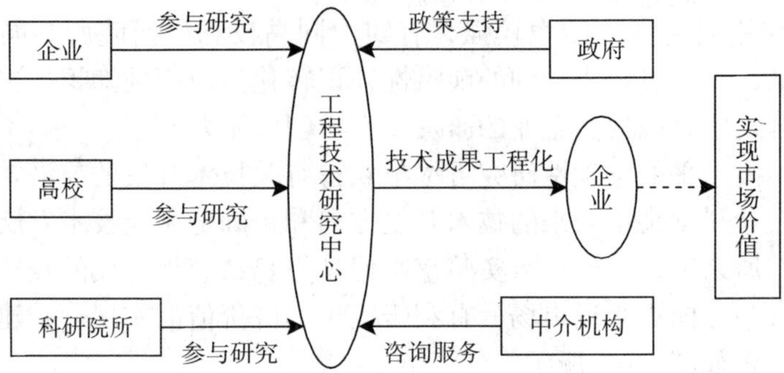

图 10-2 共建工程技术研究中心

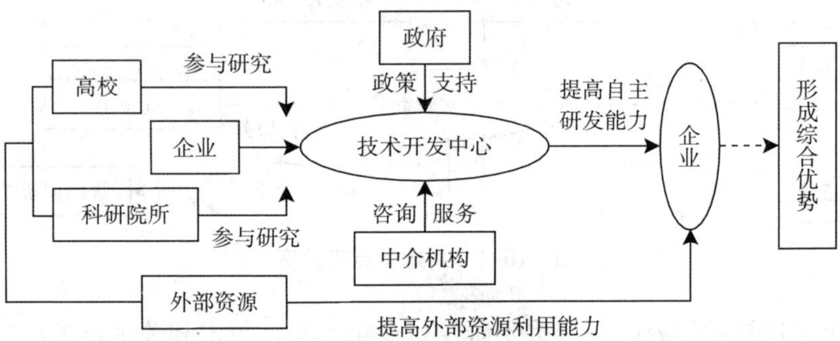

图 10-3 共建技术开发中心

（2）基于项目的研发联盟。基于项目的研发联盟，包括基于委托开发项目的研发联盟和基于合作开发项目的研发联盟两种形式。

基于项目委托开发形成的研发联盟是企业在自身研发能力较弱时，根据其技术需要，委托有能力的高校及科研院所进行项目研发。通过这种途径，企业可在自身实力不足的条件下尽早实现技术和产品的创新；高校、科研院所则通过接受委托开发项目获取相应收益。在收益分配方面，一般由企业预先支付一定的委托费用，其余部分转为股权，或通过销售额提成的形式给予高校与科研院所，这样就实现了合作各方的风险共担、利益共享，推动技术合作的持续发展。委托开发模式的具体运作过程如图 10-4 所示。

基于项目合作开发形成的研发联盟是企业与高校及科研院所以契约形式，对项目共同进行研发。合作各方共同提供资金、研发设备和研究人员，并根据各方投入资金的多少和在研发中所做贡献的大小确定项目收益的分配方式。具备一定研发能力，有较为完整的研发机构和一定数量的研发人员时，企业可通过与高校、科研院所的合作开发尽早地介入研发过程，利用合作中的知识共享与学习，提升企业的技术创新能力与核心竞争优势。合作开发模式的具体运作过程如图 10-5 所示。

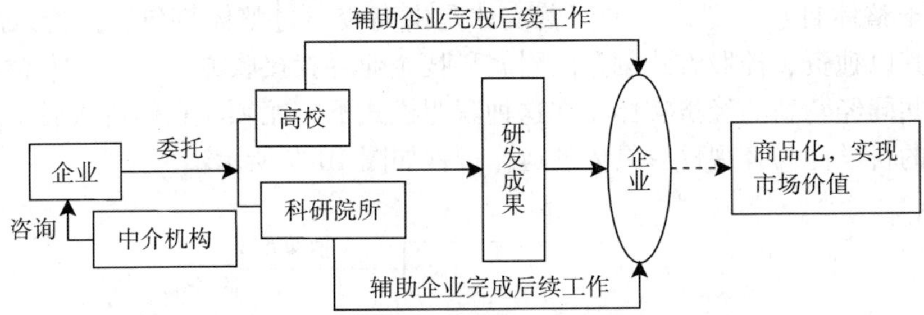

图 10–4　基于委托开发项目的联盟模式

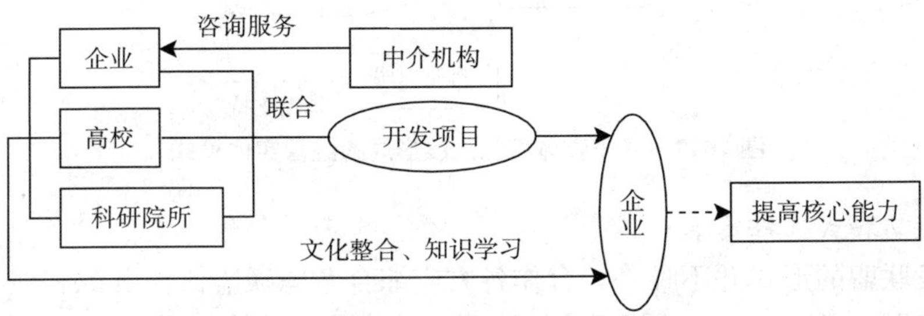

图 10–5　基于合作开发项目的联盟模式

（3）共建经营实体。产学研各方经过长期磨合，技术上的相互依赖以及资源上的优势互补将推动合作进入共建经营实体这一高级发展阶段。其形式包括基于技术入股形成的经营实体和基于整体打包入股形成的经营实体两种形式。

基于技术入股形成的经营实体是指高校、科研院所将已有的成熟技术，通过技术入股方式与企业建立联盟。当高校与科研院所有较为成熟的技术成果，企业有进一步将其商业化的能力时，可通过技术入股方式建立研发联盟。该联盟实体有利于整合高校、科研院所的研发优势与企业的市场开拓能力及经营管理能力，可辅助企业完善内部研发机构、创造良好的学习氛围，加速技术成果应用，推动企业核心能力的培育与竞争优势的形成，具体的运作过程如图 10–6 所示。

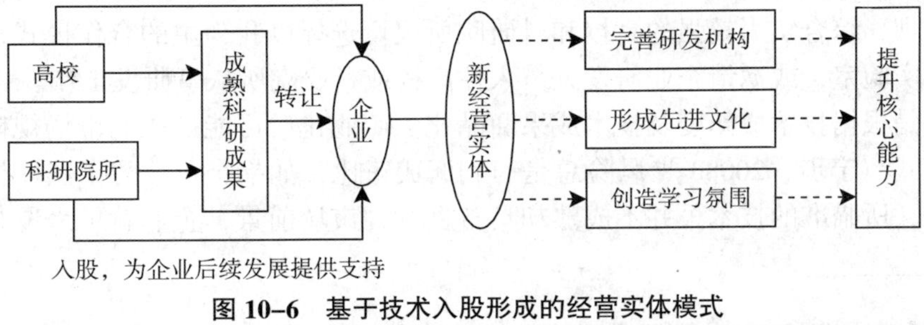

图 10–6　基于技术入股形成的经营实体模式

基于整体打包入股形成的经营实体是由高校通过整体打包、作价入股的方式，为其以独资、控股方式创办的附属科技企业寻找接收方，并与对方企业结成联盟，共同经营新的经济实体。在这种联盟模式下，尤须注意作价入股或股权转让过程的科学性与客观性。具体的运作过程如图 10-7 所示。

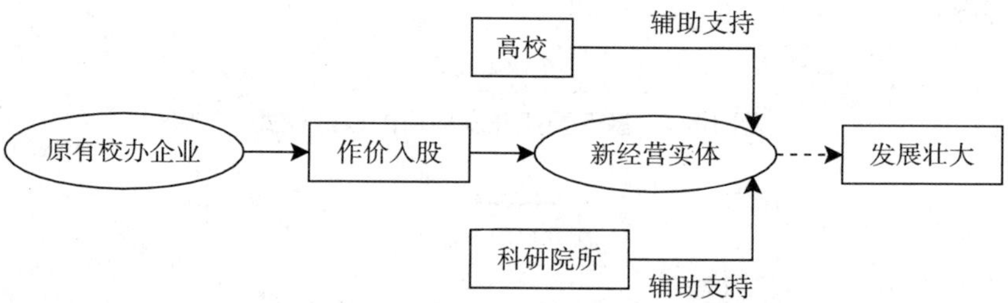

图 10-7 基于整体打包入股形成的经营实体模式

2. 联盟模式选择策略

研发联盟的形式并不唯一，合作各方应综合考虑联盟伙伴资源和能力条件、外部环境以及联盟目标，选择适宜的联盟组建模式。总体来说，联盟模式的选择应遵循以下基本原则：

一是根据政府部门的介入程度选择适宜模式。由政府部门以重点科技计划支持的研发联盟，或者当企业和与政府部门有密切联系的官方研究机构合作时，联盟模式应尽量采取共建社团组织形式，不涉及股权关系。在这种模式下，政府不直接参与联盟，而仅是搭建合作的平台，作为引导者和支持者为联盟提供良好的创新环境。

二是根据联盟成员之间的势差选择适宜模式。势差是合作的基础，主要指企业、高校和科研院所在资金、设备、技术、人才、市场和管理等方面存在的能力差距。一般来说，大型企业集团往往拥有雄厚的资金实力和较强的研发能力，可选择企业主导型合作模式。此时，由企业根据市场情况向高校和科研院所提供科研课题或科研资金，研发出成果后再由企业实施成果的商品化与产业化，企业也可吸收高校和转制科研院所进入企业研发部门，将其内化为企业的工程技术中心。同理，综合实力较强的高校和科研院所也可选择以我为主的合作模式，与企业共建实验室，或邀请企业研发人员入住高校或科研院所从事研发工作。

三是根据技术成熟度及技术成果商品化、产业化后可能形成的市场规模选择适宜模式（宁璟，2008）。[①] 风险总是与利润成正比，如果企业致力于获取核心技术优势，所瞄准的技术虽并不成熟却具备良好的市场前景，企业就可采取与高校

① 宁璟. 研发联盟模式比较研究［D］. 北京交通大学硕士学位论文，2008.

和研究机构共建技术开发中心、共建工程技术研发中心和中试基地，以及委托具备相关技术开发能力的高校和科研院所进行技术开发的合作形式，以获取超额垄断利润。否则，如果企业以获取短期效益为目标，则可选择技术引进、技术购买等合作方式，发展短平快项目。

四是灵活机动、组合选择适宜模式。各种不同的研发联盟组建模式适用于不同的联盟组建动因。因此，在研发联盟的成长演化过程中，既可采取一种组建模式，也可同时采取多种模式。例如，TD-SCDMA 联盟虽是一个社团组织，但在其各个发展阶段，联盟模式呈现多样化特征，包括技术研发阶段的合资企业、产品化阶段的许可协议以及共建联合实验室和产业化基地等。

（三）共同治理机制

1. 控制权配置

相对于资本等有形资源来说，知识等无形资源对于研发联盟的成功意义重大。因此，在研发联盟中，传统的资本雇佣知识的委托权关系已不再适用，更多的是知识雇佣资本或者说是知识支配资本的关系。知识支配着资本的投资方向，即知识拥有者控制着资本使用权。

在最常见的“盟主—成员型”研发联盟中，盟主企业是创造利润的主要力量，它在关键技术上具有垄断优势并对技术的发展趋势具有先见性。盟主拥有较多的知识和议价能力因而控制权一般由盟主掌握，盟主与盟员之间的冲突并不多。

联盟中研发控制权的冲突主要出现在联盟各方实力相当的情况下。在项目的控制权方面各方均希望获得较多的话语权，以使研发成果能够更有利于解决本企业的现实技术问题或有利于加强、扩展本企业的核心能力。在这种情况下，理想的控制权配置形式是共同治理，即各方平等协商，理性地在各自具有相对优势的研发领域拥有和行使更多的控制权。

从项目的建议权、论证权、审批权、更改权、验收权和终止权来看，需要有关市场、管理和技术方面的综合知识。因而只有那些能深刻洞察市场信息，能将市场需求及时转化为产品设计方案，也能根据需求信息及时调整方案的企业才可承担起这样的决策职能。

项目执行权一般按各司其职的原则来配置，各企业对自身所承担的研发任务拥有执行权。如果某联盟成员在研发过程中承担着总体开发和设计任务，或者关键核心部件的开发和设计任务，往往拥有更大的项目执行权，能有权力给其他成员分派任务并就研发过程中的冲突进行协调。

项目监督权、受益权的主体一般应一致，而且往往赋予拥有执行权的企业。这是因为，技术研发作为知识性工作具有难以监督性和绩效的难以度量性，这给监督工作带来很大困难。而一个可行的办法是，让拥有执行权的企业承担起相应的监督职能，由于同时拥有受益权即剩余索取权，所以该企业将具有动力实施自我监督并监督其他成员。

2. 联盟契约

一个组织只有通过一定的行为规范才能将不同个体的努力引向共同的组织目标。在平等协商的基础上建立有法律效力的联盟契约，将对联盟成员形成有效的行为约束和利益保护。研发联盟契约体系的主要条款应包括以下三个层次的内容：

一是总体性文件。总体性文件应包括研发联盟的目标描述、联盟行为准则、成员资质认证标准、联盟成员信誉等级评估制度、利益分配与风险承担的一般性原则（包括联盟成员合作资产的评估）、协调与仲裁机构的职责、协调的原则、知识产权及技术秘密保护的一般性原则、联盟各方的投入评估等。其中，遵守行为准则是联盟成员加入合作组织的重要前提，也是使联盟成员的核心能力在联盟中得以充分发挥的重要前提。

二是研发联盟的任务性协议。任务性协议主要用于明确各联盟成员所要承担的具体任务，明确联盟成员的职责、权利和义务，并根据各成员的任务及总体性原则制定合理的利润分配方式，以及对学、研方科技成果的界定和归属问题做出明确规定。

三是研发联盟运行的安全性协议。安全性协议主要用于风险控制和协调冲突，从而保障项目的成功完成。协议内容应明确联盟成员间的关系、合作方式、联盟成员所能提供的共享资源的范围，并依据法律法规和联盟的实际情况制定知识产权、技术秘密和商业秘密的保护措施等。

此外，协议还应具有应对突发事件的灵活性，即合同中应包括“重大变化”条款，甚至有关联盟解散事项的“超前”条款，以保证在发生了难以预料的、对合作各方产生较大影响，甚至会引发冲突的突发性事件时，合作各方能够依据该条款重新谈判，达成新的协议。而在联盟开始之时就制定这些“超前”协议的优势即在于，保证谈判在积极友好的关系下进行，而不是在合作伙伴间频繁爆发冲突和高度不信任之后再进行。

（四）投入分担机制

1. 显性成本和组织成本的分担

在研发联盟的项目立项、验收直至联盟解体的各阶段，都要付出一定的成本以确保联盟的正常运转。因此，可从流程角度将联盟成本划分为立项成本和运行成本两大类。

在项目立项阶段，联盟成员首先要对合作伙伴的优势以及将要进行的研发项

表 10-7　研发联盟契约模板

一、标题部分
二、序文部分
1. 缔约方基本信息
2. 鉴于条款（用来交代合同签署背景）
三、定义部分（视联盟具体情况制定，可省略）
四、主文部分
1. 联盟名称、组织原则和组建宗旨
2. 联盟的技术创新目标、任务和联盟成员的任务分工
3. 联盟的组织机构及职责
4. 联盟成员
5. 联盟的项目管理
6. 联盟的经费管理
7. 联盟收益分配原则和知识产权管理
8. 联盟的解散和清算
9. 违约责任
10. 一般格式内容
11. 联盟成员认为应当在协议中约定的其他事项
五、附件部分（视联盟具体情况制定，可省略）

资料来源：作者整理。

目开展调研，收集相关信息资料。在调研过程中需要聘请相关专家对联盟各方的仪器设备投入、已有的知识资产投入等进行定性与定量评估。这些环节的投入发生在研发联盟的运行过程之前，此项支出应由各联盟成员独力承担，不需纳入联盟的分摊范围。

另外，参加研发联盟的企业个体还将独立承担一些隐性成本，如有可能丧失企业的主体地位、帮助竞争对手提升核心优势、缩小发展选择空间、机会成本等。这类隐性成本与立项成本的性质类似，仍然应由联盟成员独立承担，并不会导致联盟成员之间在投入分担方面发生冲突。

需要分摊的研发联盟成本主要是联盟运行成本。这部分投入可分为两部分；一部分是刚性的也是显性的，等于各联盟成员分别支付的显性成本之和，包括技术、资金、设备等，这是联盟从事技术创新活动必不可少的；另一部分就是联盟的组织成本，即联盟成员之间进行协调和管理的费用。鉴于刚性成本的基础性作用，它应在联盟内实行指令分配，即在联盟协议中明确联盟成员各自必须分担的刚性成本类型和额度。而研发联盟内部组织费用的分担一般应由各方商定，并通过协议来保障实施，亦可将刚性成本的分担比例作为联盟组织费用的分摊基础。

2. 以“专利池”方式集中管理联盟成员的知识资产投入

联盟成员向研发联盟投入的知识资产主要包括：对各联盟成员数据库的利用；对各自拥有的专利、技术秘密、商业秘密、经营信息的利用；对各自享有的版权和软件的利用；对合作设计、生产过程中各联盟成员的图纸、资料、说明书等的利用等。

在联盟成员向研发联盟投入的各项资源中，以知识资产最为稀缺且最难以准确计量。可借鉴国外研发联盟流行的以“专利池”集中管理联盟成员知识资产的做法。专利池（Patent Pool）是专利的集合，最初是由两个或两个以上的专利所有者达成协议，通过该协议，将一个或多个专利许可给一方或者第三方，后来发展成为“把作为交叉许可客体的多个知识产权（主要是专利权）放入一揽子许可中所形成的知识产权集合体”。专利池的初衷是加快专利授权，促进技术应用。进入专利池的企业可以自由使用专利池中的全部专利从事研究和商业活动，而不需要就池中的每个专利寻求单独的许可，进入专利池的企业彼此间甚至不需要互相支付许可费。专利池的成员企业通过民主协商确定知识产权许可的基本原则、对非成员企业收取的许可费标准以及许可方式等专利池知识产权政策。

联盟专利池最重要的作用在于它能有效促进联盟成员就专利进行有偿交叉许可，避免重复研发，提高成员企业技术创新的成功率，它是联盟成员实现集成创新的必由之路（张晶晶、孙颖楷、黄子蕴，2008）。[①]早在1856年，美国缝纫机联盟就出现了第一个专利池，该专利池几乎囊括了当时全美所有的缝纫机专利。1997年，基于MPEG-2数字视频压缩标准的MPEG-2专利池成立，包括哥伦比亚大学、富士通、朗讯、索尼等九个成员。该专利池控制了全球MPEG-2标准的数字视频压缩产业。20世纪90年代以来，美国司法部和欧盟有关机构相继批准了1394、DVD 3C、DVD 6C等一系列重要的专利池。

在构建专利池之前一般要进行专利评估，以确定哪些专利是可以进入专利池的必要专利。一项标准或技术会涉及多项专利，但最终进入专利池的只能是其中的必要专利。一项专利一旦被确认为必要专利，专利权人就可借此获得交叉许可并分享对外许可的收益，因而专利评估的结果对于各专利权人而言关系重大。为了确保评估的公正性，评估工作一般应交由独立的第三方执行。另外，评估结果也并非一成不变，评估机构应不断地进行技术追踪和再评估。超出有效期的专利会被清除出专利池，新授权的必要专利会被及时加入。因此，专利池中的专利数量会动态变化，专利池中的成员也应不断调整。

3. 加强对联盟成员核心技术的合理保护

知识共享是任何研发联盟成功运作的必要条件，但在知识共享的过程中，还

① 张晶晶，孙颖楷，黄子蕴. 关于研发联盟“专利池”的探讨与思考［J］. 中国科技产业，2008（7）.

存在着联盟成员知识外泄、竞争优势丧失的风险。出于保护自身核心竞争能力的考虑，研发联盟成员在知识投入时可能存在机会主义倾向，会尽量投入质量较差的知识。

为防止联盟成员在知识投入时可能的机会主义倾向和知识偷窃行为，应建立健全联盟成员核心知识、技术的保护制度。应根据研发联盟的战略目标及过程管理特征，确定联盟成员中开发和应用核心知识、技术的具体操作者，清楚地界定操作使用者的标识和使用范围（石书玲，2010）。[①] 应在合同中明确哪些知识和信息应被共享，哪些信息不能被共享。特别是当联盟成员获取了不能被共享的私有知识时，或以合同不允许的方式使用了所获知识时（如将所获知识用于联盟以外的项目上，或向其他非联盟成员提供联盟信息），需在合同中明确合同的终止条款及违约责任，以确保联盟知识共享的合理性和合法性。

而联盟成员在与合作伙伴共享自己的知识、技能等优势资源的同时，也要注意保护自己的核心能力及专长。应确立核心技术管理的规章制度和使用范围，确定哪些项目属于哪个领域，通过何种途径使用。联盟成员可用适当的轮廓图标示出现在或将来须掌握的技术及其技术深度，明确企业内部应掌握技术的员工的范围，从而建立起有效的核心技术保密机制。

（五）收益分配机制

"不患寡而患不均"，研发联盟的瓦解多源于利益分配机制的失效。因此，研发联盟在成立之初就应多方沟通协调，谨慎选择分配方式，促进联盟的可持续发展。

1. 联盟收益类型

研发联盟的收益是指企业、高校和科研院所通过相互联盟与协调，作为一个整体而创造出来的新增收益。根据收益的可获得性和可量化程度，可将其分为可分配收益与不可分配收益。

可分配收益是联盟成员能直接获得，并具有较高的可量化性的利益。主要包括利润、联盟成员合作创造的、处于待售状态的产品和半成品、技术转让收益等经济性收益，以及研发过程中产生的技术诀窍、生产秘密、发明、专利等知识资产。可分配收益是联盟成员参与联盟的内在动力和追求的目标，它的多少体现了联盟绩效。

不可分配收益是相对于可分配收益而言的，主要指联盟合作过程中产生的，在实际中很难量化，联盟成员也难以在短期内感受到的利益。如合作研发产品的商誉、整个联盟组织良好的社会形象、联盟成员的学习经验、联盟过程中产生的卓越的管理经验等。不可分配收益虽不能直接用货币来度量，且在短期内比较难

---

① 石书玲. 知识联盟中私有知识保护机制的构建［J］. 科技进步与对策，2010（2）.

以体现，但它会导致有形的可分配收益的增加。也就是说，不可分配收益最终仍会转化和体现为可分配收益。

在不同的联盟治理模式下，利益分配策略各有不同。对于利润、技术和商誉等不同的利益表现形式，分配方式也应有所不同。但无论按照哪种方式进行收益分配，都要在契约中明确规定分配系数，并根据联盟运行过程中各联盟成员的实际贡献进一步调整分配系数。

2. 收益分配原则

为提高研发联盟收益分配的合理性，应在具体操作中遵循以下原则：

一是按劳分配原则。投入与收益成正比是任何投资的基本法则，因此，应根据贡献大小确定收益份额。

二是公平性原则。联盟成员无论规模大小、实力强弱，参与产出分配的权利具有对等性。

是透明性原则。分配信息与分配方案公开、透明。

是风险补偿原则。利益分配的比例取决于风险分担的比例。在投入同等创的条件下，多承担风险者将获得更多的联盟产出份额。

五是各取所需原则。联盟成员对各种联盟收益具有不同的偏好。例如，对于规模较大、资金实力相对雄厚的企业而言，参加联盟的主要目的在于获得某项新技术、新工艺或新产品，以便开拓新的经营领域，对其而言，技术资源的重要性远超过财力资源。而对于一些小型研发企业而言，承担部分研发任务的主要目的就是获得资金回报，为企业滚动发展奠定基础。因此，在条件许可的情况下，可将各类联盟收益优先分配给最需要它的联盟成员，这样将有利于提高联盟产出分配方案的可行性。

3. 联盟经济性收益的分配模式

研发联盟经济性收益的常见分配模式有三种，它们各有各的适用方向。现归纳如下：

一是固定报酬模式。指一部分联盟成员（通常是企业）根据其他成员（通常是学、研方）承担的任务和风险，按照事先协议从联盟总收益中支付这些成员固定的报酬，而支付方在得到剩余部分的同时承担起全部风险。这种利益分配模式接近于市场交易。

固定报酬模式又可分为一次性付清和分期付清两种形式。对于短平快项目或比较成熟的技术攻关项目，以及有潜在市场前景的高新技术项目，因其风险较小、收益前景较明朗，可采用一次付清的方式。一次付清的方式操作方法较简单，却无法体现风险共担的原则。分期支付虽比一次付清方式更有利于约束合作各方履行合同，但存在同样的缺陷，即价款或报酬未能与实施技术之后的利益直接挂钩。

二是利益共享模式。指联盟成员按照一定的比例系数从联盟总收益中分得各自的份额，这种方式又可分为按销售额提成、按产值（或产品数量）提成和按利润提成三种方案。这种收益分配方式的最大优点在于将科技成果所带来的利益透明化，它是一种风险共担、利益共享的分配模式，能够通过利益驱动将合作各方有机联系在一起，有利于技术的实现和依据市场需求不断改进技术。且由于一次性投入减少，减轻了企业压力，从而为企业更多地吸纳技术成果提供机会。

三是混合支付模式。指研发联盟技术转让合同的受让方（通常是企业），先支付一定金额作为入门费，然后再按照提成的方式支付技术转让方（通常是学、研方）一定费用。入门费的金额通常较低，作为企业对学研方研发投入的补偿，待产品投放市场后，企业再以合同中约定的比例支付给学研方提成费。

对于提成的具体比例，一般根据企业的经济效益和项目性质而定。提成的期限，应参考新技术的技术寿命和法律保护期限确定。对于那些容易实现经济效益的短平快项目和技术成熟的项目，可采取较高的提成比例、较短的提成期限；对于一些投资大、周期长、见效慢的开发项目，可考虑降低提成比例，延长提成期限或不限制期限。另外，还可根据技术的"含金量"不同确定不同的提成比例，或者在各阶段按不同比例提成，或根据销售额大小确定不同的提成比例等较为灵活的方式。

按股分利也属于混合支付模式，主要应用于共建经营实体的情况。在共建经营实体模式下，联盟收益在优先保证还贷和预留经营实体发展基金的前提下，采用按各成员入股比例进行分配的方式。以上各种收益分配模式的操作方法和适用条件详见表 10-8。

表 10-8　研发联盟利益分配模式

分配模式		操作方法	适用条件	操作性
固定报酬模式	一次性付清	技术转让后一次性付清	技术成熟；市场确定	简便
	分期付清	转让前交一部分定金，转让后全部付清	技术成熟；市场确定	简便
利益共享模式	按销售额提成	产品投产后按销售额比例支付	技术成熟；市场有风险	较简便
	按利润提成	产品投产后按利润比例支付	技术成熟；市场有风险	较复杂
	按产值提成	产品投产后按产值比例支付	技术成熟；市场有风险	复杂
混合支付模式	入门费+销售额提成	先支付入门费，产品投产后按销售额比例支付	技术较成熟；市场有风险	较简便
	入门费+利润提成	先支付入门费，产品投产后按利润比例支付	技术较成熟；市场有风险	较复杂
	入门费+产值提成	先支付入门费，产品投产后按产值比例支付	技术较成熟；市场有风险	复杂
	按股分利	学研方以技术入股，共同开发，按股分利	技术较成熟，共同开发，联合经营	较复杂

资料来源：作者整理。

在分配联盟收益时，联盟各方应根据项目进展的不同阶段确定不同的利益分配方式。还可根据实际的生产与销售情况，签订补充协议，以适应履约条件的动态变化。足够灵活机动的收益分配方式，才能保证联盟各方长期稳定的合作创新关系。

4. 联盟新产生的知识资产的归属

知识资产是企业核心能力的外在表现，因此对于联盟新产生知识资产的控制权的争夺，必然是联盟产出分配面临的最尖锐问题。

（1）研发联盟中新产生的工业产权归属的法律界定。联盟成员协作完成的发明属于“共同发明”。所谓共同发明，是指由两个或两个以上的单位或个人分工合作，共同完成同一项发明创造。共同发明的客体必须是同一发明成果，而主体则必须是对发明创造做出创造性贡献的人。至于是否提供资金、设备、场地、材料等物质投入，并不构成共同发明的必要条件。因此，若联盟一方仅提供了物质条件，未参与技术研发，不能算作协作，而应归入委托研发范畴。

显然，在研发联盟中，界定“创造性贡献”是由哪个人做出的是确定专利申请权归属的关键。技术开发一般经历三个阶段：一是发明创造的构思设计阶段；二是实验室小试阶段；三是中间试验和工业试验阶段。从专利法对发明创造的界定来看，一项技术构思达到本专业的普通技术人员能够实现的程度，就算完成了发明创造。因此从取得专利申请权的意义上来说，前两个阶段最为关键。但如果在工业实验阶段对发明创造进行了实质性改进，构成了发明创造的一项特征，则应视为共同完成发明创造。

中国专利法规定，发明人必须是个人，所以要界定专利申请权的归属，必须看发明人或设计人的所属企业。如果只有一个发明人或来自于同一企业的若干发明人，对发明创造做出了创造性贡献，那么毫无疑问，发明人所属企业享有专利申请权；如果有来自于不同企业的两个或两个以上的发明人，都对发明创造做出了创造性贡献，则由各发明人所属的企业共享专利申请权。对发明创造的完成没有做出创造性贡献的联盟成员可以取得免费实施该发明专利的权利。

依据相关的知识产权法规，研发联盟成员就共同完成的发明创造申请专利时，应由全体联盟成员共同提出，如果任何一方不同意申请专利，其他各方也不得申请专利；如果任何一方声明放弃其专利申请权，可由其他方共同申请。发明创造被授予专利权后，放弃专利申请权的一方可免费实施该项专利；在共同享有专利权的情况下，专利的许可和转让必须征得其他权利人的同意，未经同意，任何单方的转让和许可都是无效的。

（2）尽量以事前合同约定的方式减少联盟知识产权的分配冲突。以上分析似乎表明，研发联盟中的工业知识产权归属是有明确依据的。但实际上，在许多情况下难以清晰界定究竟是联盟的哪一方对技术开发的前两个阶段做出了创造性贡献，联盟成员往往也难以就此达成一致。为避免事后协商产生的高昂交易成本及纠纷，最好事前在合同中确定合作各方对发明创造的权利以及分享原则。例如，可约定各协作企业对自己做出的研究设计成果享有专利申请权，或约定研发成果的专利申请权归某个企业享有，但该企业应对其他协作方给予适当补偿。

一份考虑周全的协作开发合同能够在事前明确约定合作各方对发明创造的权利分配事宜。合作开发合同一般应涉及以下内容：标的技术的内容、形式和要求；研究开发计划；开发经费的数额及其支付、结算方式；利用研究经费购置的设备、器材、资料的财产权属；技术秘密的保密；技术成果的归属和分享；风险责任的承担；验收的标准和方法等。

（六）学习管理机制

研发联盟能否成功，关键在于联盟能否建立和发展其互动学习机制。一个有效的互动学习机制不仅能推动知识跨越企业界限在不同主体间顺畅地交流和共享，而且能够创造保证互动学习有效运作的微观支撑环境，鼓励个人自主地学习、交流、分享知识和技能，从而既有利于提高个人、企业的知识水平与认知能力，又有助于共同创新目标的完成。

1. 研发联盟的学习方式

技术学习贯穿于研发联盟的整个过程。联盟成员技术学习的对象（即合作伙伴）主要包括同行业其他企业（含竞争对手）、供应商企业、用户企业、高校和科研院所等。联盟中的企业从同行那里可获得成熟的专有技术、新产品设计思想、工艺技术诀窍、市场营销创新方法和组织管理程序等一系列溢出的知识与信息。从供应商和客户那里获得的知识则主要包括所交易产品中蕴涵的技术信息，对产品设计的特定要求、质量标准、产品使用后的反馈甚至相关的技术支持。另外，高校和科研院所不仅可以向企业提供产品和工艺创新的思想，还可以为企业提供各类咨询服务。联盟中的学习方式一般包括以下几种：

一是经验学习。即联盟成员发现一些对自身有用的新知识，通过共享后将其从合作伙伴那里简单移植过来。技术交叉许可就是一种经验学习方式。

二是标杆学习与应用性学习。标杆学习和应用性学习均可看作经验学习的深化。经过经验学习阶段后，能力较弱的一方发现其合作伙伴在产品或研发流程管理等方面的实践措施对其具有重要的学习价值。此时，企业将根据合作伙伴对知识所采取的保护措施来选择相应的学习方式。如果联盟伙伴采取开放态度，则企业最优的选择是向标杆学习，即将对方作为学习和追赶的目标，组成标杆学习团队、收集与分析信息、确立适宜的步调以开展行动。如果合作伙伴采取保守态度，则企业只得将从经验性学习中所获得的知识进行实践应用，以检验的方式进行学习。

三是合作学习。合作学习是研发联盟中最积极的学习方式。这种学习方式就是联盟成员在创造新产品及新工艺的过程中创造新知识，并将这些成果与合作伙伴分享。合作学习很可能产生突破性创新，并相应地开拓一个新的市场领域。合作学习要求联盟伙伴之间高度共享各自的知识资源。这种学习方式对于建立稳定的联盟关系具有促进作用，并能够产生共赢效果。当然，由于要求合作各方对知识的高度共享，合作学习也极易导致联盟成员核心知识资产的流失。

在联盟学习过程中，联盟成员可根据联盟的演化阶段、学习领域的变化以及自身状况进行多种学习方式的组合和动态选择。

2. *研发联盟互动学习的优化机制*

由于研发联盟成员之间的知识共享存在多种障碍，所以必须采取措施以提高知识共享的水平。这些措施包括以下方面：

一是加强对知识载体的管理。在研发联盟内共享的知识既包括显性知识又包括隐性知识。对于程序、符号等显性的编码知识，联盟应确保各成员投入知识的数量、质量及其合理结构。而对于没有采用系统的、编码的语言表达出来的、蕴藏于组织惯例之中的、不利于广泛共享的隐性知识，联盟应尽量采用信息技术手段，将隐性知识显性化。比如，可通过技术程序和工作步骤的细分化，将某项技术逐步分解，以实现一定程度的显性化。此外，还可通过建立联盟成员的定期交流机制，实现隐性知识共享。

二是构建研发联盟的知识地图。知识地图可以是真正的地图、知识“黄页”或是巧妙构造的数据库。它不一定包括知识，但可指出知识的位置。开发知识地图是指找出联盟成员掌握的各种重要知识，然后以清单或图片的方式加以公布，并显示知识的位置。绘制知识地图能帮助联盟实现知识的系统化、层次化存储，建立知识资源目录，明确知识源和知识库，为知识需求者提供跨越企业和部门界限的快速访问与检索平台，帮助企业发现知识缺口与知识关联，协助企业进行知识的挖掘与利用，探索知识款目之间错综复杂的关系。

三是提高联盟成员的知识吸收能力。联盟中知识的流动与互补是以各联盟成员的学习能力为基础条件的。如果联盟成员在合作过程中的前期知识储备不足，基础能力较差，则会导致知识共享的效果不佳。应推动联盟成员向学习型组织迈进，建立有利于互动学习的开放型组织文化，推动联盟成员持续不断地加强相关知识的学习和积累，培养并强化其吸收外部新知识的能力。

四是营造良好的联盟学习环境。如果联盟成员彼此猜忌，信任度不够，那么合作氛围就会较差，还可能严重影响到联盟成员知识投入的积极性。因此应建立集成硬件设备和软件资源的合作研发平台，为联盟各方提供知识共享、项目合作、技术创新的公共场所。应培养开放的学习文化，通过学习环境驱动知识的学习和共享。

（七）信任机制

许多研发联盟的失败被归结为在联盟内部缺乏相互信任。许多知识，特别是隐性知识往往根植于公司的实践、组织形式和企业文化之中。只有在一种彼此信任的自由氛围中，在一种没有沟通障碍和行动限制的工作关系中，合作者才能从对方学到这些知识。如果联盟成员相互提防、抱怨，研发联盟的学习就会受到限制。可以说，要成功实现协同学习，必须构建起以信任为核心的心理耦合机制，这是研发联盟成功的基础。

1. 联盟信任缺失的表现

联盟成员出于对自身知识产权及相关利益的保护，可能会出现以下行为：一是将自己的部分知识资产或核心知识资产予以保留；二是数据库开放不完全，如仅展示显性知识而保留隐性知识、仅展示通用性知识而隐藏专有知识；三是隐瞒部分信息，如技术的不成熟点所在、专利的有效性、国内外同类技术的商品化率或扩散情况等；四是传递无效、虚假和错误的信息，如将专利申请号改为专利登记号、夸大市场前景、提高专利技术水平评价等；五是用来与合作伙伴共享的是不成熟技术，尚需进一步投入时间和经济成本才能确知技术的全部情况，如中试的投入与风险、替代性技术的进展、潜在竞争对手的情况等。

上述问题的存在，使得合作中的知识所有者与合作伙伴相互猜疑对方的诚意，拖延时间观察对方的真实合作意向，均等候对方采取实质性的付出行动后才肯进入合作状态，而一旦出现以挪用他人知识资产为目的的合作者时，其机会主义行为会马上招致其余合作者的报复性退出，导致合作失败。

2. 联盟信任关系的建立

研发联盟中信任关系的建立难以遵循自然、缓慢生成的常规路线，而只能以自发与强制相结合的方式来快速启动。可通过总体的利益引导和契约规范，并强化沟通平台、督促投入到位，确保联盟成员间快速信任机制的产生（孟华兴、王春和、张伟东，2006）。[①] 具体举措包括：

一是联盟协议的明确化。制度可成为信任的起点。完备的契约条款能够明确彼此的责任与权利，明确在互相访问、参观等过程中可以到达的办公、生产区域，明确合作各方在联盟运行过程中的角色和信息共享机制，明确出现知识产权纠纷时的处理与补偿方式。详细的合作协议给予合作各方一定的法律约束力，使技术学习得以在一个较为明晰的框架内开展，增强联盟伙伴的安全感。

二是积极评价联盟的合作愿景与合作时间，明确共同的目标与收益。明确的共享目标也有助于培养信任关系。因此，联盟应着重做好两方面的工作：①从多

---

① 孟华兴，王春和，张伟东. 创新联盟快速信任的建立［J］. 经济管理，2006（14）.

角度展示联盟的预期收益。利益大小与激励程度成正比。联盟在准确预测可能的经济利益外，还应多角度展示合作所能带来的无形收益，如快速新产品的推出、联合市场占有率、巨大的商誉、形成行业的技术标准、专利权的垄断、企业创新的加速、分散风险等。这些收益将为联盟成员带来更大的发展潜力和未来的市场先机。②积极评价联盟的合作前景与合作持久性，可使联盟成员在短期利益与长远利益之间进行权衡，并基于长期博弈收益和持续合作预期而放弃当前的机会主义行为。

三是建立信用评估制度，强化对成员行动的反馈。信用评估制度提高市场主体行为的可预见性和信任度，能够降低联盟合作过程中的信用成本。在缔结联盟以及联盟的运作过程中，应持续进行企业信用和个人信用的内部评估审核，对每一合作伙伴的过去、现在和未来等一系列要素进行综合评判。一旦发现机会主义行为，在联盟内广为宣布并进行经济惩罚，使其企业形象、品牌等无形资产受损，使破坏信任所带来的后期合作关系的丧失及利益损失远远超出当前的机会主义行为所得。

四是确保知识资产投入到位。联盟成员投入知识资产的数量、质量、及时性及持续性指标可显示其参与合作的积极性。联盟成员主动合作的态度和行为能向其他合作成员传递值得信赖的信号，同时还能诱使他人效仿，从而创造出一个回报信任的氛围。另外，联盟成员投入的专门性人才、设备以及资金等专用性知识资产，也可显示其合作的诚意，投入的专用性程度越高，转化为沉没成本的可能性越大，其合作的决心和可信度也越高。因此，联盟可通过契约要求成员进行专用性知识资产的定量投入，提高其退出壁垒，通过联盟成员的不可撤回性投资来“锁定”各方，为联盟信任机制的构建提供资产保障。

五是保持联盟成员顺畅沟通。相互沟通有利于基于心理认知的人际关系形成，推动团队信任的早期建立。包括业余爱好、周末活动、家庭等信息的大量交流容易在团队成员中建立起最初的高度信任。常规性交流使联盟成员处于与他人的不断联系之中，相互交换关于需求、偏好以及问题解决途径等方面的信息，消除理性认知上存在的顾虑。联盟应搭建内容丰富、传递及时的内外部信息网络平台，以促进联盟成员正式或非正式的沟通，促进相互的信任和知识的交融等。

第十一章　解析协调发展的科学内涵构建“协调度”评价与预警系统

国务院制定下发的《关于支持河南省加快建设中原经济区的指导意见》文件提出积极探索不以牺牲农业和粮食、生态和环境为代价的“三化”协调发展的路子，是中原经济区建设的核心任务。本章拟在进一步全面阐释“协调发展”理论的基础上，尝试着构建“协调度”评价指标体系与预警系统。

一、构建中原经济区“协调度”评价与预警的必要性

中原经济区建设是实现全国区域协调发展，促进中部地区崛起而规划的系统工程，是加快形成东中西互动、优势互补、相互促进、共同发展新格局的必然选择。中原地处华夏之中，是东西交会、南北贯通的核心地区，只有中原率先崛起，才能有力推进西部大开发，支撑东部大发展，促进区域协调发展。支持河南省加快建设中原经济区，是巩固提升农业基础地位，保障国家粮食安全的需要；是破除城乡二元结构，加快新型工业化、城镇化进程的需要；是促进“三化”协调发展，为全国同类地区创造经验的需要；是加快河南发展，与全国同步实现全面建设小康社会目标的需要；是带动中部地区崛起，促进区域协调发展的需要。

中原经济区发展的战略定位有四个：全国“三化”协调发展示范区、全国重要的经济增长板块、全国综合交通枢纽和物流中心、华夏历史文明重要传承区。其中，形成全国“三化”协调发展示范区位列四大战略之首，是中原经济区建设的核心定位，最能体现中原经济区建设的特色、优势、价值和作用；而持续走出一条“不以牺牲农业和粮食，生态和环境为代价”的“三化”协调发展的路子是破解我国全局性发展难题，实现全面建设小康社会的有益探索。对于河南为代表的中部地区来讲，只有真正实现了“三化”协调发展，才能带动中部地区的经济发展，有了经济基础，中部也才能真正成为全国重要的经济增长板块。如果失去经济基础的支撑，即便中原的地理位置再优越，也没有财力来修建交通枢纽工程，构建遍布全省的交通网络，也没有财力来丰富全省城乡人民的业余文化生

活，更无从谈起形成全国主要的交通枢纽，也无从彰显中原地区几千年积淀的华夏文明的优势。

但是，中原经济区建设毕竟是河南省全省人民进行的伟大尝试。既然是尝试，就表明“三化”协调发展的道路不好走。我们首先要具备开创历史先河的勇气和过人的胆识。既然是摸着石头过河，没有前人的经验可借鉴、参考，那么即使我们具备了超人的胆识，也并不一定意味着我们有付出就一定会有回报。因此，对于这种尝试探索行为，就有必要及时进行评价，评价付出的努力是否达到了预期效果，评价“三化”协调发展的路子是否走得顺畅。通过评价，一方面可以及时发现发展进程中存在的问题和不当之处，并进行适时修正，有效规避风险，进而将这种探索过程中的不确定性成本降至最低；同时，评价的过程也是对探索行为进行深度反思的过程，通过反思与梳理，可以将在实践环节成功的经验上升为系统的理论，为其他地区进行的同类尝试提供切实的指导，积累宝贵的经验。在系统评价的基础上，需要进一步构建预警模型，对于实践中的探索行为，不仅需要从质的层面衡量是否存在运行偏差，还需将这种偏差予以量化，是否超过了规定的警戒线，以便采取相应的措施。

具体来讲，根据评价预警系统预期使用对象的不同，从以下方面探讨其在预警评价系统中的职能定位。

（一）相对各级政府部门、各类行业协会、各个企业组织

1. 评价预警系统可以为政府等监管机构提供评价基础

各级政府部门、行业协会是推进中原经济区建设的主导力量，作为中原经济区建设的指挥中枢，通过评价系统提供的运行指标和统计数据，政府部门可以及时了解“三化”协调发展系统的运转状况，进一步与预警模型进行比较，就能直观判断出哪个环节运转有效，而哪些环节运转不畅；对于运转不畅的环节，就需要通过对相关指标的分解和细化，最终找到问题的症结，及时进行疏通。在这个环节，政府不仅可以集中全省人民的智慧予以解决，对于实践中的重大问题，甚至可以利用政府先进的组织平台，向省外的著名专家学者借力、借智，用他们的宽阔视野、先进理念和真知灼见为我们出谋划策，尽快解决现实难题，也丰富中原经济区建设的实践。

2. 评价预警系统可以为行业协会的全面职能发挥提供支持

行业协会作为各级各类行业发展的自律性组织，首先，对本行业的发展面临的政策、技术难题非常熟悉，通过评价预警系统提供的运行指标和统计数据，最能从专业角度发现系统运行中存在的问题，从而给出科学可行的解决措施。其次，行业协会在本行业中具有相当的权威，一般都能够参与制定本行业政策、法规，具有一定的法规制定与管理权限，而行业协会制定的行业政策往往也是国家

制定相关政策的依据。最后，行业协会利用其组织协调优势，可以协助企业尽快解决系统运行中存在的问题。与政府部门相比，这种非行政机构在对特定行业的组织与管理方面具有独到优势，依据共同制定的章程体现其组织职能：增强企业抵御市场风险的能力，维护企业共同的经济权益，规范市场行为，调配市场资源。

3. 评价预警系统可以为各类企业及时纠偏提供数据基础

各类企业组织是工业化过程的实施主体，通过评价预警系统及时反馈的系统数据，企业可以发现自己的行为效果，并进行适时的修订。作为中原经济区建设的微观主体，企业的参与至关重要，只有端正了认识，转变领导方式，企业的行为才会符合"三化"协调发展的要求。

（二）相对广大社会公众、其他组织和个人

1. 有利于广大公众实时了解

广大公众是推进中原经济区建设的实践主体，只有他们的广泛关注和参与，才能真正推动经济区建设的落实和发展。同时，社会公众也有知情权，中原经济区建设的进展步骤，取得的成效如何，通过评价预警系统，公众可以及时了解最新的发展动态。

2. 有利于公众舆论监督

舆论监督指社会通过公众舆论、媒体报道等方式，对相关事项施加的软约束。社会监督属于自发监督机制。通过新闻媒体对中原经济区建设相关事项或现象的深入报道，引导公众正确认识经济区建设方面可能还存在的不足之处，引导公众形成合理的预期和判断，正确引领社会舆论。要防止中原经济区建设少走弯路，能做到发现问题及时修正，就必须充分发挥社会公众的舆论监督作用。

3. 有利于公民参政议政

调动社会公众关注中原经济区建设。一旦在执行过程中发生非预期的重大事项急需解决，我们可以集思广益，调动公众的参与。全省人民的智慧是经济区建设取之不尽、用之不竭的思想宝库。

二、中原经济区建设中"协调发展"的理论阐释与政策含义

中原经济区是以全国主体功能区规划明确的重点开发区域为基础、中原城市群为支撑，涵盖河南全省、延及周边地区的经济区域，其战略定位是建设成为国家重要的粮食生产和现代农业基地、全国"三化"协调发展示范区、全国重要的

经济增长板块、全国区域协调发展的战略支点和重要的现代综合交通枢纽、华夏历史文明传承创新区。建设中原经济区，主题是科学发展，主线是加快转变经济发展方式，目标是富民强省，核心是“三化”协调，活力是解放思想，动力是改革开放，方法是统筹兼顾，关键是实干实效。中共河南省委书记卢展工在与省社科界专家学者座谈时强调，走好以新型城镇化为引领，“三化”协调科学发展路子要“注重内涵、注重引领、注重协调、注重民生、创新思维、创新思路、创新方式、创新举措、尊重规律、规划先行、因势利导、循序渐进”，48 字方针走好“三化”协调路。

由此可知，“三化”协调发展的历史意义在于其是中原经济区建设的指导思想，是衡量中原经济区建设是否达到预期目标的客观标准，也是中原经济区不同于全国其他经济区，解决以河南为代表的中部地区发展面临的现实困境的特效方案。建设中原经济区，首要的就是要破解“三化”协调的难题。那么，我们中部发展到底面临什么样的特殊困难，必须要用“三化”协调发展的“药方”来医治呢?

（一）“三化”协调发展面临的问题

1. 目前河南省“三化”发展的现实水平

河南省“三化”发展的现实水平是工业化发展处于中期阶段、城镇化水平整体低、农业比重大。具体来看，全省经济结构性矛盾依然突出，城乡发展不协调，工业多处于产业链前端和价值链低端，服务业发展滞后，农业基础薄弱，科技创新能力不强，经济发展的质量和效益亟待提高，土地、资源、环境等约束加剧。经济社会发展活力不足，制约科学发展的体制机制性障碍有待破除，居民收入水平总体偏低，收入差距较大。因此，在现有基础上加快推进工业化、城镇化、农业现代化的任务非常艰巨。据统计数据，2010 年河南省生产总值达到 22270 亿元，居全国第五，但是人均生产总值 22340 元，排名远远落后。要改变这种“总量靠前、人均落后”的现状，只有依靠跨越式发展。如果不改变依赖物质投入、拼资源环境、靠外延扩张的传统发展模式，保持经济发展的目标就会很难实现，而且因为发展速度低，还会引发一系列矛盾和社会问题。

2. 制约河南省“三化”协调发展的深层矛盾

从上述现状分析可知，河南省农村人口多、农业比重大、保粮任务重，“三农”问题突出是制约“三化”协调的最大症结，人多地少是制约“三化”发展的最现实问题，城镇化水平低是经济社会发展诸多矛盾最突出的聚焦点，这一状况对城镇化模式转变形成倒逼压力，要求我们必须创新城镇化发展思路。

强调协调发展，说明目前在很多方面的发展不是同步推进。这就要求首先结合河南省实际发展状况，搞清楚究竟是哪一块发展落后了。只有抓住了主要矛盾，才能有效解决问题。归纳起来，河南省发展的不协调体现在以下方面:

（1）工业化、城镇化与保护耕地资源的矛盾。所谓城镇化，是指一个国家或地区内的人口由农村向城镇转移，农业人口转化为非农业人口，农村地区逐步演变为城镇地域，城镇人口不断膨胀、用地规模不断扩大的过程。就本质而言，工业化、城镇化的功能之一是土地使用形式由农村用地向城镇用地转变，促进城镇地域空间不断扩大。无疑，城镇化的推进需要占用大量的耕地。数据表明，城镇化水平每提高 1.5 个百分点，城镇用地规模将扩大 1 个百分点。在土地资源有限的情况下，增加城镇工业用地就会挤占可用耕地面积，在农业现代化程度低，亩产不高的情况下，增加粮食供给还更多依赖增加种植面积。

河南省地处南北气候带的交界处，粮食生产的区位优势得天独厚。作为我国的粮食主产区之一，它以 6.5%的耕地面积生产了全国近 1/10 的粮食、1/4 的小麦。但也应看到在省内有些地方，经济发展了，粮食生产却下来了。即目前的发展模式可能导致耕地面积不断下降，粮食产量不协调发展。也要认识到，越往后解决我国粮食问题的难度越大。因为越往后人增地减，恐怕会使国家粮食平衡在今后一段时间内长期保持在紧平衡状态。作为农业大省的河南省，保障耕地面积、保证粮食产量的任务无疑会更加艰巨。

（2）稳粮保粮与富民强区的矛盾。在河南省还有另外一种现象，有些地方粮食生产保住了，但是却牺牲了经济发展，农民收入水平上不去。一些粮食主产县，或者叫粮食大县、农业大县，但同时却又是工业小县、财政穷县。这无疑透露出这样一种矛盾，在这些粮食主产区，虽然实现了农业增产，但并没有能够同步实现农民增收，暴露出粮食增产与农民增收的矛盾，或者说稳粮保粮与富民强区的矛盾。原因在于生产粮食的比较效益较低，农产品的价格低，加之国家有关政策对农业的支持补贴力度不够，种种因素导致农民收入上不去，越种地越穷的现象。这无疑会打击农民的种粮积极性，进而导致种植面积的缩减。问题的根源在于推进工业化、城镇化的过程中，农业现代化的步伐没有跟上，两者发展出现了不协调；现行粗放、外延式的农业发展模式，使得实现经济增长只能靠增加土地资源在内的物质资源消耗，而忽视了对效率的提高和内涵的挖掘。因此，挖掘农业现代化的潜力，以促进经济增长，提高农民收入的任务就尤为突出，也只有通过农业现代化，才能根本解决这一矛盾。

（3）现行制度体系对推进城镇化的制约。统计数据显示，河南省 2010 年的常住人口是 9405 万，另外还有 1000 多万是在省外打工，因居留时间超过 6 个月，被统计为打工当地的人口了，但他们的家庭根基还在河南，所以加起来河南的总人口有一亿零四百多万，其中农村人口为 6700 万人。这么庞大的农业人口怎么解决？要推进城镇化，我们必须减少农村人口。一是向农外产业转移，激励一部分农民从事非农产业。另外安排其向城镇转移。但是随着人口的移动，也暴露出其他问题。

我国现行户籍制度是始于 1958 年的《中华人民共和国户口登记条例》，条例依据城乡把全国人口分为农业和非农业人口，且两类户口具有完全不同的福利背景。这种户籍制度上的“二元化”结构随着市场经济改革的推进，其弊端日益显现。首先作为计划经济产物的城乡二元户籍制度在很大程度上限制并影响了人的积极性的发挥。人为的户口等级划分，使部分非农业人口滋生了惰性。非农户子女一生下来就在商品供给、升学、就业以及医疗、住房等福利上享受与农民不同等的待遇，这种待遇不仅是终身制，而且是世袭制。做工和种田不仅成了职业称谓，而且也是身份和地位的象征。这种地位歧视使得一部分农民不愿意进城。另外，居高不下的非农业人口的财政补贴，不仅使各级财政压力增重，而且也带来了农民对政府的不满情绪。此外，现行的户籍制度要求人必须随着户口转，但人口进城户口却不能同步解决，这种画地为牢、城乡分割的不正常局面，严重制约了人才的流动，约束了农村人口向城镇的转移。

（4）推进城镇化与保护农民利益的矛盾。城镇化的一个重要标志是农民数量的减少。推进城镇化进程中，一些农民失去了赖以生存的土地，如何解决他们的生活出路和社会保障问题，关系到社会和谐与稳定。况且，农民是工业化、城镇化的参与者、建设者，也理应成为受益者，所以解决工业化、城镇化问题，首先要解决农民问题，要采取有效的措施保护好失地农民的利益。

现实情况是，随着城镇化的推进，产生了大量失地农民。从积极意义来说，失地农民是工业化、城镇化进程中的正常现象。农民失地并不可怕，可怕的是农民失地的同时又失业。即农民在“农转非”过程中既失去了赖以生存的土地，又无权分享城镇化的成果，被城镇化抛弃，得不到任何必需的生活保障。造成一方面农民数目在减少，另一方面部分改变了户籍性质的失地农民又在成为新的城镇贫民。在这方面，拉美国家的惨痛教训给我们提供了前车之鉴。

据巴西农业部的统计数据，巴西早在 2002 年，人均 GDP 已经超过了 3000 美元，城市化率达到 82%，但贫困人口却占到国民人口总数的 34%。一边是现代化，一边却产生了那么多穷人。虽有增长，但无发展，大多数人享受不到现代化的成果，可见单纯追求 GDP 的增长并不是真正的发展。GDP 固然重要，但如果一个地方 GDP 增长很快，同时“三无”（土地、岗位、保障）农民大量增加，怎么能叫发展呢？因此，在中原经济区建设的实践中，如果不注重“三农”问题，不注重农民的收入问题和生活状况问题，很可能最后会落到“拉美陷阱”中去。

可见，工业化、城镇化过程中，作为前提的“农转非”并不简单等同于将失地农民转为城镇户口，也不仅仅限于保障基本生活条件，还必须注意解决失地农民的养老、就业、医疗社会保险和福利问题。只有切实保护好农民的利益，彻底消除农民的后顾之忧，城镇化才会更快健康有序地进行。

（二）“三化”协调的内在机理

人类历史发展证明，工业化、城镇化与农业现代化之间客观上存在着相互联动发展的关系。农业作为第一产业，可以为工业化和城镇化的发展积累资金，完成原始积累。当工业化、城镇化发展到一定阶段后，又可“反哺”农业，为农业增长提供资本积累，推进农业现代化。工业化、城镇化不发展，农业现代化就缺乏动力；农业现代化若跟不上工业化、城镇化发展步伐或者被忽视，就会导致工业化、城镇化陷入停滞，不可持续。实现“三化”的互动协调发展，要求我们突出城镇化的引领功能，以城镇化带动工业化，以城镇化促进农村现代化。

首先，城镇化能带动工业化。随着城镇化进程的加快，相对集中的城镇建设具有辐射农村的优势地位。随着城镇人口的不断增加，相对高密度的城市人口需要生产、生活上的巨大消费，其结果是这种以城市为辐射源的需求，必然会扩散延伸到周边地区，从而刺激并带动农村大力发展高利润的肉、食、果、蛋、奶等多种副食品及工业消费品。这对扩大农产品深加工、提高农产品附加值、延长农村产业链、增加农民收入都能起到积极的作用。在城市的辐射带动作用下，农村的产业结构也会得到进一步的优化和调整。

其次，城镇化能促进农村现代化。目前河南省城镇化水平低导致市场总体规模小、发展速度缓慢，制约了对农副产品的市场需求，导致农民收入增长缓慢。农业产业化是现代农业的唯一出路，只有通过产业化发展，推进城镇化进程，有步骤地将一部分农村人口转移到城镇，促使一部分农民放弃原有的土地，才能减少农民数量、提高农民效益，才能使农民从人地矛盾的重压中逐步解脱出来，走上富裕之路，更多地享受现代文明。而农业经营单位只有达到一定规模，才能发挥农业机械化和现代化规模种植方式的优势，实现农业的规模化和集约化经营。通过推进城镇化，利用小城镇的区位和资源优势，可以积极引导农村发展特色经济。利用小城镇的资源优势，大力开发特色产品，初步实现企业集约化、生产经营区域化和城乡经济一体化，在小城镇集贸市场的基础上建立各类专业市场，增强小城镇辐射功能，调整产业和产品结构，发展优势产业，大力推介名牌产品，扩大产品销量。

最后，加快城镇化还能极大地促进农业集约化发展。利用城镇聚集人才、信息的优势，可以提高农业企业的技术能力。小城镇通过优化生产和生活环境，能吸引大批人才，促进信息交流、知识传播、技术创新和社会事业的进步，加速科技成果转化为生产力的进程。利用小城镇汇集资金流和物质流的优势，可以促进形成农业产业化发展的多元投资体系。农业产业化发展需要不断增加投入，小城镇的建设繁荣了农村市场，汇集了大量的资金和物质，为农业产业化发展开辟了投资融资的渠道。凭借小城镇软硬环境的优化和综合实力的增强，可以加快开发开放的步伐，加大招商引资力度，吸收社会资金的大量注入。同时，随着小城镇资源配置的不断优化和企业效益的不断提高，这些社会资金和银行借贷对农业产业化的投融资信心和支持力度也随之加大，从而形成农业产业化发展良性循环的局面。

（三）“三化”协调的理论阐释

1. 协调发展的理论含义

协调（Coordination）与发展（Development）是两个独立的概念集。协调的字面意思是指“和谐一致，配合得当”，它描述了系统内部各要素的良性互动关系。协调是系统的概念，即协调的对象是系统。而系统是指彼此间相互作用、相互依赖的要素集，是以集体行为完成特定功能的有机结合体。因此，从系统科学的角度出发，协调是指使一个复杂系统内部的多个子系统之间或一个子系统内部的相互关联的多个要素按照一定数量组成的具有一定结构和功能的有机整体配合得当、有效运转。

协调的系统应具备以下主要特点：①内涵的多层性。系统协调是一个多层次的概念，它既包括系统内部各组成要素之间的协调，又包括系统之间各自发展状态的协调，还包括所有系统整合后的共生协调。②动态性。系统协调是一个动态的过程，首先不同系统内的各组成要素是在不断发展变化的，其次系统之间相互影响、相互制约的发展关系也不是一成不变的。③复杂性。内涵的多层性与过程的动态性，必然决定了系统协调的复杂性。④目标性。系统协调的最终目标是追求系统整体效益的最大化。

发展则是指系统在一定的约束条件下，系统从小变大，从简单到复杂，从无序到有序，从低级到高级的进化趋势。发展作为系统的演化过程，某一系统或要素的发展，可能以其他系统或要素的破坏甚至毁灭为条件（代价）。系统处在不断的动态变化之中，只有系统与系统或系统的要素协调有序，系统的发展才可得以保证并达到优化状态。随着社会进步，单一、片面的经济发展已逐步落伍，因此，必须树立一种兼顾各方、和平共处、共同提高的多元发展观。要实现多元发展就必须树立“协调”的观念。

“协调发展”是“协调”与“发展”的交集，是系统或系统内要素之间在和谐一致、配合得当、良性循环的基础上由低级到高级，由简单到复杂，由无序到有序的总体演化过程。协调发展不是单一的发展，而是一种多元发展，在“协调发展”中，发展是系统运动的指向，而协调则是对这种指向行为的有益约束和规定，强调的是整体性、综合性和内在性的发展聚合，不是单个系统或要素的“增长”，而是多系统或要素在“协调”的约束和规定下的综合、全面的发展。

总之，发展是系统本身的一种演化过程，而协调则是系统之间的一种良好关联，所以协调发展是系统内各要素之间在和谐一致、配合得当、良性循环基础上由低到高、由简单到复杂的总体演化过程。“协调发展”不允许一个要素使整体或综合发展受影响，追求的是在整体提高基础上的全局优化、结构优化和个体共同发展的理想状态。

2. 协调发展也是科学发展观的应有之义

科学发展观的第一要务是发展，核心是以人为本，基本要求是全面协调可持续发展，根本方法是统筹兼顾。发展作为科学发展观的第一要义，任何时候任何情况下都必须把发展作为首要责任、首要任务，坚持科学发展不动摇，持续探索提升“三化”协调科学发展的路子，推动经济社会又好又快发展。协调发展就要坚持以人为本，在改善民生上求实效。以人为本是科学发展观的核心。发展农业现代化，切实提高农民的收入水平，也就提高了河南省60%人口的收入水平，才能真正落实科学发展观以人为本的要求。

建立科学发展观的理论体系所要求的三大特征，即数量维（发展）、质量维（协调）、时间维（持续），从根本上表征了对于发展的完满追求。具体来讲，系统首先必须能衡量一个国家或区域的“发展度”，发展度强调了生产力提高和社会进步的动力特征，即判别一个国家或区域是否在真正地发展、健康地发展、理性地发展；其次，要能衡量一个国家或区域的“协调度”，协调度强调了内在的效率和质量的概念，要求系统能够维持环境与发展之间的平衡、维持效率与公正之间的平衡、维持市场发育与政府调控之间的平衡；最后，能够衡量一个国家或区域的“持续度”，即判断一个国家或区域在发展进程中的长期合理性。持续度更加注重从“时间维”上去把握发展度和协调度。

而20世纪70年代，拉美国家出现的过度城市化不仅没有推动拉美经济持续发展，没有解决其农村农业问题，反而使拉美各国都陷入了更为棘手的城市危机：贫富不均两极分化，城市化失衡造成环境恶化、失业人口较多、公共服务不足现象。被学者称为“拉美陷阱”，“拉美陷阱”带给我们的深刻教训就是，忽视了发展的全面性、协调性和可持续性，没有使发展成果惠及绝大多数人民群众。

3. 做到协调发展的指导思想

（1）坚持以经济建设为中心。要把加快经济发展，建立在优化结构、提高质量和效益的基础上。忽视增长的质量和效益，不惜浪费资源和破坏环境，片面追求一时的高速度，势必会造成大的起落，就不能实现真正的发展。有质量、有效益的发展，才是真正的发展，才真正体现了发展的硬道理。

（2）坚持“五个统筹”。即统筹城乡发展、统筹区域发展、统筹经济社会发展、统筹人与自然和谐发展、统筹国内发展和对外开放。坚持“五个统筹”，必须在大力推进经济发展的同时，兼顾经济社会各个方面的发展要求，实现经济社会各构成要素的良性互动，在统筹协调中求发展、以发展促进更好的统筹协调，推动经济发展和社会全面进步。

(3) 增强把握全面协调可持续发展要求的辩证思维能力。一是要正确认识和处理当前发展和长远发展的关系；二是要正确认识和处理局部利益和全局利益的关系；三是要正确认识和处理发展平衡和不平衡的关系；四是要正确认识和处理政府和市场的关系。处理好经济社会发展中的各种关系，必须坚持一切从实际出发，坚持唯物辩证法，因地制宜，因时制宜，及时研究和解决改革发展稳定中出现的新情况新问题，牢牢把握经济建设这个中心，促进经济社会全面协调可持续发展。

(四)"三化"协调发展的政策解读

1."三化"科学发展的政策要求

(1) 协调发展对城镇化的发展要求。《国务院关于支持河南省加快建设中原经济区的指导意见》指出：新型城镇化以城乡统筹、城乡一体、产城互动、集约节约、生态宜居和谐发展为基本特征；收纳全省 18 个省辖市，建设国家区域中心城市、地区中心城市、县域中心城市、中心镇和新型农村社区五级城镇体系，形成以城带乡，城乡统筹的格局；在发展模式上，国家区域中心城市实现复合式发展，主要依靠增强全省核心增长极的区域影响力和核心竞争力；中心城市依靠更加完善的综合服务功能，吸引产业和人口集聚；中心城市组团式发展（吸纳带动周边县，培育整体竞争优势、发挥辐射带动主导作用）、中小城市内涵式发展（提升城市资源利用率、基础设施水平、人居环境质量和城市人文素质）、小城镇集聚式发展（发挥小城镇统筹城乡的重要节点作用，推动土地集约利用，人口集中居住，提高承接中心城市辐射能力和带动农村发展能力）、新型农村社区积极稳妥发展。

同时，以产业集聚区为载体，加快产业向城镇集聚。计划在河南省 108 个县，每个县规划一个或两个产业集聚区聚集产业，目前，已有 180 个产业集聚区，有序引导农村富余劳动力转移；利用产城互动加速农村人口向城镇转移；解决进城农民的就业、户籍、住房、子女入学、医疗和社会保障等问题。

上述政策为我们勾画了新型城镇化发展的宏伟蓝图，我们从中可以领悟出以下新意。从河南省实际看，城镇化水平低是经济社会发展诸多矛盾最突出的聚焦点。现实要求我们必须创新城镇化发展思路。一头连着新型工业化，一头连着新型农业现代化，新型城镇化担当起引领"三化"协调科学发展、支撑中原经济区建设的历史重任。怎样走好具有特色的"三化"之路，新型城镇化引领"三化"协调科学发展是一项庞大的系统工程，也是一场深刻的经济社会变革。那么，这种"创新"如何体现，城镇化的"引领"作用又通过怎样的途径得以实现？

现今世界上已有的城镇化模式有三种：第一种是发达国家完全以市场经济为

背景，通过要素自发聚集而进行的城镇化；第二种是我国（在一定意义上也包括苏联及东欧）计划经济背景下，以城乡隔绝的二元结构为特点的封闭型城镇化；第三种是改革开放以来长三角、珠三角等先发工业化地区从农村开始的无规划、粗放型的城镇化。

与上述三种"旧的"城镇化模式相比，中原经济区建设的新型城镇化是以城乡统筹、城乡一体、产城互动、节约集约、生态宜居、和谐发展为基本特征的城镇化，是大中小城市、小城镇。新型农村社区协调发展，互促共进的城镇化。该理论的提出有其广泛的实践基础和社会基础。

首先，新型城镇化引领地位的确立是基于河南省情的必然选择，是结合实际主动探索发展新路的重大创举。城镇化水平低是经济社会发展各种矛盾的聚焦点，既有工业化动力不够强劲的制约，更有城镇化自身引领不足的软肋，经济社会发展中存在的问题都能从城镇化水平不高的现实中找到答案。强化新型城镇化引领，就抓住了扩内需、调结构、促转型、惠民生的"牛鼻子"。

其次，新型城镇化引领是基于先进理念的科学决策，是更加自觉推进城乡发展的生动实践。美国著名学者雷利认为，一个城市对周围地区的吸引力，与它的规模成正比。德国经济地理学家克里斯特勒认为，中心城市依靠更加完善的综合服务功能，能吸引产业和人口集聚。产业兴城市兴，城市强产业旺。全省 180 个产业集聚区的建设，充分体现了产城融合、产城互动的规律，为城镇化注入动力活力。

最后，新型城镇化引领是基于发展阶段的科学定位，是对现代化发展规律的准确把握。从发达国家和东部沿海地区的经验看，在工业化初期，项目建设带动城市发展；在中后期，城市以完善的功能和服务吸引项目落地。目前，河南省已进入深化改革开放、推进转型发展、加快崛起振兴的新阶段，工业反哺农业、城市支持农村有了资本，成为必然，只有减少农民才能富裕农民，实现富民强省。

新型城镇化的引领，是在强工兴产支撑下的引领，是在稳粮固农基础上的引领，是促进大中小城市协调发展的引领。转变发展方式，新型的城镇化引领是着力点，推动经济社会可持续发展，新型城镇化引领是增长点，统筹城乡发展，破解"三农"问题，新型城镇化是切入点。发挥新型城镇化的引领作用，要求做到：一是解开工业化和农业现代化发展的"结"。在最严格的耕地保护制度下，工业项目在农村自由落地的状况已经一去不复返了，必须在城市寻求落地空间。与此同时，工业化发展已经到了较高的阶段，工业项目对基础设施和公共服务体系的要求大大提升，工业项目也必须布局在城市。不管是工业发展所需要的建设用地，还是基础设施和公共服务体系，都需要通过城市的规划和城市更高水平的发展来解决，所以，城市发展就成为工业发展的前提。

城镇化引领要求将城镇化"走在前头"。谁也不能否认，工业化是现代化的原动力，城镇化是工业化的结果。但是，在现代化发展的不同阶段，工业化与城镇化对现代化的推动力量是不一样的。一般来说，在现代化早期，工业化是现代化的第一推动力，到了现代化发展到更高阶段以后，城镇化就会取代工业化成为现代化的第一推动力。美国著名经济学家、诺贝尔经济学奖得主库兹涅茨曾经认真研究过工业化与城镇化的关系，认为当城镇化率在 30%~70%的发展阶段，城镇化就取代工业化成为现代化的第一推动力。我国的城镇化率已达 50%，河南省的城镇化率已超过 40%，处在第一推动力的阶段。所以，城镇化从逻辑上说应该走在工业化和农业现代化的前面，起到引领发展的作用。

城镇化引领要求“把滞后的因素补上来”。城镇化长期滞后于工业化是国内学术界的共识，最典型的滞后因素就是城市里存在着大量农民工。所谓农民工，无非就是农民已经在非农产业就业，也生活在城市里了，但却仍然是“农民”身份。这既不合逻辑，也有碍于工业化和城镇化水平的提升。所以，城镇化引领就意味着应该尽快地解决这一问题，让所有生活在城市的农民工真正融入城市，变成市民。

总之，以新型城镇化引领“三化”协调科学发展，必须科学把握新型城镇化的内在发展规律。一要大力实施中心城市的战略带动作用。《指导意见》确立了郑州作为中心城市和洛阳作为副中心城市。中心城市应担负起加强各城市间分工合作，推进交通一体、产业链接、服务共享、生态共建，最终形成具有较强竞争力的开放型城市群的引领作用。中心城市应通过城市群内多层次城际快速交通网络建设的方式，推进教育、医疗、信息资源共享，实现电信、金融同城，最终带动中原城市群实现城际功能对接、联动融合发展。

二要不断提升城镇综合承载能力。县域城镇在城镇化进程中的功能定位是做城乡互动的纽带，通过承载承接实现以城带乡谋发展。县域城镇包括县级市、县城和中心镇三个层级。具体来说，中小城市应作为吸纳农村人口就近转移的重要载体，有序推进农村人口向城镇转移，把符合条件的农业转移人口逐步转成城镇居民，享有平等权益。推动城乡之间公共资源均衡分配和生产要素自由流动，推动基础设施和公共服务向农村延伸。

三要搞好新型农村社区建设，促进城乡一体化发展。新型农村社区在城镇化建设进程中的功能定位是统筹城乡发展的结合点、推进城乡一体化的切入点、促进农村发展的增长点。农村建设作为统筹城乡规划的一部分，应优化村庄布局，建设富裕、民主、文明、和谐的社会主义新农村。按照规划先行、就业为本、量力而行、群众自愿原则，积极稳妥开展新型农村社区建设试点，促进土地集约利用、农业规模经营、农民就近就业、农村环境改善。

四要推进产业集聚发展，强化产业支撑。把产业集群培育作为转型升级的突破口，迅速形成了一批新的经济增长点。指导各地突出一个率先发展的特色主导产业和产业集群，把项目建设和招商引资作为最关键环节，以引进重大项目为核心，通过大规模承接集群式或链式产业转移，加快构建特色产业链条，培育产业集群，有力推动了产业转型升级和经济结构调整。

(2) 协调发展对工业化的发展要求。《指导意见》指出："所谓新型工业化，就是坚持以信息化带动工业化，以工业化促进信息化；就是科技含量高、经济效益好、资源消耗低、环境污染少、人力资源优势得到充分发挥的工业化。"从中可以看到，将信息产业摆在优先发展地位，将高新技术内嵌到各个产业以及产业的各个环节中去，是新型工业化道路的技术手段和重要标志。

实现新型工业化，为什么必须推进信息化？从发展历史看，工业化是信息化的源泉，信息化是工业化的派生物。没有了工业化，信息化就成了无源之水；没有信息化，工业化也不能得到快速的推进。但信息化并不是工业化的附属物，而是工业化发展到特定阶段的产物，而且是在其基础上不断展开，发挥着引导和支持工业化发展、提高工业化水平的作用。从作用形式上看，工业化是信息化的前提和基础，信息化是工业化的发展和延伸。工业化是信息化的重要载体，信息化是工业化发展的推动工具。工业化直接导致信息化的出现，信息化必须借助于工业化的手段获得发展。同时，信息化又是工业化的引擎和动力，其同传统产业相结合为主要形式，使工业化朝着附加值增加、生产效率提高的方向发展，给工业化的发展带来新的生机；从产业发展阶段看，工业化是工业社会的集中体现，而信息化是后工业社会的主要特征，信息化是继工业化发展到一定阶段才出现的新的产业形式。工业化为信息化提供了广阔的市场，信息化为工业化的再发展创造了丰富的需求空间。工业化追求的是经济迅猛发展以及物质资料不断积累的过程，而信息化是运用先进科技手段提高产业生产效率、改善生产工艺、优化产业结构的动态过程，也是工业化发展到高级阶段的产物。因此，工业化和信息化相互融合、相互促进，两者不可分割。缺少了工业化，信息化就是纸上谈兵；缺少了信息化，工业化就会停滞不前，只有促进信息化和工业化在生产、生活方式中的全面融合，才能实现二者的相互促进、协调式发展，才能不断促进经济健康快速发展。

实践中，推进信息化。一要提升重点行业信息化水平。围绕中原经济区的主导产业和优势产业，以装备制造、汽车、食品、医药等优势产业为重点，以提高产业服务增值能力为目的，有重点地推广适用的信息技术，提升行业管理水平。重点提高产业集聚区、产业群、产业园区的信息化水平，提升制造业研发设计，生产制造和经营管理整体水平，在信息化基础较好的重点行业建立起敏捷供应链、协同产品开发、客户关系相结合的网络化信息系统，全面提升信息技术在关键工业环节的应用水平。

二要推进工业企业信息化改造，提升中原经济区内工业企业信息化应用水平。坚持“企业主导、政府推进、政策引导、项目带动”的原则，以骨干企业与重点项目为依托，发挥财政资金带动作用，积极运用信息技术改造和提升传统产业技术水平，把信息产业的发展与推进工业产品结构、生产技术机构、工艺流程控制技术的调整相结合，引导工业企业围绕企业经营管理流程，增加信息化投入，加快信息技术在研发、设计、生产、管理营销等关键环节的应用。

三要形成企业信息化工作的共同体。通过建立“工业信息联盟”，相互之间加强联系，加强沟通，形成合力。还要同行业协会的建设联合起来，设立分行业或集团的网络平台。要充分挖掘工业系统的信息资源，减少重复建设。同时还要积极为全社会的信息化、网络化和智能化服务。加大信息化带动工业化的资金投入。无论是技术改造，还是引进技术、利用外资都要突出信息化战略，要把信息化的水平作为对企业和领导干部考核的重要内容和评价标准，在可行性评审时，不但要重视项目本身的先进性，还要评审项目的运用信息化水平。

四要充分发挥企业的主动性和创造性。在信息化带动工业化方面，政府主要起推动作用，最重要的是突出以企业为主体，发挥企业的积极性、主动性和创造性。要充分认识企业抓信息化的战略意义，要有强烈的超前发展的意识，主动考虑和挖掘企业信息化、技术产品信息化的新增长。同时，要调动科研院所的力量，发挥中介组织的作用，采取各种联合方式，借助“外力”、“外脑”，加快人才培养，推进企业信息化建设。

那么，与传统的工业化相比，中原经济区建设的新型工业化 “新”在哪儿？

首先，新型工业化体现在和信息化的有机融合。信息化、工业化深度融合已成为推动河南省工业转型升级的关键举措。“与工业化融合发展”是新型工业化的灵魂。信息化是“三化”催化剂，信息化与工业化的融合发展，有利于充分利用信息技术推动产业结构升级，促进发展方式转变；有利于增强自主创新能力，提高企业核心竞争力和产业素质；有利于管理创新，提高生产效率和经营效益；有利于资源综合利用，提高节能环保水平；有利于发挥后发优势，实现跨越式发展。

其次，“新”在协调三次产业健康发展。新型工业化的突出特点是在三次产业的协调发展中实现工业化，而不是孤立地实现工业化，它更注重产业集中集聚集群集约发展；坚持资源节约、环境友好，新型工业化不再以牺牲资源、破坏环境为代价，走的是可持续发展道路；它更关注产业融合、产业联动和产业链建设。以工业的理念发展农业，提高农民收入水平。以工业的发展，带动科技、教育、能源、信息等资源、要素的合理分配和聚集，充分发挥第三产业的吸收就业主渠道作用，积极全面地发展服务业，使人力资源优势得到充分发挥。

以新型工业化带动新型城镇化和新型农业现代化。目前，内需扩大动力不足、第三产业发展迟缓等现状，严重影响了河南省产业结构升级、经济发展方式转变和区域经济协调发展。要改变这种局面，必须坚持以新型工业化带动新型城镇化和新型农业现代化发展，把农业的发展放在国民经济的循环中，把农村的进步放在整个社会的进步之中，促进农村劳动力有序转移和城镇化水平的提高，逐步形成工业反哺农业、城市反哺农村的机制。

最后，“新”在坚持“两个不牺牲”可持续发展。新型工业化是资源消耗低、环境污染少、可持续发展的工业化。走的是可持续发展道路。坚持了保护环境和节约资源的基本国策，在注重低能耗、少污染和实现工业发展可持续性的基础上强调环境、资源的协调发展。新型工业化是河南破解“土地哪里来、减排哪里去”的关键，是确保“两个不牺牲”的总抓手。

（3）协调发展对农业现代化的发展要求。《指导意见》指出：“三化”协调发展，前提是不牺牲农业；发展总体目标是实现农业增产、农民增收的协同。

新型农业现代化是以粮食优质高产为前提，以绿色生态安全、集约化标准化组织化产业化程度高为主要标志，基础设施、机械装备、服务体系、科学技术和农民素质支撑有力的农业现代化。新型农业现代化的“新”主要体现在：新在前提条件上，解决好近亿人口吃饭问题，同时为保障国家粮食安全作贡献，是必须担负的责任，也是中原经济区上升为国家战略的重要基石；新在主要标志上，以消费者的身体健康和安全为最高目的，坚持农业资源集约、精细、高效与可持续开发利用，强化农业产品从田间到市场的全过程进行规范化运作、标准化控制，形成农工商一体化、产供销一条龙；新在支撑体系上，要用现代物质条件装备农业，用现代科学技术改造农业，用现代产业体系提升农业，用培养新型农民发展农业，提高农业素质、效益和竞争力。

建设中原经济区既要顺应工业化城镇化发展的一般规律，又要加快农业发展方式转变，提高粮食生产规模化、集约化、产业化、标准化水平，提高粮食综合生产能力：一是加强农田基本建设，加强农田水利投资，增强农业抗灾能力。二是技术进步层面。首先是优种，所有农业的科技因素的80%集中在品种里面；其次是农业机械化，用机械化代替现在农业劳动力转移以后的劳动力问题；最后是质量安全技术，确保农产品的质量安全。三是通过农业劳动力的转移以后，促进土地的合理流转，实行适度的规模经营，通过合理的规模来提高农业劳动生产率。四是组织层面，加快推进农业合作社的发展，提高粮食生产的组织化程度，这也是提高效率的一个方面。

2. 对“协调”的具体要求

（1）对城镇化发展的协调要求。新型城镇化发展思路的“创新”还要体现在工业化、城镇化、农业现代化“三化”协调发展和城镇化“引领”上。所谓“三化”协调，一是同步，二是相互促进。城镇化为工业化和农业现代化提供空间和基础设施及公共服务体系，工业化为城镇化和农业现代化提供物质基础和技术支撑，农业现代化为工业化输送土地、劳动力、农产品等基本要素和工业原材料，奠定工业化和城镇化发展的基础。

以新型工业化促进产业布局不断优化，促进经济结构战略性调整，切实提高经济增长的质量和效益；为城镇化和农业现代化提供重要支持；以城镇化带动城市功能完善、生产要素集聚和农村劳动力加快转移，统筹城乡发展、为工业化和农业现代化注入内在动力；以农业现代化提高农业综合生产能力，巩固农业基础地位，为工业化和城镇化奠定坚实基础。真正使“三化”相互促进、相互协调、形成良性互动、互为支撑的有机系统。

（2）对工业化发展的协调要求。工业协调的理念表现为以产业集聚区为载体推动集聚发展；把新增建设用地和环境总量指标优先向产业集聚区配置；引入企业布局结构、产业集群度、资源集约利用度、人口转移有序度等量化指标作为协调发展的标志。

以做大做强为方向争创工业新优势，加快工业转型升级，推动生产规模由小到大、产业链条由短到长、产业层次由低到高、企业关联由散到聚。以龙头带动、基地支撑、高端突破为着力点，大力发展汽车、电子信息、装备制造、食品、轻工、新型建材等高成长性产业；以精深加工、节能降耗、重组整合为着力点，积极运用先进适用技术和信息技术改造提升化工、有色、钢铁、纺织等传统优势产业；以核心关键技术研发、自主技术产业化为着力点，培育壮大生物、新能源、新材料、新能源汽车、高端装备等先导产业，大力发展节能环保产业，促进战略性新兴产业发展。

食品工业关联工业、农业、服务业，要发挥农产品资源丰富的优势，加快建设食品工业强省。优化投资结构、提升投资质量，提高工业项目投资在重点项目投资中的比重，发挥重点项目在产业升级中的带动作用。

以拓展提升为重点发展壮大服务业。适应经济社会发展需要，拓宽领域、提升层次、优化环境，推动服务业发展迈上新台阶。大力发展生产性服务业，突出发展现代物流业，培育一批全国性、区域性和地区性物流节点城市，加快建设全国重要的现代物流中心；加快发展金融业，壮大地方法人金融机构，构建多层次资本市场体系，推动企业上市融资，发展创业投资基金；积极发展信息服务、科技服务、服务外包和会展业。拓展生活性服务业领域，积极发展家政、养老、健身、社区服务等行业。加快发展旅游业，整合旅游资源，建设一批精品景区、精品线路，打造世界知名、全国一流的旅游目的地。促进房地产业平稳健康发展。建立扩大消费需求的长效机制，释放城乡居民消费潜力。

以产业集聚区为载体推动集聚发展。把新增建设用地和环境总量指标优先保障产业集聚区，加强基础设施、公共服务平台建设，促进企业集中布局、产业集群发展、资源集约利用、功能集合构建、人口有序转移，充分发挥产业集聚区在构建现代产业体系、现代城镇体系和自主创新体系中的承载作用。培育和引进龙头型、基地型企业，促进同类企业、关联企业和配套企业集聚，形成一批特色鲜明的产业集群。

工业反哺农业，“以工补农，以工建农”。工业为农业发展提供财力支持，农业现代化需要工业提供必需装备。新型工业化是农业现代化的基本前提。通过新型工业化主导，让工业反哺农业，“化”传统农业为现代农业，“化”农民为市民，“化”乡村为城镇，从根本上破解“三农”难题。新型工业化是新型城镇化的重要支撑。当今社会，工业化和城镇化是一对孪生兄弟，相容共生，新型工业化推进产业集聚、人口集中，使更多的城镇居民有活干、有钱赚。新型工业化是破解新老“四难”的必由之路。新型工业化为破解“四难”提供充分的资金、技术、装备等保障和支持，使我们的环境更宜居，生态更美好，人民更富足，社会更和谐。新型工业化是科学发展的决定力量。新型工业化追求不以牺牲生态和环境为代价、加速科技进步的跨越式发展，对建设中原经济区具有决定性意义。

（3）对农业现代化发展的协调要求。推进城镇化，以城市带动新农村建设，具体措施：推进农村富余劳动力向城镇第二、第三产业转移，增加农民收入。目前河南农村人口占总人口的70%，务农人员占全部从业人员的55%，高出全国水平10个百分点以上，转移农村人口任务重大。城镇化的推进，使城镇人口数量和经济规模不断增长，扩大城镇居民对农产品需求总量和消费支出，实现农民增收；城镇对高品质农产品的需求，引导农民调整产业结构；城镇吸纳农村富余劳动力，推动农村土地的相对集中，为规模经营创造条件，提高农业生产率，增加农民收入。

（4）工业化、城镇化与农业现代化的协调。农业现代化是推进工业化、城镇化的有力保障，农业现代化提高农产品质量，为工业发展提供高品质原料；农业现代化可以推进农村富余劳动力向城镇转移。总之，“三化”协调发展就是要以新型工业化促进产业布局不断优化、促进经济结构战略性调整，切实提高经济增长的质量和效益，为城镇化和农业现代化提供重要支持；以城镇化带动城市功能完善，生产要素集聚和农村劳动力加快转移，统筹城乡发展，为工业化和农业现代化注入内在动力；以农业现代化提高农业综合生产能力，巩固农业基础地位，为工业化和城镇化奠定坚实基础，真正使工业化、城镇化、农业现代化相互促进、相互协调，成为良性互动，互为支撑的有机统一体。

3. 协调发展的要求

（1）协调的总要求。不以牺牲农业和粮食、生态和环境为代价的新型城镇化、新型工业化、新型农业现代化“三化”协调科学发展的路子，是建设中原经济区的核心任务。

“三化”协调发展的内涵和外延：推进“三化”协调科学发展必须以新型城

镇化为引领。城镇化的实质是要素和产业在空间上的集中，主要表现为土地、劳动力、资金等要素在市场力量的作用下，从农业和农村向二、三产业与城镇流动，使城镇规模不断扩大，二、三产业加快发展的过程。在这一过程中，农业和农村为工业化提供充足的农产品保障和各种要素支撑，工业化、城镇化为农业和农村发展提供丰富的资金、技术和物质装备，并通过大量吸纳农村劳动力，加速农业现代化进程，"三化"之间是相互促进、相互协调的关系。我国传统的城镇化模式人为地割裂"三化"之间相互促进的关系，限制农村劳动力进入城镇，导致农业和农村发展长期落后，形成了典型的二元结构。新型城镇化就是以统筹城乡发展为手段，以促进农村人口向城镇和新社区集聚为着力点，以城乡一体化发展为目标的城镇化。推进新型城镇化，不仅有利于更好地为工业化推进提供土地、劳动力等要素支撑，而且能缓解农村人多地少的矛盾，为农业规模化经营提供契机，加速农业现代化的实现。因此，推进"三化"同步协调发展，必须以新型城镇化为引领。

（2）协调发展的阶段性目标。"三化"协调发展的阶段性目标是五年彰显优势、十年实现崛起。到 2015 年，粮食综合生产能力稳步提高，产业结构继续优化，城镇化质量和水平稳步提升，工业化、城镇化、农业现代化发展协调性不断增强。到 2020 年，粮食生产优势地位更加巩固，工业化、城镇化达到或接近全国平均水平，综合经济实力明显增强；到 2020 年，粮食生产优势地位更加稳固，工业化、城镇化达到或接近全国平均水平，综合经济实力明显增强，城乡基本公共服务趋于均等化，基本形成城乡经济社会发展一体化新格局，建设成为城乡经济繁荣、人民生活富裕、生态环境优良、社会和谐文明，在全国具有重要影响的经济区。

（3）最终要达到的目标。首先，实现"三化"要达到"五个协同"。"三化"协调发展是一项复杂的系统工程，既不能一蹴而就，也不能顾此失彼，必须遵循其发展的基本规律，结合中原经济区实际，理清发展思路，找准工作着力点。

一是农业增产与农民增收相协同。只有农业增产与农民增收有效衔接，才能充分调动农户种粮积极性，使粮食生产建立在坚实的基础之上。二是工业化与城镇化相协同。实现工业化与城镇化相协同，关键是尊重经济发展规律，发挥市场调节的功能，减少政府对微观经济活动的直接干预。三是推动工业化城镇化与保护耕地"红线"相协同。一方面，改变过去粗放工业化城镇化对土地特别是耕地的占用；另一方面，通过各种措施增加耕地供给，盘活土地资源。四是同步推进"三化"与资源环境保护相协同。通过建立以清洁生产和资源节约为目标的新型产业结构和发展紧凑型城市，把工业化、城镇化逐渐纳入节约资源、环境保护的轨道。五是城市繁荣与农村进步相协同。从制度安排着手改善城市与农村的关系，是城市繁荣与农村进步相协同的不二选择。

其次，还要实现“三个互动”。一是产业互动。就是三次产业之间要互动。一、二、三产业并不是截然分开的，而是有着内在的联系。河南省早在20世纪90年代就提出农业“长入”工业，实现工业农业两篇文章联手做，有效地带动了农业的发展。第三产业的发展，也要以一、二产业的发展为基础。二是产城互动。通过建立产业集聚区，实现产业与城镇的结合，是实现产城互动的有益探索，值得认真总结和推广。三是城乡互动。要通过转移支付、税收优惠等措施，弥补市场调节的缺陷，加大对农村的支持力度。

最后，应建立“三个长效机制”。一是粮食持续增产的长效机制。在中原经济区建设中，可以通过建立粮食生产核心区，设立基本农田保护基金和粮食生产专项基金，加大对农田水利建设的投资，建立对粮食生产的科技扶持，对农业机械、良种培育、农药化肥生产的税收优惠，建立粮食调入地对调出地的补偿机制等，促进粮食持续增产。二是工业城镇反哺农业农村的长效机制。农业农村不仅具有可以用市场价值衡量的显性价值，更有诸多对环境和人类社会影响巨大的隐性价值。要坚持工业反哺农业、城市支持农村，加快健全“三农”投入稳定增长机制，推动人才流、资金流等各种资源要素更多地向农村配置。三是“三化”联手联动、深度融合的长效机制。要用工业化推动城镇化，用城镇化带动农业现代化，用农业现代化有效解决工业化和城镇化进程中的一系列问题，通过“三化”联手联动、深度融合、互动发展来保持速度、体现特色、提高质量、增强实效，走出一条具有河南特色的工业化、城镇化与农业现代化深度融合、互动发展的新路子。

“三化”协调的四大着力点：一是加快推进产业结构调整和优化升级。河南能源、原材料等资源与资本密集型产业比重过大的产业结构，不利于“三化”协调发展，必须按照新型工业化的要求，把推动自主创新与改造提升传统产业、培育战略性新兴产业结合起来，努力构建多元化现代产业体系，着力提升产业发展质量。继续加大支农惠农政策力度，积极发展现代农业，用现代物质条件装备农业，用现代科学技术改造农业，用现代经营形式推进农业，用现代发展理念引领农业，用培育新型农民发展农业。进一步加快技术改造创新，为新兴战略支撑产业释放发展空间。进一步推动自主创新，培育一批战略性新兴产业。促进省内资源与国际国内资源的产业对接与优势互补，提升产业核心竞争力，孕育和发展新的先进生产力。要兼顾资金技术密集型产业与劳动密集型产业的共同发展，以充分发挥河南的人力资源优势，保证农村富余劳动力的有效转移。

二是大力发展服务业特别是现代服务业。服务业是吸纳劳动力就业最主要的渠道，服务业发展滞后，必然抑制劳动力向非农产业的转移，从而阻碍城镇化和农业现代化的进程。因此，各级政府与领导一定要把发展服务业特别是现代服务业作为落实科学发展观、转变经济发展方式、提升产业结构、扩大就业的重要方面来认识。要制定现代服务业发展规划，明确支持现代服务业具体方向。突出重点。就河南的具体情况来看，应大力发展文化产业与旅游业、积极发展现代金融业、做大做强现代物流业、加快发展信息服务业、加速推进生产性服务业与工农业的融合。加强制度创新和政策调整，优化服务业发展环境，推动现代服务业持续、协调、快速发展。

三是积极统筹城乡经济社会一体化发展。工业化、城镇化与农业现代化之间存在着互动发展的内在联系，但目前河南的"三化"协调发展的这种内在机制受到了城乡分割制度的制约。因此推进"三化"协调发展，必须打破分割，统筹城乡一体化发展。要加快建立城乡一体的交通、供水、流通、能源、信息网络体系，大力发展农村各项社会事业，促进基础设施建设和公共服务的城乡统筹、区域共享。要建立健全推进城乡一体化的体制机制，加快户籍制度改革；建立城乡一体化的就业体系和社会保障体系；深化土地流转制度改革。此外，在当前城乡发展差距依然较大的背景下需要特别关注人才、劳动力在城乡之间的双向流动问题，尤其要努力促进人才由城到乡的流动，加大城市教师、医务人员、文化工作者支援农村的力度，鼓励大专院校和中等职业学校毕业生以及那些已积累一定资本或经验的外出打工者到农村服务、创业，为农村经济提供更多的人力与社会资本，以助推农业现代化。

四是坚持走产业城镇融合发展之路。只有产城融合，才能使农村富余劳动力实现就业空间和就业部门的双重转变，从而持续推进工业化和城镇化，带动农业现代化。因此，促进河南"三化"协调发展，必须坚持走产城融合发展之路，建设产业生态良好、吸纳就业充分、人居环境优美的现代化新城镇。要科学规划，同步完成全省土地利用总体规划、产业集聚区规划并与城镇规划协调衔接。要强化城镇产业支撑，大力发展园区经济，按照整合资源、提升功能、强化特色、增强竞争力的要求，科学规划园区建设，使之成为外来投资的密集区和集约发展的示范区。要推动企业向园区集中、非农产业向城镇集中、劳动力向城镇转移，使城镇发展节奏和规模与产业聚集速度及程度有机结合。要坚持从河南人多地少、作为农业大省肩负国家粮食安全重任的基本省情出发，按照统筹城乡、布局合理、节约土地、功能完善、以大带小的原则，促进大中小城市和小城镇协调发展。全面提高城镇建设管理水平，着力增强城镇综合承载能力，发挥好城镇对农村的辐射带动作用。

三、“协调度”评价指标选取与“协调度”计量理论方法

（一）指标选取的原则

1. 科学性原则

科学性原则就是符合经济社会发展的本质和规律的原则，具有充分的理据性和合理性。它要求所选择的指标要能分别体现“新型城镇化”、“新型工业化”和“农业现代化”的基本要求和客观规律，能反映事物最本质的特征和最核心的要素。

2. 一致性原则

一致性原则就是所选择的指标应该和全国其他经济区或其他省份反映同一方面的指标相一致，以便于将中原经济区的发展速度和发展规律与其他经济区进行比较，从横向方面检验和考察中原经济区建设的成果。

3. 可比性原则

可比性原则就是所选用的指标应与河南省以前的统计指标之间具有一定的传承性，通过指标的发展变化能反映河南作为中原经济区主体在城镇化、工业化和农业化方面的发展轨迹和所处水平。因此“三化”协调的指标选取不能不考虑河南统计年鉴上原有的指标和数据。

4. 特色性原则

特色性原则就是应突出中原经济区与其他经济区相比的特色要求。中原经济区建设与其他经济区相比具有鲜明的特色，根据《指导意见》提出的指导思想，中原经济区建设应以邓小平理论和“三个代表”重要思想为指导，深入贯彻落实科学发展观，全面实施促进中部地区崛起战略，坚持以科学发展为主题，以加快转变经济发展方式为主线，探索不以牺牲农业和粮食、生态和环境为代价的工业化、城镇化和农业现代化协调发展的路子。因此，指标选取应充分体现指导思想的要求，突出中原经济区的特色。

5. 发展性原则

发展性原则就是以发展的眼光看待中原经济区未来。“协调发展”首先要求的是“发展”，是在“协调”这一理想约束下的和谐发展。对于中原经济区来说，发展就是硬道理。因此指标的选用应充分考虑到发展的速度、发展的领域、发展的方式。

（二）新型城镇化指标

1. 新型城镇化指标的确立依据

新型城镇化的确立指标纲领性的依据是《国务院关于支持河南省加快建设中原经济区的指导意见》和河南省委卢展工书记在中国共产党河南省第九次代表大会上作的《深入贯彻落实科学发展观全面推进中原经济区建设为加快中原崛起河南振兴而努力奋斗》的报告。根据《指导意见》的总体要求，中原经济区应“持续探索不以牺牲农业和粮食、生态和环境为代价的新型城镇化、新型工业化、新型农业现代化‘三化’协调科学发展的路子”。卢展工书记的报告对“三个新型”在协调发展中的地位和作用作出明确界定，新型城镇化起引领作用、新型工业化起主导作用、新型农业现代化起基础作用。中原经济区推进城镇化建设的根本目标是促进城乡一体化发展。为此，针对不同区域、不同功能、不同规模的城镇化载体，有不同的功能定位和具体要求。

（1）对城镇化进程中中心城市的定位。中心城市起战略带动作用，担负着加强各城市间分工合作，推进交通一体、产业链接、服务共享、生态共建的任务，最终引领形成具有较强竞争力的开放型城市群。中心城市应通过城市群内多层次城际快速交通网络建设的方式，推进教育、医疗、信息资源共享，实现电信、金融同城，最终带动中原城市群实现城际功能对接、联动融合发展。

（2）县域城镇在城镇化进程中的功能定位是做城乡互动的纽带，通过承载承接实现以城带乡谋发展。县域城镇包括县级市、县城和中心镇三个层级。具体来说，中小城市应作为吸纳农村人口就近转移的重要载体，有序推进农村人口向城镇转移，把符合条件的农业转移人口逐步转成城镇居民，享有平等权益。推动城乡之间公共资源均衡分配和生产要素自由流动，推动基础设施和公共服务向农村延伸。

（3）新型农村社区在城镇化建设进程中的功能定位是统筹城乡发展的结合点、推进城乡一体化的切入点、促进农村发展的增长点。农村建设作为统筹城乡规划的一部分，应优化村庄布局，建设富裕、民主、文明、和谐的社会主义新农村。按照规划先行、就业为本、量力而行、群众自愿原则，积极稳妥开展新型农村社区建设试点，促进土地集约利用、农业规模经营、农民就近就业、农村环境改善。加快通乡通村道路建设，同步推进村庄内外道路硬化。支持农村危房改造和农村沼气建设，加快新一轮农村电网升级改造，完善农村通信基础设施，全面解决农村饮水安全问题，实施农村清洁工程，开展农村环境综合整治，改善农村生产生活条件。发展农业现代化，实现“三化”协调发展最终目的是富民强省，因此中原经济区农业现代化在改善农村生产生活条件上迈出新步伐。扎实推进社会主义新农村建设，继续实施农村电网改造和危房改造，加强农村道路、饮水安全、清洁能源、信息通信等基础设施建设，完善农村现代流通网络，实施农村清洁工程，积极发展农村文化、科技、教育、卫生、体育事业。

中心城市、县域城镇和新型农村社区的关系是形成城乡一体化发展新格局。把加快新型城镇化与建设社会主义新农村结合起来，统筹城乡规划、产业发展、基础设施建设、公共服务、劳动就业、社会管理，促进城乡经济协调发展和基本公共服务均等化。切实解决农民进城的就业、户籍、住房、社会保障、子女入学等问题，逐步使符合条件进城落户的农民真正转为城镇居民，享有平等权益。

新型城镇化发展强调增强城镇承载能力。首先从城市居民的生活条件来看，强调应完善城市功能，提升基础设施水平和公共服务能力，加强生态和历史文化保护，建设集约紧凑、生态宜居、富有特色的现代化城市。其次从城市发展和产业布局来看，中心城市应致力于高端要素集聚、科技创新、文化引领、多元化投融资渠道，加强城镇基础设施和公共服务能力建设。重点发展高端制造业、战略性新兴产业和现代服务业。提高城市建设和管理现代化水平，加强城市基础设施建设和公共服务，完善城市功能，建设宜居宜业城市。县域城镇应大力发展县域经济，依托产业集聚区和专业园区，加大招商引资力度，培育主导产业，壮大产业规模，发展特色产业集群。

从解决城镇化发展与耕地矛盾的角度看。城镇化发展进程应严格耕地保护和节约城乡用地。严守耕地红线，严格保护耕地特别是基本农田，确保基本农田总量不减少、用途不改变、质量有提高。建立耕地保护补偿激励机制。按照主体功能区定位要求，发挥土地利用总体规划的管控作用，统筹安排农田保护、城镇建设、产业集聚、生态涵养等空间布局，通过提高土地利用效率保障工业化、城镇化发展用地需求。以增加高产稳产基本农田和改善农村生产生活条件为目标，大力实施农村土地综合整治，积极开展“千村整治”试点，严格规范城乡建设用地增减挂钩试点工作。严格执行节约集约用地标准，提高投资强度和土地利用效率，扩大产业集聚区多层标准厂房比例，加快旧城区和城中村改造，积极盘活闲置和空闲土地。建立健全节约集约用地考核评价机制，支持探索节约集约用地新模式。

2. 新型城镇化指标层次

根据以上分析，我们对新型城镇化的评价指标体系设计为两类：第一类为新型城镇化指标；第二类为城镇化内部协调指标。城镇化指标又进一步分为十个方面，分别是经济发展指标、宜居生态指标、就业生活指标、教育医疗指标、城市设施指标、公共福利指标、信息化程度指标、能源消耗指标和环境排放指标。每个方面的指标又具体包括若干指标。城乡一体化协调发展指标主要反映中心城市、县域城镇和新型农村内部的协调一致性。包括城镇化率、城乡差距、城际联系、农民就业等三个方面，每个方面同样有若干支撑指标。

3. 新型城镇化评价指标

新型城镇化十个方面的评价指标具体见表 11-1。

表 11-1　新型城镇化评价指标

指标类型	指标名称	计量单位	评价重点
经济发展指标	GDP 总量	万元	城镇经济发展状况
	GDP 增长率	%	
	人均 GDP	万元	
	人均 GDP 增长率	%	
	城镇工矿建设用地产出率	亿元/平方米	
宜居生态指标	建成区绿化覆盖率	%	城镇居民生活环境改善
	人均公园绿地面积	平方米	
	城市空气质量优良率	%	
	生活垃圾无害化处理率	%	
	生活污水处理率	%	
	公共厕所拥有量	座/万人	
就业生活指标	农民人均纯收入	元	城镇化过程中居民的生活条件和就业状况
	农民人均生活消费支出	元	
	食品类消费在农村居民消费中的比重	%	
	城镇居民人均可支配收入	元	
	城镇居民人均消费性支出	元	
	食品类消费在城镇居民消费中的比重	%	
	城镇居民就业率	%	
	城镇登记失业率	%	
	在岗职工平均工资	元	
	城镇居民平均每人建筑面积	平方米	
	农村居民平均每人建筑面积	平方米	
	用水普及率	%	
	使用安全饮用水的比例	%	
	使用清洁能源的比例	%	
	燃气普及率	%	
教育医疗指标	小学适龄人口入学率	%	城镇化过程中居民的教育医疗条件和水平
	小学毕业生升学率	%	
	初中毕业生升学率	%	
	大学生学校教师负担系数		
	普通中等专业学校学校教师负担系数		
	普通中学学校教师负担系数		
	小学学校教师负担系数		
	每千人拥有医院、卫生院床位	张	

续表

指标类型	指标名称	计量单位	评价重点
教育医疗指标	每千人拥有医生	人	城镇化过程中居民的教育医疗条件和水平
	婚前医学检查率	%	
	7岁以下儿童保健管理率	%	
	常见传染病疫苗接种率	%	
城市设施指标	城镇基础设施固定资产投资	万元	城镇基础设施建设状况
	排水管道长度	千米	
	道路长度	千米	
	人均城市道路面积	平方米	
	城市道路网密度	千米/平方千米	
	平均每万人拥有公交车辆	标台	
公共福利指标	儿童福利院床位	张	城镇化过程中社会整体福利与保障程度
	社会福利医院床位	张	
	城镇收养性老年福利机构床位	张	
	农村收养性老年福利机构床位	张	
	城镇养老保险参保率	%	
	城镇失业保险参保率	%	
	城镇医疗保险参保率	%	
	城镇工伤保险参保率	%	
	城镇生育保险参保率	%	
	农村新型合作医疗参保率	%	
	农村社会养老保险参保率	%	
文化体育指标	艺术团体城镇演出场次	千场次	城镇化过程中居民文化体育条件
	艺术团体农村演出场次	千场次	
	每万人拥有文化馆	个	
	每万人拥有公共图书馆	个	
	每万人拥有博物馆	个	
	每万人拥有出版数	册	
	现代体育项目活动年活动总人数	人·次	
	民间传统体育活动年活动总人数	人·次	
信息化程度指标	广播人口覆盖率	%	城镇化过程中信息化程度
	电视人口覆盖率	%	
	家用电脑联网率	%	
能源消耗指标	人均生活用电数量	度	资源节约型城镇化的实现程度
	人均生活用水数量	万立方米	
	人均生活煤气、天然气消费量	万立方米	
	万元GDP能耗	吨标准煤/万元	
	万元GDP用水量	立方米/万元	
	城镇新建建筑节能标准实施率	%	
环境排放指标	人均生活污水排放量	万吨	绿色生活状况
	人均生活 SO_2 排放量	万吨	
	人均生活烟尘排放量	万吨	

4. 城乡一体化协调发展评价指标

城乡一体化协调发展评价指标见表 11–2。

表 11–2 城乡一体协调发展评价指标

<table>
<tr><th>指标类型</th><th>指标名称</th><th>计量单位</th><th>评价重点</th></tr>
<tr><td>城镇化评价指标</td><td>城镇化率</td><td>%</td><td>城镇化程度</td></tr>
<tr><td rowspan="3">城乡差距评价指标</td><td>城乡居民收入比例（农民人均纯收入为 1）</td><td></td><td rowspan="3">城乡差距二元结构改善情况</td></tr>
<tr><td>恩格尔系数</td><td></td></tr>
<tr><td>城乡消费水平对比（农民=1）</td><td></td></tr>
<tr><td rowspan="5">城际联系评价指标</td><td>公路线路里程</td><td>km</td><td rowspan="5">城际间联系的紧密程度</td></tr>
<tr><td>晴雨通车里程</td><td>km</td></tr>
<tr><td>城际间道路网密度</td><td>km/km^2</td></tr>
<tr><td>中心城市间 100 公里耗时</td><td>h/100km</td></tr>
<tr><td>重要系统联网率</td><td>%</td></tr>
<tr><td rowspan="4">就近就业评价指标</td><td>农村劳动力乡内就业率</td><td>%</td><td rowspan="4">劳动力就近就业状况</td></tr>
<tr><td>农村劳动力县内乡外就业率</td><td>%</td></tr>
<tr><td>农村劳动力省内县外就业率</td><td>%</td></tr>
<tr><td>农村劳动力国内省外就业率</td><td>%</td></tr>
</table>

（三）新型工业化指标

1. 新型工业化指标的确立依据

新型城镇化的确立指标纲领性的依据是《国务院关于支持河南省加快建设中原经济区的指导意见》和河南省委卢展工书记在中国共产党河南省第九次代表大会上作的《深入贯彻落实科学发展观全面推进中原经济区建设为加快中原崛起河南振兴而努力奋斗》的报告。新型工业化的主要内涵是科技含量高、信息化涵盖广、经济效益好、资源消耗低、环境污染少、人力资源优势得到充分发挥。为此中原经济区新型工业化发展需抢抓产业转移机遇，促进结构优化升级，坚持走新型工业化道路，加快建立结构合理、特色鲜明、节能环保、竞争力强的现代产业体系，引领带动“三化”协调发展。具体来说在优势主导产业、战略性新兴产业、服务业上各有不同的发展方式和发展要求。

在优势主导产业上，做大做强高成长性的汽车、电子信息、装备制造、食品、轻工、新型建材等产业，改造提升具有传统优势的化工、有色、钢铁、纺织产业，加快淘汰落后产能，形成带动力强的主导产业群。汽车产业主要指整车及零部件生产，电子信息行业主要指新型显示、信息家电、新一代信息通信产品等，装备制造行业主要指输变电装备、大型成套装备、现代农机等产业，食品产业主要指面制品、肉制品、乳品果蔬饮料等，轻工产业主要指家用电器、家具厨卫等特色轻工产业，新型建材产业主要是节能、环保和绿色建筑材料。对冶金行业总量扩张实行严格控制，以整合重组、技术改造、精深加工为发展重点，支持骨干企业实施煤电铝及加工一体化发展，对钢铁企业要求加快产品结构升级，对石油化工、盐化工、煤化工应推动融合发展，建设具有国际竞争力的精品原材料基地。对服装、面料、家用纺织品等行业应发展规模和水平，形成品牌服装产业。

在战略性新兴产业上，应实施一批科技重大项目，重点推动生物、新材料、新能源、新能源汽车、高端装备等先导产业发展，大力发展节能环保产业。加快发展生物医药、生物育种、超硬材料、高强轻型合金，建设郑州生物产业基地和洛阳新材料产业基地。实施重大产业创新发展工程，促进动力电池、电动汽车、光伏材料、节能环保成套装备、纤维乙醇等发展，培育一批战略性新兴产业示范基地，形成一批具有自主知识产权的国家标准和国际标准。

在服务业上，发展方向是规模化、品牌化、网络化发展。改造提升商贸、餐饮等传统服务业，发展壮大健康产业、社区服务、养老服务等新型业态，加快培育和扶持具有地方特色的家庭服务业。支持发展信息服务、创意设计、会展、服务外包、科技服务、电子商务等新兴服务业。突出发展物流、文化、旅游和金融等现代服务业。挖掘整合旅游资源，推动文化旅游融合发展，重点培育文化体验游、休闲度假游、保健康复游等特色产品，实施乡村旅游富民工程，建设中原历史文化旅游区、黄河文化旅游带和南水北调中线生态文化旅游带等一批重点旅游景区和精品旅游线路，建成世界知名、全国一流的旅游目的地。支持完善金融机构、金融市场和金融产品，形成多层次资本市场体系。加快推进郑东新区金融集聚核心功能区建设，适时申请开展电子商务国际结算业务。支持设立创业投资基金。推动保险业创新发展，开展保险资金投资基础设施等试点。支持郑州开展服务业综合改革试点。

在新型工业化发展方式上，要走融合和创新驱动的道路，通过技术改造提升产业竞争力。融合主要包括工业化与信息化融合、制造业与服务业融合、新兴科技与新兴产业融合。创新驱动要求构筑区域性自主创新体系。创新体系中的创新主体是中原经济区内的企业、国家级科研院所、高校设立的分支机构或成果转移中心，国家级企业技术中心、工程（技术）研究中心、重点实验室、工程实验室等，通过创新主体构建高层次的研发平台，组织实施重大科技专项工程。此外优质资本、优势企业跨行政区并购和重组，形成大型企业集团，提高产业集中度，形成若干具有国际影响力的知名品牌也是发展的重要方式。

关于新型工业化与城镇化的协调发展，《指导意见》也明确了协调方式，首先依托中心城市和县城，促进二、三产业高度集聚，强化产业分工协作，最终建设沿陇海产业带、沿京广产业带两大产业带，达到以产兴城、以城促产的协调发展目标。其次在产业集聚发展与土地资源有限的矛盾上，协调的方式是产业集聚区规划与土地利用总体规划、城市总体规划相衔接，整合提升各类产业园区，科学规划建设产业集聚区，促进企业集中布局、产业集群发展、资源集约利用、功能集合构建、人口有序转移。加强基础设施和公共服务平台建设，推进创新型、开放型、资源节约型和环境友好型等产业集聚区的示范创建，以此解决产业集聚发展与资源供应限制的矛盾。最后在承接产业转移的功能区分上中心城市和县域城镇各有侧重，中心城市重点承接发展高端制造业、战略性新兴产业和现代服务业，县城重点承接各具特色、吸纳就业能力强的产业，避免无序承接，资源浪费，产业错位，缺少规模效益。

2. 新型工业化指标层次

根据以上分析，我们对新型工业化的评价指标体系设计为两类：第一类为新型工业化发展指标；第二类为工业化内部协调指标。新型工业化发展指标又进一步分为 7 个方面，分别是经济发展指标、科技进步指标、经济开放度指标、综合效益指标、资源利用指标、绿色制造指标、人力资源利用指标。每个方面的指标又具体包括若干指标。新型工业化内部协调发展指标主要反映各行业发展规模、发展速度、发展方式与《指导意见》确立的目标协调一致性程度，可以具体化为产业结构指标、产业布局指标和提供就业指标。

3. 新型工业化评价指标

新型工业化 7 个方面的评价指标具体见表 11–3。

表 11–3 新型工业化评价指标

指标类型	指标名称	计量单位	评价重点
经济发展指标	生产总值	万元	工业化发展水平
	生产总值增速	%	
	人均 GDP	元	
	经济增长贡献率	%	
	三次产业固定资产投资总额	万元	
	三次产业固定资产投资增速	万元	
科技进步指标	工业科技进步贡献率	%	工业化中的科技含量
	研究与发展经费占 GDP 的比重	%	
	企业研发投入	万元	
	工业企业研究与发展投入占销售收入的比例	%	
	政府财政研发投入	万元	
	研发机构数量	项	
	专利授权数量	项	
	省部级以上品牌商标数量	项	

续表

指标类型	指标名称	计量单位	评价重点
综合效益指标	工业增加值率	%	工业化进程中的整体效益
	工业经济效益综合指数		
	规模以上工业利税总额	万元	
	全社会劳动生产率	元/人·年	
	第一产业劳动生产率	元/人·年	
	第二产业劳动生产率	元/人·年	
	第三产业劳动生产率	元/人·年	
	工业企业成本费用利润率	%	
	工业企业资产负债率	%	
	工业企业总资产贡献率	%	
资源利用指标	能源消费总量	吨标准煤	资源集约节约利用程度
	单位 GDP 能耗	吨标准煤/万元	
	单位 GDP 电耗	千瓦时/万元	
	单位工业增加值能耗	吨标准煤/万元	
	水资源消耗总量	吨	
	万元工业增加值取水量	万元/吨	
	单位 GDP 水耗	吨	
	工业用地产出率	%	
	土地产出率	%	
	工业固体废物综合利用率	%	
绿色制造指标	清洁生产审核企业数	家	绿色生产水平和能力
	ISO14000/ISO18000/ISO8000 认证企业数	家	
	工业废水排放总量	万吨	
	工业废水排放达标率	%	
	工业废气排放总量	万吨	
	工业废气排放达标率	%	
	工业烟尘排放总量	万吨	
	工业烟尘排放达标率	%	
	工业粉尘排放总量	万吨	
	工业粉尘排放达标率	%	
	工业固体废物排放量	万吨	
	工业固体废物综合利用量	万吨	
	工业固体废物综合利用率	%	
	工业固体废物处置量	万吨	
	工业固体废物处置率	%	
	"三废"综合利用产品产值	万元	

续表

指标类型	指标名称	计量单位	评价重点
人力资源利用指标	大中型工业企业科技活动人员数	人	工业化对人力资源的利用和回报
	在岗职工平均工资及增长率	%	
	第一产业从业人员比重	%	
	第二产业从业人员比重	%	
	第三产业从业人员比重	%	
	城镇人口就近就业比率	%	
经济开放度指标	进出口总额	万元	内陆经济开放高地的建设成就
	利用外商直接投资额	万元	
	接待国际旅游人数	万人	
	旅游外汇收入	万美元	

4. 新型工业化内部协调评价指标

新型工业化内部协调性评价指标具体见表 11–4。

表 11–4 新型工业化内部协调性评价指标

指标类型	指标名称	计量单位	评价重点
产业结构指标	工业集中度	%	产业结构是否符合《指导意见》要求
	一次产业占 GDP 增长的贡献率	%	
	二次产业对 GDP 增长的贡献率	%	
	三次产业对 GDP 增长的贡献率	%	
	五大服务业占 GDP 比重	%	
	主导优势产业占 GDP 比重	%	
	物流总费用与生产总值的比例	%	
产业布局指标	中心城市高端制造业产值占比	%	产业布局是否按照《指导意见》形成
	中心城市战略性新兴产业产值占比	%	
	中心城市现代服务业占比	%	
	沿陇海带产业 GDP 总值	万元	
	沿陇海带产业 GDP 增长率	%	
	沿京广带产业 GDP 总值	万元	
	沿京广带产业 GDP 增长率	%	
	县域城镇工业园区数量	个	
	县域城镇工业园区增长率	%	
提供就业指标	中心城市人口增长数量	万人	中心城市与县域城镇工业化的特色形成状况
	中心城市就业岗位增长数量	万个	
	县域城镇人口增长数量	万人	
	县域城镇就业岗位增长数量	万个	
	县域城镇就业占全部就业人数的比重	%	

（四）农业现代化指标

1. 农业现代化指标选取依据

新型城镇化的确立指标纲领性的依据是《国务院关于支持河南省加快建设中原经济区的指导意见》和河南省委卢展工书记在中国共产党河南省第九次代表大会上做的《深入贯彻落实科学发展观全面推进中原经济区建设为加快中原崛起河南振兴而努力奋斗》的报告。新型农业现代化是以粮食优质高产为前提，以绿色生态安全、集约化标准化组织化产业化程度高为主要标志，基础设施、机械装备、服务体系、科学技术和农民素质支撑有力的农业现代化。实现农业现代化要求中原经济区把发展粮食生产放在突出位置，着力提高粮食生产能力，稳定播种面积，着力提高单产，大幅提高吨粮田比重，不断提高农业技术装备水平，建立粮食和农业稳定增产长效机制。

为了保证粮食生产目标的实现，第一应加强以水利为重点的农业基础设施建设，优先安排并重点支持重大控制性水利工程、低洼易涝地治理、病险水库（水闸）除险加固和大中型灌区建设，加大大型灌排泵站更新改造力度，增强抗御水旱灾害能力。在保护地下水的前提下，在井灌区因地制宜实施“机井通电”和“以电代油”工程。推进以农田水利设施为基础的田间工程建设，发展高效节水灌溉。加快中低产田改造，建设旱涝保收高标准农田。第二应推进农业科技创新，健全农业技术推广体系，发展现代种业，加快农业机械化。通过加大对公益性农业科研机构和农业院校的支持，加强基础能力建设，深入实施重大科技专项，力争在关键和共性技术方面取得突破，加快农业科技成果转化。健全乡镇或区域性农业公共服务机构，提高人员素质，充实工作手段，充分发挥基层农业技术推广体系的作用。提升粮食生产机械化水平，增强农机推广服务能力，加快推进农业机械化。第三应完善粮食生产政策和利益补偿机制，加大对主产县的财政转移支付和奖励补助力度。第四需提高农业效益，具体做法是在确保粮食稳产增产的前提下，推进农业结构调整，大力发展现代畜牧业和特色高效农业，加快发展节约型农业、循环农业、生态农业。推进农业产业化，发展壮大龙头企业和知名品牌，拉长产业链，建设一批国家级和省级现代农业示范区。第五在制度创新上应探索多种土地承包经营权流转方式，促进适度规模经营。发展农民专业合作组织，健全农业社会化服务体系，提高农业经营组织化程度。培育和发展农产品综合交易市场。加大农业保险。加强农产品质量安全监督管理。培育有文化、懂技术、会经营的新型农民。总之农业现代化的目的是通过创新农民增收机制，拓宽农民增收渠道，加快农村富余劳动力转移，千方百计增加农民收入。最终使农业现代化成为夯实“三化”协调发展的基础。

2. 农业现代化指标体系

通过解读《指导意见》和《报告》，结合指标选取的原则要求，确立新型农业现代化指标体系。我们把这一体系分为 7 个方面，分别是农业产出效益指标、耕地保障进步指标、农业机械化水平指标、农业科技进步指标、绿色农业指标、农业产业化经营指标和农业支持政策指标。每方面指标又可以进一步细化为若干具体指标，分别见表 11–5。

表 11–5　农业现代化评价指标体系

指标类型	指标名称	计量单位	评价重点
农业产出效益指标	粮食总产量	千克	粮食产量目标完成情况
	粮食每公顷播种面积产量	千克	
	高效设施农业比重	%	
	农民人均纯收入	元	
	吨粮田比重	%	
耕地保障进步指标	农业耕地面积	千公顷	耕地保护任务完成情况
	农业耕地面积变化率	%	
	基建占地	千公顷	
	基建占地占减少耕地面积比重	%	
	平均每人占有耕地面积	公顷/人	
	农田有效灌溉面积	千公顷	
	机电灌溉面积	千公顷	
	旱涝保收农田面积	千公顷	
	水库库容量	亿立方米	
	水库灌溉面积	千公顷	
	除涝面积	千公顷	
	除涝面积占易涝面积比重	%	
	水土流失治理面积	平方公里	
	水土流失治理面积占水土流失面积比重	%	
	堤防保护面积	千公顷	
农业机械化水平指标	高标准农田比重	%	农业机械化生产规模
	农用机械总动力	万千瓦	
	平均每百人经营耕地面积	公顷	
	购置农业生产性固定资产支出	万元	
	机械播种面积	千公顷	
	机械播种面积占农作物播种面积的比重	%	
	机械收获面积	千公顷	
	机械收获面积占农作物播种面积的比重	%	

续表

指标类型	指标名称	计量单位	评价重点
农业科技进步指标	农业科技进步贡献率	%	通过科学技术改善农业生产的能力
	良种覆盖率，良种在增产中的贡献率	%	
	乡镇农业公共服务体系健全率	%	
	持证农业劳动力占农业劳动力比重	%	
	新型农业信息化服务覆盖率	%	
	农业科研机构数量增长率	%	
	农业科研机构科技人员增长率	%	
	农民培训支出额	万元	
	农民培训支出增长率	%	
绿色农业指标	林木覆盖率	%	绿色生态农业目标的实现情况
	认定的无公害绿色有机食品基地占耕地比重	%	
	农业废弃物综合利用率	%	
	农用柴油使用量	万升	
	农村用电量	亿千瓦小时	
	农业用水总量	亿立方米	
	化肥施用折纯量	万吨	
	农药施用实物量	万吨	
	农用塑料薄膜使用量	万吨	
农业产业化经营指标	农户参与各类合作经济比重	%	农业产业化规模生产的推进情况
	农业适度规模经营比重	%	
	农产品加工产值占农业总产值比重	%	
	农产品出口额	万元	
	农产品综合交易市场数量	个	
农业支持政策指标	财政对农业总投入增长速度与财政经常性收入增幅之比	%	政策对农业现代化的倾斜力度
	财政对粮食主产区的补贴	万元	
	地方财政一般预算支出中农林水事务支出	万元	
	农业贷款增长幅度	%	
	高效农业保费比例	%	

（五）"三化"协调发展评价层次

表 11-6 三化协调发展层次评价指标

第一层次评价对象	第二层次评价对象	第三层次评价对象
新型城镇化发展水平评价	新型城镇化与新型工业化协调度评价	新型城镇化、新型工业化、新型农业现代化"三化"协调评价
新型工业化发展水平评价	新型工业化与新型农业现代化协调度评价	
新型农业现代化水平评价	新型农业现代化与新型城镇化协调度评价	

注：表中列举指标是我们评价中原经济区建设中"三化"协调发展的理论指标。在实际应用中，可因地制宜、因时制宜，选择最能反映本地特征的指标，构建评价指标体系。其他无关指标则可以舍弃不用。

四、"协调度"计量方法与程序

"三化"协调的定量表示即是通过一定的数学模型或定量化方法反映新型城镇化、新型工业化和农业现代化之间协调发展的状态或程度。计量"三化"协调度通常需要通过下面的程序和方法。

（一）对各指标赋予权重

在评价指标体系中，各个评价指标在综合评价结果中的地位和作用是不一样的。鉴于此，为了使评价的结论更具有客观性和可信性，原则上就要求对每一个评价指标赋予不同的权重。多指标综合分析方法按照权数产生方法的不同大致分为主观法和客观法两类。主观法是根据经验和重要程度人为给出权数大小，再对指标进行综合评价。主观定权的方法有层次分析法、综合评分法、功效系数法、指数加权法和模糊评价法等。客观法是构建综合评价模型，根据指标自身的作用和影响确定权数进行综合评价。这类方法有熵值法及主成分分析、变异系数法、聚类分析、判别分析等多元分析方法。

1. 利用专家咨询法计算权重

专家咨询法又叫做"德尔菲法"（Delphi）、"老手法"。此法的具体做法是：召集或挑选同行业的一批专家，先让他们分别根据个人的经验和主观感受给每个指标确定一个权数，经过处理后，将第一轮的赋权结果反馈给各位专家，并进行第二轮评估，如此反复几次，直至专家们的评定意见比较吻合时为止。这种方法依据系统的程序，采用匿名方式，要求专家之间不得互相讨论，不发生横向联系，只能与调查人员发生关系。

2. 利用层次分析法计算权重

层次分析法（The Analytic Hierarchy Process，AHP）是美国匹茨堡大学数学运筹学家 F.L.萨缔（F.L.Santy）教授在 20 世纪 70 年代提出的，其基本思想是把一个复杂的问题分解成各个组成部分，然后将这些组成要素按支配关系进行分组，从而形成一个有序的递阶层次结构，在这个基础上，通过两两比较的方式确定层次中各个因素的相对重要性，最后综合人的判断确定出各个要素的相对重要性的总的排列顺序。

运用层次分析法确定评价指标权数，一般要经过以下几个步骤：

第一步，构造递阶层次结构。按照评价指标体系的基本关系构建递阶层次，指标体系的每层中各元素支配下一层中的相应元素，形成一个递阶层次，同一层中各元素相互独立，从而形成了由一个总目标层和若干个子准则层组成的递进的"金字塔"形层次结构。

第二步，建立两两比较判断矩阵。在确定的递阶层次结构中，每一个元素和该元素支配的下一层元素构成一子区域，对于子区域内的各元素采用专家咨询法来构建若干个判断矩阵。设 A 元素 A_k 与下层元素 B_1，B_2，…，B_n 有联系，则判断矩阵如表 11-7 所示。其中 b_{ij} 表示对于 A_k 而言，其下一层任意元素 B_i 对 B_j 相对重要性的数值表现。b_{ij} 的取值由 Saaty 的 1~9 值法（如表 11-8 所示）决定。

表 11-7 判断矩阵

A_k	B_1	B_2	…	B_n
B_1	b_{11}	b_{12}	…	b_{1n}
B_2	b_{21}	b_{22}	…	b_{2n}
…	…	…	…	…
B_n	b_{n1}	b_{n2}	…	b_{nn}

表 11-8 判断矩阵的标度及含义

标度	含义
1	表示两个因素相比， 具有相同重要性
3	表示两个因素相比，前者比后者稍重要
5	表示两个因素相比，前者比后者明显重要
7	表示两个因素相比，前者比后者强烈重要
9	表示两个因素相比，前者比后者极端重要
2、4、6、8	表示上述相邻判断的中间值

显然，判断矩阵都有如下性质：$b_{ii}=1$，$b_{ji}=1/b_{ij}$。判断矩阵的值根据客观数据、专家意见和分析者的认识综合给出。

第三步，进行层次因素单排序数值的计算。用方根法计算各指标的权数：w_i

（1）计算判断矩阵每一行标度的乘积的 n 次方根：$\overline{w_i}=\sqrt[n]{\prod_{i-1}^{n} b_{ij}}$

（2）通过归一化处理，示特征向量：$w_i=\overline{w_i}/\sum\overline{w_i}$

（3）计算判断矩阵的最大特征根：$\lambda_{max}=\frac{1}{n}\sum\frac{(AW)_i}{w_i}$

第四步，进行一致性检验：

（1）计算一致性指标：$CI=(\lambda_{max}-n)/(n-1)$

（2）根据判断矩阵的阶数 n，查找相应的一致性指标 RI。对于 n = 1，…，9，Saaty 给出了 RI 的值，如表 11-9 所示：

表 11-9 一致性指标 RI

n	1	2	3	4	5	6	7	8	9
RI	0	0	0.58	0.90	1.12	1.24	1.32	1.41	1.45

（3）计算一致性比率：CR = CI/RI

当 CR < 0.1 时，认为判断矩阵的一致性是可以接受的，否则应对判断矩阵作适当修正。

第五步，计算各层指标的组合权重。将满足一致性检验的相同模型的特征值取平均，也就形成了所在子区域块的各自相对权重。最后一层各元素的权数依次乘以上一层受控元素的相对权数，从而形成各元素对于总目标的绝对权重。

3. 利用主成分分析法计算权重

主成分分析是将多个变量化为少数综合变量的一种多元分析方法，主成分 Z 为各原始变量 X 的加权综合，各综合变量彼此不相关，且使离差平方和达到顺序最大、次大……

运用主成分分析法确定评价指标权数，一般要经过以下几个步骤：

第一步，确定评价指标。设 X 为 n × m 维观测矩阵，n 为样本个数，m 为评价指标个数（下同）。

$$X=\begin{pmatrix} x_{11} & x_{12} & \cdots & x_{1m} \\ x_{21} & x_{22} & \cdots & x_{2m} \\ \vdots & \vdots & & \vdots \\ x_{n1} & x_{n2} & \cdots & x_{nm} \end{pmatrix}_{n\times m}$$

第二步，对观测数据进行标准化

$$Y=(Y_1, Y_2, \cdots, Y_m)=(y_{ij})_{n\times m}$$

$$y_{ij}=(x_{ij}-\bar{x}_i)\Bigg/\sqrt{\frac{1}{n-1}\sum_{i=1}^{n}(x_{ij}-\bar{x}_i)^2}$$

第三步，计算样本相关矩阵

$$R=(r_{ij})_{m\times m}$$

$$r_{ij}=\sum_{i=1}^{n}y_{ii}y_{ij}$$

第四步，计算相关矩阵 R 的 m 个特征根 $\lambda_1\geqslant\lambda_2\geqslant\cdots>\lambda_m>0$ 及相应的单位特征向量 $C_1, C_2, \cdots, C_m, C_i=(C_{i_1}, C_{i_2}, \cdots, C_{i_m})(i=1, 2, \cdots, m)$。

第五步，计算主成分

$$Z_1, Z_2, \cdots, Z_m, Z_i=YC_i(i=1, 2, \cdots, m)$$

第六步，计算主成分 Z_i 的贡献率

$$v_i=\lambda_i\Bigg/\sum_{i=1}^{m}\lambda_i$$

第七步，计算前 p 个主成分的累计贡献率

$$v_p=\sum_{i=1}^{p}\lambda_i\Bigg/\sum_{i=1}^{m}\lambda_i$$

第八步，给定 $V<1$，当 v_p 达到 V 值时，则确定前 p 个主成分 $Z_1, Z_2, \cdots, Z_p$ 为评价指标。

第九步，在确定取前 p 个主成分后，构建综合评价向量

$$Z=V_1Z_1+V_2Z_2+\cdots+V_PZ_P$$

这里向量 Z 即是对观测样本进行综合评价的最后得分。

4. 利用变异系数法计算权重

变异系数是统计中常用的衡量数据差异的统计指标，该方法根据各个指标在所有被评价对象上观测值的变异程度大小来对其赋权。为避免指标的量纲和数量级不同所带来的影响，该方法直接用变异系数归一化处理后的数值作为各指标的权数。

运用变异系数法确定评价指标权数，一般要经过以下几个步骤：

第一步，对原始数据 X 计算各指标的标准差，反映各指标的绝对变异程度

$$s_1=\sqrt{\sum_{i=1}^{n}(x_{ij}-\bar{x}_1)^2/n}\ ,\ \overline{x_1}=\sum_{i=1}^{n}x_{ij}/n$$

第二步，计算各指标的变异系数，反映各指标的相对变异程度：

$$v_1=s_i/\overline{x_i}$$

第三步，对各指标的变异系数进行归一化处理，得到各指标的权数

$$w_i = v_i \Big/ \sum_{i=1}^{m} v_i$$

5. 利用熵值法计算权重

在信息理论中，熵是系统无序程度的量度，可以度量数据所提供的有效信息。熵值法就是根据各指标传输给决策者的信息量的大小来确定指标权数的方法。某项评价指标的差异越大，熵值越小，该指标包含和传输的信息越多，相应权重越大。

运用熵值法确定评价指标权数，一般要经过以下几个步骤：

第一步，将各项指标数值进行归一化处理

$$\alpha_{ij} = x_{ij} \Big/ \sum_{i=1}^{n} x_{ij}\ (i=1,\ 2,\ \cdots,\ n,\ j=1,\ 2,\ \cdots,\ m)$$

第二步，计算评价指标的熵值

$$H_j = -k\sum_{j=1}^{n} \alpha_{ij} \ln \alpha_{ij}\ (k = 1/\ln n)$$

第三步，将熵值转换为反映差异大小的权数

$$w_i = (1 - H_i) \Big(m - \sum_{j=1}^{m} H_j \Big)$$

以上各种多指标综合评价权数选择方法具有各自的特点和侧重点，有可能导致评价结果的不同。因而在进行协调度综合评价时，应具体问题具体分析，根据被评价对象本身的特性，在遵循客观性、可操作性和有效性原则的基础上选择合适的评价方法。还可以对多种可行评价方法进行组合，取长补短，可以尽量减少单一方法产生的偏差，有利于提高综合评价结果的准确度。

专家咨询法以定性手段为主，具有广泛的代表性和适用性，尤其是对一些难以建立数学模型的实际问题往往行之有效。从赋权结果来看，由于是同行专家共同评定的，因而得到的指标权重一般比较客观。具体运用时也不受样本量大小的影响。但其缺点是受专家知识、经验等主观因素影响，过程较烦琐，在评价指标为数众多时有可能会造成不好把握分寸。

层次分析法是一种把定性分析与定量分析有机结合起来的较好的科学决策方法。它通过两两比较标度值的方法，把人们依靠主观经验来判断的定性问题定量化，既有效地吸收了定性分析的结果，又发挥了定量分析的优势；既包含了主观的逻辑判断和分析，又依靠客观的精确计算和推演，从而使决策过程具有很强的条理性和科学性，能处理许多传统的最优化技术无法着手的实际问题，应用范围比较广泛。但层次分析法的应用也有局限性。它只能在给定的策略中去选择最优

的，而不能给出新的策略，最终结果的准确性取决于专家系统给出的指标体系的合理，同时该方法在进行多层比较的时候需要给出一致性比较，如果不满足一致性指标要求，则AHP方法也就失去了作用。

成分分析法用较少的指标来代替原来较多的指标，并使这些较少的指标尽可能地反映原来指标的信息，从根本上解决了指标间的信息重叠问题，又大大简化了原指标体系的指标结构。同时主成分分析法根据综合因子的贡献率大小确定各综合因子的权重，克服了某些评价方法中人为确定权数的缺陷，使得综合评价结果唯一且客观合理。但是主成分分析法的计算过程比较繁琐，且对样本量的要求较大，评价的结果跟样本量的规模有关系。主成分只是原始变量的线性关系，没有反映非线性情况，若指标之间的关系并非为线性关系，那么就有可能导致评价结果的偏差。

变异系数法的基本原理在于变异程度越大的指标对综合评价的影响就越大，权重大小体现了指标分辨能力的大小，体现了赋权的目的和内在要求。但它不能体现指标的独立性大小以及评价者对指标价值的理解，因而在评价指标独立性较强的项目可以采用。

熵值法具有较强的数学理论依据，真正做到了符合客观实际。但没有考虑决策人的意向，缺乏针对性。此外，由于熵值法要求有一定量的样本单位才能使用，并且熵值与指标值本身大小关系十分密切，因此只适用于相对评价而不适用于绝对评价，只适用于指标层的构权而不适用于中间层的构权。

（二）标准化各指标数据

在数据分析之前，我们通常需要先将数据标准化（Normalization），利用标准化后的数据进行数据分析。数据标准化也就是统计数据的指数化。数据标准化处理主要包括数据同趋化处理和无量纲化处理两个方面。数据同趋化处理主要解决不同性质数据问题，对不同性质指标直接加总不能正确反映不同作用力的综合结果，须先考虑改变逆指标数据性质，使所有指标对测评方案的作用力同趋化，再加总才能得出正确结果。数据无量纲化处理主要解决数据的可比性。数据只有经过标准化处理，将原始数据均转换为无量纲化指标测评值，即各指标值都处于同一个数量级别上后，才可以进行综合测评分析。

数据标准化的方法有很多种，如"最小—最大标准化"、"Z-score 标准化"、"按小数定标标准化"、对数 Logistic 模式、模糊量化模式等，最常用的有"最小—最大标准化"和"Z-score 标准化"两种。

1. 利用 min-max 标准化数据

min-max 标准化方法是对原始数据进行线性变换。设 X_{min} 和 X_{max} 分别为属性 X 的最小值和最大值，将 X 的一个原始值 X_I 通过 min-max 标准化映射成在区间

[0，1] 中的值 Z_I。对数据标准化处理时要区分正向指标（值越大越好的指标）和反向指标（值越小越好的指标）。

正向指标标准化处理公式为：

$$Z_I = \frac{X_I - X_{min}}{X_{max} - X_{min}}$$

对于逆向指标，运用公式：

$$Z_I = \frac{X_{max} - X_I}{X_{max} - X_{min}}$$

2. 利用 z-score 标准化数据

这种方法基于原始数据的均值（Mean）和标准差（Standard Deviation）进行数据的标准化。将原始值 x 使用 z-score 标准化到 Z_I，且将逆指标前的正负号对调。标准化后的变量值围绕 0 上下波动，大于 0 说明高于平均水平，小于 0 说明低于平均水平。

z-score 标准化方法适用于属性 X 的最大值和最小值未知的情况，或有超出取值范围的离群数据的情况。

$$Z_{ij} = \frac{x_{ij} - m_j}{S_j}$$

其中，$m_j = \frac{x_{1j} + x_{2j} + \cdots + x_{nj}}{n}$

$$s_j = \frac{1}{n}(|x_{1j} - m_j| + |x_{2j} - m_j| + \cdots + |x_{nj} - m_j|)$$

其中，x_{ij}——j 指标历年的原始数据；

Z_{ij}——标准化后的数据；

m_{ij}——j 指标在选取时段的平均值；

s_{ij}——指标的标准差。

（三）计算“三化”各自发展内部协调度

中原经济区“三化”协调发展的基础是新型城镇化、新型工业化和新型农业现代化三者各自内部协调发展。因此评价“三化”是否协调发展首先需要计算城镇化、工业化和农业现代化各自综合发展水平。

在主成分分析法下，评价新型城镇化协调发展水平有 p 个指标，则新型城镇化协调发展水平可以通过如下公式计算。

$$F_K = C_{K1}X_1 + C_{K2}X_2 + \cdots + C_{KP}X_P$$

其中：F_K 为新型城镇化协调发展度，C_{K1}，C_{K2}，…，C_{KP} 为第 k 个主成分的载荷值，X_1，X_2，…，X_P 为标准化处理后的数据。

相应地，根据新型工业化和新型农业现代化的评价指标体系，同样可以计算出新型工业化、新型农业现代化协调发展的水平。

（四）计算“三化”间的两两协调度

“三化”间的两两协调即是评价新型城镇化与新型工业化、新型工业化与新型农业现代化、新型城镇化与新型农业现代化之间良性的发展关系。

以新型城镇化与新型工业化之间协调发展程度为例，假设 F_i 为主成分分析法下计算出的新型城镇化综合发展水平的实际值，假设 F_{1i} 为与新型工业化实际值相协调的新型城镇化综合发展水平，则新型城镇化与新型工业化之间的协调程度可以用公式表示为：

$$W(i/j)=\exp[-k(X_i-X_i^1)^2]$$

其中，W(i/j) 表示新型城镇化对新型工业化的协调度，k 为负的新型城镇化方差的倒数。

（五）度量“三化”协调度

“三化”协调度是衡量新型城镇化、新型工业化和新型农业现代化三者协调发展的程度和水平。它可以通过下列公式度量。

$$H_s=\sqrt[N]{\prod_{i=1}^{N}H_i}$$

公式中 H_s 代表“三化”协调度，H_i 代表新型城镇化与新型工业化、新型工业化与新型农业现代化、新型城镇化与新型农业现代化之间协调程度。

（六）“三化”协调度评价

1.“三化”协调度区间划分

新型城镇化、新型工业化和新型农业现代化的协调度即是评价三者之间的良性发展关系。协调是一个内涵明确而外延不明确的模糊概念，评价三者的协调状况，通常很难精确地认定是协调还是不协调，而只能从程度上描述协调与否，所以只能利用模糊集合理论对其进行测度。根据模糊集合理论的原理，协调系数可以用模糊数学中隶属度的概念来表示，即采用［0，1］的实数来表示三者之间的协调度，协调系数的大小表示其协调程度，它的不同区间划分可以作为不同协调程度的衡量标准。根据针对相关协调发展的研究文献，可以将反映协调程度的协调系数划分为若干个等级区间，不同区间代表不同的协调程度，如表 11-10 所示。

2.“三化”协调预警标准确立

中原经济区“三化”协调发展的预警制度可以在协调度区间划分的基础上，将协调发展系数划分为预警区与无警区。预警区又可以进一步细化为严重预警、

表 11-10　“三化”协调度区间划分表

协调度标准	协调度评价
0~0.29	不协调
0.30~0.39	比较不协调
0.40~0.49	弱协调
0.50~0.59	初级协调
0.60~0.69	中级协调
0.70~0.79	良好协调
0.80~1.00	非常协调

中度预警和轻度预警三个层次，每一层次的临界值根据发展目标和协调度要求确定，可以随着中原经济区建设不同阶段作动态调整。

中原经济区协调发展预警图如图 11-1 所示。

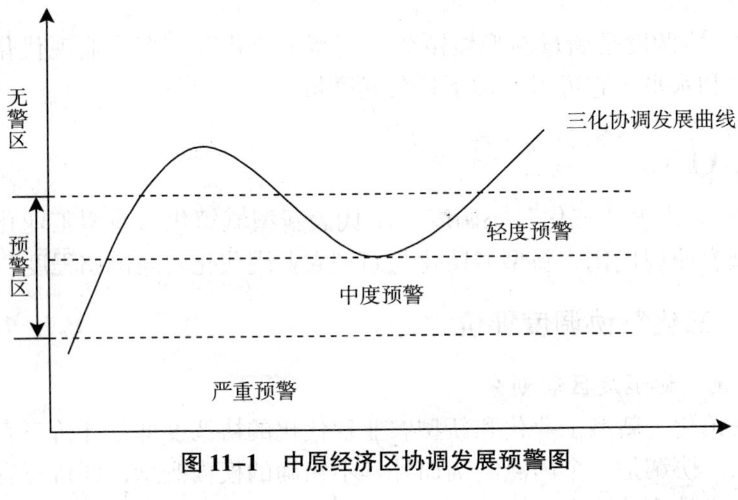

图 11-1　中原经济区协调发展预警图

3. “三化”协调预警评价

根据计算的“三化”协调发展系数和事先确立的预警标准，就可以确定中原经济区建设是否达到了“三化”协调发展的要求。在信息系统实现数据的同步传输和“三化”协调度系数即时计算的条件下，有关决策部门可以对“三化”协调发展的目标进行适时评价和动态监督，便于及时调整有关政策措施，保证“三化”协调发展。

第十二章　坚持法制保障基本原则实施并完善主要法律制度

《国务院关于支持河南省加快建设中原经济区的指导意见》为中原经济区的建设提出了总体要求，确定了基本原则和战略定位，指明了前进的方向和发展的战略目标。要扎扎实实地推进中原经济区建设，实现《指导意见》的各项目标和任务，还需要坚持法制保障基本原则，实施遵守并不断完善保障中原经济区建设顺利进行的法律制度，在法治框架下实现政府与市场之间的双向良性互动。

一、区域发展权视角下的中原经济区建设的法治环境

（一）区域发展权概述

早在 1986 年，联合国大会就通过了《发展权利宣言》，宣言指出："发展权"是一项不可剥夺的人权；其权利主体包括个体、团体、区域和国家（特别是发展中国家）。[①] 有学者认为："所谓发展权是个体的和人的集体参与，促进并享有其相互之间在不同时空限度内得以协调、均衡、持续地发展的一项基本人权。"[②] "区域发展权"是"发展权"的题中应有之义，"对区域发展的研究应引入'人权'的新视角，而对发展权的探讨也应导入'区域'的新维度，从而构建'区域发展权'新概念。"[③]

区域发展权视角下的中原经济区建设是中原大地及中原千万儿女固有的、与我国其他经济特区、行政区域一样，享受国家赋予特定区域差别化税收、财政、金融、土地供应及产业政策，整合自己的区域和资源优势，结合自己的发展现状和特点，持续发展以满足本区域内居民日益增长的物质和文化需求的权利。

---

① 齐延平. 论发展权的制度保护［J］. 学习与探索，2008（2）.

② 汪习根. 法治社会的基本人权［M］. 北京：中国人民公安大学出版社，2002.

③ 汪习根，王康敏. 论区域发展权和法理念的更新［J］. 政治与法律，2009（11）.

区域发展权具有层次性、渐进性、多元性和开放性。层次性是指区域发展权大体可分为初级阶段和高级阶段。初级阶段以满足生存权为主要目的，高级阶段以可持续发展、追求幸福和政治参与为主要目的。[①] 渐进性是指区域发展的不间断性和连续性。多元性是指区域发展权是一个概括性的权利，其权利内容极其广泛，包括政治、经济、文化和社会权利等方面的诸多内容。开放性是指区域发展权将随着区域和社会的发展而不断变换自己的形式、扩展自己的内容。

从目前中原经济区的发展现状来看，中原大地绝大部分居民的生存权已基本得到保障，正处在由区域发展的初级阶段向高级阶段自我“涌动”的历史阶段。中原经济区建设应当立足本区域发展现状，充分利用区域资源优势，突出区域发展特色，尽早实现向区域发展高级阶段的过渡。

（二）中原经济区建设的政府职能定位

1. 市场经济体制中的政府职能

我国 1993 年宪法修正案把宪法第 15 条修改为：“国家实行社会主义市场经济，国家加强经济立法，完善宏观调控”。从此我国开启了社会主义市场经济体制建设。如何构建具有中国特色的社会主义市场经济体制成为亿万中国人的历史使命。美国学者奥尔森指出，市场经济要想成功，有两个一般性条件：一是要有可靠而界定清晰的个人权利；二是不存在任何形式的巧取豪夺。[②] 西方著名经济学家熊彼特指出：“开动和保持资本主义发动机运动的根本推动力，来自资本主义企业创造的新消费品，新生产方法或运输方法、新市场、新产业组织的形式”。[③] 我国台湾学者指出：“宪政国家，尤其是实质宪政法治国家，本质上必须同时为租税国家。宪法皆由基本权及法治国原理所保障之私有经济体制，其存在有赖于国家财政需求有税收供应，不必牺牲经济自由，故纳税义务为私有财产及自由经济体制之代价”。[④]

上述学者对市场经济体制、企业地位、政府功能等相关论述均以市民社会与政治国家“二元论”为框架。市民社会与政治国家“二元论”分析范式提示我们，无论是市场还是政府，都不是“自足”的系统。政治国家不能自己实现“蛋糕”最大化，如何把“蛋糕”做大是市场的机制和功能；同时，市场无法满足的公共产品和公共服务则需要政治国家提供。“二元论之基本意义，在于社会自身无法自行规整调节，而需赖国家作为有组织之工具，用以保障具体或一般之个人自由。国家之公权力虽非不能干预人民生活，但须先对国家与社会区分，作为个

---

① 王琪璟. 论区域发展权的法律评价标准［J］. 政治与法律，2009（11）.

② ［美］奥尔森. 权力与繁荣［M］. 上海：上海世纪出版集团，2005.

③ ［英］熊彼特. 资本主义、社会主义与民主［M］. 吴良健译. 北京：商务印书馆，2007：146.

④ 葛克昌. 税法基本问题［M］. 北京：北京大学出版社，2004：5.

人自由之基本条件。”①

在市民社会与政治国家二元论分析框架下，企业是市场主体，是中原经济区区域发展和中原振兴的主力军；政府是中原经济区建设的推动者、促进者、维护者和保障者。政府在区域发展中的功能定位应当坚持辅助性原则，即市场能够解决的尽量由市场解决，市场不能解决或不能较好地解决的才由政府担负解决重任。“国家与社会区分，在宪法理论上今日仍有存在之必要……就基本价值之实现观点而言，较国家为之者具较高品质，故当国家职权与社会职权无法明确分辨时，依（疑则归社会）原则解决。而国家职权则受（补充原则）之拘束。”②

另外，在市场主体与政府之间，还横亘着各种社会自治组织和社会团体。它们在市场经济体制中起到联系市场主体与政府的桥梁和纽带之功能。它们既是市场经济社会的一大特征，同时也是维护市场经济秩序的一支重要力量。“市民社会的组织化，市民自治组织和社会多元利益的整合机制的形成是市民社会成熟的标志。”“市民在社会生活中的多种角色形成其不同的社会关系网络，市民社会组织就是为了维护市民的各方面的利益和权利、协调市民社会运动过程中的各种利益关系，组织市民争取政治权利等而产生的社会组织体。”③当前，我国和河南省的各种社会组织虽还不算发达，但诸如房地产协会、闽商协会、皖商协会、律师协会等社会团体也非常活跃，它们为促进区域合作与交流、支持地方经济发展和维护市场经济秩序发挥了重要作用。鉴于本章的研究重点是中原经济区建设的法治保障，所以有关社会自治组织的法治功能不再多述。

2. 中原经济区建设中的国家责任

联合国1986年《发展权利宣言》第3条明确指出：“国家有权利和义务制定适度的国家发展政策，其目的是在全体人民和所有个人积极、自由和有意义地参与发展及其带来的利益的公平分配的基础上，不断改善全体人民和所有个人的福利。”第8条规定：“各国应在国家一级采取一切必要措施实现发展权利，并确保除其他事项外所有人在获得基本资源、教育、保健服务、粮食、住房、就业、收入公平分配等方面机会均等。”从上述国际法律文件可以看出，中央政府在国内各区域协调发展和实现各区域和每个公民个人的发展权中具有不可推卸的责任。

中央政府在中原经济区建设中，主要通过行使立法权、行政权、审判权和检察权来保证对其所辖区域的治理。审判权和检察权均具有一定的被动属性。审判权主要通过权利保护和权力监督来维护市场经济秩序，检察权主要通过对行政权、审判权的检察监督实现全国法制统一和保障公民、法人或其他组织的合法权

①② 葛克昌. 国家学与国家法［M］. 台北：月旦出版社股份有限公司，1996.

③ 刘旺洪. 国家与社会：法哲学分析范式的批判与重构［J］. 法学研究，2002（6）.

益。因此在区域经济协调发展方面，中央政府的职权和职责主要通过立法权或行政权来实现。

（1）立法层面。《宪法》、《全国人民代表大会组织法》、《地方各级人民代表大会和地方各级人民政府组织法》及《立法法》等有关界定中央与地方事务管理权限的法律法规，对中央与地方事权界分的主要依据是“重要事项”标准，即外交、国防、国家有关机关的机构、组织与职权、民族区域自治、特别行政区和基层群众自治制度、犯罪和刑罚、剥夺公民政治权利、限制人身自由、民事基本制度、基本经济制度、财政、税收、海关、金融和外贸、诉讼和仲裁制度等由全国人大及其常委会行使立法权；如果这些事项尚未制定为法律的，全国人大及其常委会有权授权国务院根据实际情况制定行政法规，但犯罪与刑罚、对公民政治权利的剥夺和限制人身自由的强制措施和处罚及司法制度除外。《立法法》第 8 条把这些重要事项全部纳入中央政府的事务管辖范围。

从市民社会与政治国家二元论的视角来说，在中原经济区建设中，实施宏观调控和实现基本公共服务均衡化是中央政府的职责。宏观调控是市场经济健康发展的重要保障，基本公共服务包括教育、医疗保障、公共基础设施建设等方面的公共服务。中央政府实施基本公共服务均衡化和宏观调控措施主要采取财政、税收、金融、土地政策等行政和法律手段。

除上述中央专有管辖事项以外，中央与地方政府还有如下共同管辖事项：跨区公共资源开发与利用、社会保障、环境保护等。在这些事项上，要建立中央政府与地方政府共同负责的制度和机制，特别是按中央政府与地方各级政府之间事权、财权、财力与支出责任相统一的原则科学配置事权、财权和支出责任。在中央与地方共管事务管理上，应由中央单向授予和地方被动接受的央地关系现状向各区域经济社会发展主体与中央政府、上级政府之间法制化的沟通协商机制转变。

为实现区域协调发展，全国人大及其常委会应当充分发挥其专属立法职能，在充分调查研究的基础上，尽早制定统筹国内区域协调发展的财政、税收、金融土地征收、生态环境保护等方面的法律。比如为保证各区域协调发展，全国人大应尽快制定《中央与地方事务管辖权限法》、《财政转移支付法》、《区域经济、技术与文化合作法》、《生态补偿法》等法律法规，以实现全国基本公共服务的均衡化，保护中西部欠发达地区、生态保护区居民的生存权和发展权。

（2）行政层面。行政机关所面临的是纷繁复杂的社会现实，法律不可能都给出具体答案。在许多情况下，行政机关是在完全没有任何法律依据的情况下以自己的职权独立行使职责，这是公共行政的特点所决定的。正如有学者所说：“如果坚持行政的职责纯粹是执行法律，就必须假设规则永远先于个别经验而存在，这实际上等于历史的终结，对于所有社会问题我们都已经有明确的法律方案。政府必须遵守法律，但历史在不断前进，因此，政府也必须处理法律没有给出答案的事务，公民也需要正确处理自己并不享有权利的某些利益。”①

在法律没有具体规定的情况下，行政机关处理行政事务更多的是展现行政人员的社会精英品格，行政合理性的法哲学基础也在于此。“‘合理性’的本质是获得未来公民的同意，需要较高的预见性，因而往往只有精英能够胜任。”“行政行为的‘合理性’包含经济效率、德行、技艺等多方面的内容，在它们的指导下完成的行政行为，其最终的合法性需要等待历史的检验。”②

在中原经济区建设中，国务院是我国的最高国家行政机关。国务院作为中央人民政府，能够把握全局，审时度势地制定我国区域协调发展的宏伟规划。中央政府的职责主要是做好全国各主要功能区的宏观规划和指导工作。中央的宏观规划应当包括政治规划、经济规划、土地资源与生态环境规划、社会文化规划等方面。中央政府对下级政府的工作指导是全方位的工作指导与监督。国务院在中原经济区建设中要积极履行国家层面的责任。除此之外，国务院还要做好中原经济区域内的各行政区的组织、协调和争议解决工作。

总的来说，中央政府在中原经济区建设的行政行为更多是以行政规划、行政指导和行政信息公开等“软法”形式出现。这种行政行为虽然缺乏行政命令那样的直接强制性，但其基于中央政府的“特殊身份”，也当然具有行政效力。“行政奖励、行政规划、行政指导和行政确认等行为，不能用法律行为的模式去理解，它的效力，主要取决于行政机关的地位。”③ 当然，中央政府在区域经济社会发展中，也有行政监管职责。对于那些违反法律、行政法规及缺乏明显正当性的地方行政行为，中央政府有要求地方政府及时纠正的权力。

3. 中原经济区建设中的地方政府职责

从市民社会与政治国家二元论视角来看，在配置和规划各级政府事务管辖权限时，应当按照下级政府优先原则，下级政府能够解决的问题就由下级政府解决；否则再由上级政府统管。在中原经济区建设中，中央的政策导向和支持固然重要，但最为重要的还是地方政府应当有所作为。地方政府的运作方式主要也是立法和行政两个方面。

（1）地方立法层面。按照《宪法》和《立法法》的规定，财政、税收、土地征收立法都是中央政府的专属管辖事项。《立法法》第 64 条规定地方政府只能针对第 8 条之外的事项制定地方性法规。第 65 条规定，经济特区所在地的省、市的人大及其常委会根据全国人大的授权，可以制定地方性法规在经济特区实施。这种立法事项划分方式有固有缺陷。比如，地方立法不得涉及限制人身自由行政处罚、刑罚、不动产等基本民事立法权、财政与税收立法权等。然而，在市民社会与政治国家二元论框架下，地方性基础设施建设、地区间公共资源调剂等事务

①②③ 毛玮. 论行政合法性［M］. 北京：法律出版社，2009.

属于地方政府应尽的职责。此外，地方政府还要与中央政府共同负责社会保障、环境保护、跨区资源的开发利用等共管事项。这些事项往往与农村集体土地集约化经营、集体土地征收、产业激励与约束规制、财政税收调控措施、生态环境保护方略、临时性社会干预举措等经济、行政、法律措施与手段紧密相关。

这种立法权配置严重制约了地方自主权的发挥，对区域经济发展极为不利。有学者指出："按照立法民主和自治的原则，中央与地方立法事项划分的基本依据和标准，应该是其'影响范围'而并非'重要程度'。"[①] 如果按照"影响范围"来界定中央与地方的事务管辖权限，像生态环境保护法律制度、土地与自然资源的利用和征收制度等许多仅关涉局部地方事务的事项都应交由地方政府管理。正如美国科迪斯法官在"领港调控案"判决书中所说"如果事务要求全国统一调控，那么国会就具有专有立法权；如果事务需要根据地方特色得到多样化处理，那么即使它处于国会权力范围之内，只要国会没有制定立法去优占各州调控，各州就仍有权行使共有调控权"。[②] 这就是著名的界定中央与地方管辖期限的"库里法则"。

每个经济功能区都有自己的独有特征，中原经济区也不例外。中原经济区的基本特征是：区位优势明显，战略地位重要；自然人文资源丰富，开发潜力大；农业生产举足轻重，"三农"问题突出；平均发展水平低，工业化、城镇化任务艰巨。[③] 建设中原经济区的战略定位为：全国工业化、城镇化、农业现代化实验区；全国新型城镇化实验区；全国产业转移与集约发展先导区；全国传统文化开发创新实验区。[④] 中原经济区要充分发挥自己的自然资源、农业生产、人力资本、文化积淀等经济发展优势，转变经济发展落后、思想观念落后、工业基础落后、城镇化率及品质落后等经济发展劣势，必须走出一条适合自己社会经济发展的独特道路。

要发挥自己的优势及克服自己的劣势，中央政府必须向中原经济区地方政府放权，特别是地方立法权。鉴于短期内宪法、法律不可能对中央与地方立法权限重新进行调配，基于区域发展的必要性，中央政府应当在宪法、法律框架内对地方政府适度放权或赋予一定自主立法权。比如，可以按照《立法法》第65条之规定："经济特区所在地的省、市的人民代表大会及其常委会根据全国人民代表大会的授权决定，制定法规，在经济特区内实施。"参照过去全国人大及其常委会向其他经济特区的立法授权，比如《全国人大常委会关于授权广东省、福建省人

① 封丽霞. 中央与地方立法关系的法治化研究［M］. 北京：北京大学出版社，2008.

② 张千帆. 宪法学导论——原理与应用［M］. 北京：法律出版社，2004.

③④ 喻新安. 建设中原经济区若干问题研究［J］. 中州学刊，2010（9）.

大及其常委会制定所属经济特区的各项单行经济法规的决议》、《全国人大关于授权汕头市和珠海市人大及其常委会、人民政府分别制定法规和规章在各自的经济特区实施的决定》,[①] 赋予地方政府一定范围的土地资源税、生态环境税等税收立法权、集约农村集体承包土地立法权、公共财政激励与资助立法权等。

在中央对地方立法授权时，应当注意如下几个方面的问题：一是坚持区域立法的合宪性、合法性与区域经济立法创新的关系，注意突出地方特色；二是以经济立法为重点，适度拓展其他领域的配套完善，增强区域经济立法的实效；三是坚持合理借鉴国外立法经验与紧密结合地方实际的统一，突出地方经济发展的特色；四是坚持立法创新与自觉接受中央政府的立法监督相结合。总而言之，我国属于单一制国家，地方立法权不是固有的，而是来自于中央政府授予。地方立法创新完全取决于中央立法监督机关的“授权”范围和“宽容”程度。立法创新不能超过一定限度。这个度就是既要有利于地方经济发展，同时又不能挑战中央政府权威。

（2）地方行政层面。从法制史的视角来看，行政是立法的前提。任何公共产品的提供都要以公共道德、专业技术能力为重要参考，能够综合考量上述因素的首先是地方行政部门。“从经验和理论两个角度来看，将行政视为前立法阶段更为合适。当然，对于已经确立的法律规则，行政机关是必须遵守的，但是，从全局来看，现在的立法是过去的行政，而现在的行政可能又决定着未来的立法。”[②]

地方政府掌握法律、法规的具体执行权力，是区域经济发展的直接指导者和管理者；它们熟悉“地方性知识”，同时又受制于地方百姓的“口碑”，它们也是区域经济发展的受惠者之一。由此地方行政机关在区域经济发展中的地位尤为重要。具体说，地方行政机关至少应做好如下几个方面的事务：一是区域政治、经济、社会、生态环境和文化发展规划；二是区域社会、经济、生态环境和文化监督管理；三是构建本区域与其他区域交流与合作的平台与机制；四是负责与中央政府有关部门的沟通与协调；五是具体落实地方性公共产品及准公共产品的生产和提供等。

总之，地方行政机关一方面在宪法、法律范围之内忠实执行国家有关区域协调发展的法律、法规，为构建国内各区域的协调、均衡发展提供法制保障；另一方面，各级地方行政机关也应当在充分调查研究的基础上，在国家法律、法规“空白”甚至“滞后”环境下，结合本地区、本部门实际，开展因地制宜的实验

---

① 《立法法》第 65 条的规定与原来全国人大及其常委会的授权立法决议或决定存在一定冲突，即《立法法》第 65 条规定的被授权主体仅限于经济特区所在地的省、市的人民代表大会及其常委会，而原全国人大及其常委会的授权立法决议和决定的被授权主体，不仅包括地方人大及其常委会，还包括地方行政机关。参见熊哲文. 法治视野中的经济特区［M］. 北京：法律出版社，2006.

② 毛玮. 论行政合法性［M］. 北京：法律出版社，2009.

和探索，为地方立法和国家立法提供前沿经验性报告和总结。比如，地方政府可以根据本地实际开展清洁生产税收约束机制试点；循环经济财政与税收激励机制试点；农村承包土地与城市国有土地使用权置换试点；生态环境补偿试点；城乡社会保障一体化试点；区域经济与技术合作机制试点；等等。

二、中原经济区建设法治保障的基本原则

（一）平等竞争与开放统一原则

“在市场经济中，只有当个人和厂商拥有一套广泛而牢固的个人权利时，源于贸易的大量重要的收益才会形成，许多重要类型的生产活动才会发生。事实上，超过原始社会所能得到的贸易收益，只能在个人权利既广泛又牢固的环境中才会发生。”[①] 个人和企业家广泛而牢固的个人权利其实就是经济自由权。我国有学者认为：“经济自由是市场经济的另一个基础性条件，尽管在很多国家将其内含于财产权之中，但是现代国家都纷纷视为独立权利给予关注。”[②] 我们认为，经济自由权虽然是从财产权中分化出来的一项权利，但其已经超越了财产权所能容纳的内容。所谓经济自由权其实就是市场主体的营利动机、意志及其行为的客观化应当受到国家的尊重与保护，并排除其他任何单位和个人侵犯的能力和资格。政府尊重和保护个人和厂商的经济自由权其实就是构建平等竞争与开放统一的市场经济法制环境。

平等性、竞争性、开放性与统一性是市场经济的本质特征。构建平等竞争与开放的市场法制秩序是政府的首要职责。过去我国坚持的是设立经济发展特权、给予特别经济政策与特殊法律优惠的“使一部分地区”先富起来的发展模式。它为在短期内迅速提高特定地区的国民生产总值及提升整个国家的经济实力发挥了巨大作用。然而，这种“特殊主义”的经济发展模式长期运行的结果是东部地区与中西部地区的社会、经济差距愈来愈大。它给我国的和谐社会建设带来了巨大危害，甚至危及国家的统一，影响了民族团结。这不仅是一个重大的经济问题，更是一个非常重大的社会和政治问题。

为促使国内各区域全面、协调、均衡和可持续发展，构建环境友好型、资源节约型社会，实现长治久安，我国的经济和社会发展模式必须进行根本性变革。

① ［美］奥尔森. 权力与繁荣［M］. 上海：上海世纪出版社，2005.

② 张千帆. 宪政、法治与经济发展［M］. 北京：北京大学出版社，2004.

由此那些不科学的差异化法律和政策不再具有正当性。法律和政策所能容忍的差别化待遇要么是基于本部门和本地区的实际情况而作出的“个性”安排，要么这种差别待遇对社会上、经济上处于“最不利地位”的人更有利。正如我国有学者所说：“从此区域发展将由以往的特殊主义的政策优惠转变成普遍主义的权利期待：立法上向各地区开放出统一的、均等的发展权利，但在具体的法律适用和法律执行中可以针对各发展地方的实际情况和具体需要，在追求和实现其发展权利的路径与方式上给予特殊性的特别处理。”① 总之，区域经济发展固然重要，但真正促进区域经济协调、可持续发展的不是任何形式的地方保护主义，而是平等竞争与开放统一的法治化的市场环境。

（二）多元利益平衡原则

美国学者庞德认为：“它是人类个别地或在集团社会中谋求得到满足的一种欲望或要求。”② 我国有学者认为，利益概念有四种学说，即“好处说”、“需要说”、“社会关系说”及“内在体验说”。利益表征一种社会关系，人的需要是利益的根源，利益体现了人类与需要对象之间的矛盾关系。③

上述几个利益定义均把其作为人类需要来诠释，这显然是人类中心主义的精神构造。然而，在环境哲学看来，自然界除了能够满足人类需要之外，还有独立的伦理和哲学属性。自然界的伦理和哲学属性被人类忽视是造成当代生态环境危机的重要原因。在生态与环境哲学看来，“人类对待自然的活动，不仅不能损害他人和子孙后代的利益，应当为此承担责任；而且不能损害生命和自然界的利益，应当为此承担责任。”④ 在生态法哲学看来，利益主体并不专属于人类，而是具有多层次性，即物质、生态、人类都是利益关系的主体。⑤

利益问题的复杂性不仅限于利益主体的多元性，利益内容同样也具有多样性。在当代生态文明建设中，既有经济利益与环境利益的冲突，也有经济利益之间、环境利益之间的内在矛盾；既有国家整体利益与区域局部利益的冲突，也有区域之间的利益摩擦；既有公共利益与私人利益之间的差异，也有公共利益之间、私人利益之间的固有张力；既有当代人的利益纠结，也有当代人与后代人之

---

① 汪习根，王康敏. 论区域发展权和法理念的更新［J］. 政治与法律，2009（11）.

② ［美］罗斯科·庞德. 普通法的精神［M］. 唐前宏，高雪原译. 北京：法律出版社，2001.

③ 杨炼. 立法过程中的利益衡量研究［M］. 北京：法律出版社，2010.

④ 余谋昌. 环境哲学：生态文明的理论基础［M］. 北京：中国环境科学出版社，2010.

⑤ 地球进化的前生物阶段，物质自身是主体，即“物质是一切变化的主体”。地球进化的生物阶段，生物即“活物质”成为推动地球进化的重要的地质作用力，生命追求自己的生存，它成为生存主体，在这里产生了“生态主体”。地球进化的人类阶段，人成为推动地球进化的重要的地质作用力，人以文化的方式生存，通过劳动创造“人类学的自然界”，人成为生存主体，是主体进化的最高阶段，达到主体的最高层次。参见余谋昌. 环境哲学：生态文明的理论基础［M］. 北京：中国环境科学出版社，2010.

间的利益关联；既有国内经济与环境关系的协调，也有主权国家之间的经济与环境掠夺。

总之，上述利益关系错综复杂，彼此之间既有相互融通，也不乏相互冲突。在构建区域经济发展中，一定要统筹把握和综合考量各种利弊因素，切不可因急于追求某一方面的利益而忽视其他利益。在平衡各种利益关系时，总的原则是既要处理好人与人、个人与社会的关系，也要处理好国家与区域、区域之间协调发展的关系。在处理利益关系时，一定要把人与自然、生态的关系放在更加突出的地位，千万不能再走西方国家"先污染、后治理"的经济发展模式。随着《清洁生产促进法》、《循环经济促进法》等相关生态环境专项法律、法规的颁布和实施，在承接国外和东部产业转移时，一定要充分考量其对生态环境的影响和作用，经济发展绝不能以牺牲生态环境为代价。

（三）权力能动原则

新兴市场经济国家的政府在市场经济体制建设中都有积极能动的特征，我国也不例外。改革开放以来，我国无论是中央政府还是地方政府投身经济建设的热情都异常高涨。政府权力能动虽然能够短时间内提升整个国家的国民生产总值及我国的国际地位，但如果把握不当，也会造成巨大的资源浪费和经济损失。我国几度出现的股票热、开发区热、房产热等都与国家权力能动，特别是行政权力不当能动有密切联系。

权力能动原则主要是指立法权、行政权在区域经济建设中要自觉地履行宪法、法律赋予的职责，最大限度地构建区域经济协调发展的各项制度和政策。由于我国不存在利益集团游说启动立法程序的社会和法律机制，立法动议在很大程度上来自于分散在全国各地的全国人大代表的立法提案；同时由于我国缺乏专职人大代表，这些全国人大代表受制于日常事务的纠缠，因此在我国，立法能动受到很大限制，权力能动更多是以行政权力能动的形式表现。

行政权具有天然的能动性。"行政权具有立法与司法权所没有的某些属性，如积极性、主动性、倾向性、直接性、单方性、整体性、广泛性、经常性、连续性等。"① 在中原经济区建设中，行政权力能动主要有两种方式：一是贯彻执行中央与地方立法；二是在宪法、法律视野下进行制度创新、体制创新和机制创新。

行政权力能动的一个重要方面是贯彻执行中央与地方立法。"徒法不足以自行"，没有合格的法律执行者忠实履行职责，任何法律规定都可能会成为"具文"。无论是中央立法还是地方立法，都要依靠行政权对法律、法规的诠释和执行，行政权贯彻执行法律、法规的过程也是其对法律、法规进行诠释和注解的过

① 杨海坤，章志远. 中国行政法基本理论研究［M］. 北京：北京大学出版社，2006.

程，因此行政权的“能动”执法是保证法律产生实效的关键。

依照我国《宪法》和《地方组织法》的有关规定，地方各级人民政府的主要职权为：执行国民经济和社会发展计划、预算，管理本行政区内的经济、教育、科学、文化、卫生、体育、环保、城乡建设和财政、民政、民族事务、司法行政、监察等行政工作；执行本级人大及其常委会的决定、决议和上级国家行政机关的决定和命令；保护公民各方面的权利等。总之，地方行政机关的职权可以概括为“执行”两个字，即执行法律、行政法规和地方性法规，执行上级国家行政机关和同级人大及其常委会的决定、命令等。

行政权力能动的另一个重要方面是在宪法、法律视野下，创造性地开展工作。这里需要特别强调两点：第一是在宪法、法律视野下；第二是创造性地开展工作。所谓在宪法、法律视野下就是说行政权不能随意行事，要以宪法、法律为总的基调和参考。所谓创造性地开展工作是指行政权根据各地的实际情况，在法律没有具体规定或者法律规定明显滞后的情况下，在不与宪法、法律原则相冲突的原则下，可以进行制度、体制和机制创新，以便积累地方经验，为地方和中央立法提供实证资料。当前，我国宪法已经确立了建设社会主义市场经济体制和建设社会主义法治国家的目标，这是一项前无古人的创造性事业，要完成这个宏伟大业，必须不断开拓，勇于进取，从实践中不断总结摸索，找出符合中国特色和地方实际的新的制度、体制和机制。

（四）公平与效率有机统一原则

公平、效率都是法的价值。从表面上看，公平与效率是一致的。然而，事实上，公平与效率之间存在一定冲突。如何协调二者之间的关系，是“效率优先兼顾公平”，还是“以效率为代价而强调公平”抑或其他，已经成为各国法制现代化进程中的历史课题。

改革开放之前，我国秉承“以效率为代价而强调公平”的计划经济体制，挫伤了广大人民和企业家的趋利动机及营利行为，不能充分挖掘和解放社会生产力。改革开放之后，为迅速摆脱贫穷、落后、挨打的局面，建设民富国强的社会主义国家，我国长期坚持“效率优先、兼顾公平”的政策和法律价值取向，使我国的综合实力得到大幅攀升，进而迈入世界经济大国行列。

随着改革开放的逐步深入和社会主义市场经济体制的完善，虽然我国的综合国力大大提升，但国内贫富差距和地区差距却继续拉大，并没有出现期待的由先富起来的人和地区主动帮助贫困者和落后地区走向共同富裕的情况。近些年来，我国地区、城乡、行业、群体间的收入差距加大，分配格局失衡导致部分社会财富向少数人集中，收入差距超过基尼系数 0.4 的警戒线，达到 0.47，由此带来的诸多问题正日益成为社会各界关注的焦点。国际上通行的贫富警戒线提示我们：

“效率优先兼顾公平”的价值取向已经“走到终点”，法律的价值取向必须重新予以建构。

原来我们一直认为，效率是市场经济中初次分配的价值取向，公平是市场经济中再次分配的价值取向。现在看来，这种认识至少在中国是不完整的。中国并不是完善的市场经济国家，其中一个很大的问题就是官商勾结所导致的初次分配中机会不平等。党的十七大报告明确提出，在初次分配和再次分配中，都要注意公平与效率的关系，在再次分配中要更加关注公平。因此我国的市场经济体制价值取向应当不同于西方比较完善的市场经济体制——初次分配关注效率，再次分配关注公平。我国当下法的总的价值取向是公平与效率的有机统一，即在初次分配和再次分配中都应坚持公平与效率的统一，这里的公平是指形式公平；在再次分配中，要更加关注公平，这里的公平是指实质公平。

（五）人权保障原则

中原经济区建设的终极价值追求在于维护和保障中原大地当代人与后代人的生存权、发展权，追求幸福和自我完善的权利。所有关乎中原经济区建设的法律制度都要紧密围绕尊重和保护中原经济区人民的当前利益和长远利益这一基本宗旨，这也是衡量和评判一切法律制度和政策“良”与“恶”的基本判准。这里我们之所以既强调当代人与现实利益，也充分关注到后代人与长远利益，其实隐含了生态环境保护这个重要问题。只有保护好生态环境，当代人的长远利益和后代人的总体利益才有根本保障。毕竟，“每代人都可以享受地球的成果，但都要避免随心所欲的浪费行为。代际资产首先要避免随心所欲地浪费。”[①] 代际资产不仅包括有形自然资源，还包括以“环境容量”为代表的无形自然资源。“环境容量”是指一个地区的生态环境基于生态循环所能承受的环境污染程度。

中原经济区整个区域内又分为粮食生产核心区与农业发展方式转变实验区、全国重要的能源原材料基地、全国先进制造业与高技术产业基地、全国现代流通体系综合配套改革试验区、统筹城乡发展实验区、文化旅游创新区。[②] 各个功能区的定位不同，其发展权的具体内容也不尽相同。在中原经济区域内，虽然个别地方的社会经济发展稍快一点，但整个区域的发展权大体一致，即基本处于社会经济发展的初级阶段，正在向区域发展的高级阶段缓步涌动。在这个特定的历史时期，最容易犯的错误有三个：一是片面追求经济发展而牺牲生态环境；二是只顾当代人的眼前利益，而忽视当代人的长远利益和后代人的利益；三是过分强调

---

① Frank R.Gunter：Thomas Jefferson on the repudiation of public debt，Constitutional political economy，Vol，2，No.3，1991.

② 任俊英. 对中原经济区战略定位的思考 [J]. 地域研究与开发，2010 (6).

一少部分人（富人）的利益，而忽略绝大多数人（贫困人群）的利益。因此，我们在集中精力建设中原经济区时，一定要统筹兼顾、协调安排，力争实现最广大人民的当代利益与长远利益的有机统一。人权是惠及民生的重要组成部分，人权包含生存权、发展权、劳动就业权、受教育权等，在中原经济区建设中就要尊重并保障这些人权的实现。

三、中原经济区建设的主要法律制度

中原经济区建设是一个庞大的系统工程。它不仅需要中央与地方行政机关的积极能动，还需要中央立法机关与地方立法机关的通力配合，以构建具有中国特色的区域发展法律制度。扎扎实实地推进中原经济区建设，需要构建和完善的法律制度很多，其中财政转移支付制度、经济扶助法律制度、经济监督法律制度、经济规划法律制度、经济信息法律制度、区域经济与技术合作制度是最为重要的制度。

（一）转移支付法律制度

通过转移支付实现基本公共服务的均衡化是中央政府的职责。“政府间财政转移支付手段不仅是一种经济手段，同时也是一种政治手段，它对于弥补地方财政收支的差额，确保整个国家公共服务的最低标准，实现中央政府在分配功能，创造统一的全国市场，实现经济稳定化目标，具有重要的作用。”[①] 政府间财政转移支付制度是保证各级政府财力能够满足地方政府公共财政支出的重要组成部分，它与国家通过宪法、法律赋予各级政府的自主财权相配合，保证了各级地方政府相对独立的财政地位，同时也从法律上界定了中央政府与地方政府分别承担独立财政责任的能力、义务和责任。

目前，世界上无论是单一制国家，还是联邦制国家，基本上都建立了比较规范的财政转移支付制度。日本作为单一制国家，不但有地方交付税、地方让与税制度，还有国库支出金制度。[②] 支出金制度在日本是集用途和附加条件于一身的转移支付形式，主要有国库负担金、国库补助金和国库委托金三种类型。上述三

---

① 沙安文，沈春丽. 财政联邦制与财政管理［M］. 北京：中信出版社，2005.

② 地方交付税制度在日本属于地方财政调整制度之一，是指为了调整中央与地方间税源及地方之间财源，而将国税收入中部分及其他资金储存起来，并按照一定标准交付给地方使用。地方让与税制度是指中央将六种地方税，先以国税名义征收，再将所取的税款交给地方，其性质介于地方税与地方交付税之间。

个制度共同保证了地方自治团体有与其事权相应的财政支出能力。[①] 法国 2003 年宪法修正案第 72 条第 2 款第 5 项规定："法律规定财政收支调整机制，用以促进地方团体之间的平等。" 在宪法上赋予立法机关制定旨在平衡地方基本公共服务的转移支付法。

德国《基本法》规定，德国各级政府都没有直接决定税率的权力，但如果为了整个联邦利益，且与所有其他层级的政府协商一致的情况下可以变更税率。只有 1/4 的地区收入用于一个层级的政府，而剩余 3/4 的收入则与其他政府分享。[②]除了横向转移支付之外，德国还存在不对称的纵向联邦拨款——所谓的"补充拨款"；实际的"填空拨款"用于保证所有州的财政能力不低于平均水平的 99.5%。[③] 当然，联邦德国的财政系统所强调的高度一致性也导致了公共财政的一些浪费现象。正如有学者所说："横向转移支付在德国地方预算中非常重要。在美国，联邦政府和州政府均能较好地控制公债。在德国，基层政府根本不关注公债控制，所有财政调节都是通过中央政府举债进行。"[④]

美国作为联邦制国家，也有比较发达的政府间转移支付制度。不过，它实行的是纵向的转移支付制度。目前，美国联邦政府用于转移支付的方式主要有两种，即规定用途的补助金和一般用途的补助金。这两项补助金主要投向环境保护、能源、社会保障、基础设施等联邦政府认为急需发展的项目上。除此之外，它还可能要求州和地方政府提供相应的配套资金，以此来影响地方政府的财政支出模式。[⑤]

在实行分税制改革以后，我国也确定了中央对地方的转移支付制度。根据方法的不同，我国目前的转移支付分三种类型：一是尊重既得利益的转移支付确定方法，主要包括税收返还与体制补助；二是以地方公共服务能力均衡化为目标的转移支付方式，主要是中央对地方的财力性转移支付；三是专项转移支付。其中，以均衡化为目的的财力性转移支付包括一般性转移支付、民族地区转移支付、调整工资转移支付和农村税费改革转移支付。[⑥]

各国转移支付的根本目标是促进公共服务水平的均衡化。然而，我国为了尊重发达地区既得利益的税收返还显然与转移支付的目标背道而驰。[⑦] 而且有限的财力性转移支付所能解决的只是地方政府的债务、工资拖欠及日常费用开支，距离转移支付平衡基本公共服务的目标还有相当的差距。转移支付只是中央与省级

---

①⑤ 沙安文，沈春丽. 财政联邦制与财政管理 [M]. 北京：中信出版社，2005.

②④ Peter Claeys，Raul Ramos，Jordi Surinach. Fiscal sustainability across government tiers. IEEP (2008) 5：139-163.

③⑥ 沙安文，沈春丽. 财政联邦制与财政管理 [M]. 北京：中信出版社，2005.

⑦ 2002 年所得税收入分享改革决定将中央财政增加的收入全部用于对地方，主要是中西部地区的一般性转移支付，对于缓解地区差距有一定效果。

之间，而没有下放到财政最困难的县级政府，导致县级财政近年来债台高筑。从规范的角度来看，我国的财政转移支付最根本的是缺乏科学合理且法治化的政府财政转移制度，为各个地区提供均衡化基本公共服务补充相应的财政支出能力。当前，我国财政转移支付制度存在的主要问题如下：一是立法位阶低且体系不完整；二是立法侧重于转移支付的资金的计算，淡化了法的色彩；三是省以下转移支付规范缺失。[①]

中原经济区所属的大部分地区属于落后或偏远山区，许多地方的财政收入还不能满足当地事业费开支。为此，中央政府应当通过拨付财政转移支付资金，来保证中原经济区内人民群众能够享受与其他经济发达地区均衡化的基本公共服务，包括教育、卫生、社会保障、公共基础设施等。目前，以均衡化为目的的财力性转移支付包括一般性转移支付、民族地区转移支付、调整工资转移支付和农村税费改革转移支付等。[②] 要构建科学而规范的转移支付法律制度，需要做好如下几个方面的工作：一是规定财政转移支付法律关系的主体，包括决策主体、执行主体（支付主体、接受主体、监督主体）等；二是规范财政转移支付法律关系的客体——公共财政资金；三是财政转移支付法律关系的内容——权利义务配置，其中包括决策主体的职权与职责、执行主体的职权与职责、监督主体的职权与职责等；四是规范有关财政转移支付的法律责任等。[③]

（二）经济扶助法律制度

1. 农业补贴法律制度

中原经济区是我国第一大商品粮基地。与工业相比，农业附加值较低，但“民以食为天”，农业关涉千家万户的口粮，是社会稳定和国民经济发展的基础性产业，农业具有显著的社会公益性质。近年来，我国不但取消了农业税，还参照世界上其他国家的做法，启动和实施了各项农业补贴。从2004年开始，党和政府对种粮农民的补贴主要有粮食直补、水稻良种补贴、农资综合直补、农机购置补贴等。这些农业补贴制度目前仍属党和政府的惠农政策范畴，尚未上升到法律层面。要实现农业的现代化、生态化与产业化，还必须做好如下几个方面的工作：一是积极推进农业现代化，完善国家对农业的支持与保护制度；二是大力发展农产品加工业，提高农产品的附加值；三是促进农村富余劳动力向非农产业转移；四是进一步加大中央财政对中部地区农村基础设施和社会事业的投入。[④]

---

①③ 熊伟. 政府间财政关系的法律调整［M］. 北京：法律出版社，2009.

② 沙安文，沈春丽. 财政联邦制与财政管理［M］. 北京：中信出版社，2005.

④ 李红卫. 发挥公共财政职能给力中原经济区建设［J］. 合作经济与科技，2011（9上）.

2. 生态补偿法律制度

从中原经济区域的历史及现状来看，有些地方并不适合工业生产和工业开发，这些地方应当确定为禁止开发区或限制开发区。禁止开发区是指依法设立的各类自然保护区、风景名胜区、森林公园、文化自然遗产、地质公园等。限制开发区是指资源环境承载能力较弱、大规模经济和人口条件不够好并关系到全国或较大区域范围生态安全的区域，如黄河生态功能区、淮河生态功能区、大别山生态功能区等。[①] 这些地方要实施全面生态涵养和环境保护，禁止或严格限制建设工业项目，这些地方的居民只能从事与生态保护和旅游业相关的第三产业。为了激励上述地方生产环境外溢性利益的积极性，国家要对上述地区进行生态补偿。

生态补偿法律制度主要是衡平区域性生态公益的法律制度，同时也能起到衡平特定地区生态公益与经济公益冲突的功能。本书所说的生态补偿是狭义的生态补偿，其经济学解释是生态系统服务的公共物品属性和外部性特征。生态系统的有机性和整体性决定生态环境的服务只能是公共服务，不具有排他性、竞争性，因而只能是公共物品。比如，禁止开发区或限制开发区在生态环境保护中创造了巨大的环境外溢性利益，东部地区也同样享受。为此按照"受益者付费"原则征收东部地区一定的生态税，然后再以生态补偿的方式支付给这些产生生态外溢性利益的地区，以促进这些地区进一步搞好生态保护、发展生态产业。

3. 循环经济激励法律制度

2009 年 12 月 31 日，国家发展改革委批复了《河南省循环经济试点实施方案》。"循环经济是通过废弃物或废旧物资的循环再生利用发展经济，目标是使生产和消费过程中投入的自然资源最少，向环境中排放的废弃物最少，对环境的危害或破坏最小。"[②] 循环经济法律制度是国家为建设资源节约型、环境友好型社会的重要途径，是推进可持续发展战略的法律保障。建设好循环经济试点省，应当构建相应的法律制度，特别是财政税收激励机制。

环境补贴是《关贸总协定》及其相关国际法允许的支付补贴法律制度，欧共体制定的《反补贴条例》也允许环境补贴，但政府资助不应超过调整或改造费用的 20%。[③] 目前我国《循环经济促进法》规定的激励措施有如下几个方面：一是财政专项资金激励。国务院和省、自治区、直辖市人民政府设立发展循环经济的有关专项资金，支持循环经济的科技研究开发、循环经济技术和产品的示范和推广、重大循环经济项目的实施、发展循环经济的信息服务等。二是税收优惠措施。国家对促进循环经济发展的产业活动给予税收优惠，并运用税收等措施鼓励

① 吴海峰. 实施主体功能区战略　促进中原经济区科学发展［J］. 河南工业大学学报（社会科学版），2010（4）.

② 俞金香，何文杰，武晓红. 循环经济法制保障研究［M］. 北京：法律出版社，2008.

③ 陈少英. 生态税法［M］. 北京：北京大学出版社，2008.

进口先进的节能、节水、节材等技术、设备和产品，限制在生产过程中的“三高”的产品出口。企业使用或者生产列入国家清洁生产、资源综合利用等鼓励名录的技术、工艺、设备或产品的，按照国家有关规定享受税收优惠。除此以外，《循环经济促进法》还规定了信贷优惠、价格激励机制、政府采购激励机制及其他激励措施和机制。

虽然现行《循环经济促进法》规定了大量的激励、优惠措施和机制，但总体来说，上述激励、优惠措施和机制过于原则，缺乏可操作性，而且激励幅度不够。比如，《循环经济促进法》第44条规定：“国家促进循环经济发展的产业活动给予税收优惠，并运用税收等措施鼓励引进先进的节能、节水、节材等技术和设备……”但由于税收优惠属于税收立法的范畴，是《立法法》所规定的法律保留范畴。因此构建何种税收优惠仍需税收法律予以明确规定，进而使循环经济促进法的税收优惠真正落到实处。

另外，我国现行资源税、资源价格形成中存在着诸多不利于清洁生产的制度障碍。比如，增值税是我国的主体税种，循环利用资源因增值大要缴纳更高的比例税，这显然不利于资源的循环利用。同时，我国的资源税征收范围过窄，计税依据销售量或自用量计征不科学，以及税率过低等问题，都使循环利用资源者的获利要小于初次资源利用。要使循环经济取得实效，一方面要尽快使财政、税收等激励措施具体化、规范化，另一方面要抓紧财政税收等方面的配套改革，剔除那些阻碍《循环经济促进法》实施的制度性障碍。

（三）经济监督法律制度

“经济监督是基于公共利益而对经济自由进行的必要补充。经济秩序越开放、越自由，经济立法和经济行政就越有必要通过警察法和秩序法的手段对其进行经济监督，以避免经济活动中产生的风险、危险和损害。”[①] 经济监督包括食品与药品监督、一般产品质量监督、私有化监督、劳动监督以及生态环境监督等内容。“经济监督的出发点和核心是排除、事前预防和事后处理经济活动所产生的危险”，[②] 其最终目标是保障公民的人身权、财产权，保护生态环境安全，为经济和社会的可持续发展和代际公平提供法制保障。

实施经济监督有宪法、法律依据。其宪法依据首先是1993年宪法修正案。1993年宪法修正案规定，国家实行社会主义市场经济；国家加强经济立法，完善宏观调控；国家依法禁止任何组织或者个人扰乱社会经济秩序。其次是2004年宪法修正案对非公有制经济的相关修正。2004年宪法修正案规定，国家保护个体经济、私营经济等非公有制经济的合法权利和利益。国家鼓励、支持和引导

---

①② ［德］罗尔夫·施托贝尔. 经济宪法与经济行政法［M］. 北京：商务印书馆，2008.

非公有制经济的发展，并对非公有制经济依法实行监督和管理。同时，2004 年宪法修正案还把“国家尊重和保护人权”首次写入宪法，为今后的经济立法和经济监督提供了最高法依据。

为落实上述宪法规定，全国人大及其常委会又制定了《食品安全管理法》、《药品管理法》、《产品质量法》、《劳动法》、《环境保护法》、《清洁生产促进法》、《循环经济促进法》等一系列法律，以加强对食品、药品、一般产品质量、劳动、生态环境等事务的监督与管理，以保障人民群众的生命和财产安全。总体上说，我国已基本形成了以食品、药品、劳动保障和生态环境保护等为核心内容的经济监督法律制度。

当前，在食品、药品、劳动、生态环境监督法律制度存在的突出问题主要有三个：一是经济监督主管部门及其工作人员滥用职权或严重失职行为屡禁不止；二是经济监督部门及其工作人员置人民群众的生命、财产于不顾，相互推诿和推卸责任；三是上述法律制度缺乏相应实施机制，法律实效的效果较差。以“地沟油”事件为例，按照《国务院关于进一步加强食品安全工作的决定》规定，“地沟油”应该不会大规模地流入市场和餐桌。然而，记者在调查采访后发现，周密的规定在执行中几乎成了一纸空文。原因是食品药品监管部门、工商部门、质检部门、卫生行政主管部门等相关部门都相互推诿和推卸责任。[①] 再如，2011 年蓬莱 19-3 油田发生溢油事故以后，康菲公司所采取的溢油处理措施大多是临时性的、补救性的，不能彻底有效地消除溢油风险，再次发生溢油的可能随时存在。在全国广大网民的广泛质疑后，国家海洋局才责令康菲公司停止蓬莱 19-3 油田 B、C 平台的油气生产作业活动；国家海洋局准备向康菲公司提起生态侵权诉讼。[②] 上述两个经济监督实例说明：大众传媒支持下的社会监督非常有力；相反，相关职能部门的职权监督却很难令人满意。

结合上述两个经济监督事件，要取得经济监督的实效，应当做好如下两方面的工作：一是在法律解释上进一步明确和界定诸经济监督主管部门的职权和职责；建立和健全多部门联合行动的执法机制，防止部门之间相互推诿；二是把社会监督与职权监督有机结合起来，开设专项举报电话，实施举报奖励制度，严查职能部门和工作人员失职、渎职违法犯罪行为。把那些侵害人民群众人身权、财产权及生态权的违法犯罪行为消灭在社会公众的天罗地网之中。

---

① 参见 http：//www.foodmate.net/news/guonei/2010/03/158959.html。访问时间为 2011 年 9 月 16 日。

② 参见 http：//news.sina.com.cn/c/2011-07-13/221822808795.shtml。访问时间为 2011 年 9 月 16 日

（四）经济规划法律制度

经济规划是国家和地方政府对经济进行的主动设计，是对经济过程跨领域、跨行业计划性的协调，就其性质上来说具有未来性和开放性。它既包括区域国民经济和社会发展总体规划，也包括产业规划、土地利用总体规划、财政和预算规划、区域经济与技术协作等具体内容。中原经济区建设离不开中央政府对中原经济区建设的总体规划，也离不开各级地方政府制定详细的产业规划、土地利用总体规划、年度财政和预算规划、生态环境规划等具体实施方案。目前，有关经济规划的法律、法规有《城市规划法》、《城乡规划法》、《村庄和集镇建设管理条例》、《土地管理法》等法律法规。这些法律、法规虽然也涉及土地综合利用、环境保护、区域协调等内容，但其主要目的是服务于城乡建设，与区域总体经济和社会发展还有很大的差距。

当前，我国经济规划存在的主要问题为：一是经济规划缺乏明确的法律依据，经济规划仅具有宣示和指导意义；二是地方经济规划往往因领导人的调动而变化，缺乏理性和持久属性，市场主体常常因信赖地方政府的规划而利益受损；三是地方经济规划往往缺乏与上级政府特别是邻近地区的经济规划协调，从而形成“各自为战”的局面，不能形成区域协调发展的合力。

建立和完善经济规划是现代市场经济体制下政府的一项基本职责。应从以下几个方面着力完善我国现有经济规划法律制度：一是制定有关经济规划的专门法律，防止地方政府因领导人的变动而随意变更经济规划。二是明确经济规划相对人的权利，保护市场主体对政府经济规划的信赖利益；政府对因经济规划变更给市场主体造成的经济损失应当承担赔偿或补偿责任。三是要完善地方经济规划备案与批准法律制度；构建各区域间的经济规划协调一致的法律机制；保证地方经济规划与国家及中原经济区的整体规划协调一致。

（五）经济信息法律制度

经济信息是一个非常宽泛的概念，它包括经济观察和经济统计等取得信息的过程，也包括收集、扩散、评估信息以及向经济行政部门、其他公共机关和私人经济主体提供信息的活动。① 经济信息是经济行政的基石，经济信息法是经济行政立法和严格执法的前提和基础。在信息社会，经济信息的收集和发布已经超越了传统私人事务的范畴，成为各级政府应当提供的一项重要公共服务。

前几年，国家专门进行了全国性的经济普查，所获取的经济信息为国家实施相关宏观调控与制定长远经济政策提供了强大信息支持。2007 年，国务院颁布

---

① ［德］罗尔夫·施托贝尔. 经济宪法与经济行政法［M］. 北京：商务印书馆，2008.

了《政府信息公开条例》，界定了政府信息的范围，规定了各级政府需要公开的政府信息职责，赋予了公民、法人或其他社会组织获取政府信息的权利。条例明确规定，国民经济和社会发展统计信息、财政预算、决算报告、行政事业性收费的项目、依据、标准、环境保护、公共卫生、安全生产、食品药品、产品质量的监督检查情况等都是需要公开的政务信息范围。一般认为，经济信息应当包括企业登记与资产状况信息、劳动者就业信息、生态环境信息、消费信息、法律、法规及政策信息等内容。

政府主管部门在提供相关经济信息时，一定要平衡好信息公开与国家秘密、商业秘密和个人隐私的关系。《政府信息公开条例》第 14 条第 4 款规定，行政机关不得公开涉及国家秘密、商业秘密、个人隐私的政府信息。但经权利人同意公开或者行政机关认为不公开可能对公共利益造成重大影响的涉及商业秘密、个人隐私的政府信息，可以予以公开。

（六）区域交流与合作法律制度

建设中原经济区，离不开中原经济区域内外的经济合作。但区域经济合作理论在实践中却时常被地方政府的特殊利益所消融。在市场经济体制下，地方政府为吸引外资、提高本区域经济发展效率以及提升本区域内居民收入，往往在区域间进行恶性竞争。实践中，地方政府的恶性竞争主要表现为：地方保护主义、重复建设、竞争无序、区域市场分割等。[①]

为整合各地的政治、经济和文化资源，国内各区域之间的经济合作也时有出现。早在 1986 年，国务院就下发《关于进一步推动横向经济联合若干问题》的文件，1995 年中共十四届五中全会通过的《中共中央关于制定国民经济和社会发展“九五”计划和 2010 年远景目标的建议》把“坚持区域经济协调发展，逐步缩小地区发展差距”作为社会经济发展的重要方针，十七大报告更是明确提出缩小区域发展差距。2007 年 6 月，国家发改委下发了《国家发展改革委关于批准成都市和重庆市设立全国统筹城乡综合配套改革实验区的通知》。同年，国家发改委批准了长沙、株洲、湘潭城市群和武汉城市圈为全国资源节约型和环境友好型社会建设综合配套改革试验区。2008 年，福建、江西、湖南、广东、广西、海南、四川、贵州、云南 9 省区和香港、澳门特别行政区“9 + 2”政府签署《泛珠三角合作框架协议》。

我国虽然不乏区域合作的框架性协议和机制，但总体来说，我国的区域合作制度仍然存在诸多问题。第一，区域协调统一的财税法律制度尚未建立，地方政府为解决财政困难和争抢税源纷纷超出国家法律层面减免税收，这是地方保护主

① 熊伟. 政府间财政关系的法律调整 [M]. 北京：法律出版社，2009.

义不断蔓延的重要原因。第二，横向财政转移支付法律制度尚未建立，导致发达地区与贫困地区的经济社会差距越来越大，民族团结与区域和谐也备受挑战。第三，区域经济技术、人才交流合作机制没有构建，导致全国性的技术和人才一起“东南飞”的局面，进一步加剧了区域社会经济发展的不平衡。第四，缺乏协调统一的环境标准，产业升级与承接产业转移的制度和机制缺失，造成国家生态环境保护法律法规难以推行。第五，地方政府合作协议缺乏强制实施机制与争端解决机制，这在一定程度上也助长了地方政府的恶意毁约行为。

为了解决上述问题，应当在体制机制上完善如下法律制度：其一，建立和完善地方政府税收合作法律制度，改革跨区经营企业汇总纳税制度。其二，以汶川地震、新疆对口支援为契机，构建具有中国特色的横向转移支付法律制度和具体实施机制，尽快缩小区域发展差距，提升整个中华民族的凝聚力特别是新疆、西藏等少数民族的皈依感。其三，构建政府与非政府组织双轨制的区域人才与技术交流合作法律制度，克服人才、技术“一边流”的不利局面。其四，制定并实施国家社会经济功能区建设，以显著方式明示全国各主要功能区的主要经济、生态环境、社会文化等各项指标；建立全国协调统一的生态环境标准，在全国功能区框架下构建产业升级和产业转移法律制度。其五，构建中国特色的政府间合作协议的强制实施机制，构建政府间合作协议及政府间纠纷的司法解决机制。

参考文献

[1] 国家发改委宏观经济研究院课题组. 新阶段我国服务业发展的新起点、新思路和新任务 [J]. 经济学动态，2009 (2).

[2] 何骏. 探索中国生产性服务业的发展之路——中国生产性服务业崛起的动因、空间和模式研究 [J]. 经济学动态，2009 (2).

[3] 王应君. 河南省农业现代化的发展历程与现状分析 [J]. 河南农业，2010 (9).

[4] 西奥多·W.舒尔茨. 经济增长与农业 [M]. 北京：北京经济学院出版社，1999.

[5] 刘楠，唐立兵，王剑，黎羊，付振桐. 黑龙江省农业现代化比较分析——以 13 个城市为例 [J]. 商业经济，2011 (2).

[6] 王淑英. 基于灰色定权聚类的河南省农业现代化发展水平评价 [J]. 河南农业大学学报，2011 (8).

[7] 谭爱花，李万明，谢芳. 我国农业自动化评价指标体系的设计 [J]. 干旱区资源与环境，2011 (10).

[8] 辛岭，蒋和平. 我国农业现代化发展水平评价指标体系的构建和测算 [J]. 农业现代化研究，2011 (11).

[9] 徐志仓. 现代农业的理论综述研究 [J]. 巢湖学院学报，2011 (11).

[10] 邵一珊，李豫新. 西北五省农业现代化发展水平的定量综合评价 [J]. 新疆农垦经济，2010 (2).

[11] 孙致陆，周加来. 我国中部六省农业自动化水平综合竞争力评价 [J]. 综合竞争力，2010 (2).

[12] 中国统计年鉴 (2011).

[13] 河南省统计年鉴 (2011).

[14] 卢展工. 中国共产党河南省第九次代表大会上的报告. 河南省人民政府官方网，2011-11-07.

[15] 杨存睿，杨振斌. 安徽物流业的现状及其发展策略 [J]. 中共合肥市委党校学报，2009 (2).

[16] 邓琪，岳国文. 产业转移视角下安徽物流网络空间系统构建的研究 [J].

物流工程与管理，2010（10）.

［17］王郑丰，袁旭. 城市群物流经济联系发展阶段［J］. 中国物流与采购，2007（20）.

［18］谭荣铸. 落实物流业调整和振兴规划推动河南物流健康快速发展［J］. 物流工程与管理，2010（8）.

［19］占长安. 重谈武汉物流战略问题［J］. 企业导报，2011（12）.

［20］吴秋红，赵永斌. 关于构建广州应急物流系统的思考［J］. 物流工程与管理，2011（2）.

［21］兰必近. 广西北部湾经济区物流金融发展战略研究［J］. 时代金融，2011（8）.

［22］孙宏岭，周行. 河南省冷链物流发展战略研究［J］. 河南工业大学学报：(社会科学版)，2011（3）.

［23］宋殿辉. 吉林省装备制造业物流现状与发展对策研究［J］. 物流科技，2010（10）.

［24］石永峰. 欧盟对饲料物流安全的集成化管理方法［J］. 中国粮食经济，2006（7）.

［25］张潇化. 浅析美国城市应急物流管理体系对我国的启示［J］. 中国城市经济，2010（5）.

［26］王洪艳. 论珠三角物流的协调发展［J］. 沿海企业与科技，2009（5）.

［27］张义龙. 物流现代化与区域产业竞争力研究［J］. 中国流通经济，2009（5）.

［28］李永贵. 影响我国粮食安全的流通性因素分析［J］. 市场论坛，2011（4）.

［29］赵延年. 中国物流贸易竞争现状与对策研究［J］. 中国商贸，2011（9）.

［30］刘光明，孙宏岭，韩松等. 河南省现代物流业发展规划纲要（2006-2015年）［R］. 河南省发改委，河南工业大学，河南财经学院，2006（10）.

［31］张妍. 辽宁会展业发展研究［D］.大连海事大学硕士论文，2009.

［32］林绍贵. 郑州市会展经济发展战略研究［D］. 西北大学硕士论文，2009.

［33］郑州市会展业发展规划（2010-2020）.

［34］中原城市群总体发展规划纲要（2006-2020）.

［35］胡海峰，罗惠良. 我国现阶段多层次资本市场的竞争与协作机制研究［J］. 经济学动态，2010（5）.

［36］王冠凤. 我国多层次资本市场和金融资源配置效率分析［J］. 改革与战略，2011（9）.

［37］洪锦. 我国多层次资本市场体系建设的理论分析［J］. 产权导刊，2010（6）.

[38] 梁颖. 金融产业集聚述评 [J]. 经济学动态，2006 (8).

[39] 于尚艳. 东北区域金融产业成长研究 [D]. 东北师范大学博士学位论文，2005.

[40] 张凤超. 金融产业成长及其规律探讨 [J]. 当代经济研究，2003 (10).

[41] 编写组. 中共中央关于深化文化体制改革推动社会主义文化大发展大繁荣若干重大问题的决定辅导读本 [M]. 北京：人民出版社，2011.

[42] 叶辛，蒯大申主编. 上海文化发展报告——提升城市文化软实力(2011) [M]. 北京：社会科学文献出版社，2011.

[43] 张锐主编. 河南文化发展报告 (2010) [R]. 北京：社会科学文献出版社，2010.

[44] 张锐，谷建全主编. 河南文化发展报告 (2011) [R]. 北京：社会科学文献出版社，2011.

[45] 张国祚主编. 中国文化软实力研究要论选 (第一卷) [C]. 北京：社会科学文献出版社，2011.

[46] 张晓明，胡惠林，章建刚主编. 2005 年：中国文化产业发展报告 [R]. 北京：社会科学文献出版社，2005.

[47] 顾江主编. 文化产业研究——文化市场结构与贸易 (第 4 辑) [M]. 南京：东南大学出版社，2011.

[48] 邱钊. 基于多主体技术的纵向研发联盟仿真 [J]. 湖北民族学院学报(自然科学版)，2011 (6).

[49] 罗峰：区域一体化进程中的政府与治理——对武汉城市圈的实证研究 [D]. 华中师范大学博士学位论文，2009.

[50] 王素征. 上海市政府推进产学研战略联盟的相关政策研究 [D]. 华东师范大学硕士学位论文，2006.

[51] 黄子蕴，孙颖楷，张晶晶. 研发联盟评价指标体系研究 [J]. 中国科技产业，2009 (10).

[52] 罗建玲，王青. 资源环境与经济的协调度测定——以陕西省为例 [J]. 资源环境与发展，2010 (4).

[53] 喻新安，顾永东. 中原经济区策论 [M]. 北京：经济管理出版社，2011.

[54] 国务院. 国务院关于支持河南省加快建设中原经济区的指导意见. 2011-09-28.

[55] 中共河南省委，河南省人民政府. 关于认真学习贯彻国务院关于支持河南加快建设中原经济区的指导意见的通知. 2011-10-10.

后 记

中原经济区建设牵动着亿万人的心。2011 年 9 月 28 日国务院颁发《关于支持河南省加快建设中原经济区的指导意见》（以下简称《指导意见》）之后，我们便聚集到一起，商讨怎么融入、怎么作为、怎么为中原经济区建设出力做奉献。大家一致认为，国务院《指导意见》的颁布仅仅是整个中原经济区建设与发展的一个纲领性文件，接下来如何实施，还有许多问题，包括理论的、实践的、政策的一系列具体内容。而其中我们认为最重要的则是围绕国务院《指导意见》精神，从理论上梳理出相应的思路，把握住一些重要的节点性问题，以使整个建设与发展起好步、开好头、走好路，这就是我们写作此书的初衷。

我们是从事经济、管理、社会、文化、法律教学与研究的，也只能从自身的认识，做一些相应的应用性理论研究，鉴于某些局限性，全书共安排了十二章，并为重要理论问题与同人交流，以期能对河南省政府高层决策者提供些许参考。本书由郭军教授负责策划、设计、组织，并担任主编，依章次为序：前言、第三章由郭军教授撰写；第一章由刘美平博士（教授）撰写；第二章由李新安博士（教授）撰写；第四章由韩松博士（副教授）、谢慧硕士（副教授）撰写；第五章由陈军博士（副教授）撰写；第六章由顿朝晖博士（副教授）、张肖飞博士（副教授）撰写；第七章由焦继军博士（副教授）撰写；第八章由赵楠博士（教授）撰写；第九章由张金岭博士（教授）撰写；第十章由伦蕊博士（副教授）撰写；第十一章由申香华博士（教授）、张会芹博士（副教授）撰写；第十二章由冉富强博士（副教授）撰写；硕士研究生张驰、朱文灿、郭玉晓、丰晓晨参加了部分文稿的撰写和一些数据资料的整理工作。书的初稿完成后，由郭军教授通纂、修正、定稿。

本书的编写也是按照河南财经政法大学党委、行政部署的关于学习、宣传、融入中原经济区建设活动的一个组成部分，党政主要领导高度重视，不仅亲自听取汇报，参加研讨，还要求有关方面给予全力配合与支持，从而保证了本书的顺利编写和如期完成。

本书在编写过程中得到了河南省资深经济学家杨承训教授、宋光华教授、郭文轩教授的指导，他们为提高本书的质量层次做出了重要的贡献，在此谨对三位先生的热诚与辛劳表示衷心感谢。

本书的出版也得到了经济管理出版社同志们的关注与关照，并就本书的编写提出了务实的、诚挚的意见和建议，谨此表示谢忱。

本书由河南经济研究中心基金赞助出版，也是河南经济研究中心团队合作的又一成果。本书的编纂出版意在投身地方经济主战场，服务中原经济区建设，也是借此与同领域学人进行交流，特别是本书还借鉴了同行专家仁人的许多先进思想和成果积淀，在此一并表示感谢，对于书中不当之处还请多多批评指正。

编　者

2011 年 12 月 28 日